华章数学译丛
49

Time Series Analysis with Applications in R
(Second Edition)

时间序列分析及应用
R语言
（原书第2版）

（美）Jonathan D. Cryer 著
　　　Kung-Sik Chan

潘红宇 等译

机械工业出版社
CHINA MACHINE PRESS

本书以易于理解的方式讲述了时间序列模型及其应用，主要内容包括：趋势、平稳时间序列模型、非平稳时间序列模型、模型识别、参数估计、模型诊断、预测、季节模型、时间序列回归模型、异方差时间序列模型、谱分析入门、谱估计、门限模型。对所有的思想和方法，都用真实数据集和模拟数据集进行了说明。

本书可作为高等院校统计、经济、商科、工程及定量社会科学等专业学生的教材或教学参考书，同时也可供相关技术人员使用。

Translation from the English language edition: *Time Series Analysis with Applications in R*, Second Edition (ISBN 978-0-387-75958-6) by Jonathan D. Cryer and Kung-Sik Chan.

Copyright © 2008 Springer Science+Business Media, LLC.

Springer is a part of Springer Science+Business Media.

All Rights Reserved.

本书中文简体字版由Springer Science+Business Media授权机械工业出版社独家出版。未经出版者书面许可，不得以任何方式复制或抄袭本书内容。

封底无防伪标均为盗版

版权所有，侵权必究

北京市版权局著作权合同登记　图字：01-2010-6353号。

图书在版编目（CIP）数据

时间序列分析及应用：R语言（原书第2版）/（美）克莱尔（Cryer，J. D.）等著；潘红宇等译. —北京：机械工业出版社，2011.1（2025.1重印）

（华章数学译丛）

书名原文：Time Series Analysis with Applications in R, Second Edition

ISBN 978-7-111-32572-7

Ⅰ. 时… Ⅱ. ①克… ②潘… Ⅲ. 时间序列分析 Ⅳ. O211.61

中国版本图书馆CIP数据核字（2010）第231026号

机械工业出版社（北京市西城区百万庄大街22号　邮政编码　100037）

责任编辑：迟振春

北京建宏印刷有限公司印刷

2025年1月第1版第6次印刷

186mm×240mm · 22.5印张

标准书号：ISBN 978-7-111-32572-7

定价：48.00元

客服电话：（010）88361066　68326294

译 者 序

时间序列的教材版本众多,其中有的教材侧重理论的讲述,读者需要具备较深厚的数学基础,主要阅读对象是统计类专业的学生;有的教材则注重模型的应用,理论和技术细节不是重点,主要面向经济类专业的学生. 而由 Jonathan D. Cryer 和 Kung-Sik Chan 所著的本书则均衡地介绍了时间序列的理论与应用,使之能满足更多专业方向的学生和研究者的需求. 在理论方面,本书给出一般性理论描述的同时,注重通过各种简单特例演绎具体的推导过程,因而清晰地阐释了有关结论,方便读者对理论的理解. 在一些章节后面,还通过附录的方式,补充给出了正文里有关结论的数学推导和相关基本概念,为熟悉数学理论的读者提供了深入理解各类方法的素材. 在应用方面,本书提供了基于模拟数据和取材广泛的真实数据的丰富例证,通过基于模拟数据的例子使读者深刻认识时间序列的基本性质,而通过基于真实数据的例子使读者体会模型的实际应用效果.

本书的另一个特色是,各章都提供了实现所有实证结果的 R 程序,并在附录 I 里对 R 语言给出了详细介绍. 作为一款免费的软件,R 语言可提供广泛的统计和作图技术,并且具有高度扩展性,已为统计学家和计量经济学家广泛使用. 另外,很多最新的理论方法的 R 实现程序还可以很方便地从网络上查找到. 通过本教材的学习,读者能够快速掌握 R 软件的使用方法,利用既有的程序达成研究目的.

本书适合一学期的教学安排,内容介绍深入浅出,概念严谨准确,是一本不错的入门教材.

本书的翻译工作凝聚了多人的劳动,具体分工如下:潘红宇翻译了第 1、2、7、13、14、15 章,王玲玲翻译了第 3 章和第 9 章,李瑶帆翻译了第 4 章和第 5 章,梁丽英翻译了第 6 章和第 8 章,关晨翻译了第 10 章和第 11 章,闵敏翻译了第 12 章,秦智鹏翻译了第 16 章. 最后,由潘红宇对全书进行了统稿.

由于译者水平有限,译稿中的疏漏在所难免,敬请读者批评指正.

译 者
2010 年 11 月

前　言

自 1970 年 George E. P. Box 和 Gwilym M. Jenkins 的奠基性著作《时间序列分析：预报与控制》(Time Series Analysis: Forecasting and Control) 问世以来（该书已在 Gregory C. Reinsel 的加盟下，于 1994 年出版了第 3 版），时间序列分析的理论和实践都有了飞速发展，也涌现了一大批时间序列方面的书籍，遗憾的是有些书欠缺实际应用的论述，而另一些书则理论基础薄弱。本书力图同时介绍时间序列的理论与应用，采用自然的方式将两方面内容有机地结合起来，使之能够为范围更广的学生和实践工作者所理解和接受。

本书可作为一学期的课程教材，供统计、经济、商科、工程及定量社会科学等专业学生使用，读者需要具备从基本应用统计到多元线性回归等多方面的基础知识。只要读者具备求解类似平方和最小化等问题深度的微积分知识，即可阅读本书。而要深入理解本书部分理论，则需具备基于微积分的统计引论基础。书中附录回顾了有关期望、方差、协方差、相关等概念，并简述了条件期望的性质以及最小均方误差预测等内容。全书采用来自不同专业领域的实际时间序列数据来阐述方法论。本书还包括部分高级内容，教师可酌情选讲。

书中所有的图和数值输出均使用 R 软件得到，该软件可从 www.r-project.org 上的"The R Project for Statistical Computing"得到。为简明起见，我们对部分数值输出进行了处理。作为一款免费软件，R 软件的源代码格式符合自由软件基金会 GNU 通用公共许可证规定，可以在 UNIX 平台及 Windows、MacOS 等类似操作系统上运行。

R 是一种可用于统计计算和作图的编程语言及环境，可提供广泛的统计（例如，时间序列分析、线性及非线性建模、经典的统计检验）及作图技术，并且具有高度的扩展性。在附录 I "R 入门"中，采用与本书内容相配的方式对 R 软件进行了介绍。本书作者之一（Kung-Sik Chan）制作了大量可用于本书的新增或增强的 R 函数，列于附录 I 的最后，并可从 R 计划网站 www.r-project.org 上的 TSA 程序包中找到。我们还为每一章建立了 R 命令脚本文件，可从本书网站 www.stat.uiowa.edu/~kchan/TSA.htm 下载。本书中，每一个图表下都给出了 R 代码；习题所需数据集合均有相关的文件名，例如洛杉矶降雨量的数据文件命名为 larain。而如果读者使用的是 TSA 程序包，则该数据集合是程序包的一部分，可通过 R 命令 data(larain) 取得。

本书所有数据集合以 ASCII 码文件的形式放在网站上，并在文件第一行标注了各自名称。书中很多图及计算结果，使用 SAS©、Splus©、Statgraphics©、SCA©、EViews©、RATS©、Ox© 及其他软件也可以得到。

本书是 1986 年 PWS-Kent Publishing (Duxbury Press) 出版的 Jonathan Cryer 所著《时间序列分析》第 2 版，新版在补充大量最新材料、数据集合和习题的同时，仍然包括所有已为读者熟悉的原版内容。其中既有与原版内容融为一体的若干新论题，如涉及单位根检验、扩展自相关函数、ARIMA 模型子集以及自助法等内容，也有时间序列回归模型、异方差时间序列模型、谱分析和门限模型等全新的章节。与基本内容相比，新章节内容的难度水平有某种程度的提高，但我们确信本书所采用的讨论方式易为读者接受，一定会对广泛的读者群学习相关内容有所帮助。虽然涉及非线性时间序列模型的第 15 章（门限模型）位于本书的最后，但相关内容也可以根据教学需要提前讲授，例如可以在第 12 章之后讲授．同样，讨论谱分析的第 13、14 两章内容也可以在第 10 章之后学习．

感谢 Springer 出版社"统计学丛书"的责任编辑 John Kimmel，他在本书长时间的写作过程中给予了作者持续的关注与指导．伦敦经济学院的汤家豪教授、台湾"中央研究院"的蔡恒修教授、西北大学的 Noelle Samia 教授、香港大学的李伟强教授和吴启宏教授、奥斯陆大学的 Nils Christian Stenseth 教授等热心研读过书稿部分章节，Jun Yan 教授曾以本版初稿为教材在艾奥瓦大学某班授课，感谢他们对本书提出的宝贵的建设性意见．感谢 Samuel Hao 帮助整理习题解答和附录 I 两部分内容．这里还要对在不同阶段匿名审阅并帮助改进书稿的审阅者一并致谢．最后，作者之一（Jonathan D. Cryer）也借此机会，向在写作新版第一稿时提供了墨西哥城圣地亚哥俱乐部 Casa de Artes 舒适写作环境的 Dan、Marian 和 Gene 表达诚挚的谢意．

Jonathan D. Cryer
Kung-Sik Chan
2008 年 1 月于艾奥瓦州艾奥瓦城

目 录

译者序
前言

第1章 引论 …… 1
1.1 时间序列举例 …… 1
1.2 建模策略 …… 6
1.3 历史上的时间序列图 …… 6
1.4 本书概述 …… 7
习题 …… 7

第2章 基本概念 …… 8
2.1 时间序列与随机过程 …… 8
2.2 均值、方差和协方差 …… 8
2.3 平稳性 …… 11
2.4 小结 …… 14
习题 …… 14
附录A 期望、方差、协方差和相关系数 …… 18

第3章 趋势 …… 20
3.1 确定性趋势与随机趋势 …… 20
3.2 常数均值的估计 …… 20
3.3 回归方法 …… 22
3.4 回归估计的可靠性和有效性 …… 26
3.5 回归结果的解释 …… 29
3.6 残差分析 …… 31
3.7 小结 …… 36
习题 …… 37

第4章 平稳时间序列模型 …… 40
4.1 一般线性过程 …… 40
4.2 滑动平均过程 …… 41
4.3 自回归过程 …… 48
4.4 自回归滑动平均混合模型 …… 56
4.5 可逆性 …… 57
4.6 小结 …… 58
习题 …… 58
附录B AR(2)过程的平稳域 …… 61
附录C ARMA(p, q)模型的自相关函数 …… 62

第5章 非平稳时间序列模型 …… 63
5.1 通过差分平稳化 …… 63
5.2 ARIMA 模型 …… 66
5.3 ARIMA 模型中的常数项 …… 70
5.4 其他变换 …… 70
5.5 小结 …… 73
习题 …… 73
附录D 延迟算子 …… 75

第6章 模型识别 …… 77
6.1 样本自相关函数的性质 …… 77
6.2 偏自相关函数和扩展的自相关函数 …… 79
6.3 对一些模拟的时间序列数据的识别 …… 83
6.4 非平稳性 …… 88
6.5 其他识别方法 …… 92
6.6 一些真实时间序列的识别 …… 94
6.7 小结 …… 99
习题 …… 99

第7章 参数估计 …… 105
7.1 矩估计 …… 105
7.2 最小二乘估计 …… 108
7.3 极大似然与无条件最小二乘 …… 112
7.4 估计的性质 …… 113
7.5 参数估计例证 …… 115
7.6 自助法估计 ARIMA 模型 …… 118
7.7 小结 …… 120
习题 …… 120

第8章 模型诊断 …… 125
8.1 残差分析 …… 125
8.2 过度拟合和参数冗余 …… 132
8.3 小结 …… 134
习题 …… 135

第9章 预测 …… 137
9.1 最小均方误差预测 …… 137
9.2 确定性趋势 …… 137
9.3 ARIMA 预测 …… 138

9.4 预测极限 ………………………… 145
9.5 预测的图示 ……………………… 146
9.6 ARIMA 预测的更新 …………… 148
9.7 预测的权重与指数加权滑动平均 … 148
9.8 变换序列的预测 ………………… 149
9.9 某些 ARIMA 模型预测的总结 … 151
9.10 小结 …………………………… 152
习题 ………………………………… 152
附录 E 条件期望 …………………… 156
附录 F 最小均方误差预测 ………… 157
附录 G 截断线性过程 ……………… 158
附录 H 状态空间模型 ……………… 160

第 10 章 季节模型 164
10.1 季节 ARIMA 模型 …………… 165
10.2 乘法季节 ARMA 模型 ………… 166
10.3 非平稳季节 ARIMA 模型 …… 168
10.4 模型识别、拟合和检验 ………… 169
10.5 季节模型预测 ………………… 174
10.6 小结 …………………………… 178
习题 ………………………………… 178

第 11 章 时间序列回归模型 180
11.1 干预分析 ……………………… 180
11.2 异常值 ………………………… 185
11.3 伪相关 ………………………… 188
11.4 预白化与随机回归 …………… 191
11.5 小结 …………………………… 198
习题 ………………………………… 198

第 12 章 异方差时间序列模型 201
12.1 金融时间序列的一些共同特征 … 201
12.2 ARCH(1)模型 ………………… 206
12.3 GARCH 模型 ………………… 209
12.4 极大似然估计 ………………… 214
12.5 模型诊断 ……………………… 217
12.6 条件方差非负条件 …………… 221
12.7 GARCH 模型的一些扩展 …… 223
12.8 另一个示例:USD/HKD 汇率日数据 …………………………… 224
12.9 小结 …………………………… 226
习题 ………………………………… 226
附录 I 广义混合检验公式 ………… 228

第 13 章 谱分析入门 229
13.1 引言 …………………………… 229
13.2 周期图 ………………………… 231
13.3 谱表示和谱分布 ……………… 235
13.4 谱密度 ………………………… 237
13.5 ARMA 过程的谱密度 ………… 238
13.6 样本谱密度的抽样性质 ……… 243
13.7 小结 …………………………… 247
习题 ………………………………… 247
附录 J 余弦与正弦序列的正交性 … 250

第 14 章 谱估计 251
14.1 平滑谱密度 …………………… 251
14.2 偏差和方差 …………………… 253
14.3 带宽 …………………………… 254
14.4 谱置信区间 …………………… 254
14.5 泄露和锥削 …………………… 256
14.6 自回归谱估计 ………………… 259
14.7 模拟数据示例 ………………… 259
14.8 真实数据示例 ………………… 264
14.9 其他谱估计法 ………………… 268
14.10 小结 ………………………… 269
习题 ………………………………… 269
附录 K 锥削与狄利克雷核 ………… 271

第 15 章 门限模型 273
15.1 用图解法探索非线性 ………… 274
15.2 非线性检验 …………………… 278
15.3 多项式模型一般是爆炸性的 … 280
15.4 一阶门限自回归模型 ………… 282
15.5 门限模型 ……………………… 285
15.6 门限非线性的检验 …………… 285
15.7 TAR 模型的估计 ……………… 287
15.8 模型诊断 ……………………… 293
15.9 预测 …………………………… 295
15.10 小结 ………………………… 298
习题 ………………………………… 298
附录 L TAR 广义混合检验 ………… 299

附录 I R 入门 ……………………… 301
附录 II 数据集合的说明 …………… 339
参考文献 …………………………… 342

第 1 章 引 论

通过一系列时间点上的观测来获取数据是司空见惯的活动. 在商业上, 我们会观测周利率、日股票闭盘价、月价格指数、年销售量等. 在气象上, 我们会观测每天的最高温度和最低温度、年降水与干旱指数、每小时的风速等. 在农业上, 我们会记录每年作物和牲畜产量、土壤侵蚀、出口销售等方面的数字. 在生物科学上, 我们会观测每毫秒心电活动的状况. 在生态学上, 我们会记录动物种群数量的变动情况. 实际上, 需要研究时间序列的领域是难以罗列的. 时间序列分析的目的一般有两个方面: 一是认识产生观测序列的随机机制, 即建立数据生成模型; 二是基于序列的历史数据, 也许还要考虑其他相关序列或因素, 对序列未来的可能取值给出预测或预报.

本章将从广泛的应用领域中, 介绍一些时间序列的实例. 时间序列及其模型的一个独特的性质是, 通常我们不能假定观测值独立取自同一总体 (例如, 取自均值不同的总体), 时间序列分析的要点是研究具有相关性质的模型.

1.1 时间序列举例

本节介绍几个时间序列的例子, 后续章节将进一步对其讨论.

洛杉矶年降水量

图表 1-1 是加利福尼亚州洛杉矶地区 100 多年来的年降水量时间序列图. 从图中可以看出, 降水量在这些年有显著的差异——有的年份降水量低, 有的年份降水量高, 其他年份介于两者之间. 对洛杉矶来说, 1883 年无疑是湿度特别大的一年, 而 1983 年则相当干燥. 为了分析和建模需要, 我们关心的是相邻年份的降水量是否存在某种关联. 若是, 则可能依据当年的降水量数据预测来年的降水量. 我们可以画出相邻年份降水量的散点图, 通过图形来研究这个问题.

图表 1-1 洛杉矶年降水量时间序列图

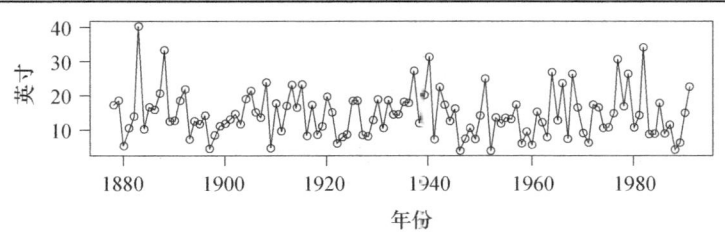

```
> library(TSA)
> win.graph(width=4.875, height=2.5,pointsize=8)
> data(larain); plot(larain,ylab='Inches',xlab='Year',type='o')
```

图表 1-2 是由此绘出的降水量散点图. 例如, 右下角的点显示降水量非常大的 1883 年 40 英寸的降水量, 其后 1884 年降水量中等 (约 12 英寸). 图中靠近顶部的点表明 40 英寸降水量的年份, 其上一年降水量比较典型, 大约 15 英寸.

图表 1-2　洛杉矶当年降水量与去年降水量散点图

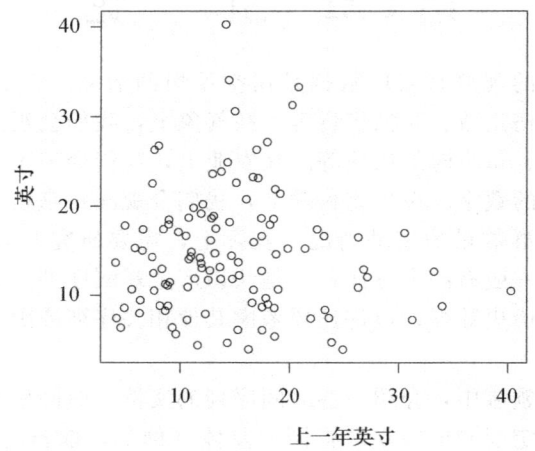

```
> win.graph(width=3,height=3,pointsize=8)
> plot(y=larain,x=zlag(larain),ylab='Inches',
   xlab='Previous Year Inches')
```

该图给人的主要印象是当年降水量与去年降水量几乎没有什么联系,既无"趋势",也没有一般倾向.上一年与当年降水量的相关性非常小,从预测和建模的角度,这样的时间序列没什么研究意义.

化工过程

第二个例子是来自某化工过程的时间序列.这里变量度量的是过程中连续批次颜色的属性.图表 1-3 是颜色值的时间序列图.相邻时刻的颜色值差别不大,似乎相互之间存在关联.

图表 1-3　某化工过程中颜色属性的时间序列图

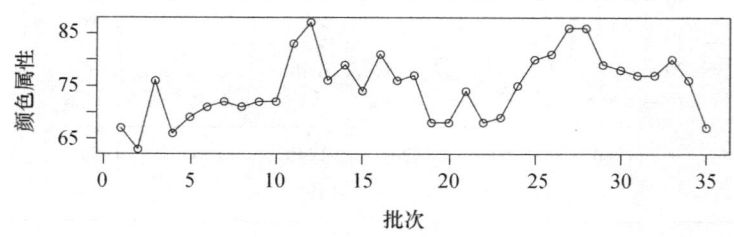

```
> win.graph(width=4.875, height=2.5,pointsize=8)
> data(color)
> plot(color,ylab='Color Property',xlab='Batch',type='o')
```

像第一个例子那样,制作一个相邻数据的散点图更能说明问题.

图表 1-4 是相邻颜色值的散点图.该图显示了一个稍微向上的趋势——数值较小后面的批

次趋于较小的值,中等值后面的批次趋于中等值,数值较大后面的批次趋于较大的值. 该趋势明显但并不非常强烈,例如,散点图的相关系数约为 0.6.

图表 1-4　当前颜色值与前期颜色值的散点图

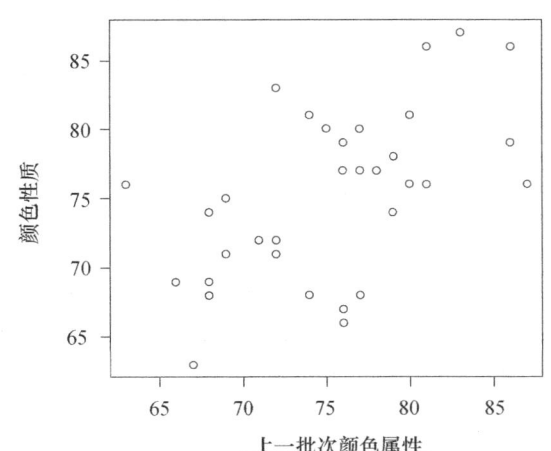

```
> win.graph(width=3,height=3,pointsize=8)
> plot(y=color,x=zlag(color),ylab='Color Property',
    xlab='Previous Batch Color Property')
```

加拿大野兔年丰度

第三个例子是加拿大野兔的年丰度. 图表 1-5 给出了大约 30 年里该丰度的时间序列图. 此例中,相邻数据联系非常密切,年度数据间没有大的变化. 从图表 1-6 当年与上一年数量的散点图上,可以看到相邻数据间存在明显的相关性. 类似上例,图形显示出一个向上的趋势——较小数值次年趋于较小的数值,中等数值趋于中等数值,较大的数值趋于较大的数值.

图表 1-5　加拿大野兔丰度

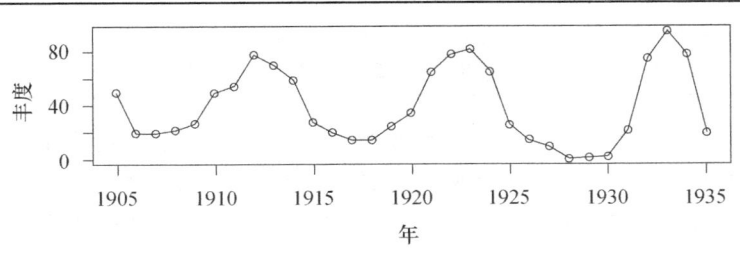

```
> win.graph(width=4.875, height=2.5,pointsize=8)
> data(hare); plot(hare,ylab='Abundance',xlab='Year',type='o')
```

图表 1-6 当年与上一年野兔丰度散点图

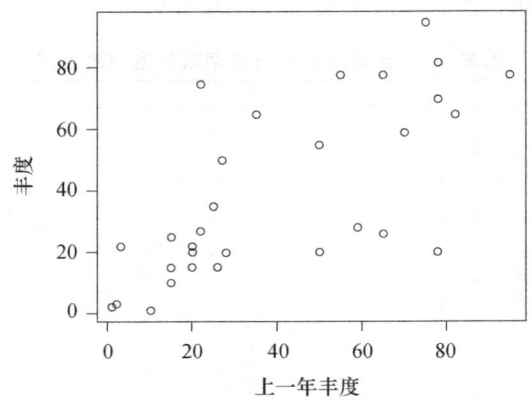

```
> win.graph(width=3, height=3,pointsize=8)
> plot(y=hare,x=zlag(hare),ylab='Abundance',
  xlab='Previous Year Abundance')
```

艾奥瓦州迪比克市月平均气温

艾奥瓦州迪比克市若干年里月平均气温（华氏度）的记录见图表 1-7.

图表 1-7 艾奥瓦州迪比克市月平均气温

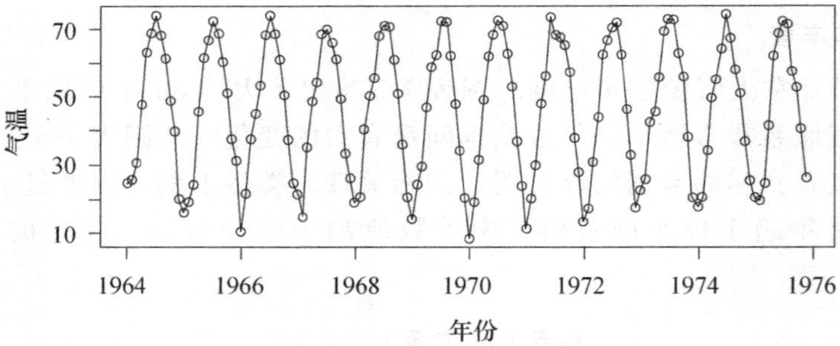

```
> win.graph(width=4.875, height=2.5,pointsize=8)
> data(tempdub); plot(tempdub,ylab='Temperature',type='o')
```

该时间序列显示了一种规则的被称为**季节性**的模式. 当分布在 12 个月的观测值以某种方式联系起来后，月度季节性就会显现出来. 比如，每年 1 月、2 月相当寒冷，温度近似，但是与温暖的 6 月、7 月、8 月的温度差别很大. 不同年份 1 月的温度值有差异，同样，不同年份 6 月的数值也有变化. 适用于这类序列的模型，必须反映出数据间的差异及其相似性. 此例中数据产生季节性的原因很好理解——北半球面向太阳的倾角随季节变化所致.

滤油器月销售量

本章最后一个例子是出售给经销商的滤油器月销售量. 该滤油器由 John Deere 生产，是用于建筑设备的特制滤油器. 向作者之一提供数据时, 经理说,"没有理由认为销售量存在季节性."假如各年 1 月与 1 月的数据间存在关联趋势, 2 月与 2 月的数据间存在关联趋势, 等等, 那么季节性就存在. 图表 1-8 没有显示出明显的季节性. 图表 1-9 与图表 1-8 相同, 但是增加了有意义的符号对数据点进行标识. 图中所有 1 月的数值标以相同字母 J, 2 月的数值标以 F, 3 月的标以 M, 等等[⊖]. 借助这些点所标记的符号, 很容易看出所有 1 月、2 月等冬季月份的销量往往很高, 而 9 月、10 月、11 月等月份的销量一般很低. 数据的季节性在这个处理过的时间序列图上是显而易见的.

图表 1-8　滤油器月销售量

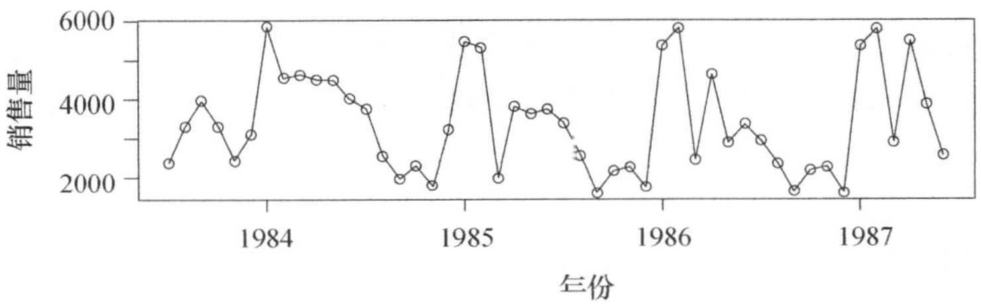

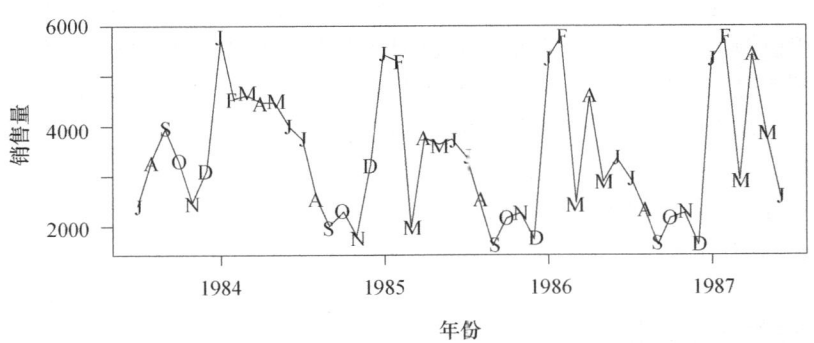

```
> data(oilfilters); plot(oilfilters,type='o',ylab='Sales')
```

图表 1-9　以特殊符号绘制的滤油器月销售量

J=1月（和6月、7月）
F=2月, M=3月（和5月）, 以此类推

```
> plot(oilfilters,type='l',ylab='Sales')
> points(y=oilfilters,x=time(oilfilters),
    pch=as.vector(season(oilfilters)))
```

总之, 我们的目的是, 强调恰当和有益于发现特定模式的绘图方法, 有利于找到符合时间

[⊖] 看图时, 读者仍然需要区分 1 月、6 月和 7 月（译者注：January, June, July）, 同样要区分 3 月与 5 月（译者注：March, May）, 4 月与 8 月（译者注：April, August）, 但通过对比相邻点上的符号很容易区分它们.

序列数据的合适模型. 在后续的章节中, 我们将探讨一些在时间序列模型里引入季节性的不同方式.

1.2 建模策略

给时间序列寻找合适的模型并非易事. 下面介绍 Box and Jenkins(1976) 书中推崇的多步建模策略, 该过程包括三个可反复使用的主要步骤:
1. **模型识别**（或称作辨识）
2. **模型拟合**
3. **模型诊断**

在模型识别阶段, 从时间序列模型类中选择适合观测数据的模型. 这一步我们可以观察该序列的时间序列图, 从数据出发计算一些不同的统计量, 也可以利用任何生成该序列的背景知识, 比如生物学、商业或生态学方面的知识等. 需要强调的是目前选取的模型是待考的, 将在以后的分析过程中予以修正.

模型选取遵从**简约原则**, 即应在能充分表示时间序列的前提下模型所含参数个数最少, 正像 Parzen(1982, 68 页) 中引用的爱因斯坦的名言所说, "凡事皆宜尽力简化, 只要不失之草率. [1]"

模型所含的一个或多个参数需由观测序列给出估计, 模型拟合就是要找到给定模型之未知参数的最优估计, 我们采用的估计优化准则是最小二乘法则和极大似然法则.

模型诊断关注于完成设定、估计步骤之后所确定模型的质量评估问题. 模型对数据的拟合度有多好? 适用模型的前提能否合理地得到满足? 经诊断没有不足之处, 则建模过程就结束了, 所确定的模型也就可以应用了, 例如可用于预测序列未来的取值等. 否则, 针对找到的不足选取其他模型, 即重新开始模型设定步骤. 采用这种方法, 通过反复进行上述三个步骤, 我们最终能够找到一个理想的、可接受的模型.

由于建模的每一步都要进行繁杂的计算, 所以实际中可以依赖已有的统计软件进行这些计算, 并绘出图形.

1.3 历史上的时间序列图

根据 Tufte(1983, 28 页) 的说法, "时间序列图是图形设计最常用的形式. 其一个维度沿着秒、分、时、日、周、月、年, 乃至千年等规则的时间节律延伸, 时间标度的自然顺序赋予了这种设计以解释的力量和效率, 这一点在其他图形设计上了无痕迹."

图表 1-10 重现了有可能是目前已知的最古老的时间序列图, 这个显示行星轨道倾角[2]的图可以上溯到公元 10 世纪 (或 11 世纪), Tufte 对此的评价是: "这似乎是数据作图历史上一个神秘而孤立的杰作, 因为目前所知下一个时间序列图的出现是 800 多年以后的事了."

---

[1] 爱因斯坦的原文是 "everything should be made as simple as possible, but not simpler". ——译者注
[2] 见 Tufte(1983, 28 页).

图表 1-10　一个 10 世纪的时间序列图

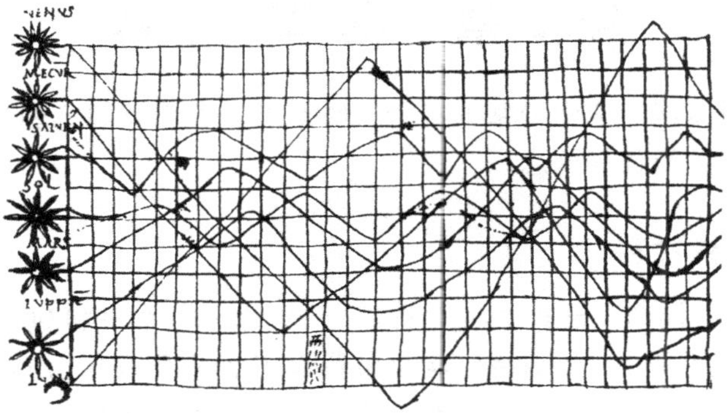

1.4 本书概述

第 2 章介绍均值、方差、相关函数等基本概念，以重要的平稳性概念结束．第 3 章探讨趋势分析的内容，并针对常用的有确定性趋势的模型，例如有线性时间趋势及季节性均值的模型，讨论了估计和验证的方法．

自第 4 章起，开始介绍平稳时间序列的参数模型，即所谓的自回归滑动平均（ARMA）模型（也称为 Box-Jenkins 模型）．此类模型扩展后，可以涵盖某些随机非平稳的情况——ARIMA 模型，相关论述见第 5 章．

第 6、7、8 这三章介绍 ARIMA 模型核心的建模策略，包括初步设定模型的技术（见第 6 章），使用最小二乘法和极大似然法有效估计模型参数（见第 7 章），以及确定模型对数据如何更好拟合的方法（见第 8 章）．

第 9 章深入阐述 ARIMA 模型的最小均方误差预测理论与方法．第 10 章把第 4 章到第 9 章介绍的思路进一步扩展，以应用于随机季节模型分析上．后续各章探讨选定的若干高等主题．

习题

1.1 应用软件绘出与图表 1-2 一样的时间序列图，数据在名为 **larain** 的文件中[⊖]．

1.2 绘出与图表 1-3 一样的时间序列图，数据文件名是 **color**．

1.3 模拟一个长度 48，完全随机的独立正态分布过程，并绘出时间序列图．看看是否显示出"随机性"？使用不同的模拟样本，多次重复本练习．

1.4 模拟一个长度 48，完全随机、2 个自由度的独立 χ^2 分布过程，并绘出时间序列图．看看是否显示出"随机性"和非正态性？使用不同的模拟样本，多次重复本练习．

1.5 模拟一个长度 48，完全随机、5 个自由度的独立 t 分布过程，并绘出时间序列图．看看是否显示出"随机性"和非正态性？使用不同的模拟样本，多次重复本练习．

1.6 绘出与图表 1-9 一样的时间序列图，并对图上迪比克市温度序列给出月度标志，相关数据在名为 **tempdub** 的文件中．

⊖ 如果读者已从 www.r-project.org 下载并安装了 R 程序包 TSA，则 **larain** 数据可通过 R 命令 **data(larain)** 取得．在本书主页 www.stat.uiowa.edu/~kchan/TSA.htm 上也有相关数据的 ASCII 文件．

第 2 章 基 本 概 念

本章介绍时间序列模型理论中的基本概念. 特别地, 我们介绍了随机过程、均值、协方差函数、平稳过程和自相关函数等概念.

2.1 时间序列与随机过程

随机变量序列 $\{Y_t: t=0, \pm1, \pm2, \pm3, \cdots\}$ 称为一个**随机过程**, 并以之作为观测时间序列的模型. 已知该过程完整的概率结构是由所有 Y 的有限联合分布构成的分布族决定的. 幸运的是, 联合分布中的大部分信息可以通过均值、方差和协方差加以描述, 我们无需直接处理这些多元分布. 因此, 我们将把注意力集中在对一阶和二阶矩的研究上. (如果 Y 的联合分布是多元正态分布, 则所有的联合分布都可以由一阶和二阶矩完全确定.)

2.2 均值、方差和协方差

对随机过程 $\{Y_t: t=0, \pm1, \pm2, \pm3, \cdots\}$, **均值函数**定义如下:
$$\mu_t = E(Y_t), t=0, \pm1, \pm2, \cdots \tag{2.2.1}$$
即 μ_t 恰是过程在 t 时刻的期望值. 一般地, 不同时刻 μ_t 可取不同的值.

自协方差函数 $\gamma_{t,s}$ 定义如下:
$$\gamma_{t,s} = \mathrm{Cov}(Y_t, Y_s), t, s=0, \pm1, \pm2, \cdots \tag{2.2.2}$$
其中 $\mathrm{Cov}(Y_t, Y_s) = E[(Y_t - \mu_t)(Y_s - \mu_s)] = E(Y_t Y_s) - \mu_t \mu_s$.

自相关函数 $\rho_{t,s}$ 由下式给出:
$$\rho_{t,s} = \mathrm{Corr}(Y_t, Y_s), t, s=0, \pm1, \pm2, \cdots \tag{2.2.3}$$
其中
$$\mathrm{Corr}(Y_t, Y_s) = \frac{\mathrm{Cov}(Y_t, Y_s)}{\sqrt{\mathrm{Var}(Y_t)\mathrm{Var}(Y_s)}} = \frac{\gamma_{t,s}}{\sqrt{\gamma_{t,t}\gamma_{s,s}}} \tag{2.2.4}$$

在附录 A 中, 我们回顾了期望、方差、协方差和相关的基本性质.

回忆下述结论, 协方差和相关系数都是随机变量间 (线性) 相关关系的度量, 而某种程度上无量纲的相关系数更容易理解, 那么从已知的结果及前述定义, 可得如下的重要性质:

$$\left. \begin{array}{ll} \gamma_{t,t} = \mathrm{Var}(Y_t) & \rho_{t,t} = 1 \\ \gamma_{t,s} = \gamma_{s,t} & \rho_{t,s} = \rho_{s,t} \\ |\gamma_{t,s}| \leqslant \sqrt{\gamma_{t,t}\gamma_{s,s}} & |\rho_{t,s}| \leqslant 1 \end{array} \right\} \tag{2.2.5}$$

$\rho_{t,s}$ 的值接近 ± 1 时, 说明 (线性) 相关程度强, 而接近 0 时, 则说明 (线性) 相关程度弱. 若 $\rho_{t,s}=0$, 则称 Y_t 和 Y_s 不相关.

在研究不同时间序列模型协方差的性质时, 反复用到如下结论: 如果 $c_1, c_2, \cdots, c_m$ 和 $d_1, d_2, \cdots, d_n$ 表示常数, $t_1, t_2, \cdots, t_m$ 和 $s_1, s_2, \cdots, s_n$ 表示时点, 则有:

$$\mathrm{Cov}\left[\sum_{i=1}^{m} c_i Y_{t_i}, \sum_{j=1}^{n} d_j Y_{s_j}\right] = \sum_{i=1}^{m}\sum_{j=1}^{n} c_i d_j \mathrm{Cov}(Y_{t_i}, Y_{s_j}) \tag{2.2.6}$$

虽然方程（2.2.6）证明繁琐，但仅仅是直接应用了期望的线性性质．作为它的一个特例，可得如下为人熟知的结果：

$$\text{Var}\Big[\sum_{i=1}^{n} c_i Y_{t_i}\Big] = \sum_{i=1}^{n} c_i^2 \text{Var}(Y_{t_i}) + 2\sum_{i=2}^{n}\sum_{j=1}^{i-1} c_i c_j \text{Cov}(Y_{t_i}, Y_{t_j}) \tag{2.2.7}$$

随机游动

令 e_1，e_2，$\cdots$ 为均值为 0，方差是 σ_e^2 的独立同分布的随机变量序列，观测时间序列 $\{Y_t: t=1, 2, \cdots\}$ 构造如下：

$$\left.\begin{aligned} Y_1 &= e_1 \\ Y_2 &= e_1 + e_2 \\ &\vdots \\ Y_t &= e_1 + e_2 + \cdots + e_t \end{aligned}\right\} \tag{2.2.8}$$

也可写成：

$$Y_t = Y_{t-1} + e_t \tag{2.2.9}$$

其"初始条件" $Y_1 = e_1$．如果把 e 解释为沿数轴（前向或后向）游动的"步长"的大小，那么 Y_t 就是在时刻 t，"漫步者"到达的位置．根据方程（2.2.8），得到均值函数：

$$\mu_t = E(Y_t) = E(e_1 + e_2 + \cdots + e_t) = E(e_1) + E(e_2) + \cdots + E(e_t) = 0 + 0 + \cdots + 0$$

因而，对所有的 t，

$$\mu_t = 0 \tag{2.2.10}$$

还可以得到：

$$\text{Var}(Y_t) = \text{Var}(e_1 + e_2 + \cdots + e_t) = \text{Var}(e_1) + \text{Var}(e_2) + \cdots + \text{Var}(e_t) = \sigma_e^2 + \sigma_e^2 + \cdots + \sigma_e^2$$

故有

$$\text{Var}(Y_t) = t\sigma_e^2 \tag{2.2.11}$$

注意随机过程的方差随时间线性地增长．

为了了解协方差函数，假设 $1 \leqslant t \leqslant s$，那么可以得到：

$$\gamma_{t,s} = \text{Cov}(Y_t, Y_s) = \text{Cov}(e_1 + e_2 + \cdots + e_t, e_1 + e_2 + \cdots + e_t + e_{t+1} + \cdots + e_s)$$

由方程（2.2.6），我们有：

$$\gamma_{t,s} = \sum_{i=1}^{s}\sum_{j=1}^{t} \text{Cov}(e_i, e_j)$$

但是，除了 $i=j$ 以外，协方差都为 0．当 $i=j$ 时，协方差等于 $\text{Var}(e_i) = \sigma_e^2$．这样的项恰有 t 个，因此 $\gamma_{t,s} = t\sigma_e^2$．

因为 $\gamma_{t,s} = \gamma_{s,t}$，故在所有时点 t 和 s 上，可以确定自协方差函数，记为：

$$\gamma_{t,s} = t\sigma_e^2, \quad 1 \leqslant t \leqslant s \tag{2.2.12}$$

易得随机游动的自相关函数为：

$$\rho_{t,s} = \frac{\gamma_{t,s}}{\sqrt{\gamma_{t,t}\gamma_{s,s}}} = \sqrt{\frac{t}{s}}, \quad 1 \leqslant t \leqslant s \tag{2.2.13}$$

下面的数值有助于对随机游动行为的理解．

$$\rho_{1,2} = \sqrt{\frac{1}{2}} = 0.707 \qquad \rho_{8,9} = \sqrt{\frac{8}{9}} = 0.943$$

$$\rho_{24,25} = \sqrt{\frac{24}{25}} = 0.980 \qquad \rho_{1,25} = \sqrt{\frac{1}{25}} = 0.200$$

随着时间的推移,相邻时点上 Y 值的正相关程度越来越强,而另一方面,对时点相距遥远的 Y 值,其相关程度越来越弱.

一个模拟的随机游动见图表 2-1,其中 e 采样自某标准正态分布.值得注意的是,尽管在所有时点上,理论均值函数值均为 0,但方差随时间增长,并且过程在相邻时点上的取值间的相关系数接近 1,这些事实说明,应预期该过程将会在远离零均值水平处游弋.

对于从普通的股票价格波动,到液体中悬浮微粒的位置所谓的布朗运动等分布领域广泛的众多现象而言,简单的随机游动过程提供了一个很好的模型(至少在首次逼近的意义上).

图表 2-1 随机游动时间序列图

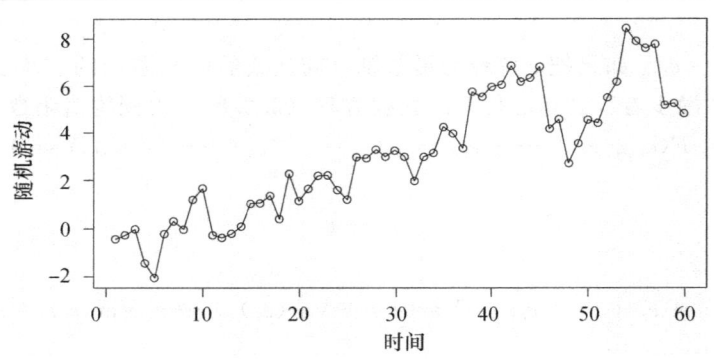

```
> win.graph(width=4.875, height=2.5,pointsize=8)
> data(rwalk) # rwalk contains a simulated random walk
> plot(rwalk,type='o',ylab='Random Walk')
```

滑动平均

举第二个例子,假设 $\{Y_t\}$ 构造如下:

$$Y_t = \frac{e_t + e_{t-1}}{2} \tag{2.2.14}$$

其中(本书均采用同样的假定)假设 e 均值为 0,方差是 σ_e^2,独立同分布.这里:

$$\mu_t = E(Y_t) = E\left\{\frac{e_t + e_{t-1}}{2}\right\} = \frac{E(e_t) + E(e_{t-1})}{2} = 0$$

$$\text{Var}(Y_t) = \text{Var}\left\{\frac{e_t + e_{t-1}}{2}\right\} = \frac{\text{Var}(e_t) + \text{Var}(e_{t-1})}{4} = 0.5\sigma_e^2$$

并且,

$$\text{Cov}(Y_t, Y_{t-1}) = \text{Cov}\left\{\frac{e_t + e_{t-1}}{2}, \frac{e_{t-1} + e_{t-2}}{2}\right\}$$

$$= \frac{\text{Cov}(e_t, e_{t-1}) + \text{Cov}(e_t, e_{t-2}) + \text{Cov}(e_{t-1}, e_{t-1})}{4} + \frac{\text{Cov}(e_{t-1}, e_{t-2})}{4}$$

$$= \frac{\text{Cov}(e_{t-1}, e_{t-1})}{4} \quad \text{（因为其他所有的协方差为 0）}$$

$$= 0.25\sigma_e^2$$

或者对所有的 t,

$$\gamma_{t,t-1} = 0.25\sigma_e^2 \tag{2.2.15}$$

进一步,有

$$\text{Cov}(Y_t, Y_{t-2}) = \text{Cov}\left\{\frac{e_t + e_{t-1}}{2}, \frac{e_{t-2} + e_{t-3}}{2}\right\} = 0 \quad \text{（因为 } e \text{ 相互独立）}$$

类似地,对 $k > 1$,$\text{Cov}(Y_t, Y_{t-k}) = 0$,因此可以写为:

$$\gamma_{t,s} = \begin{cases} 0.5\sigma_e^2 & |t-s| = 0 \\ 0.25\sigma_e^2 & |t-s| = 1 \\ 0 & |t-s| > 1 \end{cases}$$

对自相关函数,有:

$$\rho_{t,s} = \begin{cases} 1 & |t-s| = 0 \\ 0.5 & |t-s| = 1 \\ 0 & |t-s| > 1 \end{cases} \tag{2.2.16}$$

这是因为 $0.25\sigma_e^2 / 0.5\sigma_e^2 = 0.5$.

注意 $\rho_{2,1} = \rho_{3,2} = \rho_{4,3} = \rho_{9,8} = 0.5$. 无论何时出现,间隔一个单位时间的 Y 值之间具有完全相同的相关系数. 此外,$\rho_{3,1} = \rho_{4,2} = \rho_{t,t-2}$,并且更一般地,对所有的 t,都有 $\rho_{t,t-k}$ 相等. 这就引出了一个重要的平稳性的概念.

2.3 平稳性

根据观测记录对随机过程的结构进行统计推断时,通常必须对其做出某些简化的(大致合理的)假设,其中最重要的假设即是**平稳性**. 平稳性的基本思想是,决定过程特性的统计规律不随着时间的变化而变. 从一定意义上说,过程位于统计的平衡点上. 特别地,如果对一切时滞 k 和时点 $t_1, t_2, \cdots, t_n$,都有 $Y_{t_1}, Y_{t_2}, \cdots, Y_{t_n}$ 与 $Y_{t_1-k}, Y_{t_2-k}, \cdots, Y_{t_n-k}$ 的联合分布相同,则称过程 $\{Y_t\}$ 为**严平稳的**.

因此当 $n = 1$ 时,对一切 t 和 k,Y_t 的(单变量)分布与 Y_{t-k} 的相同,换言之,Y 具有相同的(边际)分布. 进而,对一切 t 和 k,有 $E(Y_t) = E(Y_{t-k})$,因此均值函数恒为常数. 另外,对所有 t 和 k,有 $\text{Var}(Y_t) = \text{Var}(Y_{t-k})$,因而方差也恒为常数.

在平稳性的定义中,令 $n = 2$,则可看出 Y_t 和 Y_s 的二元分布必与 Y_{t-k} 和 Y_{s-k} 的二元分布相同,从而对一切 t, s 和 k 有 $\text{Cov}(Y_t, Y_s) = \text{Cov}(Y_{t-k}, Y_{s-k})$. 令 $k = s$,再令 $k = t$,则有:

$$\gamma_{t,s} = \text{Cov}(Y_{t-s}, Y_0) = \text{Cov}(Y_0, Y_{s-t}) = \text{Cov}(Y_0, Y_{|t-s|}) = \gamma_{0,|t-s|}$$

即 Y_t 和 Y_s 的协方差对于时间的依赖只与时间间隔 $|t-s|$ 有关,而与实际的时刻 t 和 s 无关. 因此对平稳过程可以简化符号,记为:

$$\gamma_k = \text{Cov}(Y_t, Y_{t-k}), \quad \rho_k = \text{Corr}(Y_t, Y_{t-k}) \tag{2.3.1}$$

再注意到
$$\rho_k = \frac{\gamma_k}{\gamma_0}$$
方程（2.2.5）给出的一般性质即成为：
$$\left.\begin{array}{ll} \gamma_0 = \mathrm{Var}(Y_t) & \rho_0 = 1 \\ \gamma_k = \gamma_{-k} & \rho_k = \rho_{-k} \\ |\gamma_k| \leqslant \gamma_0 & |\rho_k| \leqslant 1 \end{array}\right\} \quad (2.3.2)$$

如果一个过程是严平稳的，并且具有有限方差，那么协方差函数一定只依赖于时间的滞后长度.

一个类似严平稳但在数学上更弱些的定义如下：一个随机过程 $\{Y_t\}$ 称为**弱**（或者**二阶矩**）平稳的条件是：

1. 均值函数在所有时间上恒为常数.
2. $\gamma_{t, t-k} = \gamma_{0, k}$，对所有的时间 t 和滞后 k.

在本书中，每当单独提及平稳概念时，通常指的都是弱平稳. 但是，如果过程的联合分布族都是多元正态分布，那么可以证明这两个定义是一致的. 对平稳过程，通常只考虑 $k \geqslant 0$.

白噪声

平稳过程中一个很重要的例子是所谓的**白噪声**过程，定义为独立同分布的随机变量序列 $\{e_t\}$. 其重要性并非源自它是有趣的模型，而是因为许多有用的过程可由白噪声过程构造出来. 显见 $\{e_t\}$ 是严平稳的，因为：

$$\begin{aligned} &\Pr(e_{t_1} \leqslant x_1, e_{t_2} \leqslant x_2, \cdots, e_{t_n} \leqslant x_n) \\ &= \Pr(e_{t_1} \leqslant x_1)\Pr(e_{t_2} \leqslant x_2)\cdots\Pr(e_{t_n} \leqslant x_n) \quad \text{（根据独立性）} \\ &= \Pr(e_{t_1-k} \leqslant x_1)\Pr(e_{t_2-k} \leqslant x_2)\cdots\Pr(e_{t_n-k} \leqslant x_n) \quad \text{（同分布）} \\ &= \Pr(e_{t_1-k} \leqslant x_1, e_{t_2-k} \leqslant x_2, \cdots, e_{t_n-k} \leqslant x_n) \quad \text{（根据独立性）} \end{aligned}$$

正如定义的要求. 再有，$\mu_t = E(e_t)$ 是常数，且

$$\gamma_k = \begin{cases} \mathrm{Var}(e_t) & k = 0 \\ 0 & k \neq 0 \end{cases}$$

另外还可以写成：

$$\rho_k = \begin{cases} 1 & k = 0 \\ 0 & k \neq 0 \end{cases} \quad (2.3.3)$$

白噪声这一术语来自于如下的事实，即对模型的频域分析表明，与白光的情形类似，模型中平等地包含了所有的频率. 我们通常假设白噪声过程具有 0 均值，且记方差 $\mathrm{Var}(e_t)$ 为 σ_e^2.

2.2 节滑动平均的例子（其中 $Y_t = (e_t + e_{t-1})/2$）是又一例用白噪声构造的平稳过程. 这里用新的符号表示该滑动平均过程为

$$\rho_k = \begin{cases} 1 & k = 0 \\ 0.5 & |k| = 1 \\ 0 & |k| \geqslant 2 \end{cases}$$

随机余弦波

这里举一个稍有不同的例子[⊖]，考虑如下定义的一个过程：

$$Y_t = \cos\left[2\pi\left(\frac{t}{12} + \Phi\right)\right] \quad t = 0, \pm 1, \pm 2, \cdots$$

其中的 Φ（一次性的）选自区间 0 到 1 上的均匀分布. 由于 Y_t 每经过 12 个时间单位等值重复自身一次，所以得自该过程的样本会显出高度的确定性，并且看似一个完美的（离散时间）余弦曲线. 但是，过程的最大值并不发生在 $t=0$ 时，而是由随机相位 Φ 决定. 相位 Φ 可解释为到 $t=0$ 时刻，一个完整的循环已完成的部分. 该过程的统计性质可计算如下：

$$E(Y_t) = E\left\{\cos\left[2\pi\left(\frac{t}{12} + \Phi\right)\right]\right\} = \int_0^1 \cos\left[2\pi\left(\frac{t}{12} + \phi\right)\right]d\phi = \frac{1}{2\pi}\sin\left[2\pi\left(\frac{t}{12} + \phi\right)\right]\Big|_{\phi=0}^1$$

$$= \frac{1}{2\pi}\left[\sin\left(2\pi\frac{t}{12} + 2\pi\right) - \sin\left(2\pi\frac{t}{12}\right)\right]$$

但因为正弦值相等，所以上式等于 0. 因此对所有时间 t，$\mu_t = 0$.

同时，

$$\gamma_{t,s} = E\left\{\cos\left[2\pi\left(\frac{t}{12} + \Phi\right)\right]\cos\left[2\pi\left(\frac{s}{12} + \Phi\right)\right]\right\}$$

$$= \int_0^1 \cos\left[2\pi\left(\frac{t}{12} + \phi\right)\right]\cos\left[2\pi\left(\frac{s}{12} + \phi\right)\right]d\phi$$

$$= \frac{1}{2}\int_0^1 \left\{\cos\left[2\pi\left(\frac{t-s}{12}\right)\right] + \cos\left[2\pi\left(\frac{t+s}{12} + 2\phi\right)\right]\right\}d\phi$$

$$= \frac{1}{2}\left\{\cos\left[2\pi\left(\frac{t-s}{12}\right)\right] + \frac{1}{4\pi}\sin\left[2\pi\left(\frac{t+s}{12} + 2\phi\right)\right]\Big|_{\phi=0}^1\right\}$$

$$= \frac{1}{2}\cos\left[2\pi\left(\frac{|t-s|}{12}\right)\right]$$

因此该过程平稳，具有自相关函数

$$\rho_k = \cos\left(2\pi\frac{k}{12}\right), \quad k = 0, \pm 1, \pm 2, \cdots \tag{2.3.4}$$

该例表明，对给定的时间序列，仅基于观测数据的时间序列图难以评估平稳性是否为一个合理的假设.

2.2 节中同样自白噪声构造得到的随机游动（其中 $Y_t = e_1 + e_2 + \cdots + e_t$）却不是平稳的. 例如，方差函数 $\mathrm{Var}(Y_t) = t\sigma_e^2$ 就不是常数；更进一步，协方差函数 $\gamma_{t,s} = t\sigma_e^2 (0 \leqslant t \leqslant s)$ 也不仅仅依赖于时滞. 但假如不直接分析 $\{Y_t\}$，而是考虑相继 Y-值的差分，用 ∇Y_t 表示，那么 $\nabla Y_t = Y_t - Y_{t-1} = e_t$，从而差分后的序列 $\{\nabla Y_t\}$ 是平稳的. 这代表了在许多应用中极为有用的一种技巧的简单示例. 显然，由于许多实际的时间序列，不是处于统计上的平衡状态，而是随时间变化不断发展的，因此不能用平稳过程对它们进行合理的建模. 但是，经常可以通过诸如差分这样的简单技巧，把非平稳序列转换成平稳的序列，在后面的章节里，这类技巧将会给我们提供有力的帮助.

⊖ 该例所涉及的可选资料，在理解本书后续大部分内容时并不是必要的，在第 13 章谱分析入门中将会用到.

2.4 小结

本章我们介绍了作为时间序列模型的随机过程的一些基本概念. 特别地, 至此读者应该非常熟悉均值函数、自协方差函数和自相关函数这些重要的概念了. 为进一步说明这些概念, 我们还研究了一些基本的过程: 随机游动、白噪声、一个简单的滑动平均和一个随机余弦波. 最后介绍的是平稳性这一贯穿全书的基本概念.

习题

2.1 假设 $E(X)=2$, $\mathrm{Var}(X)=9$, $E(Y)=0$, $\mathrm{Var}(Y)=4$ 和 $\mathrm{Corr}(X, Y)=0.25$. 求:
(a) $\mathrm{Var}(X+Y)$.
(b) $\mathrm{Cov}(X, X+Y)$.
(c) $\mathrm{Corr}(X+Y, X-Y)$.

2.2 如果 X 和 Y 是相关的, 而 $\mathrm{Var}(X)=\mathrm{Var}(Y)$, 求: $\mathrm{Cov}(X+Y, X-Y)$.

2.3 令 X 的分布均值为 μ, 方差为 σ^2, 且令 $Y_t=X$ 对所有的 t 均成立.
(a) 证明: $\{Y_t\}$ 是严平稳和弱平稳的.
(b) 求 $\{Y_t\}$ 的自协方差函数.
(c) 简略地绘出 Y_t "典型"的时序图.

2.4 令 $\{e_t\}$ 为零均值白噪声过程, 假设观测到的过程是 $Y_t=e_t+\theta e_{t-1}$, 其中 θ 或者是 3, 或者是 1/3.
(a) 求出 $\theta=3$ 和 $\theta=1/3$ 时 $\{Y_t\}$ 的自相关函数.
(b) 至此应已看出, 无论 θ 取何值, 时间序列都是平稳的, 且不管 $\theta=3$ 还是 $\theta=1/3$, 其自相关函数都相同. 为简单起见, 假设已知过程 Y_t 的均值是 0, 方差是 1. 观测 $\{Y_t\}$ 序列在 $t=1, 2, \cdots, n$ 时的值, 并假设可以得到对自相关系数 ρ_k 较好的估计. 这时, 根据 ρ_k 的估计, 能否确定 θ 取哪个值 (3 或 1/3)? 判断的理由是什么?

2.5 假设 $Y_t=5+2t+X_t$, 其中 $\{X_t\}$ 是零均值平稳序列, 具有自协方差函数 γ_k.
(a) 求 $\{Y_t\}$ 的均值函数.
(b) 求 $\{Y_t\}$ 的自协方差函数.
(c) $\{Y_t\}$ 是否平稳? 根据是什么?

2.6 设 $\{X_t\}$ 是平稳时间序列, 并且定义 $Y_t=\begin{cases} X_t & \text{当 } t \text{ 是奇数时} \\ X_t+3 & \text{当 } t \text{ 是偶数时} \end{cases}$.
(a) 证明对所有的滞后 k, $\mathrm{Cov}(Y_t, Y_{t-k})$ 与 t 无关.
(b) $\{Y_t\}$ 平稳吗?

2.7 假设 $\{Y_t\}$ 平稳, 且有自协方差函数 γ_k.
(a) 通过求 $\{W_t\}$ 的均值和自协方差函数, 证明 $W_t=\nabla Y_t=Y_t-Y_{t-1}$ 平稳.
(b) 证明: $U_t=\nabla^2 Y_t=\nabla[Y_t-Y_{t-1}]=Y_t-2Y_{t-1}+Y_{t-2}$ 是平稳的. (不必求出 $\{U_t\}$ 的均值和自协方差函数.)

2.8 假设 $\{Y_t\}$ 平稳, 自协方差函数是 γ_k. 证明对任意固定的正整数 n 及任意常数 $c_1, c_2, \cdots, c_n$,

如下定义的过程 $\{W_t\}$($W_t = c_1 Y_t + c_2 Y_{t-1} + \cdots + c_n Y_{t-n+1}$) 是平稳的. (注意：习题 2.7 是本题结论的特例.)

2.9 假设 $Y_t = \beta_0 + \beta_1 t + X_t$, 其中 $\{X_t\}$ 是零均值平稳序列, 具有自协方差函数 γ_k, 并且 β_0 和 β_1 是常数.

(a) 证明：$\{Y_t\}$ 非平稳, 但是 $W_t = \nabla Y_t = Y_t - Y_{t-1}$ 平稳.

(b) 一般地, 证明：如果 $Y_t = \mu_t + X_t$, 其中 $\{X_t\}$ 是零均值平稳序列, μ_t 是 t 的 d 阶多项式, 那么当 $m \geqslant d$ 时, $\nabla^m Y_t = \nabla(\nabla^{m-1} Y_t)$ 是平稳的; 而当 $0 \leqslant m < d$ 时非平稳.

2.10 设 $\{X_t\}$ 是零均值、单位方差的平稳过程, 具有自相关函数 ρ_k. 假设 μ_t 为非常数函数, σ_t 是取值为正的非常数函数. 观测序列形如 $Y_t = \mu_t + \sigma_t X_t$.

(a) 求过程 $\{Y_t\}$ 的均值和协方差函数.

(b) 证明过程 $\{Y_t\}$ 的自相关函数只依赖于时滞. 过程 $\{Y_t\}$ 平稳吗？

(c) 是否存在时间序列, 其均值为常数, $\mathrm{Corr}(Y_t, Y_{t-k})$ 与 t 无关, 而 $\{Y_t\}$ 是非平稳的？

2.11 假设 $\mathrm{Cov}(X_t, X_{t-k}) = \gamma_k$ 与 t 无关, 而 $E(X_t) = 3t$.

(a) $\{X_t\}$ 平稳吗？

(b) 令 $Y_t = 7 - 3t + X_t$, $\{Y_t\}$ 平稳吗？

2.12 假设 $Y_t = e_t - e_{t-12}$. 证明：$\{Y_t\}$ 平稳, 并且 $k > 0$ 时, 其自相关函数只在滞后 $k = 12$ 时非零.

2.13 令 $Y_t = e_t - \theta(e_{t-1})^2$. 这里假设白噪声序列是正态分布.

(a) 求 $\{Y_t\}$ 的自相关函数.

(b) $\{Y_t\}$ 平稳吗？

2.14 求下列过程的均值和协方差函数, 并判断每种情况下过程是否平稳.

(a) $Y_t = \theta_0 + t e_t$.

(b) $W_t = \nabla Y_t$, 其中 Y_t 由 (a) 给出.

(c) $Y_t = e_t e_{t-1}$. (可以假设 $\{e_t\}$ 是正态白噪声.)

2.15 假设 X 是零均值随机变量. 定义时间序列 $Y_t = (-1)^t X$.

(a) 求 $\{Y_t\}$ 的均值函数.

(b) 求 $\{Y_t\}$ 的协方差函数.

(c) $\{Y_t\}$ 平稳吗？

2.16 假设 $Y_t = A + X_t$, 其中 $\{X_t\}$ 平稳, 而随机变量 A 独立于 $\{X_t\}$. 用 $\{X_t\}$ 的均值和自协方差函数以及 A 的均值和方差, 求 $\{Y_t\}$ 的均值和协方差函数.

2.17 令 $\{Y_t\}$ 平稳, 自协方差函数为 γ_k. 令 $\overline{Y} = \dfrac{1}{n} \sum\limits_{t=1}^{n} Y_t$, 证明:

$$\mathrm{Var}(\overline{Y}) = \frac{\gamma_0}{n} + \frac{2}{n} \sum_{k=1}^{n-1} \left(1 - \frac{k}{n}\right) \gamma_k = \frac{1}{n} \sum_{k=-n+1}^{n-1} \left(1 - \frac{|k|}{n}\right) \gamma_k$$

2.18 设 $\{Y_t\}$ 平稳, 自协方差函数 γ_k. 定义样本方差为 $S^2 = \dfrac{1}{n-1} \sum\limits_{t=1}^{n} (Y_t - \overline{Y})^2$.

(a) 首先, 证明 $\sum\limits_{t=1}^{n} (Y_t - \mu)^2 = \sum\limits_{t=1}^{n} (Y_t - \overline{Y})^2 + n(\overline{Y} - \mu)^2$.

(b) 用 (a) 证明

$$E(S^2) = \frac{n}{n-1}\gamma_0 - \frac{n}{n-1}\mathrm{Var}(\overline{Y}) = \gamma_0 - \frac{2}{n-1}\sum_{k=1}^{n-1}(1-\frac{k}{n})\gamma_k$$

(利用习题 2.17 的结果得出最后面的表达式.)

(c) 如果 $\{Y_t\}$ 是方差为 γ_0 的白噪声过程, 证明 $E(S^2) = \gamma_0$.

2.19 令 $Y_1 = \theta_0 + e_1$, 且当 $t > 1$ 时, 用 $Y_t = \theta_0 + Y_{t-1} + e_t$ 来递推地定义 Y_t, 这里 θ_0 是常数. 则称过程 $\{Y_t\}$ 为**带漂移的随机游动**.

(a) 证明 Y_t 可以被写为 $Y_t = t\theta_0 + e_t + e_{t-1} + \cdots + e_1$.

(b) 求 Y_t 的均值函数.

(c) 求 Y_t 的自协方差函数.

2.20 考虑标准的随机游动模型: $Y_t = Y_{t-1} + e_t$, $Y_1 = e_1$.

(a) 使用上述 Y_t 的表达式, 证明在初始条件 $\mu_1 = E(e_1) = 0$, $t > 1$ 时, $\mu_t = \mu_{t-1}$. 由此, 证明对所有 t, 都有 $\mu_t = 0$.

(b) 类似地, 证明 $t > 1$, $\mathrm{Var}(Y_1) = \sigma_e^2$ 时, $\mathrm{Var}(Y_t) = \mathrm{Var}(Y_{t-1}) + \sigma_e^2$, 从而 $\mathrm{Var}(Y_t) = t\sigma_e^2$.

(c) 对 $0 \leqslant t \leqslant s$, 用 $Y_s = Y_t + e_{t+1} + e_{t+2} + \cdots + e_s$ 证明 $\mathrm{Cov}(Y_t, Y_s) = \mathrm{Var}(Y_t)$, 因而有 $\mathrm{Cov}(Y_t, Y_s) = \min(t, s)\sigma_e^2$.

2.21 对有随机初始值的随机游动, 在 $t > 0$ 时, 令 $Y_t = Y_0 + e_t + e_{t-1} + \cdots + e_1$, 其中 Y_0 的分布具有均值 μ_0、方差 σ_0^2. 进一步假设 $Y_0, e_1, \cdots, e_t$ 是相互独立的.

(a) 证明对所有 t, $E(Y_t) = \mu_0$.

(b) 证明 $\mathrm{Var}(Y_t) = t\sigma_e^2 + \sigma_0^2$.

(c) 证明 $\mathrm{Cov}(Y_t, Y_s) = \min(t, s)\sigma_e^2 + \sigma_0^2$.

(d) 证明对 $0 \leqslant t \leqslant s$, $\mathrm{Corr}(Y_t, Y_s) = \sqrt{\dfrac{t\sigma_a^2 + \sigma_0^2}{s\sigma_a^2 + \sigma_0^2}}$.

2.22 令 $\{e_t\}$ 是零均值的白噪声过程, 并令 c 为满足 $|c| < 1$ 的常数. 递推定义 Y_t 为 $Y_t = cY_{t-1} + e_t$, 其中 $Y_1 = e_1$.

(a) 证明 $E(Y_t) = 0$.

(b) 证明 $\mathrm{Var}(Y_t) = \sigma_e^2(1 + c^2 + c^4 + \cdots + c^{2t-2})$. $\{Y_t\}$ 平稳吗?

(c) 证明

$$\mathrm{Corr}(Y_t, Y_{t-1}) = c\sqrt{\frac{\mathrm{Var}(Y_{t-1})}{\mathrm{Var}(Y_t)}}$$

并且, 一般有

$$\mathrm{Corr}(Y_t, Y_{t-k}) = c^k\sqrt{\frac{\mathrm{Var}(Y_{t-k})}{\mathrm{Var}(Y_t)}}, \quad 对 k > 0$$

提示: 先证明 Y_{t-1} 与 e_t 独立, 再利用

$$\mathrm{Cov}(Y_t, Y_{t-1}) = \mathrm{Cov}(cY_{t-1} + e_t, Y_{t-1})$$

(d) 对于取值大的 t, 证明:

$$\mathrm{Var}(Y_t) \approx \frac{\sigma_e^2}{1-c^2} \text{ 和 } \mathrm{Corr}(Y_t, Y_{t-k}) \approx c^k, \quad 对 k > 0$$

基本概念

因此可以称 $\{Y_t\}$ 为**渐近平稳的**.

(e) 现在假设改变了初始条件，并且令 $Y_1 = \dfrac{e_1}{\sqrt{1-c^2}}$，证明这时 $\{Y_t\}$ 平稳.

2.23 如果对任意时点 $t_1, t_2, \cdots, t_m$ 和 $s_1, s_2, \cdots, s_n$，随机变量 $\{Z_{t_1}, Z_{t_2}, \cdots, Z_{t_m}\}$ 与随机变量 $\{Y_{s_1}, Y_{s_2}, \cdots, Y_{s_n}\}$ 都相互独立，则称这两个过程 $\{Z_t\}$ 和 $\{Y_t\}$ **独立**. 证明如果 $\{Z_t\}$ 和 $\{Y_t\}$ 是独立的随机过程，那么 $W_t = Z_t + Y_t$ 是平稳的.

2.24 令 $\{X_t\}$ 是我们感兴趣的时间序列. 但由于测量过程并不完善，实际观测到的是 $Y_t = X_t + e_t$. 假设 $\{X_t\}$ 和 $\{e_t\}$ 是相互独立的过程，称 X_t 为**信号**，e_t 为**测量噪声**或**误差过程**.

如果 $\{X_t\}$ 是平稳的，具有自相关函数 ρ_k，证明 $\{Y_t\}$ 也是平稳的，且有
$$\mathrm{Corr}(Y_t, Y_{t-k}) = \frac{\rho_k}{1 + \sigma_e^2/\sigma_X^2}, \quad \text{对 } k \geqslant 1$$

我们称 σ_X^2/σ_e^2 为**信噪比**（SNR）. 值得注意的是，SNR 越大，观测过程 $\{Y_t\}$ 的自相关函数与目标信号 $\{X_t\}$ 的自相关函数越接近.

2.25 假设 $Y_t = \beta_0 + \sum\limits_{i=1}^{k} [A_i \cos(2\pi f_i t) + B_i \sin(2\pi f_i t)]$，其中 $\beta_0, f_1, f_2, \cdots, f_k$ 是常数，$A_1, A_2, \cdots, A_k, B_1, B_2, \cdots, B_k$ 是相互独立且均值为零的随机变量，方差 $\mathrm{Var}(A_i) = \mathrm{Var}(B_i) = \sigma_i^2$. 求证 $\{Y_t\}$ 是平稳的，并求其协方差函数.

2.26 定义函数 $\Gamma_{t,s} = \dfrac{1}{2} E[(Y_t - Y_s)^2]$. 在地质统计学中，$\Gamma_{t,s}$ 称为**半方差函数**.

(a) 证明平稳过程有 $\Gamma_{t,s} = \gamma_0 - \gamma_{|t-s|}$.

(b) 如果过程的 $\Gamma_{t,s}$ 仅依赖时间差 $|t-s|$，则称其为**本质平稳的**. 证明随机游动过程是本质平稳的.

2.27 对固定的正整数 r 和常数 ϕ，考虑定义为 $Y_t = e_t + \phi e_{t-1} + \phi^2 e_{t-2} + \cdots + \phi^r e_{t-r}$ 的时间序列.

(a) 证明对 ϕ 的任意取值，过程都是平稳的.

(b) 求其自相关函数.

2.28 （扩展的随机余弦波）假设：
$$Y_t = R\cos(2\pi(ft + \Phi)), \quad t = 0, \pm 1, \pm 2, \cdots$$

其中 $0 < f < \dfrac{1}{2}$ 是固定的频率，R 和 Φ 是不相关的随机变量，Φ 服从 $(0, 1)$ 区间上的均匀分布.

(a) 证明对所有 t，$E(Y_t) = 0$.

(b) 证明该过程是平稳的，且 $\gamma_k = \dfrac{1}{2} E(R^2) \cos(2\pi f k)$.

提示：利用导出方程（2.3.4）的算法.

2.29 （进一步扩展的随机余弦波）假设
$$Y_t = \sum_{j=1}^{m} R_j \cos[2\pi(f_j t + \Phi_j)], \quad t = 0, \pm 1, \pm 2, \cdots$$

其中 $0 < f_1 < f_2 < \cdots < f_m < \frac{1}{2}$ 是 m 个固定的频率，并且 $R_1, \Phi_1, R_2, \Phi_2, \cdots, R_m, \Phi_m$ 是不相关的随机变量，每个 Φ_j 服从（0，1）区间上的均匀分布。

(a) 证明对所有 t，$E(Y_t) = 0$。

(b) 证明该过程是平稳的，且 $\gamma_k = \frac{1}{2} \sum_{j=1}^{m} E(R_j^2) \cos(2\pi f_j k)$。

提示：先做习题 2.28。

2.30 （需要数理统计知识）假设
$$Y_t = R\cos[2\pi(ft + \Phi)], \quad t = 0, \pm 1, \pm 2, \cdots$$
其中 R 和 Φ 是相互独立的随机变量，f 是固定的频率。假设相位 Φ 服从（0，1）上的均匀分布，振幅 R 服从瑞利分布，对 $r > 0$，其概率密度分布（pdf）$f(r) = re^{-r^2/2}$。证明在每个时点 t，Y_t 服从正态分布。（提示：令 $Y = R\cos[2\pi(ft + \Phi)]$，$X = R\sin[2\pi(ft + \Phi)]$。求 X 和 Y 的联合分布。还可以证明，所有的有限维分布都是多元正态分布，因此该过程是严平稳的。）

附录 A 期望、方差、协方差和相关系数

本附录中，我们将定义连续随机变量的期望。但是，这里描述的所有性质对于各类随机变量都成立，无论它是离散的、连续的，或者其他的类型。令 X 具有概率密度函数 $f(x)$，并且令 (X, Y) 对具有联合概率密度函数 $f(x, y)$。

定义 X 的**期望值**为：$E(X) = \int_{-\infty}^{\infty} x f(x) dx$。

（如果 $\int_{-\infty}^{\infty} |x| f(x) dx < \infty$；否则 $E(X)$ 无法定义。）$E(X)$ 也称为 X 的**期望**，或 X 的**均值**，并且经常记为 μ 或 μ_X。

期望的性质

如果函数 $h(x)$ 满足 $\int_{-\infty}^{\infty} |h(x)| f(x) dx < \infty$，则可以证明
$$E[h(X)] = \int_{-\infty}^{\infty} h(x) f(x) dx$$

类似地，如果 $\int_{-\infty}^{\infty} \int_{-\infty}^{\infty} |h(x, y)| f(x, y) dx dy < \infty$，可以证明

$$E[h(X, Y)] = \int_{-\infty}^{\infty} \int_{-\infty}^{\infty} h(x, y) f(x, y) dx dy \tag{2.A.1}$$

作为方程（2.A.1）的推论，容易得到如下重要结论：
$$E(aX + bY + c) = aE(X) + bE(Y) + c \tag{2.A.2}$$

还有

基本概念

$$E(XY) = \int_{-\infty}^{\infty}\int_{-\infty}^{\infty} xy f(x,y) \mathrm{d}x \mathrm{d}y \tag{2.A.3}$$

随机变量 X 的**方差**定义为：

$$\mathrm{Var}(X) = E\{[X - E(X)]^2\} \tag{2.A.4}$$

(只要 $E(X^2)$ 存在). X 的方差经常记作 σ^2 或 σ_X^2.

方差的性质

$$\mathrm{Var}(X) \geqslant 0 \tag{2.A.5}$$

$$\mathrm{Var}(a + bX) = b^2 \mathrm{Var}(X) \tag{2.A.6}$$

如果 X 与 Y 相互独立，那么

$$\mathrm{Var}(X + Y) = \mathrm{Var}(X) + \mathrm{Var}(Y) \tag{2.A.7}$$

一般地，可以证明：

$$\mathrm{Var}(X) = E(X^2) - [E(X)]^2 \tag{2.A.8}$$

方差 X 的正数平方根称为 X 的**标准差**，且常记为 σ 或 σ_X. 随机变量 $(X - \mu_X)/\sigma_X$ 称为 X 的**标准化形式**. 分别地，标准化变量的均值和标准差总是 0 和 1.

X 与 Y 的**协方差**定义为 $\mathrm{Cov}(X, Y) = E[(X - \mu_X)(Y - \mu_Y)]$.

协方差的性质

$$\mathrm{Cov}(a + bX, c + dY) = bd \mathrm{Cov}(X, Y) \tag{2.A.9}$$

$$\mathrm{Var}(X + Y) = \mathrm{Var}(X) + \mathrm{Var}(Y) + 2\mathrm{Cov}(X, Y) \tag{2.A.10}$$

$$\mathrm{Cov}(X + Y, Z) = \mathrm{Cov}(X, Z) + \mathrm{Cov}(Y, Z) \tag{2.A.11}$$

$$\mathrm{Cov}(X, X) = \mathrm{Var}(X) \tag{2.A.12}$$

$$\mathrm{Cov}(X, Y) = \mathrm{Cov}(Y, X) \tag{2.A.13}$$

如果 X 与 Y 相互独立，那么

$$\mathrm{Cov}(X, Y) = 0 \tag{2.A.14}$$

X 与 Y 的**相关系数**用 $\mathrm{Corr}(X, Y)$ 或者 ρ 表示，定义如下：

$$\rho = \mathrm{Corr}(X, Y) = \frac{\mathrm{Cov}(X, Y)}{\sqrt{\mathrm{Var}(X) \mathrm{Var}(Y)}}$$

另外，如果 X^* 是 X 标准化后的变量，Y^* 是 Y 标准化后的变量，则 $\rho = E(X^* Y^*)$.

相关的性质

$$-1 \leqslant \mathrm{Corr}(X, Y) \leqslant 1 \tag{2.A.15}$$

$$\mathrm{Corr}(a + bX, c + dY) = \mathrm{sign}(bd) \mathrm{Corr}(X, Y)$$

$$\text{其中 } \mathrm{sign}(bd) = \begin{cases} 1 & \text{若 } bd > 0 \\ 0 & \text{若 } bd = 0 \\ -1 & \text{若 } bd < 0 \end{cases} \tag{2.A.16}$$

$\mathrm{Corr}(X, Y) = \pm 1$ 的充要条件是，存在常数 a 和 b，使得 $\mathrm{Pr}(Y = a + bX) = 1$.

第3章 趋　　势

一般时间序列的均值函数是完全任意的时间函数．平稳时间序列的均值函数一定是时域上的常数．通常需要站在中间的立场上考虑相对简单的时域均值函数（但不是常数）．本章研究这类趋势．

3.1 确定性趋势与随机趋势

"趋势"可能是难以琢磨的．同一个时间序列在不同的分析者看来可能非常不同．图表 2-1 中模拟的随机游动过程可以看做具有一个普通的上升趋势．然而，我们知道随机游动过程在任何时间上都有零均值．在相邻时点上序列值存在很强的正相关，并且随机过程的方差随时间的增加而增加，表面上的趋势只是因此得到的产物．对完全一样的过程进行第二次和第三次的模拟可能展现完全不同的"趋势"．练习中，我们要求你进行额外的模拟．有些作者把这样的趋势称为**随机趋势**（见 Box，Jenkins 和 Reinsel，1994），尽管还没有被普遍接受的随机趋势的定义．

图表 1-7 所绘制的月平均气温序列显示出周期性的或季节性的趋势，存在这个趋势的原因很明显——北半球对太阳的倾斜度不断变化．这种情况下，一个可能的模型是 $Y_t = \mu_t + X_t$，其中 μ_t 是具有周期 12 的确定函数，即 μ_t 应该满足

$$\mu_t = \mu_{t-12}, \quad 对所有 t$$

我们可以假设围绕 μ_t 无法观测到的扰动 X_t 对所有的 t 都有零均值，因此，实际上 μ_t 是观测序列 Y_t 的均值函数．与之前讨论的随机趋势相比，我们可以把这种模型描述成具有**确定趋势**．其他情况下，我们可以假设确定趋势关于时间是线性的（即 $\mu_t = \beta_0 + \beta_1 t$），或者具有二次时间趋势，即 $\mu_t = \beta_0 + \beta_1 t + \beta_2 t^2$．注意，模型 $Y_t = \mu_t + X_t$ 对所有的 t 有 $E(X_t) = 0$，这意味着在任何时间都有确定趋势 μ_t．所以，如果 $\mu_t = \beta_0 + \beta_1 t$，我们假设相同的线性时间趋势一直适用．因此，我们应该有合理的理由来假设这样的模型——不仅仅是因为在观测期内序列看上去是线性的．

本章我们考虑为确定趋势建模的方法．随机趋势将在第 5 章讨论，随机季节模型会在第 10 章讨论．很多作者都仅仅用趋势代表缓慢变化的均值函数，比如线性时间趋势，并用术语季节项表示周期变化的均值函数．这里，看得出作此区分没有多少意义．

3.2 常数均值的估计

我们首先来考虑简单的情况，假设均值函数是常数．因此，模型可以写为

$$Y_t = \mu + X_t \tag{3.2.1}$$

其中对所有的 t 有 $E(X_t) = 0$．我们希望用观测到的时间序列 $Y_1, Y_2, \cdots, Y_n$ 来估计 μ．最常用的 μ 的估计是样本均值或平均数，定义为

$$\overline{Y} = \frac{1}{n} \sum_{t=1}^{n} Y_t \tag{3.2.2}$$

在对方程 （3.2.1） 最少的假设下，可以看出 $E(\overline{Y}) = \mu$，因此，$\overline{Y}$ 是 μ 的无偏估计量．为

了得到 $\overline{Y}$ 作为 μ 的估计量的精确度,我们需要对 X_t 做进一步的假设.

假设 $\{Y_t\}$(或等价地,方程 (3.2.1) 中的 $\{X_t\}$)是平稳时间序列,具有自相关函数 ρ_k. 那么根据习题 2.17,我们知道

$$\mathrm{Var}(\overline{Y}) = \frac{\gamma_0}{n}\left[\sum_{k=-n+1}^{n-1}\left(1-\frac{|k|}{n}\right)\rho_k\right] = \frac{\gamma_0}{n}\left[1+2\sum_{k=1}^{n-1}\left(1-\frac{k}{n}\right)\rho_k\right] \quad (3.2.3)$$

注意,第一个因子 γ_0/n 是随机过程的(总体)方差除以样本容量——是在简单随机抽样下我们熟悉的概念. 如果方程 (3.2.1) 中的序列 $\{X_t\}$ 恰好是白噪声,那么对所有 $k>0$ 有 $\rho_k=0$,并且 $\mathrm{Var}(\overline{Y})$ 变成简单的 γ_0/n.

在(平稳)滑动平均模型中 $Y_t = e_t - 1/2 e_{t-1}$,我们得到 $\rho_1 = -0.4$,并且对所有 $k>1$ 有 $\rho_k=0$. 在这种情况下,有

$$\mathrm{Var}(\overline{Y}) = \frac{\gamma_0}{n}\left[1+2\left(1-\frac{1}{n}\right)(-0.4)\right] = \frac{\gamma_0}{n}\left[1-0.8\left(\frac{n-1}{n}\right)\right]$$

对于在时间序列中通常的 n 值(例如 $n>50$),因子 $(n-1)/n$ 会接近于 1,因此,我们得到

$$\mathrm{Var}(\overline{Y}) \approx 0.2\frac{\gamma_0}{n}$$

我们看到相对于白噪声(随机抽样)情况,1 阶滞后的负相关改进了均值的估计. 因为序列趋于围绕均值前后摆动,所以获得的样本均值更精确.

另一方面,如果对所有 $k\geq 1$ 有 $\rho_k\geq 0$,那么从方程 (3.2.3) 可以看出 $\mathrm{Var}(\overline{Y})$ 将会大于 γ_0/n. 此时正相关性使得对均值的估计比在白噪声情况下更困难. 一般地,有些是正相关,有些是负相关,所以需使用方程 (3.2.3) 来评估总的效应.

很多平稳过程随着滞后的增加,自相关函数迅速衰减,即

$$\sum_{k=0}^{\infty}|\rho_k| < \infty \quad (3.2.4)$$

(第 2 章的随机余弦波是例外.)

在假设方程 (3.2.4) 和给定的充分大的样本容量 n 下,从方程 (3.2.3) 可以得到下面有用的近似(例如,参阅 Anderson,1971,459 页)

$$\mathrm{Var}(\overline{Y}) \approx \frac{\gamma_0}{n}\left[\sum_{k=-\infty}^{\infty}\rho_k\right], \quad n \text{ 充分大} \quad (3.2.5)$$

注意,按照该近似,方差与样本容量 n 成反比.

例如,假设对所有 k 有 $\rho_k = \phi^{|k|}$,其中 ϕ 严格介于 -1 与 1 之间. 等比序列求和得到

$$\mathrm{Var}(\overline{Y}) \approx \frac{(1+\phi)\gamma_0}{(1-\phi)n} \quad (3.2.6)$$

对于非平稳过程(但是有常数均值),作为 μ 的估计量的样本均值的精确度会非常不同. 作为一个有用的例子,假设方程 (3.2.1) 中 $\{X_t\}$ 是如第 2 章描述的随机游动过程. 那么,从方程 (2.2.8) 可以直接得到

$$\mathrm{Var}(\overline{Y}) = \frac{1}{n^2}\mathrm{Var}\left[\sum_{i=1}^{n}Y_i\right] = \frac{1}{n^2}\mathrm{Var}\left[\sum_{i=1}^{n}\sum_{j=1}^{i}e_j\right]$$

$$= \frac{1}{n^2}\mathrm{Var}(e_1 + 2e_2 + 3e_3 + \cdots + ne_n) = \frac{\sigma_e^2}{n^2}\sum_{k=1}^{n}k^2$$

所以

$$\text{Var}(\overline{Y}) = \sigma_e^2 (2n+1) \frac{(n+1)}{6n} \tag{3.2.7}$$

注意，在这个特例中，均值估计量的方差实际上随样本容量 n 的增加而增大. 显然，这是不可接受的，对非平稳序列，我们需要考虑其他估计方法.

3.3 回归方法

传统的回归分析统计方法可以用来方便地估计一般的非常数均值趋势模型的参数. 我们将介绍最有用的几种：线性趋势、二次趋势、季节性均值趋势和余弦趋势.

时间的线性趋势和二次趋势

考虑如下的确定时间趋势：

$$\mu_t = \beta_0 + \beta_1 t \tag{3.3.1}$$

其中 β_1 和 β_0 分别代表斜率和截距，是未知的参数. 选择古典最小二乘（或回归）法来估计 β_1 和 β_0 的值，该方法最小化

$$Q(\beta_0, \beta_1) = \sum_{t=1}^{n} [Y_t - (\beta_0 + \beta_1 t)]^2$$

求解方式有好几种，例如，通过计算关于两个 β 的偏导数，使偏导数等于零，并且求解得到的关于 β 的线性方程组. 用 $\hat{\beta}_0$ 和 $\hat{\beta}_1$ 表示得到的解，我们有

$$\hat{\beta}_1 = \frac{\sum_{t=1}^{n}(Y_t - \overline{Y})(t - \overline{t})}{\sum_{t=1}^{n}(t - \overline{t})^2}$$

$$\hat{\beta}_0 = \overline{Y} - \hat{\beta}_1 \overline{t} \tag{3.3.2}$$

其中 $\overline{t} = (n+1)/2$ 是 $1, 2, \cdots, n$ 的平均数. 这些公式可以被稍微简化，而且这些简化的公式也都为人所熟知. 然而，我们假设计算可以由统计软件完成，在此不再探讨 $\hat{\beta}_0$ 和 $\hat{\beta}_1$ 的其他表达式.

示例

考虑展现在图表 2-1 中的随机游动过程. 假如（错误地）把它当成线性时间趋势并通过最小二乘回归法估计其斜率和截距. 应用统计软件得到图表 3-1.

图表 3-1 线性时间趋势的最小二乘回归估计

	估 计	标准误差	t 值	$\Pr(>|t|)$
截距	−1.008	0.2972	−3.39	0.001 26
时间	0.1341	0.008 48	15.82	<0.0001

```
> data(rwalk)
> model1=lm(rwalk~time(rwalk))
> summary(model1)
```

趋　势

此处估计的斜率和截距分别是 $\hat{\beta}_1 = 0.1341$ 和 $\hat{\beta}_0 = -1.008$. 图表 3-2 展示了随机游动并叠加了最小二乘回归趋势线. 稍后，我们将在 3.5 节进一步分析回归结果，并发现用直线来拟合这些数据是不恰当的.

图表 3-2　随机游动与线性时间趋势

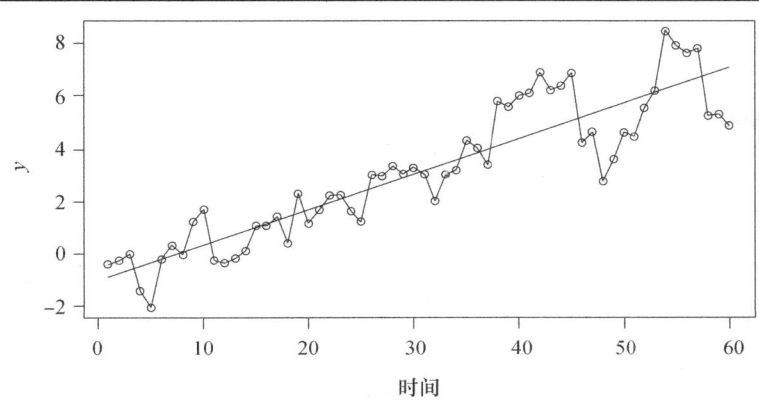

```
> win.graph(width=4.875, height=2.5,pointsize=8)
> plot(rwalk,type='o',ylab='y')
> abline(model1) # add the fitted least squares line from model1
```

周期性或季节性趋势

现在考虑对季节性趋势进行建模和估计，比如图表 1-7 中的月平均气温数据. 此处，我们假设观测到的序列可以表示为

$$Y_t = \mu_t + X_t$$

其中，对所有 t，$E(X_t) = 0$.

对月度季节性数据，对 μ_t 最常用的假设是存在 12 个常数（参数）$\beta_1, \beta_2, \cdots, \beta_{12}$，它们给出了 12 个月每月的期望平均气温. 我们可以记为

$$\mu_t = \begin{cases} \beta_1 & t = 1, 13, 25, \cdots \\ \beta_2 & t = 2, 14, 26, \cdots \\ \vdots \\ \beta_{12} & t = 12, 24, 36, \cdots \end{cases} \quad (3.3.3)$$

该模型有时被称为**季节均值模型**.

作为该模型的一个例子，考虑展示在图表 1-7 中的月平均气温数据. 为拟合该模型，需要构造指针变量（有时也称为虚拟变量）以表明每个数据点所属的月份. 完成这一过程依赖于你使用的特定的统计软件. 还需要注意的是，所述模型不包含截距项，软件也需要了解这点. 另外，我们可以使用截距项，但要删去方程 (3.3.3) 中的任何一个 β.

图表 3-3 展示了对气温数据拟合的季节均值模型的结果. 此时，报告中的 t 值和 $\Pr(>|t|)$ 值都没有多大意义，因为它们都与检验零假设 β 等于零（此时并非是个有意义的假设）有关.

图表 3-3　季节均值模型回归结果

	估　计	标准误差	t 值	$\Pr(>|t|)$
1 月	16.608	0.987	16.8	<0.0001
2 月	20.650	0.987	20.9	<0.0001
3 月	32.475	0.987	32.9	<0.0001
4 月	46.525	0.987	47.1	<0.0001
5 月	58.092	0.987	58.9	<0.0001
6 月	67.500	0.987	68.4	<0.0001
7 月	71.717	0.987	72.7	<0.0001
8 月	69.333	0.987	70.2	<0.0001
9 月	61.025	0.987	61.8	<0.0001
10 月	50.975	0.987	51.6	<0.0001
11 月	36.650	0.987	37.1	<0.0001
12 月	23.642	0.987	24.0	<0.0001

```
> data(tempdub)
> month.=season(tempdub) # period added to improve table display
> model2=lm(tempdub~month.-1) # -1 removes the intercept term
> summary(model2)
```

图表 3-4 显示了我们拟合的模型包括截距项时结果是如何变化的. 此时, 软件去掉了 1 月份系数. 现在 2 月份系数表示 1 月份平均气温与 2 月份平均气温的差异, 3 月份系数表示 3 月份和 1 月份平均气温的差异, 以此类推. 同样, 这种情况下, t 值和 $\Pr(>|t|)$ (p 值) 是检验没有多大意义的假设. 注意, 此时截距系数加上 2 月份系数正好等于图表 3-3 中的 2 月份系数.

图表 3-4　带截距项的季节均值模型回归结果

	估　计	标准误差	t 值	$\Pr(>|t|)$
1 月	16.608	0.987	16.83	<0.0001
2 月	4.042	1.396	2.90	0.00443
3 月	15.867	1.396	11.37	<0.0001
4 月	29.917	1.396	21.43	<0.0001
5 月	41.483	1.396	29.72	<0.0001
6 月	50.892	1.396	36.46	<0.0001
7 月	55.108	1.396	39.48	<0.0001
8 月	52.725	1.396	37.78	<0.0001
9 月	44.417	1.396	31.82	<0.0001
10 月	34.367	1.396	24.62	<0.0001
11 月	20.042	1.396	14.36	<0.0001
12 月	7.033	1.396	5.04	<0.0001

```
> model3=lm(tempdub~month.) # January is dropped automatically
> summary(model3)
```

余弦趋势

月度数据的季节均值模型包含了 12 个独立的参数,但完全没有考虑季节趋势的形状. 例如,3 月份和 4 月份的均值非常接近(但与 6 月份和 7 月份不同)的事实并没有在模型中反映出来. 某些情况下,季节趋势可以简洁地用余弦曲线来模型化,余弦曲线能在反映从一个时期到另一个时期的平滑变化的同时仍然保留季节性.

考虑用下面方程表示的余弦曲线:

$$\mu_t = \beta\cos(2\pi ft + \Phi) \tag{3.3.4}$$

我们称 $\beta(>0)$ 为曲线的振幅,f 为曲线的频率,Φ 为曲线的相位. 随着 t 的变化,曲线在最大值 β 和最小值 $-\beta$ 之间摆动. 鉴于每 $1/f$ 个时间单位曲线严格重复自身,$1/f$ 被称作余弦波动的周期. 正如在第 2 章中指出的一样,Φ 代表在时间轴上的任意初始值. 对用时间标记 $1,2,\cdots$ 的月度数据,最重要的频率是 $f=1/12$,因为这样的余弦波动每 12 个月重复一次. 我们称这个周期为 12.

方程 (3.3.4) 不便于估计,因为参数 β 和 Φ 在表达式中不是线性的. 幸运的是,存在三角函数的恒等式,可以把方程 (3.3.4) 重新参数化为更便利的形式,即

$$\beta\cos(2\pi ft + \Phi) = \beta_1\cos(2\pi ft) + \beta_2\sin(2\pi ft) \tag{3.3.5}$$

其中

$$\beta = \sqrt{\beta_1^2 + \beta_2^2}, \quad \Phi = \mathrm{atan}(-\beta_2/\beta_1) \tag{3.3.6}$$

而且,求逆得到

$$\beta_1 = \beta\cos(\Phi), \quad \beta_2 = \beta\sin(\Phi) \tag{3.3.7}$$

为了用回归技术估计参数 β_1 和 β_2,我们简单地用 $\cos(2\pi ft)$ 和 $\sin(2\pi ft)$ 作为回归变量或者预告变量.

这类趋势模型中最简单的可以表示如下:

$$\mu_t = \beta_0 + \beta_1\cos(2\pi ft) + \beta_2\sin(2\pi ft) \tag{3.3.8}$$

这里的常数项 β_0 可以被认为是频率为零的余弦.

在任何实际例子中,我们必须注意是怎么度量时间的,因为时间度量的选择会影响我们关心的频率值. 比如,如果我们有月度数据以 $1,2,3,\cdots$ 为时间尺度,那么 $1/12$ 就是我们最关心的频率,相应的周期是 12 个月. 但是,如果我们以年和年的比率来度量时间,比如,1980 表示 1 月,1 980.083 33 表示 1980 年的 2 月,以此类推,那么频率 1 对应着一年或 12 个月的周期.

图表 3-5 是一个在基础频率上对月平均气温序列拟合的余弦曲线的例子.

图表 3-5 气温序列的余弦趋势模型

系 数	估 计	标准误差	t 值	$\Pr(>|t|)$
截距	46.2660	0.3088	149.82	<0.0001
$\cos(2\pi t)$	−26.7079	0.4367	−61.15	<0.0001
$\sin(2\pi t)$	−2.1697	0.4367	−4.97	<0.0001

```
> har.=harmonic(tempdub,1)
> model4=lm(tempdub~har.)
> summary(model4)
```

在这个输出结果中,时间是以年度量的,以 1964 年为最初值,1 年为频率. 时间序列值与拟合的余弦曲线一起展示在图表 3-6 中. 趋势对数据拟合得相当好,除了多数 1 月份的值,这里 1 月份的观测值低于模型的预测值.

图表 3-6 气温序列的余弦趋势

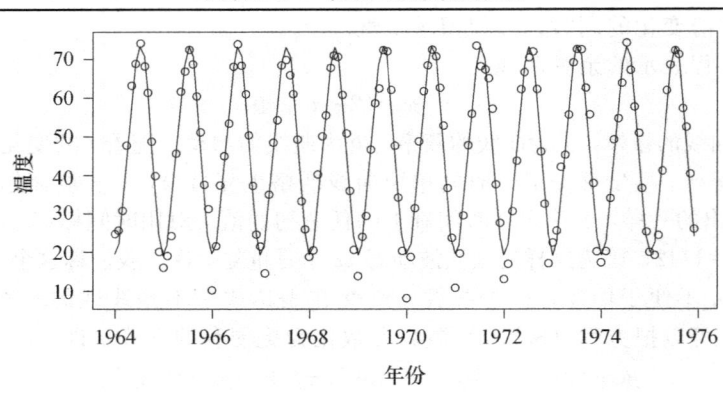

```
> win.graph(width=4.875, height=2.5,pointsize=8)
> plot(ts(fitted(model4),freq=12,start=c(1964,1)),
    ylab='Temperature',type='l',
> ylim=range(c(fitted(model4),tempdub))); points(tempdub)
> # ylim ensures that the y axis range fits the raw data and the
    fitted values
```

另外的具有其他频率的余弦函数经常被用于建立周期性趋势模型. 对于月度序列,较高的谐波频率(如 2/12 和 3/12)会更适合并且有时会增加模型的拟合度,但是要以在模型中增加更多参数为代价. 实际上,可以证明任何具有周期为 12 的周期性趋势都可以严格地表示为 6 对余弦-正弦函数之和. 这些概念会在傅里叶分析或谱分析中详细论述. 我们将在第 13 章和第 14 章进一步讨论这些概念.

3.4 回归估计的可靠性和有效性

我们假设序列可以表示为 $Y_t = \mu_t + X_t$,其中 μ_t 是之前讨论的确定趋势,$\{X_t\}$ 是零均值平稳过程,自协方差函数和自相关函数分别是 γ_k 和 ρ_k. 不管我们拟合的是线性时间趋势、季节性趋势、余弦趋势还是其他趋势,普通回归都是根据最小二乘法的原则在线性模型中估计参数.

我们首先来考虑最简单的情况——季节性均值. 如前所述,季节性均值的最小二乘估计仅仅是季节平均数. 因此,如果有(完整的)N 年的月度数据,则对第 j 个季度均值的估计,我们可以表示为

$$\hat{\beta}_j = \frac{1}{N} \sum_{i=0}^{N-1} Y_{j+12i}$$

因为 $\hat{\beta}_j$ 是像 $\overline{Y}$ 一样的平均数,但是只用了每隔 12 期的观测值,我们可以很容易地修正方

程 (3.2.3) 得到 $\text{Var}(\hat{\beta}_j)$. 用 N(年) 代替 n, 用 ρ_{12k} 代替 ρ_k 得到

$$\text{Var}(\hat{\beta}_j) = \frac{\gamma_0}{N}\left[1 + 2\sum_{k=1}^{N-1}\left(1 - \frac{k}{N}\right)\rho_{12k}\right], \quad j = 1, 2, \cdots, 12 \tag{3.4.1}$$

我们注意到, 如果 $\{X_t\}$ 是白噪声, 则 $\text{Var}(\hat{\beta}_j)$ 简化为 γ_0/N, 正如预期的那样. 进一步, 如果某几个 ρ_k 不为零但 $\rho_{12k}=0$, 那么我们也仍然有 $\text{Var}(\hat{\beta}_j) = \gamma_0/N$. 不管什么情况, 只有季节自相关系数 ρ_{12}, ρ_{24}, ρ_{36}, … 出现在方程 (3.4.1) 中. 因为 N 几乎不会太大 (可能除了季度数据), 像方程 (3.2.5) 那样的近似通常没什么用处.

现在我们讨论方程 (3.3.8) 中表示的余弦趋势. 对于任何形如 $f = m/n$ 的频率, 其中 m 是满足 $1 \leq m < n/2$ 的整数, 余弦和正弦的振幅 $\hat{\beta}_1$ 和 $\hat{\beta}_2$ 的估计存在明确的表达式:

$$\hat{\beta}_1 = \frac{2}{n}\sum_{t=1}^{n}\left[\cos\left(\frac{2\pi mt}{n}\right)Y_t\right], \quad \hat{\beta}_2 = \frac{2}{n}\sum_{t=1}^{n}\left[\sin\left(\frac{2\pi mt}{n}\right)Y_t\right] \tag{3.4.2}$$

(这些实际上是时间序列 $\{Y_t\}$ 与频率为 m/n 的余弦和正弦波的相关系数.)

因为这些是关于 $\{Y_t\}$ 的线性函数, 所以可以用方程 (2.2.6) 计算它们的方差. 我们得到

$$\text{Var}(\hat{\beta}_1) = \frac{2\gamma_0}{n}\left[1 + \frac{4}{n}\sum_{s=2}^{n}\sum_{t=1}^{s-1}\cos\left(\frac{2\pi mt}{n}\right)\cos\left(\frac{2\pi ms}{n}\right)\rho_{s-t}\right] \tag{3.4.3}$$

其中我们用到 $\sum_{t=1}^{n}[\cos(2\pi mt/n)]^2 = n/2$ 这个事实, 但是, 方程 (3.4.3) 中两次求和一般不能进一步简化. 如果用正弦代替余弦, 则可以得到关于 $\text{Var}(\hat{\beta}_2)$ 的一个类似的表达式.

如果 $\{X_t\}$ 是白噪声, 我们恰好得到 $2\gamma_0/n$. 如果 $\rho_1 \neq 0$, $\rho_k = 0$ (对 $k > 1$), 而且 $m/n = 1/12$, 那么方差化简为

$$\text{Var}(\hat{\beta}_1) = \frac{2\gamma_0}{n}\left[1 + \frac{4\rho_1}{n}\sum_{t=1}^{n-1}\cos\left(\frac{\pi t}{6}\right)\cos\left(\frac{\pi(t+1)}{6}\right)\right] \tag{3.4.4}$$

为了说明余弦项的效用, 我们计算了几个有代表性的值:

n	$\text{Var}(\hat{\beta}_1)$
25	$\left(\frac{2\gamma_0}{n}\right)(1 + 1.71\rho_1)$
50	$\left(\frac{2\gamma_0}{n}\right)(1 + 1.75\rho_1)$
500	$\left(\frac{2\gamma_0}{n}\right)(1 + 1.73\rho_1)$
∞	$\left(\frac{2\gamma_0}{n}\right)\left(1 + 2\rho_1\cos\left(\frac{\pi}{6}\right)\right) = \left(\frac{2\gamma_0}{n}\right)(1 + 1.732\rho_1)$ (3.4.5)

如果 $\rho_1 = -0.4$, 那么大样本下方程 (3.4.5) 中的乘数是 $1 + 1.732(-0.4) = 0.307$, 相对于白噪声的情况, 方差降低了大约 70%.

在某些情况下, 季节性均值和余弦趋势可以被认为是对周期性趋势建模的竞争对手. 假如简洁的余弦模型是适当的, 那么使用不太简洁的季节均值模型损失有多严重呢? 要解决这个问题, 我们必须首先考虑如何比较模型. 参数本身不能直接比较, 但是我们可以在可比较的时点上比较趋势的估计.

考虑 1 月份趋势的两个估计量，即 $\hat{\mu}_1$. 利用季节均值，该估计量仅仅是 1 月份的平均数，方差由方程（3.4.1）给出. 利用余弦趋势模型，相应的估计量是

$$\hat{\mu}_1 = \hat{\beta}_0 + \hat{\beta}_1 \cos\left(\frac{2\pi}{12}\right) + \hat{\beta}_2 \sin\left(\frac{2\pi}{12}\right)$$

为了计算这个估计量的方差，我们需要更多的条件：该模型中 $\hat{\beta}_0$, $\hat{\beta}_1$ 和 $\hat{\beta}_2$ 是无关的⊖. 这是源于所含余弦和正弦的正交关系. 可查阅 Bloomfield(1976) 或者 Fuller(1996) 来了解更多的细节. 因此，对这个余弦模型，我们有

$$\mathrm{Var}(\hat{\mu}_1) = \mathrm{Var}(\hat{\beta}_0) + \mathrm{Var}(\hat{\beta}_1)\left[\cos\left(\frac{2\pi}{12}\right)\right]^2 + \mathrm{Var}(\hat{\beta}_2)\left[\sin\left(\frac{2\pi}{12}\right)\right]^2 \tag{3.4.6}$$

在首次比较时，假设随机项是白噪声. 那么在季节性均值模型中估计量的方差就是 γ_0/N. 在余弦模型中，我们用方程（3.4.6）和方程（3.4.4）以及相应的正弦等式，得到

$$\mathrm{Var}(\hat{\mu}_1) = \frac{\gamma_0}{n}\left\{1 + 2\left[\cos\left(\frac{\pi}{6}\right)\right]^2 + 2\left[\sin\left(\frac{\pi}{6}\right)\right]^2\right\} = 3\frac{\gamma_0}{n}$$

这是因为 $(\cos\theta)^2 + (\sin\theta)^2 = 1$. 因此，余弦模型的标准差与季节均值模型的标准差的比率是

$$\sqrt{\frac{3\gamma_0/n}{\gamma_0/N}} = \sqrt{\frac{3N}{n}}$$

特别地，对月度气温序列，我们有 $n=144$ 和 $N=12$，因此，比率等于

$$\sqrt{\frac{3(12)}{144}} = 0.5$$

由此可见，在余弦模型中，1 月效应估计量的标准差只是用季节均值模型估计的一半——这是一个实质的收获.（当然，其前提假设为余弦趋势加白噪声模型是正确的模型.）

现在假设随机项使得 $\rho_1 \neq 0$ 但 $\rho_k = 0(k>1)$. 对季节均值模型，1 月份效应估计量的方差不会改变（见方程（3.4.1））. 对余弦趋势模型，如果样本容量足够大，则可以使用方程（3.4.5），即关于 $\mathrm{Var}(\hat{\beta}_2)$ 的相同的表达式和关于 $\mathrm{Var}(\hat{\beta}_0)$ 的方程（3.2.3）来获得

$$\mathrm{Var}(\hat{\mu}_1) = \frac{\gamma_0}{n}\left\{1 + 2\rho_1 + 2\left[1 + 2\rho_1 \cos\left(\frac{2\pi}{12}\right)\right]\right\} = \frac{\gamma_0}{n}\left\{3 + 2\rho_1\left[1 + 2\cos\left(\frac{\pi}{6}\right)\right]\right\}$$

如果 $\rho_1 = -0.4$，那么有 $0.814\gamma_0/n$，并且余弦情况下的标准差与季节均值情况下的标准差的比率是

$$\sqrt{\left[\frac{(0.814\gamma_0)/n}{\gamma_0/N}\right]} = \sqrt{\frac{0.814N}{n}}$$

如果令 $n=144$，$N=12$，那么比率是

$$\sqrt{\frac{0.814(12)}{144}} = 0.26$$

的确是大幅度地下降！

现在我们转向线性时间趋势. 对这类趋势来说，关于 $\hat{\beta}_1$ 的方程（3.3.2）的另一个公式更简便. 可以证明，斜率的最小二乘估计量可以写成

⊖ 这假定了 1/12 是一个"傅里叶频率"，即它是 m/n 的形式. 否则，这些估计量仅仅是近似不相关的.

$$\hat{\beta}_1 = \frac{\sum_{t=1}^{n}(t-\bar{t})Y_t}{\sum_{t=1}^{n}(t-\bar{t})^2} \tag{3.4.7}$$

因为估计量是 Y 值的线性组合,在估计它的方差时可以有一些改进. 我们有

$$\text{Var}(\hat{\beta}_1) = \frac{12\gamma_0}{n(n^2-1)}\Big[1 + \frac{24}{n(n^2-1)}\sum_{s=2}^{n}\sum_{t=1}^{s-1}(t-\bar{t})(s-\bar{t})\rho_{s-t}\Big] \tag{3.4.8}$$

其中,我们使用了 $\sum_{t=1}^{n}(t-\bar{t})^2 = n(n^2-1)/12$. 同样,两次求和一般不能简化.

为了说明方程(3.4.8)的效用,再一次考虑 $\rho_1 \neq 0$ 但 $\rho_k = 0 (k>1)$ 的例子. 然后,通过一些代数变换,包括连续整数及其平方求和,方程(3.4.8)变成

$$\text{Var}(\hat{\beta}_1) = \frac{12\gamma_0}{n(n^2-1)}\Big[1 - 2\rho_1\Big(1 - \frac{3}{n}\Big)\Big]$$

对充分大的 n,我们可以忽略 $3/n$ 项,有

$$\text{Var}(\hat{\beta}_1) = \frac{12\gamma_0(1+2\rho_1)}{n(n^2-1)} \tag{3.4.9}$$

如果 $\rho_1 = -0.4$,那么 $1+2\rho_1 = 0.2$,因此,$\hat{\beta}_1$ 的方差只是当 $\{X_t\}$ 是白噪声时的 20%. 当然,如果 $\rho_1 > 0$,方差会大于白噪声时的情况.

现在我们比较最小二乘估计量与所谓的**最佳线性无偏估计量**(BLUE)或**广义最小二乘(GLS)估计量**. 如果随机项 $\{X_t\}$ 不是白噪声,可以来构造趋势函数中的未知参数的估计量;它们是数据的线性函数,是无偏的而且在所有估计量中方差最小——所谓的 BLUE 或者 GLS 估计量. 这些估计量及其方差可以用某些矩阵及其逆矩阵来清晰地表示. (在 Draper 和 Smith (1981) 中可以找到详细介绍.) 但是,构造这些估计量需要完全了解随机项的协方差函数,事实上,在所有实际应用中该函数是未知的. 可以基于对趋势的初估计,递归估计 $\{X_t\}$ 的协方差函数. 用估计的 $\{X_t\}$ 的协方差函数重新估计趋势,因此,迭代得到趋势的渐近 BLUE. 该方法在第 11 章再进一步探讨.

幸运的是,一些基于大样本的结论支持我们使用简单的最小二乘来估计我们考虑的趋势. 特别是,我们有以下结论(更多细节见 Fuller(1996),476-480 页):假设趋势是时间的多项式,是三角函数多项式,季节均值,或者是它们的线性组合,那么,对于一般的平稳随机项 $\{X_t\}$,在大样本下,趋势的最小二乘估计量与最佳线性无偏估计量有相同的方差.

尽管简单最小二乘估计量可以渐近有效,但是不能保证作为所有回归惯例报告出来的系数标准差的估计是正确的. 我们将在下一节分析这一问题. 我们还要提醒读者,以上结果仅限于某些类型的趋势,一般地,不能推广到对任意预测变量进行的回归,比如其他时间序列. 例如,Fuller(1996,518-522 页)讲到如果 $Y_t = \beta Z_t + X_t$,其中 $\{X_t\}$ 有简单随机结构而 $\{Z_t\}$ 也是平稳序列,那么 β 的最小二乘估计量即使在大样本下也可能是非常无效和有偏的.

3.5 回归结果的解释

我们曾经提到标准的回归惯例计算未知回归系数的最小二乘估计量——β. 在随机项 $\{X_t\}$

满足最小限度的假设下,该估计量是合适的. 然而,回归结果的某些性质极其依赖通常的 $\{X_t\}$ 是白噪声的回归假定,有些还依赖于进一步的假定,即 $\{X_t\}$ 是近似正态分布. 我们从对假设依赖最小的项目开始.

考虑图表 3-7 展示的回归结果. 无论假设的关于 μ_t 的参数形式如何,我们用 $\hat{\mu}_t$ 表示趋势的估计量. 比如,对线性时间趋势,有 $\mu_t = \beta_0 + \beta_1 t$. 对每一个 t,无法观测的随机项 X_t 可用 $Y_t - \hat{\mu}_t$ 来估计(预测). 如果过程 $\{X_t\}$ 有常数方差,那么可以用**残差的标准差**

$$s = \sqrt{\frac{1}{n-p}\sum_{t=1}^{n}(Y_t - \hat{\mu}_t)^2} \tag{3.5.1}$$

来估计 X_t 的标准差,即 $\sqrt{\gamma_0}$. 其中 p 是需要估计的 μ_t 中参数的个数,$n-p$ 称为 s 的自由度. s 的值给出了对趋势估计拟合优度的绝对度量——s 的值越小,拟合度越好. 然而,s 的值(如 60.74)在解释上有些困难.

趋势拟合优度的无单位度量是 R^2 值,也称为**可决系数**或者多重 R 方. R^2 可以解释为它是观测序列与估计的趋势之间的样本相关系数的平方. R^2 也表示序列的变化被估计的趋势所解释的部分. 图表 3-7 是对随机游动数据拟合一条直线得到的比较完整的回归结果,扩展了我们在图表 3-1 中见到的内容.

图表 3-7 对随机游动线性拟合的回归结果

	估 计	标准误差	t 值	$\Pr(>|t|)$
截距	−1.007 888	0.297 245	−3.39	0.001 26
时间	0.134 087	0.008 475	15.82	<0.0001
残差的标准误差		1.137	具有 58 个自由度	
复合 R 方		0.812		
调整后的 R 方		0.809		
F 统计量		250.3	具有 1 和 58 的自由度;p 值<0.0001	

```
> model1=lm(rwalk~time(rwalk))
> summary(model1)
```

根据图表 3-7,随机游动序列中大约 81% 的变化可以用线性时间趋势来解释. 调整后的 R^2 对 R^2 做了很小的调整,获得了基于趋势中待估参数个数的近似无偏估计量. 利用不同的参数数量比较模型是有用的. 在任何关于回归的书中都可以找到计算 R^2 的各种公式,例如 Draper 和 Smith(1981). 输出结果中用标准误差表示的系数的标准差在解释时需要小心. 只有在随机项是白噪声(常规的回归假设)时解释才是恰当的. 例如,图表 3-7 中的值 1.137 是根据方程 (3.4.8) 计算的数值的平方根,其中 $k>0$ 时,有 $\rho_k=0$,并且用 s^2 估计 γ_0,大约是

$$0.008\ 475 = \sqrt{\frac{12(1.137)^2}{60(60^2-1)}}$$

重要的一点是这些标准差基于随机项是白噪声的假设,但对时间序列而言事实很少如此.

图表 3-7 中的 t 值或者 t 比率是回归系数的估计除以各自的标准误差. 如果随机项是正态

分布的白噪声，那么这些比率为检验回归系数的显著性提供了合理的检验统计量. 在每种情况下，零假设是对应的未知系数等于零. 显著水平和 p 值通过 $n-p$ 个自由度的 t 分布来确定.

3.6 残差分析

正如我们提到过的，无法观测的随机项 $\{X_t\}$ 可以通过残差来估计或预测：
$$\hat{X}_t = Y_t - \hat{\mu}_t \tag{3.6.1}$$
预测确实是一个更合适的术语. 我们用术语估计来表示对未知参数的猜测，用术语预测表示对无法观测的随机变量的估计. 我们称 $\hat{X}_t$ 为对应第 t 个观测的残差. 如果趋势模型比较恰当，那么残差应该基本上像真实随机项那样变化，对随机项不同的假设可以通过观察残差来评估. 如果随机项是白噪声，那么残差在行为上应该大致类似于均值为零、标准差为 s 的独立（正态）随机变量. 因为对任何趋势的最小二乘拟合都包含常数项，因此自动产生一个零均值的残差，我们可以考虑使用 $\hat{X}_t/s$ 将残差标准化. 但是，大多数的统计软件都考虑了所拟合的回归模型的特性，因而会在分母上使用更为复杂的标准误差来对残差进行标准化.

利用得到的残差或标准残差，下一步是研究残差的各种图形. 首先观察残差的时间序列图. 如果数据可能具有季节性，我们会像图表 1-9 那样使用符号标记，这样易于识别同一季节的残差.

首先，我们用以季节均值模型拟合的月平均气温序列来说明残差分析的一些概念. 图表 1-7 显示了该数据的时间序列图. 图表 3-8 显示了用季节均值模型拟合的月平均气温序列的标准残差的时间序列图. 如果随机项是白噪声，模型充分地拟合了趋势，我们预期该图形应该呈现一个矩形散点图而没有任何明显的模式. 该图表没有出现明显的偏离随机性外观的情况. 图表 3-9 重复了该时间序列图，但是增加了季节符号标志，同样没有明显的与一年中不同月份有关的模式.

图表 3-8　气温季节均值的残差－时间图

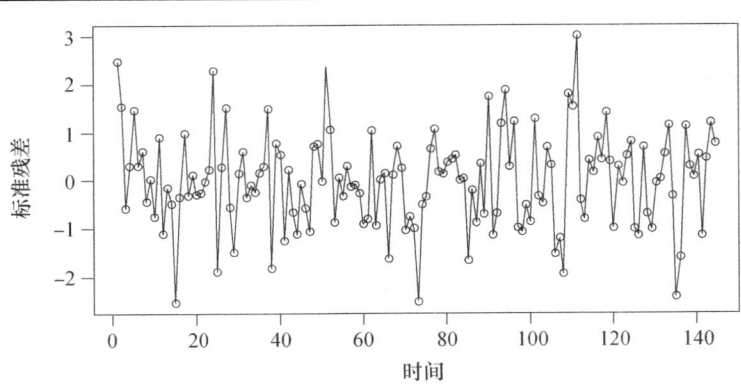

```
> plot(y=rstudent(model3),x=as.vector(time(tempdub)),
    xlab='Time',ylab='Standardized Residuals',type='o')
```

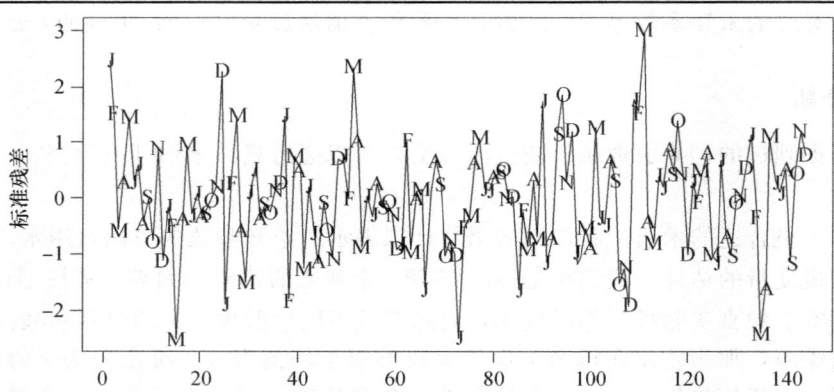

图表 3-9 带季节性图标的残差－时间图

```
> plot(y=rstudent(model3),x=as.vector(time(tempdub)),xlab='Time',
> ylab='Standardized Residuals',type='l')
> points(y=rstudent(model3),x=as.vector(time(tempdub)),
    pch=as.vector(season(tempdub)))
```

接下来,我们观察标准残差与估计的相应趋势,或者拟合值,如图表 3-10 所示. 再一次地,我们的目的是寻找模式. 是不是较小的残差伴随着较小的拟合趋势值, 较大的残差伴随着较大的拟合趋势值? 是不是变动较小的残差伴随着某种规模的拟合趋势值而变动较大的残差伴随着其他类型的拟合趋势值? 3月份的残差变动有些大, 11月份的残差变动较小, 但是图表 3-10 并没有引人注目的模式使得我们对季节均值模型产生怀疑.

图表 3-10 气温季节均值模型标准残差与拟合值

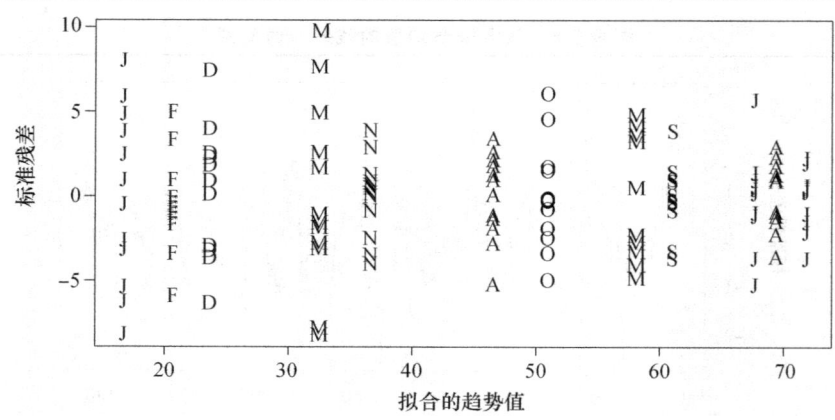

```
> plot(y=rstudent(model3),x=as.vector(fitted(model3)),
    xlab='Fitted Trend Values',
> ylab='Standardized Residuals',type='n')
> points(y=rstudent(model3),x=as.vector(fitted(model3)),
    pch=as.vector(season(tempdub)))
```

整体非正态性可以由残差或标准残差的直方图来评估。图表 3-11 显示了气温序列季节均值模型的标准残差的频率直方图。图形像正态分布那样，呈现某种对称性并且在高值和低值两端逐渐减小。

图表 3-11　季节均值模型标准残差直方图

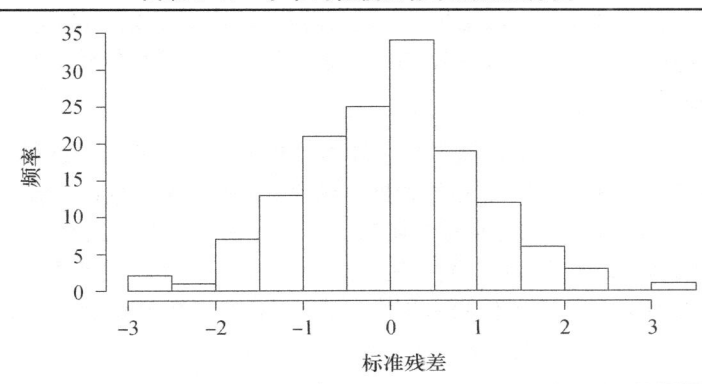

```
> hist(rstudent(model3),xlab='Standardized Residuals')
```

正态性可以通过所谓的正态得分或者分位数－分位数（QQ）图来仔细地检验。这样的图显示了数据的分位数和根据正态分布计算的理论分位数。对于正态分布数据，QQ 图看起来近似于一条直线。图表 3-12 显示了气温序列季节均值模型标准残差的正态得分 QQ 图。此处的直线型图形支持了该模型中随机项是正态分布的假设。

图表 3-12　QQ 图：季节均值模型的标准残差

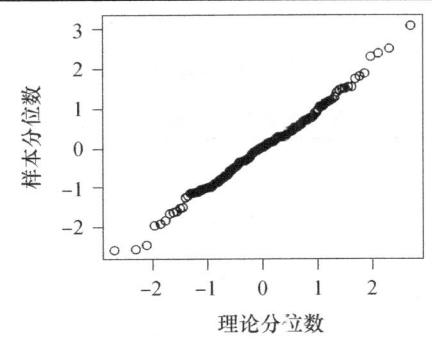

```
> win.graph(width=2.5,height=2.5,pointsize=8)
> qqnorm(rstudent(model3))
```

一个有名的正态性检验是 Shapiro-Wilk 检验[⊖]。该检验的本质是计算残差与其相应的正态分位数之间的相关系数。相关性越小，就越有理由否定正态性。把这种方法应用于这些残差可以得

⊖　Royston, P. (1982) "An Extension of Shapiro and Wilk's *W* Test for Normality to Large Samples." *Appiied Statistics*, 31, 115－124.

到检验统计量 $W=0.9929$，p 值为 0.6954．我们不能拒绝模型的随机项是正态分布的零假设．

有几种方法可以检验随机项的独立性．**游程检验**依次检验残差寻找模式——能够否定独立性的模式．高于或者低于中位数的游程被计数．游程比较少意味着邻近的残差正相关，并倾向于随着时间"一起变动"．另一方面，游程太多意味着残差围绕中位数振荡．相邻残差负相关．因此，游程过少或过多，都导致我们拒绝独立性．对这些残差进行游程检验⊖得到以下的值：观测到的游程=65，预期的游程=72.875，从而 p 值等于 0.216，我们不能拒绝这个季节均值模型的随机项是独立的．

样本自相关函数

检验依赖性的另一个非常重要的诊断工具是样本自相关函数．考虑任意数据序列 $Y_1, Y_2, \cdots, Y_n$ 的顺序——不管是残差、标准残差、原始数据，或者是数据的某些变换．暂且假设序列平稳，可以对若干不同的滞后 $k=1, 2, \cdots$ 估计自相关函数 ρ_k．最显而易见的方法是计算间隔 k 个时间单位的配对，即 $(Y_1, Y_{1+k}), (Y_2, Y_{2+k}), (Y_3, Y_{3+k}), \cdots, (Y_{n-k}, Y_n)$ 之间的样本相关系数．然而，考虑到假定平稳性，这意味着序列有不变的均值和方差，我们稍微地修正一下该方法．因此，我们定义**样本自相关函数** r_k，在滞后 k 时，是

$$r_k = \frac{\sum_{t=k+1}^{n}(Y_t - \overline{Y})(Y_{t-k} - \overline{Y})}{\sum_{t=1}^{n}(Y_t - \overline{Y})^2}, \quad k=1, 2, \cdots \tag{3.6.2}$$

注意，在所有地方我们使用了"总平均"$\overline{Y}$，并且除以"总平方和"，而不是像在普通相关系数中用到的两个单独标准差的乘积．我们还注意到分母是 n 个平方项的和，而分子只包含了 $n-k$ 个交叉乘积．出于一系列原因，该式成为样本自相关函数的标准定义．r_k 相对滞后 k 的图形经常被称为**相关图**．

这里令人感兴趣的是在随机项中发现了可能的关联性，因此标准残差的样本自相关函数有很大意义．图表 3-13 显示了气温序列季节均值模型标准残差的样本自相关函数．所有值都在水平虚线内，它们位于零加减 2 倍样本自相关系数的近似标准误差，即 $\pm 2/\sqrt{n}$．r_k 的值就是

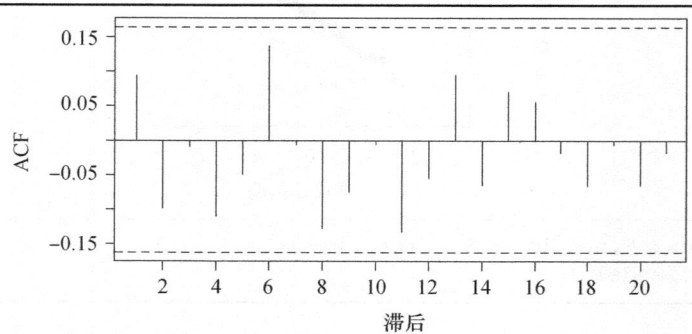

图表 3-13 季节均值模型残差的样本自相关系数

```
> win.graph(width=4.875,height=3,pointsize=8)
> acf(rstudent(model3))
```

⊖ R 代码：runs(rstudent(model3))．

ρ_k 的估计值. 就这点而论, 它们有自身的样本分布、标准误差和其他性质. 目前, 我们把 r_k 当做描述性的工具, 这些主题的讨论将在第 6 章和第 8 章中给出. 根据图表 3-13, 对 $k=1,2,\cdots,21$, 没有一个假设 $\rho_k=0$ 在常用的显著性水平上被拒绝, 因此, 推断该序列的随机项为白噪声是合理的.

作为第二个例子, 考虑用直线拟合随机游动序列的标准残差. 图表 3-2 显示了数据和拟合线. 标准残差的时间序列图见图表 3-14.

图表 3-14 用直线拟合随机游动得到的残差

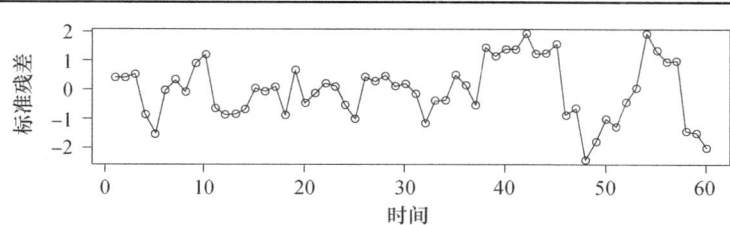

```
> plot(y=rstudent(model1),x=as.vector(time(rwalk)),
    ylab='Standardized Residuals',xlab='Time',type='o')
```

在这个图中, 相对白噪声来说, 残差"一起变动"得太多——图形太平滑. 进一步, 看上去序列的后 1/3 与前 2/3 相比波动更大. 图表 3-15 显示了类似的效果, 较大的残差伴随着较大的拟合值.

图表 3-15 残差与来自拟合直线的拟合值

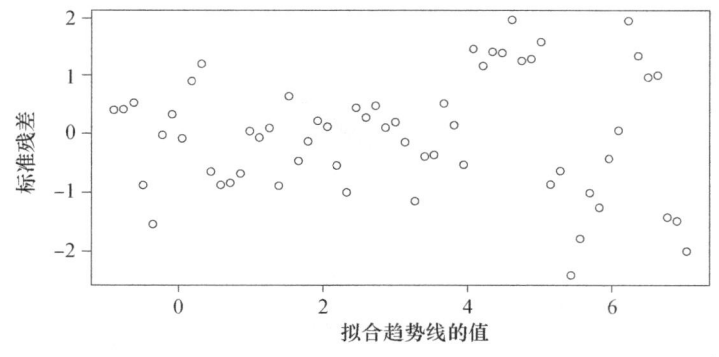

```
> win.graph(width=4.875, height=3,pointsize=8)
> plot(y=rstudent(model1),x=fitted(model1),
    ylab='Standardized Residuals',xlab='Fitted Trend Line Values',
    type='p')
```

标准残差的样本自相关函数 (见图表 3-16) 证实了图表 3-14 中我们观察到的时间序列图的平滑性. 1 阶滞后和 2 阶滞后自相关系数大于正的 2 倍标准误差, 5 阶滞后和 6 阶滞后自相关系数小于负的 2 倍标准误差. 这不是我们对白噪声过程的期望.

图表 3-16　来自直线模型残差的样本自相关

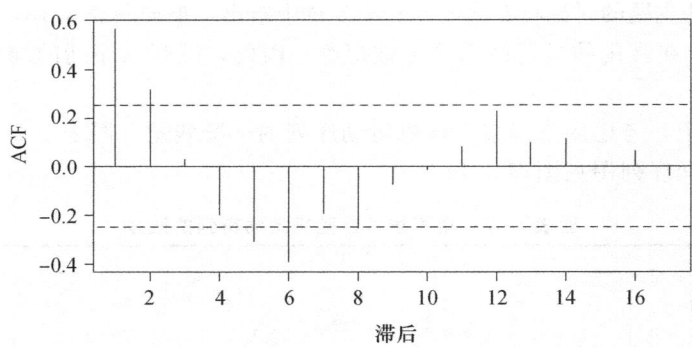

```
> acf(rstudent(model1))
```

最后，我们回到图表 1-1 中显示的洛杉矶年降雨量．在该序列中，我们没有发现序列依赖性的证据，但是现在寻找否定正态性的证据．图表 3-17 显示了该序列的正态分位数－分位数图．我们发现图形有明显的弯曲．一条穿过第一和第三正态分位数的直线帮助指明图形对直线的偏离．

图表 3-17　洛杉矶降雨量序列分位数－分位数图

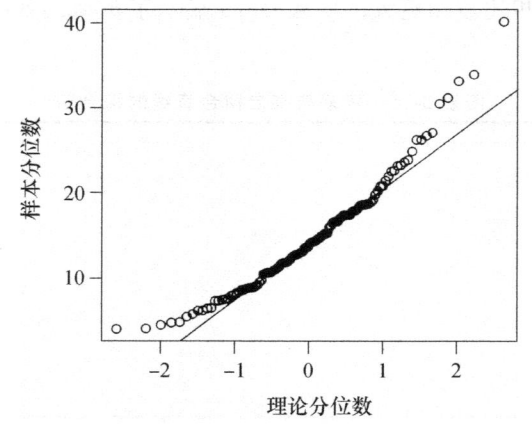

```
> win.graph(width=2.5,height=2.5,pointsize=8)
> qqnorm(larain); qqline(larain)
```

3.7　小结

本章的主要内容是描述、建模和估计时间序列的确定性趋势．最简单的确定性"趋势"是常数均值函数．估计常数均值的方法已经给出，但更重要的是研究了在不同条件下对估计量准确度的评估．然后，使用回归方法来估计时间上的线性或二次的趋势．接下来是关于周期性或季节性趋势建模的方法，还研究了所有这些回归方法的可靠性和有效性．最后一节开启了用于研究拟合模型品质的残差分析工作，并引入了非常重要、贯穿本书其他部分反复涉及的样本自相关函数.

习题

3.1 当考虑模型 $Y_t = \beta_0 + \beta_1 t + X_t$ 时，证明 β_0 和 β_1 的最小二乘估计量满足方程（3.3.2）.

3.2 假设 $Y_t = \mu + e_t - e_{t-1}$，求 $\text{Var}(\overline{Y})$. 注意任何与众不同的结果. 特别地，把你的答案与 $Y_t = \mu + e_t$ 时的结果进行比较. （提示：首先对 $\sum_{t=1}^{n}(e_t - e_{t-1})$ 做些代数简化，可以避免方程（3.2.3）.）

3.3 假设 $Y_t = \mu + e_t + e_{t-1}$. 求 $\text{Var}(\overline{Y})$. 把你的答案与 $Y_t = \mu + e_t$ 时的结果进行比较. 分析 $\{Y_t\}$ 的自相关性对 $\text{Var}(\overline{Y})$ 的影响.

3.4 数据文件 hours 包含了 1982 年 7 月到 1987 年 6 月美国制造业部门每周的平均工作时间值.
  (a) 画出并解释这些数据的时间序列图.
  (b) 用不同的绘图标志代表不同的月份构造时间序列图. 此时你的解释与（a）的有所不同吗？

3.5 数据文件 wages 包含了 1981 年 7 月到 1987 年 6 月美国服装和纺织品行业工人的平均时薪（以美元计）的月度值.
  (a) 画出并解释这些数据的时间序列图.
  (b) 对该时间序列用最小二乘法拟合线性时间趋势. 解释回归结果. 保存拟合模型的标准残差以便进一步分析.
  (c) 构造并解释来自（b）的标准残差的时间序列图.
  (d) 对工资时间序列用最小二乘法估计二次时间趋势. 解释回归结果. 保存标准残差以便进一步分析.
  (e) 绘出并解释（d）中标准残差的时间序列图.

3.6 数据文件 beersales 包含了 1975 年 1 月到 1990 年 12 月美国月度啤酒销售量（单位：百万桶）.
  (a) 画出并解释这些数据的时间序列图.
  (b) 用不同的绘图标志代表不同的月份构造时间序列图. 你的解释与（a）的有所不同吗？
  (c) 对该时间序列用最小二乘法拟合季节均值趋势. 分析回归结果. 保留标准残差以进一步分析.
  (d) 构造并解释来自（c）的标准残差的时间序列图. 确保用正确的绘图标志来检验标准残差的季节性.
  (e) 对酒销售量时间序列数据用最小二乘法拟合一个季节均值＋二次时间趋势. 解释回归结果. 保存标准残差以便进一步分析.
  (f) 构造并解释来自（e）的标准残差的时间序列图. 再一次用正确的绘图标志来检验残差中残留的任何季节性.

3.7 数据文件 winnebago 包含了 1966 年 11 月到 1972 年 2 月的 Winnebago 有限公司娱乐设备的单位销量.

(a) 画出并解释这些数据的时间序列图.

(b) 对这些数据用最小二乘法拟合直线. 解释回归结果. 画出来自拟合的标准残差的时间序列图, 给出解释.

(c) 现在对月度售价数据取自然对数. 画出并解释变换后数据的时间序列图.

(d) 对对数数据用最小二乘法拟合直线. 画出并解释该拟合的标准残差的时间序列图.

(e) 现在对对数售价时间序列用最小二乘法拟合季节均值＋线性时间趋势. 保存标准残差以便进一步分析. 检验该模型各回归系数的统计显著性.

(f) 画出 (e) 中标准残差的时间序列图. 给出解释.

3.8 数据文件 retail 列出了 1986 年 1 月到 2007 年 3 月 U.K.（大不列颠联合王国）零售总额（单位：10 亿英镑）. 数据没有经过"季节调整", 基期 2000 年＝100.

(a) 画出并解释这些数据的时间序列图. 务必使用便于发现季节性的绘图标志.

(b) 对该时间序列运用最小二乘法拟合季节均值＋线性时间趋势. 解释回归结果并保存该拟合的标准残差以便进一步分析.

(c) 创建并解释 (b) 中的标准残差的时间序列图. 务必使用恰当的绘图标志来核对季节性.

3.9 数据文件 prescrip 给出了 1986 年 8 月到 1992 年 3 月 U.S. 月度医药处方成本. 这些数据来源于新泽西州医药项目, 是每个处方的成本.

(a) 画出并解释这些数据的时间序列图. 使用便于发现季节性的绘图标志.

(b) 计算处方成本月对月变化的百分率并画图. 同样使用便于发现季节性的绘图标志.

(c) 对百分率变化序列使用最小二乘法拟合基础频率为 1/12 的余弦趋势, 解释回归结果. 保存标准残差.

(d) 为了研究余弦趋势模型的恰当性, 画出标准残差的时间序列图, 并解释该图形.

3.10 (继续习题 3.4) 再一次考虑 hours 中的时间序列.

(a) 对这些数据用最小二乘法拟合二次趋势. 解释回归结果并保存标准残差以便进一步分析.

(b) 画出标准残差的时间序列图并解释. 运用月度绘图标志, 以便容易地识别可能的季节性.

(c) 对标准残差进行游程检验, 分析结果.

(d) 计算并解释标准残差的样本自相关函数.

(e) 研究标准残差（误差项）的正态性. 考虑直方图和正态图. 解释图形.

3.11 (继续习题 3.5) 回到 wages 序列.

(a) 考虑用最小二乘法拟合二次时间趋势得到的残差.

(b) 对标准残差进行游程检验, 并解释结果.

(c) 计算并解释标准残差的样本自相关.

(d) 研究标准残差（误差项）的正态性. 考虑直方图和正态图. 解释图形.

3.12 (继续习题 3.6) 考虑数据文件 beersales 中的时间序列.

趋　势

(a) 获得用最小二乘法拟合季节均值＋二次时间趋势模型得到的残差.
(b) 对标准残差进行游程检验，并解释结果.
(c) 计算并解释标准残差的样本自相关.
(d) 研究标准残差（误差项）的正态性. 考虑直方图和正态图. 解释图形.

3.13 （继续习题 3.7）回到 winnebago 时间序列.
(a) 对对数单位售价计算用最小二乘拟合季节均值＋线性时间趋势模型的残差.
(b) 对标准残差进行游程检验，并解释结果.
(c) 计算并解释标准残差的样本自相关.
(d) 研究标准残差（误差项）的正态性. 考虑直方图和正态图. 解释图形.

3.14 （继续习题 3.8）数据文件 retail 包含了 U.K. 月度零售数据.
(a) 获得用最小二乘拟合季节均值＋线性时间趋势模型的残差.
(b) 对标准残差进行游程检验，并解释结果.
(c) 计算并解释标准残差的样本自相关.
(d) 研究标准残差（误差项）的正态性. 考虑直方图和正态图. 解释图形.

3.15 （继续习题 3.9）再一次考虑 prescrip 时间序列.
(a) 对百分率变化序列使用最小二乘法拟合基础频率为 1/12 的余弦趋势，保存标准残差.
(b) 对标准残差进行游程检验，并解释结果.
(c) 计算并解释标准残差的样本自相关.
(d) 研究标准残差（误差项）的正态性. 考虑直方图和正态图. 解释图形.

3.16 假设 $\{Y_t\}$ 是平稳时间序列，其自相关函数形如 $\rho_k = \phi^k$，$k > 0$，其中 ϕ 是 $(-1, 1)$ 内的常数.

(a) 证明：$\text{Var}(\bar{Y}) = \dfrac{\gamma_0}{n}\left[\dfrac{1+\phi}{1-\phi} - \dfrac{2\phi(1-\phi^n)}{n(1-\phi)^2}\right]$.

（提示：运用方程（3.2.3），有限几何求和 $\sum_{k=0}^{n}\phi^k = \dfrac{1-\phi^{n+1}}{1-\phi}$ 与相关求和 $\sum_{k=0}^{n}k\phi^{k-1} = \dfrac{d}{d\phi}\left[\sum_{k=0}^{n}\phi^k\right]$.）

(b) 如果 n 很大，证明 $\text{Var}(\bar{Y}) \approx \dfrac{\gamma_0}{n}\left[\dfrac{1+\phi}{1-\phi}\right]$.

(c) 画出 $(1+\phi)/(1-\phi)$ 的图，ϕ 介于 $(-1, 1)$ 之间. 借助于估计过程均值的精确度来解释这个图.

3.17 证明方程（3.2.6）. （提示：需要用到以下事实：
$$\sum_{k=0}^{\infty}\phi^k = \dfrac{1}{1-\phi}, \quad -1 < \phi < 1.)$$

3.18 证明方程（3.2.7）. （提示：需要用到以下两个和式：
$$\sum_{t=1}^{n}t = \dfrac{n(n+1)}{2}, \quad \sum_{t=1}^{n}t^2 = \dfrac{n(n+1)(2n+1)}{6}.)$$

第 4 章 平稳时间序列模型

本章讨论一大类参数时间序列模型——自回归滑动平均模型（ARMA）——的一些基本概念，这类模型在真实过程建模中具有重要作用.

4.1 一般线性过程

我们始终令 $\{Y_t\}$ 表示观测到的时间序列，而且此后我们令 $\{e_t\}$ 代表未观测到的白噪声序列，即一列均值为零的独立同分布的随机变量. 很多情况下，独立性假设可用 $\{e_t\}$ 为不相关的随机变量这一更弱的假设代替，但这种假设条件上很微弱的改善不值得追求.

一般线性过程 $\{Y_t\}$ 可以表示成现在和过去白噪声变量的加权线性组合：

$$Y_t = e_t + \psi_1 e_{t-1} + \psi_2 e_{t-2} + \cdots \tag{4.1.1}$$

如果表达式的右边事实上是一个无穷级数，那么需要给权数 ψ 加上一定的条件，这样右边的表达式才在数学上有意义. 为此，只需假设

$$\sum_{i=1}^{\infty} \psi_i^2 < \infty \tag{4.1.2}$$

还应该注意到，因为 $\{e_t\}$ 是无法观测到的，所以假设 e_t 的系数为 1 不会导致方程 (4.1.2) 丧失一般性，即 $\psi_0 = 1$.

文中经常会提到的一个非平凡重要的例子为 ψ 是指数递减的形式：

$$\psi_j = \phi^j$$

其中 ϕ 是严格介于 -1 和 $+1$ 之间的一个数，则

$$Y_t = e_t + \phi e_{t-1} + \phi^2 e_{t-2} + \cdots$$

对这个例子来说，

$$E(Y_t) = E(e_t + \phi e_{t-1} + \phi^2 e_{t-2} + \cdots) = 0$$

因此，$\{Y_t\}$ 有常数零均值. 同时，

$$\begin{aligned} \mathrm{Var}(Y_t) &= \mathrm{Var}(e_t + \phi e_{t-1} + \phi^2 e_{t-2} + \cdots) \\ &= \mathrm{Var}(e_t) + \phi^2 \mathrm{Var}(e_{t-1}) + \phi^4 \mathrm{Var}(e_{t-2}) + \cdots \\ &= \sigma_e^2 (1 + \phi^2 + \phi^4 + \cdots) = \frac{\sigma_e^2}{1-\phi^2} (\text{通过对几何级数求和}) \end{aligned}$$

进一步地，

$$\begin{aligned} \mathrm{Cov}(Y_t, Y_{t-1}) &= \mathrm{Cov}(e_t + \phi e_{t-1} + \phi^2 e_{t-2} + \cdots, e_{t-1} + \phi e_{t-2} + \phi^2 e_{t-3} + \cdots) \\ &= \mathrm{Cov}(\phi e_{t-1}, e_{t-1}) + \mathrm{Cov}(\phi^2 e_{t-2}, \phi e_{t-2}) + \cdots \\ &= \phi \sigma_e^2 + \phi^3 \sigma_e^2 + \phi^5 \sigma_e^2 + \cdots = \phi \sigma_e^2 (1 + \phi^2 + \phi^4 + \cdots) \\ &= \frac{\phi \sigma_e^2}{1-\phi^2} (\text{再次对几何级数求和}) \end{aligned}$$

因此，

$$\mathrm{Corr}(Y_t, Y_{t-1}) = \left[\frac{\phi \sigma_e^2}{1-\phi^2}\right] \bigg/ \left[\frac{\sigma_e^2}{1-\phi^2}\right] = \phi$$

同理可得 $\text{Cov}(Y_t, Y_{t-k}) = \dfrac{\phi^k \sigma_e^2}{1-\phi^2}$，因此

$$\text{Corr}(Y_t, Y_{t-k}) = \phi^k \tag{4.1.3}$$

值得重点关注的是，如此定义的过程是平稳过程——自协方差结构只与时间间隔有关，与绝对的时间无关．对于一般线性过程，$Y_t = e_t + \psi_1 e_{t-1} + \psi_2 e_{t-2} + \cdots$，类似上述计算，可得下面的结果：

$$E(Y_t) = 0 \qquad \gamma_k = \text{Cov}(Y_t, Y_{t-k}) = \sigma_e^2 \sum_{i=0}^{\infty} \psi_i \psi_{i+k} \qquad k \geqslant 0 \tag{4.1.4}$$

其中 $\psi_0 = 1$．把 μ 加到方程（4.1.1）的右边可以得到一个非零均值过程，由于均值不影响过程的协方差特性，所以可以假设均值为零，直到我们开始对数据拟合模型．

4.2 滑动平均过程

当有限个系数 ψ 不为零的时候，我们得到所谓的滑动平均过程．此时，稍微改变符号⊖，写成：

$$Y_t = e_t - \theta_1 e_{t-1} - \theta_2 e_{t-2} - \cdots - \theta_q e_{t-q} \tag{4.2.1}$$

我们称该方程为 **q 阶滑动平均过程**，简记为 MA(q)．

用 $1, -\theta_1, -\theta_2, \cdots, -\theta_q$ 作为 $e_t, e_{t-1}, e_{t-2}, \cdots, e_{t-q}$ 的权数平均得到 Y_t，再滑动权数至 $e_{t+1}, e_t, e_{t-1}, \cdots, e_{t-q+1}$ 得到 Y_{t+1}，以此类推，术语滑动平均由此得来．滑动平均模型最早由 Slutsky (1927) 和 Wold(1938) 进行研究．

一阶滑动平均过程

我们首先研究简单却非常重要的一阶滑动平均过程，即 MA(1) 序列．我们没有把方程 (4.1.4) 用于这个特例，而是重新推导那些结论，这样更有启发性．模型表达为：$Y_t = e_t - \theta e_{t-1}$．因为只涉及一个系数 θ，所以去掉多余的下标 1．显然，$E(Y_t) = 0$，$\text{Var}(Y_t) = \sigma_e^2 (1 + \theta^2)$．此时

$$\text{Cov}(Y_t, Y_{t-1}) = \text{Cov}(e_t - \theta e_{t-1}, e_{t-1} - \theta e_{t-2}) = \text{Cov}(-\theta e_{t-1}, e_{t-1}) = -\theta \sigma_e^2$$

和

$$\text{Cov}(Y_t, Y_{t-2}) = \text{Cov}(e_t - \theta e_{t-1}, e_{t-2} - \theta e_{t-3}) = 0$$

因为 Y_t 和 Y_{t-2} 的表达式中没有相同下标的 e．同理，$\text{Cov}(Y_t, Y_{t-k}) = 0$，$k \geqslant 2$，即过程大于 1 阶滞后时，不存在自相关．当后面需要给实际数据选择合适模型的时候，这个性质很重要．

总之，对于 MA(1) 模型 $Y_t = e_t - \theta e_{t-1}$：

$$\left. \begin{array}{l} E(Y_t) = 0 \\ \gamma_0 = \text{Var}(Y_t) = \sigma_e^2 (1+\theta^2) \\ \gamma_1 = -\theta \sigma_e^2 \\ \rho_1 = (-\theta)/(1+\theta^2) \\ \gamma_k = \rho_k = 0 \quad k \geqslant 2 \end{array} \right\} \tag{4.2.2}$$

⊖ 如此变化的原因后面会解释．某些统计软件，例如 R，在 θ 前使用 +．检查你的软件使用何种习惯表达方式．

方程 (4.2.2) 中 θ 和 ρ_1 的一些数值可以帮助说明各种可能性. 需要注意的是, 负的 θ 所对应的 ρ 可以通过简单地取正的 θ 所对应的 ρ 的负数得到.

θ	$\rho_1 = -\theta/(1+\theta^2)$	θ	$\rho_1 = -\theta/(1+\theta^2)$
0.1	-0.099	0.6	-0.441
0.2	-0.192	0.7	-0.470
0.3	-0.275	0.8	-0.488
0.4	-0.345	0.9	-0.497
0.5	-0.400	1.0	-0.500

演算表明, 当 $\theta = -1$ 时可得到最大值 $\rho_1 = 1/2$, 当 $\theta = 1$ 时可得到最小值 $\rho_1 = -1/2$ (见习题 4.3). 图表 4-1 显示了 $\theta \in (-1, 1)$ 时一阶滞后自相关函数图.

习题 4.4 要求证明当非零值 θ 由 $1/\theta$ 代替时, 仍可得到相同的 ρ_1. 例如, 在 $\theta = 1/2$ 和 $\theta = 1/(1/2) = 2$ 情况下, ρ_1 值相同. 如果知道 MA(1) 过程的 $\rho_1 = 0.4$, 我们仍然无法确切知道 θ 的值. 在 4.5 节讨论可逆性时, 我们再讨论这个问题.

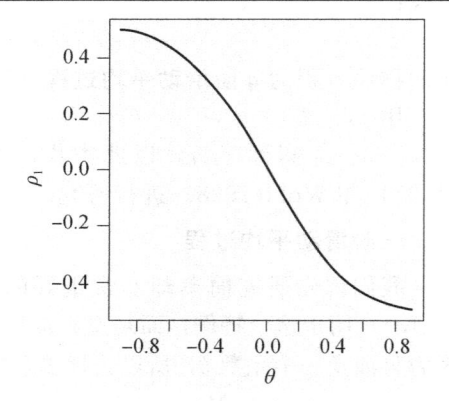

图表 4-1 不同 θ 下 MA(1) 的一阶滞后自相关函数

图表 4-2 显示了模拟的 MA(1) 序列的时间序列图, 该过程 $\theta = -0.9$, 并且具有正态分布的白噪声. 回顾图表 4-1, 此模型下 $\rho_1 = 0.4972$, 表明一阶滞后存在中等强度的正相关. 在该数据的时间序列图中这种相关性非常明显, 因为连续观测值趋于密切相关. 如果一个观测值高于该序列的平均水平, 那么下一个观察值一般也高于平均值. 图形随时间的变化比较平滑, 只是偶尔有较大波动.

图表 4-2 $\theta = -0.9$ 时 MA(1) 过程的时间序列图

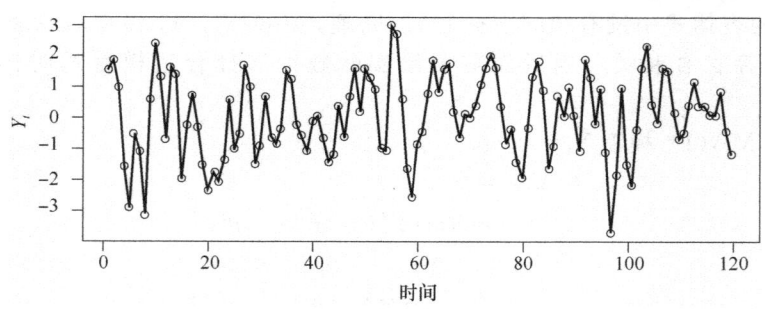

```
> win.graph(width=4.875,height=3,pointsize=8)
> data(ma1.2.s); plot(ma1.2.s,ylab=expression(Y[t]),type='o')
```

平稳时间序列模型　　43

在图表 4-3 中刻画了 Y_t 和 Y_{t-1} 的关系,一阶滞后自相关更加明显. 此图显示了显著的上升趋势.

图表 4-3　图表 4-2 中 MA(1) 序列的 Y_t 与 Y_{t-1} 的散点图

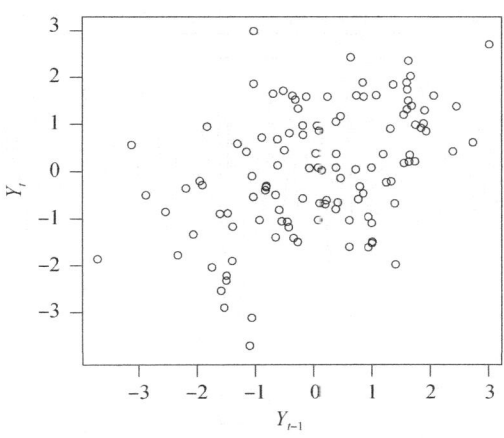

```
> win.graph(width=3,height=3,pointsize=8)
> plot(y=ma1.2.s,x=zlag(ma1.2.s),ylab=expression(Y[t]),
    xlab=expression(Y[t-1]),type='p')
```

图表 4-4 中 Y_t 和 Y_{t-2} 地散点图明显地显示了该模型二阶滞后自相关为 0.

图表 4-4　图表 4-2 中 MA(1) 序列的 Y_t 与 Y_{t-2} 的散点图

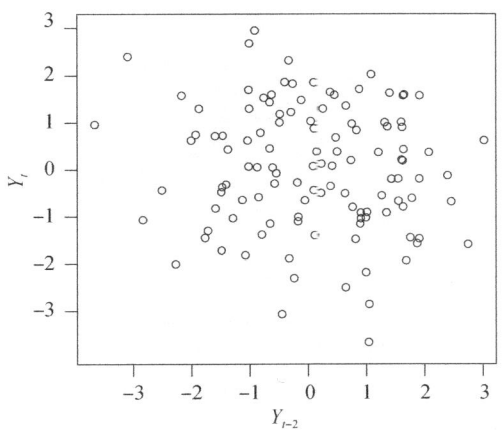

```
> plot(y=ma1.2.s,x=zlag(ma1.2.s,2),ylab=expression(Y[t]),
    xlab=expression(Y[t-2]),type='p')
```

图表 4-5 呈现了一个略微不同的时间序列图,该序列是模拟的 $\theta=0.9$ 的 MA(1) 序列. 回顾图表 4-1,此模型下 $\rho_1=-0.497$,表明一阶滞后存在中等强度的负相关. 从时间序列

图可以看出相关性,因为连续观测值趋向于在零均值的两边. 如果一个观测值高于该序列的平均水平,那么下一个观察值一般低于平均值. 图形随着时间的推移呈锯齿状——特别是与图表 4-2 相比.

图表 4-5　$\theta=0.9$ 时 MA(1) 过程的时间序列图

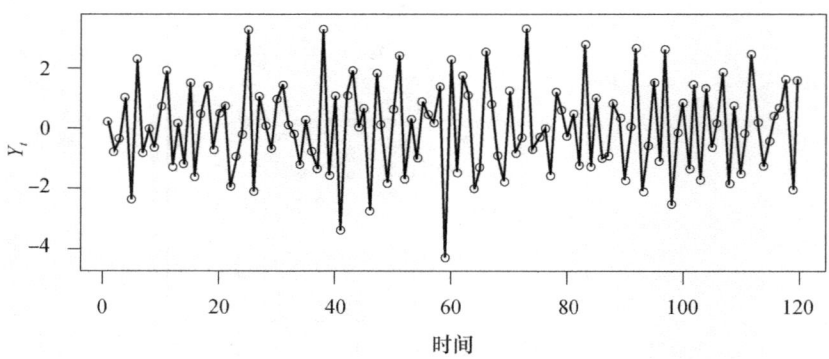

```
> win.graph(width=4.875,height=3,pointsize=8)
> data(ma1.1.s)
> plot(ma1.1.s,ylab=expression(Y[t]),type='o')
```

负的一阶滞后自相关在图表 4-6 的滞后图中更加明显.

图表 4-6　图表 4-5 中 MA(1) 序列的 Y_t 与 Y_{t-1} 的散点图

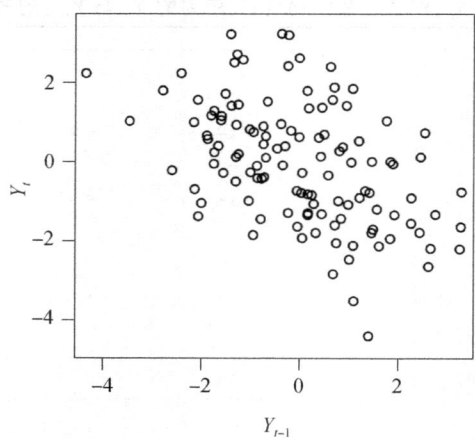

```
> win.graph(width=3, height=3,pointsize=8)
> plot(y=ma1.1.s,x=zlag(ma1.1.s),ylab=expression(Y[t]),
    xlab=expression(Y[t-1]),type='p')
```

图表 4-7 中 Y_t 和 Y_{t-2} 的散点图显示了该模型二阶滞后自相关为 0.

表 4-7 图表 4-5 中 MA(1) 序列的 Y_t 与 Y_{t-2} 的散点图

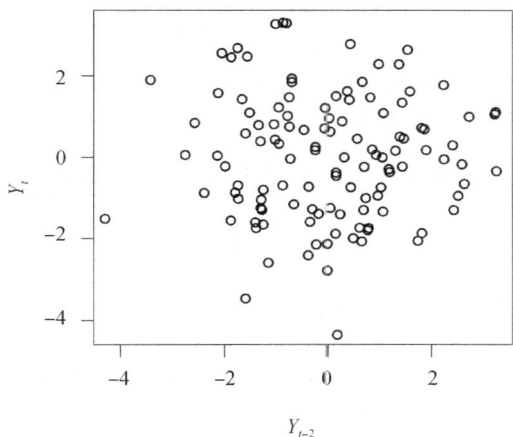

```
> plot(y=ma1.1.s,x=zlag(ma1.1.s,2),ylab=expression(Y[t]),
  xlab=expression(Y[t-2]),type='p')
```

MA(1) 过程超过一阶滞后,不存在自相关,但是随着阶数的增加,可以得到高阶的相关关系.

二阶滑动平均过程

现在来考虑二阶滑动平均过程:
$$Y_t = e_t - \theta_1 e_{t-1} - \theta_2 e_{t-2}$$
其中
$$\gamma_0 = \text{Var}(Y_t) = \text{Var}(e_t - \theta_1 e_{t-1} - \theta_2 e_{t-2}) = (1 + \theta_1^2 + \theta_2^2)\sigma_e^2$$
$$\begin{aligned}\gamma_1 &= \text{Cov}(Y_t, Y_{t-1}) = \text{Cov}(e_t - \theta_1 e_{t-1} - \theta_2 e_{t-2}, e_{t-1} - \theta_1 e_{t-2} - \theta_2 e_{t-3}) \\ &= \text{Cov}(-\theta_1 e_{t-1}, e_{t-1}) + \text{Cov}(-\theta_1 e_{t-2}, -\theta_2 e_{t-2}) \\ &= [-\theta_1 + (-\theta_1)(-\theta_2)]\sigma_e^2 = (-\theta_1 + \theta_1 \theta_2)\sigma_e^2\end{aligned}$$
及
$$\begin{aligned}\gamma_2 &= \text{Cov}(Y_t, Y_{t-2}) = \text{Cov}(e_t - \theta_1 e_{t-1} - \theta_2 e_{t-2}, e_{t-2} - \theta_1 e_{t-3} - \theta_2 e_{t-4}) \\ &= \text{Cov}(-\theta_2 e_{t-2}, e_{t-2}) = -\theta_2 \sigma_e^2\end{aligned}$$
因此,对 MA(2) 过程:
$$\begin{aligned}\rho_1 &= \frac{-\theta_1 + \theta_1 \theta_2}{1 + \theta_1^2 + \theta_2^2} \\ \rho_2 &= \frac{-\theta_2}{1 + \theta_1^2 + \theta_2^2} \\ \rho_k &= 0 \quad k = 3, 4, \cdots\end{aligned} \quad (4.2.3)$$

对于特例: $Y_t = e_t - e_{t-1} + 0.6 e_{t-2}$,有
$$\rho_1 = \frac{-1 + (1)(-0.6)}{1 + (1)^2 + (-0.6)^2} = \frac{-1.6}{2.36} = -0.678$$

和

$$\rho_2 = \frac{0.6}{2.36} = 0.254$$

图表 4-8 显示了 MA(2) 过程模拟的时间序列图. 在单位时间内, 序列倾向于围绕均值来回震荡, 这反映了一阶滞后较强的负自相关.

图表 4-8 具有 $\theta_1 = 1$, $\theta_2 = -0.6$ 的 MA(2) 过程的时间序列图

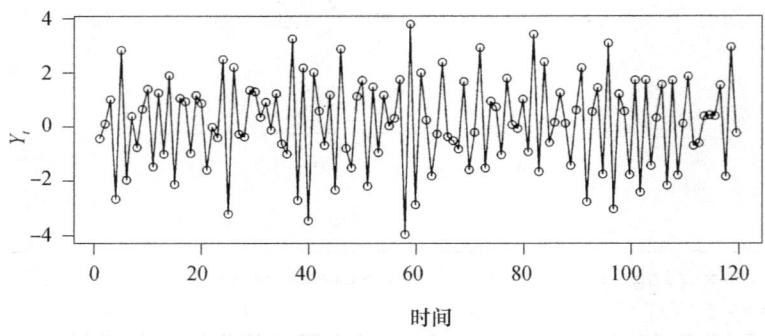

```
> win.graph(width=4.875, height=3,pointsize=8)
> data(ma2.s); plot(ma2.s,ylab=expression(Y[t]),type='o')
```

图表 4-9 的散点图反映了极明显的负自相关.

图表 4-9 图表 4-8 中 MA(2) 序列的 Y_t 与 Y_{t-1} 的散点图

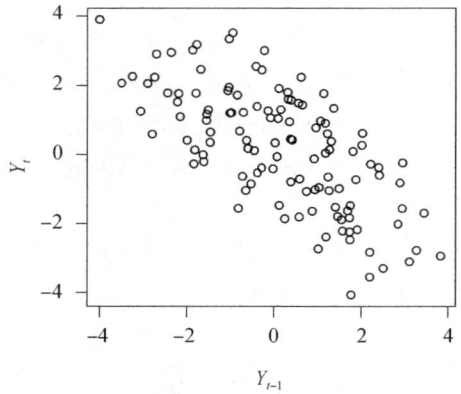

```
> win.graph(width=3,height=3,pointsize=8)
> plot(y=ma2.s,x=zlag(ma2.s),ylab=expression(Y[t]),
   xlab=expression(Y[t-1]),type='p')
```

图表 4-10 显示了二阶滞后正的弱自相关.

平稳时间序列模型

图表 4-10　图表 4-8 中 MA(2) 序列的 Y_t 与 Y_{t-2} 的散点图

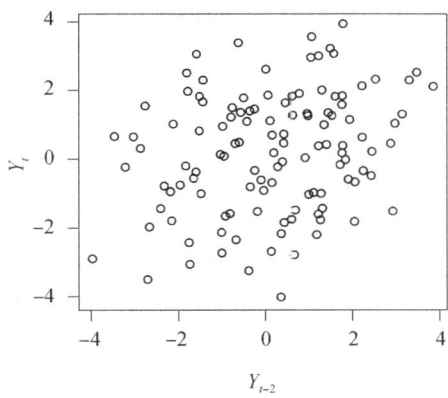

```
> plot(y=ma2.s,x=zlag(ma2.s,2),ylab=expression(Y[t]),
    xlab=expression(Y[t-2]),type='p')
```

最后，从图表 4-11 的散点图可以看出三阶滞后显然不存在自相关.

图表 4-11　图表 4-8 中 MA(2) 序列的 Y_t 与 Y_{t-3} 的散点图

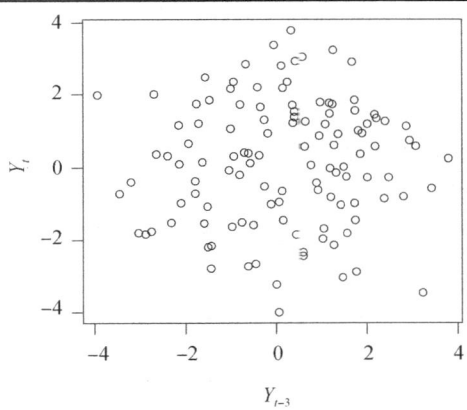

```
> plot(y=ma2.s,x=zlag(ma2.s,3),ylab=expression(Y[t]),
    xlab=expression(Y[t-3]),type='p')
```

一般 MA(q) 过程

对于一般 MA(q) 过程：$Y_t = e_t - \theta_1 e_{t-1} - \theta_2 e_{t-2} - \cdots - \theta_q e_{t-q}$，类似计算得到：

$$\gamma_0 = (1 + \theta_1^2 + \theta_2^2 + \cdots + \theta_q^2)\sigma_e^2 \tag{4.2.4}$$

和

$$\rho_k = \begin{cases} \dfrac{-\theta_k + \theta_1 \theta_{k+1} + \theta_2 \theta_{k+2} + \cdots + \theta_{q-k}\theta_q}{1 + \theta_1^2 + \theta_2^2 + \cdots + \theta_q^2} & k = 1, 2, \cdots, q \\ 0 & k > q \end{cases} \tag{4.2.5}$$

计算 ρ_q 的分子只有 $-\theta_q$，自相关函数在滞后 q 期后是"截尾"的，也就是说，自相关系数为零. 早期的滞后下，其形状可以是任意形式. 另一种过程——自回归过程，提供了另外一种自相关模式.

4.3 自回归过程

顾名思义，自回归过程是用自身做回归变量. 具体来说，p 阶**自回归过程** $\{Y_t\}$ 满足方程：

$$Y_t = \phi_1 Y_{t-1} + \phi_2 Y_{t-2} + \cdots + \phi_p Y_{t-p} + e_t \tag{4.3.1}$$

序列 Y_t 的当期值是自身最近 p 阶滞后项和新息项 e_t 的线性组合，其中 e_t 包括了序列在 t 期无法用过去值来解释的所有新信息. 因此，对于每一个 t，假设 e_t 独立于 $Y_{t-1}, Y_{t-2}, Y_{t-3} \cdots$. Yule(1926) 对自回归过程进行了最初的研究[⊖].

一阶自回归过程

仍然首先详细研究具有启发性的一阶自回归模型，简记为 AR(1). 假设过程平稳并且满足：

$$Y_t = \phi Y_{t-1} + e_t \tag{4.3.2}$$

为简便起见，把系数 ϕ 的下标 1 去除. 与往常一样，在刚开始的分析中，假设过程的均值已经被去掉，因此序列的均值为零. 以后将涉及平稳的条件.

首先，对方程 (4.3.2) 的两边求方差，得到：

$$\gamma_0 = \phi^2 \gamma_0 + \sigma_e^2$$

求解 γ_0，得：

$$\gamma_0 = \frac{\sigma_e^2}{1-\phi^2} \tag{4.3.3}$$

注意，立刻得到一个隐含条件 $\phi^2 < 1$ 或 $|\phi| < 1$. 现在，方程 (4.3.2) 两边同时乘以 $Y_{t-k}(k=1,2,\cdots)$，并求期望值

$$E(Y_{t-k}Y_t) = \phi E(Y_{t-k}Y_{t-1}) + E(e_t Y_{t-k})$$

或

$$\gamma_k = \phi \gamma_{k-1} + E(e_t Y_{t-k})$$

因为假设这个过程是零均值的平稳过程，并且 e_t 独立于 Y_{t-k}，所以有结论：

$$E(e_t Y_{t-k}) = E(e_t) E(Y_{t-k}) = 0$$

因此

$$\gamma_k = \phi \gamma_{k-1}, \quad k = 1, 2, 3, \cdots \tag{4.3.4}$$

令 $k=1$，则有 $\gamma_1 = \phi \gamma_0 = \phi \sigma_e^2/(1-\phi^2)$；令 $k=2$，我们得到 $\gamma_2 = \phi^2 \sigma_e^2/(1-\phi^2)$. 由此可得一般形式：

$$\gamma_k = \phi^k \frac{\sigma_e^2}{1-\phi^2} \tag{4.3.5}$$

因此，

$$\rho_k = \frac{\gamma_k}{\gamma_0} = \phi^k, \quad k = 1, 2, 3, \cdots \tag{4.3.6}$$

[⊖] 记得我们曾假设 Y_t 具有零均值. 我们总是可以在方程中用 $Y_t - \mu$ 代替 Y_t 引入非零均值.

因为$|\phi|<1$,随着滞后长度k的增加,自相关函数值呈指数递减. 若$0<\phi<1$, 自相关函数为正;若$-1<\phi<0$, 一阶自相关系数是负数($\rho_1=\phi$), 接下来自相关系数的符号正负交替, 自相关函数的绝对值呈指数递减. 图表4-12呈现了几个自相关函数图的一部分.

图表4-12　几个AR(1)模型的自相关函数

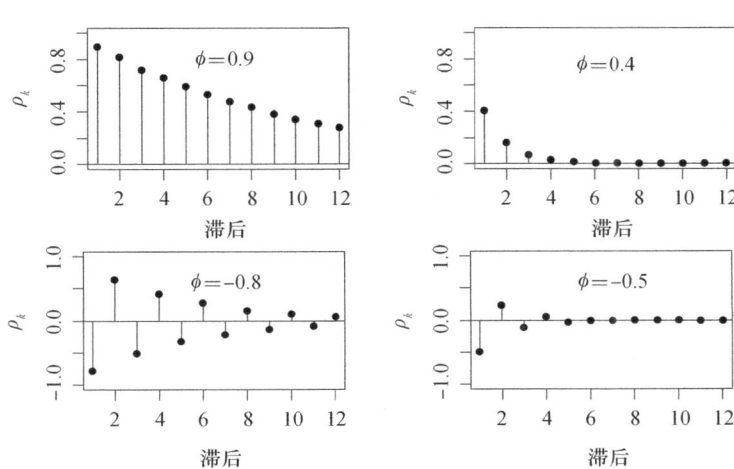

注意当ϕ在± 1附近时,指数递减得很慢(例如,$(0.9)^6=0.53$),但对于较小的ϕ,递减速度相当快(例如,$(0.4)^6=0.004\,10$). 当ϕ在± 1附近时,强自相关性将会持续许多期,如果ϕ是正数得到相对平滑的序列,如果ϕ是负数得到锯齿状序列.

图表4-13显示了在$\phi=0.9$下,模拟的AR(1)过程的时间序列图. 注意,时间序列穿过理论均值零的频率非常之低. 时间序列存在大量惯性——一起变化,在相当长时间内曲线会停留在均值的一边. 观测者可能会说该序列存在一些趋势,我们知道,事实上,理论均值在所有时间都为零,具有趋势的错觉是因为序列的相邻值存在很强的自相关.

图表4-13　当$\phi=0.9$时AR(1)序列的时间序列图

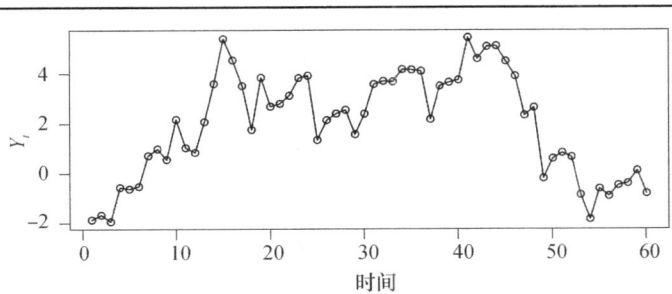

```
> win.graph(width=4.875, height=3,pointsize=8)
> data(ar1.s); plot(ar1.s,ylab=expression(Y[t]),type='o')
```

图表 4-14 为模型的滞后图,显示了该序列的平滑性和一阶滞后的强自相关性.

图表 4-14　图表 4-13 中 AR(1) 序列的 Y_t 与 Y_{t-1} 的散点图

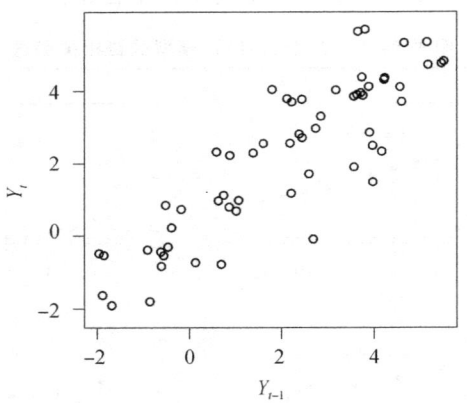

```
> win.graph(width=3, height=3,pointsize=8)
> plot(y=ar1.s,x=zlag(ar1.s),ylab=expression(Y[t]),
    xlab=expression(Y[t-1]),type='p')
```

AR(1) 模型的二阶滞后也具有强正自相关,即 $\rho_2=(0.9)^2=0.81$,图表 4-15 很好地诠释了这一点.

图表 4-15　图表 4-13 中 AR(1) 序列的 Y_t 与 Y_{t-2} 的散点图

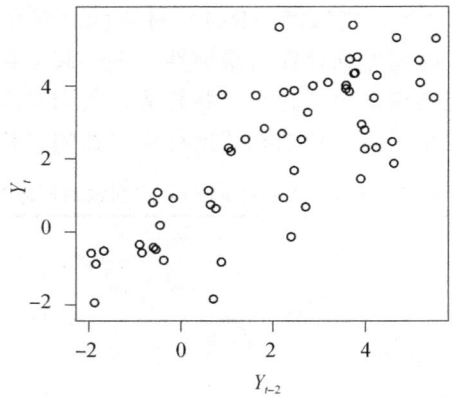

```
> plot(y=ar1.s,x=zlag(ar1.s,2),ylab=expression(Y[t]),
    xlab=expression(Y[t-2]),type='p')
```

最后,在滞后三期时 AR(1) 仍然呈现较高的自相关性:$\rho_3=(0.9)^3=0.729$. 对该特殊的序列,图表 4-16 证实了这一点.

平稳时间序列模型

图表 4-16　图表 4-13 中 AR(1) 序列 Y_t 和 Y_{t-3} 的散点图

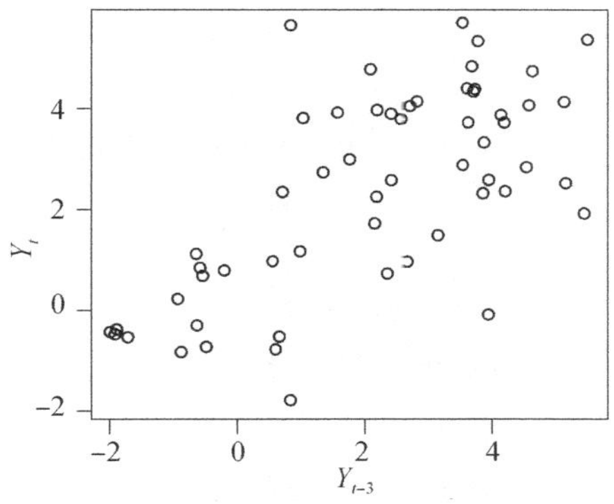

```
> plot(y=ar1.s,x=zlag(ar1.s,3),ylab=expression(Y[t]),
  xlab=expression(Y[t-3]),type='p')
```

AR(1) 模型的一般线性过程表示

方程 (4.3.2) 中给出的 AR(1) 的递归定义对于解释模型很有用. 对于其他目的, 把 AR(1) 模型表示为方程 (4.1.1) 中的一般线性过程有利于以后的分析. 递归定义对于所有的 t 都适用, 如果我们把方程 (4.3.2) 中的 t 替换为 $t-1$, 有 $Y_{t-1}=\phi Y_{t-2}+e_{t-1}$, 再代入最初的表达式, 得到:

$$Y_t = \phi(\phi Y_{t-2}+e_{t-1})+e_t = e_t+\phi e_{t-1}+\phi^2 Y_{t-2}$$

如果我们重复替代滞后项, 例如 $k-1$ 次, 可得:

$$Y_t = e_t+\phi e_{t-1}+\phi^2 e_{t-2}+\cdots+\phi^{k-1}e_{t-k+1}+\phi^k Y_{t-k} \tag{4.3.7}$$

假定 $|\phi|<1$, 令 k 趋于无穷, 看起来是合理的 (这几乎是严格的证明), 我们会得到无穷级数表达式:

$$Y_t = e_t+\phi e_{t-1}+\phi^2 e_{t-2}+\phi^3 e_{t-3}+\cdots \tag{4.3.8}$$

这正是方程 (4.1.1) 一般线性过程的表达式, 此时 $\psi_j=\phi^j$, 我们在 4.1 节曾经讨论过. 注意, 该表达式再次强调了限制条件 $|\phi|<1$ 的必要性.

AR(1) 过程的平稳性

可以证明, 在条件 e_t 独立于 Y_{t-1}, Y_{t-2}, Y_{t-3}, $\cdots$ 和 $\sigma_e^2>0$ 下, 当且仅当 $|\phi|<1$ 时, AR(1) 的递归定义 $Y_t=\phi Y_{t-1}+e_t$ 的解是平稳的. $|\phi|<1$ 的要求, 通常称为 AR(1) 过程的**平稳条件**(参阅 Box, Jenkins 和 Reinsel, 1994, 54 页; Nelson, 1973, 39 页; Wei, 2005, 32 页), 即使该条件不仅仅涉及平稳性. 特别地, 参见习题 4.16、4.18 和 4.25.

现在, 我们需要注意的是 AR(1) 过程的自相关函数是用两种方法推导得到的. 第一种方法用一般线性过程表示得到方程 (4.1.3). 第二种方法使用递归定义 $Y_t=\phi Y_{t-1}+e_t$ 及其推导结果方程 (4.3.4)、(4.3.5) 和 (4.3.6). 第三种推导是在方程 (4.3.7) 两边乘上 Y_{t-k} 并求期望, 再利用 e_t, e_{t-1}, e_{t-2}, $\cdots$, $e_{t-(k-1)}$ 独立于 Y_{t-k} 的事实. 第二种方法应得到重视, 因其可以容易地推广到高阶过程.

二阶自回归过程

现考虑满足以下方程的序列：
$$Y_t = \phi_1 Y_{t-1} + \phi_2 Y_{t-2} + e_t \qquad (4.3.9)$$

与通常一样，假设 e_t 独立于 $Y_{t-1}, Y_{t-2}, Y_{t-3}, \cdots$. 为了讨论平稳性，引入 **AR 特征多项式**：
$$\phi(x) = 1 - \phi_1 x - \phi_2 x^2$$

和相应的 **AR 特征方程**：
$$1 - \phi_1 x - \phi_2 x^2 = 0$$

回忆一下，二次方程总是有两个根（可能有复数根）.

AR(2) 过程的平稳性

可以证明，在 e_t 独立于 $Y_{t-1}, Y_{t-2}, Y_{t-3}, \cdots$ 的条件下，当且仅当 AR 特征方程的根的绝对值（模）大于 1 时，方程 (4.3.9) 存在平稳解. 有时我们也称复平面上根在单位圆外. 这个结论可以不加任何改变地推广到 p 阶的情况[⊖].

在二阶自回归模型中，二次特征方程的根易找到，为：
$$\frac{\phi_1 \pm \sqrt{\phi_1^2 + 4\phi_2}}{-2\phi_2} \qquad (4.3.10)$$

为了满足平稳条件，要求根的绝对值大于 1. 在附录 B 中，我们证明了平稳性成立，当且仅当满足以下三个条件：
$$\phi_1 + \phi_2 < 1, \qquad \phi_2 - \phi_1 < 1, \qquad |\phi_2| < 1 \qquad (4.3.11)$$

与 AR(1) 模型一样，我们称此为 AR(2) 模型的**平稳条件**. 图表 4-17 显示了平稳区域.

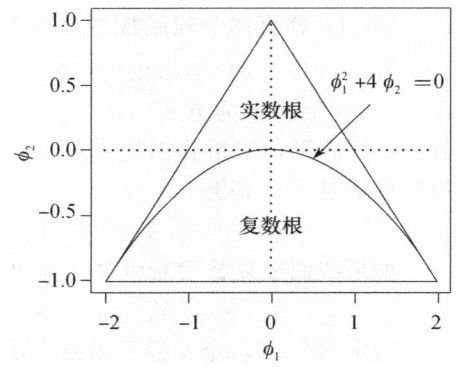

图表 4-17 AR(2) 过程的平稳参数区域

AR(2) 过程的自相关函数

为了推导出 AR(2) 的自相关函数，我们使用方程 (4.3.9) 给出的递归关系式定义，两边乘上 Y_{t-k} 并求期望. 假定平稳、零均值，并且 e_t 独立于 Y_{t-k}，得到：
$$\gamma_k = \phi_1 \gamma_{k-1} + \phi_2 \gamma_{k-2}, \quad k = 1, 2, 3, \cdots \qquad (4.3.12)$$

或者，两边除以 γ_0,
$$\rho_k = \phi_1 \rho_{k-1} + \phi_2 \rho_{k-2}, \quad k = 1, 2, 3, \cdots \qquad (4.3.13)$$

通常称方程 (4.3.12) 或方程 (4.3.13) 为 **Yule-Walker 方程**，特别是 $k=1$ 和 2 时得到的两个方程. 令 $k=1$，用 $\rho_0 = 1$, $\rho_{-1} = \rho_1$ 两个条件，得到 $\rho_1 = \phi_1 + \phi_2 \rho_1$，所以：
$$\rho_1 = \frac{\phi_1}{1 - \phi_2} \qquad (4.3.14)$$

现在使用已知的 ρ_1（和 ρ_0），$k=2$ 时用方程 (4.3.13) 来计算，得到：

⊖ 这也意味着对一阶自回归，AR 的特征方程为 $1 - \phi x = 0$，根为 $1/\phi$，当且仅当 $|\phi| < 1$ 时，根的绝对值大于 1.

$$\rho_2 = \phi_1\rho_1 + \phi_2\rho_0 = \frac{\phi_2(1-\phi_2)+\phi_1^2}{1-\phi_2} \qquad (4.3.15)$$

依次的 ρ_k 的值,可以根据递归方程 (4.3.13) 容易地计算得到.

虽然方程 (4.3.13) 在 ϕ_1 和 ϕ_2 给定时可非常有效地计算出自相关值,但是为了其他目的,希望有一个更明确的 ρ_k 的公式. 显式解的形式取决于特征方程 $1-\phi_1 x-\phi_2 x^2=0$ 的根. 用 G_1 和 G_2 代表特征根的倒数(见附录 B 中证明):

$$G_1 = \frac{\phi_1 - \sqrt{\phi_1^2 + 4\phi_2}}{2}, \quad G_2 = \frac{\phi_1 + \sqrt{\phi_1^2 + 4\phi_2}}{2}$$

当 $G_1 \neq G_2$ 时,可以证明有:

$$\rho_k = \frac{(1-G_2^2)G_1^{k+1} - (1-G_1^2)G_2^{k+1}}{(G_1-G_2)(1+G_1 G_2)}, \quad k \geqslant 0 \qquad (4.3.16)$$

如果特征根是复数(即如果 $\phi_1^2+4\phi_2<0$),则 ρ_k 可表示为:

$$\rho_k = R^k \frac{\sin(\Theta k + \Phi)}{\sin(\Phi)}, \quad k \geqslant 0 \qquad (4.3.17)$$

其中,$R=\sqrt{-\phi_2}$,Θ 和 Φ 可以从 $\cos(\Theta)=\phi_1/(2\sqrt{-\phi_2})$,$\tan(\Phi)=[(1-\phi_2)/(1+\phi_2)]$ 中求得.

为了分析的完整性,我们注意到当特征根相等时($\phi_1^2+4\phi_2=0$ 时),有:

$$\rho_k = \left(1 + \frac{1+\phi_2}{1-\phi_2}k\right)\left(\frac{\phi_1}{2}\right)^k, \quad k=0,1,2,\cdots \qquad (4.3.18)$$

这些公式的推导详见 Fuller(1996) 第 2.5 节.

这些公式的详细内容对我们并不重要,我们只需要了解自相关函数可以有各种形状. 无论在什么情况下,ρ_k 都随着滞后阶数 k 的增加而指数递减. 在复数特征根的情况下,ρ_k 显示为阻尼正弦波动曲线,具有**阻尼因子** $R(0 \leqslant R<1)$、**频率** Θ、**相位** Φ. 图表 4-18 中给出了可能的图形(书后附录中讨论的 R 函数 ARMAacf 可以用来画图).

图表 4-18　几个 AR(2) 模型的自相关函数

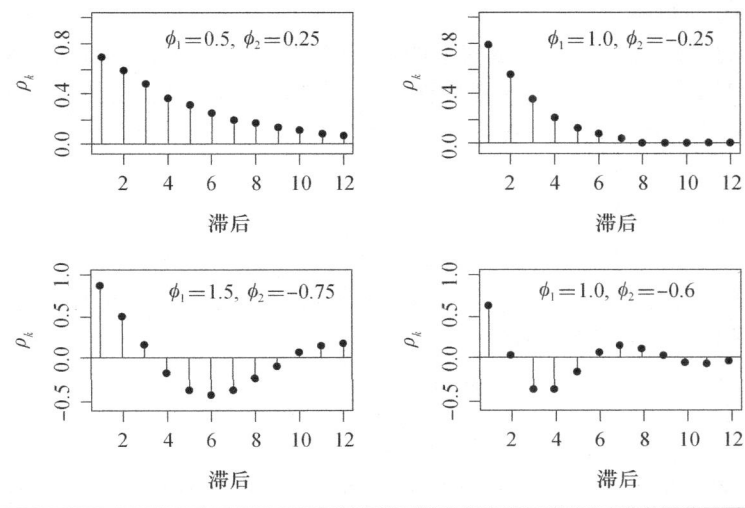

图表 4-19 显示了 $\phi_1=1.5$，$\phi_2=-0.75$ 下模拟的 AR(2) 序列的时间序列图. 图表 4-18 中 ρ_k 的周期性行为可以从具有相同周期（即 360/30=12 个时间单位）序列的近似周期性变化清楚地反映出来. 若 Θ 的单位是弧度，$2\pi/\Theta$ 有时被称为 AR(2) 过程的**准周期**.

图表 4-19　$\phi_1=1.5$，$\phi_2=-0.75$ 下 AR(2) 序列的时间序列图

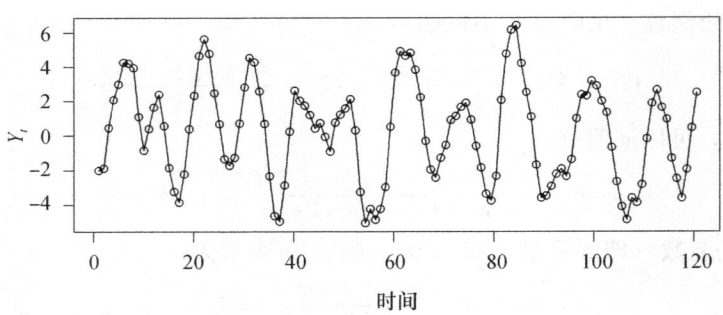

```
> win.graph(width=4.875,height=3,pointsize=8)
> data(ar2.s); plot(ar2.s,ylab=expression(Y[t]),type='o')
```

AR(2) 模型的方差

过程的方差 γ_0 可以用 ϕ_1，ϕ_2 和 σ_e^2 表示如下：对方程 (4.3.9) 两边求方差，得到

$$\gamma_0 = (\phi_1^2 + \phi_2^2)\gamma_0 + 2\phi_1\phi_2\gamma_1 + \sigma_e^2 \tag{4.3.19}$$

令 $k=1$，方程 (4.3.12) 给出了第二个关于 γ_0 和 γ_1 的线性方程 $\gamma_1=\phi_1\gamma_0+\phi_2\gamma_1$，结合方程 (4.3.19) 得到

$$\gamma_0 = \frac{(1-\phi_2)\sigma_e^2}{(1-\phi_2)(1-\phi_1^2-\phi_2^2)-2\phi_2\phi_1^2} = \left(\frac{1-\phi_2}{1+\phi_2}\right)\frac{\sigma_e^2}{(1-\phi_2)^2-\phi_1^2} \tag{4.3.20}$$

AR(2) 模型的 ψ 系数

AR(2) 模型的一般线性过程表达式中的 ψ 系数比 AR(1) 的复杂. 然而，我们可以用方程 (4.1.1) 写出 Y_t，Y_{t-1}，Y_{t-2} 的一般线性过程表达式，代入 $Y_t=\phi_1 Y_{t-1}+\phi_2 Y_{t-2}+e_t$. 如果我们令 e_j 的系数相同，得到递归公式：

$$\left.\begin{array}{l}\psi_0 = 1 \\ \psi_1 - \phi_1\psi_0 = 0 \\ \psi_j - \phi_1\psi_{j-1} - \phi_2\psi_{j-2} = 0 \quad j=2,3,\cdots\end{array}\right\} \tag{4.3.21}$$

通过递归公式，得到 $\psi_0=1$，$\psi_1=\phi_1$，$\psi_2=\phi_1^2+\phi_2$，以此类推. 对于给定的 ϕ_1 和 ϕ_2，通过这些关系式可以得到 ψ 系数的数值解.

还可以证明，在 $G_1 \neq G_2$ 时，显式解为：

$$\psi_j = \frac{G_1^{j+1} - G_2^{j+1}}{G_1 - G_2} \tag{4.3.22}$$

与前文一样，G_1 和 G_2 是 AR 特征方程的根的倒数. 假如是复数根，方程 (4.3.22) 可以写作：

$$\psi_j = R^j \left\{ \frac{\sin[(j+1)\Theta]}{\sin(\Theta)} \right\} \qquad (4.3.23)$$

自相关函数是一个阻尼正弦波动曲线,具有与方程(4.3.17)相同的阻尼因子 R 和频率 Θ.

为了结论的完整性,我们注意到当特征根相同时,有:

$$\psi_j = (1+j)\phi_1^j \qquad (4.3.24)$$

一般自回归过程

考虑 p 阶自回归模型:

$$Y_t = \phi_1 Y_{t-1} + \phi_2 Y_{t-2} + \cdots + \phi_p Y_{t-p} + e_t \qquad (4.3.25)$$

具有 AR 特征多项式:

$$\phi(x) = 1 - \phi_1 x - \phi_2 x^2 - \cdots - \phi_p x^p \qquad (4.3.26)$$

和相应的 AR 特征方程:

$$1 - \phi_1 x - \phi_2 x^2 - \cdots - \phi_p x^p = 0 \qquad (4.3.27)$$

如前所述,假设 e_t 独立于 Y_{t-1}, Y_{t-2}, Y_{t-3},…, 当且仅当 AR 特征方程每一个根的绝对值(模)都大于 1,方程(4.3.27)存在平稳解. 多项式根和系数之间的其他关系可以用来证明以下两个不等式是满足平稳性的必要条件. 也就是说,为了保证特征方程根的模大于 1,以下两个不等式是必要条件但不是充分条件:

$$\left. \begin{array}{l} \phi_1 + \phi_2 + \cdots + \phi_p < 1 \\ |\phi_p| < 1 \end{array} \right\} \qquad (4.3.28)$$

假定序列平稳并且均值为零,在方程(4.3.25)两边乘以 Y_{t-k} 并求期望然后再除以 γ_0,可以获得以下重要的递归关系:

$$\rho_k = \phi_1 \rho_{k-1} + \phi_2 \rho_{k-2} + \phi_3 \rho_{k-3} + \cdots + \phi_p \rho_{k-p}, \quad k \geqslant 1 \qquad (4.3.29)$$

把 $k=1$, 2, … 和 p 代入方程(4.3.29),根据 $\rho_0 = 1$, $\rho_{-k} = \rho_k$,得到一般 **Yule-Walker** 方程组:

$$\left. \begin{array}{l} \rho_1 = \phi_1 + \phi_2 \rho_1 + \phi_3 \rho_2 + \cdots + \phi_p \rho_{p-1} \\ \rho_2 = \phi_1 \rho_1 + \phi_2 + \phi_3 \rho_1 + \cdots + \phi_p \rho_{p-2} \\ \vdots \\ \rho_p = \phi_1 \rho_{p-1} + \phi_2 \rho_{p-2} + \phi_3 \rho_{p-3} + \cdots + \phi_p \end{array} \right\} \qquad (4.3.30)$$

给定 ϕ_1, ϕ_2,…, ϕ_p 的值,可以求解该线性方程组得到 ρ_1, ρ_2,…, ρ_p 的值. 从而,方程(4.3.29)可以用来求得任意高阶时的 ρ_k.

注意:

$$E(e_t Y_t) = E[e_t (\phi_1 Y_{t-1} + \phi_2 Y_{t-2} + \cdots + \phi_p Y_{t-p} + e_t)] = E(e_t^2) = \sigma_e^2$$

我们在方程(4.3.25)两边乘 Y_t 并求期望,得到:

$$\gamma_0 = \phi_1 \gamma_1 + \phi_2 \gamma_2 + \cdots + \phi_p \gamma_p + \sigma_e^2$$

使用 $\rho_k = \gamma_k / \gamma_0$,该式可以写为:

$$\gamma_0 = \frac{\sigma_e^2}{1 - \phi_1 \rho_1 - \phi_2 \rho_2 - \cdots - \phi_p \rho_p} \qquad (4.3.31)$$

把方差 γ_0 表示成参数 σ_e^2，ϕ_1，ϕ_2，$\cdots$，ϕ_p 和已知 ρ_1，ρ_2，$\cdots$，ρ_p 的形式．当然，在这种一般表示下，ρ_k 的显式解无法得到，但是我们可以确定 ρ_k 是一些指数递减项（与特征方程的实根相对应）和阻尼正弦波动项（与特征方程的复根相对应）的线性组合．

假设过程是平稳的，过程也可用方程 (4.1.1) 的一般线性过程形式表示，但 ψ 系数是参数 ϕ_1，ϕ_2，$\cdots$，ϕ_p 的复杂函数．系数可以数值求解，具体参见附录 C.

4.4 自回归滑动平均混合模型

如果假定序列中部分是自回归，部分是滑动平均，我们可以得到一个相当普遍的时间序列模型．一般来说，如果

$$Y_t = \phi_1 Y_{t-1} + \phi_2 Y_{t-2} + \cdots + \phi_p Y_{t-p} + e_t - \theta_1 e_{t-1} - \theta_2 e_{t-2} - \cdots - \theta_q e_{t-q} \quad (4.4.1)$$

称 $\{Y_t\}$ 为**自回归滑动平均混合过程**，阶数分别为 p 和 q，简记为 ARMA(p, q)．按惯例，我们首先看一个重要的特例[⊖]．

ARMA(1, 1) 模型

模型定义方程是：

$$Y_t = \phi Y_{t-1} + e_t - \theta e_{t-1} \quad (4.4.2)$$

为了得到 Yule-Walker 形式的方程组，首先：

$$E(e_t Y_t) = E[e_t(\phi Y_{t-1} + e_t - \theta e_{t-1})] = \sigma_e^2$$

或

$$E(e_{t-1} Y_t) = E[e_{t-1}(\phi Y_{t-1} + e_t - \theta e_{t-1})] = \phi \sigma_e^2 - \theta \sigma_e^2 = (\phi - \theta) \sigma_e^2$$

如果方程 (4.4.2) 两边乘以 Y_{t-k} 并求期望值，得到：

$$\left.\begin{array}{l} \gamma_0 = \phi \gamma_1 + [1 - \theta(\phi - \theta)] \sigma_e^2 \\ \gamma_1 = \phi \gamma_0 - \theta \sigma_e^2 \\ \gamma_k = \phi \gamma_{k-1} \quad k \geqslant 2 \end{array}\right\} \quad (4.4.3)$$

求解前两个方程得到：

$$\gamma_0 = \frac{(1 - 2\phi\theta + \theta^2)}{1 - \phi^2} \sigma_e^2 \quad (4.4.4)$$

通过解简单递归关系式，得到：

$$\rho_k = \frac{(1 - \theta\phi)(\phi - \theta)}{1 - 2\phi\theta + \theta^2} \phi^{k-1}, \quad k \geqslant 1 \quad (4.4.5)$$

请注意，随着滞后长度 k 的增加，模型的自相关函数指数递减．阻尼因子是 ϕ，但递减开始于初始值 ρ_1（它也依赖于 θ）．这与 AR(1) 的自相关函数不同，AR(1) 的自相关函数虽然以阻尼因子 ϕ 递减，但总是从初始值 $\rho_0 = 1$ 开始．例如，如果 $\phi = 0.8$，$\theta = 0.4$，则 $\rho_1 = 0.523$，$\rho_2 = 0.418$，$\rho_3 = 0.335$，等等．ρ_k 可能有几种形状，具体依赖于 ρ_1 和 ϕ 的符号．

用类似得到方程 (4.3.8) 的方法，可以得到模型的一般线性过程表达式：

[⊖] 在混合模型中，我们假设在自回归和滑动平均多项式中没有共同的因素．如果有，可以消除它们，这样模型将变成一个较低阶的 ARMA 模型．如对于 ARMA (1, 1) 模型，这意味着 $\theta \neq \phi$．

平稳时间序列模型

$$Y_t = e_t + (\phi - \theta)\sum_{j=1}^{\infty}\phi^{j-1}e_{t-j} \tag{4.4.6}$$

即

$$\psi_j = (\phi - \theta)\phi^{j-1}, \quad j \geq 1$$

我们现在要提到显然的平稳条件 $|\phi|<1$，或等价的 AR 特征方程 $1-\phi x=0$ 的根的绝对值大于 1．

对于一般 ARMA(p, q) 模型．我们不加证明地给出以下结论：在条件 e_t 独立于 Y_{t-1}，Y_{t-2}，Y_{t-3}，…下，当且仅当 AR 特征方程 $\phi(x)=0$ 的根的模大于 1，方程（4.4.1）存在平稳解．

若平稳性的条件满足，模型也可表示为一般线性过程，其中 ψ 系数由下式决定：

$$\left.\begin{aligned}\psi_0 &= 1 \\ \psi_1 &= -\theta_1 + \phi_1 \\ \psi_2 &= -\theta_2 + \phi_2 + \phi_1\psi_1 \\ &\vdots \\ \psi_j &= -\theta_j + \phi_p\psi_{j-p} + \phi_{p-1}\psi_{j-p+1} + \cdots + \phi_1\psi_{j-1}\end{aligned}\right\} \tag{4.4.7}$$

其中，当 $j<0$ 时，$\psi_j=0$；$j>q$ 时，$\theta_j=0$．

再次假设平稳，易证自相关函数满足：

$$\rho_k = \phi_1\rho_{k-1} + \phi_2\rho_{k-2} + \cdots + \phi_p\rho_{k-p}, \quad k > q \tag{4.4.8}$$

当 $k=1$，2，3，…，q 时，亦可获得含有 θ_1，θ_2，…，θ_q 的类似公式．附录 C 给出了计算完整自相关函数的数值算法．（在名为 ARMAacf 的 R 函数中执行该算法．）

4.5 可逆性

在 MA(1) 过程中我们看到当 θ 被 $1/\theta$ 代替时，得到完全一样的自相关函数．在习题中，我们求解一个类似的 MA(2) 模型不唯一的问题．给定 MA 的自相关函数，在我们试图根据观测的时间序列推导参数值之前，必须解决 MA 模型不唯一的问题．证明显示，不唯一性与接下来讨论的看似无关的问题有联系．

自回归过程总是可以通过 ψ 系数表示为一般线性过程，所以 AR 过程也可以被认为是一个无穷阶滑动平均过程．但是，由于某些原因，自回归表达式更便利．那么，滑动平均模型可以被重新表示为自回归模型吗？

为了解决这个问题，考虑 MA(1) 模型：

$$Y_t = e_t - \theta e_{t-1} \tag{4.5.1}$$

首先把方程改写成 $e_t = Y_t + \theta e_{t-1}$，然后用 $t-1$ 代替 t 并且替代上面公式中的 e_{t-1}，得到：

$$e_t = Y_t + \theta(Y_{t-1} + \theta e_{t-2}) = Y_t + \theta Y_{t-1} + \theta^2 e_{t-2}$$

如果 $|\theta|<1$，我们可以对过去值无限重复以上的替代过程，得到表达式（与方程（4.3.7）和方程（4.3.8）相比较）：

$$e_t = Y_t + \theta Y_{t-1} + \theta^2 Y_{t-2} + \cdots$$

或者

$$Y_t = (-\theta Y_{t-1} - \theta^2 Y_{t-2} - \theta^3 Y_{t-3} - \cdots) + e_t \tag{4.5.2}$$

如果$|\theta|<1$，我们看到 MA(1) 模型可以逆转换成一个无穷阶的自回归模型．当且仅当$|\theta|<1$，我们称 MA(1) 模型可逆．

对于一般的 MA(q) 模型或 ARMA(p, q) 模型，定义 **MA 特征多项式**为：

$$\theta(x) = 1 - \theta_1 x - \theta_2 x^2 - \theta_3 x^3 - \cdots - \theta_q x^q \tag{4.5.3}$$

和相应的 **MA 特征方程**：

$$1 - \theta_1 x - \theta_2 x^2 - \theta_3 x^3 - \cdots - \theta_q x^q = 0 \tag{4.5.4}$$

可以证明 MA(q) 模型是可逆的，即有系数 π_j 使得：

$$Y_t = \pi_1 Y_{t-1} + \pi_2 Y_{t-2} + \pi_3 Y_{t-3} + \cdots + e_t \tag{4.5.5}$$

当且仅当 MA 特征方程根的模大于 1(与 AR 模型的平稳性作对比)．

还可证明在给定自相关函数的情况下，只有唯一的一组参数可以得到可逆的 MA 过程．例如：$Y_t = e_t + 2e_{t-1}$ 和 $Y_t = e_t + \frac{1}{2}e_{t-1}$ 有相同的自相关函数，但是只有第二个以 -2 为根的是可逆的．以后，我们把注意力集中于完全合乎情理的可逆模型．

对于一般的 ARMA(p, q) 模型，要求同时满足平稳性和可逆性．

4.6 小结

本章介绍了简单而实用的自回归、滑动平均（ARMA）时间序列模型，推导了这些模型的基本统计特性，特别对重要的特例（一阶和二阶滑动平均以及一阶和二阶自回归模型）的统计特性进行了推导．此外，还讨论了这些特例的平稳性和可逆性问题，分析了 ARMA 混合模型的特性．读者应该熟练掌握这些模型的自相关特性和模型的各种表达式．

习题

4.1 平稳过程定义如下：

$$Y_t = 5 + e_t - \frac{1}{2}e_{t-1} + \frac{1}{4}e_{t-2}$$

用第一个原理求出其自相关函数．

4.2 画出以下 MA(2) 模型的自相关函数图，系数设为：
(a) $\theta_1 = 0.5$, $\theta_2 = 0.4$
(b) $\theta_1 = 1.2$, $\theta_2 = -0.7$
(c) $\theta_1 = -1$, $\theta_2 = -0.6$

4.3 对 MA(1) 过程，证明：

$$\max_{-\infty < \theta < \infty} \rho_1 = 0.5, \qquad \min_{-\infty < \theta < \infty} \rho_1 = -0.5$$

4.4 证明 θ 被 $1/\theta$ 代替时，MA(1) 过程的自相关函数不变．

4.5 计算并画出以下几种 AR(1) 模型的自相关函数．要画出足够多的滞后期数以保证自相关函数逐渐消失．
(a) $\phi_1 = 0.6$

(b) $\phi_1 = -0.6$
(c) $\phi_1 = 0.95$（画 20 个滞后期）
(d) $\phi_1 = 0.3$

4.6 假设 $\{Y_t\}$ 是 AR(1) 过程，$-1 < \phi < 1$.
(a) $W_t = \nabla Y_t = Y_t - Y_{t-1}$，求出这个序列用 ϕ 和 σ_e^2 表示的自相关函数.
(b) 特别地，证明 $\text{Var}(W_t) = 2\sigma_e^2/(1+\phi)$.

4.7 描述下列模型自相关函数的重要特性：
(a) MA(1)　　(b) MA(2)　　(c) AR(1)　　(d) AR(2)　　(e) ARMA(1, 1)

4.8 令 $\{Y_t\}$ 为 AR(2) 模型，具有特殊形式：$Y_t = \phi_2 Y_{t-2} + e_t$. 用第一原理求得使过程平稳的 ϕ_2 的范围.

4.9 用方程 (4.3.13) 的递归公式计算并画出具有下列特定参数的 AR(2) 模型的自回归函数. 说明每一种情况下特征根是实数还是复数. 如果是复数，对相应的自相关函数，其表达式形如方程 (4.3.17) 时，求出阻尼因子 R 和频率 Θ.
(a) $\phi_1 = 0.6$, $\phi_2 = 0.3$
(b) $\phi_1 = -0.4$, $\phi_2 = 0.5$
(c) $\phi_1 = 1.2$, $\phi_2 = -0.7$
(d) $\phi_1 = -1$, $\phi_2 = -0.6$
(e) $\phi_1 = 0.5$, $\phi_2 = -0.9$
(f) $\phi_1 = -0.5$, $\phi_2 = -0.6$

4.10 画出下列每个 ARMA 模型的自相关函数：
(a) ARMA(1, 1), $\phi = 0.7$, $\theta = 0.4$
(b) ARMA(1, 1), $\phi = 0.7$, $\theta = -0.4$

4.11 对 ARMA(1, 2) 模型 $Y_t = 0.8 Y_{t-1} + e_t + 0.7 e_{t-1} + 0.6 e_{t-2}$，证明：
(a) 当 $k > 2$ 时，$\rho_k = 0.8 \rho_{k-1}$
(b) $\rho_2 = 0.8 \rho_1 + 0.6 \sigma_e^2 / \gamma_0$

4.12 考虑两个 MA(2) 过程，一个过程的参数为 $\theta_1 = \theta_2 = 1/6$，另一个过程的参数为 $\theta_1 = -1$, $\theta_2 = 6$：
(a) 证明两个过程有相同的自相关函数.
(b) 相应特征多项式的根有何区别？

4.13 令 $\{Y_t\}$ 为平稳过程，当 $k > 1$ 时 $\rho_k = 0$. 证明：必须满足 $|\rho_1| \leqslant 1/2$. （提示：考虑 $\text{Var}(Y_{n+1} + Y_n + \cdots + Y_1)$，然后考虑 $\text{Var}(Y_{n+1} - Y_n + Y_{n-1} - \cdots \pm Y_1)$，利用事实：两者必须对所有 n 都是非负的.）

4.14 假设 $\{Y_t\}$ 是一个零均值的平稳过程，当 $k > 1$ 时，$\rho_k = 0$, $|\rho_1| < 0.5$. 证明 $\{Y_t\}$ 一定可以表示为 MA(1) 过程，即证明存在白噪声序列 $\{e_t\}$ 使得 $Y_t = e_t - \theta e_{t-1}$，其中 ρ_1 满足条件，$k > 0$ 时，e_t 与 Y_{t-k} 无关. （提示：选择满足 $|\theta| < 1$, $\rho_1 = -\theta/(1+\theta^2)$ 的 θ；然后令 $e_t = \sum_{j=0}^{\infty} \theta^j Y_{t-j}$. 如果假设 $\{Y_t\}$ 是一个正态过程，则 e_t 亦是，零相关等价于独立.）

4.15 考虑 AR(1) 模型 $Y_t = \phi Y_{t-1} + e_t$，证明：若 $|\phi| = 1$，则这个过程不可能平稳。（提示：求两边的方差。）

4.16 考虑"非平稳"AR(1) 模型 $Y_t = 3Y_{t-1} + e_t$。

(a) 证明 $Y_t = -\sum_{j=1}^{\infty} (1/3)^j e_{t+j}$ 满足 AR(1) 方程。

(b) 证明（a）中定义的过程是平稳的。

(c) 该解在什么方面不令人满意？

4.17 考虑满足方程 $Y_t = \frac{1}{2} Y_{t-1} + e_t$ 的 AR(1) 过程。

(a) 证明 $Y_t = 10\left(\frac{1}{2}\right)^t + e_t + \frac{1}{2} e_{t-1} + \left(\frac{1}{2}\right)^2 e_{t-2} + \cdots$ 是 AR(1) 方程的解。

(b) (a) 给出的解是否平稳？

4.18 考虑某过程满足零均值、"平稳"AR(1) 方程 $Y_t = \phi Y_{t-1} + e_t$, $-1 < \phi < +1$。令 c 为任意非零常数，定义 $W_t = Y_t + c\phi^t$。

(a) 证明 $E(W_t) = c\phi^t$。

(b) 证明 $\{W_t\}$ 满足"平稳"AR(1) 方程 $W_t = \phi W_{t-1} + e_t$。

(c) $\{W_t\}$ 是否平稳？

4.19 考虑 MA(6) 模型，$\theta_1 = 0.5$, $\theta_2 = -0.25$, $\theta_3 = 0.125$, $\theta_4 = -0.0625$, $\theta_5 = 0.03125$, $\theta_6 = -0.015625$。求几乎具有相同 ψ 权重的简化模型。

4.20 考虑 MA(7) 模型，$\theta_1 = 1$, $\theta_2 = -0.5$, $\theta_3 = 0.25$, $\theta_4 = -0.125$, $\theta_5 = 0.0625$, $\theta_6 = -0.03125$, $\theta_7 = 0.015625$。求几乎具有相同 ψ 权重的简化模型。

4.21 考虑模型 $Y_t = e_{t-1} - e_{t-2} + 0.5 e_{t-3}$。

(a) 求该过程的自协方差函数。

(b) 证明其隐藏了某个 ARMA(p, q) 过程。也就是说，识别 p, q 的值和 θ, ϕ 的值使得 ARMA(p, q) 过程拥有与 $\{Y_t\}$ 相同的统计特征。

4.22 证明陈述"$1 - \phi_1 x - \phi_2 x^2 - \cdots - \phi_p x^p = 0$ 的根的绝对值大于 1"等价于陈述"$x^p - \phi_1 x^{p-1} - \phi_2 x^{p-2} - \cdots - \phi_p = 0$ 的根的绝对值小于 1"。（提示：如果 G 是一个方程的根，则 $1/G$ 是另一个方程的根。）

4.23 假设 $\{Y_t\}$ 是一个 AR(1) 过程，并且 $\rho_1 = \phi$。定义 $\{b_t\}$ 为 $b_t = Y_t - \phi Y_{t+1}$。

(a) 证明 $\text{Cov}(b_t, b_{t-k}) = 0$, $\forall t, k$。

(b) 证明 $\text{Cov}(b_t, Y_{t+k}) = 0$, $k > 0$, $\forall t$。

4.24 令 $\{e_t\}$ 为零均值、单位方差的白噪声过程。考虑起始于 $t = 0$ 如下递归定义的过程：令 $Y_0 = c_1 e_0$, $Y_1 = c_2 Y_0 + e_1$，然后当 $t > 1$ 时，像 AR(2) 过程一样，令 $Y_t = \phi_1 Y_{t-1} + \phi_2 Y_{t-2} + e_t$。

(a) 证明该过程的均值为零。

(b) 对位于 AR(2) 平稳域内的特殊值 ϕ_1 和 ϕ_2，该如何选择 c_1, c_2 使得 $\text{Var}(Y_0) = \text{Var}(Y_1)$，并且 Y_1 和 Y_0 之间的一阶滞后自相关系数符合参数为 ϕ_1 和 ϕ_2 的平稳 AR(2) 过程？

(c) 一旦得到过程 $\{Y_t\}$，那么如何将它转换成一个新的过程，具有我们希望的均值和方差？（这个习题给出了一个模拟 AR(2) 过程的简便方法.）

4.25 考虑 AR(1) 过程，满足 $Y_t = \phi Y_{t-1} + e_t$，其中 ϕ 为任意值，$\{e_t\}$ 是一个白噪声过程，并且 e_t 独立于过去值 $\{Y_{t-1}, Y_{t-2}, \cdots\}$. 令 Y_0 为均值 μ_0、方差 σ_0^2 的随机变量.

(a) 证明：当 $t > 0$ 时，可写成
$$Y_t = e_t + \phi e_{t-1} + \phi^2 e_{t-2} + \phi^3 e_{t-3} + \cdots + \phi^{t-1} e_1 + \phi^t Y_0.$$

(b) 证明：当 $t > 0$ 时，有 $E(Y_t) = \phi^t \mu_0$.

(c) 证明：当 $t > 0$ 时，
$$\mathrm{Var}(Y_t) = \begin{cases} \dfrac{1-\phi^{2t}}{1-\phi^2}\sigma_e^2 + \phi^{2t}\sigma_0^2 & \phi \neq 1 \\ t\sigma_e^2 + \sigma_0^2 & \phi = 1 \end{cases}$$

(d) 假设 $\mu_0 = 0$，试证：如果 $\{Y_t\}$ 平稳，必定有 $\phi \neq 1$.

(e) 仍假设 $\mu_0 = 0$，证明：如果 $\{Y_t\}$ 平稳，则 $\mathrm{Var}(Y_t) = \sigma_e^2/(1-\phi^2)$，因此必定有 $|\phi| < 1$.

附录B AR(2) 过程的平稳域

在二阶模型中，容易求得二次特征多项式的根为：
$$\frac{\phi_1 \pm \sqrt{\phi_1^2 + 4\phi_2}}{-2\phi_2} \tag{4.B.1}$$

平稳性要求这些根的绝对值大于 1. 现在我们来证明当且仅当以下三个条件满足时这个结论正确：
$$\phi_1 + \phi_2 < 1, \quad \phi_2 - \phi_1 < 1, \quad |\phi_2| < 1 \tag{4.B.2}$$

证明：记特征根的倒数为 G_1 和 G_2，则：
$$G_1 = \frac{2\phi_2}{-\phi_1 - \sqrt{\phi_1^2 + 4\phi_2}} = \frac{2\phi_2}{-\phi_1 - \sqrt{\phi_1^2 + 4\phi_2}}\left[\frac{-\phi_1 + \sqrt{\phi_1^2 + 4\phi_2}}{-\phi_1 + \sqrt{\phi_1^2 + 4\phi_2}}\right]$$
$$= \frac{2\phi_2\left(-\phi_1 + \sqrt{\phi_1^2 + 4\phi_2}\right)}{\phi_1^2 - (\phi_1^2 + 4\phi_2)} = \frac{\phi_1 - \sqrt{\phi_1^2 + 4\phi_2}}{2}$$

类似地，
$$G_2 = \frac{\phi_1 + \sqrt{\phi_1^2 + 4\phi_2}}{2}$$

现在我们依据根为实数还是复数分成两部分讨论. 当且仅当 $\phi_1^2 + 4\phi_2 \geq 0$，根是实数.

I. 实数根：$|G_i| < 1$，$i = 1, 2$ 当且仅当
$$-1 < \frac{\phi_1 - \sqrt{\phi_1^2 + 4\phi_2}}{2} < \frac{\phi_1 + \sqrt{\phi_1^2 + 4\phi_2}}{2} < 1$$
或者
$$-2 < \phi_1 - \sqrt{\phi_1^2 + 4\phi_2} < \phi_1 + \sqrt{\phi_1^2 + 4\phi_2} < 2.$$

只考虑第一个不等式. 现有 $-2 < \phi_1 - \sqrt{\phi_1^2 + 4\phi_2}$ 等价于 $\sqrt{\phi_1^2 + 4\phi_2} < \phi_1 + 2$ 等价于 $\phi_1^2 + 4\phi_2 < \phi_1^2 +$

$4\phi_1+4$ 等价于 $\phi_2<\phi_1+1$ 或 $\phi_2-\phi_1<1$.

类似地，从不等式 $\phi_1+\sqrt{\phi_1^2+4\phi_2}<2$ 可以推得 $\phi_2+\phi_1<1$.

这些方程加上 $\phi_1^2+4\phi_2\geqslant 0$，定义了如图表 4-17 所示特征根为实数时的平稳域.

Ⅱ. 复数根：此时 $\phi_1^2+4\phi_2<0$. G_1 和 G_2 为共轭复数，并且 $|G_1|=|G_2|<1$ 当且仅当 $|G_1|^2<1$. 但是 $|G_1|^2=[\phi_1^2+(-\phi_1^2-4\phi_2)]/4=-\phi_2$，因此 $\phi_2>-1$. 结合不等式 $\phi_1^2+4\phi_2<0$，定义了图表 4-17 所示特征根为复数时的平稳域并得到方程 (4.3.11). 证明完毕.

附录 C ARMA(p，q) 模型的自相关函数

令 $\{Y_t\}$ 为平稳可逆的 ARMA(p，q) 过程. 回忆一下，我们总可以将 ARMA(p，q) 用一般线性过程的形式表示：

$$Y_t=\sum_{j=0}^{\infty}\psi_j e_{t-j} \tag{4.C.1}$$

其中 ψ 为权重，可以从方程 (4.4.7) 递归求得. 因此有：

$$E(Y_{t+k}e_t)=E\left(\sum_{j=0}^{\infty}\psi_j e_{t+k-j}e_t\right)=\psi_k\sigma_e^2,\quad k\geqslant 0 \tag{4.C.2}$$

自协方差系数必须满足：

$$\begin{aligned}\gamma_k=E(Y_{t+k}Y_t)&=E\left[\left(\sum_{j=1}^{p}\phi_j Y_{t+k-j}-\sum_{j=0}^{q}\theta_j e_{t+k-j}\right)Y_t\right]\\ &=\sum_{j=1}^{p}\phi_j\gamma_{k-j}-\sigma_e^2\sum_{j=k}^{q}\theta_j\psi_{j-k}\end{aligned} \tag{4.C.3}$$

其中 $\theta_0=-1$，当 $k>q$ 时最后的求和项消失. 设 $k=0,1,\cdots,p$，使用 $\gamma_{-k}=\gamma_k$，得到 $p+1$ 个关于 γ_0，γ_1，$\cdots$，γ_p 的线性方程：

$$\left.\begin{aligned}\gamma_0&=\phi_1\gamma_1+\phi_2\gamma_2+\cdots+\phi_p\gamma_p-\sigma_e^2(\theta_0+\theta_1\psi_1+\cdots+\theta_q\psi_q)\\ \gamma_1&=\phi_1\gamma_0+\phi_2\gamma_1+\cdots+\phi_p\gamma_{p-1}-\sigma_e^2(\theta_1+\theta_2\psi_1+\cdots+\theta_q\psi_{q-1})\\ &\vdots\\ \gamma_p&=\phi_1\gamma_{p-1}+\phi_2\gamma_{p-2}+\cdots+\phi_p\gamma_0-\sigma_e^2(\theta_p+\theta_{p+1}\psi_1+\cdots+\theta_q\psi_{q-p})\end{aligned}\right\} \tag{4.C.4}$$

其中当 $j>q$ 时 $\theta_j=0$.

对于给定的一组参数 σ_e^2，ϕ，θ（进而得出 ψ），求解线性方程组得到 γ_0，γ_1，$\cdots$，γ_p 的值. 当 $k>q$ 时，γ_k 的值可以从递归方程 (4.4.8) 求得. 最后从 $\rho_k=\gamma_k/\gamma_0$ 求得 ρ_k.

第 5 章 非平稳时间序列模型

具有时变均值的任何时间序列都是非平稳的,形如

$$Y_t = \mu_t + X_t$$

的模型(其中 μ_t 是时变均值函数,X_t 是零均值平稳序列)曾在第 3 章中讨论过. 正如第 3 章所述,仅当有理由相信该确定性趋势"永远"恰当时,才认为该模型是合理的. 也就是说,仅因序列的一部分看似线性递增(或递减)不足以确信过程具有内在的线性特征,并长久保持下去. 在众多应用,特别是商业和经济学应用中,频繁出现的是无法对确定性趋势作出合理假设的情况. 回顾图表 2-1 中所示的随机游动,该时间序列似乎存在一个时间上线性的很强的上升趋势,但是如前所述,随机游动过程具有不变的零均值,且根本不含任何确定性趋势.

举一个例子,考虑 1986 年 1 月至 2006 年 1 月每桶原油的月度价格. 图表 5-1 给出了时间序列图. 序列的变动相当大,自 2001 年以来尤甚,如此看来平稳模型似乎是非合理的模型. 在第 6、7 和 8 章中,将发现没有适合此序列的确定性趋势模型,而一个含有随机趋势的非平稳模型才是适当的,本章就讨论这类模型. 值得庆幸的是,很多具有随机趋势的序列均适用参数相对较少的模型.

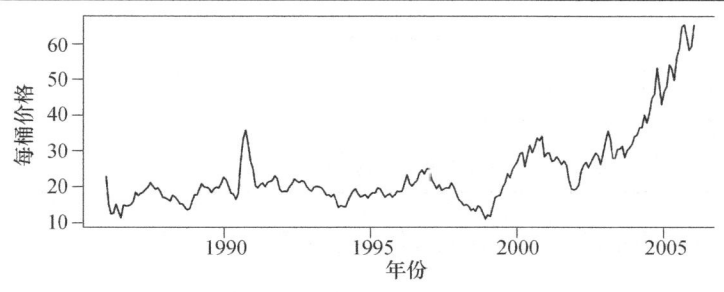

图表 5-1 原油月度价格:1986 年 1 月~2006 年 1 月

```
> win.graph(width=4.875,height=3,pointsize=8)
> data(oil.price)
> plot(oil.price, ylab='Price per Barrel',type='l')
```

5.1 通过差分平稳化

再次考虑 AR(1) 模型:

$$Y_t = \phi Y_{t-1} + e_t \tag{5.1.1}$$

可以看出,若假定 e_t 是真正的"新息"(即 e_t 与 $Y_{t-1}, Y_{t-2}, \cdots$ 无关),必有 $|\phi| < 1$. 若 $|\phi| \geqslant 1$,那么公式(5.1.1)的解是什么?特别地,考虑方程

$$Y_t = 3Y_{t-1} + e_t \tag{5.1.2}$$

如前所述,对滞后项不断迭代,求得

$$Y_t = e_t + 3e_{t-1} + 3^2 e_{t-2} + \cdots + 3^{t-1} e_1 + 3^t Y_0 \tag{5.1.3}$$

可以看到，过去很久之前的 Y_t 与 e_t 的值所带来的影响并没有消失——事实上，Y_0 和 e_1 的权重呈指数增长．在图表 5-2 中展示了该系列很短的一个模拟．此处，白噪声序列按照标准正态分布变量来模拟，同时以 $Y_0=0$ 为初始条件．

图表 5-2　爆炸式 "AR(1)" 模型 $Y_t=3Y_{t-1}+e_t$ 的模拟

t	1	2	3	4	5	6	7	8
e_t	0.63	−1.25	1.80	1.51	1.56	0.62	0.64	−0.98
Y_t	0.63	0.64	3.72	12.67	39.57	119.33	358.63	1074.91

图表 5-3 显示了这个爆炸式 AR(1) 模拟的时间序列图．

图表 5-3　爆炸式的 "AR(1)" 序列

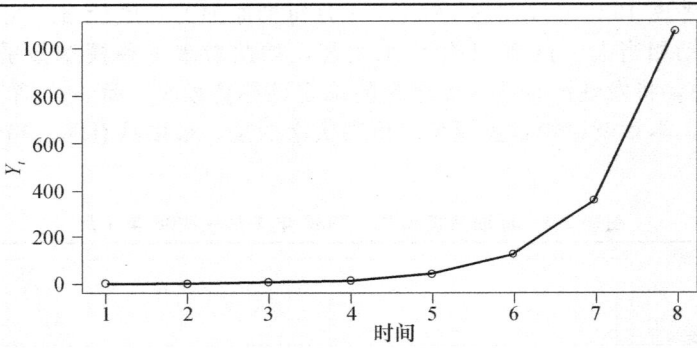

```
> data(explode.s)
> plot(explode.s,ylab=expression(Y[t]),type='o')
```

此模型的爆炸式行为也反映在其方差和协方差函数中．易得

$$\operatorname{Var}(Y_t) = \frac{1}{8}(9^t - 1)\sigma_e^2 \tag{5.1.4}$$

和

$$\operatorname{Cov}(Y_t, Y_{t-k}) = \frac{3^k}{8}(9^{t-k} - 1)\sigma_e^2 \tag{5.1.5}$$

注意可以得到：对较大的 t 和中等大小的 k 值，

$$\operatorname{Corr}(Y_t, Y_{t-k}) = 3^k \sqrt{\frac{9^{t-k} - 1}{9^t - 1}} \approx 1$$

对任何满足 $|\phi|>1$ 的 ϕ，一般的指数或者爆炸式增长行为都会出现．当 $\phi=1$ 时，可得到非平稳性的一个更合理的类型．若 $\phi=1$，AR(1) 模型的方程为

$$Y_t = Y_{t-1} + e_t \tag{5.1.6}$$

这是第 2 章中讨论的随机游动过程所满足的关系式（公式 (2.2.9)）．或者，可以重新表示为

$$\nabla Y_t = e_t \tag{5.1.7}$$

其中 $\nabla Y_t = Y_t - Y_{t-1}$ 是 Y_t 的**一阶差分**．随机游动过程易被拓展为更一般的模型，其一阶差分是

平稳过程——不仅仅是白噪声过程.

在若干组不同的假设下，模型的一阶差分可以是平稳过程. 假设
$$Y_t = M_t + X_t \tag{5.1.8}$$
其中 M_t 是随着时间缓慢变化的序列. 此处 M_t 可能是确定的也可能是随机的. 如果假设 M_t 在每两个连续时间点内几乎是不变的，可以估计（预测）t 时的 M_t：选择 β_0，使得
$$\sum_{j=0}^{1}(Y_{t-j} - \beta_{0,t})^2$$
最小化. 显然得到：
$$\hat{M}_t = \frac{1}{2}(Y_t + Y_{t-1})$$
t 时刻"去趋势"序列可表示为
$$Y_t - \hat{M}_t = Y_t - \frac{1}{2}(Y_t + Y_{t-1}) = \frac{1}{2}(Y_t - Y_{t-1}) = \frac{1}{2}\nabla Y_t$$
这是常数和一次差分 ∇Y_t[一] 的乘积.

第二个假设是方程（5.1.8）中的 M_t 是由随机游动模型支配的随机的并且随时间缓慢变化的序列. 例如，假设
$$Y_t = M_t + e_t, \quad M_t = M_{t-1} + \varepsilon_t \tag{5.1.9}$$
其中 $\{e_t\}$ 和 $\{\varepsilon_t\}$ 是独立的白噪声序列. 则
$$\nabla Y_t = \nabla M_t + \nabla e_t = \varepsilon_t + e_t - e_{t-1}$$
该序列有 MA(1) 序列的自相关函数，表示为
$$\rho_1 = -\{1/[2 + (\sigma_\varepsilon^2/\sigma_e^2)]\} \tag{5.1.10}$$
无论何种情况下，都将引向对作为平稳过程的 ∇Y_t 的研究.

回到石油价格序列，图表 5-4 呈现了该序列对数差分的时间序列图[二]. 与图表 5-1 显示的原时间序列相比，差分后的序列看起来更平稳.（后面还会发现，该序列存在异常值，这一点在构建更恰当的模型时应当予以考虑.）

图表 5-4　石油价格序列取对数后的差分时序图

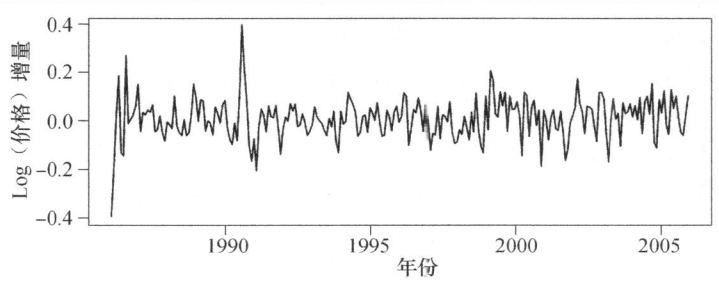

```
> plot(diff(log(oil.price)),ylab='Change in Log(Price)',type='l')
```

㊀ 更完整的说法是，**滞后长度为 1** 时的一阶差分.
㊁ 5.4 节将讨论为什么求对数会是一种能带来便利的转换.

还可以设定一些假设,以得出平稳的二次差分模型. 再次假设方程 (5.1.8) 成立, 但现在假设 M_t 在时域的三个连续时点上是线性的. 通过选择 $\beta_{0,t}$ 和 $\beta_{1,t}$ 以最小化下式, 可以估计 (预测) 中间点 t 时的 M_t:

$$\sum_{j=-1}^{1}(Y_{t-j}-(\beta_{0,t}+j\beta_{1,t}))^2$$

求解得出

$$\hat{M}_t=\frac{1}{3}(Y_{t+1}+Y_t+Y_{t-1})$$

因此去趋势序列为

$$Y_t-\hat{M}_t=Y_t-\left(\frac{Y_{t+1}+Y_t+Y_{t-1}}{3}\right)=\left(-\frac{1}{3}\right)(Y_{t+1}-2Y_t+Y_{t-1})$$
$$=\left(-\frac{1}{3}\right)\nabla(\nabla Y_{t+1})=\left(-\frac{1}{3}\right)\nabla^2(Y_{t+1})$$

是某常数与 Y_t 的中心**二次差分**的乘积. 注意已差分了两次, 但都是在滞后 1 上的差分.

另外的做法是, 还可假设

$$Y_t=M_t+e_t, \quad 其中 M_t=M_{t-1}+W_t, \quad W_t=W_{t-1}+\varepsilon_t \quad (5.1.11)$$

其中 $\{e_t\}$ 和 $\{\varepsilon_t\}$ 是独立的白噪声序列. 这里随机趋势 M_t 的 "变化率" ∇M_t 在时域上是慢变的. 则

$$\nabla Y_t=\nabla M_t+\nabla e_t=W_t+\nabla e_t$$

和

$$\nabla^2 Y_t=\nabla W_t+\nabla^2 e_t=\varepsilon_t+(e_t-e_{t-1})-(e_{t-1}-e_{t-2})=\varepsilon_t+e_t-2e_{t-1}+e_{t-2}$$

这是具有 MA(2) 过程的自相关函数. 重要之处在于, 非平稳过程 $\{Y_t\}$ 经二次差分后变成平稳的了. 这就导出了重要的自回归滑动平均求和时间序列模型的一般定义.

5.2 ARIMA 模型

如果一个时间序列 $\{Y_t\}$ 的 d 次差分 $W_t=\nabla^d Y_t$ 是一个平稳的 ARMA 过程, 则称 $\{Y_t\}$ 为**自回归滑动平均求和模型**. 如果 W_t 服从 ARMA(p, q) 模型, 我们称 $\{Y_t\}$ 是 ARIMA(p, d, q) 过程. 幸好, 实际上, 通常取 $d=1$ 或最多为 2.

下面考虑 ARIMA(p, 1, q) 过程. 令 $W_t=Y_t-Y_{t-1}$, 我们有

$$W_t=\phi_1 W_{t-1}+\phi_2 W_{t-2}+\cdots+\phi_p W_{t-p}+e_t-\theta_1 e_{t-1}-\theta_2 e_{t-2}-\cdots-\theta_q e_{t-q} \quad (5.2.1)$$

或者用观测序列符号来表示:

$$Y_t-Y_{t-1}=\phi_1(Y_{t-1}-Y_{t-2})+\phi_2(Y_{t-2}-Y_{t-3})+\cdots+\phi_p(Y_{t-p}-Y_{t-p-1})$$
$$+e_t-\theta_1 e_{t-1}-\theta_2 e_{t-2}-\cdots-\theta_q e_{t-q}$$

该式子可以改写成

$$Y_t=(1+\phi_1)Y_{t-1}+(\phi_2-\phi_1)Y_{t-2}+(\phi_3-\phi_2)Y_{t-3}+\cdots$$
$$+(\phi_p-\phi_{p-1})Y_{t-p}-\phi_p Y_{t-p-1}+e_t-\theta_1 e_{t-1}-\theta_2 e_{t-2}-\cdots-\theta_q e_{t-q} \quad (5.2.2)$$

我们称其为模型的**差分方程形式**. 注意, 该表达式看起来是一个 ARMA($p+1$, q) 过程. 然而, 容易验证, 其特征多项式满足

$$1-(1+\phi_1)x-(\phi_2-\phi_1)x^2-(\phi_3-\phi_2)x^3-\cdots-(\phi_p-\phi_{p-1})x^p+\phi_p x^{p+1}$$
$$=(1-\phi_1 x-\phi_2 x^2-\cdots-\phi_p x^p)(1-x)$$

该因子分解显然说明 $x=1$ 是一个根，意味着这个过程非平稳．但是，其余的根是平稳过程 ∇Y_t 特征多项式的根．

相比平稳的情况，这里用 W_t 或 W_t 中的白噪声项来明确表示观测序列更为困难．由于非平稳过程不在统计平衡点上，所以不能假设模型可向过去方向无限延伸，或是从 $t=-\infty$ 开始．但是，可以且应假设模型自某时点（例如 $t=-m$）开始，其中 $-m$ 早于 $t=1$，为序列的首次观测时间．为了方便，当 $t<-m$ 时取 $Y_t=0$．把差分方程 $Y_t-Y_{t-1}=W_t$ 的两边分别从 $t=-m$ 到 $t=t$ 求和，可解得 ARIMA(p，1，q) 过程的表达式为

$$Y_t=\sum_{j=-m}^{t}W_j \tag{5.2.3}$$

类似地，可通过两次求和处理 ARIMA(p，2，q) 过程，得到表达式

$$Y_t=\sum_{j=-m}^{t}\sum_{i=-m}^{j}W_i=\sum_{j=0}^{t+m}(j+1)W_{t-j} \tag{5.2.4}$$

这些表示作用有限，但可用来研究 ARIMA 模型的协方差特征，还可以用白噪声过程 $\{\varepsilon_t\}$ 来表示 Y_t．相关计算迟至评估特例时再给出．

如果过程不包含自回归项，我们称其为滑动平均求和过程，缩写为 IMA(d，q)．如果没有滑动平均项，则记此模型为 ARI(p，d)．我们首先详细讨论重要的 IMA(1，1) 模型．

IMA(1，1) 模型

简单的 IMA(1，1) 模型代表了许多时间序列，尤其是那些在经济和商业中产生的序列．用差分方程的形式，模型为

$$Y_t=Y_{t-1}+e_t-\theta e_{t-1} \tag{5.2.5}$$

为了将 Y_t 明确表示成白噪声现值和滞后值的函数，根据方程（5.2.3）和这种情况下的事实 $W_t=e_t-\theta e_{t-1}$．简单整理后得到：

$$Y_t=e_t+(1-\theta)e_{t-1}+(1-\theta)e_{t-2}+\cdots+(1-\theta)e_{-m}-\theta e_{-m-1} \tag{5.2.6}$$

注意，与平稳 ARMA 模型相比，白噪声项的权重并不会随着滞后逐渐消失．由于假设 $-m<1$，$0<t$，通常可以实用地将 Y_t 视为大量白噪声项取值的等权和．

从方程（5.2.6）可以容易地推导出方差和相关系数，我们有

$$\mathrm{Var}(Y_t)=[1+\theta^2+(1-\theta)^2(t+m)]\sigma_e^2 \tag{5.2.7}$$

并且对较大的 m 和中等大小的 k，

$$\mathrm{Corr}(Y_t,Y_{t-k})=\frac{1-\theta+\theta^2+(1-\theta)^2(t+m-k)}{[\mathrm{Var}(Y_t)\mathrm{Var}(Y_{t-k})]^{1/2}}\approx\sqrt{\frac{t+m-k}{t+m}} \tag{5.2.8}$$
$$\approx 1$$

可见当 t 增加时，$\mathrm{Var}(Y_t)$ 会随着增加，并无限增大．同时，对多个滞后期数 $k=1$，2，…，Y_t 和 Y_{t-k} 的相关系数呈现高度正相关．

IMA(2，2) 模型

方程（5.1.11）的假设可以得到 IMA(2，2) 模型．用差分方程表示，我们有

$$\nabla^2 Y_t=e_t-\theta_1 e_{t-1}-\theta_2 e_{t-2}$$

或
$$Y_t = 2Y_{t-1} - Y_{t-2} + e_t - \theta_1 e_{t-1} - \theta_2 e_{t-2} \qquad (5.2.9)$$
可以使用方程（5.2.4），用 e_t，e_{t-1}，$\cdots$ 这些项表示 Y_t. 经过繁琐的代数变换，得到
$$Y_t = e_t + \sum_{j=1}^{t+m} \psi_j e_{t-j} - [(t+m+1)\theta_1 + (t+m)\theta_2] e_{-m-1} - (t+m+1)\theta_2 e_{-m-2} \qquad (5.2.10)$$
其中当 $j=1$，2，3，$\cdots$，$t+m$ 时，$\psi_j = 1 + \theta_2 + (1-\theta_1-\theta_2)j$. 这里再次发现，$\psi$ 权重并不会逐渐消失，而是成为了关于 j 的线性函数形式.

Y_t 的方差和相关系数都可以通过方程（5.2.10）求得，但是计算很繁琐. 这里只是简单地指出，Y_t 的方差随 t 迅速增长，且对于所有中等大小的 k 值，$\mathrm{Corr}(Y_t, Y_{t-k})$ 再次近似为 1.

图表 5-5 显示了 IMA(2，2) 过程的模拟结果. 注意该过程数值变化非常平滑（和零均值函数无关紧要），逐渐增加的方差和邻近相关系数的强正相关性决定了这个时间序列图的走势.

图表 5-5 $\theta_1 = 1$，$\theta_2 = -0.6$ 时 IMA(2，2) 序列的模拟图

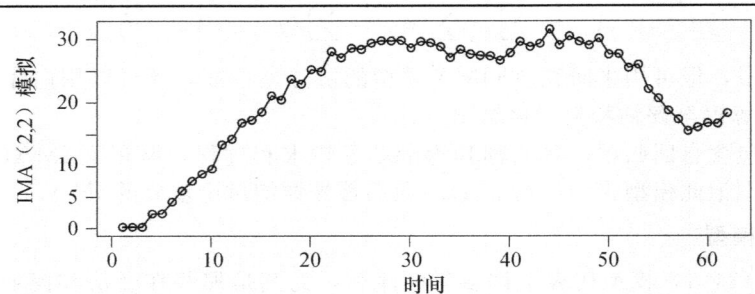

```
> data(ima22.s)
> plot(ima22.s,ylab='IMA(2,2) Simulation',type='o')
```

图表 5-6 显示了模拟序列的一次差分的时间序列图. 该序列也是非平稳的，因为它由 IMA(1，2) 模型决定.

图表 5-6 模拟的 IMA(2，2) 序列的一次差分

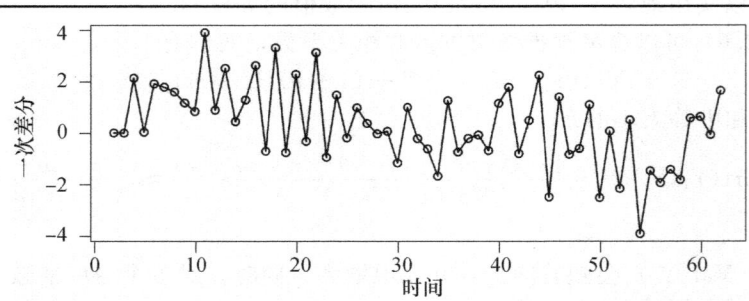

```
> plot(diff(ima22.s),ylab='First Difference',type='o')
```

最后，图表 5-7 描述了模拟的 IMA(2，2) 序列的二次差分. 这些值取自 $\theta_1 = 1$，$\theta_2 = -0.6$ 时的平稳 MA(2) 模型. 根据方程（4.2.3），该模型的理论自相关系数为 $\rho_1 = -0.678$，$\rho_2 =$

0.254. 时间序列图的走势可以反映出这些相关系数值.

图表 5-7 模拟的 IMA(2，2) 序列的二次差分

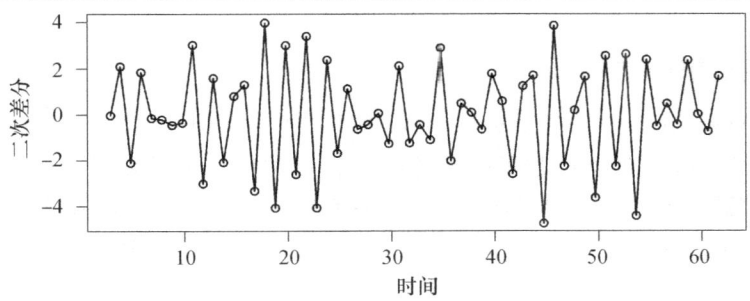

```
> plot(diff(ima22.s,difference=2),ylab='Differenced
  Twice',type='o')
```

ARI (1，1) 模型

ARI(1，1) 过程满足

$$Y_t - Y_{t-1} = \phi(Y_{t-1} - Y_{t-2}) + e_t \tag{5.2.11}$$

或

$$Y_t = (1+\phi)Y_{t-1} - \phi Y_{t-2} + e_t \tag{5.2.12}$$

其中 $|\phi|<1$[○].

为了求出这个情况下的 ψ 权重, 需要运用一个可以推广至任意 ARIMA 模型的技巧. 可以发现, ψ 权重可以通过令等式两边 x 的相同次幂相等求出:

$$(1-\phi_1 x - \phi_2 x^2 - \cdots - \phi^p x^p)(1-x)^d (1+\psi_1 x + \psi_2 x^2 + \psi_3 x^3 + \cdots) \\ = (1-\theta_1 x - \theta_2 x^2 - \theta_3 x^3 - \cdots - \theta_q x^q) \tag{5.2.13}$$

在该例中, 关系式简化为:

$$(1-\phi x)(1-x)(1+\psi_1 x + \psi_2 x^2 + \psi_3 x^3 + \cdots) = 1$$

或

$$[1-(1+\phi)x + \phi x^2](1+\psi_1 x + \psi_2 x^2 + \psi_3 x^3 + \cdots) = 1$$

令两边 x 的相同次幂相等, 得到

$$-(1+\phi) + \psi_1 = 0$$
$$\phi - (1+\phi)\psi_1 + \psi_2 = 0$$

一般地,

$$\psi_k = (1+\phi)\psi_{k-1} - \phi\psi_{k-2}, \quad k \geqslant 2 \tag{5.2.14}$$

其中 $\psi_0 = 1$, $\psi_1 = 1+\phi$. 该递归方程以及初始值使我们可以计算出任意必要的 ψ 权重. 也可证明, 在这个情况下, 递归方程的显示解可以表示为

○ 注意该模型看起来像一特殊的 AR(2) 模型. 但是, 相应的 AR(2) 特征多项式的一个根是 1, 这在平稳 AR(2) 模型中是不允许的.

$$\psi_k = \frac{1-\phi^{k+1}}{1-\phi} \quad k \geqslant 1 \tag{5.2.15}$$

(这很简单,例如,证明该表达式满足方程(5.2.14)).

5.3 ARIMA 模型中的常数项

对于 ARIMA(p, d, q) 模型,$\nabla^d Y_t = W_t$ 是平稳的 ARMA(p, q) 过程. 标准的假设是平稳模型有一个零均值,即实际上我们研究的是相对常数均值的偏离值. 平稳 ARMA 模型 $\{W_t\}$ 中的非零常数均值 μ 可以通过两种方法体现在模型中. 我们可以假设

$$W_t - \mu = \phi_1(W_{t-1}-\mu) + \phi_2(W_{t-2}-\mu) + \cdots + \phi_p(W_{t-p}-\mu) \\ + e_t - \theta_1 e_{t-1} - \theta_2 e_{t-2} - \cdots - \theta_q e_{t-q}$$

或者,可以把常数项 θ_0 引入模型如下:

$$W_t = \theta_0 + \phi_1 W_{t-1} + \phi_2 W_{t-2} + \cdots + \phi_p W_{t-p} + e_t - \theta_1 e_{t-1} - \theta_2 e_{t-2} - \cdots - \theta_q e_{t-q}$$

对后一个表达式两边求期望,得到

$$\mu = \theta_0 + (\phi_1 + \phi_2 + \cdots + \phi_p)\mu$$

因此

$$\mu = \frac{\theta_0}{1-\phi_1-\phi_2-\cdots-\phi_p} \tag{5.3.1}$$

或者

$$\theta_0 = \mu(1-\phi_1-\phi_2-\cdots-\phi_p) \tag{5.3.2}$$

由于两个替代表达式是等价的,我们可以使用任何一种形式,只要参数化简便即可.

W_t 的非零均值对未差分序列 Y_t 有什么影响? 考虑有常数项的 IMA$(1, 1)$. 我们有

$$Y_t = Y_{t-1} + \theta_0 + e_t - \theta e_{t-1}$$

或者

$$W_t = \theta_0 + e_t - \theta e_{t-1}$$

代入方程(5.2.3),或后向迭代,得到

$$Y_t = e_t + (1-\theta)e_{t-1} + (1-\theta)e_{t-2} + \cdots + (1-\theta)e_{-m} - \theta e_{-m-1} \\ + (t+m+1)\theta_0 \tag{5.3.3}$$

与方程(5.2.6)相比,我们发现多了具有斜率 θ_0 的线性确定时间趋势项 $(t+m+1)\theta_0$.

因此,该过程的一个等价表达式是

$$Y_t = Y'_t + \beta_0 + \beta_1 t$$

其中 Y'_t 是 IMA$(1, 1)$ 序列,$E(\nabla Y'_t) = 0$,$E(\nabla Y_t) = \beta_1$.

对于一般的 ARIMA(p, d, q) 模型,$E(\nabla^d Y_t) \neq 0$,可以讨论 $Y_t = Y'_t + \mu_t$,其中 μ_t 是 d 阶的确定趋势多项式,Y'_t 是 $EY'_t = 0$ 的 ARIMA(p, d, q) 模型. 当 $d=2$,$\theta_0 \neq 0$ 时,隐示了二次趋势.

5.4 其他变换

我们已经看到差分是实现平稳性的有用的变换方法. 然而,在某些情况下对数变换也是有效的方法. 经常会碰到如下的序列,其散度变大似乎与序列值的增加有关联——序列的值越

大，围绕该值的波动就越大，反之亦然．

特别是，假设对 $\forall t$ 有 $Y_t > 0$，以及

$$E(Y_t) = \mu_t, \quad \sqrt{\operatorname{Var}(Y_t)} = \mu_t \sigma \qquad (5.4.1)$$

则有

$$E[\log(Y_t)] \approx \log(\mu_t), \quad \operatorname{Var}(\log(Y_t)) \approx \sigma^2 \qquad (5.4.2)$$

对如下（泰勒）展开式两边取期望和方差，可得出上述结果：

$$\log(Y_t) \approx \log(\mu_t) + \frac{Y_t - \mu_t}{\mu_t}$$

即如果该序列标准差与该序列的水平值成正比，则对数变换将产生随着时间变化方差约为常数的序列．并且，如果该序列水平值大致呈指数变化，则对数变换后的序列将呈现线性时间趋势．因此，接下来我们可能要进行一次差分，这将得出对取对数后的数据进行差分的另外一组假设．

百分比变动和对数

假设从一个时期到下一个时期，Y_t 趋向于存在相对稳定的百分比变化．具体地说，假设

$$Y_t = (1 + X_t) Y_{t-1}$$

其中 $100 X_t$ 是 Y_{t-1} 至 Y_t 的百分比变化（可能为负数），则

$$\log(Y_t) - \log(Y_{t-1}) = \log\left(\frac{Y_t}{Y_{t-1}}\right) = \log(1 + X_t)$$

如果限制 X_t，例如，$|X_t| < 0.2$（即百分比变化最多为 $\pm 20\%$），则可得到一个良好的逼近，$\log(1 + X_t) \approx X_t$．因此，

$$\nabla[\log(Y_t)] \approx X_t \qquad (5.4.3)$$

将相对稳定，可能用平稳过程可以很好地拟合．注意我们先取对数，然后再计算一次差分——阶数并不重要．在金融文献中，（自然）对数的差分通常被称为**收益率**．

作为一个例子，考虑图表5-8所示的时间序列．该序列给出了美国总的月度发电量，以百万千瓦小时为单位．较高的值与较低的值相比显示出更大的波动．

图表5-8 美国月度发电量

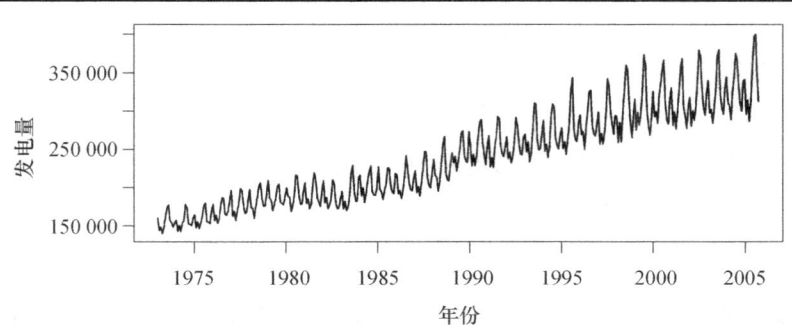

```
> data(electricity); plot(electricity)
```

图表5-9显示了对发电量取对数后的时间序列图．注意现在围绕上升趋势的波动，从序列的高值到低值更加均匀．

图表 5-9 发电量取对数后的时间序列图

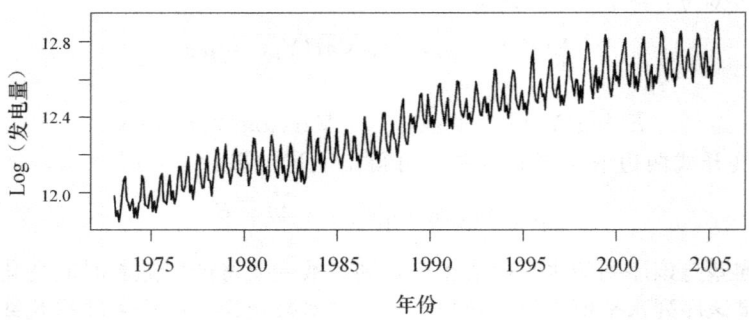

```
> plot(log(electricity),ylab='Log(electricity)')
```

发电量取对数后的差分结果显示在图表 5-10 中. 根据这个图形, 我们会认为平稳模型是适当的.

图表 5-10 发电量对数差分的时间序列图

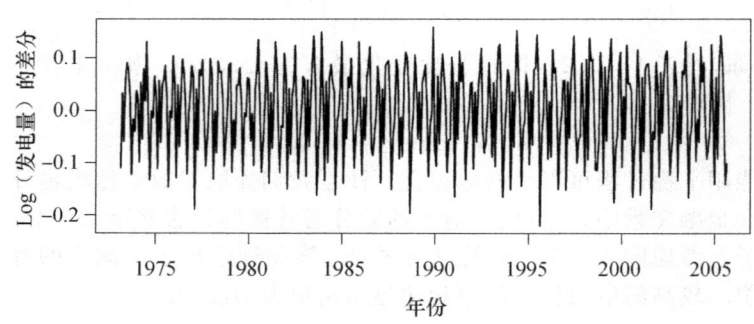

```
> plot(diff(log(electricity)),
    ylab='Difference of Log(electricity)')
```

幂变换

Box 和 Cox(1964) 介绍了一种灵活的转换, 即**幂变换**. 给定参数 λ 值, 变换定义为

$$g(x) = \begin{cases} \dfrac{x^\lambda - 1}{\lambda} & \lambda \neq 0 \\ \log x & \lambda = 0 \end{cases} \tag{5.4.4}$$

x^λ 项是第一个表达式中重要的组成部分, 但是将其减去 1 再除以 λ 可令 $g(x)$ 在 λ 趋于零时平滑变化. 实际上, 通过微积分方法可以证明[⊖], $\lambda \to 0$ 时 $(x^\lambda-1)/\lambda \to \log(x)$. 注意, $\lambda=1/2$ 得到开方变换, 对类似泊松分布的数据非常有用, $\lambda=-1$ 对应的是倒数变换.

⊖ 习题 5.17 要求证明这个论点.

只有取正值的数据才能使用幂变换. 假如一些数据是负数或者是零, 那么在幂变换前, 需要在所有数值上加一个正数, 使得所有数据为正. 这种移动往往是主观确定的. 例如, 对于生物学上非负的捕获数据, 对于零值的出现经常通过增加一个常数来处理, 该常数等于所有数据中最小的正数. 另一种方法是使用适用于任何数据的变换——无论正数与否. 这种替代方法的一个缺点是, 对它的解释不如对幂变换的解释来得直观. 参阅 Yeo 和 Johnson(2000) 及其中记载的参考文献.

我们可以把 λ 作为模型中额外的参数, 用观测数据来估计. 然而, 通常不能保证得到 λ 的准确估计. 基于 λ 值 (例如 ± 1, $\pm 1/2$, $\pm 1/3$, $\pm 1/4$, 0) 的网格的一系列变换的评价已经足够, 而且还直观.

软件允许我们考虑一系列 λ 值, 对给定的 λ 值计算基于正态分布的似然函数的对数似然函数值. 图表 5-11 显示了对电量数据计算的这些值. λ 的 95% 的置信区间包含了 $\lambda=0$, 并且 $\lambda=0$ 接近中间的位置, 所以强烈建议对数据进行对数变换 ($\lambda=0$).

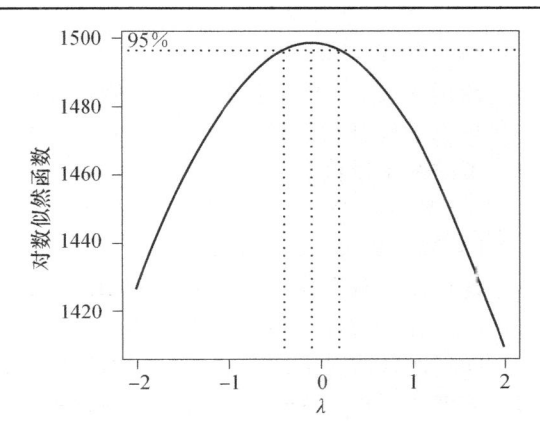

图表 5-11 λ 的对数似然值

```
> BoxCox.ar(electricity)
```

5.5 小结

为从非平稳过程中导出平稳性, 本章引入了差分的概念, 进而介绍了重要的自回归滑动平均求和模型 (ARIMA), 并深入分析了这些模型的性质. 然后讨论了百分比和对数变换等其他变换. 更一般地, 介绍了幂变换或 Box-Cox 变换, 用以得到平稳性, 并且可以得到正态特性.

习题

5.1 识别下列模型具体的 ARIMA 形式, 即 p, d, q 分别是多少, 参数值 (ϕ 和 θ) 是什么?
(a) $Y_t = Y_{t-1} - 0.25 Y_{t-2} + e_t - 0.1 e_{t-1}$
(b) $Y_t = 2 Y_{t-1} - Y_{t-2} + e_t$
(c) $Y_t = 0.5 Y_{t-1} - 0.5 Y_{t-2} + e_t - 0.5 e_{t-1} + 0.25 e_{t-2}$

5.2 对下列每个 ARIMA 模型, 求 $E(\nabla Y_t)$ 和 $\mathrm{Var}(\nabla Y_t)$.
(a) $Y_t = 3 + Y_{t-1} + e_t - 0.75 e_{t-1}$
(b) $Y_t = 10 + 1.25 Y_{t-1} - 0.25 Y_{t-2} + e_t - 0.1 e_{t-1}$
(c) $Y_t = 5 + 2 Y_{t-1} - 1.7 Y_{t-2} + 0.7 Y_{t-3} + e_t - 0.5 e_{t-1} + 0.25 e_{t-2}$

5.3 假设 $\{Y_t\}$ 满足: $Y_t = e_t + c e_{t-1} + c e_{t-2} + c e_{t-3} + \cdots + c e_0$, $t > 0$.
(a) 求 $\{Y_t\}$ 的均值和协方差函数, $\{Y_t\}$ 是否平稳?
(b) 求 $\{\nabla Y_t\}$ 的均值和协方差函数, $\{\nabla Y_t\}$ 是否平稳?

(c) 识别 $\{Y_t\}$ 具体的 ARIMA 形式.

5.4 假设 $Y_t = A + Bt + X_t$, 其中 X_t 是随机游动. 首先假设 A 和 B 为常数.
(a) $\{Y_t\}$ 是否平稳.
(b) $\{\nabla Y_t\}$ 是否平稳.
现在假设 A 和 B 是独立于随机游动 $\{X_t\}$ 的随机变量.
(c) $\{Y_t\}$ 是否平稳.
(d) $\{\nabla Y_t\}$ 是否平稳.

5.5 使用图表 5-2 中模拟的白噪声值, 验证爆炸过程 Y_t 的所示值.

5.6 考虑平稳过程 $\{Y_t\}$. 证明: 当 $\rho < 1/2$ 时, ∇Y_t 的方差比 Y_t 的大.

5.7 考虑两个模型:
A: $Y_t = 0.9 Y_{t-1} + 0.09 Y_{t-2} + e_t$.
B: $Y_t = Y_{t-1} + e_t - 0.1 e_{t-1}$.
(a) 识别每个模型具体的 ARIMA 形式, 即 p, d, q 分别是多少, 参数值 ϕ 和 θ 是什么?
(b) 什么情况下两个模型会不同?
(c) 什么情况下两个模型会相似?(比较 ψ 权重和 π 权重.)

5.8 考虑非平稳 "AR(1)" 过程, 该过程定义为 $|\phi| > 1$ 时方程 (5.1.2) 的解.
(a) 对这个更一般的情况, 推导出类似方程 (5.1.3) 的方程, 用 $Y_0 = 0$ 作为初始条件.
(b) 对这个更一般的情况, 推导出类似方程 (5.1.4) 的方程.
(c) 对这个更一般的情况, 推导出类似方程 (5.1.5) 的方程.
(d) 对任意 $|\phi| > 1$ 以及较大的 t 和中等大小的 k, $\mathrm{Corr}(Y_t, Y_{t-k}) \approx 1$ 是否正确?

5.9 证明方程 (5.1.10) 成立.

5.10 非平稳 ARIMA 序列可以由以下方法模拟: 首先模拟相应的平稳 ARMA 系列, 然后对其"求和"(实际上部分求和). 使用统计软件来模拟具有不同参数值的各种 IMA 的 (1, 1) 和 IMA(2, 2) 序列. 注意在这些模拟序列中出现的任何随机"趋势".

5.11 数据文件 **winnebago** 包含了 1966 年 11 月至 1972 年 2 月 Winnebago 公司休闲车(RV)的每月销售量.
(a) 画出这些数据的时间序列图并进行阐释.
(b) 现在, 对月度销售量求自然对数, 并画出变换后数据的时间序列图. 描述对数变换对这个序列走势的影响.
(c) 计算用小数表示的相对变化率 $(Y_t - Y_{t-1})/Y_{t-1}$, 并与(自然)对数的差分 $\nabla \log(Y_t) = \log(Y_t) - \log(Y_{t-1})$ 进行比较. 当数值较小和较大时, 两者的对比结果如何?

5.12 数据文件 *SP* 包含了从 1936 年第 1 季度至 1977 年第 4 季度的季度股票价格的标准普尔综合指数.
(a) 画出这些数据的时间序列图并进行阐释.
(b) 现在, 对季度数据求自然对数, 并画出变换后数据的时间序列图. 描述对数变换对这个序列走势的影响.
(c) 计算(用小数表示的)相对变化率 $(Y_t - Y_{t-1})/Y_{t-1}$, 并与(自然)对数的差分 $\nabla \log(Y_t) = \log(Y_t) - \log(Y_{t-1})$ 进行比较. 当数值较小和较大时, 两者的对比结果如何?

5.13 数据文件 **airpass** 包含了 1960 年 1 月至 1971 年 12 月月度国际航班乘客数量（单位千人），这是 Box 和 Jenkins(1976) 中分析过的一个典型的时间序列.
(a) 画出这些数据的时间序列图并进行阐释.
(b) 现在，对月度数据求自然对数，并画出变换后数据的时间序列图. 描述对数变换对这个序列走势的影响.
(c) 计算（用小数表示的）相对变化率 $(Y_t - Y_{t-1})/Y_{t-1}$，并与（自然）对数的差分 $\nabla \log(Y_t) = \log(Y_t) - \log(Y_{t-1})$ 进行比较. 当数值较小和较大时，两者的对比结果如何？

5.14 考虑图表 1-1 显示的洛杉矶年度降雨量数据. 图表 3-17 所示的正态分位数—分位数图说明该组数据不服从正态分布. 数据在文件 **larain** 中.
(a) 用软件画出与图表 5-11 类似的图形，确定对数据进行幂变换的最优 λ 值.
(b) 对变换后的数据画出分位数—分位数图，这时的图形是否更接近正态分布？
(c) 画出变换后数据的时间序列图.
(d) 仿照图表 1-2，用变换后的数据画出 Y_t 与 Y_{t-1} 的散点图. 能否期望该变换改变序列的相依性抑或相依性缺失的状态？

5.15 名为 **JJ** 的数据文件包含了强生公司每股收益的季度数据. 时间跨度从 1960 年到 1980 年.
(a) 画出数据的时间序列图，并阐释其中有趣的特征.
(b) 用软件画出与图表 5-11 类似的图形，确定对数据进行幂变换的最优 λ 值.
(c) 画出变换后的数据的时间序列图，该图形能否得出平稳模型适用的结论？
(d) 把变换后的数据进行差分，画出时间序列图，由图能否得出差分后的序列适用平稳模型？

5.16 名为 **gold** 的数据文件包含了 2005 年 252 个交易日每日的黄金价格（单位：美元/每盎司）.
(a) 画出数据的时间序列图并阐释图表.
(b) 求数据的对数差分，画出时间序列图.
(c) 计算并展示对数差分数据的样本 ACF，并说明对数数据似乎遵循随机游动模型.
(d) 画出并解释对数差分数据的直方图.
(e) 画出并解释对数差分数据的正态分位数-分位数图.

5.17 用微积分证明，对于任意固定的 $x > 0$，当 $\lambda \to 0$ 时，$(x^\lambda - 1)/\lambda \to \log x$.

附录 D 延迟算子

许多其他书籍和时间序列的文献用所谓的延迟算子去表示和处理 ARIMA 模型. **延迟算子**(Backshift operator)，记为 B，作用于序列的时间指标，令时间向后倒退一个时期形成一个新的序列[⊖]. 特别地，

$$BY_t = Y_{t-1}$$

延迟算子是线性运算，因为对于任何常数 a, b, c 和序列 Y_t, X_t，容易发现

⊖ B 有时也被称为**滞后算子**（Lag operator）.

$$B(aY_t + bX_t + c) = aBY_t + bBX_t + c$$

现在考虑 MA(1) 模型. 用 B 来表示, 我们可以写成
$$Y_t = e_t - \theta e_{t-1} = e_t - \theta B e_t = (1 - \theta B)e_t = \theta(B)e_t$$
其中 $\theta(B)$ 是在 B 上所"评估"的 MA 的特征多项式.

因为 BY_t 自身是个时间序列, BBY_t 也是有意义的. 显然 $BBY_t = BY_{t-1} = Y_{t-2}$, 可以写成
$$B^2 Y_t = Y_{t-2}$$
更一般地, 我们有
$$B^m Y_t = Y_{t-m}$$
对任意正整数 m 成立. 对一般的 MA(q) 模型, 我们可写成
$$Y_t = e_t - \theta_1 e_{t-1} - \theta_2 e_{t-2} - \cdots - \theta_q e_{t-q} = e_t - \theta_1 B e_t - \theta_2 B^2 e_t - \cdots - \theta_q B^q e_t$$
$$= (1 - \theta_1 B - \theta_2 B^2 - \cdots - \theta_q B^q)e_t$$
或者
$$Y_t = \theta(B)e_t$$
其中 $\theta(B)$ 仍是在 B 上所评估的 MA 的特征多项式.

对自回归模型 AR(p), 我们首先把所有有关 Y 的项移到左边:
$$Y_t - \phi_1 Y_{t-1} - \phi_2 Y_{t-2} - \cdots - \phi_p Y_{t-p} = e_t$$
整理为
$$Y_t - \phi_1 B Y_t - \phi_2 B^2 Y_t - \cdots - \phi_p B^p Y_t = e_t$$
或者
$$(1 - \phi_1 B - \phi_2 B^2 - \cdots - \phi_p B^p)Y_t = e_t$$
可表示为
$$\phi(B)Y_t = e_t$$
其中 $\phi(B)$ 是在 B 上所评估的 AR 的特征多项式.

合并两个模型, 一般 ARMA(p, q) 模型可以简记为:
$$\phi(B)Y_t = \theta(B)e_t$$
差分也可以方便地用符号 B 表示. 我们有
$$\nabla Y_t = Y_t - Y_{t-1} = Y_t - BY_t = (1 - B)Y_t$$
二次差分表示为
$$\nabla^2 Y_t = (1 - B)^2 Y_t$$
实际上, $\nabla = 1 - B$, $\nabla^2 = (1 - B)^2$.

一般 ARIMA(p, d, q) 模型可以简洁地表示为
$$\phi(B)(1 - B)^d Y_t = \theta(B)e_t$$

在文献中, 需要根据上下文仔细区分 B 的用法是作为延迟算子还是作为一个普通的实(或复)变量. 例如, 平稳条件经常被表述为 $\phi(B) = 0$ 的根的绝对值必须大于 1, 或等价地在复平面上必须在单位圆外. 此时 B 是被当做方程中虚拟的变量, 而不是延迟算子.

第6章 模型识别

对于平稳和非平稳时间序列，我们已经开发出一大类参数模型——ARIMA 模型．现在我们开始针对这些模型进行研究并且实施统计推断．接下来三章的内容分别是：

1. 对于给定的时间序列，如何选取适当的 p，d，q 值．
2. 如何估计一个识别的 ARIMA(p，d，q) 模型的参数．
3. 如何检验拟合模型的适当性并且在需要的时候改进该模型．

我们总的策略是：首先，确定合理的但为尝试性的 p，d 和 q 值．然后，用最有效的方法估计该模型中的 ϕ，θ 和 σ_e．最后严格审查得到的拟合模型，用类似于 3.6 节的方法检验该模型拟合的充分性．如果在某些方面模型拟合不充分，便利用不充分的性质来选择另外的模型．我们继续估计新的模型并检验其充分性．

按照这种建模策略重复几次之后，对于给定的时间序列，我们希望能得到可能的最优模型．George E. P. Box 和 G. M. Jenkins(1976) 所著的书使得该方法非常流行，以至于许多读者称这一过程为"Box-Jenkins 方法"．我们通过继续研究样本自相关函数的性质开始本章的介绍．

6.1 样本自相关函数的性质

回顾样本或估计的自相关函数的定义．对于观测序列 Y_1，Y_2，$\cdots$，Y_n，我们有

$$r_k = \frac{\sum_{t=k+1}^{n}(Y_t - \overline{Y})(Y_{t-k} - \overline{Y})}{\sum_{t=1}^{n}(Y_t - \overline{Y})^2}, \quad k = 1,2\cdots \tag{6.1.1}$$

我们的目标是尽可能地识别出 r_k 的模式，该模式具有普通 ARMA 模型 ρ_k 的已知模式的特点．例如，我们知道在 MA(q) 模型中，当 $k > q$ 时，$\rho_k = 0$．但是，由于 r_k 只是 ρ_k 的估计量，所以需要研究它们的采样性质，以便于估计的相关系数与理论相关系数的比较．

从定义看，r_k 是可能的因变量的二次函数的比率，显然 r_k 的样本性质不容易得到．即便是 r_k 的期望值也很难确定——回想一下，比率的期望值并不等于各自期望值的比率．我们将满足于接受一个一般的大样本结论并且考虑它在特例中的应用．Bartlett(1946) 完成了最初的工作．我们采纳 Anderson(1971) 给出的更一般的结论．关于这些结论最近的讨论见 Shumway 和 Stoffer(2006，519 页)．

假设

$$Y_t = \mu + \sum_{j=0}^{\infty} \psi_j e_{t-j}$$

其中 e_t 独立同分布并具有零均值和有限非零同方差．进一步假设

$$\sum_{j=0}^{\infty}|\psi_j| < \infty, \quad \sum_{j=0}^{\infty} j\psi_j^2 < \infty$$

(任意平稳 ARMA 模型都满足这一假设．)

那么对于任意固定的 m，当 n 趋于无穷时，联合分布

$$\sqrt{n}(r_1-\rho_1),\sqrt{n}(r_2-\rho_2),\cdots,\sqrt{n}(r_m-\rho_m)$$

逼近均值为 0、方差为 c_{jj}、协方差为 c_{ij} 的联合正态分布,其中

$$c_{ij}=\sum_{k=-\infty}^{\infty}(\rho_{k+i}\rho_{k+j}+\rho_{k-i}\rho_{k+j}-2\rho_i\rho_k\rho_{k+j}-2\rho_j\rho_k\rho_{k+i}+2\rho_i\rho_j\rho_k^2) \quad (6.1.2)$$

当 n 充分大时,我们将认为 r_k 近似服从均值为 ρ_k,方差为 c_{kk}/n 的正态分布. 此外,$\mathrm{Corr}(r_k,r_j)\approx c_{kj}/\sqrt{c_{kk}c_{jj}}$. 注意到 r_k 的近似方差与样本的大小成反比,但是当 n 较大时,$\mathrm{Corr}(r_k,r_j)$ 近似为常数.

因为在当前一般表达式下,方程(6.1.2)很难解释,我们将考虑一些重要的特例和简化形式. 首先假设 $\{Y_t\}$ 是白噪声. 那么方程(6.1.2)将大大简化,我们得到

$$\mathrm{Var}(r_k)\approx \frac{1}{n}, \quad \mathrm{Corr}(r_k,r_j)\approx 0, \quad k\neq j \quad (6.1.3)$$

接下来假设 $\{Y_t\}$ 由 AR(1) 过程产生,当 $k>0$ 时,$\rho_k=\phi^k$. 那么经过大量的代数运算及等比级数求和,由方程(6.1.2),当 $i=j$ 时得到

$$\mathrm{Var}(r_k)\approx \frac{1}{n}\left[\frac{(1+\phi^2)(1-\phi^{2k})}{1-\phi^2}-2k\phi^{2k}\right] \quad (6.1.4)$$

特别地,

$$\mathrm{Var}(r_1)\approx \frac{1-\phi^2}{n} \quad (6.1.5)$$

注意 ϕ 越接近 ± 1,我们对 $\rho_1(=\phi)$ 的估计越精确.

对于较大的滞后,方程(6.1.4)中涉及 ϕ^k 的项可以忽略不计,我们得到

$$\mathrm{Var}(r_k)\approx \frac{1}{n}\left[\frac{1+\phi^2}{1-\phi^2}\right], \quad 对较大的 k \quad (6.1.6)$$

注意,在这里,与方程(6.1.5)相反,ϕ 接近 ± 1 意味着 r_k 有大的方差,因此对于大的 k 值,我们不能期望像 k 较小时用 $\rho_k=\phi^k$ 那样得到 ρ_k 的近似准确的估计量 $\rho_k=\phi^k\approx 0$.

对 AR(1) 模型,方程(6.1.2)也可以被简化(经过大量的代数变换),对一般的 $0<i<j$,有

$$c_{ij}=\frac{(\phi^{j-i}-\phi^{j+i})(1+\phi^2)}{1-\phi^2}+(j-i)\phi^{j-i}-(j+i)\phi^{j+i} \quad (6.1.7)$$

特别地,我们得到

$$\mathrm{Corr}(r_1,r_2)\approx 2\phi\sqrt{\frac{1-\phi^2}{1+2\phi^2-3\phi^4}} \quad (6.1.8)$$

基于方程(6.1.4)到方程(6.1.8),图表 6-1 给出了 AR(1) 模型在几个滞后和 ϕ 值下的近似标准差与相关系数.

图表 6-1　AR(1) 模型选定的 r_k 的大样本结果

ϕ	$\sqrt{\mathrm{Var}(r_1)}$	$\sqrt{\mathrm{Var}(r_2)}$	$\mathrm{Corr}(r_1,r_2)$	$\sqrt{\mathrm{Var}(r_{10})}$
± 0.9	$0.44/\sqrt{n}$	$0.807/\sqrt{n}$	± 0.97	$2.44/\sqrt{n}$
± 0.7	$0.71/\sqrt{n}$	$1.12/\sqrt{n}$	± 0.89	$1.70/\sqrt{n}$
± 0.4	$0.92/\sqrt{n}$	$1.11/\sqrt{n}$	± 0.66	$1.18/\sqrt{n}$
± 0.2	$0.98/\sqrt{n}$	$1.04/\sqrt{n}$	± 0.38	$1.04/\sqrt{n}$

对 MA(1)，方程（6.1.2）可简化如下：
$$c_{11} = 1 - 3\rho_1^2 + 4\rho_1^4, \quad c_{kk} = 1 + 2\rho_1^2, k > 1 \tag{6.1.9}$$
进一步，
$$c_{12} = 2\rho_1(1 - \rho_1^2) \tag{6.1.10}$$

基于这些表达式，图表 6-2 列出了在几个滞后和 θ 值下，样本自相关系数的大样本标准差和相关系数. 再次注意，样本自相关系数可能高度相关，并且 $k>1$ 时 r_k 的标准差大于 $k=1$ 时的标准差.

图表 6-2 MA(1) 模型选定的 r_k 的大样本结果

θ	$\sqrt{\mathrm{Var}(r_1)}$	$\sqrt{\mathrm{Var}(r_k)}, k>1$	$\mathrm{Corr}(r_1, r_2)$
±0.9	$0.71/\sqrt{n}$	$1.22/\sqrt{n}$	∓0.86
±0.7	$0.73/\sqrt{n}$	$1.20/\sqrt{n}$	∓0.84
±0.5	$0.79/\sqrt{n}$	$1.15/\sqrt{n}$	∓0.74
±0.4	$0.89/\sqrt{n}$	$1.11/\sqrt{n}$	∓0.53

对于一般 MA(q) 过程，当 $i=j=k$ 时，方程（6.1.2）化简成
$$c_{kk} = 1 + 2\sum_{j=1}^{q} \rho_j^2, \quad k > q$$
因此，
$$\mathrm{Var}(r_k) = \frac{1}{n}\left[1 + 2\sum_{j=1}^{q} \rho_j^2\right], \quad k > q \tag{6.1.11}$$

对于观测时间序列，开方后，我们可以用 r 代替 ρ，对大的滞后，得到 r_k 的估计的标准差，即 r_k 的标准误差. 对时间序列是 MA(q) 的假设的验证可以通过把 r_k 与正负 2 倍标准误差相比来完成. 当且仅当 r_k 落在这个范围外拒绝零假设. 一般地，我们并不期望样本自相关函数能够在细节上与真实的自相关函数吻合. 因此，如果在 r_k 中看到在相应的 ρ_k 中不存在的波动或"趋势"，我们不应感到惊讶.

6.2 偏自相关函数和扩展的自相关函数

对于 MA(q) 模型，当滞后超过 q 时，自相关函数为 0，因此，样本自相关函数是 MA 过程阶数的一个良好的指示器. 但是，AR(p) 模型的自相关函数在一定滞后之后不会变为 0，它们是逐渐衰减而不是突然截断. 因此，需要一个不同的函数来确定自回归模型的阶数. 这样的函数被定义为消除中间介入变量 $Y_{t-1}, Y_{t-2}, Y_{t-3}, \cdots, Y_{t-k+1}$ 的影响后 Y_t 和 Y_{t-k} 的相关系数函数. 我们称这个系数为 k 阶滞后偏自相关系数，记为 ϕ_{kk}. (ϕ_{kk} 之所以具有看似多余的双写下标，其原因在本节后面将会显而易见.)

我们可以用几种方法使这个定义更加精确. 如果 $\{Y_t\}$ 是正态分布的时间序列，则令
$$\phi_{kk} = \mathrm{Corr}(Y_t, Y_{t-k} | Y_{t-1}, Y_{t-2}, \cdots, Y_{t-k+1}) \tag{6.2.1}$$
即 ϕ_{kk} 是二元分布 Y_t 和 Y_{t-k} 的以 $Y_{t-1}, Y_{t-2}, \cdots, Y_{t-k+1}$ 为条件的相关系数.

另一种方法，不基于正态分布，可以用以下的方法推出. 考虑中间介入变量 $Y_{t-1}, Y_{t-2}, \cdots,$

Y_{t-k+1} 的线性函数对 Y_t 进行预测,比如,$\beta_1 Y_{t-1} + \beta_2 Y_{t-2} + \cdots + \beta_{k-1} Y_{t-k+1}$,其中 β 的选择是使预测均方误差最小. 如果假设 β 值已经选定,那么沿时间轴向后考虑,从平稳性可以知道基于相同的 $Y_{t-1}, Y_{t-2}, \cdots, Y_{t-k+1}$ 对 Y_{t-k} 的最优预测是 $\beta_1 Y_{t-k+1} + \beta_2 Y_{t-k+2} + \cdots + \beta_{k-1} Y_{t-1}$. k 阶滞后**偏自相关函数**被定义为预测误差之间的相关系数,即

$$\phi_{kk} = \mathrm{Corr}(Y_t - \beta_1 Y_{t-1} - \beta_2 Y_{t-2} - \cdots - \beta_{k-1} Y_{t-k+1}, \\ Y_{t-k} - \beta_1 Y_{t-k+1} - \beta_2 Y_{t-k+2} - \cdots - \beta_{k-1} Y_{t-1}) \tag{6.2.2}$$

(对于正态分布的时间序列,两种定义是一致的.) 通常,我们取 $\phi_{11} = 1$.

举个例子,我们计算 ϕ_{22}. 附录 F 显示,Y_t 只基于 Y_{t-1} 的最优线性预测为 $\rho_1 Y_{t-1}$. 因此,根据方程 (6.2.2),我们通过计算下式可以得到 ϕ_{22}:

$$\mathrm{Cov}(Y_t - \rho_1 Y_{t-1}, Y_{t-2} - \rho_1 Y_{t-1}) = \gamma_0 (\rho_2 - \rho_1^2 - \rho_1^2 + \rho_1^2) = \gamma_0 (\rho_2 - \rho_1^2)$$

因为

$$\mathrm{Var}(Y_t - \rho_1 Y_{t-1}) = \mathrm{Var}(Y_{t-2} - \rho_1 Y_{t-1}) = \gamma_0 (1 + \rho_1^2 - 2\rho_1^2) = \gamma_0 (1 - \rho_1^2)$$

对于任意平稳过程,二阶滞后偏自相关系数可以表示为

$$\phi_{22} = \frac{\rho_2 - \rho_1^2}{1 - \rho_1^2} \tag{6.2.3}$$

现在考虑 AR(1) 模型,前已述及,$\rho_k = \phi^k$,所以

$$\phi_{22} = \frac{\phi^2 - \phi^2}{1 - \phi^2} = 0$$

我们将看到对 AR(1) 的情况,对于所有 $k > 1$,$\phi_{kk} = 0$. 因此,对滞后 1,即 AR(1) 过程的阶数,偏自相关系数非零,但是对于所有大于 1 的滞后,偏自相关系数都为零. 我们将证明对 AR(p) 模型,这是一般的情况. 有时,我们称 AR(p) 过程的偏自相关函数在滞后超过过程的阶数时截尾.

考虑一般的 AR(p) 情况. 第 9 章将证明,当 $k > p$ 时,Y_t 基于 $Y_{t-1}, Y_{t-2}, \cdots, Y_p, \cdots,$ Y_{t-k+1} 的线性函数的最优线性预测是 $\phi_1 Y_{t-1} + \phi_2 Y_{t-2} + \cdots + \phi_p Y_{t-p}$. 同样,$Y_{t-k}$ 的最优线性预测也是 $Y_{t-1}, Y_{t-2}, \cdots, Y_p, \cdots, Y_{t-k+1}$ 的某个线性函数,记为 $h(Y_{t-1}, Y_{t-2}, \cdots, Y_p, \cdots, Y_{t-k+1})$. 因为 e_t 独立于 $Y_{t-k}, Y_{t-k+1}, Y_{t-k+2}, \cdots, Y_{t-1}$,所以两个预测误差的协方差是

$$\mathrm{Cov}(Y_t - \phi_1 Y_{t-1} - \phi_2 Y_{t-2} - \cdots - \phi_p Y_{t-p}, Y_{t-k} - h(Y_{t-k+1}, Y_{t-k+2}, \cdots, Y_{t-1}))$$
$$= \mathrm{Cov}(e_t, Y_{t-k} - h(Y_{t-k+1}, Y_{t-k+2}, \cdots, Y_{t-1}))$$
$$= 0$$

因此,对于 AR(p) 模型,我们确立了关键的事实:

$$\phi_{kk} = 0, \quad k > p \tag{6.2.4}$$

对 MA(1) 模型,从方程 (6.2.3) 易得

$$\phi_{22} = \frac{-\theta^2}{1 + \theta^2 + \theta^4} \tag{6.2.5}$$

进而,对 MA(1) 的情况,可以证明

$$\phi_{kk} = -\frac{\theta^k (1 - \theta^2)}{1 - \theta^{2(k+1)}}, \quad k \geq 1 \tag{6.2.6}$$

注意,MA(1) 模型的偏自相关系数从不等于零,但是随着滞后的增加,会指数级地快速衰减

至零——与 AR(1) 过程的自相关函数非常类似. 更一般地，可以证明 MA(q) 模型的偏自相关函数的表现与 AR(q) 模型的自相关函数非常相似.

对具有自相关函数 ρ_k 的任意平稳过程，求偏自相关函数的一般方法如下（例如，参阅 Anderson 1971, 187-188 页）. 对于给定的滞后 k，可以证明 ϕ_{kk} 满足 Yule-Walker 方程（该方程首次出现在第 4 章）：

$$\rho_j = \phi_{k1}\rho_{j-1} + \phi_{k2}\rho_{j-2} + \phi_{k3}\rho_{j-3} + \cdots + \phi_{kk}\rho_{j-k}, \quad j=1,2,\cdots,k \tag{6.2.7}$$

更清楚地，我们可以把这 k 个线性方程记为

$$\left.\begin{aligned} \phi_{k1} + \rho_1\phi_{k2} + \rho_2\phi_{k3} + \cdots + \rho_{k-1}\phi_{kk} &= \rho_1 \\ \rho_1\phi_{k1} + \phi_{k2} + \rho_1\phi_{k3} + \cdots + \rho_{k-2}\phi_{kk} &= \rho_2 \\ \vdots & \\ \rho_{k-1}\phi_{k1} + \rho_{k-2}\phi_{k2} + \rho_{k-3}\phi_{k3} + \cdots + \phi_{kk} &= \rho_k \end{aligned}\right\} \tag{6.2.8}$$

此处，我们把 $\rho_1,\rho_2,\cdots,\rho_k$ 看做是给定的，希望解出 $\phi_{k1},\phi_{k2},\cdots,\phi_{kk}$（除了 ϕ_{kk} 去掉所有其他的）.

对于任意平稳过程，这些公式可以解出 ϕ_{kk}. 但是，如果这个过程实际上是 AR(p)，因为对 $k=p$，方程 (6.2.8) 恰好是 Yule-Walker 方程，已知 AR(p) 模型满足该方程，我们一定有 $\phi_{pp}=\phi_p$. 此外，我们已经看到通过另外一种推导，对 $k>p$ 有 $\phi_{kk}=0$. 因此，偏自相关函数有效地展示了自回归过程的正确阶数 p 是 ϕ_{kk} 变成 0 前最大的滞后 k.

样本偏自相关函数

对于观测时间序列，我们需要能够估计不同滞后下的偏自相关函数. 根据方程 (6.2.8) 给出的关系式，一个显而易见的方法是用样本自相关系数（即相应的 r 值）来估计 ρ，然后对 $k=1,2,3,\cdots$ 求解线性方程，得到 ϕ_{kk} 的估计. 我们称估计的函数为**样本偏自相关函数**（样本 PACF）并记为 $\hat{\phi}_{kk}$.

Levinson(1947) 和 Durbin(1960) 给出了求解方程 (6.2.8) 的有效方法，适用于求理论偏自相关系数和求样本偏自相关系数. 他们独立地证明了方程 (6.2.8) 可以用如下方式递归求解：

$$\phi_{kk} = \frac{\rho_k - \sum_{j=1}^{k-1}\phi_{k-1,j}\rho_{k-j}}{1 - \sum_{j=1}^{k-1}\phi_{k-1,j}\rho_j} \tag{6.2.9}$$

其中，

$$\phi_{k,j} = \phi_{k-1,j} - \phi_{kk}\phi_{k-1,k-j}, \quad j=1,2,\cdots,k-1$$

例如，以 $\phi_{11}=\rho_1$ 开始，我们得到

$$\phi_{22} = \frac{\rho_2 - \phi_{11}\rho_1}{1 - \phi_{11}\rho_1} = \frac{\rho_2 - \rho_1^2}{1-\rho_1^2}$$

如前，我们为了下一步的计算，令 $\phi_{21}=\phi_{11}-\phi_{22}\phi_{11}$，则

$$\phi_{33} = \frac{\rho_3 - \phi_{21}\rho_2 - \phi_{22}\rho_1}{1 - \phi_{21}\rho_1 - \phi_{22}\rho_2}$$

因而，我们可以数值计算想要的任意的 ϕ_{kk} 值. 按照上面的介绍，这些递归公式给出了理论偏自相关系数，但是，用 r 代替 ρ 就可以得到估计的或样本偏自相关系数.

为了评估样本偏自相关系数可能的大小,Quenoulle(1949)证明了在 AR(p) 模型是正确的假设下,滞后大于 p 时样本偏自相关函数近似服从均值为零、方差为 $1/n$ 的正态分布. 因此,当 $k>p$ 时,我们可以用 $\pm 2/\sqrt{n}$ 作为 $\hat{\phi}_{kk}$ 的临界极限值来检验 AR(p) 模型是正确的零假设.

混合模型和扩展的自相关函数

图表 6-3 总结了在模型识别中有用的自相关和偏自相关函数的特征.

图表 6-3 ARMA 模型 ACF 和 PACF 的一般特征

	AR(p)	MA(q)	ARMA(p, q), $p>0$, $q>0$
ACF	拖尾	滞后 q 阶后截尾	拖尾
PACF	滞后 p 阶后截尾	拖尾	拖尾

扩展的自相关函数

样本 ACF 和 PACF 为识别纯 AR(p) 或 MA(q) 模型提供了有效的工具. 但是,对混合 ARMA 模型来说,它的理论 ACF 和 PACF 有着无限多的非零值,使得根据样本 ACF 和 PACF 来识别混合模型非常困难. 为了便于确定 ARMA 模型的阶数,一些绘图工具被提出,例如,其中包括边角解法(Becuin 等, 1980)、扩展的自相关法(EACF)(Tsay 和 Tiao, 1984)、最小典型相关法(SCAN)(Tsay 和 Tiao, 1985). 我们将概要地介绍 EACF 法,因为根据 W.S.Chan(1999)用模拟法所做的比较研究,EACF 法对于适度大的样本容量似乎具有优良的样本性质.

EACF 法用到了这样一个事实: 如果混合 ARMA 模型的 AR 部分是已知的, 则从观测时间序列中"滤出"自回归部分将得到一个纯 MA 过程, 该过程的 ACF 具有截尾的特征. 自回归系数可以通过有限次的一系列回归来估计. 对真实模型是 ARMA(1, 1) 模型的情况, 我们来演示一下这个过程:

$$Y_t = \phi Y_{t-1} + e_t - \theta e_{t-1}$$

在这种情况下, Y_t 对 Y_{t-1} 的简单线性回归得到 ϕ 的不一致估计量, 即使使用无穷多的数据也是如此. 实际上, 理论回归系数等于 $\rho_1 = (\phi-\theta)(1-\phi\theta)/(1-2\phi\theta+\theta^2)$, 而不是 ϕ. 但是, 该回归的残差确实包含了误差过程 $\{e_t\}$ 的信息. 第二次回归是 Y_t 对 Y_{t-1} 和第一次回归残差的一次滞后进行的多元回归. 第二次回归中 Y_{t-1} 的系数用 $\tilde{\phi}$ 表示, 证明是 ϕ 的一致估计量. 定义 $W_t = Y_t - \tilde{\phi} Y_{t-1}$, 该过程近似是一个 MA(1) 过程. 对 ARMA(1, 2) 模型, 第三次回归是 Y_t 对自身的 1 阶滞后、第二次回归残差的 1 阶滞后项和第一次回归残差的 2 阶滞后进行的回归, 得到的 Y_{t-1} 的系数是 ϕ 的一致估计量. 类似地, 通过一系列的 q 次回归可以一致地估计出 ARMA(p, q) 模型的 AR 系数.

由于 AR 和 MA 的阶数都是未知的, 因此需要一个迭代过程. 令

$$W_{t,k,j} = Y_t - \tilde{\phi}_1 Y_{t-1} - \cdots - \tilde{\phi}_k Y_{t-k} \tag{6.2.10}$$

为 AR 系数定义的自回归残差, 系数是假设 AR 的阶数为 k, MA 的阶数为 j 时, 迭代估计得到的. $W_{t,k,j}$ 的样本自相关系数被称为扩展的样本自相关系数. 当 $k=p$ 且 $j \geqslant q$ 时, $\{W_{t,k,j}\}$ 近似是 MA(q) 模型, 所以滞后 $q+1$ 阶或更高阶理论自相关系数等于零. 当 $k>p$ 时, 会出现过度拟合问题, 这将使 W 过程的 MA 阶数增加, 增加的大小是 $k-p$ 和 $j-q$ 中的最小值. Tsay 和 Tiao(1984) 建议将样本的 EACF 信息汇总在一张表中, 第 k 行和第 j 列元素用符号 X 表示, 如果 $W_{t,k,j}$ 的 $j+1$ 阶滞后样本相关系数显著不为零(即相关程度大于 $1.96/\sqrt{n-j-k}$, 因

为如果 W 是近似 MA(j) 过程，则样本自相关系数渐近服从分布 $N(0, 1/(n-k-j))$. 否则用 0 表示. 在这样一张表中，ARMA(p, q) 过程在理论上有一个由零构成的三角模式. 其左上角对应着 ARMA 模型的阶数. 图表 6-4 显示了 ARMA(1, 1) 模型模式的示意图. 零三角的左上角用 0* 表示，处于 $p=1$ 行和 $q=1$ 列——表明是 ARMA(1, 1) 模型.

图表 6-4　ARMA(1, 1) 模型的理论扩展 ACF(EACF)

AR/MA	0	1	2	3	4	5	6	7	8	9	10	11	12	13
0	x	x	x	x	x	x	x	x	x	x	x	x	x	x
1	x	0*	0	0	0	0	0	0	0	0	0	0	0	0
2	x	x	0	0	0	0	0	0	0	0	0	0	0	0
3	x	x	x	0	0	0	0	0	0	0	0	0	0	0
4	x	x	x	x	0	0	0	0	0	0	0	0	0	0
5	x	x	x	x	x	0	0	0	0	0	0	0	0	0
6	x	x	x	x	x	x	0	0	0	0	0	0	0	0
7	x	x	x	x	x	x	x	0	0	0	0	0	0	0

当然，样本 EACF 从来不可能像这样清清楚楚. 图表 6-4 的示意图包含了 $8\times14=112$ 个不同的估计的相关系数，某些系数可能由于偶然因素在统计上显著不为零（参阅图表 6-17 的例子）. 我们将在接下来的两节和本书的剩余部分阐述 EACF 的使用.

6.3　对一些模拟的时间序列数据的识别

为了阐述 6.1 节和 6.2 节的理论，我们考虑一些模拟的时间序列的样本自相关函数和样本偏相关函数.

图表 6-5 展示了模拟的时间序列滞后到 20 阶的样本自相关函数图，该序列最早在图表 4-5 中出现. 这个长为 120 的序列是由 $\theta=0.9$ 的 MA(1) 模型产生的. 从图表 4-1 可知，1 阶滞后的理论自相关系数为 -0.4972. 图中估计的或样本的 1 阶滞后的自相关系数为 -0.474. 使用图表 6-2，估计的近似标准误差为 $0.71/\sqrt{n}=0.71/\sqrt{120}=0.065$，因比，估计值落在真值的 2 倍标准误差内.

图表 6-5　$\theta=0.9$ 的 MA(1) 过程的样本自相关函数

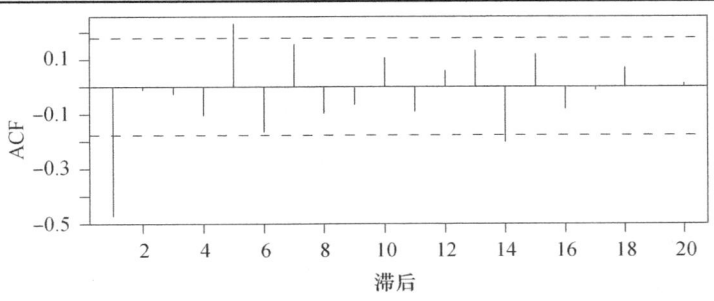

```
> data(ma1.1.s)
> win.graph(width=4.875,height=3,pointsize=8)
> acf(ma1.1.s,xaxp=c(0,20,10))
```

图表 6-5 中的水平虚线分别位于 $\pm 2/\sqrt{n} = \pm 0.1826$ 处,旨在给出检验自相关系数是否显著为不等于零的临界值. 这些临界值是基于白噪声过程中的近似大样本标准误差,即 $1/\sqrt{n}$. 注意到样本 ACF 值在滞后 1、5 和 14 阶处超出这些粗略的临界值. 当然,真实自相关系数在 5 阶和 14 阶滞后处均为零.

图表 6-6 展示了相同的样本 ACF,但是临界边界不同,边界是方程(6.1.11)给出的更复杂的标准误差的正负 2 倍. 使用方程(6.1.11)时,我们用 r 代替 ρ 值,令 q 依次等于 $1,2,3,\cdots$ 然后开方得到这些标准误差.

图表 6-6 MA(1) 过程具有另外一种边界的样本 ACF

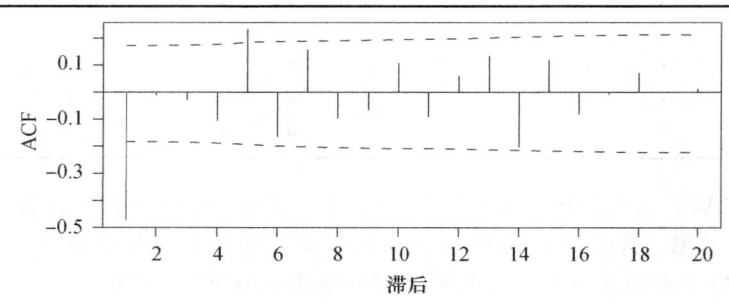

```
> acf(ma1.1.s,ci.type='ma',xaxp=c(0,20,10))
```

现在样本 ACF 值在 14 阶滞后处不再显著,在 5 阶滞后处勉强显著. 1 阶滞后自相关系数仍然非常显著,两幅图所给出的信息综合在一起使我们考虑为这个序列拟合 MA(1) 模型. 记住此时的模型是实验性的,当进行模型诊断时,我们当然会考虑其他"接近"的模型.

第二个例子,图表 6-7 展示了图表 4-2 给出的序列的样本 ACF,该序列是由 $\theta = -0.9$ 的 MA(1) 模型产生的. 基于非常近似标准误差的临界值同样显示此序列为一个 MA(1) 模型.

图表 6-7 $\theta = -0.9$ 的 MA(1) 过程的样本自相关函数

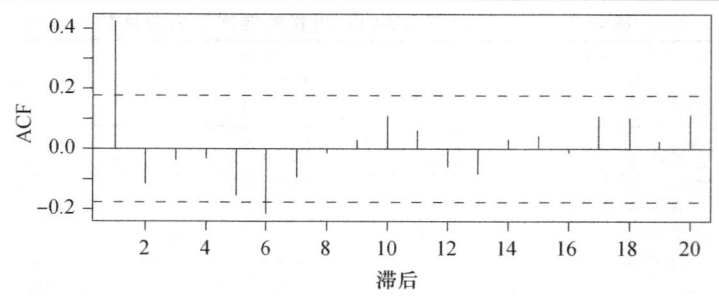

```
> data(ma1.2.s); acf(ma1.2.s,xaxp=c(0,20,10))
```

第三个例子,我们使用图表 4-8 显示的数据,这些数据是由 $\theta_1 = 1$,$\theta_2 = -0.6$ 的 MA(2) 模型模拟而成的. 当我们使用简单标准误差为临界值时,样本 ACF 在 1、2、5、6、7 和 14 阶滞后处显著.

图表 6-8 $\theta_1 = 1$,$\theta_2 = -0.6$ 的 MA(2) 过程的样本 ACF

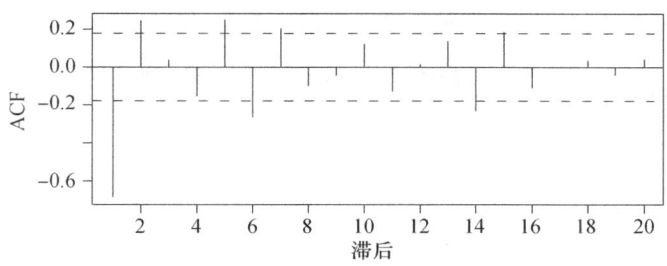

```
> data(ma2.s); acf(ma2.s,xaxp=c(0,20,10))
```

图表 6-9 展示了具有更复杂的标准误差边界的样本 ACF. 此时，2 阶滞后 ACF 不再显著，似乎可以应用 MA(1) 模型. 但是我们必须等待，直到按照建模过程进一步研究发现 MA(2) 模型（正确的那个）是最适合这些数据的模型.

图表 6-9 MA(2) 过程具有另外一种边界的样本 ACF

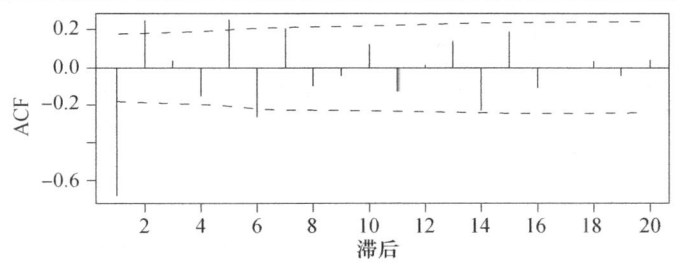

```
> acf(ma2.s,ci.type='ma',xaxp=c(0,20,10))
```

这些技术对自回归模型效果如何？图表 6-10 给出了我们在图表 4-13 中看到的模拟的 AR(1) 过程的样本 ACF. 在 1, 2, 3 阶滞后处的正样本 ACF 值反映了我们之前在图表 4-14、图表 4-15 和图表 4-16 中见到的滞后关系的强度. 但是，注意样本 ACF 值是线性递减而不是像理论预示的那样按指数阶递减. 同样与理论不同的是，样本 ACF 值在 10 阶滞后处变为负值，并且在之后的许多阶滞后处保持了负值.

图表 6-10 $\phi = 0.9$ 的 AR(1) 过程的样本 ACF

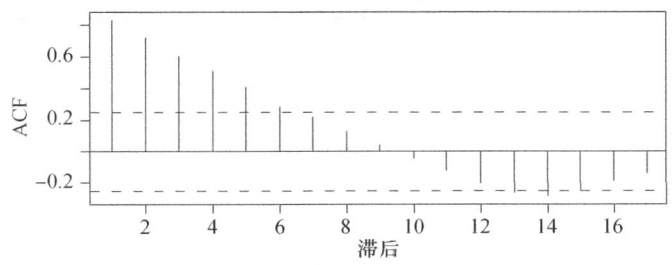

```
> data(ar1.s); acf(ar1.s,xaxp=c(0,20,10))
```

图表 6-11 中显示的样本偏自相关函数（PACF）给出了一个关于生成模型本质的更清晰的图像．基于这幅图形，对这个时间序列，我们当然会接受 AR(1) 模型．

图表 6-11　$\phi = 0.9$ 的 AR(1) 过程的样本偏 ACF

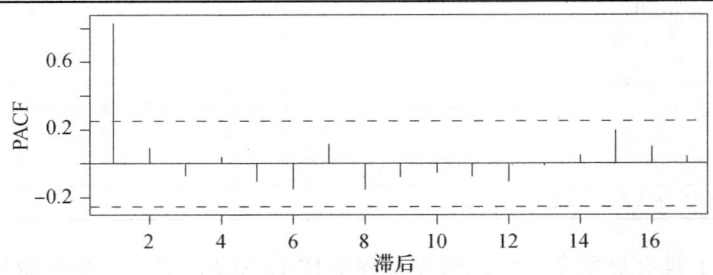

```
> pacf(ar1.s,xaxp=c(0,20,10))
```

图表 6-12 展示了 AR(2) 时间序列的样本 ACF．该序列的时间序列图显示在图表 4-19 中．样本 ACF 确实看起来有点像方程（4.3.17）和图表 4-18 提出的阻尼波．但是，样本 ACF 没有像理论预示的那样衰减得那么快．

图表 6-12　$\phi_1 = 1.5$，$\phi_2 = -0.75$ 的 AR(2) 过程的样本 ACF

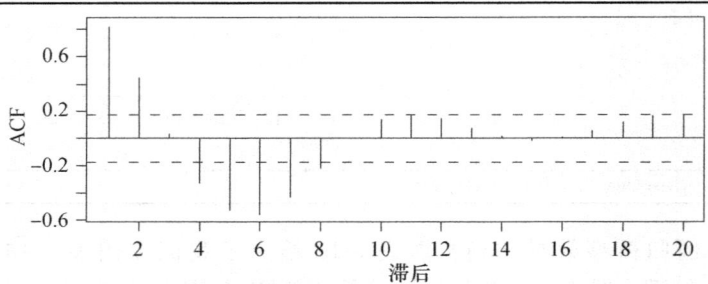

```
> acf(ar2.s,xaxp=c(0,20,10))
```

图表 6-13 中的样本 PACF 给出如下有力的暗示：应为数据序列建立 AR(2) 模型．当然，我们在模型诊断过程中，在 9 阶滞后处看起来显著的样本 PACF 需要进一步研究．

图表 6-13　$\phi_1 = 1.5$，$\phi_2 = -0.75$ 的 AR(2) 过程的样本 PACF

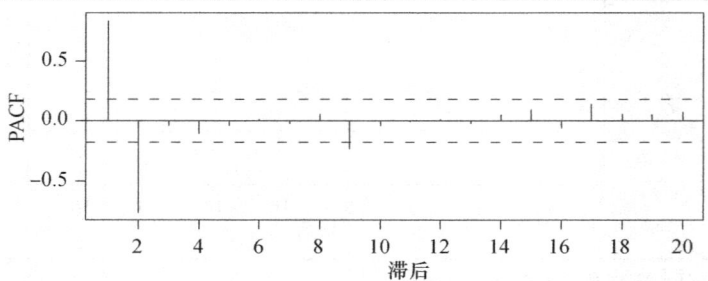

```
> pacf(ar2.s,xaxp=c(0,20,10))
```

模型识别

最后一个例子，我们模拟 $\phi=0.6$，$\theta=-0.3$ 的混合 ARMA(1，1) 模型的 100 个数据. 图表 6-14、图表 6-15 和图表 6-16 分别展示了时间序列图、样本 ACF 和样本 PACF. 这些图看起来表明我们应该设定一个 AR(1) 模型.

图表 6-14　模拟的 $\phi=0.6$，$\theta=-0.3$ 的 ARMA(1，1) 序列

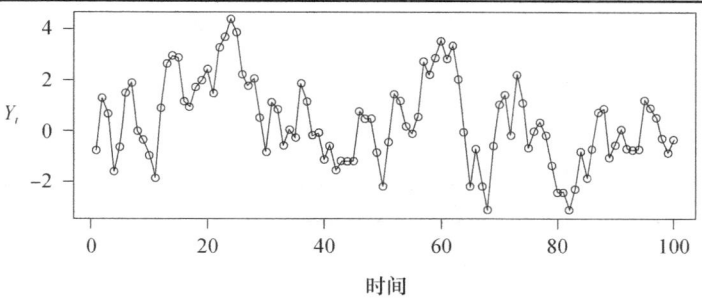

```
> data(arma11.s)
> plot(arma11.s, type='o',ylab=expression(Y[t]))
```

图表 6-15　模拟的 ARMA(1，1) 序列的样本 ACF

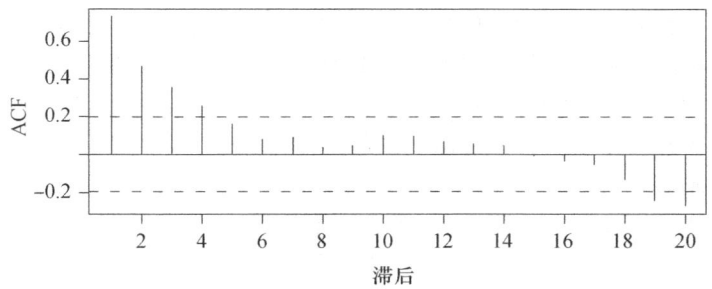

```
> acf(arma11.s,xaxp=c(0,20,10))
```

图表 6-16　模拟的 ARMA(1，1) 序列的样本 PACF

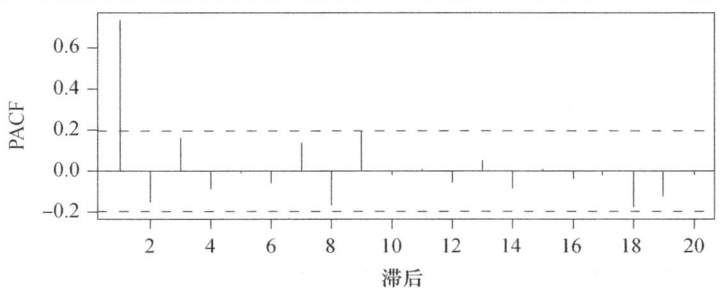

```
> pacf(arma11.s,xaxp=c(0,20,10))
```

但是，图表 6-17 中样本 EACF 中的零三角区域非常清楚地显示出 $q=1$，$p=1$ 或 2 的混合模型更合适. 在 6.6 节当我们识别一些真实的序列时，将进一步阐述 EACF 的应用.

图表 6-17 模拟的 ARMA(1，1) 序列的样本 EACF

AR/MA	0	1	2	3	4	5	6	7	8	9	10	11	12	13
0	x	x	x	x	o	o	o	o	o	o	o	o	o	o
1	x	o	o	o	o	o	o	o	o	o	o	o	o	o
2	x	o	o	o	o	o	o	o	o	o	o	o	o	o
3	x	x	o	o	o	o	o	o	o	o	o	o	o	o
4	x	o	x	o	o	o	o	o	o	o	o	o	o	o
5	x	o	o	o	o	o	o	o	o	o	o	o	o	o
6	x	o	o	o	x	o	o	o	o	o	o	o	o	o
7	x	o	o	o	x	o	o	o	o	o	o	o	o	o

```
> eacf(arma11.s)
```

6.4 非平稳性

第 5 章中指出，许多序列显示出可以由 ARIMA 模型解释的非平稳性．非平稳性在序列的时间序列图中通常比较明显．这里建议复习一下图表 5-1、图表 5-5 和图表 5-8．

非平稳序列计算出的样本 ACF 通常也能表明非平稳性．样本自相关函数的定义隐含着平稳性的假定．例如，我们使用相对总体均值的偏差程度的滞后乘积，分母假设方差随时间是常数．因此，对非平稳过程来说，我们根本不清楚样本 ACF 估计的是什么．但是，对非平稳序列来说，样本 ACF 通常不会随着滞后的增加而迅速衰减．这是由于非平稳序列倾向于缓慢地移动，或者向上，或者向下，具有明显的"趋势"．即使对于很小的滞后，r_k 的值不一定很大，不过通常它们是很大的．

考虑图表 5-1 中显示的石油价格时间序列．图表 6-18 展示了这些数据对数的样本 ACF．所有显示出的值都显著不为零，唯一的模式可能是随着滞后项的增加，样本 ACF 线性递减．样本 PACF 值（未展示出）也是不确定的．

图表 6-18 石油价格时间序列样本 ACF

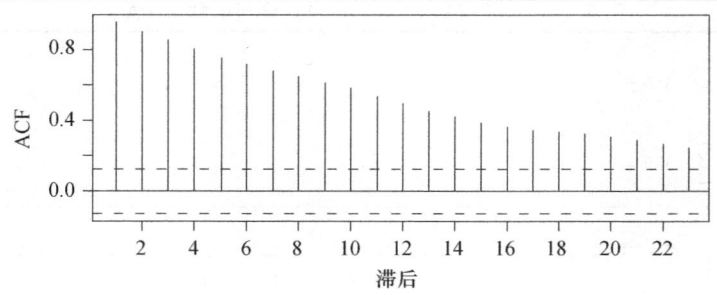

```
> data(oil.price)
> acf(as.vector(oil.price),xaxp=c(0,24,12))
```

对石油价格对数差分序列计算出的样本 ACF 显示在图表 6-19 中．现在模式较清晰地出现了——差分后，一阶滑动平均模型看起来很适合．因此，适合原始石油价格序列的模型是非平稳 IMA(1，1) 模型.（现在我们忽略 15、16 和 20 阶滞后处的 ACF 的"显著性".）

图表 6-19　石油价格序列对数差分的样本 ACF

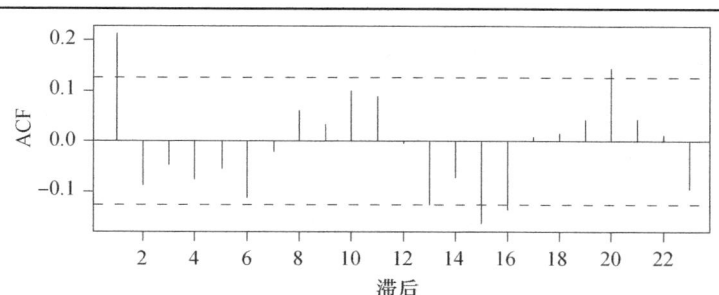

```
> acf(diff(as.vector(log(oil.price))),xaxp=c(0,24,12))
```

如果序列的一次差分和样本 ACF 不支持平稳的 ARMA 模型，那么我们需要再次差分并计算样本 ACF 和 PACF 值来检查是否符合平稳 ARMA 过程的特征. 通常，一次或最多两次差分，可能伴随着对数或其他形式的转换，将完成平稳性的化简. Wichern(1973)、Roy(1977) 和 Hasza(1980) 给出了用非平稳数据计算的样本 ACF 的其他性质. 也可以参阅 Box、Jenkins 和 Reinsel(1994，218 页).

过度差分

从习题 2.6，我们知道任意平稳时间序列的差分仍是平稳的. 但是，过度差分会给序列带来不必要的相关性并使建模过程复杂化.

例如，假设观测序列 $\{Y_t\}$ 实际上是随机游动，因此，一次差分后将得到一个非常简单的白噪声模型：

$$\nabla Y_t = Y_t - Y_{t-1} = e_t$$

但是，如果再差分一次（即过度差分），我们得到

$$\nabla^2 Y_t = e_t - e_{t-1}$$

这是一个 $\theta=1$ 的 MA(1) 模型. 在这种情况下，如果差分两次，我们就必须估计未知的 θ 值，这是没必要的. 这里识别为 IMA(2，1) 模型是不合适的. 随机游动模型（也可以认为是 $\theta=0$ 的 IMA(1，1) 模型）是正确的模型⊖. 过度差分还会产生不可逆的模型——参阅 4.5 节⊖. 当我们尝试估计参数时，不可逆模型还会产生严重问题——参阅第 7 章.

为了说明过度差分问题，考虑图表 2-1 显示的随机游动. 差分一次得到白噪声——一个非常简单的模型. 如果我们错误地差分两次（即过度差分）并且计算样本 ACF，将得到图表 6-20 所示的图形. 基于这张图，我们很可能对原始序列至少识别为 IMA(2，1) 模型，然后估计不必要的 MA 参数. 我们还需要考虑和处理在 7 阶滞后处显著的样本 ACF 值.

⊖　随机游动模型也可以被看成 $\phi=0$ 的 ARI(1，1) 模型，或者 $\phi=1$ 的非平稳 AR(1) 模型.
⊖　用延迟算子符号，如果正确模型是 $\phi(B)(1-B)Y_t = \theta(B)e_t$，过度差分得到 $\phi(B)(1-B)^2Y_t = \theta(B)(1-B)e_t = \theta'(B)e_t$，其中 $\theta'(B) = (1-B)\theta(B)$，显然，$B=1$ 是 $\theta'(B)$ 的"被禁止"的根.

图表 6-20　过度差分随机游动的样本 ACF

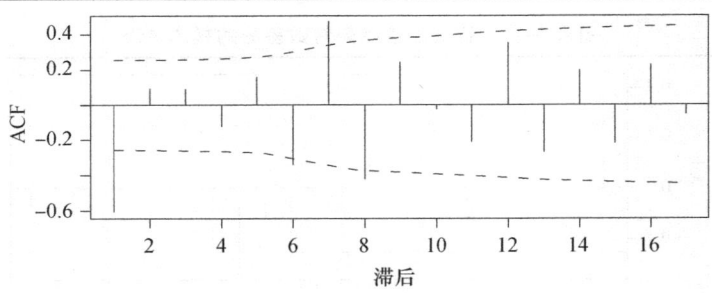

```
> data(rwalk)
> acf(diff(rwalk,difference=2),ci.type='ma', xaxp=c(0,18,9))
```

相反，图表 6-21 展示了随机游动序列一次差分后的样本 ACF 值．观察这幅图，我们很可能会考虑正确的模型——一次差分看起来非常像白噪声．

图表 6-21　正确差分的随机游动的样本 ACF

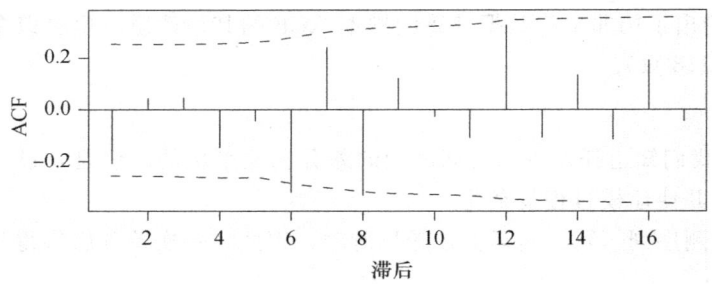

```
> acf(diff(rwalk),ci.type='ma',xaxp=c(0,18,9))
```

为了避免过度差分，建议读者依次仔细查看各个差分并且牢记简洁性原则——模型应该简洁，但也不要失之草率．

Dickey-Fuller 单位根检验

样本 ACF 的近似线性衰减通常被认为是时间序列非平稳并且需差分的征兆．定量分析数据生成机制中非平稳的证据也是很有用的．这可以通过假设检验来完成．考虑模型

$$Y_t = \alpha Y_{t-1} + X_t, \quad t = 1, 2, \cdots$$

其中，$\{X_t\}$ 是平稳过程．如果系数 $\alpha = 1$，$\{Y_t\}$ 过程非平稳；如果 $|\alpha| < 1$，则过程平稳．假设 $\{X_t\}$ 是 AR(k) 过程：$X_t = \phi_1 X_{t-1} + \cdots + \phi_k X_{t-k} + e_t$．在零假设为 $\alpha = 1$，$X_t = Y_t - Y_{t-1}$ 下，令 $a = \alpha - 1$，我们有

$$\begin{aligned}
Y_t - Y_{t-1} &= (\alpha - 1)Y_{t-1} + X_t \\
&= aY_{t-1} + \phi_1 X_{t-1} + \cdots + \phi_k X_{t-k} + e_t \\
&= aY_{t-1} + \phi_1(Y_{t-1} - Y_{t-2}) + \cdots + \phi_k(Y_{t-k} - Y_{t-k-1}) + e_t
\end{aligned} \quad (6.4.1)$$

其中，在 Y_t 为差分非平稳的假设下，$a = 0$．另一方面，如果 $\{Y_t\}$ 是平稳的，则 $-1 < \alpha < 1$，可

以证明 Y_t 仍然满足一个与上式类似的方程，但是具有不同的系数. 例如 $a=(1-\phi_1-\cdots-\phi_k)\cdot(1-\alpha)<0$. 实际上，$\{Y_t\}$ 就是一个 AR($k+1$) 过程，它的 AR 特征方程由 $\Phi(x)(1-cx)=0$ 给出，其中 $\Phi(x)=1-\phi_1x-\cdots-\phi_kx^k$. 所以，零假设对应 AR 特征多项式有一个单位根的情况，备择假设对应没有单位根的情况. 因此，对差分序列的检验等价于检验 $\{Y_t\}$ 的 AR 特征多项式是否存在单位根.

由上面的分析可知，零假设 $\alpha=1$（等价地 $a=0$）可以通过用观测时间序列的一次差分对观测序列的一阶滞后和观测序列一次差分的所有 k 阶滞后的回归来检验. 我们检验系数 a 是否为 0——零假设是该过程为差分非平稳的. 即过程非平稳，但差分一次后平稳. 备择假设是 $a<0$，从而 $\{Y_t\}$ 是平稳的. 增强的 Dickey-Fuller(ADF) 检验统计量是用最小二乘回归所得估计系数 α 的 t 统计量. 但是，在零假设下，ADF 检验统计量并不近似服从 t 分布. 在有单位根的零假设下，该统计量服从某种非标准的大样本分布. 幸运的是，这种极限分布的百分比点数已经制成表了，参阅 Fuller(1996).

实践中，即使经过一阶差分，过程可能也不是一个有限阶 AR 过程. 但是，可以用某个 AR 过程充分近似，并且 AR 阶数随着样本量的增加而增加. Said 和 Dickey(1984)（也可以参阅 Chang 和 Park(2002)）证明了当 AR 阶数随着样本量的增加而增加时，零假设下 ADF 检验与序列的一阶差分是有限阶 AR 过程的情况一样，具有相同的大样本分布. 通常，ADF 检验前，近似的 AR 阶数可以基于一些信息准则（比如 AIC 或 BIC）来估计. 有关 AIC 或 BIC 的更多内容参阅 6.5 节.

某些情况下，过程可能是趋势非平稳的，在某种意义上指它具有一个确定性趋势（比如，线性趋势），否则是平稳的. 进行单位根检验就是为了区分差分平稳性和趋势平稳性. 可以通过对去趋势后的数据进行 ADF 检验来实现这一目的. 等价地，也可以通过用一阶差分对定义为趋势、原始数据的一阶滞后以及原始数据一阶差分后的所有滞后这些协变量的回归来完成. 基于估计的原始数据一阶滞后系数的 t 统计量提供了 ADF 检验统计量，这个统计量服从另一个非标准的大样本零分布. 参阅 Phillips 和 Xiao(1998) 所做的关于单位根检验的综述.

我们现在用图表 2-1 显示的模拟的随机游动序列来阐述 ADF 检验. 首先，我们考虑检验具有单位根的零假设对时间序列是具有未知均值的平稳序列的备择假设. 因此，方程（6.4.1）定义的回归方程中增加一个截距项，从而在备择假设下允许有可能的非零均值.（对于过程是具有零均值的平稳过程的备择假设来说，我们可以通过运行方程（6.4.1）定义的没有增强的回归得到 ADF 检验统计量.）为了检验的进行，我们必须确定 k 值[一]. 利用对数据的一阶差分的 AIC，我们得到 $k=8$，在这种情况下，ADF 检验统计量是 -0.601，其 p 值大于 0.1[二]. 另一方面，设 $k=0$（真实的阶数）将使 ADF 统计量变为 -1.738，p 值仍大于 0.1[三]. 因此，我们有很强的证据支持单位根假设. 其次，回想一下，模拟的随机游动看起来具有一个线性趋势. 因此，线性趋势加上平稳误差形成了另一种合理的备择假设，与单位根的零假设相对（差

[一] R 代码：ar(diff(rwalk)).

[二] R 代码：library(uroot);ADF.test(rwalk,selectlags= list(mode= c(1,2,3,4,5,6,7,8),Pmax= 8),itsd= c(1,0,0)).

[三] ADF.test(rwalk,selectlags= list(Pmax= 0),itsd= c(1,0,0)).

分非平稳). 对于这个检验, 我们在方程 (6.4.1) 定义的回归中既包括了截距项, 也包括时间协变量. 令 $k=8$, ADF 检验统计量等于 -2.289, p 值大于 0.1[①], 即我们不能拒绝单位根的零假设. 另一方面, 设 $k=0$, 这是实践中未知的真实阶数, ADF 检验统计量变成 -3.49, p 值等于 0.0501[②]. 因此, 有较弱证据显示该过程是具有线性趋势的非平稳过程, 即该过程是线性时间趋势加上平稳误差, 与过程是随机游动、差分非平稳的真实情况相反. 这个例子说明, 在小样本下, 很难区分趋势非平稳和差分非平稳.

6.5 其他识别方法

自从 Box 和 Jenkins 的初步工作之后, 许多其他的模型识别方法已经被提出. 研究最多的是赤池信息准则 (Akaike's(1973) Information Criterion, AIC). 这个准则要求选择使下式最小化的模型:

$$\text{AIC} = -2\log(\text{极大似然估计}) + 2k \tag{6.5.1}$$

其中, 如果模型包含截距或常数项, 则 $k=p+q+1$; 否则 $k=p+q$. 第 7 章讨论极大似然估计. 加项 $2(p+q+1)$ 或 $2(p+q)$ 充当一个"惩罚函数", 有助于确保选择简洁模型, 避免选择参数太多的模型.

AIC 是估计模型与真实模型的平均 Kullback-Leibler 偏离的估计量. 令 $p(y_1, y_2, \cdots, y_n)$ 是 $Y_1, Y_2, \cdots, Y_n$ 的真实 pdf, $q_\theta(y_1, y_2, \cdots, y_n)$ 是参数为 θ 的模型相应的 pdf. q_θ 与 p 的 Kullback-Leibler 偏离由下面的公式定义:

$$D(p, q_\theta) = \int_{-\infty}^{\infty} \int_{-\infty}^{\infty} \cdots \int_{-\infty}^{\infty} p(y_1, y_2, \cdots, y_n) \log\left[\frac{p(y_1, y_2, \cdots, y_n)}{q_\theta(y_1, y_2, \cdots, y_n)}\right] dy_1 dy_2 \cdots dy_n$$

AIC 估计了 $E(D(p, q_{\hat{\theta}}))$, 其中 $\hat{\theta}$ 是向量参数 θ 的极大似然估计. 但是, AIC 是一个有偏估计量. 对于较大的参数数量相对数据容量的比率, 偏差会相当大. Hurvich 和 Tsai(1989) 证明, 通过在 AIC 中增加另一个非随机的惩罚项, 可以近似消除偏差, 得到修正的 AIC, 记为 AIC_c, 由下式定义:

$$\text{AIC}_c = \text{AIC} + \frac{2(k+1)(k+2)}{n-k-2} \tag{6.5.2}$$

此处, n 是(有效的)样本容量, k 是除去噪声方差后的总的参数数量. Hurvich 和 Tsai (1989) 的模拟结果表明在 k/n 大于 10% 的情况下, AIC_c 表现优于许多其他模型选择准则, 包括 AIC 和 BIC.

另一种确定 ARMA 阶数的方法是选择一个能使 Schwarz 贝叶斯信息准则 (Bayesian Information Criterion, BIC) 最小的模型. BIC 定义如下:

$$\text{BIC} = -2\log(\text{极大似然估计}) + k\log(n) \tag{6.5.3}$$

如果真实过程遵循 ARMA(p, q) 模型, 则可知通过最小化 BIC 识别出的阶数满足一致性, 即随着样本容量的增加, 它们逼近真实阶数. 但是, 如果真实过程不是有限阶的 ARMA 过程,

---

[①] ADF.test(rwalk,selectlags= list(mode= c(1,2,3,4,5,6,7,8),Pmax= 8),itsd= c(1,1,0)).

[②] ADF.test(rwalk,selectlags= list(Pmax= 0),itsd= c(1,1,0)).

那么在日益扩大的 ARMA 类模型中,最小化 AIC 具有有吸引力的性质:可以产生一个最优的 ARMA 模型,即在所研究的众多种类的模型中,最接近真实过程[⊖].

无论我们是使用 AIC 还是 BIC,都需要进行极大似然估计. 但是,由于似然函数的多峰性,ARMA 模型的极大似然估计容易产生计算问题. 并且当 AR 和 MA 的阶数超过真实的阶数时,也会产生过度拟合问题. Hannan 和 Rissanen(1982) 提出了一种有趣且实用的解决这个问题的方法. 步骤是首先拟合一个通过最小化 AIC 确定的较高阶数的 AR 过程,然后用上一步得到的残差作为无法观测的误差项的代理变量. 这样,通过将时间序列对其 1 至 k 阶滞后以及高阶自回归得到的 1 至 j 阶残差做回归近似估计出一个 ARMA(k,j) 模型;该自回归模型的 BIC 是极大似然估计得到的 BIC 的估计量. Hannan 和 Rissanen(1982) 证明了最小化近似 BIC 仍然得到 ARMA 阶数的一致估计量.

阶数的确定是与寻找具有足够高阶数的 ARMA 模型非零系数子集的问题有关的. 一个子集 ARMA(p,q) 模型是指 ARMA 模型系数的某个子集为零. 例如,模型

$$Y_t = 0.8Y_{t-12} + e_t + 0.7e_{t-12} \qquad (6.5.4)$$

是子集 ARMA(12, 12) 模型,对某些月度季节时间序列建模非常有用. 对于非常高阶的 ARMA 模型,比如前面的 ARMA(12, 12) 模型,从实际出发,寻找能充分近似潜在过程的子集 ARMA 模型比简单地确定阶数更重要. Hannan 和 Rissanen(1982) 提出的估计 ARMA 阶数的方法可以推广来解决寻找最优子集 ARMA 模型的问题. 实际上,子集 ARMA(p,q) 模型(共 2^{p+q} 个)的几种模型选择准则(包括 AIC 和 BIC)可以近似、详尽、快速地通过用 Y_t 对自身的滞后项和 $\{Y_t\}$ 的高阶自回归模型产生的残差的滞后进行子集回归这样跳跃式的回归方法计算得到(Furnival 和 Wilson,1974).

为得到一些可供深入研究的有用的初步模型,检查几个最佳子集 ARMA 模型(例如,用 BIC)是明智的. 观测时间序列的哪些滞后项及误差过程的哪些滞后项进入不同的最优子集模型,这些形态可以简洁地汇总在如图表 6-22 所显示的图形中. 该表基于方程(6.5.4)表示的 ARMA(12, 12) 模型的模拟. 表的每一行对应着一个子集 ARMA 模型,模型所选变量的单元格用阴影表示. 根据 BIC 值将模型分类,较好的模型(有较低的 BIC 值)处于较高的行中,并且阴影颜色也较深. 最上面一行说明具有最小 BIC 值的子集 ARMA(14, 14) 模型只包括观测时间序列 8、12 阶滞后和误差过程的 12 阶滞后. 其次最好的模型包括时间序列 12 阶滞后以及误差过程 12 阶滞后. 第三个较好的模型包括时间序列 4、8、12 阶滞后以及误差过程的 12 阶滞后. 对于我们模拟的时间序列来说,第二个最好的模型是真实的子集模型. 但是,这三个模型的 BIC 值都非常相似,因此这三个模型(加上第 4 个最好的模型)都值得进一步研究. 但是,汇总在图表中的不同子集模型中,时间序列的 12 阶滞后和误差过程的 12 阶滞后是在不同的子集模型中出现得最频繁的两个变量,这意味着它们可能是更重要的变量,正如我们已知的,它们确实重要!

⊖ 接近程度用 Kullback-Leibler 偏离来度量——是一种度量模型之间差距的测度. 参阅 Shibata(1976) 和 Stenseth 等(2004) 的讨论.

图表 6-22 基于 BIC 对最优子集 ARMA 的选择

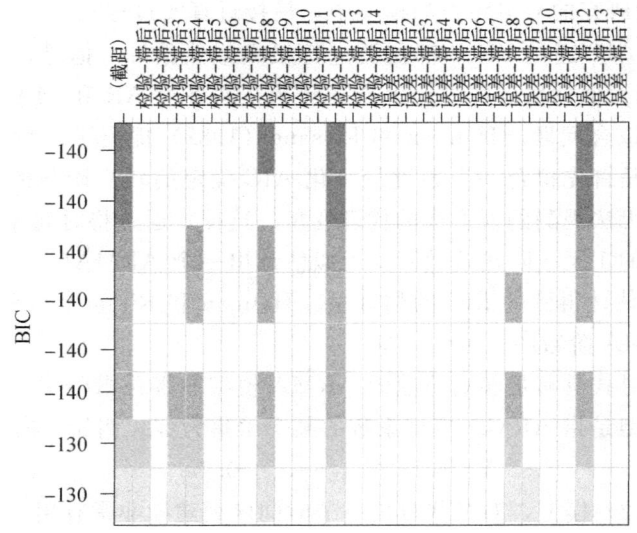

```
> set.seed(92397)
> test=arima.sim(model=list(ar=c(rep(0,11),.8),
    ma=c(rep(0,11),0.7)),n=120)
> res=armasubsets(y=test,nar=14,nma=14,y.name='test',
    ar.method='ols')
> plot(res)
```

6.6 一些真实时间序列的识别

现在我们考虑对一些在前面章节中见过的真实时间序列进行模型识别.

洛杉矶年降雨量序列

洛杉矶的年降雨总量显示在图表 1-1 中. 在第 3 章的图表 3-17 中，我们注意到年降雨量不服从正态分布. 正如图表 6-23 显示的那样，取对数后正态性迅速增强.

图表 6-23 LA 年降雨量对数的 QQ 正态图

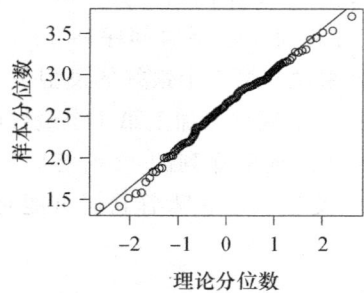

```
> data(larain); win.graph(width=2.5,height=2.5,pointsize=8)
> qqnorm(log(larain)); qqline(log(larain))
```

图表 6-24 显示了年降雨量序列取对数后的样本自相关函数.

图表 6-24　LA（洛杉矶）年降雨量对数的样本 ACF

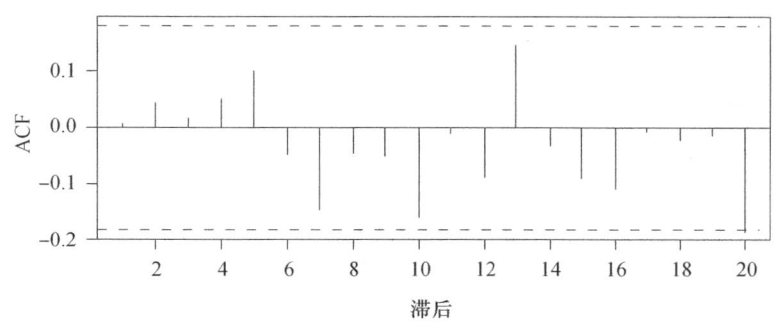

```
> win.graph(width=4.875,height=3,pointsize=8)
> acf(log(larain),xaxp=c(0,20,10))
```

对数变换提高了正态性，但是该时间序列不存在可识别的相关性. 我们可以将年降雨量对数序列作为独立的、均值为 2.58、标准差为 0.478 的正态随机变量来建模. 这些数值都以 log(英寸) 为单位.

化工颜色属性序列

图表 1-3 显示的化工颜色属性序列让我们对令人感兴趣的时间序列建模更有信心——特别是图表 1-4 显示的连续批次的相关性. 图表 6-25 画出的样本 ACF 图, 乍一看使人想到 MA(1) 模型, 因为只有 1 阶滞后自相关系数显著不为零.

图表 6-25　颜色属性序列样本 ACF

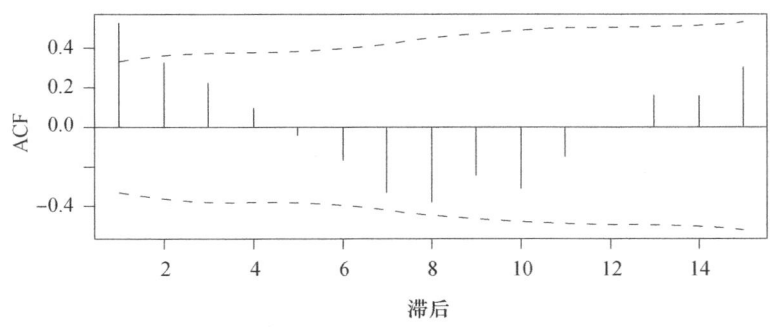

```
> data(color); acf(color,ci.type='ma')
```

但是，图形中明显衰减的正弦波促使我们进一步研究它的样本偏自相关函数. 图表 6-26 展示了样本偏自相关函数图，现在我们清楚地看到 AR(1) 模型是值得首先考虑的. 与往常一样,我们识别的模型是试探性的,可以在建模的模型诊断阶段进行修改.

图表 6-26 颜色属性序列样本 PACF

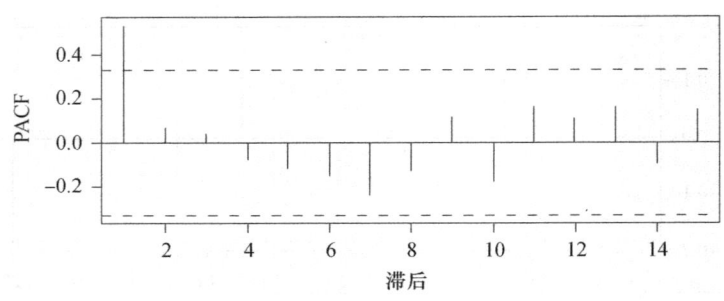

```
> pacf(color)
```

加拿大野兔年度丰度序列

图表 1-5 展示了加拿大 Hudson 湾野兔年度丰度时间序列. 图表 1-6 表明了年与年之间的相关性. 文中曾经建议对数据进行变换以便产生一个更好的模型. 图表 6-27 显示了作为幂参数 λ 函数的对数似然函数. 在 $\lambda=0.4$ 时达到最大值, 但是 $\lambda=0.5$ 的开方变换也在 λ 的置信区间内. 我们将对丰度值开方后再做进一步的分析.

图表 6-27 野兔丰度 Box-Cox 幂变换结果

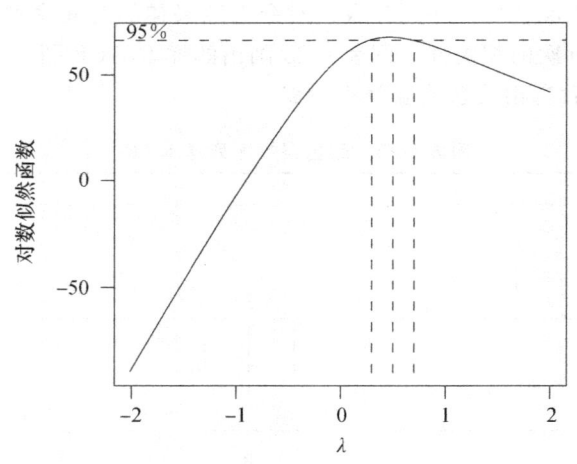

```
> win.graph(width=3,height=3,pointsize=8)
> data(hare); BoxCox.ar(hare)
```

图表 6-28 显示了变换后序列的样本 ACF. 相当强的 1 阶滞后自相关占据主导地位, 但是再次地, 图形显示出很强的阻尼振荡行为.

图表 6-28　野兔丰度开方序列的样本 ACF

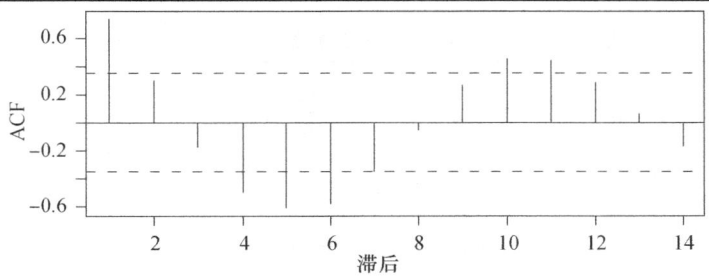

```
> acf(hare^.5)
```

图表 6-29 展示了变换后时间序列的样本偏自相关函数图,图形显示了强有力的证据支持对这些数据建立 AR(2) 模型或者 AR(3) 模型.

图表 6-29　野兔丰度开方序列的样本 PACF

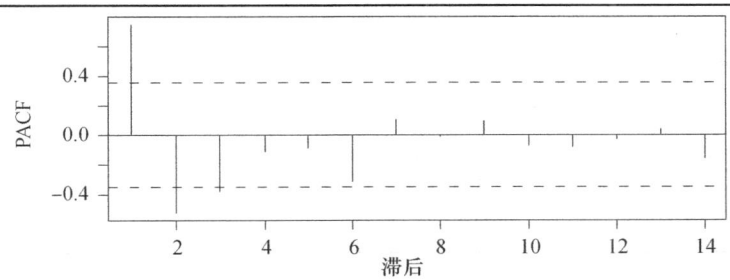

```
> pacf(hare^.5)
```

石油价格序列

在第 5 章,我们开始观察月度石油价格时间序列,并且借助图形讨论了对数差分可以被认为是平稳的——参见图表 5-1. 用软件对原始价格的对数实施 ADF 单位根检验,得到检验统计值 -1.1119 以及 0.9189 的 p 值. 以平稳为备择假设,该检验为非平稳和对数数据差分是恰当的提供了强有力的证据. 该检验中,基于大样本理论,对方程 (6.4.1),软件选择 $k=6$.

图表 6-30 展示了石油价格数据对数差分的 EACF 汇总表. 该表建议设定 $p=0$,$q=1$ 的 ARMA 模型.

图表 6-30　石油价格序列对数差分的扩展的 ACF

AR/MA	0	1	2	3	4	5	6	7	8	9	10	11	12	13
0	x	o	o	o	o	o	o	o	o	o	o	o	o	o
1	x	x	o	o	o	o	o	o	o	o	x	o	o	o
2	o	x	o	o	o	o	o	o	o	o	o	o	o	o
3	o	x	o	o	o	o	o	o	o	o	o	o	o	o
4	o	x	x	o	o	o	o	o	o	o	o	o	o	o
5	o	x	o	x	o	o	o	o	o	o	o	o	o	o
6	o	x	o	o	o	o	o	o	o	o	o	o	o	o
7	x	x	o	x	o	o	o	o	o	o	o	o	o	o

```
> eacf(diff(log(oil.price)))
```

最优子集 ARMA 法的结果展示在图表 6-31 中.

图表 6-31　对 log(Oil) 差分的最优子集 ARMA 模型

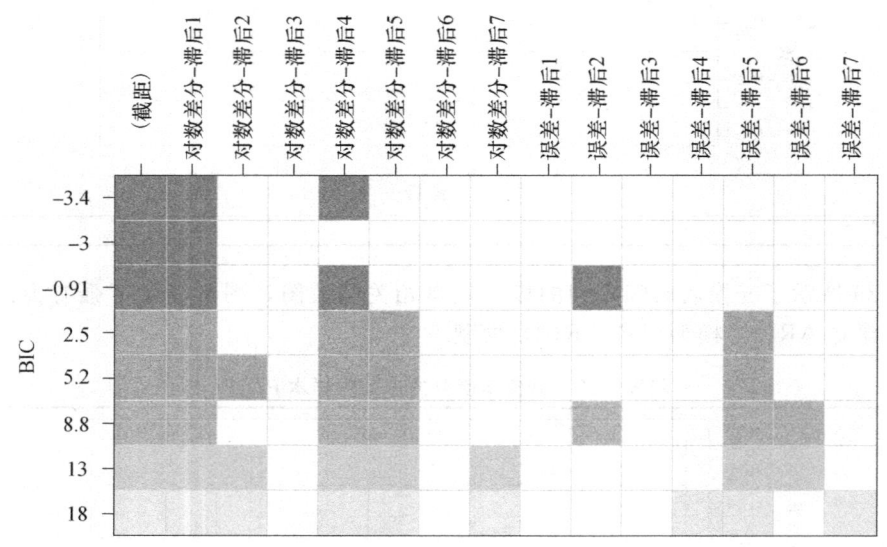

```
> res=armasubsets(y=diff(log(oil.price)),nar=7,nma=7,
    y.name='test', ar.method='ols')
> plot(res)
```

这里，我们的建议是 $Y_t = \nabla \log(\text{Oil}_t)$ 应该用 Y_{t-1} 和 Y_{t-4} 来建模，并且误差部分不需要滞后项. 第二个最优模型去掉了 4 阶滞后，因此也应当进一步研究取对数后数据的 ARIMA(1, 1, 0) 模型.

图表 6-32 建议我们对石油价格对数差分序列设定 MA(1) 模型，图表 6-33 表明应该考虑 AR(2) 模型（忽略那些在 15、16 和 20 阶滞后处显著的尖峰值）. 当我们在第 7 章和第 8 章进行参数估计和诊断检验时，将会进一步研究所有这些模型. 后面我们会发现，为了获得石油价格序列的合适的模型，序列中的异常值需要被处理.（发现图表 5-4 中的异常值了吗？）

图表 6-32　石油价格对数差分的样本 ACF

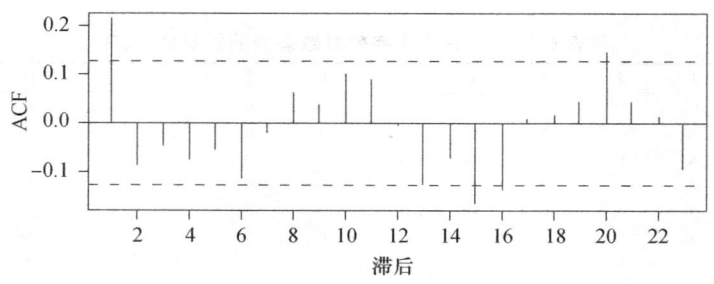

```
> acf(as.vector(diff(log(oil.price))),xaxp=c(0,22,11))
```

图表 6-33 石油价格对数差分的样本 PACF

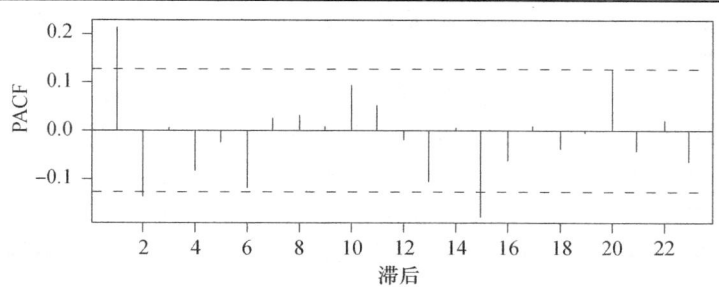

```
> pacf(as.vector(diff(log(oil.price))),xaxp=c(0,22,11))
```

6.7 小结

本章我们讨论了对观测时间序列设定合理但简单的模型的问题. 特别是, 我们研究了选择 ARIMA(p, d, q) 模型阶数 (p, d 和 q) 的工具. 我们介绍并研究了三种工具——样本自相关函数、样本偏自相关函数和样本扩展的自相关函数, 来帮助解决这个困难的问题. 我们还介绍了 Dickey-Fuller 单位根检验, 来区分平稳和非平稳序列. 我们使用了模拟的和真实的时间序列来说明这些概念.

习题

6.1 对白噪声过程证明方程 (6.1.3) 成立.

6.2 对 AR(1) 过程证明方程 (6.1.4) 成立.

6.3 证明图表 6-1 中 $\phi = \pm 0.9$ 一行的结果.

6.4 为图表 6-1 增加新行, 使用下列数值:
(a) $\phi = \pm 0.99$.
(b) $\phi = \pm 0.5$.
(c) $\phi = \pm 0.1$.

6.5 对 MA(1) 过程证明方程 (6.1.9) 和方程 (6.1.10) 成立.

6.6 证明图表 6-2 中 $\theta = \pm 0.9$ 一行的结果.

6.7 为图表 6-2 增加新行, 使用下列数值:
(a) $\theta = \pm 0.99$.
(b) $\theta = \pm 0.8$.
(c) $\theta = \pm 0.2$.

6.8 对一般 MA(q) 过程证明方程 (6.1.11) 成立.

6.9 用方程 (6.2.3) 证明方程 (6.2.5) 给出的 MA(1) 过程的 2 阶滞后偏自相关系数计算公式成立.

6.10 证明方程 (6.2.6) 给出的计算 MA(1) 过程的偏自相关函数的一般表达式满足方程

(6.2.7) 给出的 Yule-Walker 递归式.

6.11 用方程（6.2.8）计算用 ϕ_1 和 ϕ_2 以及滞后 $k=1,2,3,\cdots$ 表示的 AR(2) 模型的（理论）偏自相关函数.

6.12 用具有 100 个观测值的时间序列，我们计算出 $r_1=-0.49$，$r_2=0.31$，$r_3=-0.21$，$r_4=0.11$，且当 $k>4$ 时，$|r_k|<0.09$. 只基于这些条件，我们会为该序列试探性地设定什么样的 ARIMA 模型？

6.13 用一个长度为 121 的平稳时间序列计算得到样本偏自相关系数：$\hat{\phi}_{11}=0.8$，$\hat{\phi}_{22}=-0.6$，$\hat{\phi}_{33}=0.08$ 和 $\hat{\phi}_{44}=0.00$. 只基于这些信息，我们会为该序列试探性地设定什么样的模型？

6.14 对一个长度为 169 的序列，我们求得 $r_1=0.41$，$r_2=0.32$，$r_3=0.26$，$r_4=0.21$，$r_5=0.16$. 什么样的 ARIMA 模型适合这种自相关模式？

6.15 某序列及其一阶差分序列的样本 ACF 列于下表，此处 $n=100$.

滞后	1	2	3	4	5	6
Y_t 的 ACF	0.97	0.97	0.93	0.85	0.80	0.71
∇Y_t 的 ACF	−0.42	0.18	−0.02	0.07	−0.10	−0.09

只基于这些信息，我们会为该序列考虑什么样的 ARIMA 模型？

6.16 对一个长度为 64 的序列，样本偏自相关函数如下：

滞后	1	2	3	4	5
PACF	0.47	−0.34	0.20	0.02	−0.06

这种情况下，我们应该考虑什么样的模型？

6.17 考虑一个长度为 100，$\phi=0.7$ 的 AR(1) 序列.

(a) 如果 $r_1=0.6$，你会感到奇怪吗？

(b) $r_{10}=-0.15$ 异常吗？

6.18 假设 $\{X_t\}$ 是一个参数为 ϕ 的平稳 AR(1) 过程，但是我们只能观察到 $Y_t=X_t+N_t$，其中 $\{N_t\}$ 是独立于 $\{X_t\}$ 的白噪声测量误差.

(a) 求出观测过程的用 ϕ，σ_X^2 和 σ_N^2 表示的自相关函数.

(b) 我们可能会为 $\{Y_t\}$ 设定什么样的 ARIMA 模型？

6.19 两个序列的时间序列图显示如下：

(a) 对每一个序列，用术语高度正相关、中等正相关、近似为 0、中等负相关和高度负相关来描述 r_1. 为了回答该问题，需要知道该序列的测度单位吗？

(b) 对 r_2 重复（a）的问题.

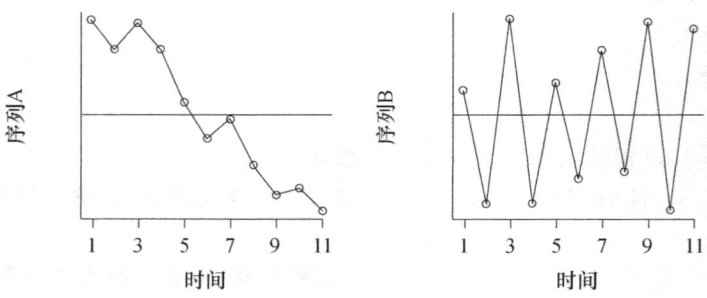

6.20 模拟 $n=48$，$\phi=0.7$ 的 AR(1) 时间序列.

(a) 计算该模型在 1 阶和 5 阶滞后处的理论自相关系数.

(b) 计算 1 阶和 5 阶滞后处样本自相关系数，并将其与理论自相关值进行比较. 用方程 (6.1.5) 和 (6.1.6) 量化这个比较.

(c) 使用新的模拟重复 (b). 描述在相同条件下，估计的精度如何随所选样本的不同而变化.

(d) 如果软件允许，重复模拟序列并多次计算 r_1 和 r_5，并且构建 r_1 和 r_5 的样本分布. 描述估计的精度如何随着相同条件下所选择的样本的不同而变化. 方程 (6.1.5) 给出的大样本方差与你的样本分布的方差接近程度如何？

6.21 模拟 $n=60$，$\theta=0.5$ 的 MA(1) 时间序列.

(a) 计算该模型 1 阶滞后处的理论自相关系数.

(b) 计算 1 阶滞后处样本自相关系数，并将其与理论自相关系数进行比较. 用图表 6-2 量化这个比较.

(c) 使用新的模拟重复 (b). 描述在相同条件下，估计的精度如何随所选样本的不同而变化.

(d) 如果软件允许，重复模拟序列并多次计算 r_1，并且构建 r_1 的样本分布. 描述估计的精度如何随着相同条件下所选样本的不同而变化. 图表 6-2 给出的大样本方差与你的样本分布的方差接近程度如何？

6.22 模拟 $n=48$ 的 AR(1) 时间序列.

(a) 当 $\phi=0.9$ 时，计算 1 阶滞后和 5 阶滞后处的理论自相关系数.

(b) 当 $\phi=0.6$ 时，计算 1 阶滞后和 5 阶滞后处的理论自相关系数.

(c) 当 $\phi=0.3$ 时，计算 1 阶滞后和 5 阶滞后处的理论自相关系数.

(d) 对 (a)、(b)、(c) 中的每个序列，分别计算 1 阶滞后和 5 阶滞后处样本自相关系数并与理论值进行比较，用方程 (6.1.5) 和 (6.1.6) 量化这些比较. 简要描述估计的精度如何随着 ϕ 值的变化而变化.

6.23 模拟 $\phi=0.6$ 的 AR(1) 时间序列.

(a) $n=24$，估计 $\rho_1=\phi=0.6$ 和 r_1.

(b) $n=60$，估计 $\rho_1=\phi=0.6$ 和 r_1.

(c) $n=120$，估计 $\rho_1=\phi=0.6$ 和 r_1.

(d) 对 (a)、(b)、(c) 中的每个序列，比较理论值与估计值. 用方程 (6.1.5) 量化这些比较. 简要描述估计的精度如何随着样本容量的变化而变化.

6.24 模拟 $\theta=0.7$ 的 MA(1) 时间序列.

(a) $n=24$，估计 ρ_1 和 r_1.

(b) $n=60$，估计 ρ_1 和 r_1.

(c) $n=120$，估计 ρ_1 和 r_1.

(d) 对 (a)、(b)、(c) 中的每个序列，比较 ρ_1 的估计值和理论值. 用图表 6-2 量化这些比较. 简要描述估计的精度如何随着样本容量的变化而变化.

6.25 模拟一个长度 $n=36$，$\phi=0.7$ 的 AR(1) 时间序列.

(a) 计算并画出该模型的理论自相关函数. 画出足够多的滞后项直到相关性可以忽略不计.

(b) 计算并画出模拟序列的样本 ACF. 样本值和模式与（a）部分的理论 ACF 匹配程度如何?

(c) 该模型的理论偏自相关函数是什么?

(d) 计算并画出模拟序列的样本 ACF. 样本值和模式与（a）部分的理论 ACF 匹配程度如何? 用图表 6-1 列出的大样本标准误差量化你的答案.

(e) 计算并画出模拟序列的样本 PACF. 样本值和模式与（c）部分的理论 PACF 匹配程度如何? 用列出的大样本标准误差量化你的答案.

6.26 模拟一个长度 $n=48$, $\theta=0.5$ 的 MA(1) 时间序列.

(a) 该模型的理论自相关函数是什么?

(b) 计算并画出模拟序列的样本 ACF. 样本值和模式与（a）部分的理论 ACF 匹配程度如何?

(c) 计算并画出模型的理论偏自相关函数. 画出足够多的滞后项直到相关性可以忽略不计. (提示: 参见方程 (6.2.6).)

(d) 计算并画出模拟序列的样本 PACF. 样本值和模式与（c）部分的理论 PACF 匹配程度如何?

6.27 模拟一个长度 $n=72$, $\phi_1=0.7$, $\phi_2=-0.4$ 的 AR(2) 时间序列.

(a) 计算并画出该模型的理论自相关函数. 画出足够多的滞后项, 直到相关性可以忽略不计.

(b) 计算并画出模拟序列的样本 ACF. 样本值和模式与（a）部分的理论 ACF 匹配程度如何?

(c) 该模型的理论偏自相关函数是什么?

(d) 计算并画出模拟序列的样本 ACF. 样本值和模式与（a）部分的理论 ACF 匹配程度如何?

(e) 计算并画出模拟序列的样本 PACF. 样本值和模式与（c）部分的理论 PACF 匹配程度如何?

6.28 模拟一个长度 $n=36$, $\theta_1=0.7$, $\theta_2=-0.4$ 的 MA(2) 时间序列.

(a) 该模型的理论自相关函数是什么?

(b) 计算并画出模拟序列的样本 ACF. 样本值和模式与（a）部分的理论 ACF 匹配程度如何?

(c) 画出模型的理论偏自相关函数. 画出足够多的滞后项, 直到相关性可以忽略不计. (我们没有计算这个模型的 PACF 的公式. 相反, 我们对这个模型进行一个非常大的样本模拟, 例如 $n=1000$, 计算并画出这个模拟的样本 PACF).

(d) 计算并画出（a）部分模拟序列的样本 PACF. 样本值和模式与（c）部分的"理论" PACF 匹配程度如何?

6.29 模拟一个长度 $n=60$, $\phi=0.4$, $\theta=0.6$ 的混合 ARMA(1, 1) 模型.

(a) 计算并画出该模型的理论自相关函数. 画出足够多的滞后项, 直到相关性可以忽略不计.
(b) 计算并画出模拟序列的样本 ACF. 样本值和模式与（a）部分的理论 ACF 匹配程度如何？
(c) 计算并解释该序列的样本 EACF. EACF 有助于你为这个模型设定正确的阶数吗？
(d) 用相同参数和样本容量得到一个新的模拟，重复（b）和（c）部分.
(e) 用相同参数值，但是样本容量 $n=36$ 得到一个新的模拟，重复（b）和（c）部分.
(f) 用相同参数值，但是样本容量 $n=120$ 得到一个新的模拟，重复（b）和（c）部分.

6.30 模拟一个长度 $n=100$, $\phi=0.8$, $\theta=0.4$ 的混合 ARMA(1, 1) 模型.
(a) 计算并画出该模型的理论自相关函数. 画出足够多的滞后项，直到相关性可以忽略不计.
(b) 计算并画出模拟序列的样本 ACF. 样本值和模式与（a）部分的理论 ACF 匹配程度如何？
(c) 计算并解释该序列的样本 EACF. EACF 有助于你为这个模型设定正确的阶数吗？
(d) 用相同参数和样本容量得到一个新的模拟，重复（b）和（c）部分.
(e) 用相同参数值，但是样本容量 $n=48$ 得到一个新的模拟，重复（b）和（c）部分.
(f) 用相同参数值，但是样本容量 $n=200$ 得到一个新的模拟，重复（b）和（c）部分.

6.31 根据 $\theta=0.8$ 的 ARIMA(0, 1, 1) 模型模拟一个 $n=60$ 的非平稳时间序列.
(a) 令方程（6.4.1）中 $k=0$ 对序列进行（增强的）Dickey-Fuller 检验.（当 $k=0$ 时是 Dickey-Fuller 检验，不是增强的 Dickey-Fuller 检验.），并对结果进行评论.
(b) 对序列进行 ADF 检验，其中 k 通过软件选择，即选择"最优"的 k 值. 对结果进行评论.
(c) 用模拟序列的差分重复（a）和（b）部分. 对结果进行评论.（当然，此时应拒绝单位根假设.）

6.32 根据 $\phi=0.95$ 的 AR(1) 模型模拟一个 $n=36$ 的平稳时间序列. 该模型是平稳的，但也仅此而已. 对这样的模型和较短的历史数据，在平稳与有单位根的非平稳之间进行区分即使不是不可能的也是非常困难的.
(a) 画出时间序列图，计算样本 ACF 和 PACF，描述你所看到的结果.
(b) 令方程（6.4.1）中 $k=0$ 对该序列进行（增强的）Dickey-Fuller 检验.（$k=0$ 时是 Dickey-Fuller 检验，不是增强的 Dickey-Fuller 检验.）对结果进行评论.
(c) 对序列进行 ADF 检验，k 通过软件选择，即选择"最优"的 k 值. 对结果进行评论.
(d) 用一个 $n=100$ 的新的模拟序列重复（a）和（b）部分. 对结果进行评论.

6.33 名为 deere1 的数据文件包含了 82 个连续的值（以 0.000 025 英寸为单位），这些值是在某些指定操作条件下 Deere 公司的机床产生的相对某个设定目标的偏离程度.
(a) 展示该序列的时间序列图，并对任何异常点进行评论.
(b) 计算序列的样本 ACF，并对结果进行评论.
(c) 现在用更典型的值代替异常值，然后重新计算样本 ACF. 对与（b）部分不同的结果进行评论.

(d) 基于（c）部分使用过的修改后的序列计算样本 PACF. 对修正的序列，你将设定什么样的模型？（稍后我们将研究在时间序列建模中处理异常值的其他方法.）

6.34 名为 deere2 的数据文件包含了 102 个连续的值（以 0.000 002 5 英寸为单位），这些值是 Deere 公司的另外一个机床产生的相对某个设定目标的偏离程度.
(a) 展示该序列的时间序列图，并对图形进行评论. 平稳模型看起来合适吗？
(b) 展示该序列的样本 ACF 和 PACF，为该序列的 ARMA 模型选择试探性的阶数.

6.35 名为 deere3 的数据文件包含了 57 个连续的测量值，该记录来自 Deere 公司的一个复杂的机床. 所给值是相对某目标值的偏离程度，以千万分之一英寸为单位. 该过程使用一个控制装置根据上一次偏离目标值的程度来重置机床的某些参数.
(a) 展示该序列的时间序列图，并对图形进行评论. 这里平稳模型合适吗？
(b) 展示该序列的样本 ACF 和 PACF，为该序列的 ARMA 模型选择试探性的阶数.

6.36 名为 robot 的数据文件包含了来自工业机器人的时间序列. 机器人需要完成一系列的动作，与目标终点的距离以英寸为单位被记录下来. 重复 324 次得到该时间序列.
(a) 展示数据的时间序列图. 基于这些信息，这些数据看起来是来自平稳过程还是非平稳过程？
(b) 计算并画出这些数据的样本 ACF 和 PACF. 基于这些附加信息，这些数据看起来是来自平稳过程还是非平稳过程？
(c) 计算并解释样本 EACF.
(d) 用最优子集 ARMA 法为这些数据设定模型. 与你在（a）、（b）、（c）部分得到的结果进行比较.

6.37 计算并解释洛杉矶降雨量的对数序列的样本 EACF. 数据在名为 larain 的文件中. 这些结果能够证明该对数序列是白噪声吗？

6.38 计算并解释颜色属性时间序列的样本 EACF. 数据在名为 color 的文件中. 样本 EACF 建议的模型与通过观察样本 PACF 设定的模型相同吗？

6.39 名为 days 的数据文件包含来自艾奥瓦州伯灵顿市的 Winegard 公司的会计数据. 数据是从 Winegard 产品某特定分销商那里收到的 130 个连续订单的付款的天数.（出于机密，分销商的名称必须是匿名的.）
(a) 画出时间序列图，对图形作出评论. 图中有异常值吗？
(b) 计算该序列的样本 ACF 和 PACF.
(c) 现在将异常值替换为 35 天——更典型的值，重复计算样本 ACF 和 PACF. 对除去异常值后的序列，你将设定什么样的 ARMA 模型？（稍后我们将研究在时间序列建模中处理异常值的其他方法.）

第 7 章 参 数 估 计

本章主要论述如何基于观测时间序列 $Y_1, Y_2, \cdots, Y_n$ 对 ARIMA 模型进行参数估计的问题. 这里假设已识别了模型, 即已用第 6 章的方法确定了 p, d 和 q 的值. 至于非平稳性, 由于假定观测序列的 d 次差分是平稳的 $\text{ARMA}(p, q)$ 过程, 故只需关心在这类平稳模型中的参数估计问题即可. 实际上, 我们把原始时间序列经过 d 次差分所得的序列作为对完整模型参数进行估计的对象. 简单起见, 令 $Y_1, Y_2, \cdots, Y_n$ 表示观测到的平稳过程, 即便它有可能是原始序列经适当差分后得到的过程. 首先讨论矩估计方法, 继而介绍最小二乘估计, 最后介绍完整的极大似然估计.

7.1 矩估计

即便不被看做是最有效的方法, 矩估计法也常被视为求取估计参数最简单的方法之一. 此方法通过令样本矩等于相应的理论矩, 并求解所得方程以求得任意未知参数的估计. 使用该方法最简单的例子是通过样本均值来估计平稳过程的均值, 在第 3 章里已经充分讨论过这一估计量的性质.

自回归模型

首先讨论 AR(1) 的情况. 此过程具有简单的关系 $\rho_1 = \phi$. 在矩估计中, 令 ρ_1 等于 r_1, 即一阶滞后样本自相关系数. 因此可用下式估计 ϕ:

$$\hat{\phi} = r_1 \tag{7.1.1}$$

下面讨论 AR(2) 的情况. 参数 ϕ_1 与 ϕ_2 之间的关系由 Yule-Walker 方程 (4.3.13) 给出:

$$\rho_1 = \phi_1 + \rho_1 \phi_2, \quad \rho_2 = \rho_1 \phi_1 + \phi_2$$

矩估计是用 r_1 代替 ρ_1, 并用 r_2 代替 ρ_2, 得到

$$r_1 = \phi_1 + r_1 \phi_2, \quad r_2 = r_1 \phi_1 + \phi_2$$

然后求解得到

$$\hat{\phi}_1 = \frac{r_1(1 - r_2)}{1 - r_1^2}, \quad \hat{\phi}_2 = \frac{r_2 - r_1^2}{1 - r_1^2} \tag{7.1.2}$$

一般 $\text{AR}(p)$ 的情况过程类似. 在 56 页 (或 81 页) 整个 Yule-Walker 方程中用 r_k 代替 ρ_k, 得到

$$\left. \begin{array}{l} \phi_1 + r_1 \phi_2 + r_2 \phi_3 + \cdots + r_{p-1} \phi_p = r_1 \\ r_1 \phi_1 + \phi_2 + r_1 \phi_3 + \cdots + r_{p-2} \phi_p = r_2 \\ \qquad\qquad\qquad\qquad\qquad\vdots \\ r_{p-1} \phi_1 + r_{p-2} \phi_2 + r_{p-3} \phi_3 + \cdots + \phi_p = r_p \end{array} \right\} \tag{7.1.3}$$

求解该线性方程组得到 $\hat{\phi}_1, \hat{\phi}_2, \cdots, \hat{\phi}_p$. Durbin-Levinson 递推方程 (6.2.9) 提供了一个简便的解法, 但是如果解接近平稳域的边界, 则会产生较大的舍入误差. 这样得到的估计也被称为 **Yule-Walker 估计**.

滑动平均模型

令人惊讶的是，当用于滑动平均模型时，矩估计就不那么简便了．考虑简单的 MA(1) 的情况．从方程 (4.2.2) 可知，

$$\rho_1 = -\frac{\theta}{1+\theta^2}$$

令 ρ_1 等于 r_1，则问题转化为求解一个关于 θ 的二次方程．如果 $|r_1|<0.5$，那么两个实数根给出如下：

$$-\frac{1}{2r_1} \pm \sqrt{\frac{1}{4r_1^2}-1}$$

容易验证，两个解的乘积总是等于 1．因此，只有一个解满足可逆条件 $|\theta|<1$．

经过进一步的代数处理，可以看到可逆解能够写为

$$\hat{\theta} = \frac{-1+\sqrt{1-4r_1^2}}{2r_1} \tag{7.1.4}$$

如果 $r_1 = \pm 0.5$，存在唯一的实数解，即 ∓ 1，但都不是可逆的．如果 $|r_1|>0.5$（即使 $|\rho_1|<0.5$，该式也当然有可能成立），不存在实数解，因而通过矩估计法得不出 θ 的估计量．当然，如果 $|r_1|>0.5$，把模型设定为 MA(1) 就会存在相当的疑问．

对于高阶 MA 模型，矩估计将迅速复杂化．可以利用方程 (4.2.5)，对 $k=1,2,\cdots,q$，用 r_k 代替 ρ_k，得到含 q 个未知量 $\theta_1, \theta_2, \cdots, \theta_q$ 的 q 个方程，所得方程组关于这些 θ 是高度非线性的，因而不可避免地只能求得数值解．另外，方程组有多个解，但其中仅有一个是可逆的．在 7.4 节将会看到，对 MA 模型而言，通过矩估计方法所得结果一般较差，因此这里不再做进一步的探讨．

混合模型

我们只考虑 ARMA(1, 1) 的情况．回忆方程 (4.4.5)：

$$\rho_k = \frac{(1-\theta\phi)(\phi-\theta)}{1-2\theta\phi+\theta^2}\phi^{k-1}, \quad k \geqslant 1$$

注意 $\rho_2/\rho_1 = \phi$，首先估计 ϕ 为

$$\hat{\phi} = \frac{r_2}{r_1} \tag{7.1.5}$$

然后，可以使用

$$r_1 = \frac{(1-\theta\hat{\phi})(\hat{\phi}-\theta)}{1-2\theta\hat{\phi}+\theta^2} \tag{7.1.6}$$

来求解 $\hat{\theta}$．需要再次提醒的是，必须求解一个二次方程，并仅保留其可逆解，假如存在的话．

噪声方差估计

最后需要估计的参数是噪声方差 σ_e^2．任何情况下，首先都可以通过如下样本方差来估计过程的方差 $\gamma_0 = \text{Var}(Y_t)$：

$$s^2 = \frac{1}{n-1}\sum_{t=1}^{n}(Y_t-\overline{Y})^2 \tag{7.1.7}$$

并使用第 4 章中已知的 γ_0，σ_e^2 和所有 θ，ϕ 之间的关系来估计 σ_e^2.

对 AR(p) 模型，方程 (4.3.31) 能够导出

$$\hat{\sigma}_e^2 = (1 - \hat{\phi}_1 r_1 - \hat{\phi}_2 r_2 - \cdots - \hat{\phi}_p r_p) s^2 \tag{7.1.8}$$

特别地，对 AR(1) 过程，因为 $\hat{\phi} = r_1$，所以

$$\hat{\sigma}_e^2 = (1 - r_1^2) s^2$$

对 MA(q) 的情况，使用方程 (4.2.4)，有

$$\hat{\sigma}_e^2 = \frac{s^2}{1 + \hat{\theta}_1^2 + \hat{\theta}_2^2 + \cdots + \hat{\theta}_q^2} \tag{7.1.9}$$

对 ARMA(1, 1) 过程，由方程 (4.4.4) 可推出

$$\hat{\sigma}_e^2 = \frac{1 - \hat{\phi}^2}{1 - 2\hat{\phi}\hat{\theta} + \hat{\theta}^2} s^2 \tag{7.1.10}$$

数值例题

图表 7-1 展示了若干模拟时间序列参数的矩估计. 一般说来，所有自回归模型的估计都相当好，而滑动平均模型的估计则不可接受. 通过理论证明可确认此现象——在模型带有滑动平均项时矩估计量极其低效.

图表 7-1 模拟序列参数的矩估计

模型	真实参数			矩估计值			n
	θ	ϕ_1	ϕ_2	θ	ϕ_1	ϕ_2	
MA(1)	−0.9			−0.554			120
MA(1)	0.9			0.719			120
MA(1)	−0.9			NA①			60
MA(1)	0.5			−0.314			60
AR(1)		0.9			0.831		60
AR(1)		0.4			0.470		60
AR(2)		1.5	−0.75		1.472	−0.767	120

```
> data(ma1.2.s); data(ma1.1.s); data(ma1.3.s); data(ma1.4.s)
> estimate.ma1.mom(ma1.2.s); estimate.ma1.mcm(ma1.1.s)
> estimate.ma1.mom(ma1.3.s); estimate.ma1.mcm(ma1.4.s)
> arima(ma1.4.s,order=c(0,0,1),method='CSS',include.mean=F)
> data(ar1.s); data(ar1.2.s)
> ar(ar1.s,order.max=1,AIC=F,method='yw')
> ar(ar1.2.s,order.max=1,AIC=F,method='yw')
> data(ar2.s)
> ar(ar2.s,order.max=2,AIC=F,method='yw')
```

①因为该模拟中 $r_1 = 0.544$，故矩估计不存在.

现在考虑几个实际的时间序列，从加拿大野兔丰度序列开始. 在图表 6-27 中已发现，引入开方变换是恰当的，因此这里所有模型的建立都将基于原始丰度数值的平方根. 虽然以后将会说明 AR(3) 模型对数据拟合得更好，但这里仍用野兔数据的 AR(2) 模型来对估计加以说明. 图表 6-28 中所示的前两个自相关系数分别是 $r_1 = 0.736$ 和 $r_2 = 0.304$. 使用方程 (7.1.2),

ϕ_1 和 ϕ_2 的矩估计是

$$\hat{\phi}_1 = \frac{r_1(1-r_2)}{1-r_1^2} = \frac{0.736(1-0.304)}{1-(0.736)^2} = 1.1178 \qquad (7.1.11)$$

和

$$\hat{\phi}_2 = \frac{r_2 - r_1^2}{1-r_1^2} = \frac{0.304-(0.736)^2}{1-(0.736)^2} = -0.519 \qquad (7.1.12)$$

得出该序列的样本均值和方差（已对原始数据开平方）分别是 5.82 和 5.88. 然后，使用方程 (7.1.8)，估计噪声方差为

$$\begin{aligned}\hat{\sigma}_e^2 &= (1 - \hat{\phi}_1 r_1 - \hat{\phi}_2 r_2) s^2 \\ &= [1 - (1.1178)(0.736) - (-0.519)(0.304)](5.88) \\ &= 1.97\end{aligned} \qquad (7.1.13)$$

则估计模型（用原来的符号表示）是

$$\sqrt{Y_t} - 5.82 = 1.1178(\sqrt{Y_{t-1}} - 5.82) - 0.519(\sqrt{Y_{t-2}} - 5.82) + e_t \qquad (7.1.14)$$

或

$$\sqrt{Y_t} = 2.335 + 1.1178\sqrt{Y_{t-1}} - 0.519\sqrt{Y_{t-2}} + e_t \qquad (7.1.15)$$

估计的噪声方差是 1.97.

下面考虑石油价格序列．根据图表 6-32，序列经过取对数并进行一次差分后，所得的序列可以设定为 MA(1) 模型．图中，一阶滞后样本自相关系数等于 0.212，因此 θ 的矩估计是

$$\hat{\theta} = \frac{-1 + \sqrt{1 - 4(0.212)^2}}{2(0.212)} = -0.222 \qquad (7.1.16)$$

对数差分后所得序列的均值是 0.004，方差是 0.0072. 估计模型为

$$\nabla \log(Y_t) = 0.004 + e_t + 0.222 e_{t-1} \qquad (7.1.17)$$

或

$$\log(Y_t) = \log(Y_{t-1}) + 0.004 + e_t + 0.222 e_{t-1} \qquad (7.1.18)$$

估计的噪声方差是

$$\hat{\sigma}_e^2 = \frac{s^2}{1+\hat{\theta}^2} = \frac{0.0072}{1+(-0.222)^2} = 0.00686 \qquad (7.1.19)$$

使用带估计的参数的方程 (3.2.3) 可得样本均值 0.0060 的一个标准误差，因此观测到的样本均值 0.004 并非显著地异于 0，故可从模型中去掉常数项，得到最终的模型：

$$\log(Y_t) = \log(Y_{t-1}) + e_t + 0.222 e_{t-1} \qquad (7.1.20)$$

7.2 最小二乘估计

因为在许多模型上应用矩估计难以令人满意，所以有必要考虑其他的估计方法．下面先介绍最小二乘法，对自回归模型而言，该想法是显而易见的．这里，在平稳模型中引入一个可能非零的均值 μ，把它作为另一个需要用最小二乘法估计的参数．

自回归模型

考虑一阶的情况，其中

$$Y_t - \mu = \phi(Y_{t-1} - \mu) + e_t \tag{7.2.1}$$

我们可将其看成是以 Y_{t-1} 为预测变量，Y_t 为响应变量的回归模型．最小二乘估计是通过对如下差分的平方和的最小化来进行估计的：

$$(Y_t - \mu) - \phi(Y_{t-1} - \mu)$$

因为只有 $Y_1, Y_2, \cdots, Y_n$ 的观测值，故只能从 $t=2$ 到 $t=n$ 求和．令

$$S_c(\phi, \mu) = \sum_{t=2}^{n} [(Y_t - \mu) - \phi(Y_{t-1} - \mu)]^2 \tag{7.2.2}$$

该式通常称为**条件平方和函数**．（称为条件的理由将在后面说明．）根据最小二乘原则，给定观测值 $Y_1, Y_2, \cdots, Y_n$，可用使得 $S_c(\phi, \mu)$ 最小化的参数取值分别作为 ϕ 和 μ 的估计．

由方程 $\partial S_c/\partial \mu = 0$，有

$$\frac{\partial S_c}{\partial \mu} = \sum_{t=2}^{n} 2[(Y_t - \mu) - \phi(Y_{t-1} - \mu)](-1 + \phi) = 0$$

或者，简化并求 μ，

$$\mu = \frac{1}{(n-1)(1-\phi)} \left[\sum_{t=2}^{n} Y_t - \phi \sum_{t=2}^{n} Y_{t-1} \right] \tag{7.2.3}$$

对于数值较大的 n，

$$\frac{1}{n-1} \sum_{t=2}^{n} Y_t \approx \frac{1}{n-1} \sum_{t=2}^{n} Y_{t-1} \approx \overline{Y}$$

因此，无论 ϕ 取何值，方程 (7.2.3) 都可简化为

$$\hat{\mu} \approx \frac{1}{1-\phi}(\overline{Y} - \phi\overline{Y}) = \overline{Y} \tag{7.2.4}$$

除边缘效应以外，有时可以说，$\hat{\mu} = \overline{Y}$．

再对 ϕ 最小化 $S_c(\phi, \overline{Y})$，有

$$\frac{\partial S_c(\phi, \overline{Y})}{\partial \phi} = \sum_{t=2}^{n} 2[(Y_t - \overline{Y}) - \phi(Y_{t-1} - \overline{Y})](Y_{t-1} - \overline{Y})$$

令上式等于零，求解 ϕ 得到

$$\hat{\phi} = \frac{\sum_{t=2}^{n}(Y_t - \overline{Y})(Y_{t-1} - \overline{Y})}{\sum_{t=2}^{n}(Y_{t-1} - \overline{Y})^2}$$

除了分母中少一项，即 $(Y_n - \overline{Y})^2$，该式与 r_1 相等．对平稳过程来说，这个缺项是可以忽略的，因此最小二乘与矩估计量几乎相等，特别是对大样本而言．

得到方程 (7.2.3) 和 (7.2.4) 的方法极易推广至一般 $AR(p)$ 过程，并有相同结果，即

$$\hat{\mu} = \overline{Y} \tag{7.2.5}$$

考虑二阶模型以得到 ϕ 的一般的估计．根据方程 (7.2.5)，在条件平方和函数中用 $\overline{Y}$ 替换 μ，因此有

$$S_c(\phi_1, \phi_2, \overline{Y}) = \sum_{t=3}^{n} [(Y_t - \overline{Y}) - \phi_1(Y_{t-1} - \overline{Y}) - \phi_2(Y_{t-2} - \overline{Y})]^2 \tag{7.2.6}$$

令 $\partial S_c/\partial \phi_1 = 0$，有

$$-2\sum_{t=3}^{n}[(Y_t-\overline{Y})-\phi_1(Y_{t-1}-\overline{Y})-\phi_2(Y_{t-2}-\overline{Y})](Y_{t-1}-\overline{Y})=0 \quad (7.2.7)$$

可以另写成

$$\sum_{t=3}^{n}(Y_t-\overline{Y})(Y_{t-1}-\overline{Y})=\Big(\sum_{t=3}^{n}(Y_{t-1}-\overline{Y})^2\Big)\phi_1$$
$$+\Big(\sum_{t=3}^{n}(Y_{t-1}-\overline{Y})(Y_{t-2}-\overline{Y})\Big)\phi_2 \quad (7.2.8)$$

与滞后项乘积得到的和 $\sum_{t=3}^{n}(Y_t-\overline{Y})(Y_{t-1}-\overline{Y})$ 非常接近 r_1 的分子——少一项乘积 $(Y_2-\overline{Y})(Y_1-\overline{Y})$. $\sum_{t=3}^{n}(Y_{t-1}-\overline{Y})(Y_{t-2}-\overline{Y})$ 的情况类似，但这里缺了 $(Y_n-\overline{Y})(Y_{n-1}-\overline{Y})$. 如果方程 (7.2.8) 两边同时除以 $\sum_{t=3}^{n}(Y_t-\overline{Y})^2$，则除平稳假设下可予以忽略的边缘效应外，得到

$$r_1 = \phi_1 + r_1\phi_2 \quad (7.2.9)$$

对方程 $\partial S_c/\partial \phi_2 = 0$，类似的近似得到

$$r_2 = r_1\phi_1 + \phi_2 \quad (7.2.10)$$

而方程 (7.2.9) 和 (7.2.10) 恰好是 AR(2) 模型的样本 Yule-Walker 方程.

一般的平稳 AR(p) 情况下，可得出完全类似的结果：为达到良好的逼近，ϕ 的条件最小二乘估计可以通过解样本 Yule-Walker 方程组 (7.13) 得到.⊖

滑动平均模型

现在考虑 MA(1) 模型中 θ 的最小二乘估计：

$$Y_t = e_t - \theta e_{t-1} \quad (7.2.11)$$

乍看之下，如何在这类模型上应用最小二乘或回归的方法并不是显而易见的. 但是，回顾方程 (4.4.2)，可逆 MA(1) 模型可以表示为

$$Y_t = -\theta Y_{t-1} - \theta^2 Y_{t-2} - \theta^3 Y_{t-3} - \cdots + e_t$$

这正是一个自回归模型的形式，但其阶数是无穷的. 如此，运用最小二乘法就顺理成章了，通过选择 θ 的值使下式最小化：

$$S_c(\theta) = \sum(e_t)^2 = \sum[Y_t + \theta Y_{t-1} + \theta^2 Y_{t-2} + \theta^3 Y_{t-3} + \cdots]^2 \quad (7.2.12)$$

其中隐示了 $e_t = e_t(\theta)$ 是观测序列和未知参数 θ 的函数.

从方程 (7.2.12) 显然可以看出，最小二乘问题关于参数是非线性的. 无法通过对 θ 求导数令其等于零并求解得出 $S_c(\theta)$ 的最小值. 因此，即使对简单的 MA(1) 模型，也需求助于数值优化技术. 这里还有别的问题：既没有证明方程 (7.2.12) 中求和项具有明确的极限，也未说明如何处理求和符号下的无穷级数.

⊖ 注意 Lai 和 Wei(1983) 证明，即便对不满足 Yule-Walker 方程的非平稳自回归模型，条件最小二乘估计仍然是一致的.

为解决上述问题，考虑给定一个单独的 θ 值来对 $S_c(\theta)$ 进行评估. 这里观测序列 $Y_1, Y_2, \cdots, Y_n$ 是唯一可用的 Y. 把方程 (7.2.11) 重写为

$$e_t = Y_t + \theta e_{t-1} \tag{7.2.13}$$

利用该方程，如果已知初始值 e_0，则可以递推计算 $e_1, e_2, \cdots, e_n$. 常用的近似法是令 $e_0 = 0$——其期望值. 则在 $e_0 = 0$ 的条件下，可得

$$\left. \begin{array}{l} e_1 = Y_1 \\ e_2 = Y_2 + \theta e_1 \\ e_3 = Y_3 + \theta e_2 \\ \quad\vdots \\ e_n = Y_n + \theta e_{t-1} \end{array} \right\} \tag{7.2.14}$$

这样就对这个给定的 θ 值，以 $e_0 = 0$ 为条件，计算了 $S_c(\theta) = \sum (e_t)^2$.

在只有一个参数的简单情形，可在 θ 的可逆域 $(-1, +1)$ 上进行网格式搜索，来求得平方和的最小值. 对于更一般的 MA(q) 模型，则需要应用诸如 Gauss-Newton 或者 Nelder-Mead 等数值优化算法.

对高阶滑动平均模型，思路类似，也不会碰到新的困难. 自下式迭代计算 $e_t = e_t(\theta_1, \theta_2, \cdots, \theta_q)$：

$$e_t = Y_t + \theta_1 e_{t-1} + \theta_2 e_{t-2} + \cdots + \theta_q e_{t-q} \tag{7.2.15}$$

其中 $e_0 = e_{-1} = \cdots = e_{-q} = 0$. 使用多元数值算法，可以就 $\theta_1, \theta_2, \cdots, \theta_q$ 联合地求取平方和的最小值.

混合模型

考虑 ARMA(1, 1) 的情况

$$Y_t = \phi Y_{t-1} + e_t - \theta e_{t-1} \tag{7.2.16}$$

像纯 MA 情况一样，考虑 $e_t = e_t(\phi, \theta)$，并期望将 $S_c(\phi, \theta) = \sum e_t^2$ 最小化. 可把方程 (7.2.16) 重新写成

$$e_t = Y_t - \phi Y_{t-1} + \theta e_{t-1} \tag{7.2.17}$$

为求得 e_1，这里有个额外的"启动"问题，即 Y_0. 一种方法是当模型包含非零均值时，令 $Y_0 = 0$ 或等于 $\overline{Y}$，但还有一个更好的方法，即从 $t = 2$ 开始递推，从而完全避开了 Y_0，只要简单地最小化

$$S_c(\phi, \theta) = \sum_{t=2}^n e_t^2$$

对一般的 ARMA(p, q) 模型，计算

$$e_t = Y_t - \phi_1 Y_{t-1} - \phi_2 Y_{t-2} - \cdots - \phi_p Y_{t-p} + \theta_1 e_{t-1} + \theta_2 e_{t-2} + \cdots + \theta_q e_{t-q} \tag{7.2.18}$$

其中 $e_p = e_{p-1} = \cdots = e_{p+1-q} = 0$，然后用数值算法最小化 $S_c(\phi_1, \phi_2, \cdots, \phi_p, \theta_1, \theta_2, \cdots, \theta_q)$，来得到所有参数的条件最小二乘估计.

对大样本而言，初始值 $e_p, e_{p-1}, \cdots, e_{p+1-q}$ 的选取对于可逆模型相应参数集 $\theta_1, \theta_2, \cdots, \theta_q$ 的最终估计影响甚微.

7.3 极大似然与无条件最小二乘

对于长度适中的序列以及将在第 10 章讨论的随机季节模型来说，初始值 $e_p = e_{p-1} = \cdots = e_{p+1-q} = 0$ 会比较显著地影响参数的最终估计，从而引发对更困难的极大似然估计问题的探讨。

不同于最小二乘仅利用了一阶和二阶矩，极大似然估计法的优势在于利用了数据包含的所有信息．还有一个优势是，可在非常一般的条件下得出许多大样本结论．它的一个劣势是，第一次不得不具体运用过程的联合概率密度函数．

极大似然估计

对任意观测集 $Y_1, Y_2, \cdots, Y_n$，无论是否是时间序列，似然函数 L 均定义为获取实际观测数据的联合概率密度函数．但其亦被看做是当观测数据固定时模型中各未知参数的函数．对 ARIMA 模型，给定观测值 $Y_1, Y_2, \cdots, Y_n$，L 是各 ϕ、各 θ、μ 和 σ_e^2 的函数．使得实际观测数据可能性最大的参数取值，也即最大化似然函数的参数取值，就定义为极大似然估计量．

我们从 AR(1) 模型的详细研究开始．最常用的假设是各白噪声项为相互独立，服从正态分布的随机变量，具有零均值和相同的标准差 σ_e．则各 e_t 的概率密度函数（pdf）是

$$(2\pi\sigma_e^2)^{-1/2} \exp\left(-\frac{e_t^2}{2\sigma_e^2}\right), \quad -\infty < e_t < \infty$$

且由独立性，得到 $e_2, e_3, \cdots, e_n$ 的联合 pdf 是

$$(2\pi\sigma_e^2)^{-(n-1)/2} \exp\left(-\frac{1}{2\sigma_e^2} \sum_{t=2}^{n} e_t^2\right) \tag{7.3.1}$$

现在考虑

$$\left.\begin{aligned} Y_2 - \mu &= \phi(Y_1 - \mu) + e_2 \\ Y_3 - \mu &= \phi(Y_2 - \mu) + e_3 \\ &\vdots \\ Y_n - \mu &= \phi(Y_{n-1} - \mu) + e_n \end{aligned}\right\} \tag{7.3.2}$$

如果以 $Y_1 = y_1$ 为条件，则方程 (7.3.2) 定义了一个 $e_2, e_3, \cdots, e_n$ 与 $Y_2, Y_3, \cdots, Y_n$ 之间的线性变换（其 Jacobian 等于 1）．因此给定 $Y_1 = y_1$，利用方程 (7.3.2)，通过在方程 (7.3.1) 中用 Y 替换 e 得出 $Y_2, Y_3, \cdots, Y_n$ 的联合 pdf 得到

$$\begin{aligned} & f(y_2, y_3, \cdots, y_n | y_1) \\ &= (2\pi\sigma_e^2)^{-(n-1)/2} \times \exp\left\{-\frac{1}{2\sigma_e^2} \sum_{t=2}^{n} [(y_t - \mu) - \phi(y_{t-1} - \mu)]^2\right\} \end{aligned} \tag{7.3.3}$$

现在考虑 Y_1 的（边际）分布．从 AR(1) 过程的线性过程表达式（方程 (4.3.8)）可以得出，Y_1 服从均值为 μ，方差为 $\sigma_e^2/(1-\phi^2)$ 的正态分布．把方程 (7.3.3) 的条件 pdf 与 Y_1 的边际 pdf 相乘，可以得到我们所需要的 $Y_1, Y_2, \cdots, Y_n$ 的联合 pdf．AR(1) 模型的似然函数可视为参数 ϕ，μ 和 σ_e^2 的函数，给出如下：

$$L(\phi, \mu, \sigma_e^2) = (2\pi\sigma_e^2)^{-n/2} (1-\phi^2)^{1/2} \exp\left[-\frac{1}{2\sigma_e^2} S(\phi, \mu)\right] \tag{7.3.4}$$

其中

$$S(\phi,\mu) = \sum_{t=2}^{n} [(Y_t - \mu) - \phi(Y_{t-1} - \mu)]^2 + (1-\phi^2)(Y_1 - \mu)^2 \qquad (7.3.5)$$

函数 $S(\phi, \mu)$ 称为**无条件平方和函数**.

一般而言，似然函数的对数比其本身更便于处理. 对 AR(1) 的情况，**对数似然函数**，记为 $\ell(\phi, \mu, \sigma_e^2)$，由下式给出：

$$\ell(\phi,\mu,\sigma_e^2) = -\frac{n}{2}\log(2\pi) - \frac{n}{2}\log(\sigma_e^2) + \frac{1}{2}\log(1-\phi^2) - \frac{1}{2\sigma_e^2}S(\phi,\mu) \qquad (7.3.6)$$

给定 ϕ 和 μ 的值，$\ell(\phi, \mu, \sigma_e^2)$ 可以通过待定的估计量 ϕ 和 μ 解析地求其关于 σ_e^2 的最大值，得到

$$\hat{\sigma}_e^2 = \frac{S(\hat{\phi}, \hat{\mu})}{n} \qquad (7.3.7)$$

和许多其他类似的情况一样，为得到无偏估计量通常除以 $n-2$ 而不是 n（因为所估计的是两个参数 ϕ 和 μ）. 对典型的时间序列样本量来说，这样做的差别不大.

现在考虑 ϕ 和 μ 的估计. 比较无条件平方和函数 $S(\phi, \mu)$ 与方程 (7.2.2) 的条件平方和函数 $S_c(\phi, \mu)$，可发现如下简单的差别：

$$S(\phi,\mu) = S_c(\phi,\mu) + (1-\phi^2)(Y_1 - \mu)^2 \qquad (7.3.8)$$

因为 $S_c(\phi, \mu)$ 包括 $n-1$ 项的和，而 $(1-\phi^2)(Y_1 - \mu)^2$ 不含 n，所以有 $S(\phi, \mu) \approx S_c(\phi, \mu)$. 因此，使得 $S(\phi, \mu)$ 或 $S_c(\phi, \mu)$ 最小化的 ϕ 和 μ 的值应该非常接近，至少在大样本的情况下如此. 当取得最小值时，ϕ 恰在平稳边界 ± 1 的附近，这种情况下方程 (7.3.8) 最右边项的效果将更可观.

无条件最小二乘

如果在条件最小二乘估计与完全极大似然估计之间做个折中的话，可以考虑寻求无条件最小二乘估计；即通过最小化 $S(\phi, \mu)$ 来得到估计. 遗憾的是，$(1-\phi^2)(Y_1 - \mu)^2$ 项使得方程 $\partial S/\partial \phi = 0$ 和 $\partial S/\partial \mu = 0$ 关于 ϕ 和 μ 是非线性的，而重新参数化到一个常数项 $\theta_0 = \mu(1-\phi)$ 也无助于状况的根本改善，因此最小化必须通过数值化方式进行，所得的估计称为**无条件最小二乘估计**.

对于更一般的 ARMA 模型，其似然函数的推导非常繁琐. 附录 H 示出了一个推导过程：状态空间模型. 建议读者参考 Brockwell 和 Davis(1991) 或者 Shumway 和 Stoffer(2006) 以了解更多的细节.

7.4 估计的性质

极大似然和最小二乘（条件或无条件）估计量的大样本性质相同，可通过对标准的极大似然理论进行适当修正而得到，详见 Shumway 和 Stoffer(2006，125-129 页). 下面针对简单的 ARMA 模型看看相关的结果及其含义.

当 n 较大时，估计量近似无偏且服从正态分布. 方差与相关系数如下：

$$\text{AR}(1): \text{Var}(\hat{\phi}) \approx \frac{1-\phi^2}{n} \qquad (7.4.1)$$

$$\text{AR}(2): \begin{cases} \text{Var}(\hat{\phi}_1) \approx \text{Var}(\hat{\phi}_2) \approx \dfrac{1-\phi_2^2}{n} \\ \text{Corr}(\hat{\phi}_1,\hat{\phi}_2) \approx -\dfrac{\phi_1}{1-\phi_2} = -\rho_1 \end{cases} \qquad (7.4.2)$$

$$\text{MA}(1): \text{Var}(\hat{\theta}) \approx \dfrac{1-\theta^2}{n} \qquad (7.4.3)$$

$$\text{MA}(2): \begin{cases} \text{Var}(\hat{\theta}_1) \approx \text{Var}(\hat{\theta}_2) \approx \dfrac{1-\theta_2^2}{n} \\ \text{Corr}(\hat{\theta}_1,\hat{\theta}_2) \approx -\dfrac{\theta_1}{1-\theta_2} \end{cases} \qquad (7.4.4)$$

$$\text{ARMA}(1,1): \begin{cases} \text{Var}(\hat{\phi}) \approx \left[\dfrac{1-\phi^2}{n}\right]\left[\dfrac{1-\phi\theta}{\phi-\theta}\right]^2 \\ \text{Var}(\hat{\theta}) \approx \left[\dfrac{1-\theta^2}{n}\right]\left[\dfrac{1-\phi\theta}{\phi-\theta}\right]^2 \\ \text{Corr}(\hat{\phi},\hat{\theta}) \approx \dfrac{\sqrt{(1-\phi^2)(1-\theta^2)}}{1-\phi\theta} \end{cases} \qquad (7.4.5)$$

注意,对于 AR(1),当 ϕ 趋于 ± 1 时,其估计量的方差随之变小. 同时应注意到,即使 AR(1) 模型是 AR(2) 模型的特例,方程 (7.4.2) 所示的 $\hat{\phi}_1$ 的方差表明,如果我们错误地用 AR(2) 模型进行拟合,则对 $\hat{\phi}_1$ 的估计一般而言会有所损伤,因为事实上,$\phi_2=0$. 当 MA(1) 足以拟合却选用 MA(2) 模型,以及当 AR(1) 或 MA(1) 足以拟合而选择 ARMA(1,1) 模型时,可以得出类似的结论.

对 ARMA(1,1) 的情况,应注意方程 (7.4.5) 中方差表达式的分母是 $\phi-\theta$,当 ϕ 和 θ 相差无几时,ϕ 和 θ 之估计量的可变性会非常大.

注意在所有的双参数模型中,估计量间的相关度很高,即便样本量极大时亦然.

针对 ϕ 的若干取值和不同的样本量,图表 7-2 列出了在对 AR(1) 模型中 ϕ 进行估计时,估计量之标准差的大样本逼近的数值. 因为表中的值都等于 $\sqrt{(1-\phi^2)/n}$,所以根据方程 (7.4.2)、(7.4.3) 和 (7.4.4),在用这些值计算标准差时,效果同样地好.

因此,在估计 AR(1) 模型的时候,例如在 $n=100$,$\phi=0.7$ 时,可以确信在 95% 的水平上,ϕ 的估计误差不超过 $\pm 2(0.07)=\pm 0.14$.

至少在大样本情况下,对于平稳自回归模型而言,通过矩估计、最小二乘和极大似然所得到的估计量相等,但对包含滑动平均项的模型则不然. 对于 MA(1) 模型,可以证明 θ 的矩估计量的大样本方差等于

$$\text{Var}(\hat{\theta}) \approx \dfrac{1+\theta^2+4\theta^4+\theta^6+\theta^8}{n(1-\theta^2)^2} \qquad (7.4.6)$$

比较方程 (7.4.6) 与方程 (7.4.3),可以看出矩估计所得估计量的方差总是比极大似然估计量的大. 图表 7-3 列出了对于 θ 的若干取值下两种方法所得大样本标准差的不同比率. 例如,若 θ 等于 0.5,则通过矩估计得出的估计量,其大样本标准差要比使用极大似然法所得到的大 42%. 由此可见,矩方法的估计量不宜用在 MA(1) 模型上,同理也不建议将之用于所有包含滑动平均项的模型.

图表 7-2 AR(1) 模型 ϕ 的大样本标准差

ϕ	n		
	50	100	200
0.4	0.13	0.09	0.06
0.7	0.10	0.07	0.05
0.9	0.06	0.04	0.03

图表 7-3 MA(1) 模型中的矩估计 (MM) 与极大似然估计 (MLE)

θ	SD_{MM}/SD_{MLE}
0.25	1.07
0.50	1.42
0.75	2.66
0.90	5.33

7.5 参数估计例证

考虑模拟 MA(1) 序列，其中 $\theta=-0.9$. 该序列见图表 4-2，可以看出 θ 的矩估计值相当差，是 -0.554；见图表 7-1. 与之相对，极大似然估计值是 -0.915，无条件平方和估计值是 -0.923，条件最小二乘估计值是 -0.879. 就该序列而言，极大似然估计值 -0.915 最接近模拟所用的真实值. 使用方程 (7.4.3)，以估计值替换 θ，得到标准误差约为

$$\sqrt{\widehat{Var}(\hat{\theta})} \approx \sqrt{\frac{1-\hat{\theta}^2}{n}} = \sqrt{\frac{1-(0.91)^2}{120}} \approx 0.04$$

因此极大似然、条件平方和或无条件平方和得出的估计，都没有显著偏离真实值 -0.9.

第二个 $\theta=0.9$ 的模拟 MA(1)，所得矩估计值为 0.719，见图表 7-1. 条件平方和估计值为 0.958，无条件平方和估计值是 0.983，极大似然估计值是 1.000. 和上例类似，这些估计的标准误差都约为 0.04. 此处的极大似然估计值 $\hat{\theta}=1$ 令人略感困惑，因其对应的模型不可逆.

第三个 $\theta=-0.9$ 的模拟 MA(1)，所得矩估计值为 -0.719（见图表 7-1）. 极大似然估计值是 -0.894，相应的标准误差约为

$$\sqrt{\widehat{Var}(\hat{\theta})} \approx \sqrt{\frac{1-(0.894)^2}{60}} \approx 0.06$$

对这些数据所得条件平方和估计值是 -0.979，无条件平方和估计值是 -0.961. 当然，标准误差这么小，根本无需记录 θ 估计值小数点后超过十位的数字.

模拟自回归模型的结果汇总在图表 7-4 和图表 7-5 中.

图表 7-4 模拟 AR(1) 模型的参数估计

参数 ϕ	矩估计	条件 SS 估计	无条件 SS 估计	极大似然估计	n
0.9	0.831	0.857	0.911	0.892	60
0.4	0.470	0.473	0.473	0.465	60

```
> data(ar1.s); data(ar1.2.s)
> ar(ar1.s,order.max=1,AIC=F,method='yw')
> ar(ar1.s,order.max=1,AIC=F,method='ols')
> ar(ar1.s,order.max=1,AIC=F,method='mle')
> ar(ar1.2.s,order.max=1,AIC=F,method='yw')
> ar(ar1.2.s,order.max=1,AIC=F,method='ols')
> ar(ar1.2.s,order.max=1,AIC=F,method='mle')
```

由方程 (7.4.1)，估计的标准误差分别是

$$\sqrt{\widehat{Var}(\hat{\phi})} \approx \sqrt{\frac{1-\hat{\phi}^2}{n}} = \sqrt{\frac{1-(0.831)^2}{60}} \approx 0.07$$

和

$$\sqrt{\widehat{\text{Var}}(\hat{\phi})} = \sqrt{\frac{1-(0.470)^2}{60}} \approx 0.11$$

鉴于标准误差很小,所有四种估计方法应用于 AR(1) 模型时都显示了很好的合理性.

图表 7-5 模拟 AR(2) 模型的参数估计

参数	矩估计	条件 SS 估计	无条件 SS 估计	极大似然 估计	n
$\phi_1 = 1.5$	1.472	1.5137	1.5183	1.5061	120
$\phi_2 = -0.75$	-0.767	-0.8050	-0.8093	-0.7965	120

```
> data(ar2.s)
> ar(ar2.s,order.max=2,AIC=F,method='yw')
> ar(ar2.s,order.max=2,AIC=F,method='ols')
> ar(ar2.s,order.max=2,AIC=F,method='mle')
```

由方程 (7.4.2),估计的标准误差是

$$\sqrt{\widehat{\text{Var}}(\hat{\phi}_1)} \approx \sqrt{\widehat{\text{Var}}(\hat{\phi}_2)} \approx \sqrt{\frac{1-\phi_2^2}{n}} = \sqrt{\frac{1-(0.75)^2}{120}} \approx 0.06$$

同样,因为标准误差很小,所有四种方法应用于 AR(2) 模型时都有很好的合理性.

作为应用模拟数据的最后示例,考虑图表 6-14 所示的 ARMA(1, 1),其中 $\phi=0.6$, $\theta=-0.3$, $n=100$,用各种方法所得估计结果见图表 7-6.

图表 7-6 模拟 ARMA(1, 1) 模型的参数估计

参数	矩估计	条件 SS 估计	无条件 SS 估计	极大似然 估计	n
$\phi=0.6$	0.637	0.5586	0.5691	0.5647	100
$\theta=-0.3$	-0.2066	-0.3669	-0.3618	-0.3557	100

```
> data(arma11.s)
> arima(arma11.s, order=c(1,0,1),method='CSS')
> arima(arma11.s, order=c(1,0,1),method='ML')
```

下面看看真实的时间序列. 先看看首见于图表 1-3 的化工属性时间序列. 根据图表 6-26 所示的样本 PACF,宜对该序列建立 AR(1) 模型. 图表 7-7 显示了使用四种估计方法得到的对参数 ϕ 的不同估计值.

图表 7-7 颜色属性序列的参数估计

参数	矩估计	条件 SS 估计	无条件 SS 估计	极大似然 估计	n
ϕ	0.5282	0.5549	0.5890	0.5703	35

```
> data(color)
> ar(color,order.max=1,AIC=F,method='yw')
> ar(color,order.max=1,AIC=F,method='ols')
> ar(color,order.max=1,AIC=F,method='mle')
```

这里估计量的标准误差约为

$$\sqrt{\mathrm{Var}(\hat{\phi})} \approx \sqrt{\frac{1-(0.57)^2}{35}} \approx 0.14$$

因此所有估计不相上下.

作为第二个例子,再来考察加拿大野兔丰度序列,如前基于原始丰度数据的平方根建模. 基于图表 6-29 所示的偏自相关函数来估计 AR(3) 模型. 本例应用极大似然估计, 由 R 软件得到的结果示于图表 7-8 中.

图表 7-8 R 软件极大似然估计: 野兔丰度序列

系数	ar1	ar2	ar3	截距①
	1.0519	−0.2292	−0.3931	5.6923
	0.1877	0.2942	0.1915	0.3371

σ^2 估计值为 1.066; 对数似然值 $=-46.54$, AIC $=101.08$

① 这里的截距项估计的是过程的均值 μ 而不是 θ_0.

```
> data(hare)
> arima(sqrt(hare),order=c(3,0,0))
```

这里 $\hat{\phi}_1=1.0519$, $\hat{\phi}_2=-0.2292$, $\hat{\phi}_3=-0.3930$, 估计噪声方差是 $\hat{\sigma}_e^2=1.066$. 注意标准误差, 与截距项一样, 自回归系数的 1 阶和 3 阶滞后估计明显异于零, 而其 2 阶滞后估计则不是那么显著.

估计模型可写为

$$\sqrt{Y_t}-5.6923 = 1.0519(\sqrt{Y_{t-1}}-5.6923)-0.2292(\sqrt{Y_{t-2}}-5.6923)$$
$$-0.3930(\sqrt{Y_{t-3}}-5.6923)+e_t$$

或

$$\sqrt{Y_t} = 3.25+1.0519\sqrt{Y_{t-1}}-0.2292\sqrt{Y_{t-2}}-0.3930\sqrt{Y_{t-3}}+e_t$$

其中 Y_t 表示第 t 年野兔丰度的原始数据. 因为 2 阶滞后自回归项不显著, 故可去掉该项(即令 $\phi_2=0$), 然后利用该子模型获得 ϕ_1 和 ϕ_3 的新估计.

作为最后一个例子, 回到石油价格序列. 图表 6-32 所示的样本 ACF 表明可对价格的对数差分建立 MA(1) 模型. 图表 7-9 列出了使用不同方法所得 θ 的估计值, 如前所见, 矩估计的结果与其他方法差别较大. 鉴于标准误差约为 0.07, 因此可以说其他方法几乎是等同的.

图表 7-9 石油价格对数差分序列的估计

参数	矩估计	条件 SS 估计	无条件 SS 估计	极大似然 估计	n
θ	−0.2225	−0.2731	−0.2954	−0.2956	241

```
> data(oil.price)
> arima(log(oil.price),order=c(0,1,1),method='CSS')
> arima(log(oil.price),order=c(0,1,1),method='ML')
```

7.6 自助法估计 ARIMA 模型

在 7.4 节，针对估计量 $\hat{\gamma}$ 已经总结了一些近似正态分布的结果，其中 γ 是包含 ARMA 所有参数的向量。在大样本情况下，这些正态近似是精确的，并且统计软件一般都利用这些结论计算和报告标准误差。若存在的话，通常用 delta 方法求得基于模型参数的某些复杂函数的标准误差，例如模型的准周期。但在实践中到底样本规模要多大用正态近似才可靠，一般的理论没有提供相关指引。自助法（Efron 和 Tibshirani，1993；Davison 和 Hinkley，2003）在评价估计量不确定性时另辟蹊径，对小样本情况可能更为精确。对因变量的自助算法有若干变种——见 Politis（2003），这里的讨论局限在参数化自助法上，即由拟合的 ARIMA(p, d, q) 模型模拟生成自助时间序列 $Y_1^*, Y_2^*, \cdots, Y_n^*$。（对于观测数据，可以固定前 $p+d$ 个 Y^* 的初始值来施行自助法。对平稳模型还有一种方法，即由拟合模型来模拟平稳实现，大致的做法是用拟合模型来模拟一个较长的时间序列，然后将模拟数据的瞬态初始部分截去——即所谓的预烧）。若假定误差服从正态分布，则可从 $N(0, \hat{\sigma}_e^2)$ 中用可放回随机抽样方法对误差抽样。若误差分布未知，则可从拟合模型的残差中用可放回随机抽样方法对误差抽样。对每个自助序列，在平稳假设下，令 $\hat{\gamma}^*$ 为基于自助时间序列数据用极大似然估计计算出的估计值。（也可以使用其他的估计方法。）重复使用自助法，比如说 B 次。（例如 $B=1000$。）由这 B 个自助法估计值，可构造一个经验分布，并用它来校准 $\hat{\gamma}$ 的不确定程度。假设想估计 γ 的某个函数，比如说 $h(\gamma)$——AR(1) 模型的系数。使用分位数法，可以从 $h(\hat{\gamma}^*)$ 自助分布的 2.5 百分位数至 97.5 百分位数这一区间，得出 $h(\gamma)$ 95% 的自助置信区间。

下面使用野兔数据对自助法做进一步的例解。以最初三个观测为条件，并假设误差服从正态分布，在这些前提下应用自助法，所得 95% 自助置信区间见图表 7-10 的第一行。第二行是应用相同方法得到的，不同之处在于误差项得自残差抽样。第三、四行给出基于平稳自助法的置信区间，第三行中使用的是正态分布的误差，而第四行使用的是满足经验残差分布的误差。表中第五行所示的理论上的 95% 置信区间是基于估计量的大样本分布结果得到的。特别地，第一种自助法得出的自助时间序列是由下述方程递推产生：

$$Y_t^* - \hat{\phi}_1 Y_{t-1}^* - \hat{\phi}_2 Y_{t-2}^* - \hat{\phi}_3 Y_{t-3}^* = \hat{\theta}_0 + e_t^* \tag{7.6.1}$$

$t=4,5,\cdots,31$，其中 e_t^* 独立地得自 $N(0, \hat{\sigma}_e^2)$，$Y_1^*=Y_1$，$Y_2^*=Y_2$，$Y_3^*=Y_3$；各参数设定为拟合（经开方变换后的）野兔数据的 AR(3) 模型的估计值，其中 $\hat{\theta}_0 = \hat{\mu}(1-\hat{\phi}_1-\hat{\phi}_2-\hat{\phi}_3)$。经约 1000 次重复使用自助法得到所有结果，但对 Ⅰ、Ⅱ、Ⅲ 和 Ⅳ 四种自助法，1000 次之中完全极大似然估计的失效率分别为 6.3%，6.3%，3.8% 和 4.8%。

图表 7-10 拟合野兔数据的 AR(3) 模型，其自助法和理论的置信区间

方法	ar1	ar2	ar3	截距	噪声方差
Ⅰ	(0.593, 1.269)	(−0.655, 0.237)	(−0.666, −0.018)	(5.115, 6.394)	(0.551, 1.546)
Ⅱ	(0.612, 1.296)	(−0.702, 0.243)	(−0.669, −0.026)	(5.004, 6.324)	(0.510, 1.510)
Ⅲ	(0.699, 1.369)	(−0.746, 0.195)	(−0.666, −0.021)	(5.056, 6.379)	(0.499, 1.515)
Ⅳ	(0.674, 1.389)	(−0.769, 0.194)	(−0.665, −0.002)	(4.995, 6.312)	(0.477, 1.530)
理论上的	(0.684, 1.42)	(−0.8058, 0.3474)	(−0.7684, −0.01776)	(5.032, 6.353)	(0.536, 1.597)

```
> See the Chapter 7 R scripts file for the extensive code
  required to generate these results.
```

虽然一般而言，条件自助法得到的置信区间较窄，但上述四种方法所得的自助置信区间却是基本近似的。这点未出所料，因为所有序列满足相同的初始条件，故各条件自助时间序列间的相似度更大。一般地，与得自大样本结果的理论置信区间相比，自助置信区间要稍微宽一些。总的推断结论是，系数 ϕ_2 的估计量不显著，而系数 ϕ_1 和 ϕ_3 的估计量都在 5% 显著水平上显著。

某些模型特征是模型参数的非线性函数，在其置信区间的简便构造方面自助法具有优势。例如，拟合野兔数据的 AR(3) 模型，其 AR 特征多项式有一对复数根，实际上所有的根是 $0.84 \pm 0.647i$ 和 -2.26，其中 $i = \sqrt{-1}$，而两个复数根也可写成极坐标的形式：$1.06\exp(\pm 0.657i)$。如同 54 页上对 AR(2) 模型准周期的讨论一样，拟合的 AR(3) 模型的准周期可定义为 $2\pi/0.657 = 9.57$，因而拟合模型说明了野兔丰度以约 9.57 年的周期循环波动。构造准周期 95% 置信区间这一有趣的问题可以用 delta 法加以研究，但由于准周期是参数的复杂函数，该方法将会非常复杂。而自助法给出一种简单的解决方案：针对每组自助参数估计值，可以计算准周期并进而得出其自助分布。可用分位数法构造准周期的置信区间，并可用自助准周期估计的直方图来研究分布的形状。（注意当 AR 特征方程的根都为实数时，准周期无法定义。）对于误差项得自残差中可放回随机抽样的拟合模型，在对其模拟所得到的 1000 个平稳自助时间序列中，有 952 个序列可以得到很好的完全极大似然估计，其中除一个以外都有定义明确的准周期，它们的直方图见图表 7-11。该直方图显示，准周期估计的样本分布略向右偏。⊖ 正态 QQ 图（图表 7-12）更进一步表明了准周期估计量具有厚尾分布。因此，在对准周期估计量的样本分布作逼近时，delta 法和相应的正态分布逼近可能并不适用。最后，使用百分位法得到准周期的一个 95% 置信区间是 (7.84, 11.34)。

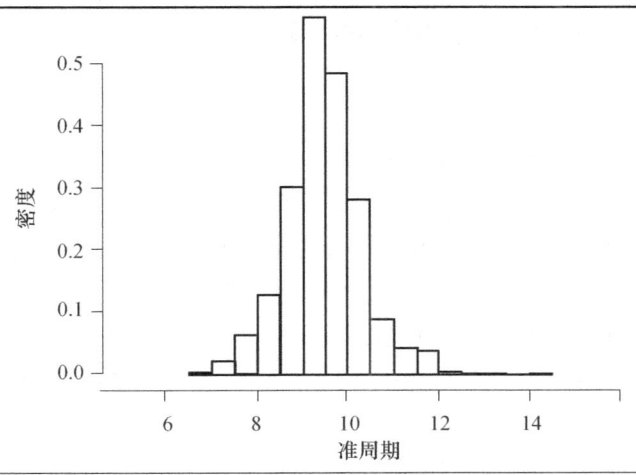

图表 7-11　准周期估计的自助法直方图

```
> win.graph(width=3.9,height=3.8,pointsize=8)
> hist(period.replace,prob=T,xlab='Quasi-period',axes=F,
   xlim=c(5,16))
> axis(2); axis(1,c(4,6,8,10,12,14,16),c(4,6,8,10,12,14,NA))
```

⊖ 然而，参见方程 (13.5.9) 后的讨论，从频域角度看，对应复数根存在一个很小的参数区域，相应的准周期可能没有实在的物理意义，这正表明了准周期这一概念的精巧所在。

图表 7-12 准周期估计自助法正态 QQ 图

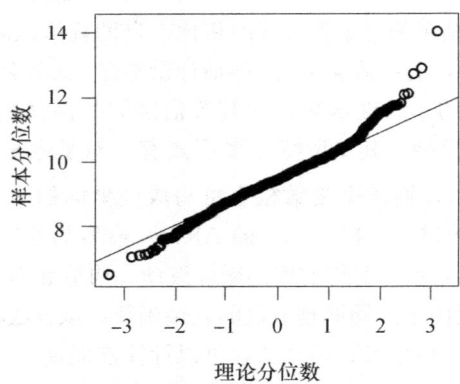

```
> win.graph(width=2.5,height=2.5,pointsize=8)
> qqnorm(period.replace); qqline(period.replace)
```

7.7 小结

本章深入论述了 ARIMA 模型的参数估计问题，分别介绍了基于矩方法、各类最小二乘和极大化似然函数的估计准则，并且给出了各种估计量的性质，还结合模拟及真实时间序列数据加以例解。另外，还探讨并例解了应用自助法于 ARIMA 模型的问题。

习题

7.1 使用长度为 100 的序列，我们计算得到 $r_1 = 0.8$，$r_2 = 0.5$，$r_3 = 0.4$，$\overline{Y} = 2$ 及样本方差 5。假设一个带常数项的 AR(2) 模型是适当的模型，那么如何（简单）估计 ϕ_1，ϕ_2，θ_0，σ_e^2？

7.2 假设下列数据得自某平稳过程，计算 μ，γ_0，ρ_1 的矩估计：6，5，4，6，4。

7.3 如果 $\{Y_t\}$ 满足 AR(1) 模型，其中 ϕ 大约是 0.7，那么要满足估计误差不超过 ± 0.1，在 95% 置信水平下需要多长的序列来估计 $\phi = \rho_1$？

7.4 考虑已知均值是零的 MA(1) 过程。基于一个长度 $n = 3$ 的序列，观测到 $Y_1 = 0$，$Y_2 = -1$，$Y_3 = 1/2$。

(a) 证明 θ 的条件最小二乘估计值是 1/2。

(b) 求噪声方差的估计。（提示：此简单情形无需使用迭代算法。）

7.5 对给定数据 $Y_1 = 10$，$Y_2 = 9$，$Y_3 = 9.5$，拟合一个无常数项的 IMA(1, 1) 模型。

(a) 求 θ 的条件最小二乘估计值。（提示：先做习题 7.4。）

(b) 估计 σ_e^2。

7.6 对均值非零的 AR(1) 过程，考虑两种不同的参数化方式：

模型 I. $Y_t - \mu = \phi(Y_{t-1} - \mu) + e_t$

参 数 估 计

模型 II. $Y_t = \phi Y_{t-1} + \theta_0 + e_t$

以 Y_1 为条件，试以条件最小二乘估计 ϕ 和 μ 或者 ϕ 和 θ_0. 证明：模型 I 需要求解非线性方程以求得估计，而用模型 II 则只需求解线性方程.

7.7 证明方程 (7.1.4) 成立.

7.8 考虑 ARMA(1, 1) 模型，其中 $\phi = 0.5$, $\theta = 0.45$.

(a) 对 $n = 48$，用方程 (7.4.5) 对 ϕ 和 θ 的极大似然估计量的方差和相关系数进行评估，并解释结果.

(b) 对 $n = 120$，重复 (a)，并解释这次的结果.

7.9 模拟一个 $\theta = 0.8$, $n = 48$ 的 MA(1) 序列.

(a) 求 θ 的矩估计.

(b) 求 θ 的条件最小二乘估计，并与 (a) 比较.

(c) 求 θ 的极大似然估计，并与 (a) 和 (b) 比较.

(d) 在选取相同参数和样本规模的情况下，使用新的模拟序列重复 (a)、(b) 和 (c)，并将本次与前次的模拟结果进行比较.

7.10 模拟一个 $\theta = -0.6$, $n = 36$ 的 MA(1) 序列.

(a) 求 θ 的矩估计.

(b) 求 θ 的条件最小二乘估计，并且与 (a) 比较.

(c) 求 θ 的极大似然估计，并与 (a) 和 (b) 比较.

(d) 在选取相同参数和样本规模的情况下，使用新的模拟序列重复 (a)、(b) 和 (c)，并将本次与前次的模拟结果进行比较.

7.11 模拟一个 $\theta = -0.6$, $n = 48$ 的 MA(1) 序列.

(a) 求 θ 的极大似然估计.

(b) 只要软件许可，以相同的参数和样本规模，使用新的模拟序列多次重复 (a).

(c) 构造 θ 的极大似然估计的样本分布.

(d) 估计是否（渐近）无偏？

(e) 计算样本分布的方差，并与方程 (7.4.3) 的大样本结果进行比较.

7.12 以样本规模 $n = 120$，重做习题 7.11.

7.13 模拟一个 $\phi = 0.8$, $n = 48$ 的 AR(1) 序列.

(a) 求 ϕ 的矩估计.

(b) 求 ϕ 的条件最小二乘估计，并与 (a) 比较.

(c) 求 ϕ 的极大似然估计，并与 (a) 和 (b) 比较.

(d) 在选取相同参数和样本规模的情况下，使用新的模拟序列重复 (a)、(b) 和 (c)，并将本次与前次的模拟结果进行比较.

7.14 模拟一个 $\phi = -0.5$, $n = 60$ 的 AR(1) 序列.

(a) 求 ϕ 的矩估计.

(b) 求 ϕ 的条件最小二乘估计，并与 (a) 比较.

(c) 求 ϕ 的极大似然估计，并与 (a) 和 (b) 比较.

(d) 在选取相同参数和样本规模的情况下，使用新的模拟序列重复（a）、（b）和（c），并将本次与前次的模拟结果进行比较．

7.15 模拟一个 $\phi=0.7$，$n=100$ 的 AR(1) 序列．

(a) 求 ϕ 的极大似然估计．

(b) 只要软件许可，以相同的参数和样本规模，使用新的模拟序列多次重复（a）．

(c) 构造 ϕ 的极大似然估计的样本分布．

(d) 估计是否（渐近）无偏？

(e) 计算样本分布的方差，并与方程 (7.4.1) 的大样本结果进行比较．

7.16 模拟一个 $\phi_1=0.6$，$\phi_2=0.3$，$n=60$ 的 AR(2) 序列．

(a) 求 ϕ_1 和 ϕ_2 的矩估计．

(b) 求 ϕ_1 和 ϕ_2 的条件最小二乘估计，并与（a）比较．

(c) 求 ϕ_1 和 ϕ_2 的极大似然估计，并与（a）和（b）比较．

(d) 在选取相同参数和样本规模的情况下，使用新的模拟序列重复（a）、（b）和（c），并将本次与前次的模拟结果进行比较．

7.17 模拟一个 $\phi=0.7$，$\theta=0.4$，$n=72$ 的 ARMA(1, 1) 序列．

(a) 求 ϕ 和 θ 的矩估计．

(b) 求 ϕ 和 θ 的条件最小二乘估计，并与（a）比较．

(c) 求 ϕ 和 θ 的极大似然估计，并与（a）和（b）比较．

(d) 在选取相同参数和样本规模的情况下，使用新的模拟序列重复（a）、（b）和（c），并将本次与前次的模拟结果进行比较．

7.18 模拟一个 $\phi=0.6$，$n=36$ 的 AR(1) 序列，但这里的误差项从具有 3 个自由度的 t 分布中抽样得到．

(a) 绘出该序列的样本 PACF，建议建立 AR(1) 模型吗？

(b) 估计 ϕ，并解释结果．

(c) 在相同条件下，使用新的模拟序列重复（a）和（b）．

7.19 模拟一个 $\theta=-0.8$，$n=60$ 的 MA(1) 序列，但这里的误差项从具有 4 个自由度的 t 分布中抽样得到．

(a) 绘出该序列的样本 ACF，建议建立 MA(1) 模型吗？

(b) 估计 θ，并解释结果．

(c) 在相同条件下，使用新的模拟序列重复（a）和（b）．

7.20 模拟一个 $\phi_1=1.0$，$\phi_2=-0.6$，$n=48$ 的 AR(2) 序列，但这里的误差项从具有 5 个自由度的 t 分布中抽样得到．

(a) 绘出该序列的样本 PACF，建议建立 AR(2) 模型吗？

(b) 估计 ϕ_1 和 ϕ_2，并解释结果．

(c) 在相同条件下，使用新的模拟序列重复（a）和（b）．

7.21 模拟一个 $\phi=0.7$，$\theta=-0.6$，$n=48$ 的 ARMA(1, 1) 序列，但误差项从有 6 个自由度的 t 分布中抽样得到．

(a) 绘出该序列的样本 EACF，建议建立 ARMA(1, 1) 模型吗？

(b) 估计 ϕ 和 θ, 并解释结果.

(c) 在相同条件下, 使用新的模拟序列重复 (a) 和 (b).

7.22 模拟一个 $\phi=0.6$, $n=36$ 的 AR(1) 序列, 但误差项从有 6 个自由度的卡方分布中抽样得到.

(a) 绘出该序列的样本 PACF, 建议建立 AR(1) 模型吗?

(b) 估计 ϕ, 并解释结果.

(c) 在相同条件下, 使用新的模拟序列重复 (a) 和 (b).

7.23 模拟一个 $\theta=-0.8$, $n=60$ 的 MA(1) 序列, 但误差项从有 7 个自由度的卡方分布中抽样得到.

(a) 绘出该序列的样本 ACF, 建议建立 MA(1) 模型吗?

(b) 估计 θ, 并解释结果.

(c) 在相同条件下, 使用新的模拟序列重复 (a) 和 (b).

7.24 模拟一个 $\phi_1=1.0$, $\phi_2=-0.6$, $n=48$ 的 AR(2) 序列, 但误差项从有 8 个自由度的卡方分布中抽样得到.

(a) 绘出该序列的样本 PACF, 建议建立 AR(2) 模型吗?

(b) 估计 ϕ_1 和 ϕ_2, 并解释结果.

(c) 在相同条件下, 使用新的模拟序列重复 (a) 和 (b).

7.25 模拟一个 $\phi=0.7$, $\theta=-0.6$, $n=48$ 的 ARMA(1, 1) 序列, 但误差项从有 9 个自由度的卡方分布中抽样得到.

(a) 绘出该序列的样本 EACF, 建议建立 ARMA(1, 1) 模型吗?

(b) 估计 ϕ 和 θ, 并解释结果.

(c) 在相同条件下, 使用新的模拟序列重复 (a) 和 (b).

7.26 考虑图表 1-3 所示颜色属性的时间序列, 设定其为 AR(1) 模型, 数据见文件 color.

(a) 求 ϕ 的矩估计.

(b) 求 ϕ 的极大似然估计, 并与 (a) 比较.

7.27 对于图表 6-31 中所示的石油价格对数的差分序列, 可设定其为 AR(1) 或者 AR(4) 模型. 数据见文件 oil.price.

(a) 对两个模型均使用极大似然法进行估计, 并与用 AIC 准则所得结果进行比较.

(b) 对于图表 6-32 中的对数差分序列, 建议设定为 MA(1) 模型, 并用极大似然法进行估计, 并将结果与 (a) 做比较.

7.28 名为 deere3 的数据文件中包含了来自 Deere 公司复合机床工具所生成的 57 个连续数值, 这些数值表示了相对于某目标值的偏离量, 单位是千万分之一英寸. 过程的控制机制是, 根据上次产品与目标值的偏差程度, 重置机床工具的若干参数.

(a) 估计该序列 AR(1) 模型的参数.

(b) 估计该序列 AR(2) 模型的参数, 并与 (a) 的结果进行比较.

7.29 名为 **robot** 的数据文件中包含了一个得自工业机器人的时间序列. 经一系列动作, 机器人与理想终点的距离将以英寸为单位记录下来, 重复此过程 324 次得到该时间序列.

(a) 对这些数据建立 AR(1) 模型, 估计其参数.

(b) 对这些数据建立 IMA(1，1) 模型，估计其参数.

(c) 应用 AIC 比较（a）和（b）的结果.

7.30 名为 **days** 的数据文件包含了来自艾奥瓦州伯灵顿市的 Winegard 公司的财务数据. 数据记录的是自 Winegard 产品某特定分销商发出 130 个连续订单后，至 Winegard 收到付款之间相隔的天数.（为保密起见，分销商名称必须隐匿.）从时间序列图中明显可见，序列中包括若干异常值.

(a) 先用典型值 35 天替换每个非正常值，再估计 MA(2) 模型的参数.

(b) 现在假设模型为 MA(5)，估计参数，并与（a）中结果进行比较.

7.31 由 $\phi=0.7$ 的 AR(1) 模型来模拟一个长度 $n=48$ 的时间序列. 把模拟序列当成真实数据来使用，针对 ϕ 的估计量，比较其理论渐近分布与自助法分布的差别.

7.32 AR(1) 模型相当好地拟合了工业颜色属性时间序列. 但序列长度过短，只有 $n=35$. 针对 ϕ 的估计量，比较其理论渐近分布与自助法分布. 数据见名为 **color** 的文件.

第 8 章 模型诊断

到目前为止,我们已经讨论了识别模型并有效估计模型参数的方法. 模型诊断,或模型评价,涉及检验模型的拟合优度,并且如果拟合程度很差,则给出适当的调整建议. 我们介绍两种互补的方法:分析拟合模型的残差和分析过度参数化的模型;即比目标模型更一般的模型,目标模型作为特例包含在该模型中.

8.1 残差分析

当检验确定趋势模型拟合是否充分时,在 3.6 节已经用到了残差分析的基本思想. 在自回归模型中,残差的定义与之前的方法类似. 特别地,考虑一个带有常数项的 AR(2) 模型:

$$Y_t = \phi_1 Y_{t-1} + \phi_2 Y_{t-2} + \theta_0 + e_t \tag{8.1.1}$$

已经估计出 ϕ_1, ϕ_2, θ_0, 残差被定义为

$$\hat{e}_t = Y_t - \hat{\phi}_1 Y_{t-1} - \hat{\phi}_2 Y_{t-2} - \hat{\theta}_0 \tag{8.1.2}$$

对带有滑动平均项的一般 ARMA 模型,其反转的、无穷阶自回归形式可用来定义残差. 简单起见,假设 $\theta_0 = 0$. 由模型的反转形式,即方程 (4.5.5),有

$$Y_t = \pi_1 Y_{t-1} + \pi_2 Y_{t-2} + \pi_3 Y_{t-3} + \cdots + e_t$$

残差被定义为

$$\hat{e}_t = Y_t - \hat{\pi}_1 Y_{t-1} - \hat{\pi}_2 Y_{t-2} - \hat{\pi}_3 Y_{t-3} - \cdots \tag{8.1.3}$$

这里, π 不是被直接估计出来的,而是隐含地作为 ϕ 和 θ 的函数计算得到. 实际上,残差不是用这个方程计算出来的,而是 ϕ 和 θ 估计量的副产品. 在第 9 章,将讨论

$$\hat{Y}_t = \hat{\pi}_1 Y_{t-1} + \hat{\pi}_2 Y_{t-2} + \hat{\pi}_3 Y_{t-3} + \cdots$$

是 Y_t 基于 Y_{t-1}, Y_{t-2}, Y_{t-3}, $\cdots$ 的最优预测. 因此,为了直接与回归模型类比,方程 (8.1.3) 可以重新写为

$$残差 = 实际值 - 预测值$$

并将其与 3.6 节进行比较.

如果模型被正确识别,并且参数估计充分接近真值,那么残差就应该近似具有白噪声的性质. 它们的表现应该大概像那些独立、同分布的具有零均值和相同标准差的正态变量. 与这些性质的偏离有助于我们发现更合适的模型.

残差图

第一个诊断检验是观察残差的时间序列图. 如果模型是适当的,则期望图形是一个围绕零水平线的、无任何趋势的长方形散点图.

图表 8-1 展示了一个这样的图形,标准残差来自对工业颜色属性序列拟合的 AR(1) 模型. 标准化使我们更容易看出残差的异常值. 参数使用极大似然法来估计. 因为没有趋势显现,所以该图支持了前述模型描述.

作为第二个例子,考虑加拿大野兔丰度序列. 根据图表 7-8 之后的讨论,令 ϕ_2 等于 0,估计子集 AR(3) 模型. 估计模型是

$$\sqrt{Y_t} = 3.483 + 0.919\sqrt{Y_{t-1}} - 0.5313\sqrt{Y_{t-3}} + e_t \tag{8.1.4}$$

图表 8-1　颜色序列 AR(1) 模型的标准残差

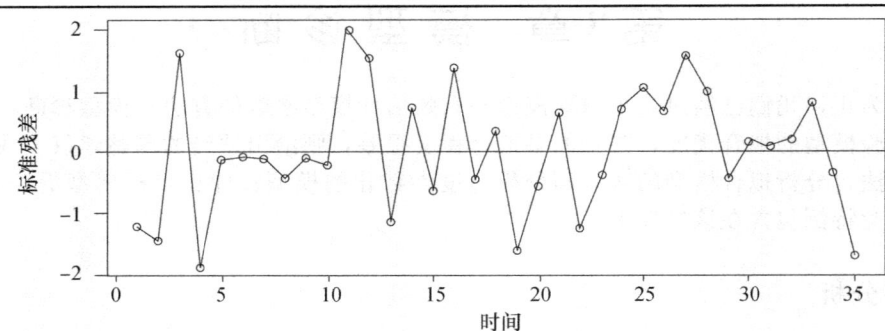

```
> win.graph(width=4.875,height=3,pointsize=8)
> data(color)
> m1.color=arima(color,order=c(1,0,0)); m1.color
> plot(rstandard(m1.color),ylab ='Standardized Residuals',
    type='o'); abline(h=0)
```

这个模型的标准残差的时间序列图展示在图表 8-2 中．这里，我们看到在序列中间部分残差的变化幅度减小，在序列末端，残差的变化幅度增加——并非精确的理想的残差图⊖．

图表 8-2　Sqrt(Hare) 序列 AR(3) 模型的标准残差

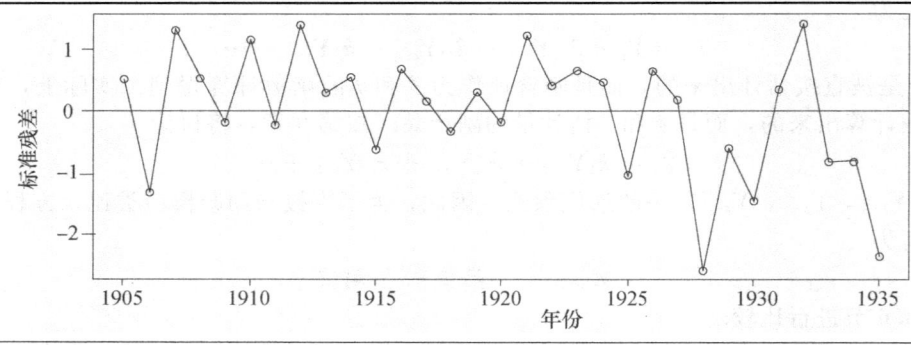

```
> data(hare)
> m1.hare=arima(sqrt(hare),order=c(3,0,0)); m1.hare
> m2.hare=arima(sqrt(hare),order=c(3,0,0),fixed=c(NA,0,NA,NA))
> m2.hare
> # Note that the intercept term given in R is actually the mean
    in the centered form of the ARMA model; that is, if
    y(t)=sqrt(hare)-intercept, then the model is
    y(t)=0.919*y(t-1)-0.5313*y(t-3)+e(t)
> # So the 'true' intercept equals 5.6889*(1-0.919+0.5313)=3.483
> plot(rstandard(m2.hare),ylab='Standardized Residuals',type='o')
> abline(h=0)
```

图表 8-3 展示了对数石油价格时间序列 IMA(1，1) 模型的标准残差的时间序列图．该模型用极

⊖ 根据 Bonferroni 异常值准则，临界值是 3.15，看起来比较大的负的标准残差并不是异常值．

大似然估计来拟合. 在序列的前期, 至少有两个或三个残差值大于 3——在标准正态分布中是不常见的⊖. 理想情况下, 应回到那些月份并着力了解究竟是哪些外部因素可能导致了油价的异常涨跌.

图表 8-3 对数石油价格 IMA(1, 1) 模型的标准残差

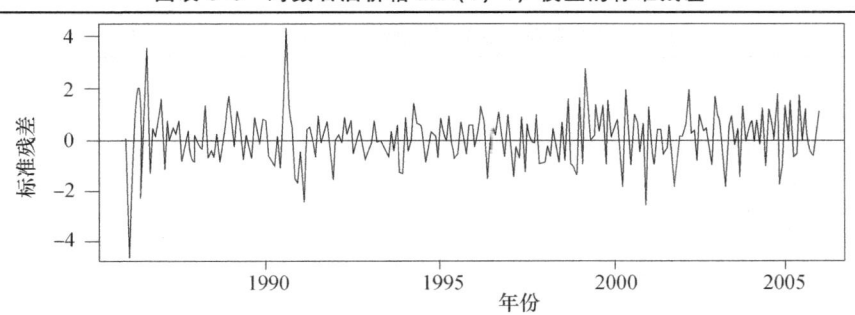

```
> data(oil.price)
> m1.oil=arima(log(oil.price),order=c(0,1,1))
> plot(rstandard(m1.oil),ylab='Standardized residuals',type='l')
> abline(h=0)
```

残差的正态性

正如我们在第 3 章中看到的, 分位数-分位数图是一种有效地评估正态性的工具. 这里我们把它应用在残差上.

图表 8-4 展示了残差的分位数-分位数图, 残差来自对工业颜色属性序列估计的 AR(1) 模型. 这些点看起来非常接近一条直线——特别是在极值处. 该图使我们不能拒绝模型误差项是正态的假设. 另外, 应用于残差的 Shapiro-Wilk 正态检验得到的统计量值为 $W=0.9754$, 相对应的 p 值为 0.6057, 基于这个检验, 不能拒绝正态性.

图表 8-4 颜色序列 AR(1) 模型残差的分位数-分位数图

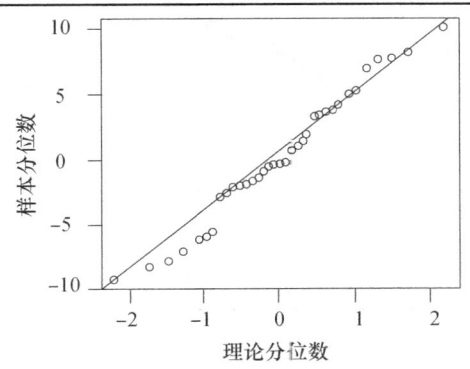

```
> win.graph(width=2.5,height=2.5,pointsize=8)
> qqnorm(residuals(m1.color)); qqline(residuals(m1.color))
```

⊖ 当 $n=241$, $\alpha=0.05$ 时, Bonferroni 的临界值是 ± 3.71, 因此异常值看起来是真的存在. 我们将在 11 章对异常值建模.

野兔丰度时间序列平方根的 AR(3) 模型的残差的分位数-分位数图展示在图表 8-5 中. 这里的极值看起来有点可疑. 但是, 如前所述, 由于样本比较小（$n=31$）, 发现异常值的 Bonferroni 准则没有给我们敲响警钟.

图表 8-5　野兔序列 AR(3) 模型残差的分位数-分位数图

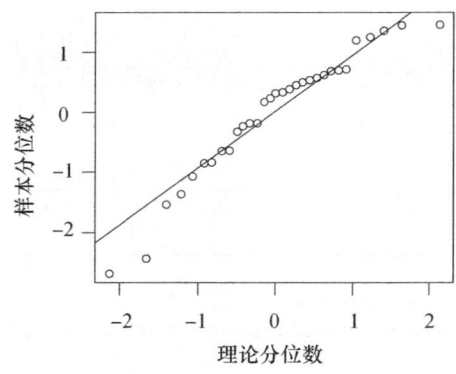

```
> qqnorm(residuals(m1.hare)); qqline(residuals(m1.hare))
```

图表 8-6 给出了对数石油价格序列 IMA(1, 1) 模型的残差的分位数-分位数图. 此处异常值非常明显, 我们将在第 11 章处理它们.

图表 8-6　石油 IMA(1, 1) 模型残差的分位数-分位数图

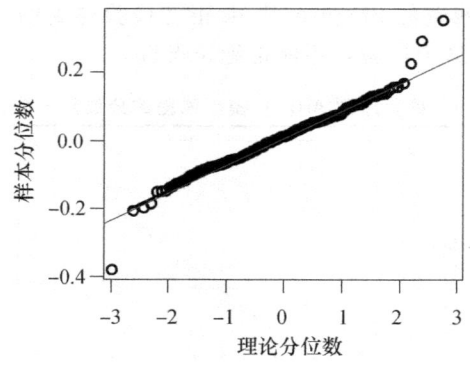

```
> qqnorm(residuals(m1.oil)); qqline(residuals(m1.oil))
```

残差的自相关

为了检验模型中噪声项的独立性, 考虑残差的样本自相关函数, 记作 $\hat{r}_k$. 从方程 (6.1.3) 我们知道对于真正的白噪声和较大的 n, 样本自相关函数近似无关并且服从均值为 0、方差为 $1/n$ 的正态分布. 遗憾的是, 即使对于参数估计有效的正确识别的模型, 其残差也会具有某些不同的特性. 这一点最早由 Durbin 和 Watson(1950, 1951, 1971) 在一系列文章中对多元回

归模型进行了研究，Durbin(1970) 对自回归模型进行了研究. 关于 ARIMA 模型残差自相关分布的主要参考文献是 Box 和 Pierce(1970)，McLeod(1978) 推广了该文的结论.

一般地，残差近似服从零均值的正态分布，但是，对于较小的滞后 k 和 j，$\hat{r}_k$ 的方差远远小于 $1/n$，估计量 $\hat{r}_k$ 和 $\hat{r}_j$ 是高度相关的. 对于较大的滞后，可以使用近似方差 $1/n$，进一步，$\hat{r}_k$ 和 $\hat{r}_j$ 是近似不相关的.

作为这些结论的一个例子，考虑一个正确识别并且被有效估计的 AR(1) 模型，对于较大的 n，可以证明

$$\text{Var}(\hat{r}_1) \approx \frac{\phi^2}{n} \tag{8.1.5}$$

$$\text{Var}(\hat{r}_k) \approx \frac{1-(1-\phi^2)\phi^{2k-2}}{n}, \quad k>1 \tag{8.1.6}$$

$$\text{Corr}(\hat{r}_1, \hat{r}_k) \approx - \text{sign}(\phi) \frac{(1-\phi^2)\phi^{k-2}}{1-(1-\phi^2)\phi^{2k-2}}, \quad k>1 \tag{8.1.7}$$

其中，

$$\text{sign}(\phi) = \begin{cases} 1 & \phi > 0 \\ 0 & \phi = 0 \\ -1 & \phi < 0 \end{cases}$$

图表 8-7 用不同的 ϕ 值和 k 值阐释了这些公式. 注意 $k \geqslant 2$ 时，对广泛范围内的 ϕ 值，$\text{Var}(\hat{r}_1) \approx 1/n$ 都是一个合理的近似.

图表 8-7 AR(1) 模型残差自相关系数的逼近

ϕ	0.3	0.5	0.7	0.9	ϕ	0.3	0.5	0.7	0.9
k	\multicolumn{4}{c}{$\hat{r}_k$ 的标准差乘以 $\sqrt{n}$}	k	\multicolumn{4}{c}{$\hat{r}_1$ 与 $\hat{r}_k$ 的相关系数}
1	0.30	0.50	0.70	0.90		1.00	1.00	1.00	1.00
2	0.96	0.90	0.87	0.92		−0.95	−0.83	−0.59	−0.21
3	1.00	0.98	0.94	0.94		−0.27	−0.38	−0.38	−0.18
4	1.00	0.99	0.97	0.95		−0.08	−0.19	−0.26	−0.16
5	1.00	1.00	0.99	0.96		−0.02	−0.09	−0.18	−0.14
6	1.00	1.00	0.99	0.97		−0.01	−0.05	−0.12	−0.13
7	1.00	1.00	1.00	0.97		−0.00	−0.02	−0.09	−0.12
8	1.00	1.00	1.00	0.98		−0.00	−0.01	−0.06	−0.10
9	1.00	1.00	1.00	0.99		−0.00	−0.00	−0.03	−0.08

如果将这些结果应用到对工业颜色属性时间序列估计的 AR(1) 模型，其中 $\hat{\phi}=0.57$，$n=35$，得到图表 8-8 所示的结果.

图表 8-8 残差 ACF 值的近似标准差

滞后 k	1	2	3	4	5	>5
$\sqrt{\widehat{\text{Var}}(\hat{r}_k)}$	0.096	0.149	0.163	0.167	0.168	0.169

图表 8-9 展示了这些残差的样本 ACF 图. 图中虚的水平线是基于较大滞后下 $\pm 2/\sqrt{n}$ 的标准误差画出的. 该模型的残差没有自相关的迹象.

图表 8-9 颜色序列 AR(1) 模型残差的样本 ACF

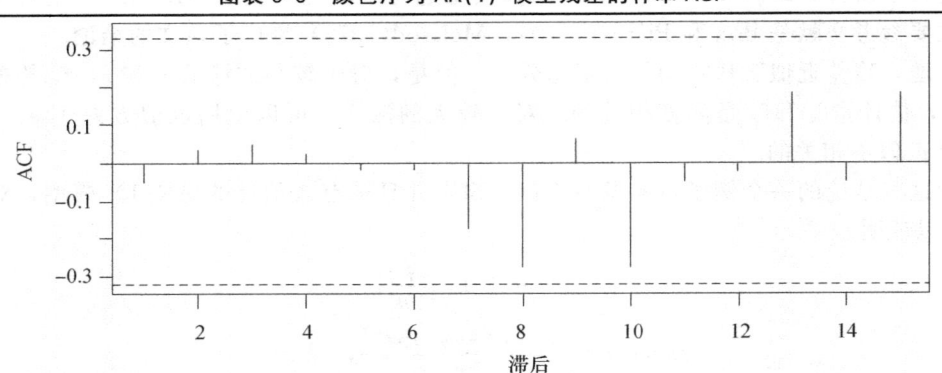

```
> win.graph(width=4.875,height=3,pointsize=8)
> acf(residuals(m1.color))
```

对 AR(2) 模型,可以证明

$$\text{Var}(\hat{r}_1) \approx \frac{\phi_2^2}{n} \tag{8.1.8}$$

$$\text{Var}(\hat{r}_2) \approx \frac{\phi_2^2 + \phi_1^2(1+\phi_2)^2}{n} \tag{8.1.9}$$

如果 AR(2) 参数并不是非常接近图表 4-17 显示的平稳域边界,则

$$\text{Var}(\hat{r}_k) \approx \frac{1}{n}, \quad k \geqslant 3 \tag{8.1.10}$$

如果对野兔丰度平方根序列用极大似然估计法拟合一个 AR(2) 模型[⊖],得到 $\hat{\phi}_1 = 1.351$, $\hat{\phi}_2 = -0.776$. 因此,有

$$\sqrt{\widehat{\text{Var}}(\hat{r}_1)} \approx \frac{|-0.776|}{\sqrt{35}} = 0.131$$

$$\sqrt{\widehat{\text{Var}}(\hat{r}_2)} \approx \sqrt{\frac{(-0.776)^2 + (1.351)^2 + (1+(-0.776))^2}{35}} = 0.141$$

$$\sqrt{\widehat{\text{Var}}(\hat{r}_k)} \approx 1/\sqrt{35} = 0.169, \quad k \geqslant 3$$

图表 8-10 展示了野兔丰度平方根序列 AR(2) 模型残差的样本 ACF. 此处 1 阶滞后自相关系数等于 -0.261,接近于小于零的两倍标准误差,但不是特别接近. 4 阶滞后自相关系数等于 -0.318,但是其标准误差等于 0.169. 可以得出结论,这张图没有提供残差非零自相关系数在统计上的显著证据[⊖].

对月度数据,应该特别注意在滞后为 12、24 等处残差的可能出现的过度的自相关系数. 对季度数据序列,在滞后为 4、8 等处的自相关系数值得特别关注. 第 10 章包含了这些概念的例子.

⊖ AR(2) 模型不如前面估计的 AR(3) 模型的拟合效果好,但是拟合程度仍然相当好,在此可以作为一个合理的例子.

⊖ 前已述及 AR(3) 模型对这些数据拟合得更好,并且残差甚至具有更小的自相关,见习题 8.7.

图表 8-10 野兔序列 AR(2) 模型残差的样本 ACF

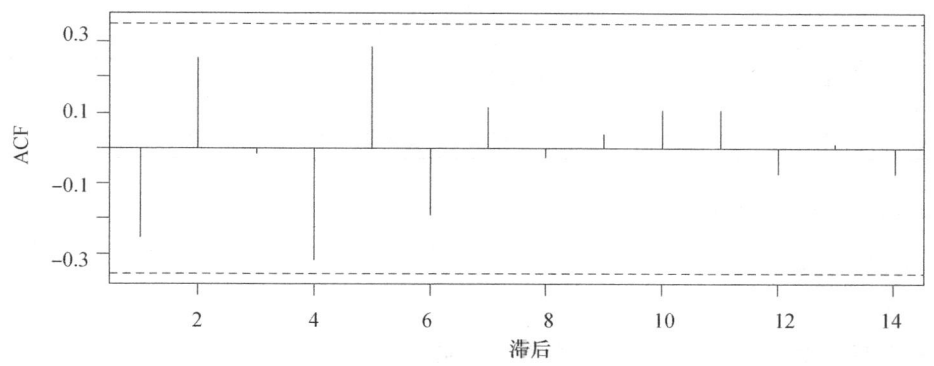

```
> acf(residuals(arima(sqrt(hare),order=c(2,0,0))))
```

可以证明，与 AR 模型类似的结论对 MA 模型同样成立. 特别地，在方程 (8.1.5)、(8.1.6)、(8.1.7) 中，用 θ 替换 ϕ 就得出 MA(1) 情况下的结论. 类似地，用 θ_1、θ_2 分别替换方程 (8.1.8)、(8.1.9) 和 (8.1.10) 中的 ϕ_1、ϕ_2，可得出 MA(2) 情况下的结论. 在 Box 和 Pierce(1970) 及 McLeod(1978) 中，可以找到适用于一般 ARMA 模型的结论.

Ljung-Box 检验

除了观察各个单独的滞后处残差的相关系数，将这些相关系数的值作为一个组来进行检验也是有用的. 例如，有可能大多数残差自相关系数是适度的，一些甚至接近临界值，但是作为一个整体时，它们看起来就是过度的. Box 和 Pierce(1970) 提出统计量

$$Q = n(\hat{r}_1^2 + \hat{r}_2^2 + \cdots + \hat{r}_K^2) \tag{8.1.11}$$

来检验这种可能性. 如果估计的是正确的 ARMA(p, q) 模型，那么对于大的 n，Q 近似服从自由度为 $K-p-q$ 的卡方分布. 拟合一个错误的模型将会增大 Q 值. 因此，如果观测到 Q 值超过了自由度为 $K-p-q$ 的卡方分布给出的适当临界值，广义"混合检验"将拒绝 ARMA(p, q) 模型. (此处，最大滞后长度 K 的选择有一定的随意性，但要足够大以使当 $j>K$ 时，可以忽略 ψ 权重.)

Q 的卡方分布是基于 $n\to\infty$ 时的极限理论得到的，但是 Ljung 和 Box(1978) 随后发现，即使当 $n=100$ 时，近似值也并不令人满意. 通过稍微修正统计量 Q，他们定义了一个检验统计量，对于典型的样本容量来说，该统计量零假设下服从的分布更接近卡方分布. 修正的 Box-Pierce，或者 Ljung-Box 统计量由下式给出：

$$Q_* = n(n+2)\left(\frac{\hat{r}_1^2}{n-1} + \frac{\hat{r}_2^2}{n-2} + \cdots + \frac{\hat{r}_K^2}{n-K}\right) \tag{8.1.12}$$

注意，因为对每个 $k \geqslant 1$ 均有 $(n+2)/(n-k)>1$，所以有 $Q_*>Q$，这部分解释了为什么原来的统计量 Q 倾向于忽略不恰当的模型. 对于有限样本下 Q_* 和 Q 确切分布的详细讨论可以参阅 Ljung 和 Box(1978) 以及 Davies, Triggs 和 Newbold(1977).

图表 8-11 列举了颜色属性序列拟合的 AR(1) 模型残差的前 6 个自相关系数. 这里 $n=35$.

图表 8-11 颜色序列 AR(1) 模型残差的自相关值

滞后 k	1	2	3	4	5	6
残差 ACF	−0.051	0.032	0.047	0.021	−0.017	−0.019

```
> acf(residuals(m1.color),plot=F)$acf
> signif(acf(residuals(m1.color),plot=F)$acf[1:6],2)
> # display the first 6 acf values to 2 significant digits
```

$K=6$ 时，Ljung-Box 检验统计量等于

$$Q_* = 35(35+2)\left(\frac{(-0.051)^2}{35-1} + \frac{(0.032)^2}{35-2} + \frac{(0.047)^2}{35-3} + \frac{(0.021)^2}{35-4} + \frac{(-0.017)^2}{35-5} + \frac{(-0.019)^2}{35-6}\right)$$

$$\approx 0.28$$

此时服从一个自由度为 6−1=5 的卡方分布。由此得到 p 值等于 0.998，所以没有证据来拒绝误差项是不相关的零假设。

图表 8-12 在一张图中展示了三种诊断工具——标准残差的序列图、残差的样本 ACF、K 从 5 到 15 的 Ljung-Box 检验统计量的 p 值。在 5% 处的水平虚线有助于判断 p 值的大小。在这个例子中，一切看起来都非常好。估计的 AR(1) 模型看起来非常好地捕获了颜色属性时间序列的相关结构。

图表 8-12 对颜色属性序列 AR(1) 模型的诊断展示

```
> win.graph(width=4.875,height=4.5)
> tsdiag(m1.color,gof=15,omit.initial=F)
```

正如第 3 章一样，游程检验可以通过残差来评价误差项的相关性。对加拿大野兔丰度序列 AR(3) 模型的残差应用该检验，得到预期游程数是 16.09677，观测到的游程数是 18。相应的 p 值是 0.602，所以没有统计上显著的证据否定该模型误差项的独立性。

8.2 过度拟合和参数冗余

第二个基本的诊断工具是**过度拟合**。识别并拟合出我们认为合适的模型之后，拟合一个更一般

的模型；即一个"接近"的模型，该模型以原始模型为特例包容原始模型．例如，如果 AR(2) 模型看起来是恰当的，可能会过度拟合一个 AR(3) 模型．我们会确认原始的 AR(2) 模型，如具：

1. 额外的参数 ϕ_3 的估计不显著地不为零，并且
2. 共同的参数 ϕ_1 和 ϕ_2 的估计与原始的估计相比没有显著的改变．

作为例子，我们已经为工业颜色属性时间序列识别、拟合并检验了 AR(1) 模型的残差．图表 8-13 展示了 R 软件拟合 AR(1) 模型的输出，图表 8-14 展示了对相同的时间序列拟合 AR(2) 模型的结果．首先注意到，在图表 8-14 中，ϕ_2 的估计在统计上并不显著地不等于零．这个事实支持我们选择 AR(1) 模型．其次，注意到 ϕ_1 的两个估计值相当接近——特别是当考虑它们的标准误差的大小时．最后，注意到虽然 AR(2) 模型有稍微大一些的对数似然值，但是 AR(1) 拟合有较小的 AIC 值．拟合一个更复杂的 AR(2) 模型的代价大到足够使我们选择一个更简单的 AR(1) 模型．

图表 8-13　颜色属性序列 AR(1) 模型估计结果

系数①	ar1	截距②
	0.5705	74.3293
σ 估计	0.1435	1.9151

σ^2 的估计值为 24.83；对数似然值 = -106.07，AIC = 216.15

① 用 `m1.Color#R` 代码得到表格．
② 回顾这里的截距是过程均值 μ 而不是 θ_0 的估计．

图表 8-14　颜色属性序列 AR(2) 模型估计结果

系数	ar1	ar2	截距
	0.5173	0.1005	74.1551
σ 估计	0.1717	0.1815	2.1463

σ^2 的估计值为 24.6；对数似然值 = -105.92，AIC = 217.84

```
> arima(color,order=c(2,0,0))
```

可以尝试 ARMA(1，1) 模型来为该序列进行一个不同的过度拟合．图表 8-15 展示了拟合结果．注意到估计系数的标准误差比我们在图表 8-13 和 8-14 中看到的要大得多．不管怎样，该拟合中 ϕ_1 的估计并不是显著不同于图表 8-13 中的估计．另外，与之前一样，新参数 θ 并不显著不为零．这为 AR(1) 模型提供了进一步的支持．

图表 8-15　对颜色序列过度拟合 ARMA(1，1) 模型

系数	ar1	ma1	截距
	0.6721	-0.1467	74.1730
σ 估计	0.2147	0.2742	2.1357

σ^2 的估计值为 24.63；对数似然值 = -105.94，AIC = 219.88

```
> arima(color,order=c(1,0,1))
```

正如我们提到过的，任何 ARMA(p，q) 模型都可以看成是一个更一般的 ARMA 模型的特例，只要令额外的参数为零．但是在一般化 ARMA 模型时，我们必须意识到**参数冗余**或**不可识别**的问题．

为了解释清楚这一点，考虑一个 ARMA(1，2) 模型：

$$Y_t = \phi Y_{t-1} + e_t - \theta_1 e_{t-1} - \theta_2 e_{t-2} \tag{8.2.1}$$

现在用 $t-1$ 代替 t，得到

$$Y_{t-1} = \phi Y_{t-2} + e_{t-1} - \theta_1 e_{t-2} - \theta_2 e_{t-3} \tag{8.2.2}$$

如果在方程 (8.2.2) 两边同时乘以任意常数 c，然后从方程 (8.2.1) 中将其减去，（整理后）得到

$$Y_t - (\phi + c) Y_{t-1} + \phi c Y_{t-2} = e_t - (\theta_1 + c) e_{t-1} - (\theta_2 - \theta_1 c) e_{t-2} + c \theta_2 e_{t-3}$$

这个方程显然定义了一个 ARMA(2，3) 过程，但是注意有因式分解

$$1 - (\phi + c)x + \phi c x^2 = (1 - \phi x)(1 - cx)$$

和

$$1 - (\theta_1 + c)x - (\theta_2 - c\theta_1)x^2 + c\theta_2 x^3 = (1 - \theta_1 x - \theta_2 x^2)(1 - cx)$$

因此，ARMA(2，3) 过程中，AR 和 MA 的特征多项式具有共同的因子 $1-cx$．即使 Y_t 满足 ARMA(2，3) 模型，显然模型中的参数不是唯一的——常数 c 完全是任意的．我们称在 ARMA(2，3) 模型中存在**参数冗余**问题[⊖]．

拟合和过度拟合模型的含义如下：

1. 小心识别一个原始模型．如果一个简单模型看起来是有希望的，那么在尝试拟合一个更复杂的模型前要先对该模型进行检验．

2. 在过度拟合时，不要同时增加 AR 和 MA 部分的阶数．

3. 按残差分析建议的方向来扩展模型．例如，如果拟合了 MA(1) 模型后，残差在 2 阶滞后处仍存在明显的相关性，则应该尝试 MA(2) 模型，而不是 ARMA(1，1) 模型．

作为例子，再次考虑颜色属性序列．我们已经发现 AR(1) 模型拟合得相当好．假设尝试 ARMA(2，1) 模型．拟合结果显示在图表 8-16 中．注意即使 σ_e^2 的估计值、对数似然值和 AIC 值与它们的真值之间相差不是太大，ϕ_1、ϕ_2 和 θ 的估计值与真值也有很大偏离，没有一个从统计上看是显著不等于零的．

图表 8-16 对颜色属性序列过度拟合的 ARMA(2,1) 模型

系数	ar1	ar2	ma1	截距
	0.2189	0.2735	0.3036	74.1653
σ 估计	2.0056	1.1376	2.0650	2.1121

σ^2 的估计值为 24.58；对数似然值=−105.91，AIC=219.82

```
> arima(color,order=c(2,0,1))
```

8.3 小结

本章中大大延伸了第 3 章里的残差分析思想．通过检验误差项的同方差性、正态性和独立

[⊖] 使用延迟算子符号，如果 $\phi(B)Y_t = \theta(B)e_t$ 是正确模型，则对任意常数 c，模型 $(1-cB)\phi(B)Y_t = (1-cB)\theta(B)e_t$ 也是正确的模型．为使 ARMA 模型参数化具有唯一性，必须约掉 AR 和 MA 特征多项式的任何公因子．

模 型 诊 断

性，我们看到了各种残差图. 在这些诊断中，残差的样本自相关性起到了相当重要的作用. 对 Ljung-Box 统计量混合检验的讨论，可作为残差自相关性的小结. 最后，还介绍了过度拟合和参数冗余的有关思想.

习题

8.1 对某 $\phi \approx 0.5$ 和 $n=100$ 的 AR(1) 模型，残差的 1 阶滞后样本自相关系数为 0.5. 这有无异常？原因何在？

8.2 对某 $\theta \approx 0.5$ 和 $n=100$ 的 MA(1) 模型，重复习题 8.1.

8.3 基于一个长度为 $n=200$ 的序列，拟合 AR(2) 模型，得到残差自相关系数 $\hat{r}_1=0.13$，$\hat{r}_2=0.13$，$\hat{r}_3=0.12$. 如果 $\hat{\phi}_1=1.1$，$\hat{\phi}_2=-0.8$，这些残差自相关系数支持 AR(2) 的识别吗？单个地看是否支持？联合起来看是否支持？

8.4 模拟 $n=30$，$\phi=0.5$ 的 AR(1) 模型.
  (a) 拟合正确识别的 AR(1) 模型，并观察残差的时间序列图，该图支持 AR(1) 的模型设定吗？
  (b) 展示标准残差的正态分位数-分位数图，该图支持 AR(1) 的识别吗？
  (c) 展示残差的样本 ACF，该图支持 AR(1) 的识别吗？
  (d) 计算 Ljung-Box 统计量，求和至 $K=8$，该统计量支持 AR(1) 的识别吗？

8.5 模拟 $n=36$，$\theta=-0.5$ 的 MA(1) 模型.
  (a) 拟合正确设定的 MA(1) 模型，观察残差的时间序列图，该图支持 MA(1) 的识别吗？
  (b) 展示标准残差的正态分位数-分位数图，该图支持 AR(1) 的识别吗？
  (c) 展示残差的样本 ACF，该图支持 MA(1) 的识别吗？
  (d) 计算 Ljung-Box 统计量，求和至 $K=6$，该统计量支持 AR(1) 的识别吗？

8.6 模拟 $n=48$，$\phi_1=1.5$，$\phi_2=-0.75$ 的 AR(2) 模型.
  (a) 拟合正确识别的 AR(2) 模型，观察残差的时间序列图，该图支持 AR(2) 的识别吗？
  (b) 展示标准残差的正态分位数-分位数图，该图支持 AR(2) 的识别吗？
  (c) 展示残差的样本 ACF，该图支持 AR(2) 的识别吗？
  (d) 计算 Ljung-Box 统计量，求和至 $K=12$，该统计量支持 AR(2) 的识别吗？

8.7 对野兔丰度平方根序列（文件名 hare）用极大似然估计法拟合 AR(3) 模型.
  (a) 画出残差的样本 ACF. 评论一下相关性的大小.
  (b) 计算 Ljung-Box 统计量，求和至 $K=9$，该统计量支持 AR(3) 的识别吗？
  (c) 对残差进行检验，并对结果进行评论.
  (d) 展示残差的正态分位数-分位数图，并对图形进行评论.
  (e) 对残差的正态性进行 Shapiro-Wilk 检验.

8.8 考虑图表 1-8 显示的滤油器销售数据，数据保存在名为 oilfilters 的文件中.
  (a) 对序列拟合 AR(1) 模型，参数 ϕ 的估计在统计上显著地不为零吗？

(b) 展示拟合模型 AR(1) 残差的样本 ACF，对图形进行评论.

8.9 名为 robot 的数据文件包含了来自工业机器人的一个时间序列. 机器人需要完成一系列的动作，距离目标终点的长度以英寸为单位记录. 重复 324 次得到该时间序列. 用本章讨论的诊断检验比较对这些数据拟合的 AR(1) 模型和 IMA(1，1) 模型.

8.10 名为 deere3 的数据文件包含了 57 个连续的数值，数据来自 Deere 公司的一个复杂的机床. 给出的数值是与目标值的偏离程度，以千万分之一英寸为单位. 该过程的控制机制为，依据上期产品偏离目标值的幅度来重置机床的某些参数. 用本章讨论的检验来诊断 AR(1) 模型对这些数据的拟合程度.

8.11 图表 6-31 建议对石油价格的对数差分序列识别 AR(1) 模型或者 AR(4) 模型（文件名为 oil.price）.

(a) 用极大似然估计法估计两个模型，用本章讨论的诊断检验对结果进行比较.

(b) 图表 6-32 建议为对数差分序列设定 MA(1) 模型，用极大似然法估计该模型并用本章讨论的检验进行诊断.

(c) 基于 (a)、(b) 部分给出的结果，你更偏好 AR(1)、AR(4) 和 MA(1) 三个模型中的哪一个？

第 9 章 预 测

时间序列建模的主要目标之一,是预测该序列未来的取值,而同等重要的是评估预测的精确度. 本章将对确定性趋势模型和 ARIMA 模型,考察其预测的计算及属性,也讨论结合了 ARIMA 随机项与确定性趋势之模型的预测问题.

在大多数情况下,假定模型已确知,包括所有参数的具体取值. 尽管这一点实际上根本不可能具备,但是使用大样本容量的参数估计对结果的影响不大.

9.1 最小均方误差预测

基于序列可获得的直到时间 t 的历史数据,即 $Y_1, Y_2, \cdots, Y_{t-1}, Y_t$,预测未来 ℓ 期的值 $Y_{t+\ell}$. 称时间 t 为**预测起点**,ℓ 为预测**前置时间**,而用 $\hat{Y}_t(\ell)$ 代表预测值.

正如在附录 F 中所示,最小均方误差预测如下:

$$\hat{Y}_t(\ell) = E(Y_{t+\ell} | Y_1, Y_2, \cdots, Y_t) \tag{9.1.1}$$

(在附录 E 和 F 中,回顾了条件期望和最小均方误差预测的性质.)

本章后续部分将专注于上述和预测相关联的条件期望的计算及其性质的研究.

9.2 确定性趋势

再次考虑第 3 章的确定趋势模型

$$Y_t = \mu_t + X_t \tag{9.2.1}$$

其中随机项 X_t 有零均值. 本节假定 $\{X_t\}$ 是方差为 γ_0 的白噪声. 对于方程 (9.2.1) 中的模型,有

$$\begin{aligned} \hat{Y}_t(\ell) &= E(\mu_{t+\ell} + X_{t+\ell} | Y_1, Y_2, \cdots, Y_t) \\ &= E(\mu_{t+\ell} | Y_1, Y_2, \cdots, Y_t) - E(X_{t+\ell} | Y_1, Y_2, \cdots, Y_t) \\ &= \mu_{t+\ell} + E(X_{t+\ell}) \end{aligned}$$

或者

$$\hat{Y}_t(\ell) = \mu_{t+\ell} \tag{9.2.2}$$

这是因为,对 $\ell \geqslant 1$,$X_{t+\ell}$ 独立于 $Y_1, Y_2, \cdots, Y_{t-1}, Y_t$,且具有零期望值. 因而在此简单情况下,预测等同于将确定性时间趋势外推至未来时刻上.

对于线性趋势的情况,$\mu_t = \beta_0 + \beta_1 t$,预测是

$$\hat{Y}_t(\ell) = \beta_0 + \beta_1(t+\ell) \tag{9.2.3}$$

正如第 3 章中所强调的,该模型假定相同的线性时间趋势持续到了未来,从而预测反映出此种假设. 注意,正是由于 $Y_{t+\ell}$ 和 $Y_1, Y_2, \cdots, Y_{t-1}, Y_t$ 之间缺乏统计依赖性,所以不能改进 $\mu_{t+\ell}$ 以用作预测.

对于季节模型,比如有 $\mu_t = \mu_{t+12}$,则预测是 $\hat{Y}_t(\ell) = \mu_{t+12+\ell} = \hat{Y}_t(\ell+12)$. 不出所料,预测也具有周期性.

预测误差 $e_t(\ell)$ 给定如下：
$$e_t(\ell) = Y_{t+\ell} - \hat{Y}_t(\ell) = \mu_{t+\ell} + X_{t+\ell} - \mu_{t+\ell} = X_{t+\ell}$$
故有
$$E(e_t(\ell)) = E(X_{t+\ell}) = 0$$
这说明，预测是**无偏**的. 另外，
$$\text{Var}(e_t(\ell)) = \text{Var}(X_{t+\ell}) = \gamma_0 \tag{9.2.4}$$
是**预测误差方差**，对所有前置时间 ℓ 皆然.

第 3 章估计月平均气温序列的余弦趋势模型为
$$\hat{\mu}_t = 46.2660 + (-26.7079)\cos(2\pi t) + (-2.1697)\sin(2\pi t)$$
这里时间从 1964 年 1 月开始按年记录，每年频率 $f=1$，最后观察值是 1975 年 12 月的. 为预测 1976 年 6 月的气温，用 $t=1976.41667$ 作为时间值[○]，得到
$$\hat{\mu}_t = 46.2660 + (-26.7079)\cos(2\pi(1976.41667)) + (-2.1697)\sin(2\pi(1976.41667))$$
$$= 68.3^\circ\text{F}$$
类似地，可得其他月份的预测值.

9.3 ARIMA 预测

对于 ARIMA 模型，预测可以有不同的表达方式，每种方式在计算、更新、精确度评估或者长期预测行为等方面，都有助于对预测整体流程的理解.

AR(1)

首先用满足下式的简单非零均值 AR(1) 来说明诸多观点：
$$Y_t - \mu = \phi(Y_{t-1} - \mu) + e_t \tag{9.3.1}$$
考虑未来一期预测的问题. 在公式（9.3.1）中用 $t+1$ 代替 t，得到
$$Y_{t+1} - \mu = \phi(Y_t - \mu) + e_{t+1} \tag{9.3.2}$$
给定 $Y_1, Y_2, \cdots, Y_{t-1}, Y_t$，在公式（9.3.2）两边取条件期望得
$$\hat{Y}_t(1) - \mu = \phi[E(Y_t|Y_1, Y_2, \cdots, Y_t) - \mu] + E(e_{t+1}|Y_1, Y_2, \cdots, Y_t) \tag{9.3.3}$$
现在，根据条件期望的性质，有
$$E(Y_t|Y_1, Y_2, \cdots, Y_t) = Y_t \tag{9.3.4}$$
此外，因为 e_{t+1} 独立于 $Y_1, Y_2, \cdots, Y_{t-1}, Y_t$，故有
$$E(e_{t+1}|Y_1, Y_2, \cdots, Y_t) = E(e_{t+1}) = 0 \tag{9.3.5}$$
因此，公式（9.3.3）可写成
$$\hat{Y}_t(1) = \mu + \phi(Y_t - \mu) \tag{9.3.6}$$
简单来说就是，将当期偏离过程均值之值的 ϕ 倍添加到过程均值上来预测下一期的值.

现在考虑一般的前置时间 ℓ. 在公式（9.3.1）中用 $t+\ell$ 代替 t，两边同取条件期望得
$$\hat{Y}_t(\ell) = \mu + \phi[\hat{Y}_t(\ell-1) - \mu], \quad \ell \geqslant 1 \tag{9.3.7}$$

○ 6 月为该年的第 5 个月，且 $5/12 \approx 0.416666666\cdots$.

预 测

因为有 $E(Y_{t+\ell-1}|Y_1, Y_2, \cdots, Y_t) = \hat{Y}_t(\ell-1)$, 而且对 $\ell \geqslant 1$, $e_{t+\ell}$ 独立于 $Y_1, Y_2, \cdots, Y_{t-1}, Y_t$.

前置时间 ℓ 的递归公式 (9.3.7) 表明, 对任何前置时间 ℓ 的预测可以得自更短前置时间的预测. 根据公式 (9.3.6), 自计算初始预测 $\hat{Y}_t(1)$ 开始, 再预测 $\hat{Y}_t(2) = \mu + \phi [\hat{Y}_t(1) - \mu]$, 继而由 $\hat{Y}_t(2)$ 推出 $\hat{Y}_t(3)$, 依次类推直至得到 $\hat{Y}_t(\ell)$. 公式 (9.3.7) 及针对其他 ARIMA 模型的推广是实际计算预测值最简便的方法, 有时也被称为**预测的差分方程形式**.

然而, 从序列的观测历史角度看, 解公式 (9.3.7) 也可得出预测的显式表达式. 在公式 (9.3.7) 中后向迭代 ℓ, 有

$$\begin{aligned}\hat{Y}_t(\ell) &= \phi[\hat{Y}_t(\ell-1) - \mu] + \mu \\ &= \phi\{\phi[\hat{Y}_t(\ell-2) - \mu]\} + \mu \\ &\vdots \\ &= \phi^{\ell-1}[\hat{Y}_t(1) - \mu] + \mu\end{aligned}$$

或者

$$\hat{Y}_t(\ell) = \mu + \phi^\ell(Y_t - \mu) \tag{9.3.8}$$

当期偏离均值的量有折扣因子 ϕ^ℓ, 其幅值随前置时间的增加而减小. 打折后的偏差再添加到过程均值上, 就得出前置时间为 ℓ 的预测.

以工业颜色属性时间序列所拟合的 AR(1) 模型为一数值示例. 图表 7-7 曾部分显示了极大似然估计结果, 而更完整的结果见图表 9-1.

图表 9-1 颜色序列 AR(1) 模型的极大似然估计

系数	ar1	截距①
	0.5705	74.3293
σ 估计	0.1435	1.9151

σ^2 估计值为 24.8; 对数似然值 = -106.07, AIC = 216.15

①前已述及这里的截距是 μ 而不是 θ_0.

```
> data(color)
> m1.color=arima(color,order=c(1,0,0))
> m1.color
```

出于说明的目的, 假设估计量 $\phi = 0.5705$ 和 $\mu = 74.3293$ 都是真实值, 或可完善最终的预测. 颜色属性的最后一个观察值是 67, 所以向前一期预测为⊖

$$\hat{Y}_t(1) = 74.3293 + (0.5705)(67 - 74.3293) = 74.3293 - 4.181366 = 70.14793$$

对于前置时间 2, 从公式 (9.3.7) 得到

$$\hat{Y}_t(2) = 74.3293 + 0.5705(70.14793 - 74.3293) = 74.3293 - 2.385472 = 71.94383$$

另外, 还可用公式 (9.3.8) 得

$$\hat{Y}_t(2) = 74.3293 + (0.5705)^2(67 - 74.3293) = 71.92823$$

前置时间为 5 时, 有

⊖ 因为舍入误差会累积起来, 故迭代计算时应当采用小数点后多位小数的形式.

$$\hat{Y}_t(5) = 74.3293 + (0.5705)^5(67 - 74.3293) = 73.886\,36$$

前置时间为 10 的预测是

$$\hat{Y}_t(10) = 74.302\,53$$

这就非常接近 $\mu(=74.3293)$. 在报告这些预测时，可能会四舍五入到最近的小数位.

一般说来，因为 $|\phi|<1$，当 ℓ 很大时，有如下简洁结果：

$$\hat{Y}_t(\ell) \approx \mu \tag{9.3.9}$$

将来会看到，公式 (9.3.9) 对所有的平稳 ARMA 模型都成立.

现在考虑**一步向前预测误差** $e_t(1)$. 从公式 (9.3.2) 和公式 (9.3.6) 可以得到

$$e_t(1) = Y_{t+1} - \hat{Y}_t(1) = [\phi(Y_t - \mu) + \mu + e_{t+1}] - [\phi(Y_t - \mu) + \mu]$$

或者

$$e_t(1) = e_{t+1} \tag{9.3.10}$$

现在可将白噪声过程 $\{e_t\}$ 重释为一步向前预测误差序列. 下面将看到对普通 ARIMA 模型，均有公式 (9.3.10) 成立. 还应注意，公式 (9.3.10) 暗示了预测误差 $e_t(1)$ 独立于直到时间 t 的过程的历史数据 $Y_1, Y_2, \cdots, Y_{t-1}, Y_t$. 若非如此，则可利用相关性来改善预测.

公式 (9.3.10) 还提示了一步向前预测误差的方差为

$$\mathrm{Var}(e_t(1)) = \sigma_e^2 \tag{9.3.11}$$

为研究更长前置期预测误差的性质，将 AR(1) 模型表示成一般线性过程或 MA(∞) 形式会更方便. 根据公式 (4.3.8)，有

$$Y_t = e_t + \phi e_{t-1} + \phi^2 e_{t-2} + \phi^3 e_{t-3} + \cdots \tag{9.3.12}$$

联立公式 (9.3.8) 和公式 (9.3.12)，得到

$$e_t(\ell) = Y_{t+\ell} - \mu - \phi^\ell(Y_t - \mu) = e_{t+\ell} + \phi e_{t+\ell-1} + \cdots + \phi^{\ell-1} e_{t+1} + \phi^\ell e_t + \cdots - \phi^\ell(e_t + \phi e_{t-1} + \cdots)$$

所以

$$e_t(\ell) = e_{t+\ell} + \phi e_{t+\ell-1} + \cdots + \phi^{\ell-1} e_{t+1} \tag{9.3.13}$$

还可以写成

$$e_t(\ell) = e_{t+\ell} + \psi_1 e_{t+\ell-1} + \psi_2 e_{t+\ell-2} + \cdots + \psi_{\ell-1} e_{t+1} \tag{9.3.14}$$

可证公式 (9.3.14) 对所有的 ARIMA 模型都成立 (见公式 (9.3.43)).

注意 $E(e_t(\ell))=0$；因此预测是**无偏的**. 进一步，根据公式 (9.3.14)，有

$$\mathrm{Var}(e_t(\ell)) = \sigma_e^2(1 + \psi_1^2 + \psi_2^2 + \cdots + \psi_{\ell-1}^2) \tag{9.3.15}$$

可看到，随前置时间 ℓ 的增加，预测误差的方差会增大. 将该结果与确定趋势模型公式 (9.2.4) 所给结果进行对比.

特别地，对 AR(1) 情形，通过求几何级数的有限和得到

$$\mathrm{Var}(e_t(\ell)) = \sigma_e^2 \left[\frac{1-\phi^{2\ell}}{1-\phi^2}\right] \tag{9.3.16}$$

对更长的前置时间，有

$$\mathrm{Var}(e_t(\ell)) \approx \frac{\sigma_e^2}{1-\phi^2}, \text{对较大的 } \ell \tag{9.3.17}$$

或者，由公式 (4.3.3)，有

$$\mathrm{Var}(e_t(\ell)) \approx \mathrm{Var}(Y_t) = \gamma_0, \text{对较大的 } \ell \qquad (9.3.18)$$

可证公式（9.3.18）对所有平稳 ARMA 过程都成立（见公式（9.3.39））．

MA(1)

为说明如何解决滑动平均或混合模型预测时产生的问题，考虑有非零均值的 MA(1)：

$$Y_t = \mu + e_t - \theta e_{t-1}$$

同样用 $t+1$ 代替 t，两边取条件期望得

$$\hat{Y}_t(1) = \mu - \theta e(e_t | Y_1, Y_2, \cdots, Y_t) \qquad (9.3.19)$$

但对于可逆模型，公式（4.5.2）表明 e_t 是 $Y_1, Y_2, \cdots, Y_t$ 的函数，所以有

$$E(e_t | Y_1, Y_2, \cdots, Y_t) = e_t \qquad (9.3.20)$$

实际上，由于仅基于 $Y_1, Y_2, \cdots, Y_t$ 的条件，而不是过程的无穷多的历史数据，所以上述公式涉及的是一个逼近结论．在实践中，如果 t 很大，且模型可逆，则逼近误差将会很小．如果模型不可逆，例如，对数据过度差分，则公式（9.3.20）即便在逼近的意义上也不成立；见 Harvey（1981c，161 页）．

使用公式（9.3.19）和公式（9.3.20），可逆 MA(1) 的一步向前预测表达式为

$$\hat{Y}_t(1) = \mu - \theta e_t \qquad (9.3.21)$$

对 e_t 的计算是模型参数估计的副产品．

再次注意，像在公式（9.3.10）中一样，一步向前预测误差是

$$e_t(1) = Y_{t+1} - \hat{Y}_t(1) = (\mu + e_{t+1} - \theta e_t) - (\mu - \theta e_t) = e_{t+1}$$

从而也可以得出公式（9.3.11）．

对于更长的前置时间，有

$$\hat{Y}_t(\ell) = \mu + E(e_{t+\ell} | Y_1, Y_2, \cdots, Y_t) - \theta e(e_{t+\ell-1} | Y_1, Y_2, \cdots, Y_t)$$

但是，对 $\ell > 1$，$e_{t+\ell}$ 和 $e_{t+\ell-1}$ 都独立于 $Y_1, Y_2, \cdots, Y_t$．所以，这些条件期望值都是无条件期望值，也就是零，故有

$$\hat{Y}_t(\ell) = \mu, \ell > 1 \qquad (9.3.22)$$

这里注意，当 $\ell > 1$ 时，MA(1) 情况下公式（9.3.9）完全成立．既然在此模型中一般有 $\psi_1 = -\theta$ 和 $\psi_j = 0$（$j > 1$），公式（9.3.14）和公式（9.3.15）也成立．

带漂移的随机游动

为说明非平稳 ARIMA 序列的预测，考虑如下定义的带漂移的随机游动：

$$Y_t = Y_{t-1} + \theta_0 + e_t \qquad (9.3.23)$$

这里，

$$\hat{Y}_t(1) = E(Y_t | Y_1, Y_2, \cdots, Y_t) + \theta_0 + E(e_{t+1} | Y_1, Y_2, \cdots, Y_t)$$

因此，

$$\hat{Y}_t(1) = Y_t + \theta_0 \qquad (9.3.24)$$

类似地，前置时间 ℓ 预测的差分方程形式是

$$\hat{Y}_t(\ell) = \hat{Y}_t(\ell-1) + \theta_0, \ell \geqslant 1 \qquad (9.3.25)$$

向后迭代 ℓ 步可推出显式表达式

$$\hat{Y}_t(\ell) = Y_t + \theta_0 \ell, \quad \ell \geqslant 1 \qquad (9.3.26)$$

对比公式（9.3.9），如果 $\theta_0 \neq 0$，那么对于所有的 ℓ，预测在长前置时间上将不会收敛，而是沿着一条斜率为 θ_0 的直线运动.

注意，常数项 θ_0 的存在与否将会明显改变预测的性质. 因此，非平稳 ARIMA 模型中不应该包含常数项，除非有明显迹象表明差分后序列的均值明显异于零. 样本均值方差的公式（3.2.3）有助于对该显著性的评估.

然而，正如在 AR(1) 和 MA(1) 中所见，一步向前预测误差是

$$e_t(1) = Y_{t+1} - \hat{Y}_t(1) = e_{t+1}$$

并且

$$e_t(\ell) = Y_{t+\ell} - \hat{Y}_t(\ell) = (Y_t + \ell\theta_0 + e_{t+1} + \cdots + e_{t+\ell}) - (Y_t + \ell\theta_0) = e_{t+1} + e_{t+2} + \cdots + e_{t+\ell}$$

因为在此模型中，对所有的 j 有 $\psi_j = 1$，所以上式和公式（9.3.14）一致.（见公式（5.2.6），$\theta = 0$.）

所以，像在公式（9.3.15）中一样，有

$$\mathrm{Var}(e_t(\ell)) = \sigma_e^2 \sum_{j=0}^{\ell-1} \psi_j^2 = \ell\sigma_e^2 \qquad (9.3.27)$$

与平稳序列情况相反，这里的 $\mathrm{Var}(e_t(\ell))$ 随着前置时间 ℓ 的增加而无限增大. 以后会发现，这个性质是所有非平稳 ARIMA 过程预测误差方差所共有的.

ARMA(p, q)

对一般平稳 ARMA(p, q) 模型，计算其预测的差分方程形式如下：

$$\hat{Y}_t(\ell) = \phi_1 \hat{Y}_t(\ell-1) + \phi_2 \hat{Y}_t(\ell-2) + \cdots + \phi_p \hat{Y}_t(\ell-p) + \theta_0 - \theta_1 E(e_{t+\ell-1}|Y_1, Y_2, \cdots, Y_t)$$
$$- \theta_2 E(e_{t+\ell-2}|Y_1, Y_2, \cdots, Y_t) - \cdots - \theta_q E(e_{t+\ell-q}|Y_1, Y_2, \cdots, Y_t) \qquad (9.3.28)$$

其中，

$$E(e_{t+j}|Y_1, Y_2, \cdots, Y_t) = \begin{cases} 0 & j > 0 \\ e_{t+j} & j \leqslant 0 \end{cases} \qquad (9.3.29)$$

注意，对于 $j > 0$，$\hat{Y}_t(j)$ 是真实的预测值，而对于 $j \leqslant 0$，$\hat{Y}_t(j) = Y_{t+j}$. 像公式（9.3.20）中一样，公式（9.3.29）亦涉及一些微小的逼近. 对于可逆模型来说，公式（4.5.5）说明利用 π 权重，e_t 可以表示成无穷序列 Y_t，Y_{t-1}，Y_{t-2}，$\cdots$ 的线性组合. 然而，π 权重快速指数衰减，且逼近假定了当 $j > t - q$ 时 π_j 可忽略.

以 ARMA(1, 1) 模型为例，有

$$\hat{Y}_t(1) = \phi Y_t + \theta_0 - \theta e_t \qquad (9.3.30)$$

和

$$\hat{Y}_t(2) = \phi \hat{Y}_t(1) + \theta_0$$

而且，更一般地，应用公式（9.3.30）启动递归过程，有

$$\hat{Y}_t(\ell) = \phi \hat{Y}_t(\ell-1) + \theta_0, \quad \ell \geqslant 2 \qquad (9.3.31)$$

可用过程均值重写公式（9.3.30）和公式（9.3.31），并迭代求得另外的显式表达形式

$$\hat{Y}_t(\ell) = \mu + \phi^\ell (Y_t - \mu) - \phi^{\ell-1} e_t, \quad \ell \geqslant 1 \qquad (9.3.32)$$

公式 (9.3.28) 和公式 (9.3.29) 表明，在前置时间为 $\ell=1, 2, \cdots, q$ 时，噪声项 $e_{t-(q-1)}, \cdots$, e_{t-1}, e_t 直接出现在预测计算中．然而，当 $\ell > q$ 时，将代之以差分方程的自回归部分，有

$$\hat{Y}_t(\ell) = \phi_1 \hat{Y}_t(\ell-1) + \phi_2 \hat{Y}_t(\ell-2) + \cdots + \phi_p \hat{Y}_t(\ell-p) + \theta_0, \quad \ell > q \quad (9.3.33)$$

因此，长前置时间预测的一般性质取决于自回归参数 $\phi_1, \phi_2, \cdots, \phi_p$（以及与过程均值有关的常数项 θ_0）．

重温公式 (5.3.2)，$\theta_0 = \mu(1-\phi_1-\phi_2-\cdots-\phi_p)$，用距离 μ 的偏离量重写公式 (9.3.33) 如下：

$$\hat{Y}_t(\ell) - \mu = \phi_1[\hat{Y}_t(\ell-1) - \mu] + \phi_2[\hat{Y}_t(\ell-2) - \mu] + \cdots$$
$$+ \phi_p[\hat{Y}_t(\ell-p) - \mu], \quad \ell > q \quad (9.3.34)$$

像过程自相关函数 ρ_k（见公式 (4.4.8)）一样，作为前置时间 ℓ 的函数，$\hat{Y}_t(\ell) - \mu$ 遵循相同的 Yule-Walker 递归．因此，与 4.3 节和 4.4 节中一样，特征方程的根决定了长前置时间下 $\hat{Y}_t(\ell) - \mu$ 的一般行为．特别是，$\hat{Y}_t(\ell) - \mu$ 可以写成是关于 ℓ 的指数衰减项（对应于实根）以及阻尼正弦波项（对应于成对的复根）的线性组合．

因此，对任何平稳 ARMA 模型，$\hat{Y}_t(\ell) - \mu$ 随着 ℓ 的增加而衰减至零，长期预测正是公式 (9.3.9) 给出的过程均值 μ．这合乎常识，因为对平稳 ARMA 模型来说，随着观察点间时间跨度的增大，其相关性逐渐消失，而此相关性是对用 μ 所得的"直观"预测可做改进的唯一理由．

就目前的一般性而言，为讨论 $e_t(\ell)$ 的公式 (9.3.15) 的正确性，需要考虑 ARIMA 过程的一种新的表达式．附录 G 表明，任何 ARIMA 模型都可写成如下**截断线性过程**形式：

$$Y_{t+\ell} = C_t(\ell) + I_t(\ell), \quad \ell \geq 1 \quad (9.3.35)$$

其中，为当前的目的，只需明了 $C_t(\ell)$ 是 $Y_t, Y_{t-1}, \cdots$ 的某个函数，以及

$$I_t(\ell) = e_{t+\ell} + \psi_1 e_{t+\ell-1} + \psi_2 e_{t+\ell-2} + \cdots + \psi_{\ell-1} e_{t+1}, \ell \geq 1 \quad (9.3.36)$$

即可．进一步，对于可逆模型，当 t 充分大时，$C_t(\ell)$ 是有限历史数据 $Y_t, Y_{t-1}, \cdots, Y_1$ 的某个函数．因此有

$$\hat{Y}_t(\ell) = E(C_t(\ell) | Y_1, Y_2, \cdots, Y_t) + E(I_t(\ell) | Y_1, Y_2, \cdots, Y_t) = C_t(\ell)$$

最后，

$$e_t(\ell) = Y_{t+\ell} - \hat{Y}_t(\ell) = [C_t(\ell) + I_t(\ell)] - C_t(\ell) = I_t(\ell)$$
$$= e_{t+\ell} + \psi_1 e_{t+\ell-1} + \psi_2 e_{t+\ell-2} + \cdots + \psi_{\ell-1} e_{t+1}$$

所以，对于一般可逆 ARIMA 过程，

$$E[e_t(\ell)] = 0, \quad \ell \geq 1 \quad (9.3.37)$$

和

$$\text{Var}(e_t(\ell)) = \sigma_e^2 \sum_{j=0}^{\ell-1} \psi_j^2, \quad \ell \geq 1 \quad (9.3.38)$$

从公式 (4.1.4) 和 (9.3.8) 可见，对长前置时间，在平稳 ARMA 模型中有

$$\text{Var}(e_t(\ell)) \approx \sigma_e^2 \sum_{j=0}^{\infty} \psi_j^2$$

或者

$$\operatorname{Var}(e_t(\ell)) \approx \gamma_0, \text{对于大的} \ell \qquad (9.3.39)$$

非平稳模型

正如随机游动所表明的那样,非平稳 ARIMA 模型的预测与平稳 ARMA 模型的预测非常相似,但也存在一些明显的差异. 回顾公式 (5.2.2), ARIMA(p, 1, q) 模型可写成一个非平稳 ARMA($p+1$, q) 模型, 这里写为

$$\begin{aligned} Y_t = {} & \varphi_1 Y_{t-1} + \varphi_2 Y_{t-2} + \varphi_3 Y_{t-3} + \cdots + \varphi_p Y_{t-p} + \varphi_{p+1} Y_{t-p-1} \\ & + e_t - \theta_1 e_{t-1} - \theta_2 e_{t-2} - \cdots - \theta_q e_{t-q} \end{aligned} \qquad (9.3.40)$$

其中, 原来的系数 φ 与系数 ϕ 直接有关. 特别地,

$$\left. \begin{aligned} \varphi_1 &= 1 + \phi_1, \varphi_j = \phi_j - \phi_{j-1}, j = 1, 2, \cdots, p \\ \varphi_{p+1} &= -\phi_p \end{aligned} \right\} \qquad (9.3.41)$$

对于一般的差分阶数 d, 应该有 $p+d$ 个 φ 系数.

从该表达式出发, 用 $p+d$ 代替 p, 并用 φ_j 代替 ϕ_j, 则可立刻扩展公式 (9.3.28)、公式 (9.3.29) 和公式 (9.3.30), 以涵盖非平稳的情形.

作为必要计算的例子, 考虑 ARIMA(1, 1, 1) 的情况. 这里

$$Y_t - Y_{t-1} = \phi(Y_{t-1} - Y_{t-2}) + \theta_0 + e_t - \theta e_{t-1}$$

进而,

$$Y_t = (1 + \phi) Y_{t-1} - \phi Y_{t-2} + \theta_0 + e_t - \theta e_{t-1}$$

因此,

$$\left. \begin{aligned} \hat{Y}_t(1) &= (1+\phi) Y_t - \phi Y_{t-1} + \theta_0 - \theta e_t \\ \hat{Y}_t(2) &= (1+\phi) \hat{Y}_t(1) - \phi Y_t + \theta_0 \\ \hat{Y}_t(\ell) &= (1+\phi) \hat{Y}_t(\ell-1) - \phi \hat{Y}_t(\ell-2) + \theta_0 \end{aligned} \right\} \qquad (9.3.42)$$

对一般的可逆 ARIMA 模型, 公式 (9.3.35) 和公式 (9.3.36) 给出的截断线性过程表达式及依据公式进行的计算表明, 可记为

$$e_t(\ell) = e_{t+\ell} + \psi_1 e_{t+\ell-1} + \psi_2 e_{t+\ell-2} + \cdots + \psi_{\ell-1} e_{t+1}, \ell \geqslant 1 \qquad (9.3.43)$$

从而

$$E(e_t(\ell)) = 0, \ell \geqslant 1 \qquad (9.3.44)$$

和

$$\operatorname{Var}(e_t(\ell)) = \sigma_e^2 \sum_{j=0}^{\ell-1} \psi_j^2, \ell \geqslant 1 \qquad (9.3.45)$$

但对非平稳序列而言, ψ_j 权重不会随 j 的增加而衰减至零. 比如随机游动模型, 对所有的 j 有 $\psi_j = 1$; IMA(1, 1) 模型, 对 $j \geqslant 1$ 有 $\psi_j = 1 - \theta$; IMA(2, 2) 模型, 对 $j \geqslant 1$ 有 $\psi_j = 1 + \theta_2 + (1 - \theta_1 - \theta_2)j$; 而对于 ARI(1, 1) 模型, 当 $j \geqslant 1$ 时, 有 $\psi_j = \dfrac{(1 - \phi^{j+1})}{(1 - \phi)}$ (见第 5 章).

因此, 对任意的非平稳模型, 公式 (9.3.45) 表明, 预测误差的方差会随着前置时间 ℓ 的增加而无限增大. 这一事实并不太出人意料, 因为非平稳序列遥远的未来相当不确定.

9.4 预测极限

如同所有的统计工作一样,除了预测或者预言未知的 $Y_{t+\ell}$,人们还关注对预测精确度的评估.

确定性趋势

对有白噪声随机项 $\{X_t\}$ 的确定性趋势模型,前已述及

$$\hat{Y}_t(\ell) = \mu_{t+\ell}$$

和

$$\mathrm{Var}(e_t(\ell)) = \mathrm{Var}(X_{t+\ell}) = \gamma_0$$

如果随机项是正态分布,那么预测误差

$$e_t(\ell) = Y_{t+\ell} - \hat{Y}_t(\ell) = X_{t+\ell} \tag{9.4.1}$$

也是正态分布. 故对给定的置信水平 $1-\alpha$,可用标准的正态百分位数 $z_{1-\alpha/2}$ 证明

$$P\left[-z_{1-\alpha/2} < \frac{Y_{t+\ell} - \hat{Y}_t(\ell)}{\sqrt{\mathrm{Var}(e_t(\ell))}} < z_{1-\alpha/2}\right] = 1-\alpha$$

或者等价地

$$P\left[\hat{Y}_t(\ell) - z_{1-\alpha/2}\sqrt{\mathrm{Var}(e_t(\ell))} < Y_{t+\ell} < \hat{Y}_t(\ell) + z_{1-\alpha/2}\sqrt{\mathrm{Var}(e_t(\ell))}\right] = 1-\alpha.$$

因此,未来观察值 $Y_{t+\ell}$ 落于如下预测极限内的可信度是 $(1-\alpha)100\%$:

$$\hat{Y}_t(\ell) \pm z_{1-\alpha/2}\sqrt{\mathrm{Var}(e_t(\ell))} \tag{9.4.2}$$

作为一个数值示例,再次考虑月度平均气温序列. 在 9.2 节最后,使用余弦模型预测 1976 年 6 月的平均气温是 68.3°F. 该模型 $\sqrt{\mathrm{Var}(e_t(\ell))} = \sqrt{\gamma_0}$ 的估计值是 3.7°F. 因此,1976 年 6 月平均气温 95% 可信度的置信区间是

$$68.3 \pm 1.96(3.7) = 68.3 \pm 7.252 \text{ 或 } 61.05°\text{F} \sim 75.55°\text{F}$$

熟悉标准回归分析的读者能够想起,既然预测涉及了回归参数的估计值,那么真实的预测误差方差即为 $\gamma_0[1+(1/n)+c_{n,\ell}]$,其中 $c_{n,\ell}$ 是样本容量 n 和前置时间 ℓ 的函数. 然而,对所考察的几种趋势类型(即时域的余弦和多项式)和大样本容量 n,或可证明相对于 1 来说,$1/n$ 和 $c_{n,\ell}$ 都是微不足道的. 比如,在 $N=n/12$ 年中,有周期 12 的余弦趋势,则有 $c_{n,\ell}=2/n$;因此正确的预测误差方差是 $\gamma_0[1+(3/n)]$,而非近似值 γ_0. 对于线性趋势模型,对中等大小的前置时间 ℓ 和大样本容量 n,可证 $c_{n,\ell}=3(n+2\ell-1)^2/[n(n^2-1)] \approx 3/n$. 因此,近似值看似再次被证实是合理的.

ARIMA 模型

如果在一般 ARIMA 模型中,白噪声 $\{e_t\}$ 独立地来自某正态分布,那么根据公式 (9.3.43) 可知,预测误差 $e_t(\ell)$ 也会有正态分布,导向公式 (9.4.2) 的步骤仍然可行. 但对比确定性趋势模型,忆及当前情况下

$$\mathrm{Var}(e_t(\ell)) = \sigma_e^2 \sum_{j=0}^{\ell-1} \psi_j^2$$

在实际中,σ_e^2 未知,需要用观察到的时间序列来估计. 必要的 ψ 权重当然也是未知的,因其是

未知的 ϕ 和 θ 的函数. 对大样本容量, 这些估计量对上述真实的预测极限不会有多少影响.

以对工业颜色属性序列估计的 AR(1) 模型为数值示例. 在图表 9-1 中, 采用 $\phi=0.5705$, $\mu=74.3293$ 和 $\sigma_e^2=24.8$. 对 AR(1) 模型, 忆及公式 (9.3.16)

$$\mathrm{Var}(e_t(\ell)) = \sigma_e^2 \left[\frac{1-\phi^{2\ell}}{1-\phi^2} \right]$$

一步向前预测是

$$70.147\,93 \pm 1.96\sqrt{24.8} = 70.147\,93 \pm 9.760\,721 \text{ 或 } 60.39 \sim 79.91$$

二步向前预测是

$$71.860\,72 \pm 11.883\,43 \text{ 或 } 60.71 \sim 83.18$$

注意这一预测区间比先前的预测区间大. 对十步向前预测, 得到

$$74.173\,934 \pm 11.884\,51 \text{ 或 } 62.42 \sim 86.19$$

在前置时间 10 之前, 预测及预测极限都已稳定在其长前置时间值上.

9.5 预测的图示

与列举预测和预测极限的计算过程不同, 恰当绘制预测和预测极限的图形往往更有指导意义.

确定性趋势

图表 9-2 显示了月平均气温序列最近四年和后续两年的预测及 95% 的预测极限. 因为模型拟合得非常好, 只有相对很小的误差方差, 所以预测极限也非常接近于拟合趋势的预测.

图表 9-2　气温序列余弦趋势的预测及其极限

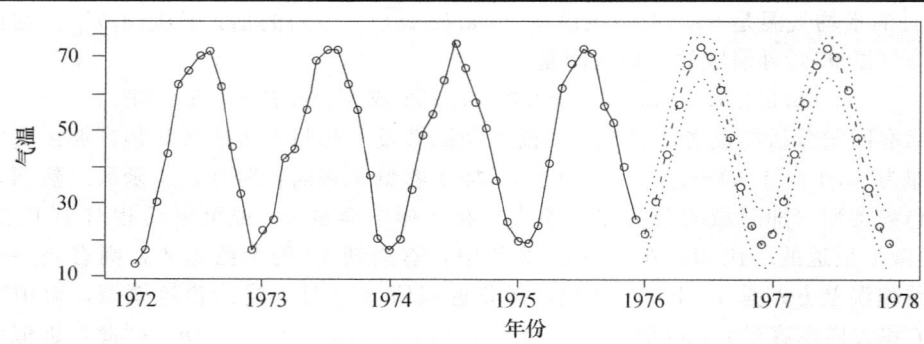

```
> data(tempdub)
> tempdub1=ts(c(tempdub,rep(NA,24)),start=start(tempdub),
    freq=frequency(tempdub))
> har.=harmonic(tempdub,1)
> m5.tempdub=arima(tempdub,order=c(0,0,0),xreg=har.)
> newhar.=harmonic(ts(rep(1,24), start=c(1976,1),freq=12),1)
> win.graph(width=4.875, height=2.5,pointsize=8)
> plot(m5.tempdub,n.ahead=24,n1=c(1972,1),newxreg=newhar.,
    type='b',ylab='Temperature',xlab='Year')
```

ARIMA 模型

以工业颜色属性序列为 ARIMA 预测的第一个图例. 图表 9-3 示出了该序列及其前置 12 期的预测, 以及上下 95% 的预测极限. 此外, 也给出了过程均值估计量所在的水平线. 注意, 预测是如何随前置时间的增加而指数地趋向均值的, 以及预测极限的宽度是如何增加的.

图表 9-3 颜色序列 AR(1) 模型的预测及其极限

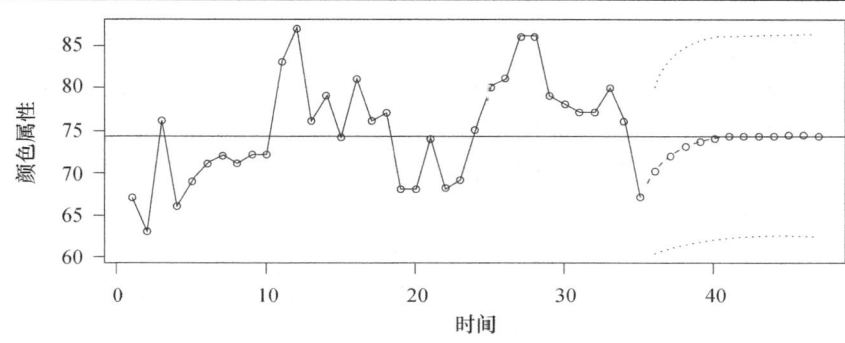

```
> data(color)
> m1.color=arima(color,order=c(1,0,0))
> plot(m1.color,n.ahead=12,type='b',xlab='Time',
    ylab='Color Property')
> abline(h=coef(m1.color)[names(coef(m1.color))=='intercept'])
```

根据加拿大野兔丰度序列取值的平方根拟合一个 AR(3) 模型. 注意在图表 9-4 中, 当预测的前置期取到 25 年时, 预测是如何模拟实际序列中的渐近周期的.

图表 9-4 野兔丰度平方根序列 AR(3) 模型的预测

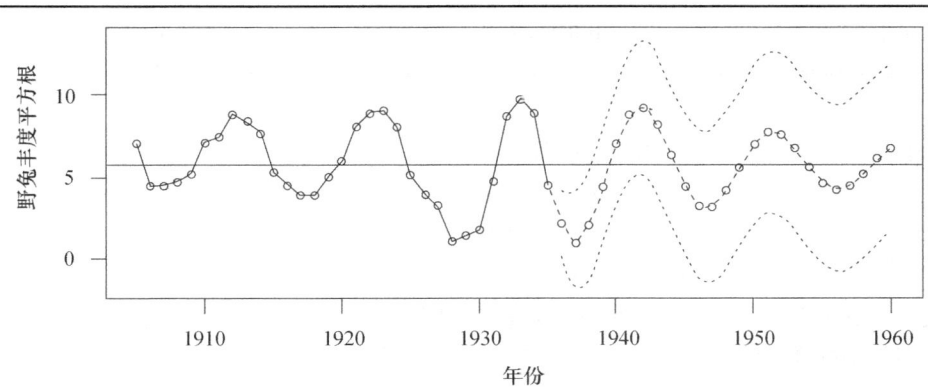

```
> data(hare)
> m1.hare=arima(sqrt(hare),order=c(3,0,0))
> plot(m1.hare, n.ahead=25,type='b',
    xlab='Year',ylab='Sqrt(hare)')
> abline(h=coef(m1.hare)[names(coef(m1.hare))=='intercept'])
```

9.6 ARIMA 预测的更新

假设预测一个月度时间序列,例如,最末观察值是 2 月份数据,我们预测 3 月份、4 月份和 5 月份的数值. 随时间的流逝,3 月份的真实数值将可以获得,基于这个新获得的数值,就会产生更新或修正(希望能够改善)4 月份、5 月份预测的想法. 当然,也可以从头开始计算新的预测,但存在更简便的方法.

对于一般的预测起点 t 和前置时间 $\ell+1$,原始的预测是 $\hat{Y}_t(\ell+1)$. 一旦得到 $t+1$ 期的观察值,读者就会有意将预测更新至 $\hat{Y}_{t+1}(\ell)$. 由公式(9.3.35)和公式(9.3.36)得

$$Y_{t+\ell+1} = C_t(\ell+1) + e_{t+\ell+1} + \psi_1 e_{t+\ell} + \psi_2 e_{t+\ell-1} + \cdots + \psi_\ell e_{t+1}$$

既然 $C_t(\ell+1)$ 和 e_{t+1} 是 Y_{t+1}, Y_t, $\cdots$ 的函数,而 $e_{t+\ell+1}$, $e_{t+\ell}$, $\cdots$, e_{t+2} 又独立于 Y_{t+1}, Y_t, $\cdots$, 则可很快地推导出下式:

$$\hat{Y}_{t+1}(\ell) = C_t(\ell+1) + \psi_\ell e_{t+1}$$

然而,$\hat{Y}_t(\ell+1) = C_t(\ell+1)$ 并且显然有 $e_{t+1} = Y_{t+1} - \hat{Y}_t(1)$. 因此一般的**更新方程**是

$$\hat{Y}_{t+1}(\ell) = \hat{Y}_t(\ell+1) + \psi_\ell [Y_{t+1} - \hat{Y}_t(1)] \tag{9.6.1}$$

注意,一旦得到观察值 Y_{t+1},那么 $[Y_{t+1} - \hat{Y}_t(1)]$ 就是 $t+1$ 期真实的预测误差.

以工业颜色属性的时间序列为数值示例. 根据图表 9-1,拟合一个 AR(1) 模型来预测前置一期的值为 $\hat{Y}_{35}(1) = 70.14757$,前置二期的值为 $\hat{Y}_{35}(2) = 71.94342$. 如果获得了下一期的颜色值为 $Y_{t+1} = Y_{36} = 65$,那么更新 $t = 37$ 的预测值

$$\hat{Y}_{t+1}(1) = \hat{Y}_{36}(1) = 71.94342 + 0.5705(65 - 70.14757) = 69.00673$$

9.7 预测的权重与指数加权滑动平均

对无滑动平均项的 ARIMA 模型,很清楚如何自观测序列 Y_t, Y_{t-1}, $\cdots$, Y_1 得出预测. 但对于 $q>0$ 的任何模型,预测中都会出现噪声项,且以 Y_t, Y_{t-1}, $\cdots$, Y_1 显式表出的预测特性也隐而不显. 为刻画预测的这一面,需回到任一可逆 ARIMA 过程的逆转形式上,即

$$Y_t = \pi_1 Y_{t-1} + \pi_2 Y_{t-2} + \pi_3 Y_{t-3} + \cdots + e_t$$

(见方程(4.5.5).)因此,上式还可以写成

$$Y_{t+1} = \pi_1 Y_t + \pi_2 Y_{t-1} + \pi_3 Y_{t-2} + \cdots + e_{t+1}$$

给定 Y_t, Y_{t-1}, $\cdots$, Y_1,两边同时取条件期望得

$$\hat{Y}_t(1) = \pi_1 Y_t + \pi_2 Y_{t-1} + \pi_3 Y_{t-2} + \cdots \tag{9.7.1}$$

(这里假定 t 足够大和/或 π 权重变小得足够快,以至于 π_t, π_{t+1}, $\cdots$ 都可忽略不计.)

任意可逆 ARIMA 模型的 π 权重,可由下式迭代计算:

$$\pi_j = \begin{cases} \sum_{i=1}^{\min(j,q)} \theta_i \pi_{j-i} + \varphi_j & 1 \leqslant j \leqslant p+d \\ \sum_{i=1}^{\min(j,q)} \theta_i \pi_{j-i} & j > p+d \end{cases} \tag{9.7.2}$$

初值 $\pi_0 = -1$. (对比求 ψ 权重的方程组(4.4.7).)

特别地，考虑非平稳 IMA(1，1) 模型
$$Y_t = Y_{t-1} + e_t - \theta e_{t-1}$$
这里 $p=0$，$d=1$，$q=1$，且 $\varphi_1=1$；因此
$$\pi_1 = \theta \pi_0 + 1 = 1 - \theta$$
$$\pi_2 = \theta \pi_1 = \theta(1-\theta)$$
且一般地有
$$\pi_j = \theta \pi_{j-1}, j > 1$$
故有显式
$$\pi_j = (1-\theta)\theta^{j-1}, j \geqslant 1 \tag{9.7.3}$$
因此，由公式（9.7.1）可以写出
$$\hat{Y}_t(1) = (1-\theta)Y_t + (1-\theta)\theta Y_{t-1} + (1-\theta)\theta^2 Y_{t-2} + \cdots \tag{9.7.4}$$
这里，π 权重指数递减，进一步
$$\sum_{j=1}^{\infty} \pi_j = (1-\theta)\sum_{j=1}^{\infty} \theta^{j-1} = \frac{1-\theta}{1-\theta} = 1$$
因此，称 $\hat{Y}_t(1)$ 为**指数加权滑动平均**（EWMA）．

简单代数运算表明，上式还可写成
$$\hat{Y}_t(1) = (1-\theta)Y_t + \theta \hat{Y}_{t-1}(1) \tag{9.7.5}$$
和
$$\hat{Y}_t(1) = \hat{Y}_{t-1}(1) + (1-\theta)[Y_t - \hat{Y}_{t-1}(1)] \tag{9.7.6}$$
公式（9.7.5）和公式（9.7.6）说明了如何根据从起始点 $t-1$ 到 t 的变化来更新预测，而且结果可表述为新观察值和过去预测值的线性组合，或者是过去预测值及上一个观察到的预测误差的线性组合．

多年来，一直有人提倡应用 EWMA 进行时间序列预测，通常是基于需要提出，参见 Brown (1962)、Montgomery 和 Johnson(1976)．

在有关 EWMA 的文献中，参数 $1-\theta$ 称为**平滑常数**，其选择（估计）往往很随意．根据 ARIMA 建模的过程，IMA(1，1) 是否适合序列是由数据决定的．如果适合，则给出的有效估计并计算 EWMA 预测，可以确信该预测即是最小均方误差预测．对指数滑动更深入的研究及其与 ARIMA 模型的关系，参见 Abraham 和 Ledolter(1983)．

9.8 变换序列的预测

差分

假设对模型经一次差分后平稳的序列的预测感兴趣，可考虑的预测方法有两种：

1. 预测初始的非平稳序列，比如应用公式（9.3.28）的差分方程形式，用 φ 代替其中的 ϕ．

2. 预测差分后的平稳序列 $W_t = Y_t - Y_{t-1}$，再加总所得的差分来得出原序列的预测．

可以证明两种方法所得预测一致. 本质原因在于差分是一个线性运算, 并且线性组合的条件期望和条件预期的线性组合相同.

特别地, 考虑 IMA(1, 1) 模型. 基于对原非平稳序列已做的工作, 预测为

$$\hat{Y}_t(1) = Y_t - \theta e_t \tag{9.8.1}$$

和

$$\hat{Y}_t(\ell) = \hat{Y}_t(\ell-1), \ell > 1 \tag{9.8.2}$$

现在考虑差分后的平稳 MA(1) 序列 $W_t = Y_t - Y_{t-1}$. 预测 $W_{t+\ell}$ 为

$$\hat{W}_t(1) = -\theta e_t \tag{9.8.3}$$

和

$$\hat{W}_t(\ell) = 0, \ell > 1 \tag{9.8.4}$$

然而, $\hat{W}_t(1) = \hat{Y}_t(1) - Y_t$; 因此和之前一样 $\hat{W}_t(1) = -\theta e_t$ 等价于 $\hat{Y}_t(1) = Y_t - \theta e_t$. 类似地, $\hat{W}_t(\ell) = \hat{Y}_t(\ell) - \hat{Y}_t(\ell-1)$, 恰如所述, 公式 (9.8.4) 变为公式 (9.8.2).

同样的结论适用于包含任意阶差分的任何模型, 事实上也适用于带常系数的任何线性变换. (差分以外的某些线性变换可能适用于季节性时间序列, 见第 10 章.)

对数变换

如前所述, 对原始序列取对数后的序列建模很常见——这是一种非线性变换. 令 Y_t 代表原始序列值, $Z_t = \log(Y_t)$. 可以证明总是有

$$E(Y_{t+\ell} | Y_t, Y_{t-1}, \cdots, Y_1) \geq \exp[E(Z_{t+\ell} | Z_t, Z_{t-1}, \cdots, Z_1)] \tag{9.8.5}$$

等式仅在很少情况下成立. 因此, 简单的预测 $\exp[\hat{Z}_t(\ell)]$ 并非 $Y_{t+\ell}$ 的最小均方误差预测. 在用原始项评估最小均方误差预测时, 下述事实会有用: 如果 X 服从均值 μ、方差 σ^2 的正态分布, 那么

$$E[\exp(X)] = \exp\left[\mu + \frac{\sigma^2}{2}\right]$$

(比如, 可由 X 的矩母函数推出.) 在这里

$$\mu = E(Z_{t+\ell} | Z_t, Z_{t-1}, \cdots, Z_1)$$

且

$$\begin{aligned}
\sigma^2 &= \mathrm{Var}(Z_{t+\ell} | Z_t, Z_{t-1}, \cdots, Z_1) \\
&= \mathrm{Var}[(e_t(\ell) + C_t(\ell) | Z_t, Z_{t-1}, \cdots, Z_1] \\
&= \mathrm{Var}[(e_t(\ell) | Z_t, Z_{t-1}, \cdots, Z_1] + \mathrm{Var}[C_t(\ell) | Z_t, Z_{t-1}, \cdots, Z_1] \\
&= \mathrm{Var}[(e_t(\ell) | Z_t, Z_{t-1}, \cdots, Z_1] \\
&= \mathrm{Var}[(e_t(\ell)]
\end{aligned}$$

上式得自公式 (9.3.35) 和公式 (9.3.36) (用于 Z_t) 及如下事实: $C_t(\ell)$ 是 $Z_t, Z_{t-1}, \cdots$ 的函数, 而 $e_t(\ell)$ 独立于 $Z_t, Z_{t-1}, \cdots$. 因此, 原始序列中的最小均方误差预测给出如下:

$$\exp\left\{\hat{Z}_t(\ell) + \frac{1}{2}\mathrm{Var}[e_t(\ell)]\right\} \tag{9.8.6}$$

以最小均方误差为选择的标准, 贯穿于有关预测的全部讨论中. 该标准对于正态分布变量而言非常好. 而如果 Z_t 有正态分布, 那么 $Y_t = \exp(Z_t)$ 具有对数正态分布, 这时可能更宜采用另

外的标准. 特别地, 既然对数正态分布不对称, 且有很长的右拖尾, 则基于均值绝对误差的标准可能更合适. 该标准下, 最优预测是在条件 $Z_t, Z_{t-1}, \cdots, Z_1$ 下 $Z_{t+\ell}$ 分布的**中位数**. 因为对数变换保留了中位数, 以及正态分布的均值和中位数相等, 所以在均值绝对预测误差最小的意义上, 简单的预测 $\exp[\hat{Z}_t(\ell)]$ 是 $Y_{t+\ell}$ 的最优预测.

9.9 某些 ARIMA 模型预测的总结

这里我们展示几种不同的特殊 ARIMA 模型的预测结果.

AR(1): $Y_t = \mu + \phi(Y_{t-1} - \mu) + e_t$

$$\hat{Y}_t(\ell) = \mu + \phi[\hat{Y}_t(\ell-1) - \mu], \ell \geqslant 1$$
$$= \mu + \phi^\ell(\hat{Y}_t - \mu), \ell \geqslant 1$$
$$\hat{Y}_t(\ell) \approx \mu, 对较大的 \ell$$
$$e_t(\ell) = e_{t+\ell} + \phi e_{t+\ell-1} + \cdots + \phi^{\ell-1} e_{t+1}$$
$$\text{Var}(e_t(\ell)) = \sigma_e^2 \left[\frac{1 - \phi^{2\ell}}{1 - \varphi^2} \right]$$
$$\text{Var}(e_t(\ell)) \approx \frac{\sigma_e^2}{1 - \phi^2} = \gamma_0, 对较大的 \ell$$
$$\psi_j = \phi^j, j > 0$$

MA(1): $Y_t = \mu + e_t - \theta e_{t-1}$

$$\hat{Y}_t(1) = \mu - \theta e_t$$
$$\hat{Y}_t(\ell) = \mu, \ell > 1$$
$$e_t(1) = e_{t+1}$$
$$e_t(\ell) = e_{t+\ell} - \theta e_{t+\ell-1}, \ell > 1$$
$$\text{Var}(e_t(\ell)) = \begin{cases} \sigma_e^2, \ell = 1 \\ \sigma_e^2(1 - \theta^2), \ell > 1 \end{cases}$$
$$\psi_j = \begin{cases} -\theta, j = 1 \\ 0, j > 1 \end{cases}$$

带常数项的 IMA(1, 1): $Y_t = Y_{t-1} + \theta_0 + e_t - \theta e_{t-1}$

$$\hat{Y}_t(\ell) = \hat{Y}_t(\ell-1) + \theta_0 - \theta e_t = Y_t + \ell \theta_0 - \theta e_t$$
$$\hat{Y}_t(1) = (1-\theta)Y_t + (1-\theta)\theta Y_{t-1} + (1-\theta)\theta^2 Y_{t-2} + \cdots (\text{EWMA}, \theta_0 = 0)$$
$$e_t(\ell) = e_{t+\ell} + (1-\theta)e_{t+\ell-1} + (1-\theta)e_{t+\ell-2} + \cdots + (1-\theta)e_{t+1}, \ell \geqslant 1$$
$$\text{Var}(e_t(\ell)) = \sigma_e^2 [1 + (\ell-1)(1-\theta)^2]$$
$$\psi_j = 1 - \theta, j > 0$$

注意, 如果 $\theta_0 \neq 0$, 预测会沿着一条斜率为 θ_0 的直线, 但若 $\theta_0 = 0$ (此种情况常见), 则对于所有前置时间预测都相同, 也就是

$$\hat{Y}_t(\ell) = Y_t - \theta e_t$$

IMA(2, 2): $Y_t = 2Y_{t-1} - Y_{t-2} + \theta_0 + e_t - \theta_1 e_{t-1} - \theta_2 e_{t-2}$

$$\left.\begin{array}{l}\hat{Y}_t(1) = 2Y_t - Y_{t-1} + \theta_0 - \theta_1 e_t - \theta_2 e_{t-1} \\ \hat{Y}_t(2) = 2\hat{Y}_t(1) - Y_t + \theta_0 - \theta_2 e_t \\ \hat{Y}_t(\ell) = 2\hat{Y}_t(\ell-1) - \hat{Y}_t(\ell-2) + \theta_0, \ell > 2\end{array}\right\} \quad (9.9.1)$$

$$\hat{Y}_t(\ell) = A + B\ell + \frac{\theta_0}{2}\ell^2 \qquad (9.9.2)$$

其中
$$A = 2\hat{Y}_t(1) - \hat{Y}_t(2) + \theta_0 \qquad (9.9.3)$$

且
$$B = \hat{Y}_t(2) - \hat{Y}_t(1) - \frac{3}{2}\theta_0 \qquad (9.9.4)$$

如果 $\theta_0 \neq 0$，预测会沿着一条关于 ℓ 的二次曲线，而若 $\theta_0 = 0$，预测是一条斜率为 $\hat{Y}_t(2) - \hat{Y}_t(1)$ 的直线，且过两个初始预测点 $\hat{Y}_t(1)$ 和 $\hat{Y}_t(2)$。可证 $\mathrm{Var}(e_t(\ell))$ 是 ℓ 的三次函数；见 Box, Jenkins 和 Reinsel(1994，156 页)。还有

$$\psi_j = 1 + \theta_2 + (1 - \theta_1 - \theta_2)j, \quad j > 0 \qquad (9.9.5)$$

还可证明，在 $\theta_1 = 2\omega$ 和 $\theta_2 = -\omega^2$ 的特殊情况下，序列的预测等价于带平滑常数 $1-\omega$ 的所谓**双指数平滑**；见 Abraham 和 Ledolter(1983)。

9.10 小结

对未来尚未观察的量进行预测或预报，是建立时间序列模型的主要原因之一．本章所讨论的方法，均基于最小化的均方预测误差．当模型为简单的确定性趋势加上零均值白噪声时，预测即等同于外推趋势．而当模型包含自相关关系时，充分利用相关性将有助于得出更好的预测．本章通过 ARIMA 模型展示了这一点，并研究了有关预测的计算和性质．特殊情况下，预测的计算和性质别有意味，因而单独予以描述．在评估隐含的预测精确度（或相反）时，预报极限特别重要．最后，引申论述了包含原始序列变换模型的时间序列预测问题．

习题

9.1 对 AR(1) 模型，$Y_t = 12.2$，$\phi = -0.5$，$\mu = 10.8$。

(a) 求 $\hat{Y}_t(1)$。

(b) 用两种不同的方式计算 $\hat{Y}_t(2)$。

(c) 计算 $\hat{Y}_t(10)$。

9.2 假定 Acme 公司的年销售额（单位：百万美元）符合 AR(2) 模型 $Y_t = 5 + 1.1Y_{t-1} - 0.5Y_{t-2} + e_t$，其中 $\sigma_e^2 = 2$。

(a) 如果 2005 年、2006 年和 2007 年的销售额分别是 900 万、1100 万和 1000 万美元，预测 2008 年和 2009 年的销售额。

(b) 证明模型里的 $\psi_1 = 1.1$。

(c) 计算问题 (a) 中 2008 年预测的 95% 预测极限.

(d) 如果 2008 年的销售额结果为 1200 万美元, 更新对 2009 年的预测.

9.3 使用 9.2 节最后所估计的余弦趋势:

(a) 预测 1976 年 4 月艾奥瓦州 Dubuque 市的月平均气温.

(b) 求该月预测的 95% 置信区间. (模型 $\sqrt{\gamma_0}$ 的估计量是 3.719℉).

(c) 1977 年 4 月、2009 年 4 月的预测值各是多少?

9.4 使用 9.2 节最后所估计的余弦趋势:

(a) 预测 1976 年 5 月艾奥瓦州 Dubuque 市的月平均气温.

(b) 求 1976 年 5 月预测值的 95% 置信区间. (模型 $\sqrt{\gamma_0}$ 的估计量是 3.719℉).

9.5 使用图表 3-3 中没有截距项的季节均值模型:

(a) 预测 1976 年 4 月艾奥瓦州 Dubuque 市的月平均气温.

(b) 求 4 月预测的 95% 置信区间. (模型 $\sqrt{\gamma_0}$ 的估计量是 3.419℉).

(c) 与习题 9.3 所得结果进行比较.

(d) 1977 年 4 月、2009 年 4 月的预测值各是多少?

9.6 使用图表 3-4 中有截距项的季节均值模型:

(a) 预测 1976 年 4 月艾奥瓦州 Dubuque 市的月平均气温.

(b) 求 4 月预测的 95% 置信区间. (模型 $\sqrt{\gamma_0}$ 的估计量是 3.419℉).

(c) 与习题 9.5 所得结果进行比较.

9.7 使用图表 3-4 中有截距项的季节均值模型:

(a) 预测 1976 年 1 月艾奥瓦州 Dubuque 市的月平均气温.

(b) 求 1 月预测的 95% 置信区间. (模型 $\sqrt{\gamma_0}$ 的估计量是 3.419℉).

9.8 考虑图表 5-8 中的月度发电量时间序列, 数据文档名为 electricity.

(a) 为发电量的对数序列拟合一个模型, 模型包含季节均值的确定性趋势, 同时丞有线性时间趋势.

(b) 画出过去 5 年和未来 2 年预测的序列图, 以及 95% 预测极限, 并给出解释.

9.9 模拟一个 $\phi=0.8$, $\mu=100$ 的 AR(1) 过程. 模拟 48 个值, 但将最后的 8 个值搁置起来, 以对预测值与真实值进行比较.

(a) 使用序列前 40 个值, 求 ϕ 和 μ 的极大似然估计的值.

(b) 使用所估计的模型, 预测序列接下来的 8 个值, 并画出带这 8 个预测值的序列. 在估计的序列均值上画一条水平线.

(c) 将 8 个预测值与前面搁置的真实值进行比较.

(d) 画出预测及其 95% 预测极限. 真实值是否落入预测极限的区间?

(e) 用同样的参数值和相同的样本容量, 模拟一个新的序列, 并重复 (a) 到 (d).

9.10 模拟 $\phi_1=1.5$, $\phi_2=-0.75$, $\mu=100$ 的 AR(2) 过程. 模拟 52 个值, 但将最后的 12 个值搁置起来, 以对预测值与真实值进行比较.

(a) 使用序列前 40 个值, 求 ϕ 和 μ 的极大似然估计值.

(b) 使用所估计的模型, 预测序列接下来的 12 个值, 并画出带这 12 个预测值的序列.

在估计的序列均值上画一条水平线.

(c) 将 12 个预测值与所留出的真实值进行比较.

(d) 画出预测及其 95% 预测极限. 真实值是否落入预测极限的区间?

(e) 用同样的参数值和相同的样本容量,模拟一个新的序列,并重复(a)到(d).

9.11 模拟 $\theta=0.6$, $\mu=100$ 的 MA(1) 过程. 模拟 36 个值,但将最后的 4 个值搁置起来,以对预测值与真实值进行比较.

(a) 使用序列前 32 个值,求 θ 和 μ 的极大似然估计值.

(b) 使用所估计的模型,预测序列接下来的 4 个值,并画出带 4 个预测值的序列. 在估计的序列均值上画一条水平线.

(c) 将 4 个预测值与所留出的真实值进行比较.

(d) 画出预测及其 95% 预测极限. 真实值是否落入预测极限的区间?

(e) 用同样的参数值和相同的样本容量,模拟一个新的序列,并重复(a)到(d).

9.12 模拟 $\theta_1=1$, $\theta_2=-0.6$, $\mu=100$ 的 MA(2) 模型. 模拟 36 个值,但将最后的 4 个值搁置起来,以对预测值与真实值进行比较.

(a) 使用序列前 32 个值,求 θ 和 μ 的极大似然估计值.

(b) 使用所估计的模型,预测序列接下来的 4 个值,并画出带 4 个预测值的序列. 在估计的序列均值上画一条水平线.

(c) 前置时间为 3 和 4 的预测值有什么特别之处吗?

(d) 将 4 个预测值与所留出的真实值进行比较.

(e) 画出预测及其 95% 预测极限. 真实值是否落入预测极限的区间?

(f) 用同样的参数值和相同的样本容量,模拟一个新的序列,并重复(a)到(e).

9.13 模拟 $\phi=0.7$, $\theta=-0.5$, $\mu=100$ 的 ARMA(1, 1) 模型. 模拟 50 个值,但将最后的 10 个值搁置起来,以对预测值与真实值进行比较.

(a) 使用序列前 40 个值,求 ϕ, θ 和 μ 的极大似然估计值.

(b) 使用所估计的模型,预测序列接下来的 10 个值,并画出带 10 个预测值的序列. 在估计的序列均值上画一条水平线.

(c) 将 10 个预测值与所留出的真实值进行比较.

(d) 画出预测及其 95% 预测极限. 真实值是否落入预测极限的区间?

(e) 用同样的参数值和相同的样本容量,模拟一个新的序列,并重复(a)到(d).

9.14 模拟 $\theta=0.8$, $\theta_0=0$ 的 IMA(1, 1) 模型. 模拟 35 个值,但将最后的 5 个值搁置起来,以对预测值与真实值进行比较.

(a) 使用序列前 30 个值,求 θ 的极大似然估计值.

(b) 使用所估计的模型,预测序列接下来的 5 个值,并画出带 5 个预测值的序列. 这些预测值有什么特殊之处吗?

(c) 将 5 个预测值与所留出的真实值进行比较.

(d) 画出预测及其 95% 预测极限. 真实值是否落入预测极限的区间?

(e) 用同样的参数值和相同的样本容量,模拟一个新的序列,并重复(a)到(d).

9.15 模拟 $\theta=0.8$, $\theta_0=10$ 的 IMA(1, 1) 模型. 模拟 35 个值,但将最后的 5 个值搁置起来,

以对预测值与真实值进行比较.
(a) 使用序列前 30 个值,求 θ 和 θ_0 的极大似然估计值.
(b) 使用所估计的模型,预测序列接下来的 5 个值,并画出带 5 个预测值的序列. 这些预测值有什么特殊之处吗?
(c) 将 5 个预测值与所留出的真实值进行比较.
(d) 画出预测及其 95% 预测极限. 真实值是否落入预测极限的区间?
(e) 用同样的参数值和相同的样本容量,模拟一个新的序列,并重复 (a) 到 (d).

9.16 模拟 $\theta_1=1$,$\theta_2=-0.75$ 和 $\theta_0=0$ 的 IMA(2,2) 模型. 模拟 45 个值,但将最后的 5 个值搁置起来,以对预测值与真实值进行比较.
(a) 使用序列前 40 个值,求 θ_1 和 θ_2 的极大似然估计值.
(b) 使用所估计的模型,预测序列接下来的 5 个值,并画出带 5 个预测值的序列. 这些预测值有什么特殊之处吗?
(c) 将 5 个预测值与所留出的真实值进行比较.
(d) 画出预测及其 95% 预测极限. 真实值是否落入预测极限的区间?
(e) 用同样的参数值和相同的样本容量,模拟一个新的序列,并重复 (a) 到 (d).

9.17 假设有 $\theta_1=1$,$\theta_2=-0.75$ 和 $\theta_0=10$ 的 IMA(2,2) 模型. 模拟 45 个值,但将最后的 5 个值搁置起来,以对预测值与真实值进行比较.
(a) 使用序列前 40 个值,求 θ_1、θ_2 和 θ_0 的极大似然估计值.
(b) 使用所估计的模型,预测序列接下来的 5 个值,并画出带 5 个预测值的序列. 这些预测值有什么特殊之处吗?
(c) 将 5 个预测值与所留出的真实值进行比较.
(d) 画出预测及其 95% 预测极限. 真实值是否落入预测极限的区间?
(e) 用同样的参数值和相同的样本容量模拟一个新的序列,并重复 (a) 到 (d).

9.18 考虑模型 $Y_t=\beta_0+\beta_1 t+X_t$,其中 $X_t=\phi X_{t-1}+e_t$. 假定 β_0,β_1 和 ϕ 已知. 求证前置 ℓ 期的最小均方误差预测可写成 $\hat{Y}_t(\ell)=\beta_0+\beta_1(t+\ell)+\phi^{\ell}(Y_t-\beta_0-\beta_1 t)$.

9.19 验证公式 (9.3.16).

9.20 验证公式 (9.3.32).

9.21 名为 deere3 的文档里有来自 Deere&Co. 公司的某复杂机床过程的 57 个连续的值,记录的是相对目标值的偏离量,单位是千万分之一英尺. 该过程采用的控制机制为,根据上一件产品偏离目标值的幅度,来重置该机床的某些参数.
(a) 对此序列应用 AR(1) 模型,预测接下来的 10 个值.
(b) 画出该时间序列、预测值以及 95% 预测极限的图,并解释结果.

9.22 名为 days 的文档里有来自艾奥瓦州伯灵顿市 Winegard 公司的会计数据,记录了 Winegard 收到某承销商 130 个连续订单后到款的天数. (出于保密原因,隐匿该承销商的名字.) 由图可见,该时间序列包含了一些明显的异常值. 用典型值 35 天来代替在"时点"63、106 和 129 上的每一个异常值.
(a) 对此修正序列应用 MA(2) 模型,预测接下来的 10 个值.

9.23 文档 robot 中的时间序列数据给出了某工业机器人完成一系列预设的工作之后，在 x 轴上的最终位置．相对于目标位置的偏离量作为测量对象．让机器人完成预设工作的目的是期望其行为可重复，因而可预测.
  (a) 使用 IMA(1，1) 模型预测下面的 5 个值，并得出 95％预测极限.
  (b) 绘图显示预测值、预测极限和真实值，并解释结果.
  (c) 再用 ARMA(1，1) 模型来预测下面的 5 个值，得出 95％预测极限，并与 (a) 中的结果相比较.

9.24 图表 9-4 是对加拿大野兔丰度序列值取平方根后，关于修正序列的预测和 95％预测极限，数据在名为 hare 的文档中．画出基于原序列数据的图，即画出原丰度序列、上述预测值平方和预测极限平方的图.

9.25 对习题 9.8 中月度发电量时间序列的对数序列，应用季节均值加线性时间趋势的模型．(数据在名为 electricity 的文档里.)
  (a) 求原序列的 2 年预测和预测极限，即对习题 9.8 的结果取指数幂（取对数的逆运算）.
  (b) 画出原时间序列最后 5 年及未来 2 年的预测和 95％预测极限的图，并予以解释.

附录 E 条件期望

如果 X 和 Y 有联合概率密度函数 $f(x,y)$，记 X 的边际概率密度函数为 $f(x)$，那么给定 $X=x$ 时，Y 的**条件概率密度函数**可给出如下：

$$f(y|x) = \frac{f(x,y)}{f(x)}$$

对给定的 x 值，条件概率密度具备概率密度函数所有的一般性质．特别地，给定 $X=x$，Y 的**条件期望**定义如下：

$$E(Y|X=x) = \int_{-\infty}^{\infty} y f(y|x) \mathrm{d}y$$

作为期望值或均值，给定 $X=x$，Y 的**条件期望**具备所有的一般性质．比如，

$$E(aY+bZ+c|X=x) = aE(Y|X=x) + bE(Z|X=x) + c \tag{9.E.1}$$

和

$$E[h(Y)|X=x] = \int_{-\infty}^{\infty} h(y) f(y|x) \mathrm{d}y \tag{9.E.2}$$

此外，还有如下新的性质：

$$E[h(X)|X=x] = h(x) \tag{9.E.3}$$

也就是说，给定 $X=x$，随机变量 $h(X)$ 可以当做常数 $h(x)$ 处理．更一般地，

$$E[h(X,Y)|X=x] = E(h(x,Y)|X=x) \tag{9.E.4}$$

若令 $E(Y|X=x)=g(x)$，则 $g(X)$ 是一个随机变量，因此可以考虑 $E[g(X)]$，可证明

$$E[g(X)] = E(Y)$$

上式也经常写成

$$E[E(Y|X)] = E(Y) \tag{9.E.5}$$

如果 Y 和 X 是独立的,那么

$$E(Y|X) = E(Y) \tag{9.E.6}$$

附录 F 最小均方误差预测

假设 Y 是均值为 μ_Y、方差为 σ_Y^2 的随机变量. 如果目标是仅用常数 c 来预测 Y,那么最佳的 c 是多少呢?很清楚,这里必须首先定义何为最佳. 一般(而且方便)的标准是选择使预测均方误差最小的 c,也就是,最小化下式:

$$g(c) = E[(Y-c)^2]$$

展开 $g(c)$,有

$$g(c) = E(Y^2) - 2cE(Y) + c^2$$

因为 $g(c)$ 是 c 的二次函数,且开口向上,所以解 $g'(c) = 0$ 可得最小值,有

$$g'(c) = -2E(Y) + 2c$$

所以最优的 c 是

$$c = E(Y) = \mu \tag{9.F.1}$$

还要注意

$$\min_{-\infty < c < \infty} g(c) = E(Y-\mu)^2 = \sigma_Y^2 \tag{9.F.2}$$

现在假设第二个随机变量 X 的值能得到,希望借助 X 的观测值来预测 Y. 令 $\rho = \text{Corr}(X, Y)$. 为简便起见,先假设只有线性函数 $a+bX$ 可用于预测,则均方误差给出如下:

$$g(a,b) = E(Y-a-bX)^2$$

展开后有

$$g(a,b) = E(Y^2) + a^2 + b^2 E(X^2) - 2aE(Y) + 2abE(X) - 2bE(XY)$$

这也是 a 和 b 的二次函数,且开口向上. 因此,可以通过解联立方程组 $\partial g(a,b)/\partial a = 0$ 和 $\partial g(a,b)/\partial b = 0$ 得到最小值. 有

$$\partial g(a,b)/\partial a = 2a - 2E(Y) + 2bE(X) = 0$$
$$\partial g(a,b)/\partial b = 2bE(X^2) + 2aE(X) - 2E(XY) = 0$$

重新写成

$$a + E(X)b = E(Y)$$
$$E(X)a + E(X^2)b = E(XY)$$

用 $E(X)$ 乘以第一个方程,再减去第二个方程得

$$b = \frac{E(XY) - E(X)E(Y)}{E(X^2) - [E(X)]^2} = \frac{\text{Cov}(X,Y)}{\text{Var}(X)} = \rho \frac{\sigma_Y}{\sigma_X} \tag{9.F.3}$$

则

$$a = E(Y) - bE(X) = \mu_Y - \rho \frac{\sigma_Y}{\sigma_X} \mu_X \tag{9.F.4}$$

如果令 $\hat{Y}$ 为基于 X 的线性函数所得 Y 的最小均方误差预测,那么有

$$\hat{Y} = \left[\mu_Y - \rho \frac{\sigma_Y}{\sigma_X} \mu_X\right] + \left[\rho \frac{\sigma_Y}{\sigma_X} \mu_X\right] X \tag{9.F.5}$$

或者
$$\left[\frac{\hat{Y}-\mu_Y}{\sigma_Y}\right]=\rho\left[\frac{X-\mu_X}{\sigma_X}\right] \qquad (9.F.6)$$

对于标准化的变量 $\hat{Y}^*$ 和 X^*，可简化为 $\hat{Y}^*=\rho X^*$。

并且，使用公式（9.F.3）和公式（9.F.4），可得
$$\min g(a,b)=\sigma_Y^2(1-\rho^2) \qquad (9.F.7)$$

既然 $g(a,b)\geqslant 0$，那么这正给出了 $-1\leqslant\rho\leqslant +1$ 的一个证明。

如果将公式（9.F.7）和公式（9.F.2）比较，则可看出用 X 的线性函数来预测 Y，比不考虑 X 而简单地用常数项 μ_Y 进行预测，所得到的最小均方误差要小，二者相差一个乘子 $1-\rho^2$。

现在考虑更一般的情况，即用 X 的任意函数来预测 Y，标准仍是最小化均方误差预测。这里需要选择函数 $h(X)$，使下式达到最小：
$$E[Y-h(X)]^2 \qquad (9.F.8)$$

使用公式（9.E.5），上式可写成
$$E[Y-h(X)]^2=E(E\{[Y-h(X)]^2|X\}) \qquad (9.F.9)$$

使用公式（9.E.4），里层的期望可写成
$$E\{[Y-h(X)]^2|X=x\}=E\{[Y-h(x)]^2|X=x\} \qquad (9.F.10)$$

对每一个值，$h(x)$ 都是一个常数，而且可应用公式（9.F.1）的结果于给定 $X=x$ 的 Y 的条件分布。因此，对每一个 x，$h(x)$ 的最优选择都是
$$h(x)=E(Y|X=x) \qquad (9.F.11)$$

既然 $h(x)$ 的这一选择可令公式（9.F.9）的里层期望达到最小，则其必然会使公式（9.F.8）整体达到最小。因此
$$h(X)=E(Y|X) \qquad (9.F.12)$$
是基于所有关于 X 的函数所得的 Y 的最优预测。

如果 X 和 Y 有二元正态分布，众所周知有
$$E(Y|X)=\mu_Y+\rho\frac{\sigma_Y}{\sigma_X}(X-\mu_X)$$

从而公式（9.F.12）和公式（9.F.5）的解是一致的。此时线性预测是所有函数中最好的。

更一般地，如果用一个 $X_1, X_2, \cdots, X_n$ 的函数来预测 Y，则易证最小均方误差预测为
$$E(Y|X_1,X_2,\cdots,X_n) \qquad (9.F.13)$$

附录 G 截断线性过程

假设 $\{Y_t\}$ 满足一般的 ARIMA(p, d, q) 模型，其中 AR 的特征多项式是 $\phi(x)$，MA 的特征多项式是 $\theta(x)$，常数项是 θ_0。那么 $\{Y_t\}$ 的**截断线性过程**表达式为
$$Y_{t+\ell}=C_t(\ell)+I_t(\ell), \quad \ell\geqslant 1 \qquad (9.G.1)$$

其中
$$I_t(\ell)=\sum_{j=0}^{\ell-1}\psi_j e_{t+\ell-j}, \quad \ell\geqslant 1 \qquad (9.G.2)$$

$$C_t(\ell) = \sum_{i=0}^{d} A_i \ell^i + \sum_{i=1}^{r} \sum_{j=0}^{p_i-1} B_{ij} \ell^j (G_i)^\ell \qquad (9.\text{G}.3)$$

而且 A_i, B_{ij} ($i=1, 2, \cdots, r$, $j=1, 2, \cdots, p_i$) 是 ℓ 的常数，且仅依赖于 Y_t, Y_{t-1}, $\cdots$⊖.
通常，ψ 权重由下述等式定义：

$$\phi(x)(1-x)^d (1+\psi_1 x + \psi_2 x^2 + \cdots) = \theta(x) \qquad (9.\text{G}.4)$$

或者

$$\varphi(x)(1+\psi_1 x + \psi_2 x^2 + \cdots) = \theta(x) \qquad (9.\text{G}.5)$$

可证公式（9.G.1）中的表达式成立. 证明如下：固定 t，则 $C_t(\ell)$ 是定义中差分方程的**余函数**，即

$$C_t(\ell) - \varphi_1 C_t(\ell-1) - \varphi_2 C_t(\ell-2) - \cdots - \varphi_{p+d} C_t(\ell-p-d) = \theta_0, \ell \geqslant 0 \qquad (9.\text{G}.6)$$

而且 $I_t(\ell)$ 是一个**特解**（不含 θ_0）：

$$\begin{aligned} I_t(\ell) - \varphi_1 I_t(\ell-1) - \varphi_2 I_t(\ell-2) - \cdots - \varphi_{p+d} I_t(\ell-p-d) \\ = e_{t+\ell} - \theta_1 e_{t+\ell-1} - \theta_2 e_{t+\ell-2} - \cdots - \theta_q e_{t+\ell-q}, \ell > q \end{aligned} \qquad (9.\text{G}.7)$$

因为 $C_t(\ell)$ 包含 $p+d$ 个任意常数（式中诸 A、B），将 $C_t(\ell)$ 和 $I_t(\ell)$ 相加，得到 ARIMA 方程的通解. $\{Y_t\}$ 过程所满足的初始条件决定了 A 和 B 的取值.

注意 A_d 并非任意取值，有

$$A_d = \frac{\theta_0}{(1-\phi_1-\phi_2-\cdots-\phi_p)d!} \qquad (9.\text{G}.8)$$

公式（9.G.2）所给 $C_t(\ell)$ 是余函数，且满足公式（9.G.6）的证明，是一个得自差分方程理论的标准结论（例如，见 Goldberg, 1958）. 下面证明公式（9.G.2）的特解 $I_t(\ell)$ 的确满足公式（9.G.7）.

为记写方便，当 $j > p+d$ 时，令 $\varphi_j = 0$. 公式（9.G.7）的左边可写成：

$$\begin{aligned} (\psi_0 e_{t+\ell} + \psi_1 e_{t+\ell-1} + \cdots + \psi_{\ell-1} e_{t+1}) - \varphi_1(\psi_0 e_{t+\ell-1} + \psi_1 e_{t+\ell-2} + \cdots \\ + \psi_{\ell-2} e_{t+1}) - \cdots - \varphi_{p+d}(\psi_0 e_{t+\ell-p-d} + \psi_1 e_{t+\ell-p-d-1} + \cdots + \psi_{\ell-p-d-1} e_{t+1}) \end{aligned} \qquad (9.\text{G}.9)$$

现在合并相同的 e_t 项，并列出其系数，有

$e_{t+\ell-1}$ 的系数：ψ_0

$e_{t+\ell-2}$ 的系数：$\psi_1 - \varphi_1 \psi_0$

$e_{t+\ell-3}$ 的系数：$\psi_2 - \varphi_1 \psi_1 - \varphi_2 \psi_0$

$\vdots$

e_{t+1} 的系数：$\psi_{\ell-1} - \varphi_1 \psi_{\ell-2} - \varphi_2 \psi_{\ell-3} - \cdots - \varphi_{p+d} \psi_{\ell-p-d-1}$

如果 $\ell > q$，则可把这些系数与公式（9.G.7）右边相对应的系数相匹配，得出如下关系：

$$\left. \begin{aligned} \psi_0 &= 1 \\ \psi_1 - \varphi_1 \psi_0 &= -\theta_1 \\ \psi_2 - \varphi_1 \psi_1 - \varphi_2 \psi_0 &= -\theta_2 \\ &\vdots \\ \psi_q - \varphi_1 \psi_{q-1} - \varphi_2 \psi_{q-2} - \cdots - \varphi_q \psi_0 &= -\theta_q \\ \psi_{\ell-1} - \varphi_1 \psi_{\ell-2} - \varphi_2 \psi_{\ell-3} - \cdots - \varphi_{p+d} \psi_{\ell-p-d-1} &= 0, \ell > q \end{aligned} \right\} \qquad (9.\text{G}.10)$$

⊖ 仅依赖于 Y_t, Y_{t-1}, $\cdots$，是这里唯一用到的 $C_t(\ell)$ 的性质.

但是，通过比较上述关系与公式（9.G.5），可看出（9.G.10）恰为定义 ψ 权重的方程组，这样就如愿得出了公式（9.G.7）.

附录 H 状态空间模型

自从 1960 年 Kalman（卡尔曼）发表了其影响深远的杰出工作之后，控制论专家就发展并成功应用了所谓的**状态空间模型**和**卡尔曼滤波**. 近期相关的著作有 Durbin 以及 Koopman（2001）以及 Harvey 等（2004）.

考虑一般的平稳可逆 ARMA(p, q) 过程 $\{Z_t\}$. 令 $m = \max(p, q+1)$，过程在 t 时刻的**状态**定义为长度是 m 的列向量 $\mathbf{Z}(t)$，其第 j 个元素是基于 Z_t, Z_{t-1}, … 的预测值 $\hat{Z}(j)$，$j = 0, 1, 2, \cdots, m-1$. 注意 $\mathbf{Z}(t)$ 的首元素恰是 $\hat{Z}(0) = Z_t$.

回顾更新公式（9.6.1），其在目前的情境下可写成：

$$\hat{Z}_{t+1}(\ell) = \hat{Z}_t(\ell+1) + \psi_\ell e_{t+1} \tag{9.H.1}$$

对 $\ell = 0, 1, 2, \cdots, m-2$，可直接应用上述表达式. 对 $\ell = m-1$，有

$$\begin{aligned}\hat{Z}_{t+1}(m-1) &= \hat{Z}_t(m) + \psi_{m-1} e_{t+1} \\ &= \phi_1 \hat{Z}_t(m-1) + \phi_2 \hat{Z}_t(m-2) + \cdots + \phi_p \hat{Z}_t(m-P) + \psi_{m-1} e_{t+1}\end{aligned} \tag{9.H.2}$$

其中最后的表达式得自公式（9.3.34），$\mu = 0$.

关于 $\mathbf{Z}(t+1)$ 与 $\mathbf{Z}(t)$ 和 e_{t+1} 关系的公式（9.H.1）和（9.H.2）的矩阵形式，称为**状态方程**（或**赤池马尔可夫表示**），给出如下：

$$\mathbf{Z}(t+1) = \mathbf{FZ}(t) + \mathbf{G} e_{t+1} \tag{9.H.3}$$

其中

$$\mathbf{F} = \begin{bmatrix} 0 & 1 & 0 & 0 & \cdots & 0 \\ 0 & 0 & 1 & 0 & \cdots & 0 \\ 0 & 0 & 0 & 1 & \cdots & 0 \\ \vdots & & & & & \\ 0 & 0 & 0 & 0 & \cdots & 1 \\ \phi_m & \phi_{m-1} & \cdot & \cdot & \cdot & \phi_1 \end{bmatrix} \tag{9.H.4}$$

和

$$\mathbf{G} = \begin{bmatrix} 1 \\ \psi_1 \\ \psi_2 \\ \vdots \\ \psi_{m-1} \end{bmatrix} \tag{9.H.5}$$

其中，当 $j > p$ 时，$\phi_j = 0$. 注意公式（9.H.3）的简洁性是以必须处理向量值过程为代价的. 因为状态空间形式通常容许有测量误差，所以对 Z_t 的观测不采取直接的方式，而只是通过如下**观测方程**来观察 Y_t：

$$Y_t = \mathbf{HZ}(t) + \varepsilon_t \tag{9.H.6}$$

其中 $\boldsymbol{H}=[1,0,0,\cdots,0]$，而且 $\{\varepsilon_t\}$ 是独立于 $\{e_t\}$ 的另一个零均值白噪声. 在公式（9.H.6）中令 $\varepsilon_t=0$，即可得出无测量误差的特例. 等价地，在后续方程组中令 $\sigma_\varepsilon^2=0$ 也能得到这一特例. 在更一般的状态空间模型中，$\boldsymbol{F},\boldsymbol{G}$ 和 $\boldsymbol{H}$ 的形式更一般，抑或是时变的.

似然函数和卡尔曼滤波的估计

首先定义：$n\times1$ 随机向量 $\boldsymbol{X}$ 的**协方差矩阵**是 $n\times n$ 的矩阵，其第 ij 个元素是 $\boldsymbol{X}$ 的第 i 个与第 j 个分量的协方差.

如果 $\boldsymbol{Y}=\boldsymbol{A}\boldsymbol{X}+\boldsymbol{B}$，那么易证 $\boldsymbol{Y}$ 的协方差矩阵是 $\boldsymbol{A}\boldsymbol{V}\boldsymbol{A}^\mathrm{T}$，其中 $\boldsymbol{V}$ 是 $\boldsymbol{X}$ 的协方差矩阵，上标 T 代表矩阵转置.

回到卡尔曼滤波，令 $\boldsymbol{Z}(t+1|t)$ 代表 $m\times1$ 的向量，其第 j 个分量是 $E[\hat{Z}_{t+1}(j)|Y_t,Y_{t-1},\cdots,Y_1]$，$j=0,1,2,\cdots,m-1$. 类似地，令 $\boldsymbol{Z}(t|t)$ 表示第 j 个分量是 $E[\hat{Z}_t(j)|Y_t,Y_{t-1},\cdots,Y_1]$ 的向量，$j=0,1,2,\cdots,m-1$.

那么，因为 e_{t+1} 独立于 $Z_t,Z_{t-1},\cdots$，从而亦独立于 $Y_t,Y_{t-1},\cdots$，由公式（9.H.3）看出

$$\boldsymbol{Z}(t+1|t)=\boldsymbol{F}\boldsymbol{Z}(t|t) \tag{9.H.7}$$

再令 $\boldsymbol{P}(t+1|t)$ 为"预测误差" $\boldsymbol{Z}(t+1)-\boldsymbol{Z}(t+1|t)$ 的协方差矩阵，$\boldsymbol{P}(t|t)$ 为"预测误差" $\boldsymbol{Z}(t)-\boldsymbol{Z}(t|t)$ 的协方差矩阵，由公式（9.H.3）得

$$\boldsymbol{P}(t+1|t)=\boldsymbol{F}[\boldsymbol{P}(t|t)]\boldsymbol{F}^\mathrm{T}+\sigma_e^2\boldsymbol{G}\boldsymbol{G}^\mathrm{T} \tag{9.H.8}$$

在观测方程（公式（9.H.6））中，用 $t+1$ 替换 t 得到

$$\boldsymbol{Y}(t+1|t)=\boldsymbol{H}\boldsymbol{Z}(t+1|t) \tag{9.H.9}$$

其中 $\boldsymbol{Y}(t+1|t)=E[Y_{t+1}|Y_t,Y_{t-1},\cdots,Y_1]$.

这时可证以下关系成立（比如，见 Harvey,1981c）：

$$\boldsymbol{Z}(t+1|t+1)=\boldsymbol{Z}(t+1|t)+\boldsymbol{K}(t+1)[Y_{t+1}-\boldsymbol{Y}(t+1|t)] \tag{9.H.10}$$

其中

$$\boldsymbol{K}(t+1)=\boldsymbol{P}(t+1|t)\boldsymbol{H}^\mathrm{T}[\boldsymbol{H}\boldsymbol{P}(t+1|t)\boldsymbol{H}^\mathrm{T}+\sigma_\varepsilon^2]^{-1} \tag{9.H.11}$$

和

$$\boldsymbol{P}(t+1|(t+1))=\boldsymbol{P}(t+1|t)-\boldsymbol{K}(t+1)\boldsymbol{H}\boldsymbol{P}(t+1|t) \tag{9.H.12}$$

公式（9.H.10）、公式（9.H.11）和公式（9.H.12）总称为**卡尔曼滤波方程组**. 公式（9.H.10）中的量

$$\mathrm{err}_{t+1}=Y_{t+1}-\boldsymbol{Y}(t+1|t) \tag{9.H.13}$$

是预测误差，且与过去的观察值 $Y_t,Y_{t-1},\cdots$ 独立（或至少不相关）. 因为允许有测量误差，所以一般来说误差 err_{t+1} 不同于 e_{t+1}.

由公式（9.H.13）和公式（9.H.6），有

$$\nu_{t+1}=\mathrm{Var}(\mathrm{err}_{t+1})=\boldsymbol{H}\boldsymbol{P}(t+1|t)\boldsymbol{H}^\mathrm{T}+\sigma_\varepsilon^2 \tag{9.H.14}$$

现在考虑观察序列 $Y_1,Y_2,\cdots,Y_n$ 的似然函数. 由条件概率密度函数的定义，可写出

$$f(y_1,y_2,\cdots,y_n)=f(y_n|y_1,y_2,\cdots,y_{n-1})f(y_1,y_2,\cdots,y_{n-1})$$

或者，取对数得

$$\log f(y_1,y_2,\cdots,y_n)=\log f(y_1,y_2,\cdots,y_{n-1})+\log f(y_n|y_1,y_2,\cdots,y_{n-1}) \tag{9.H.15}$$

现在假定对象为正态分布，即 $\{e_t\}$ 和 $\{\varepsilon_t\}$ 都是正态白噪声过程，那么已知 Y_n 关于 $Y_1=$

y_1，$Y_2 = y_2$，$\cdots$，$Y_{n-1} = y_{n-1}$ 的条件分布也是正态分布，均值是 $y(n|n-1)$，方差是 ν_n. 在本节余下的部分及下一节中，记 $Y(n|n-1)$ 的观测值为 $y(n|n-1)$. 那么公式（9.H.15）右边第二项可写为：

$$\log f(y_n|y_1,y_2,\cdots,y_{n-1}) = -\frac{1}{2}\log 2\pi - \frac{1}{2}\log\nu_n - \frac{1}{2}\frac{[y_n - y(n|n-1)]^2}{\nu_n}$$

进一步，公式（9.H.15）右边第一项可以重复分解直到

$$\log f(y_1,y_2,\cdots,y_n) = \sum_{t=2}^{n}\log f(y_t|y_1,y_2,\cdots,y_{t-1}) + \log f(y_1) \tag{9.H.16}$$

变为似然预测误差分解，即

$$\log f(y_1,y_2,\cdots,y_n) = -\frac{n}{2}\log 2\pi - \frac{1}{2}\sum_{t=1}^{n}\nu_t - \frac{1}{2}\sum_{t=1}^{n}\frac{[y_t - y(t|t-1)]^2}{\nu_t} \tag{9.H.17}$$

其中 $y(1|0) = 0$，$\nu_1 = \mathrm{Var}(Y_1)$.

对于给定的参数取值集合，计算其似然值的整体策略是，使用卡尔曼滤波方程组递归生成预测误差及其方差，再使用似然函数的预测误差分解. 这里仅有一点有待解决：需要初始值 $\mathbf{Z}(0|0)$ 和 $\mathbf{P}(0|0)$ 启动递归过程.

初始状态协方差矩阵

对零均值过程，初始状态向量 $\mathbf{Z}(0|0)$ 是零向量，且 $\mathbf{P}(0|0)$ 是 $\mathbf{Z}(0) - \mathbf{Z}(0|0) = \mathbf{Z}(0)$ 的协方差矩阵. 现在，因为 $\mathbf{Z}(0)$ 是各元素为 $[Z_0, \hat{Z}_0(1), \cdots, \hat{Z}_0(m-1)]$ 的列向量，故有必要计算

$$\mathrm{Cov}[\hat{Z}_0(i), \hat{Z}_0(j)], \quad i,j = 0,1\cdots,m-1$$

由截断线性过程的形式，公式（9.3.35）中 $C_t(\ell) = \hat{Z}_t(\ell)$，对于 $j > 0$，可写出

$$Z_j = \hat{Z}_0(j) + \sum_{k=-j}^{-1}\psi_{j+k}e_{-k} \tag{9.H.18}$$

用 Z_0 乘以公式（9.H.18），然后取期望值得到

$$\gamma_j = E(Z_0 Z_j) = E[\hat{Z}_0(0)(\hat{Z}_0(j))], \quad j \geqslant 0 \tag{9.H.19}$$

现在，在公式（9.H.18）中用 i 代替 j 再乘以自身，然后取期望值. 忆及诸 e 均独立于过去的 Z，并假定 $0 < i \leqslant j$，得到

$$\gamma_{j-i} = \mathrm{Cov}[\hat{Z}_0(i), \hat{Z}_0(j)] + \sigma_e^2 \sum_{k=0}^{i-1}\psi_k\psi_{k+j-i} \tag{9.H.20}$$

结合公式（9.H.19）和公式（9.H.20），作为所需 $\mathbf{P}(0|0)$ 的元素有

$$\mathrm{Cov}[\hat{Z}_0(i), \hat{Z}_0(j)] = \begin{cases} \gamma_i & 0 = i \leqslant j \leqslant m-1 \\ \gamma_{j-i} - \sigma_e^2\sum_{k=0}^{i-1}\psi_k\psi_{k+j-i} & 1 \leqslant i \leqslant j \leqslant m-1 \end{cases} \tag{9.H.21}$$

其中 ψ 权重得自公式（4.4.7）的递归，而 $\{Z_t\}$ 过程的自协方差函数 γ_k 则是如附录 C 中那样得到.

通过 σ_e^2 除以 σ_e^2，即可从问题中将 σ_e^2 去掉. 对数似然公式（9.H.17）中的预测误差方差 ν_t 替换为 $\sigma_e^2\nu_t$，并在公式（9.H.8）中固定 $\sigma_e^2 = 1$. 去掉不必要的常数，得到新的对数似然函数

$$\ell = \sum_{t=1}^{n} \left\{ \log(\sigma_e^2 \nu_t) + \frac{[y_t - y(t|t-1)]^2}{\nu_t} \right\} \qquad (9.\text{H}.22)$$

关于 σ_e^2，上式可以解析地最小化，得到

$$\sigma_e^2 = \sum_{t=1}^{n} \left\{ \frac{[y_t - y(t|t-1)]^2}{\nu_t} \right\} \qquad (9.\text{H}.23)$$

将上式代入公式（9.H.22），求得

$$\ell = \sum_{t=1}^{n} \log \nu_t + n \log \sum_{t=1}^{n} \left\{ \frac{[y_t - y(t|t-1)]^2}{\nu_t} \right\} \qquad (9.\text{H}.24)$$

上式关于 ϕ_1，ϕ_2，$\cdots$，ϕ_p，θ_1，θ_2，$\cdots$，θ_q 和 σ_ϵ^2，必须用数值方法才能最小化。完成这些工作后，回到公式（9.H.23）来估计 σ_e^2。公式（9.H.24）定义的函数有时也称为**集中化对数似然函数**。

第 10 章 季节模型

第 3 章介绍了如何建立季节性确定趋势模型. 然而, 在应用时间序列的很多领域中, 尤其是在商业及经济领域中, 任何确定趋势的假设都相当可疑, 即便序列中普遍存在着循环趋势.

举个例子: 在世界多个地区进行着大气中所含二氧化碳 (CO_2) 水平的监测, 用以研究大气变化情况, 其中之一是靠近北极圈地处加拿大西北部边境的阿勒特.

图表 10-1 中显示的是自 1994 年 1 月至 2004 年 12 月间阿勒特地区的月度 CO_2 水平. 该图有强势上升趋势, 同时也具有季节性特征, 后者可在更为详尽的图表 10-2 中看到. 图表 10-2 仅用月度符号绘出了最后几年的情况.

图表 10-1　加拿大西北部阿勒特地区的月 CO_2 水平

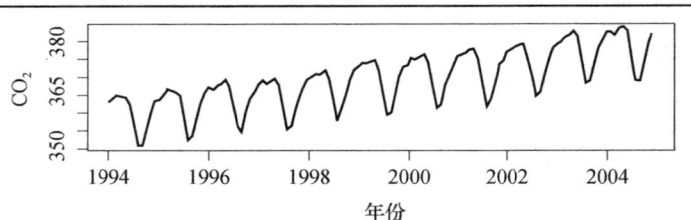

```
> data(co2)
> win.graph(width=4.875,height=3,pointsize=8)
> plot(co2,ylab='CO2')
```

正如两图所示, 冬季月份 CO_2 含量偏高, 而夏季月份低得多. 这里当然可以考虑应用确定性季节模型, 如已在第 3 章中研究过的带有线性时间趋势的季节均值模型, 或是带有线性时间趋势的不同频率上余弦曲线的加总模型. 但是我们发现, 这些模型无法解释该时间序列的行为. 可以证明对此序列以及许多其他的序列而言, 从带有线性时间趋势的季节均值模型得到的残差在许多滞后点都高度自相关⊖. 相反地, 下面我们将看到本章所要研究的**随机季节模型**却能够很好地拟合这一序列.

⊖ 习题 10.8 中, 要求读者给出这个证明.

季节模型

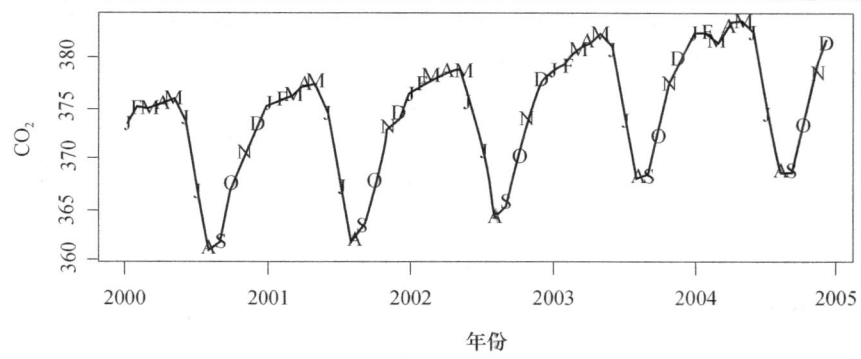

图表 10-2 用月度符号表示的 CO_2 含量

```
> plot(window(co2,start=c(2000,1)),ylab='CO2')
> Month=c('J','F','M','A','M','J','J','A','S','O','N','D')
> points(window(co2,start=c(2000,1)),pch=Month)
```

10.1 季节 ARIMA 模型

我们先来研究平稳模型,在 10.3 节中,再进一步考虑非平稳的推广情况. 令 s 表示已知的季节周期;月度序列情形 $s=12$,季度序列情形 $s=4$.

考虑根据下式所生成的时间序列:

$$Y_t = e_t - \Theta e_{t-12}$$

注意到

$$\mathrm{Cov}(Y_t, Y_{t-1}) = \mathrm{Cov}(e_t - \Theta e_{t-12}, e_{t-1} - \Theta e_{t-13}) = 0$$

但是

$$\mathrm{Cov}(Y_t, Y_{t-12}) = \mathrm{Cov}(e_t - \Theta e_{t-12}, e_{t-12} - \Theta e_{t-24}) = -\Theta \sigma_e^2$$

很容易看出,该序列是平稳的,而且仅在滞后 12 处才有非零的自相关性.

概括上述想法,定义**季节**周期为 s 的 Q 阶季节 **MA(Q)** 模型如下:

$$Y_t = e_t - \Theta_1 e_{t-s} - \Theta_2 e_{t-2s} - \cdots - \Theta_Q e_{t-Qs} \tag{10.1.1}$$

其**季节 MA 特征多项式**为

$$\Theta(x) = 1 - \Theta_1 x^s - \Theta_2 x^{2s} - \cdots - \Theta_Q x^{Qs} \tag{10.1.2}$$

显然,该序列总是平稳的,且其自相关函数只在 $s, 2s, 3s, \cdots, Qs$ 等季节滞后上非零. 特别地,

$$\rho_{ks} = \frac{-\Theta_k + \Theta_1 \Theta_{k+1} + \Theta_2 \Theta_{k+2} + \cdots + \Theta_{Q-k} \Theta_Q}{1 + \Theta_1^2 + \Theta_2^2 + \cdots + \Theta_Q^2}, \quad k = 1, 2, \cdots, Q \tag{10.1.3}$$

(比较此式与关于非季节性 MA 过程的方程 (4.2.5).) 模型可逆的条件是,特征方程 $\Theta(x)=0$ 的所有根的绝对值都必须大于 1.

值得注意的是,季节 MA(Q) 模型也可以看做是阶数 $q=Qs$ 的非季节性 MA 模型的特例,但后者除了在季节滞后 $s, 2s, 3s, \cdots, Qs$ 处,所有的 θ 值都取零.

同样可以定义季节自回归模型. 考虑

$$Y_t = \Phi Y_{t-12} + e_t \qquad (10.1.4)$$

其中 $|\Phi|<1$, e_t 独立于 Y_{t-1}, Y_{t-2}, $\cdots$. 可以证明, $|\Phi|<1$ 能够确保序列是平稳的. 故易证 $E(Y_t)=0$; 在方程 (10.1.4) 两边同乘 Y_{t-k}, 取期望值, 并除以 γ_0, 得到

$$\rho_k = \Phi \rho_{k-12}, \quad k \geqslant 1 \qquad (10.1.5)$$

显然

$$\rho_{12} = \Phi \rho_0 = \Phi, \quad \rho_{24} = \Phi \rho_{12} = \Phi^2$$

更一般地,

$$\rho_{12k} = \Phi^k, \quad k=1,2,\cdots \qquad (10.1.6)$$

进一步地, 先后取定方程 (10.1.5) 中的 k 分别为 1 和 11, 并利用 $\rho_k = \rho_{-k}$, 得到

$$\rho_1 = \Phi \rho_{11}, \quad \rho_{11} = \Phi \rho_1$$

这意味着 $\rho_1 = \rho_{11} = 0$. 类似可证, 除了在季节滞后 12, 24, 36, $\cdots$ 处以外, $\rho_k = 0$ 总成立. 在滞后处取以上值时, 自相关函数如同 AR(1) 模型一样以指数方式衰减.

记住这个例子, 定义一个季节周期为 s 的 P 阶季节 **AR(P)** 模型如下:

$$Y_t = \Phi_1 Y_{t-s} + \Phi_2 Y_{t-2s} + \cdots + \Phi_P Y_{t-Ps} + e_t \qquad (10.1.7)$$

其季节特征多项式为

$$\Phi(x) = 1 - \Phi_1 x^s - \Phi_2 x^{2s} - \cdots - \Phi_P x^{Ps} \qquad (10.1.8)$$

通常要求 e_t 独立于 Y_{t-1}, Y_{t-2}, $\cdots$, 而且为了确保平稳性, 要求特征方程 $\Phi(x)=0$ 的所有根的绝对值都大于 1. 再次地, 方程 (10.1.7) 可以看做是一个阶数 $p=Ps$ 的特定 AR(p) 模型, 仅在季节滞后 s, $2s$, $3s$, $\cdots$, Ps 处才有非零的 ϕ 系数.

可以证明, 自相关函数仅在滞后为 s, $2s$, $3s$, $\cdots$ 处非零, 其行为很像是指数衰减函数和阻尼正弦函数的组合. 特别地, 方程 (10.1.4)、方程 (10.1.5) 和方程 (10.1.6) 易推广到广义季节 AR(1) 模型, 此时

$$\rho_{ks} = \Phi^k, \quad k=1,2,\cdots \qquad (10.1.9)$$

在滞后为其他值时是零相关的.

10.2 乘法季节 ARMA 模型

我们几乎不需要那些仅在季节性滞后上包含自相关性的模型. 结合在季节与非季节 ARMA 模型上的思考, 可以构造出一类简洁的模型, 它们不仅在季节滞后上包含相关性, 而且在邻近序列值的更小滞后上亦然.

考虑一个 MA 模型, 其特征多项式如下:

$$(1-\theta x)(1-\Theta x^{12})$$

将上式乘开后, 得到 $1-\theta x-\Theta x^{12}+\theta\Theta x^{13}$. 因此, 相应的时间序列满足下式:

$$Y_t = e_t - \theta e_{t-1} - \Theta e_{t-12} + \theta\Theta e_{t-13} \qquad (10.2.1)$$

可验证此模型的自相关函数只在滞后 1, 11, 12 和 13 上非零. 可以求出

$$\gamma_0 = (1+\theta^2)(1+\Theta^2)\sigma_e^2 \qquad (10.2.2)$$

$$\rho_1 = -\frac{\theta}{1+\theta^2} \qquad (10.2.3)$$

季节模型

$$\rho_{11} = \rho_{13} = \frac{\theta\Theta}{(1+\theta^2)(1+\Theta^2)} \quad (10.2.4)$$

并且

$$\rho_{12} = -\frac{\Theta}{1+\Theta^2} \quad (10.2.5)$$

图表 10-3 显示的是方程 (10.2.1) 所定义模型的自相关函数,其中 $\theta=\pm 0.5$,$\Theta=-0.8$,如方程组 (10.2.2) ~ (10.2.5) 所给出的那样.

图表 10-3　由方程组 (10.2.2) ~ (10.2.5) 得到的自相关图

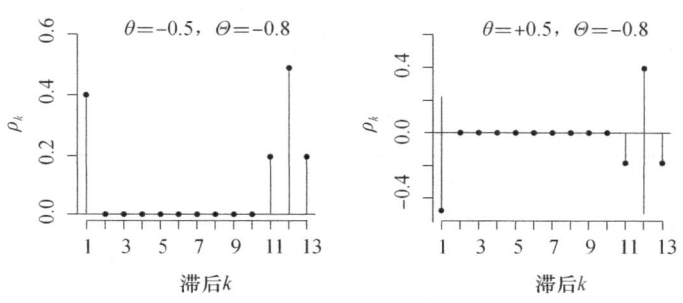

当然,也可以通过定义一个阶数为 12、仅 θ_1 和 θ_{12} 非零的 MA 模型来同时引入短期和季节自相关. 下节将会看到,差分后的非平稳模型将很自然地引出"乘法"模型.

那么,一般定义**季节周期为 s 的乘法季节 ARMA$(p, q) \times (P, Q)_s$ 模型**是 AR 特征多项式为 $\phi(x)\Phi(x)$、MA 特征多项式为 $\theta(x)\Theta(x)$ 的模型,其中

$$\left.\begin{aligned}\phi(x) &= 1-\phi_1 x-\phi_2 x^2-\cdots-\phi_p x^p \\ \Phi(x) &= 1-\Phi_1 x^s-\Phi_2 x^{2s}-\cdots-\Phi_P x^{Ps}\end{aligned}\right\} \quad (10.2.6)$$

与

$$\left.\begin{aligned}\theta(x) &= 1-\theta_1 x-\theta_2 x^2-\cdots-\theta_q x^q \\ \Theta(x) &= 1-\Theta_1 x^s-\Theta_2 x^{2s}-\cdots-\Theta_Q x^{Qs}\end{aligned}\right\} \quad (10.2.7)$$

模型中也可能包含一个常数项 θ_0. 再次注意,这只是一个特殊的 ARMA 模型,它的 AR 项阶数为 $p+Ps$,MA 项阶数为 $q+Qs$,但其系数不具有完全的一般性,而仅由 $p+P+q+Q$ 个系数所决定. 若 $s=12$,则由于 $p+P+q+Q$ 会远小于 $p+Ps+q+Qs$,因此将得到一个更为简洁的模型.

再举一个例子,假设 $P=q=1$,$p=Q=0$ 且 $s=12$,则模型为

$$Y_t = \Phi Y_{t-12} + e_t - \theta e_{t-1} \quad (10.2.8)$$

使用标准技巧可得

$$\gamma_1 = \Phi\gamma_{11} - \theta\sigma_e^2 \quad (10.2.9)$$

且

$$\gamma_k = \Phi\gamma_{k-12}, \quad k \geqslant 2 \quad (10.2.10)$$

考虑以上公式中的 k 取不同的值以后,可以得到

$$\left.\begin{array}{l}\gamma_0 = \left[\dfrac{1+\theta^2}{1-\Phi^2}\right]\sigma_e^2 \\ \rho_{12k} = \Phi^k, \quad k \geqslant 1 \\ \rho_{12k-1} = \rho_{12k+1} = \left(-\dfrac{\theta}{1+\theta^2}\Phi^k\right), \quad k=0,1,2,\cdots\end{array}\right\} \quad (10.2.11)$$

当滞后为所有其他值时,自相关函数值为零.

图表 10-4 显示的是两个周期都为 12 的此类季节 ARIMA 过程的自相关函数:一个过程的 $\Phi=0.75$,$\theta=0.4$,另一个过程的 $\Phi=0.75$,$\theta=-0.4$. 在众多季节时间序列的样本自相关函数中,这两个自相关函数的形状堪称典型. 而在图表 10-3 中显示的由方程 (10.2.3)、方程 (10.2.4) 和方程 (10.2.5) 所给出的更为简单的自相关函数,在实际中似亦多见(也许是经差分处理的).

图表 10-4 由方程 (10.2.11) 得到的自相关函数

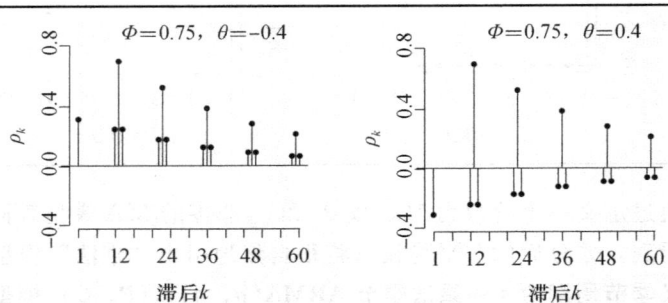

10.3 非平稳季节 ARIMA 模型

季节差分是非平稳季节过程建模的一个重要工具. 时间序列 $\{Y_t\}$ 的周期为 s 的**季节差分**用 $\nabla_s Y_t$ 表示,定义如下:

$$\nabla_s Y_t = Y_t - Y_{t-s} \quad (10.3.1)$$

例如,考虑月度序列 1 月至 1 月,2 月至 2 月,……相继年份中的数据变化情况. 注意,长度为 n 的序列其季节差分序列的长度为 $n-s$,也就是说,季节差分后丢失了 s 个数据值.

作为适用季节差分的一个例子,考虑由下式所生成的一个过程:

$$Y_t = S_t + e_t \quad (10.3.2)$$

其中

$$S_t = S_{t-s} + \varepsilon_t \quad (10.3.3)$$

其中 $\{e_t\}$ 和 $\{\varepsilon_t\}$ 是独立的白噪声序列. 这里的 $\{S_t\}$ 是"季节随机游动序列",且若 $\sigma_\varepsilon \ll \sigma_e$, 则 $\{S_t\}$ 将为慢变季节部分的模型.

由于 $\{S_t\}$ 是非平稳的,显然 $\{Y_t\}$ 也是非平稳的. 然而,若按方程 (10.3.1) 那样对 $\{Y_t\}$ 作季节差分变换,则将得到

$$\nabla_s Y_t = S_t - S_{t-s} + e_t - e_{t-s} = \varepsilon_t + e_t - e_{t-s} \quad (10.3.4)$$

经简单计算可知$\nabla_s Y_t$是平稳的，且其自相关函数与$MA(1)_s$模型的相同.

也可以推广方程组（10.3.2）和（10.3.3）所描述的模型，以表征非季节慢变随机趋势. 考虑

$$Y_t = M_t + S_t + e_t \tag{10.3.5}$$

其中

$$S_t = S_{t-s} + \varepsilon_t \tag{10.3.6}$$

且

$$M_t = M_{t-1} + \xi_t \tag{10.3.7}$$

其中$\{e_t\}$，$\{\varepsilon_t\}$和$\{\xi_t\}$是相互独立的白噪声序列. 这里将同时应用季节差分和普通的非季节差分来得到[⊖]

$$\begin{aligned}\nabla\nabla_s Y_t &= \nabla(M_t - M_{t-s} + \varepsilon_t + e_t - e_{t-s}) \\ &= (\xi_t + \varepsilon_t + e_t) - (\varepsilon_{t-1} + e_{t-1}) - (\xi_{t-s} + e_{t-s}) + e_{t-s-1}\end{aligned} \tag{10.3.8}$$

这里所定义的过程是平稳的，且只在1，$s-1$，s和$s+1$等滞后上有非零自相关性，这同季节周期为s的乘法季节模型$ARMA(0,1)\times(0,1)$的自相关结构是一致的.

以上这些例子引出了非平稳季节模型的定义. 过程$\{Y_t\}$称为季节周期为s、非季节（规则的）阶数为p，d和q，季节阶数为P，D和Q的**乘法季节ARIMA模型**，前提是差分序列

$$W_t = \nabla^d \nabla_s^D Y_t \tag{10.3.9}$$

满足某季节周期为s的$ARMA(p,q)\times(P,Q)_s$模型[⊖]. $\{Y_t\}$称为季节周期为s的ARIMA $(p,d,q)\times(P,D,Q)_s$模型.

显然，上述模型表示了一族范围广大而且灵活的模型类，从中可为某一特定时间序列选择一个适用的模型. 经验证明，这些模型足以拟合许多序列，通常模型也只要用三四个那样很少的几个参数.

10.4 模型识别、拟合和检验

季节模型的识别、拟合与检验的方法同第6、7、8章介绍过的一般方法并无二致. 这里仅强调怎样将这些一般性的方法应用于季节模型，并会对季节滞后予以特别关注.

模型识别

像以往一样，第一步就是仔细观察时间序列图. 图表10-1中显示的是加拿大北部地区的月CO_2含量. 仅考虑图中的上升趋势将引导我们建立一个非平稳模型. 图表10-5显示的是该序列的样本自相关函数. 如图所示，季节自相关关系十分显著. 注意在滞后12，24，36，…上的强相关性. 此外，还有许多其他的相关关系需要纳入模型中.

⊖ 应当注意，事实上$\nabla_s Y_t$是平稳的，且$\nabla\nabla_s Y_t$是不可逆的. 方程组（10.3.5）、（10.3.6）和（10.3.7）仅仅是用以导出乘法季节ARIMA模型.

⊖ 应用附录D中的延迟算子记号，可将一般的ARIMA$(p,d,q)\times(P,D,Q)_s$模型写成$\phi(B)\Phi(B)\nabla^d\nabla_s^D Y_t = \theta(B)\Theta(B)e_t$.

图表 10-5 CO_2 含量的样本 ACF

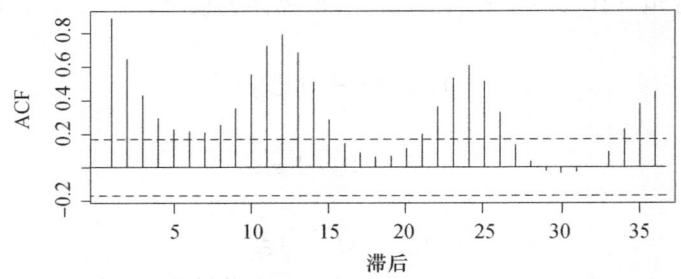

```
> acf(as.vector(co2),lag.max=36)
```

图表 10-6 显示的是经一次差分后 CO_2 含量的时间序列图.

图表 10-6 CO_2 含量的一次差分序列图

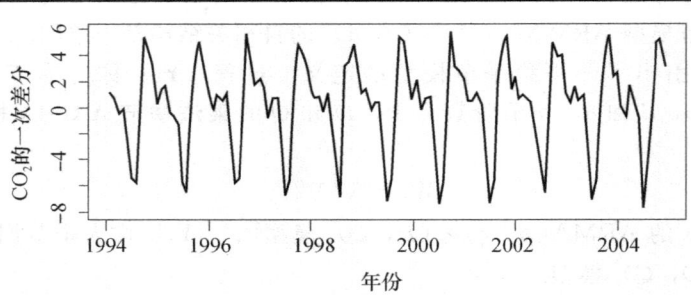

```
> plot(diff(co2),ylab='First Difference of CO2',xlab='Time')
```

正如图表 10-7 中所印证的那样,此时序列中一般性的上升趋势已然不在,而强烈的季节性仍然存在. 也许应用季节差分法所得的序列能够建立更为简约的模型.

图表 10-7 CO_2 含量一次差分序列的样本 ACF

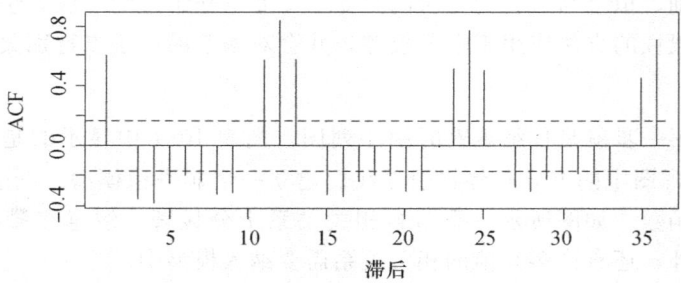

```
> acf(as.vector(diff(co2)),lag.max=36)
```

图表 10-8 显示的是 CO_2 含量数据经过一次差分和季节差分后的时间序列图. 此时,大部分(即便不是全部)的季节性已经消失了.

图表 10-8 CO_2 含量经一次和季节差分后的时间序列图

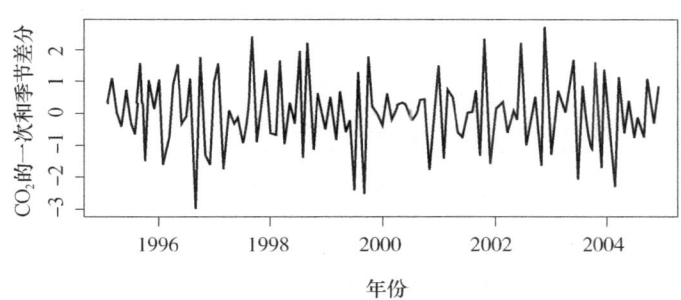

```
> plot(diff(diff(co2),lag=12),xlab='Time',
  ylab='First and Seasonal Difference of CC2')
```

图表10-9印证了经两次差分后的时间序列已经几乎不再具有自相关性. 此图也说明也许建立一个只在滞后1和12上具有自相关性的简单模型就够了.

图表 10-9 CO_2 序列经一次和季节差分后的样本 ACF

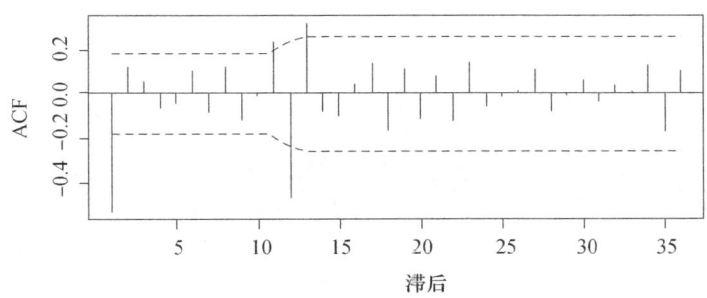

```
> acf(as.vector(diff(diff(co2),lag=12)),lag.max=36,ci.type='ma')
```

考虑识别乘法季节 $ARIMA(0,1,1) \times (0,1,1)_{12}$ 模型

$$\nabla_{12} \nabla Y_t = e_t - \theta e_{t-1} - \Theta e_{t-12} + \theta \Theta e_{t-13} \tag{10.4.1}$$

此模型满足上述诸多要求. 通常, 在此阶段的所有模型都是暂定的, 需要在模型构建的诊断阶段予以修正.

模型拟合

在为一个特定的时间序列建立了试探性的季节模型之后, 接下来要做的是尽可能有效地估计出模型中的参数. 正如前文中指出的那样, 乘法季节 ARIMA 模型只是一般 ARIMA 模型的特例. 就这点而论, 第7章所涉及的在参数估计阶段所要进行的全部工作都可以直接应用在季节性的讨论中.

对于 CO_2 含量序列的 $ARIMA(0,1,1) \times (0,1,1)_{12}$ 模型, 图表 10-10 给出了极大似然估计及其标准误差.

图表 10-10　CO_2 模型的参数估计

系　数	θ	Θ
估计值	0.5792	0.8206
标准误差	0.0791	0.1137

$\hat{\sigma}_e^2 = 0.5446$；对数似然值 $= -139.54$，AIC $= 283.08$

```
> m1.co2=arima(co2,order=c(0,1,1),seasonal=list(order=c(0,1,1),
    period=12))
> m1.co2
```

所有的系数估计值都是高度显著的，进而将对此模型加以检验．

诊断性检验

为了对估计后的 ARIMA$(0, 1, 1) \times (0, 1, 1)_{12}$ 模型进行检验，首先需要观察残差的时间序列图．图表 10-11 给出了标准残差图．除了序列中间存在某些异常行为外，此残差图并没有表明模型有任何主要的不规则性，鉴于模型在 1998 年 9 月时的标准残差看上去很可疑，可能还要进一步对模型做异常值检验．第 11 章将会进一步研究这个问题．

图表 10-11　ARIMA $(0, 1, 1) \times (0, 1, 1)_{12}$ 模型的残差

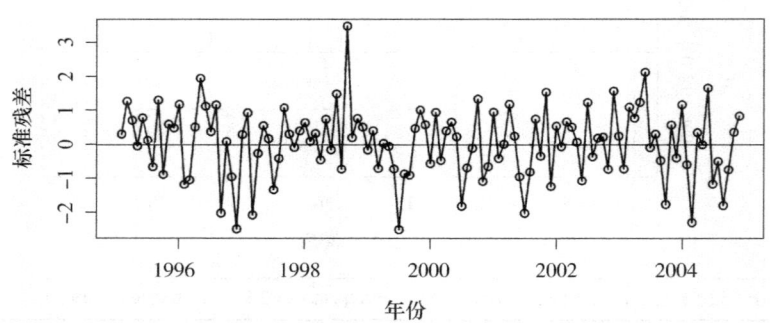

```
> plot(window(rstandard(m1.co2),start=c(1995,2)),
    ylab='Standardized Residuals',type='o')
> abline(h=0)
```

图表 10-12 绘出了残差的样本 ACF 以便进一步观察．唯一"统计上显著的"相关系数位于滞后 22，其值仅为 -0.17，相关性非常小．而且滞后 22 上的依赖关系难以给出合理的解释．最终，在所示出的 36 个自相关系数中只有一个是统计上显著的，这一点并不奇怪，这种情况很容易碰巧发生．除了滞后 22 处的边缘显著性以外，此模型看起来已经捕捉到了序列中依赖关系的本质．

对模型进行 Ljung-Box 检验，给出自由度为 22 的卡方值为 25.59，得到 p 值为 0.27——进一步表明此模型已捕获时间序列中的依赖关系．

图表 10-12 ARIMA$(0,1,1)\times(0,1,1)_{12}$ 模型残差的 ACF

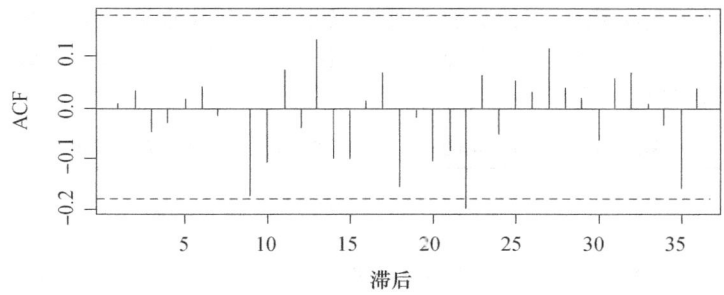

```
> acf(as.vector(window(rstandard(m1.co2),start=c(1995,2))),
   lag.max=36)
```

下面借助于残差来研究误差项的正态性问题。图表 10-13 显示的是残差直方图。图中的形状有点像"钟形"，但肯定不是标准钟形。或许分位数-分位数图能够给出更多的信息。

图表 10-13 ARIMA $(0,1,1)\times(0,1,1)_{12}$ 模型的残差

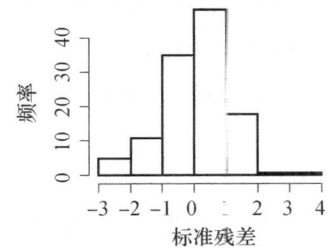

```
> win.graph(width=3, height=3,pointsize=8)
> hist(window(rstandard(m1.co2),start=c(1995,2)),
   xlab='Standardized Residuals')
```

图表 10-14 显示的是残差的 QQ 正态图。

图表 10-14 残差图：ARIMA$(0,1,1)\times(0,1,1)_{12}$ 模型

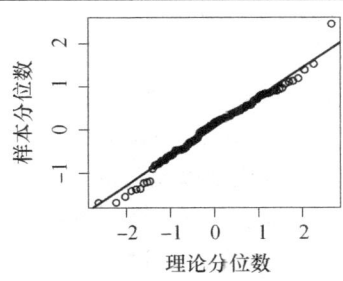

```
> win.graph(width=2.5,height=2.5,pointsize=8)
> qqnorm(window(rstandard(m1.co2),start=c(1995,2)))
> qqline(window(rstandard(m1.co2),start=c(1995,2)))
```

在图的上尾部,再次看到了一个异常值,但是 Shapiro-Wilk 正态性检验法给出的检验统计量 $W=0.982$,进而得到 p 值为 0.11,且在任何通常的显著性水平上正态性都未被拒绝.

作为对模型的进一步检验,根据图表 10-15 中所示的结果,考虑用 ARIMA$(0,1,2)\times(0,1,1)_{12}$ 模型进行过度拟合.

图表 10-15 ARIMA$(0,1,2)\times(0,1,1)_{12}$ 过度拟合模型

系 数	θ_1	θ_2	Θ
估计值	0.5714	0.0165	0.8274
标准误差	0.0897	0.0948	0.1224

$\hat{\sigma}_e^2=0.5427$;对数似然值$=-139.52$,AIC$=285.05$

```
> m2.co2=arima(co2,order=c(0,1,2),seasonal=list(order=c(0,1,1),
    period=12))
> m2.co2
```

当以这些结果与图表 10-10 中所示结果进行比较时,会发现 θ_1 与 Θ 的估计值都变化很小——尤其在考虑到标准误差的大小时. 此外,新参数 θ_2 的估计值在统计上与零无异. 还应注意,在 AIC 实际上已经增加的情况下,$\hat{\sigma}_e^2$ 和对数似然值都没有多少变化.

ARIMA$(0,1,1)\times(0,1,1)_{12}$ 模型成名于 Box 和 Jenkins(1976) 这部经典著作的第 1 版,它在那里用来刻画月度航空客运量时间序列取对数后的特征. 自那以后该模型就以**航线模型**为人所知. 在本章习题中,将要求读者分析原始的航线数据.

10.5 季节模型预测

同预期的一样,计算季节 ARIMA 模型预测最简单的方法是对模型递归地应用差分方程形式,正如方程 (9.3.28)、方程 (9.3.29) 以及方程 (9.3.40) 所表示的那样. 例如,考虑 ARIMA$(0,1,1)\times(1,0,1)_{12}$ 模型.

$$Y_t - Y_{t-1} = \Phi(Y_{t-12} - Y_{t-13}) + e_t - \theta e_{t-1} - \Theta e_{t-12} + \theta\Theta e_{t-13} \tag{10.5.1}$$

将上式改写为

$$Y_t = Y_{t-1} + \Phi Y_{t-12} - \Phi Y_{t-13} + e_t - \theta e_{t-1} - \Theta e_{t-12} + \theta\Theta e_{t-13} \tag{10.5.2}$$

那么从起点 t 出发的一步向前预测为

$$\hat{Y}_t(1) = Y_t + \Phi Y_{t-11} - \Phi Y_{t-12} - \theta e_t - \Theta e_{t-11} + \theta\Theta e_{t-12} \tag{10.5.3}$$

下一个是

$$\hat{Y}_t(2) = \hat{Y}_t(1) + \Phi Y_{t-10} - \Phi Y_{t-11} - \Theta e_{t-10} + \theta\Theta e_{t-11} \tag{10.5.4}$$

并以此类推. 在前置时刻 $\ell=1, 2, \cdots, 13$ 上,噪声项 $e_{t-13}, e_{t-12}, e_{t-11}, \cdots, e_t$(作为残差)将进入预测表达式,但是对于 $\ell>13$,将代之以模型的自回归部分,有

$$\hat{Y}_t(\ell) = \hat{Y}_t(\ell-1) + \Phi \hat{Y}_t(\ell-12) - \Phi \hat{Y}_t(\ell-13), \quad \ell>13 \tag{10.5.5}$$

为了了解模型预测的一般性质,考虑以下几种特殊情况.

季节 AR$(1)_{12}$ 模型

季节 AR$(1)_{12}$ 模型为

$$Y_t = \Phi Y_{t-12} + e_t \tag{10.5.6}$$

很明显地,有
$$\hat{Y}_t(\ell) = \Phi \hat{Y}_t(\ell-12) \tag{10.5.7}$$
然而,对 ℓ 向后迭代,也可以写出
$$\hat{Y}_t(\ell) = \Phi^{k+1} Y_{t+r-11} \tag{10.5.8}$$
这里的 k 和 r 是由式子 $\ell = 12k+r+1$ 所定义的,其中 $0 \leqslant r < 12$ 且 $k=0,1,2,\cdots$. 换句话说,k 是 $(\ell-1)/12$ 的整数部分,而 $r/12$ 是 $(\ell-1)/12$ 的小数部分. 如果最后的观测点是 12 月份,那么下一期 1 月份的预测值为 Φ 乘以 1 月份的最后观测值,2 月份的预测值为 Φ 乘以 2 月份的最后观测值,以此类推. 后推两期的 1 月份预测值为 Φ^2 乘以 1 月份的最后观测值. 当只关注 1 月份的数据时可以发现,其未来预测值将以指数方式衰减,衰减速度取决于 Φ 的大小. 所有各月份预测值的变化规律类同,区别只是各具体月份的初始预测值不同而已.

应用公式(9.3.38)以及仅当 j 为 12 的倍数时 ψ 权重非零的事实,也即
$$\psi_j = \begin{cases} \Phi^{j/12} & j = 0, 12, 24, \cdots \\ 0 & \text{其他} \end{cases} \tag{10.5.9}$$
则预测误差方差可以写为
$$\mathrm{Var}(e_t(\ell)) = \left[\frac{1-\Phi^{2k+2}}{1-\Phi^2}\right]\sigma_e^2 \tag{10.5.10}$$
其中同前面一样,k 是 $(\ell-1)/12$ 的整数部分.

季节 MA(1)$_{12}$ 模型

对于季节 MA(1)$_{12}$ 模型,有
$$Y_t = e_t - \Theta e_{t-12} + \theta_0 \tag{10.5.11}$$
在这里,可以看到
$$\left.\begin{aligned}\hat{Y}_t(1) &= -\Theta e_{t-11} + \theta_0 \\ \hat{Y}_t(2) &= -\Theta e_{t-10} + \theta_0 \\ &\vdots \\ \hat{Y}_t(12) &= -\Theta e_t - \theta_0\end{aligned}\right\} \tag{10.5.12}$$
且
$$\hat{Y}_t(\ell) = \theta_0, \quad \ell > 12 \tag{10.5.13}$$
这里得出第一年中各月份的不同预测值,但是从这以后的所有预测都将由过程均值给出.

对该模型而言,$\psi_0 = 1$,$\psi_{12} = -\Theta$,其余情况下 $\psi_j = 0$. 因而根据公式(9.3.38)可以得到
$$\mathrm{Var}(e_t(\ell)) = \begin{cases} \sigma_e^2 & 1 \leqslant \ell \leqslant 12 \\ (1+\Theta^2)\sigma_e^2 & 12 < \ell \end{cases} \tag{10.5.14}$$

ARIMA(0, 0, 0)×(0, 1, 1)$_{12}$ 模型

ARIMA(0, 0, 0)×(0, 1, 1)$_{12}$ 模型为
$$Y_t - Y_{t-12} = e_t - \Theta e_{t-12} \tag{10.5.15}$$
或者是
$$Y_{t+\ell} = Y_{t+\ell-12} + e_{t+\ell} - \Theta e_{t+\ell-12}$$

因此，
$$\left.\begin{array}{l}\hat{Y}_t(1) = Y_{t-11} - \Theta e_{t-11} \\ \hat{Y}_t(2) = Y_{t-10} - \Theta e_{t-10} \\ \quad\quad\vdots \\ \hat{Y}_t(12) = Y_t - \Theta e_t\end{array}\right\} \quad (10.5.16)$$

继而
$$\hat{Y}_t(\ell) = \hat{Y}_t(\ell-12), \quad \ell > 12 \quad (10.5.17)$$

从而可同样得到所有 1 月份的预测，同样得到所有 2 月份的预测，等等。

如果反转此模型，得到
$$Y_t = (1-\Theta)(Y_{t-12} + \Theta Y_{t-24} + \Theta^2 Y_{t-36} + \cdots) + e_t$$

结果可以写出
$$\left.\begin{array}{l}\hat{Y}_t(1) = (1-\Theta)\sum_{j=0}^{\infty} \Theta^j Y_{t-11-12j} \\ \hat{Y}_t(2) = (1-\Theta)\sum_{j=0}^{\infty} \Theta^j Y_{t-10-12j} \\ \quad\quad\vdots \\ \hat{Y}_t(12) = (1-\Theta)\sum_{j=0}^{\infty} \Theta^j Y_{t-12j}\end{array}\right\} \quad (10.5.18)$$

从这种表示中可以发现，每年 1 月份的预测都是所有 1 月份观测值的某个指数加权滑动平均，每年其他月份类同。

本例中，当 $j=12, 24, \cdots$ 时，$\psi_j = 1-\Theta$，在其他情况下 $\psi_j = 0$。则预测误差方差为
$$\mathrm{Var}(e_t(\ell)) = [1 + k(1-\Theta)^2]\sigma_e^2 \quad (10.5.19)$$

其中，k 为 $(\ell-1)/12$ 的整数部分。

ARIMA(0, 1, 1)×(0, 1, 1)$_{12}$模型

对 ARIMA(0, 1, 1)×(0, 1, 1)$_{12}$ 模型而言，
$$Y_t = Y_{t-1} + Y_{t-12} - Y_{t-13} + e_t - \theta e_{t-1} - \Theta e_{t-12} + \theta\Theta e_{t-13} \quad (10.5.20)$$

预测值满足
$$\left.\begin{array}{l}\hat{Y}_t(1) = Y_t \quad\quad + Y_{t-11} - Y_{t-12} - \theta e_t - \Theta e_{t-11} + \theta\Theta e_{t-12} \\ \hat{Y}_t(2) = \hat{Y}_t(1) \quad + Y_{t-10} - Y_{t-11} \quad\quad - \Theta e_{t-10} + \theta\Theta e_{t-11} \\ \quad\quad\vdots \\ \hat{Y}_t(12) = \hat{Y}_t(11) + Y_t \quad\quad - Y_{t-1} \quad\quad - \Theta e_t \quad + \theta\Theta e_{t-1} \\ \hat{Y}_t(13) = \hat{Y}_t(12) + \hat{Y}_t(1) - Y_t \quad\quad\quad\quad\quad + \theta\Theta e_t\end{array}\right\} \quad (10.5.21)$$

且
$$\hat{Y}_t(\ell) = \hat{Y}_t(\ell-1) + \hat{Y}_t(\ell-12) - \hat{Y}_t(\ell-13), \quad \ell > 13 \quad (10.5.22)$$

下面的表达式有助于理解预测的一般模式：
$$\hat{Y}_t(\ell) = A_1 + A_2\ell + \sum_{j=0}^{6}\left[B_{1j}\cos\left(\frac{2\pi j\ell}{12}\right) + B_{2j}\sin\left(\frac{2\pi j\ell}{12}\right)\right] \quad (10.5.23)$$

其中的 A 项和 B 项都依赖于 Y_t，Y_{t-1}，…，或者换一种说法，A 项和 B 项都是由初始预测值 $\hat{Y}_t(1)$，$\hat{Y}_t(2)$，…，$\hat{Y}_t(13)$ 所决定的。该结论得自一般差分方程理论，涉及方程 $(1-x)(1-x^{12})=0$ 的根。

注意，方程 (10.5.23) 揭示了预测值是由前置时间中的线性趋势和周期性部分的总和这两个部分加总而得。然而，系数 A_i 和 B_{ij} 更依赖于近期而非过去的数据，而且随着预测起点的变化和预测值的更新，它们也将随过程的改变而变化。这明显不同于带有季节性因素加上确定时间趋势的情况之预测，那种情况下系数同等程度地依赖于近期及以往的数据，且在未来的所有预测里皆然。

预测极限

和非季节性的情况一样，预测极限可以准确求得，这里用 CO_2 时间序列的例子来说明。图表 10-16 给出了预测值以及所拟合的前置时间为两年的 $ARIMA(0,1,1)\times(0,1,1)_{12}$ 模型的 95% 预测极限。图中也显示出了观测数据最后两年的值。预测值很好地模仿出了序列的随机周期性，而且预测极限也显示出预测之精度令人满意。

图表 10-16　CO_2 模型的预测值与预测极限

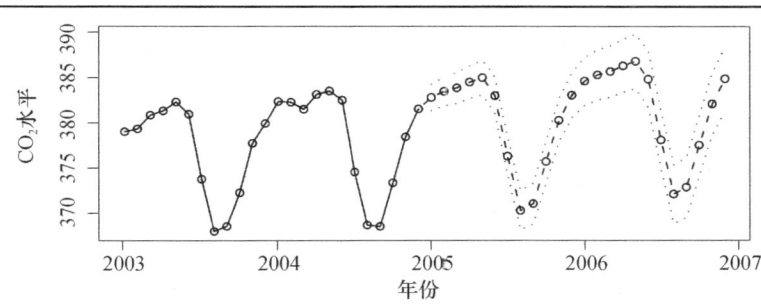

```
> win.graph(width=4.875,height=3,pointsize=8)
> plot(m1.co2,n1=c(2003,1),n.ahead=24,xlab='Year',type='o',
    ylab='CO2 Levels')
```

图表 10-17 显示了最后一年的观测数据和后续 4 年的预测值。在这一前置时间下，易见预测极限越来越宽，这源自预测中较大的不确定性。

图表 10-17　对 CO_2 模型的长期预测

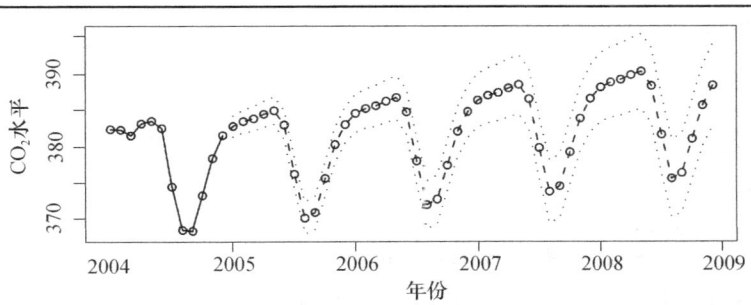

```
> plot(m1.co2,n1=c(2004,1),n.ahead=48,xlab='Year',type='b',
    ylab='CO2 Levels')
```

10.6 小结

乘法季节 ARIMA 模型提供了一种经济的方法,用来对具有季节趋势的时间序列建模,这里季节性趋势不具有第 3 章中所研究过的确定性季节趋势模型所应有的那种规则性. 所幸这类模型仅是特殊的 ARIMA 模型,因此研究其性质时无需引入新的理论. 本章还通过对一个实际时间序列建模过程的详尽介绍说明了该类模型的特性.

习题

10.1 用如下基于季度数据的季节模型拟合某时间序列:
$$Y_t = Y_{t-4} + e_t - \theta_1 e_{t-1} - \theta_2 e_{t-2}$$
(a) 求此模型的前 4 个 ψ 权重.
(b) 假设 $\theta_1 = 0.5$,$\theta_2 = -0.25$ 且 $\sigma_e = 1$. 如果最后 4 个季度的数据如下,求之后 4 个季度的预测值.

季度	I	II	III	IV
序列值	25	20	25	40
残差	2	1	2	3

(c) 求 (b) 部分中预测值的置信度为 95% 的预测区间.

10.2 某 AR 模型的 AR 特征多项式如下:
$$(1 - 1.6x + 0.7x^2)(1 - 0.8x^{12})$$
(a) 此模型是平稳的吗?
(b) 证明此模型是一个季节 ARIMA 模型.

10.3 假设序列 $\{Y_t\}$ 满足
$$Y_t = a + bt + S_t + X_t$$
其中 S_t 是一个周期为 s 的确定性周期序列,而 $\{X_t\}$ 是一个季节 ARIMA$(p, 0, q) \times (P, 1, Q)_s$ 序列. 那么 $W_t = Y_t - Y_{t-s}$ 的模型为何?

10.4 季节模型 $Y_t = \Phi Y_{t-4} + e_e - \theta e_{t-1}$,其中 $|\Phi| < 1$,求 γ_0 和 ρ_k.

10.5 证明下面的模型是乘法季节 ARIMA 模型:
(a) $Y_t = 0.5 Y_{t-1} + Y_{t-4} - 0.5 Y_{t-5} + e_t - 0.3 e_{t-1}$
(b) $Y_t = Y_{t-1} + Y_{t-12} - Y_{t-13} + e_t - 0.5 e_{t-1} - e_{t-12} + 0.25 e_{t-13}$

10.6 验证公式 (10.2.11).

10.7 假设过程 $\{Y_t\}$ 满足 $Y_t = Y_{t-4} + e_t$,当 $t = 1, 2, 3, 4$ 时,$Y_t = e_t$.
(a) 求 $\{Y_t\}$ 的方差函数.
(b) 求 $\{Y_t\}$ 的自相关函数.
(c) 证明 $\{Y_t\}$ 的模型是季节 ARIMA 模型.

10.8 考虑图表 10-1 所示的加拿大阿勒特地区的月 CO_2 含量时间序列. 数据信息详见文件 co2.
(a) 用带有线性时间趋势的确定性季节均值模型拟合这些数据. 模型中所有回归系数里

有没有"统计上显著的"?
(b) 此模型的多重 R 方是多少?
(c) 计算此模型残差的样本自相关系数,并解释结果.

10.9 最先由 Box 和 Jenkins(1976) 研究的月航线客运量时间序列被视为典型的时间序列. 数据详见文件 airline.
(a) 画出此序列的原始形式和取对数形式的时间序列图. 说明对数变换在这里是恰当的.
(b) 画出并解释取对数后序列的一次差分时间序列图.
(c) 画出并解释取对数后序列经一次差分和季节差分后的时间序列图.
(d) 计算并解释取对数后序列经一次差分和季节差分后的样本 ACF.
(e) 用"航线模型"(ARIMA$(0,1,1)\times(0,1,1)_{12}$)拟合对数化的序列.
(f) 对模型及其自相关性和残差的正态性进行诊断.
(g) 假设前置时间为两年,对此序列进行预测,并要求给出预测极限.

10.10 图表 5-8 显示了美国的月发电量数据,我们论证过对数变换对建模有利. 图表 5-10 显示的是此序列的一次差分时间序列图. 数据详见文件 electricity.
(a) 计算此对数化序列一次差分后的样本 ACF. 在图表中能看到季节性吗?
(b) 画出此对数化序列经一次差分和季节差分后的时间序列图. 此时平稳模型适用吗?
(c) 画出此对数化序列经一次和季节差分后的样本 ACF. 读者对发电量序列还能提出其他模型吗?

10.11 美国 Johnson & Johnson 公司于 1960~1980 年间每股收益的季度数据见于文件 JJ 中.
(a) 画出该序列及其取对数后的时间序列图. 论证对序列进行对数变换的必要性.
(b) 序列明显是非平稳的. 对其进行一次差分变换并画出序列图. 现在序列平稳性有无合理性?
(c) 计算并画出经一次差分后序列的样本 ACF,并解释结果.
(d) 画出并解释经过一次差分和季节差分后的序列图. 牢记季度数据一季的长度为 4.
(e) 画出并说明经过一次差分和季节差分后的序列的样本 ACF.
(f) 拟合 ARIMA$(0,1,1)\times(0,1,1)_4$ 模型,并评估系数估计值的显著性.
(g) 对残差进行所有的诊断性检验.
(h) 计算并画出序列未来两年的预测值,要求给出预测极限.

10.12 文件 boardings 中保存的是 2000 年 8 月至 2005 年 12 月间在美国科罗拉多州的丹佛搭乘交通工具(多乘轻轨火车和城市巴士)人数的月度数据.
(a) 画出时间序列图. 要求使用有助于评估季节性的绘图符号. 应用平稳模型合理吗?
(b) 计算并画出序列的样本 ACF. 当滞后为多少时,存在显著的自相关性?
(c) 为数据拟合一个 ARMA$(0,3)\times(1,0)_{12}$ 模型. 评估系数估计值的显著性.
(d) ARMA$(0,4)\times(1,0)_{12}$ 模型是过度拟合的,解释这一结果.

第 11 章 时间序列回归模型

本章将介绍几个实用的在时间序列建模中纳入外部信息的想法. 首先介绍模型包含着对时间序列正常行为的干预影响, 继而考虑一类含有异常值影响作用的模型. 相对于序列的正常行为而言, 异常值是一种异乎寻常的观测值, 它既可能出现于被观测序列之中, 也可能出现于误差项里. 最后, 研究识别和应对伪相关的方法——所谓伪相关, 是指序列间表现出虚假的相关性, 对于了解或对时间序列建模没有助益. 读者会发现, 对序列进行预白化处理, 有助于找出序列之间的那些真正有意义的关系.

11.1 干预分析

图表 11-1 显示的是 1996 年 1 月至 2005 年 5 月期间美国的月度航空客运里程数据经对数变换后的时间序列图, 这里显示出明显的季节性, 所反映的一般性事实是, 航空客运量通常在夏季月份及 12 月份的节假日期间偏高, 而在冬季月份偏低[○]. 同时, 总体上说, 航空客运量大致呈现出直线上升的趋势, 直到 2001 年 9 月份出现了突然的下降. 导致这一骤降的原因是 2001 年 9 月 11 日发生的恐怖袭击事件. 事发当天, 有四架飞机遭到劫持, 其中三架撞向了世界贸易中心的双子塔和五角大楼, 而第四架飞机在宾夕法尼亚州的乡间坠毁. 这一恐怖袭击事件使那一时段的航空客运深陷萧条之中, 但随着时间的推移, 航空客运量逐渐恢复到了下跌前的水平. 这是导致时间序列趋势发生变化的干预的一个实例.

由 Box 和 Tiao (1975) 引入的**干预分析** (Intervention Analysis) 提供了对于干预影响时间序列的效果进行评估的一个框架, 这里假设干预是通过改变时间序列的均值函数或趋势而对过程施加影响的. 干预既可以是自然产生的, 也可以是人为施加的. 例如, 某一特殊年份的极端气候将会导致那一年某些动物种群的数量降到极低的水平, 也可以预见到, 遭到冲击前后的年度种群数量可能有所不同. 另一个例子是, 将州际高速公路的时速限制由 65 英里/时提高到 70 英里/时, 会大大增加高速公路上行驶的危险性. 而另一方面, 更高的车速可能会缩短驾驶员们滞留州际高速公路的时间, 因此提高时速限制这一变化所产生的综合效果是不确定的. 如要研究提高时速限制所带来的影响, 也许可以通过分析某一事故时间序列数据的均值函数来实现; 例如, 在州际高速公路的某一区段内所发生的重大车祸事故的季度数据. (注意, 干预也可能会改变时间序列的自协方差函数, 但这里不考虑此种可能.)

首先考虑简单的单一干预的情况. 经适当变换后, 时间序列 $\{Y_t\}$ 的一般模型由下式给出:

$$Y_t = m_t + N_t \tag{11.1.1}$$

其中, m_t 代表均值函数的变化, N_t 的模型是 ARIMA 过程, 且可能是季节过程. 过程 $\{N_t\}$ 代表着未受干预影响的基础时间序列, 称作自然过程或无扰过程, 它既可能是平稳的, 也可能是非平稳的; 既可能是季节性的, 也可能是非季节性的. 假设时间序列在时刻 T 受到干预,

---

○ 在习题中, 将要求读者在一个全屏图表上使用季节绘图符号画出时间序列图, 以使季节性特征显而易见.

即假设在 T 之前，m_t 与零无异. 称时间序列 $\{Y_t, t<T\}$ 为**预干预数据**，可用其识别无扰过程 N_t 的模型.

图表 11-1　美国航空的每月客运里程：1996 年 1 月～2005 年 5 月

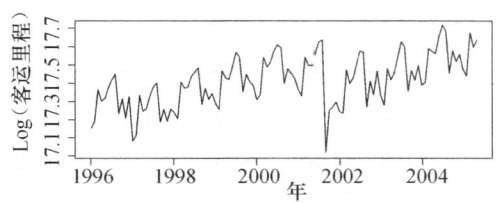

```
> win.graph(width=4.875,height=2.5,pointsize=8)
> data(airmiles)
> plot(log(airmiles),ylab='Log(airmiles)',xlab='Year')
```

基于有考察价值的主题，通常可用若干参数来说明干预对均值函数的影响，**阶梯函数**就是这样一个有用的函数：

$$S_t^{(T)} = \begin{cases} 1 & t \geq T \\ 0 & \text{其他} \end{cases} \tag{11.1.2}$$

也就是说，在预干预期间 $S_t^{(T)}$ 等于 0，而在干预之后 $S_t^{(T)}$ 等于 1. **脉冲函数**

$$P_t^{(T)} = S_t^{(T)} - S_{t-1}^{(T)} \tag{11.1.3}$$

当 $t=T$ 时 $P_t^{(T)}$ 等于 1，而在其他情况下 $P_t^{(T)}$ 等于 0. 换言之，$P_t^{(T)}$ 是干预发生时间的指示器或虚拟标志变量. 如果干预导致均值函数发生了即时且永久性的偏移，那么偏移可建模如下：

$$m_t = \omega S_t^{(T)} \tag{11.1.4}$$

其中，ω 表示干预所致均值的未知永久变化. 检验 ω 是否等于 0 类似于检验来自于两个总体的相互独立的随机样本数据的总体均值是否相同. 但这里的主要区别是，一般不能假定干预前后的数据是相互独立且同分布的. 数据内在具有的序列相关性使得这一问题更为有趣，同时解决的难度也增加了. 如果干预经过 d 个时间单位的**延迟**后作用才显现，并且 d 已知，那么可以设定

$$m_t = \omega S_{t-d}^{(T)} \tag{11.1.5}$$

在实际中，干预可能只是逐渐地影响均值函数，其全部影响作用只有经历很长时期方能充分体现出来. 这时可以为 m_t 建立一个 AR(1)类型的模型，其误差项由滞后 1 的 $S_t^{(T)}$ 的倍数充任：

$$m_t = \delta m_{t-1} + \omega S_{t-1}^{(T)} \tag{11.1.6}$$

其初始条件为 $m_0=0$. 经适当代数运算后，可证

$$m_t = \begin{cases} \omega \dfrac{1-\delta^{t-T}}{1-\delta} & t > T \\ 0 & \text{其他} \end{cases} \tag{11.1.7}$$

通常，δ 的取值范围为 $1>\delta>0$. 在此情况下，当 t 足够大时，m_t 趋近于 $\omega/(1-\delta)$，它是均值函数最终的变化（增加或减少）量. 当 $1-\delta^{t-T}=0.5$ 时，也即当 $t=T+\log(0.5)/\log(\delta)$ 时，m_t 达到极限变化值的一半. 持续时间 $\log(0.5)/\log(\delta)$ 称作干预效应的**半衰期**，半衰期越

短，系统将会越快地达到极限变化值。图表 11-2 显示了作为 δ 的函数的半衰期，表明半衰期随着 δ 的增大而增加。事实上，当 δ 趋近于 1 时，半衰期将变得无限大。

图表 11-2　基于有阶梯函数输入的 AR（1）过程的半衰期

δ	0.2	0.4	0.6	0.8	0.9	1
半衰期	0.43	0.76	1.46	3.11	6.58	∞

有趣之处在于当 $\delta=1$ 时的极限情形，这时当 $t \geqslant T$ 时有 $m_t = \omega(T-t)$，其余情况下 $m_t = 0$。m_t 的时间序列图呈现出斜率为 ω 的斜坡形状，这意味着干预发生之后，其对于均值函数的改变是线性的。这种斜坡效应（带有一个时间单位的延迟）见图表 11-3c。

短期的干预效应也许可以用脉冲虚拟变量来表示：

$$P_t^{(T)} = \begin{cases} 1 & t = T \\ 0 & 其他 \end{cases} \tag{11.1.8}$$

例如，如果干预只在 $t=T$ 时影响均值函数，那么

$$m_t = \omega P_t^{(T)} \tag{11.1.9}$$

逐渐消失的干预效应可以用 AR（1）类型的模型来表示：

$$m_t = \delta m_{t-1} + \omega P_t^{(T)} \tag{11.1.10}$$

也就是说，当 $t \geqslant T$ 时 $m_t = \omega \delta^{T-t}$，因而均值瞬变了 ω，而后均值的变化成几何级数以同比 δ 减小；参见图表 11-4a。通过将脉冲函数滞后，延迟的变化也可以被包括进来。例如，如果均值的变化发生于一个时间单位的延迟之后，且该效应会逐渐消失，则可规定

$$m_t = \delta m_{t-1} + \omega P_{t-1}^{(T)} \tag{11.1.11}$$

再一次假设初始条件为 $m_0 = 0$。

采用延迟算子 B 表示㊀上述模型很有用，其中 $Bm_t = m_{t-1}$ 且 $BP_t^{(T)} = P_{t-1}^{(T)}$。那么 $(1-\delta B)m_t = \omega B P_t^{(T)}$。或者可以写作

$$m_t = \frac{\omega B}{1-\delta B} P_t^{(T)} \tag{11.1.12}$$

前已述及 $(1-B)S_t^{(T)} = P_t^{(T)}$，亦可写作 $S_t^{(T)} = \dfrac{1}{1-B} P_t^{(T)}$。

图表 11-3　有关阶梯响应干预的若干常见模型（都带有一个时间单位的延迟）

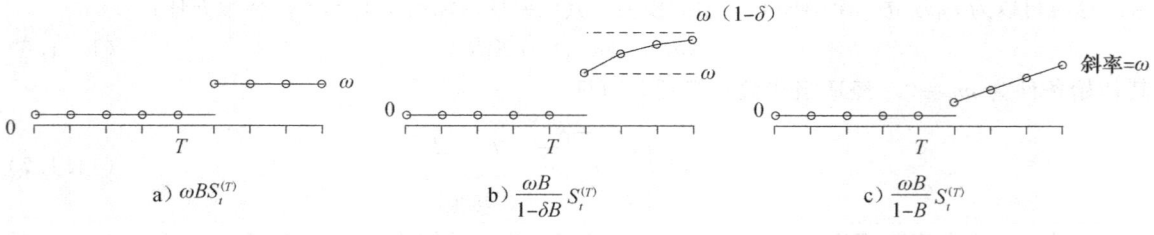

㊀ 本章后续部分将会用到附录 D 中引入的延迟算子。在进一步学习之前，读者可回顾该附录中的有关内容。

时间序列回归模型

可将若干说明方法结合起来对更为复杂的干预效应建模.

例如,

$$m_t = \frac{\omega_1 B}{1-\delta B} P_t^{(T)} + \frac{\omega_2 B}{1-B} P_t^{(T)} \qquad (11.1.13)$$

描述的情况见图表 11-4b, 其中 ω_1 和 ω_2 均大于零, 而

$$m_t = \omega_0 P_t^{(T)} + \frac{\omega_1 B}{1-\delta B} P_t^{(T)} + \frac{\omega_2 B}{1-B} P_t^{(T)} \qquad (11.1.14)$$

可为图表 11-4c 中所示的情况建模, 其中 ω_1 和 ω_2 都是负数. 最后一例模型描述了一种有趣的情形, 即某种特殊的促销手段可能激起抢购狂潮, 正是开始阶段的销售过于火暴, 使得其后的需求呈现出低迷的状态. 更一般地, 可用 ARMA 类型的表达式建立均值函数变化的模型:

$$m_t = \frac{\omega(B)}{\delta(B)} P_t^{(T)} \qquad (11.1.15)$$

其中, $\omega(B)$ 和 $\delta(B)$ 都是关于 B 的多项式. 因为 $(1-B)S_t^{(T)} = P_t^{(T)}$, 所以对 m_t 的模型可以用脉冲或阶梯虚拟变量来表示.

图表 11-4 有关脉冲响应干预的一些常见模型 (都带有一个时间单位的延迟)

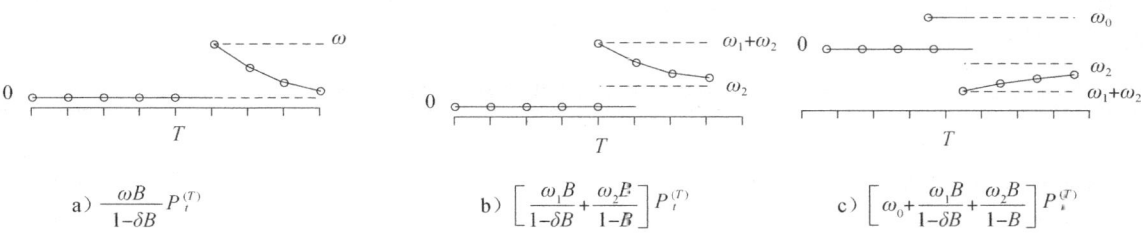

极大似然估计法可用于干预模型的参数估计. 事实上, $Y_t - m_t$ 是一个季节 ARIMA 过程, 因此这里的似然函数就是 $Y_t - m_t$ ($t=1, 2, \cdots, n$) 的联合概率密度函数. 该联合概率密度函数可以用第 7 章所述方法计算得到, 或者也可用附录 H 中所介绍的状态空间建模法得到.

现在回到每月航空客运里程的数据. 如前所述, 2001 年 9 月的恐怖袭击事件使航空客运徘徊于萧条之中, 该干预效应可用在 2001 年 9 月有脉冲输入的 AR (1) 过程来表示, 这一意外事件对航空客运量即时造成了一种强烈的激冷效应. 因此, 对此干预效应 (9.11 效应) 建模如下:

$$m_t = \omega_0 P_t^{(T)} + \frac{\omega_1}{1-\omega_2 B} P_t^{(T)}$$

其中, T 代表 2001 年 9 月. 在这一表示中, $\omega_0 + \omega_1$ 代表即时的 9/11 效应, 且当 $k \geqslant 1$ 时, $\omega_1(\omega_2)^k$ 代表 9/11 效应对其后 k 个月份所造成的影响. 这里还需要确定基础无扰过程的季节 ARIMA 结构. 基于预干预数据, 暂用一个 ARIMA $(0, 1, 1) \times (0, 1, 0)_{12}$ 模型表示未受扰的过程; 参见图表 11-5.

图表 11-5 预干预期间 $(1-B)(1-B^{12})$Log(航空客运里程) 的样本 ACF

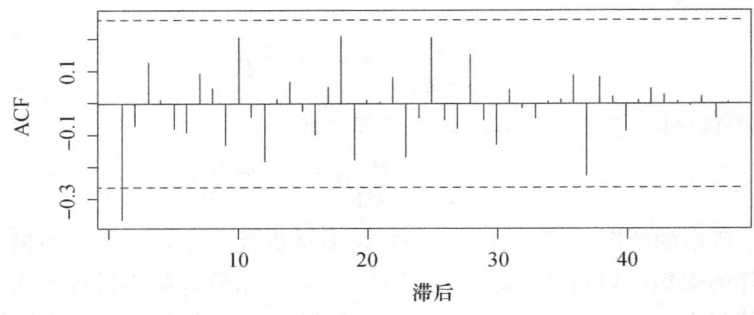

```
> acf(as.vector(diff(diff(window(log(airmiles),end=c(2001,8)),
    12))),lag.max=48)
```

对拟合模型的模型诊断表明, 模型需要一个季节 MA(1) 系数, 并且在 1996 年 12 月、1997 年 1 月和 2002 年 12 月时存在可加异常值. (后面将对异常值做更详尽的讨论; 这里的可加异常值可看成是对某些具有脉冲响应函数的未知性质的干预.) 因此, 确定模型为一个带有 9/11 干预效应以及三个可加异常值的 ARIMA$(0, 1, 1) \times (0, 1, 1)_{12}$过程. 拟合模型概括于图表 11-6 中.

图表 11-6 对数化航空客运里程的干预模型的估计

θ	Θ	Dec96	Jan97	Dec02	ω_0	ω_1	ω_2
0.383	0.650	0.099	-0.069	0.081	-0.095	-0.27	0.814
(0.093)	(0.119)	(0.023)	(0.022)	(0.020)	(0.046)	(0.044)	(0.098)

σ^2 估计值为 0.000 672; 对数似然值 = 219.99, AIC = -423.98.

```
> air.m1=arimax(log(airmiles),order=c(0,1,1),
    seasonal=list(order=c(0,1,1),period=12),
    xtransf=data.frame(I911=1*(seq(airmiles)==69),
    I911=1*(seq(airmiles)==69)),transfer=list(c(0,0),c(1,0)),
    xreg=data.frame(Dec96=1*(seq(airmiles)==12),
    Jan97=1*(seq(airmiles)==13),Dec02=1*(seq(airmiles)==84)),
    method='ML')
> air.m1
```

模型诊断表明, 上述拟合模型实现了对数据很好的拟合. 显示在图表 11-7 中时间序列图里的空心圆点代表的是由最终估计模型得出的拟合值, 总体上表明了模型与数据之间存在很好的一致性.

据拟合模型估计, 9·11 干预效应使航空客运量在 2001 年 9 月下降了 31% = $\{1-\exp(-0.0949-0.2715)\} \times 100\%$, k 个月份之后航空客运量下降了 $\{1-\exp(-0.2715 \times 0.8139^k)\} \times 100\%$. 图表 11-8 描绘的是 9·11 事件对航空客运量所造成影响的估计, 如图所示, 航空客运量直到 2003 年年底才恢复到遭受冲击前的水平.

图表 11-7 对数化的航空客运里程与拟合值

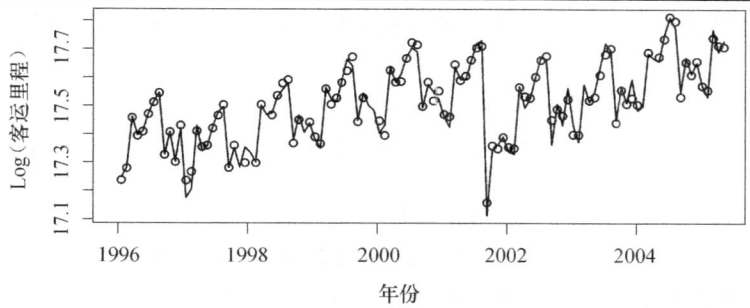

```
> plot(log(airmiles),ylab='Log(airmiles)')
> points(fitted(air.m1))
```

图表 11-8 9·11事件对航空客运量序列所造成影响的估计

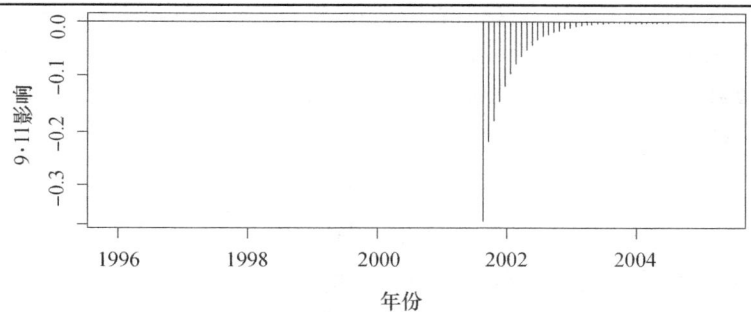

```
> Nine11p=1*(seq(airmiles)==69)
> plot(ts(Nine11p*(-0.0949)+
  filter(Nine11p,filter=.8139,method='recursive', side=1)*
  (-0.2715),frequency=12,start=1996),ylab='9/11 Effects',
  type='h'); abline(h=0)
```

11.2 异常值

所谓异常值，指的是一些不规则的观测值，其出现可能源自测量误差与复制误差其中之一，或者两者皆有，也可能是源于基础过程发生了突发的短期性变化. 对于时间序列而言，可识别的异常值有两种，即**可加**异常值与**新息**异常值，通常分别简记为 AO 与 IO. 如果基础过程在时刻 T 时受到了可叠加性的扰动，那么此时就会出现可加异常值，因此数据变为

$$Y'_t = Y_t + \omega_A P_t^{(T)} \tag{11.2.1}$$

其中 $\{Y_t\}$ 代表无扰过程. 在本节接下来的内容中，Y' 表示受到异常值影响的观测过程，而 Y 代表没有异常值的无扰过程. 因而，$Y'_T = Y_T + \omega_A$，其余情况下 $Y'_t = Y_t$，即如果时间序列在 T 时刻存在一个可加异常值，那么意味着它只在时刻 T 受到影响. 可加异常值也可视为一种在时刻 T 上具有脉冲响应的干预，因而 $m_t = \omega_A P_t^{(T)}$.

另一方面，如果处于时间 t 时的误差（也称为新息）受到了扰动（即误差是 $e'_t = e_t +$

$\omega_I P_t^{(T)}$,其中 e_t 是一个零均值的白噪声过程),那么在 t 时就会出现一个新息异常值.因此,$e'_T = e_T + \omega_I$,其余情况下 $e'_t = e_t$.假设无扰过程是平稳的,且可表示成 MA(∞) 的形式

$$Y_t = e_t + \psi_1 e_{t-1} + \psi_2 e_{t-2} + \cdots$$

因此,受到扰动的过程可以写作

$$Y'_t = e'_t + \psi_1 e'_{t-1} + \psi_2 e'_{t-2} + \cdots = [e_t + \psi_1 e_{t-1} + \psi_2 e_{t-2} + \cdots] + \psi_{t-T} \omega_I$$

或者是

$$Y'_t = Y_t + \psi_{t-T} \omega_I \tag{11.2.2}$$

其中 $\psi_0 = 1$,且当 j 为负数时 $\psi_j = 0$.因此,即便随着观测值逐渐远离异常值的发生点扰动效应渐弱,时刻 T 的新息异常值仍会对时刻 T 及其后的所有观测值产生扰动.

为了识别一个观测值是 AO 还是 IO,用无扰过程的 AR(∞) 表示来定义残差:

$$a_t = Y'_t - \pi_1 Y'_{t-1} - \pi_2 Y'_{t-2} - \cdots \tag{11.2.3}$$

为简化起见,假设过程的均值为零,且所有的参数已知.在实际中,未知的参数值由其估计值替代,这些估计值得自可能受扰的数据.在零假设为无异常值和大样本的情况下,这种近似替代对下述检验流程的有效性的影响可以忽略不计.如果序列只在时刻 T 有 IO,那么残差为 $a_T = \omega_I + e_T$,其余情况下 $a_t = e_t$.因此 ω_I 可由 $\tilde{\omega}_I = a_T$ 来估计,方差等于 σ^2.因此,用于检验时刻 T 上 IO 的检验统计量为

$$\lambda_{1,T} = \frac{a_T}{\sigma} \tag{11.2.4}$$

当零假设为时间序列中没有异常值时,检验统计量(近似地)服从标准正态分布.在 T 事先已知时,确定观测值为异常值的条件是,在 5% 的显著性水平上相应标准残差的大小超过 1.96.实际中往往没有关于 T 的先验知识,所以需对全部的观测值进行检验.此外,还需要估计 σ.简单而保守的做法是应用 Bonferroni 律来控制多重检验的总体误差率,令

$$\lambda_1 = \max_{1 \leqslant t \leqslant n} |\lambda_{1,t}| \tag{11.2.5}$$

最大值在 $t = T$ 时取到.如果 λ_1 超过了标准正态分布的上百分位数 $0.025/n \times 100$,那么第 T 个观测值必然是 IO.该流程确保了错误认定 IO 的概率至多为 5%.值得注意的是,异常值可能会导致 σ 的极大似然估计值偏大,因此若不对其加以调整,则大多数检验方法的效力通常都会有所下降.为增强检验的有效性,或许可用一种对于噪声标准差的稳健估计来代替极大似然估计.例如,可用残差的绝对均值乘以 $\sqrt{\dfrac{2}{\pi}}$ 来得到 σ 更为稳健的估计.

检验 AO 更为复杂.假设过程只在时刻 T 上存在 AO,在其他时点上无异常值,则可证

$$a_t = -\omega_A \pi_{t-T} + e_t \tag{11.2.6}$$

其中 $\pi_0 = -1$,且当 j 为负数时 $\pi_j = 0$.因此,当 $t < T$ 时 $a_t = e_t$,$a_T = \omega_A + e_T$,$a_{T+1} = -\omega_A \pi_1 + e_{T+1}$,$a_{T+2} = -\omega_A \pi_2 + e_{T+2}$,并以此类推.$\omega_A$ 的最小二乘估计量为

$$\tilde{\omega}_{T,A} = -\rho^2 \sum_{t=T}^{n} \pi_{t-T} a_t \tag{11.2.7}$$

其中 $\rho^2 = (1 + \pi_1^2 + \pi_2^2 + \cdots + \pi_{n-T}^2)^{-1}$,而估计量的方差为 $\rho^2 \sigma^2$.那么可以定义

$$\lambda_{2,T} = \frac{\tilde{\omega}_{T,A}}{\rho \sigma} \tag{11.2.8}$$

为检验统计量,用于检验零假设为时间序列中无异常值、备择假设为序列有一个在 T 时的 AO 的情况. 如前,需要估计 ρ 和 σ. 在零假设下,检验统计量 $\lambda_{2,T}$ 渐近服从 $N(0,1)$ 的分布. 同样,通常 T 未知,需要重复对每个时间点进行检验,再次用 Bonferroni 律来控制总体误差率. 此外,异常值的性质事先无从得知. 当在时间 T 上检验到异常值时,如果 $|\lambda_{1,T}| > |\lambda_{2,T}|$,则可将观测值归类到 IO,否则就是 AO. 另一种对异常值性质进行分类的方法可参见 Chang 等人的研究(1988). 当找出了一个异常值后,可将其纳入模型中,然后反复对修正的模型进行异常值检验,直到不再发现新的异常值为止.

作为第一个例子,仿照 $\phi=0.8$,$\theta=-0.5$ 的 ARIMA(1,0,1) 模型来模拟一个长度 $n=100$ 的时间序列. 然后将第 10 个观测值由 -2.13 变为 10 (即 $\omega_A=12.13$);参见图表 11-9. 基于样本 ACF、PACF 和 EACF,可以暂时辨识为 AR(1) 模型. 基于 Bonferroni 律,认为第 9 个、第 10 个和第 11 个观测值可能是可加异常值,其相应的稳健检验统计量值为 -3.54,9.55 和 -5.20. 对于 IO 的检验表明,第 10 个和第 11 个观测值可能是 IO,其相应的稳健检验统计量的值为 7.11 和 -6.64. 由于在所有的 AO 和 IO 检验里,检验统计量的最大取值出现在时间 $T=10$ 的 AO 检验中,因而暂定第 10 个观测值为一个 AO. 注意到 AO 的非稳健检验统计量在 $T=10$ 时等于 7.49,大大小于更为稳健的检验统计量的取值 9.55,这表明通过提高噪声标准差估计量的稳健性确实可以使检验的效力得到增强. 将 AO 纳入模型之后,未再发现更多的异常值. 但是,滞后 1 的残差 ACF 是显著的,表明了引入 MA(1) 分量的必要性. 至此,已为数据拟合出了一个在 $T=10$ 时有 AO 的 ARIMA(1,0,1) 模型,该模型已不包含任何其他的异常值,且通过了所有的模型诊断性检验.

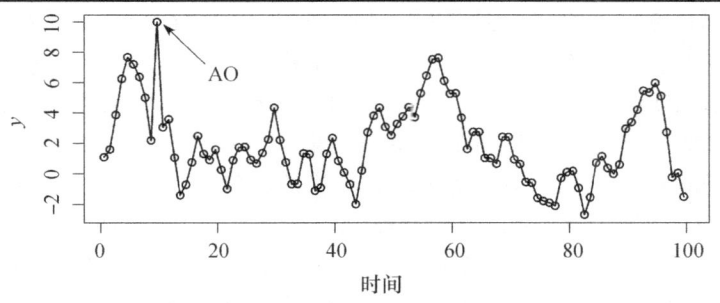

图表 11-9 模拟出的具有一个可加异常值的 ARIMA (1, 0, 1) 过程

> The extensive R code for the simulation and analysis of this
  example may be found in the R code script file for Chapter 11.

举一个真实的例子,回到第 10 章中为二氧化碳时间序列所拟合的季节 ARIMA(0,1,1)×(0,1,1)$_{12}$ 模型. 示于图表 10-11 中该模型标准残差的时间序列图在 1998 年 9 月时存在着一个大得可疑的标准残差. 计算表明,对任何 t 而言,$\lambda_{2,t}$ 都不是一个明显很大的数值,故没有存在可加异常值的迹象. 但是,稳健化的 $\lambda_1 = \max_{1 \leqslant t \leqslant n} |\lambda_{1,t}| = 3.7527$,此值在 $t=57$ 时取到,对应于 1998 年 9 月. 当 $\alpha=5\%$ 且 $n=132$ 时,Bonferroni 临界值为 3.5544. 因而 λ_1 的值已是够大,可以说在 1998 年 9 月明显存在一个新息异常值. 图表 11-10 给出了对 CO_2 时间序列拟合的在 $t=57$ 时有一个 IO 的 ARIMA(0,1,1)×(0,1,1)$_{12}$ 模型. 应将此结果与之前示于图表 10-10 中的

结果加以比较，那里并未考虑异常值的问题．值得注意的是，θ 和 Θ 的估计值并没有发生很大变化，而 AIC 变得更好了（即更小了），而且 IO 效应是非常显著的．对此模型的诊断结论极好，未发现新的异常值，表明该模型非常适合此季节时间序列．

图表 11-10 CO_2 序列的在 $t=57$ 时有 IO 的 ARIMA $(0, 1, 1) \times (0, 1, 1)_{12}$ 模型

系　数	θ	Θ	IO-57
估计值	0.5925	0.8274	2.6770
标准误差	0.0775	0.1016	0.7246

$\hat{\sigma}_e^2 = 0.4869$；对数似然值 $= -133.08$，AIC $= 272.16$

```
> m1.co2=arima(co2,order=c(0,1,1),seasonal=list(order=c(0,1,1),
    period=12)); m1.co2
> detectAO(m1.co2); detectIO(m1.co2)
> m4.co2=arimax(co2,order=c(0,1,1),seasonal=list(order=c(0,1,1),
    period=12),io=c(57)); m4.co2
```

11.3 伪相关

　　建立时间序列模型的一个主要目的就在于预测，而 ARIMA 模型正是利用数据内在的自相关模式达到的．通常，所研究的时间序列可能与其他协变时间序列有关，或者受其引导．例如，Stige 等（2006）曾经发现，非洲牧草产量通常与某些气候指标密切相关．在这种情况下，通过在时间序列模型中纳入相关的协变量，将有助于更好地了解基础过程以及/或是得到更为准确的预测．

　　令 $Y=\{Y_t\}$ 为应变量的时间序列，$X=\{X_t\}$ 为协变量时间序列，希望后者有助于解释 Y 或对 Y 进行预测．为了探究 Y 与 X 之间的相关性结构及其主从关系，对每对整数 t 和 s 定义互协方差函数 $\gamma_{t,s}(X, Y) = \text{Cov}(X_t, Y_s)$．单变量时间序列的平稳性概念可以很容易地扩展到多变量时间序列的情况．例如，称 X 和 Y 是联合（弱）平稳的，只要其均值为常数，且协方差 $\gamma_{t,s}(X, Y)$ 是关于时差 $t-s$ 的函数．对于联合平稳的过程而言，定义 X 和 Y 在滞后 k 的**互相关函数**为 $\rho_k(X, Y) = \text{Corr}(X_t, Y_{t-k}) = \text{Corr}(X_{t+k}, Y_t)$．注意，如果 $Y=X$，互相关函数就变成了在滞后 k 上 Y 的自相关函数．系数 $\rho_0(Y, X)$ 度量的是 X 与 Y 间的同期线性联系，而 $\rho_k(X, Y)$ 度量的是 X_t 与 Y_{t-k} 之间的线性联系．忆及自相关函数是偶函数，即 $\rho_k(Y, Y) = \rho_{-k}(Y, Y)$．（这是因为，由平稳性有 $\text{Corr}(Y_t, Y_{t-k}) = \text{Corr}(Y_{t-k}, Y_t) = \text{Corr}(Y_t, Y_{t+k})$．）但因为 $\text{Corr}(X_t, Y_{t-k})$ 不必等于 $\text{Corr}(X_t, Y_{t+k})$，所以互相关函数一般不是偶函数．

　　作为例证，考虑下述回归模型：

$$Y_t = \beta_0 + \beta_1 X_{t-d} + e_t \tag{11.3.1}$$

其中，所有的 X 是方差为 σ_X^2 的独立同分布的随机变量，而所有的 e 也是方差为 σ_e^2 的白噪声序列且独立于 X．可以验证，除滞后 $k=-d$ 外互相关函数（CCF）$\rho_k(X, Y)$ 恒等于零，即

$$\rho_{-d}(X, Y) = \frac{\beta_1 \sigma_X}{\sqrt{\beta_1^2 \sigma_X^2 + \sigma_e^2}} \tag{11.3.2}$$

在这种情况下，只有当滞后为 $-d$ 时，理论上的 CCF 才是非零的，所反映的事实是 X 在 d 个

时间单位上"引导"Y. 可用如下定义的**样本互相关函数**（样本 CCF）估计 CCF：

$$r_k(X,Y) = \frac{\sum (X_t - \overline{X})(Y_{t-k} - \overline{Y})}{\sqrt{\sum (X_t - \overline{X})^2} \sqrt{\sum (Y_t - \overline{Y})^2}} \tag{11.3.3}$$

其中求和在加项存在的所有数据上进行. 当 $Y=X$ 时，样本 CCF 就变成了样本 ACF. 当且仅当 $\beta_1 = 0$ 时，协变量 X 是独立于 Y 的，此时样本自相关函数 $r_k(X,Y)$ 渐近服从于均值为零、方差为 $1/n$ 的正态分布，其中 n 是样本容量——即有 (X_t, Y_t) 对的个数. 幅度大于 $1.96/\sqrt{n}$ 的样本互相关系数必然是显著异于零的.

通过方程（11.3.1）定义的模型（其中 $d=2$，$\beta_0 = 0$ 且 $\beta_1 = 1$）模拟出了 100 个 (X_t, Y_t) 对. 所有的 X 和 e 分别来自服从于 $N(0,1)$ 和 $N(0, 0.25)$ 分布的正态随机变量. 理论上，CCF 应为零，除在滞后为 -2 时等于 $\rho_{-2}(X,Y) = 1/\sqrt{1+0.25} = 0.8944$. 图表 11-11 显示的是模拟数据的样本 CCF，其在滞后为 -2 和 3 时是显著的，但在滞后为 3 时，样本 CCF 的值很小，且只是边缘显著. 这样一种虚假的警报并不出乎意料，因为图表中总共显示出了 33 个样本 CCF 的值，预计其中平均会出现 $33 \times 0.05 = 1.65$ 个虚假的告警.

图表 11-11　由 $d=2$ 的方程（11.3.1）得出的样本互相关图

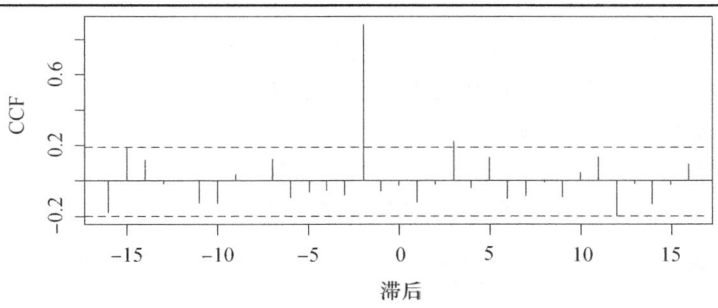

```
> win.graph(width=4.875,height=2.5,pointsize=8)
> set.seed(12345); X=rnorm(105); Y=zlag(X,2)+.5*rnorm(105)
> X=ts(X[-(1:5)],start=1,freq=1); Y=ts(Y[-(1:5)],start=1,freq=1)
> ccf(X,Y,ylab='CCF')
```

即使 X_{t-2} 与 Y_t 相关，因为 X 和 Y 每个都是白噪声序列，所以上述回归模型的局限性还是很大. 一般对于平稳时间序列而言，应变量和协变量各自都是自相关的，而且回归模型的误差项也是自相关的. 因此，可给出一个更为有用的回归模型：

$$Y_t = \beta_0 + \beta_1 X_{t-d} + Z_t \tag{11.3.4}$$

其中，Z_t 满足某一 ARIMA(p, d, q) 模型. 即使过程 X 和 Y 彼此独立（$\beta_1 = 0$），过程 X 和 Y 中的自相关性也将导致不利的结果，即意味着样本 CCF 不再渐近服从于 $N(0, 1/n)$ 的分布. 在假设过程 X 和 Y 都是平稳的且彼此相互独立的前提下，样本方差将趋于异于 $1/n$ 的值. 事实上，可以证明 $\sqrt{n} r_k(X,Y)$ 的方差渐近等于

$$1 + 2 \sum_{k=1}^{\infty} \rho_k(X) \rho_k(Y) \tag{11.3.5}$$

其中，$\rho_k(X)$ 表示在滞后 k 上 X 的自相关系数，而 $\rho_k(Y)$ 亦如是定义于 Y 过程. 对此渐近结果

的改进, 参见 Box 等 (1994, 413 页). 假设 X 和 Y 都是 AR(1) 过程, 其 AR(1) 系数分别为 ϕ_X 与 ϕ_Y. 那么 $r_k(X, Y)$ 渐近服从于均值为零的正态分布, 但此时的方差近似等于

$$\frac{1+\phi_X\phi_Y}{n(1-\phi_X\phi_Y)} \tag{11.3.6}$$

当两个 AR(1) 系数都接近于 1 时, $r_k(X, Y)$ 的样本方差与名义量值 $1/n$ 的比率趋于无穷大. 因此, 与应用名义 5% 的误差率作为判定标准相比, 即使在应变量和协变量相互独立的情况下, 不加质疑地应用此 $1/n$ 规则来判定样本 CCF 的显著性也可能会导致更多的错误判断. 图表 11-12 显示的是该例的若干数值结果, 其中 $\phi_X = \phi_Y = \phi$.

图表 11-12 为一对 AR (1) 过程所进行的名义 5% 的独立性检验的渐近误差率

$\phi = \phi_X = \phi_Y$	0.00	0.15	0.30	0.45	0.60	0.75	0.90
误差率	5%	6%	7%	11%	18%	30%	53%

```
> phi=seq(0,.95,.15)
> rejection=2*(1-pnorm(1.96*sqrt((1-phi^2)/(1+phi^2))))
> M=signif(rbind(phi,rejection),2)
> rownames(M)=c('phi', 'Error Rate')
> M
```

对于非平稳数据而言, 样本互相关系数方差偏大的问题更为严重. 事实上, 即使在大样本的情况下, 样本互相关系数可能也不再近似地服从于正态分布了. 图表 11-13 中的直方图描绘的是模拟的两个独立过程的 1000 个滞后为零的互相关系数, 这两个过程都是样本容量为 500 的 IMA(1, 1) 过程. 这两个模拟的过程都用到了 $\theta=0.8$ 的 MA(1) 系数. 注意, $r_0(X, Y)$ 的分布远非正态, 且其值广泛地散布于 -1 和 1 之间. 相关的理论性探讨参见 Phillips (1998).

图表 11-13 关于两个样本容量都为 500 的独立 IMA (1, 1) 过程的 1000 个零时滞样本互相关系数直方图

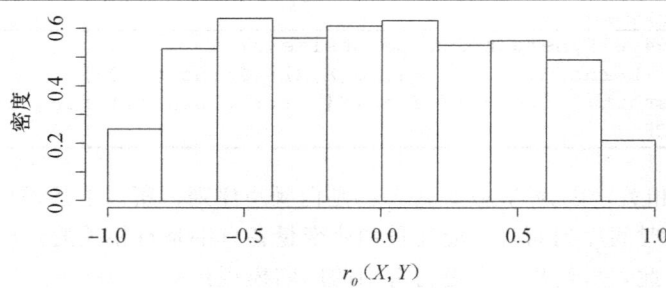

```
> set.seed(23457)
> correlation.v=NULL; B=1000; n=500
> for (i in 1:B) {x=cumsum(arima.sim(model=list(ma=.8),n=n))
> y=cumsum(arima.sim(model=list(ma=.8),n=n))
> correlation.v=c(correlation.v,ccf(x,y,lag.max=1,
   plot=F)$acf[2])}
> hist(correlation.v,prob=T,xlab=expression(r[0](X,Y)))
```

以上结果深刻揭示了为何有时会得出时间序列变量之间荒谬的 (伪) 相关关系. Yule (1926) 最早对伪相关 (Spurious Correlation) 现象作出了系统的研究.

时间序列回归模型

作为一个例子,将 1994 年 1 月至 2005 年 12 月间美国每月牛奶(milk)产量和对数化的每月发电量(electricity)数据显示在图表 11-14 中. 这两个序列都呈现出了向上的趋势和显著的季节性特征.

图表 11-14　美国月牛奶产量和对数化的月发电量数据

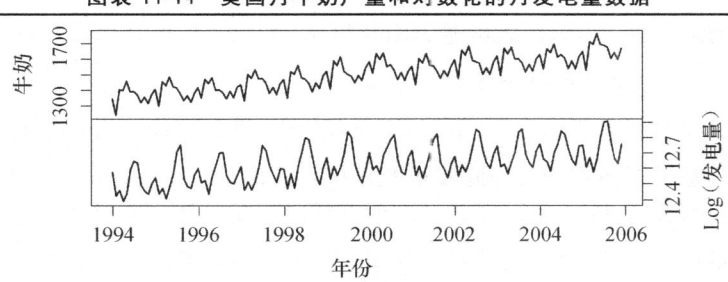

```
> data(milk); data(electricity)
> milk.electricity=ts.intersect(milk,log(electricity))
> plot(milk.electricity,yax.flip=T)
```

计算显示,这两个序列在滞后为零时的互相关系数为 0.54,经 $1.96/\sqrt{n}=0.16$ 标准误差准则判定,此系数是"统计上显著异于零的". 图表 11-15 显示,在众多滞后上这两个变量之间存在强互相关性.

图表 11-15　美国月牛奶产量序列与对数化的月发电量序列的样本互相关图

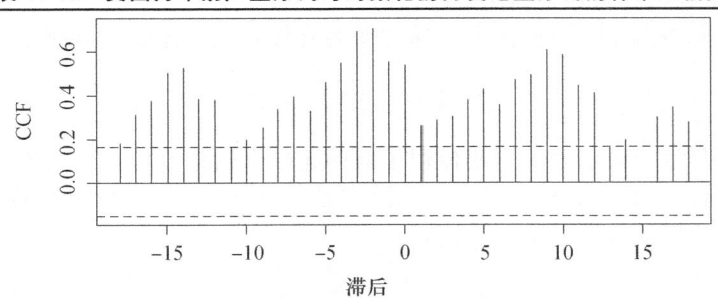

```
> ccf(as.vector(milk.electricity[,1]),
    as.vector(milk.electricity[,2]),ylab='CCF')
```

毋庸赘述,很难合理解释月发电量和月牛奶产量之间存在着相关关系,二者的非平稳性极可能是导致它们之间出现伪相关的原因. 对此例深入的探讨将留待后续章节进行.

11.4　预白化与随机回归

在上一节中我们发现,对于具有强自相关性的数据而言,很难评估两个过程之间是否存在依赖关系. 因而,宜将 X 和 Y 之间的线性关联从其各自的自相关关系中剥离出来,预白化正是达此目的的一个有用的工具. 前已述及,对于相互独立的平稳序列 X 和 Y 而言,$r_k(X,Y)$ 的方差近似为

$$\frac{1}{n}\Big[1+2\sum_{k=1}^{\infty}\rho_k(X)\rho_k(Y)\Big] \tag{11.4.1}$$

对此公式的考察揭示了如果 X 与 Y 之中的任意一个（或两者都是）白噪声过程，那么渐近方差就等于 $1/n$. 在实际中，数据可能是非平稳的，但用拟合 ARIMA 模型的残差替代数据后，可以将其转换成近似的白噪声序列. 例如，若 X 满足无截距项的 ARIMA $(1，1，0)$ 模型，则

$$\widetilde{X}_t = X_t - X_{t-1} - \phi(X_{t-1} - X_{t-2}) = [1-(1+\phi)B+\phi B^2]X_t \quad (11.4.2)$$

是白噪声. 更一般地，如果 X_t 满足某可逆 ARIMA$(p，d，q)$ 模型，那么它就有 AR(∞) 表示

$$\widetilde{X}_t = (1-\pi_1 B - \pi_2 B^2 - \cdots)X_t = \pi(B)X_t$$

其中，$\widetilde{X}$ 是白噪声. 通过滤波器 $\pi(B) = 1 - \pi_1 B - \pi_2 B^2 - \cdots$ 将 X 转换为 $\widetilde{X}$ 的过程，称为**白化**或**预白化**. 现在，通过使用基于 X 过程的同一滤波器将 Y 和 X 预白化，然后计算 $\widetilde{Y}$ 和 $\widetilde{X}$（即预白化后的 Y 和 X）的 CCF，即可研究 X 和 Y 间的 CCF 了. 由于预白化是一种线性运算，故预白化后原始序列之间的任何线性关系都可保留下来. 注意这里混用了有关术语，因为 $\widetilde{Y}$ 不必是白噪声，原因在于为 X 量身定制的滤波器 $\pi(B)$ 只用来将 X 转化为白噪声过程——而非为了 Y. 进一步假定 $\widetilde{Y}$ 是平稳的. 该方法有两个优点：(i) 运用截断的 $1.96/\sqrt{n}$，可以评价预白化数据样本 CCF 的统计显著性，而且 (ii) 如此估出的 CCF 所对应之理论值与某些回归系数成比例.

为了说明 (ii)，考虑一个能够将 X 与 Y 相关联的更一般的回归模型，不失一般性，假设两个过程的均值都为零：

$$Y_t = \sum_{j=-\infty}^{\infty} \beta_j X_{t-j} + Z_t \quad (11.4.3)$$

其中 X 是独立于 Z 的，且系数 β 确保了过程定义的完备性. 模型中，对于任一整数 k，系数 β_k 可以非零. 但在实际应用中，双向无限和通常变为有限和，因此模型可简化为

$$Y_t = \sum_{j=m_1}^{m_2} \beta_j X_{t-j} + Z_t \quad (11.4.4)$$

下文均如是假定，尽管为说明之便，仍保留了双向无限和的记号形式. 如果求和范围只涵盖某正数指标的有限集合，那么 X 前置于 Y，且协变量 X 可作为未来 Y 值的有用**前置指示符**. 在模型的两边同时应用滤波器 $\pi(B)$，得到

$$\widetilde{Y}_t = \sum_{k=-\infty}^{\infty} \beta_k \widetilde{X}_{t-k} + \widetilde{Z}_t \quad (11.4.5)$$

其中 $\widetilde{Z}_t = Z_t - \pi_1 Z_{t-1} - \pi_2 Z_{t-2} - \cdots$. 因此预白化过程对原回归模型中 X 的各滞后项进行了正交化. 由于 $\widetilde{X}$ 是白噪声序列且独立于 $\widetilde{Z}$，故 $\widetilde{X}$ 和 $\widetilde{Y}$ 之间时滞为 k 的理论互相关系数等于 $\beta_{-k}(\sigma_{\widetilde{X}}/\sigma_{\widetilde{Y}})$. 换言之，预白化后的过程在时滞为 k 时的理论互相关系数与回归系数 β_{-k} 成比例.

作为快速的初步分析，先将数据进行一次差分（如果有必要），然后为数据拟合近似 AR 模型，模型阶数通过极小化 AIC 来确定，如此易得近似的预白化处理. 例如，就牛奶产量和耗电量数据而言，二者都有明显的季节性且含有趋势. 先对它们应用普通差分和季节差分，然后把与差分后的牛奶产量序列相拟合的 AR 模型作为滤波器应用于两个差分后的序列，如此即完成了对它们的预白化处理. 图表 11-16 显示的是预白化后序列间的样本 CCF. 除了在时滞 -3 时仅具边缘显著性以外，此时没有一个互相关系数是显著的. 由于预计在这给出的 35 个样本互相关系数中大约会出现 1.75 个虚假警报，此单独的显著互相关系数极可能就是一个假告警. 如此看来，牛奶产量序列与耗电量序列实际上是基本不相关的，从而之前在原始数据序列

中发现的强互相关模式的确是伪相关.

图表 11-16　预白化的牛奶产量和发电量序列的样本 CCF

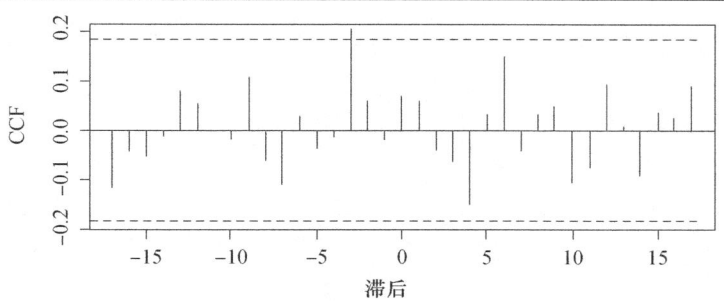

```
> me.dif=ts.intersect(diff(diff(milk,12)),
    diff(diff(log(electricity),12)))
> prewhiten(as.vector(me.dif[,1]),as.vector(me.dif[,2]),
    ylab='CCF')
```

由公式（11.3.4）定义的模型在不同场合分别称为**传递函数模型**、**分布滞后模型**或**动态回归模型**. 为了确定应将协变量的哪些滞后项纳入到模型之中, 通常要考察基于预白化数据的样本互相关函数以找寻依据. 当模型看起来需要协变量的很多个滞后项时, 可能需要借助类似干预分析中用过的 ARMA 表达形式简约地来确定模型的回归系数; 详见 Box 等人的研究 (1994, 第 11 章). 下面以两个例子来说明该方法, 对这两例的模型而言, 看上去都只需用到协变量的一个滞后项. 可用前面章节中所述方法, 考察 Y 对 X 的普通最小二乘拟合（OLS）的残差来确定随机噪声过程 Z_t.

本节第一个例子引用了新西兰 Bluebird 食品有限公司所生产的某种炸薯片的销售量与价格的数据集. 数据集包含了 1998 年 9 月 20 日至 2000 年 9 月 10 日这 104 周的时段内关于大包标准炸薯片销量的经对数变换后的周销售数据, 以及周平均销售价格的数据; 参见图表 11-17. 这里所做的对数变换是必要的, 因为销售量数据的图形有严重向右偏斜的趋势. 这些数据明显是非平稳的. 如图表 11-18 所示, 对数据施行差分和预白化处理后, CCF 只在时滞 0 处是显著的, 这表明在滞后 1 期的价格和销售量之间存在着很强的同期负相关关系, 即提高销售价格将导致销售量的下降.

图表 11-17　Bluebird 炸薯片的周 Log(销售量) 与价格数据

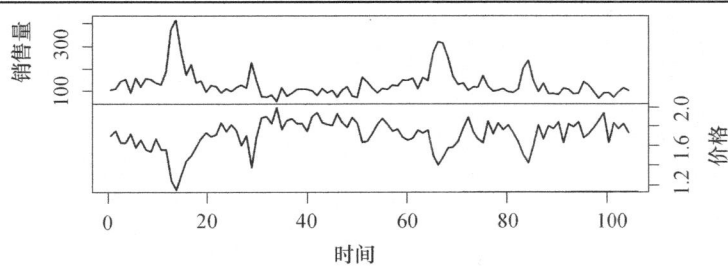

```
> data(bluebird)
> plot(bluebird,yax.flip=T)
```

图表 11-18　Bluebird 炸薯片经差分和预白化后的周 Log(销售量) 序列与价格序列的样本互相关图

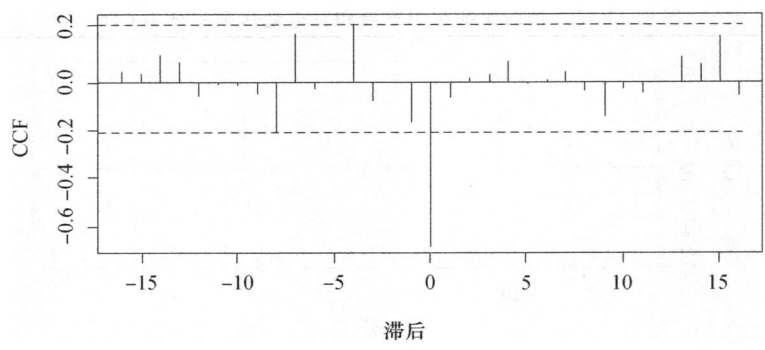

```
> prewhiten(y=diff(bluebird)[,1],x=diff(bluebird)[,2],ylab='CCF')
```

图表 11-19 给出了对数化的销售量对价格进行 OLS 回归后得出的估计。而此模型的残差是自相关的，分别观察图表 11-20 和图表 11-21 中的其样本 ACF 和 PACF 即可看出。事实上，残差的样本自相关性显著表现在其前四个滞后项之间，而其样本偏自相关性却在滞后项 1、2、4 和 14 之间表现得尤为显著。

图表 11-19　Log(销售量) 对价格的 OLS 回归估计

	估计值	标准误差	t 值	Pr($>$)
截距	15.90	0.2170	73.22	<0.0001
价格	-2.489	0.1260	-19.75	<0.0001

```
> sales=bluebird[,1]; price=bluebird[,2]
> chip.m1=lm(sales~price,data=bluebird)
> summary(chip.m1)
```

图表 11-20　Log(销售量) 对价格的 OLS 回归残差的样本 ACF

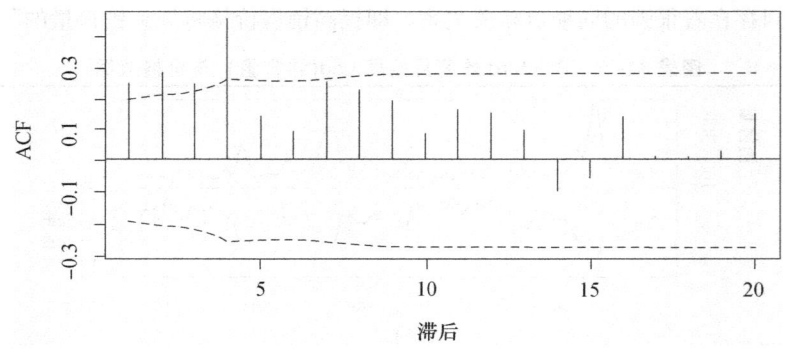

```
> acf(residuals(chip.m1),ci.type='ma')
```

图表 11-21 Log(销售量) 对价格的 OLS 回归残差的样本 PACF

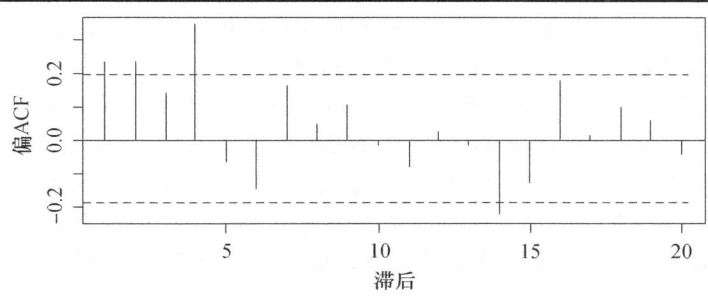

```
> pacf(residuals(chip.m1))
```

图表 11-22 中所示的残差样本 EACF 包含着一个以 (1, 4) 为顶点的零值三角形, 从而表明其为一个 ARMA(1, 4) 模型. 因此, 可将对数亿销售量拟合成对于价格序列的带有 ARMA(1, 4) 误差的回归模型.

图表 11-22 Log(销售量) 对价格的 OLS 回归残差的样本 EACF

AR/MA	0	1	2	3	4	5	6	7	8	9	10	11	12	13
0	×	×	×	×	o	o	×	×	o	o	o	o	o	o
1	×	o	o	o	o	o	o	o	o	o	o	o	o	o
2	×	×	o	×	o	o	o	o	o	o	o	o	o	o
3	×	×	×	×	o	o	o	o	o	o	o	o	o	o
4	o	×	×	o	o	o	o	o	o	o	o	o	o	o
5	×	×	×	o	×	o	o	o	o	o	o	o	o	o
6	×	×	×	o	×	×	o	o	o	o	o	o	o	o
7	×	o	×	o	o	o	o	o	o	o	o	o	o	o

```
> eacf(residuals(chip.m1))
```

结果显示, AR(1) 系数与 MA 系数 θ_1, θ_3 的估计值都不显著, 因此随后拟合的模型中将这些系数设定为零, 见图表 11-23.

图表 11-23 带有 MA(4) 误差项子集的 Log(销售量) 对价格之回归模型的极大似然估计

参数	θ_1	θ_2	θ_3	θ_4	截距	价格
估计值	0	−0.2884	0	−0.5416	15.86	−2.468
标准误差	0	0.0794	0	0.1167	0.1909	0.1100

σ^2 估计值为 0.026 23; 对数似然值 = 41.02, AIC = −70.05

```
> chip.m2=arima(sales,order=c(1,0,4),xreg=data.frame(price))
> chip.m2
> chip.m3=arima(sales,order=c(1,0,4),xreg=data.frame(price),
    fixed=c(NA,0,NA,0,NA,NA,NA)); chip.m3
> chip.m4=arima(sales,order=c(0,0,4),xreg=data.frame(price),
    fixed=c(0,NA,0,NA,NA,NA)); chip.m4
```

注意，这里价格回归系数的估计与之前得自 OLS 回归拟合的结果相似，但估计的标准误差比用简单 OLS 回归所得结果大约低 10%．这阐明了如下的一般性结论，即简单 OLS 估计量具有一致性，但相关联的标准误差一般却是不可靠的．

除残差 ACF 在滞后 14 处仍是显著的情况以外，此拟合模型的残差大体上通过了各种模型诊断性检验．因此，当检验将残差自相关在滞后 14 或更多滞后点考虑在内时，某些 Box-Ljung 检验统计量存在邻近 0.05 的 p 值．尽管滞后为 14 的 ACF 的显著性可能意味着季度影响的存在，我们仍然不会取包含滞后为 14 的更为复杂的模型，原因是（1）14 周不是严格意义上的一个季度，而且（2）在模型诊断意义上，加入一个周期为 14 的季节 MA(1) 部分只能起到微不足道的改善作用．

第二个例子研究汽油价格提升对公共交通工具使用的影响．数据集的时间跨度自 2000 年 8 月至 2006 年 3 月，取值来自美国科罗拉多州丹佛地区，包括每月公共交通工具的载客量数据以及该地区月均汽油价格数据．这两组变量都有向右方偏斜的趋势，因此需要对其施行对数变换．如下所示，对数变换还有助于更好地对最终拟合模型进行解释．如图表 11-24 中的时间序列图所示，两个变量序列都包含着递增的趋势，且载客量数据呈现出季节性波动的特征．基于样本 ACF 和 PACF，用 ARIMA(2, 1, 0) 模型拟合汽油价格序列，继而如图表 11-25 所示，在计算载客量的样本 CCF 之前，先用该模型对载客量数据进行过滤．样本 CCF 在滞后 0 和 15 上是显著的，这表明在汽油价格和公共交通工具载客量之间存在着正向的同期相关关系．但是，滞后 15 上 CCF 的显著性不可能具有真实性，因为很难想象载客量能引导 15 个月之后的汽油价格走势．在这种情况下，通过拟合长期 AR 模型来对序列进行预白化，经过这样一种快速先期处理，可表明没有一个 CCF 是显著的．结果是，即使对数据进行了差分处理，AIC 拣选出的仍然是一个 AR(16) 模型．选择如此高的阶数，加上相对较短的时间跨度，有可能实质性地削弱模型对两个变量间相关关系的识别能力．一个意外收获是，此例警示不能仅仅依赖 AIC 来选择高阶 AR 模型来进行数据的预白化，尤其在处理时间跨度相对较短的时间序列时更要加以注意．

图表 11-24 2000 年 8 月～2006 年 3 月间丹佛地区月公共交通工具载客量对数化数据和汽油价格数据

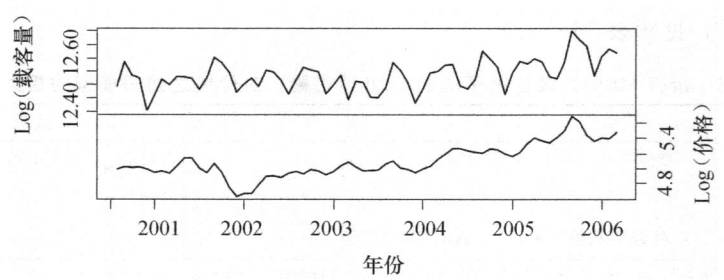

```
> data(boardings)
> plot(boardings,yax.flip=T)
```

图表 11-25 预白化后的 Log(载客量) 与 Log(价格) 序列的样本 CCF

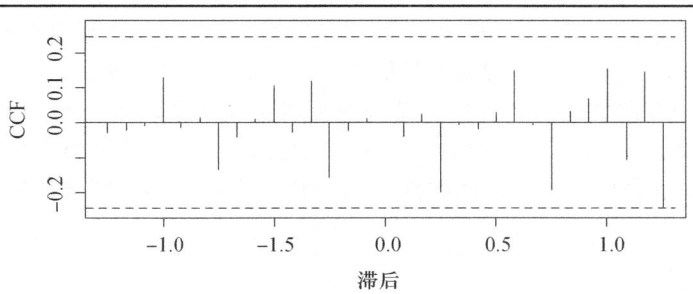

```
> m1=arima(boardings[,2],order=c(2,1,0))
> prewhiten(x=boardings[,2],y=boardings[,1],x.model=m1)
```

根据所建载客量关于汽油价格的线性模型之残差的样本 ACF、PACF 和 EACF，可暂定回归模型的误差项过程为季节 ARIMA$(2,0,0)\times(1,0,0)_{12}$ 模型．但由于系数 ϕ_2 的估计值并不显著，需调降 AR 阶数至 $p=1$．用 11.2 节中讨论过的异常值检验方法，可在 2003 年 3 月时找到一个可加异常值，在 2004 年 3 月时找到一个新息异常值．由于可加异常值检验统计量的大小超过新息异常值检验统计量（分别是 -4.09 及 3.65），这里将可加异常值纳入模型㊀．对所得拟合模型的诊断显示，残差 ACF 在滞后 3 处是显著的，这意味着误差项过程是一个带有异常值的季节 ARIMA$(1,0,3)\times(1,0,0)_{12}$ 过程．鉴于系数 θ_1 和 θ_2 的估计值并不显著，故未将其纳入示于图表 11-26 里最终的拟合模型之中．

图表 11-26 带有 ARMA 误差项的 Log(载客量) 对 Log(价格) 回归模型的极大似然估计

参数	ϕ_1	θ_3	Φ_1	截距	Log(价格)	异常值
估计值	0.8782	0.3836	0.8987	12.12	0.0819	-0.0643
标准误差	0.0645	0.1475	0.0395	0.1638	0.0291	0.0109

σ^2 估计值为 0.000 409 4；对数似然值 =158.02，AIC= -304.05

```
> log.boardings=boardings[,1]
> log.price=boardings[,2]
> boardings.m1=arima(log.boardings,order=c(1,0,0),
    seasonal=list(order=c(1,0,0),period=12),
    xreg=data.frame(log.price))
> boardings.m1
> detectAO(boardings.m1); detectIO(boardings.m1)
> boardings.m2=arima(log.boardings,order=c(1,0,3),
    seasonal=list(order=c(1,0,0),period=12),
    xreg=data.frame(log.price,outlier=c(rep(0,31),1,rep(0,36))),
    fixed=c(NA,0,0,rep(NA,5)))
> boardings.m2
> detectAO(boardings.m2); detectIO(boardings.m2)
> tsdiag(boardings.m2,tol=.15,gof.lag=24)
```

㊀ 事后调查显示，发生于 2003 年 3 月的一场积雪量达 30 英寸的暴风雪导致使丹佛的交通全面瘫痪达一整天．其后数天中，仍有部分道路的交通没有恢复．

最终拟合模型诊断结果显示其与数据拟合度很好,而且未发现更多的异常值. 对于对数化油价的回归系数而言,其 95% 的置信区间是 (0.0249, 0.139). 注意对于拟合模型的解释为:汽油价格提高 100%,将导致公共交通工具的使用出现约 8.2% 的增长.

另一值得注意的有趣之处是,如果在模型中去掉异常值项,将得出一个新的对数化油价回归系数的估计值 0.0619,其标准误差为 0.0372. 因此,如果不能对异常值合理建模,则回归系数很难达到 5% 的显著性水平. 正如此例所示,异常值的存在会影响时间序列建模过程中的推断.

11.5 小结

本章使用了得自其他事件或其他时间序列的信息来协助建立所关注的时间序列的模型. 首先从所谓的干预模型入手,试图将那些被认为会对所关注时间序列有显著影响的已知外部事件纳入模型之中. 还讨论了对这些干预效应建模的各种简单实用的方法. 随后研究了异常值,这是一些明显偏离数据一般变化模式的观测值,并提出用于检测及涵盖时间序列中异常值的模型. 之后小节中关于伪相关的资料表明评估两个时间序列之间的相关关系之难,但引入预白化的有关方法有助于解决此难题. 为说明所讨论的方法和技巧,本章还列举了若干真实的案例.

习题

11.1 使用季节绘图符号画出 1996 年 1 月至 2005 年 5 月间航空客运里程数据的时间序列图. 全屏显示该图,并讨论其中的季节性特征. 详细数据见文件 airmiles.

11.2 证明:公式 (11.1.7) 中 m_t 的表达式满足公式 (11.1.6) 中给出的"AR(1)"递归形式,其中初始条件为 $m_0 = 0$.

11.3 当 $\delta = 0.7$ 时,求公式 (11.1.6) 中所确定的干预效应的"半衰期".

11.4 证明:随着 δ 增大并趋近于 1,公式 (11.1.6) 中所确定的干预效应的"半衰期"的增长无界.

11.5 根据公式 (11.1.6) 中确定的干预效应,证明

$$\lim_{\delta \to 1} m_t = \begin{cases} \omega(T-t) & t \geq T \\ 0 & \text{其他} \end{cases}$$

11.6 考虑图表 11-3b 中所示的干预效应.
(a) 证明:如图所示,在 $T+1$ 时数值跳跃的高度为 ω.
(b) 证明:如图所示,随着 t 趋于无穷大,干预效应的大小趋近于 $\omega/(1-\delta)$.

11.7 考虑图表 11-3c 中显示的干预效应. 证明:如图所示,自 $T+1$ 时起,干预效应以 ω 为斜率线性增长.

11.8 考虑图表 11-4a 中显示的干预效应.
(a) 证明:如图所示,在 $T+1$ 时数值跳跃的高度为 ω.
(b) 证明:如图所示,随着 t 趋于无穷大,干预效应反而趋近于 0.

11.9 考虑图表 11-4b 中显示的干预效应.

(a) 证明：如图所示，在 $T+1$ 时数值跳跃的高度为 $\omega_1+\omega_2$.

(b) 证明：如图所示，随着 t 趋于无穷大，干预效应的大小趋近于 ω_2.

11.10 考虑图表 11-4c 中显示的干预效应.

(a) 证明：如图所示，在 T 时数值跳跃的高度为 ω_0.

(b) 证明：如图所示，在 $T+1$ 时数值跳跃的高度为 $\omega_1+\omega_2$.

(c) 证明：如图所示，随着 t 趋于无穷大，干预效应趋近于 ω_2.

11.11 根据公式 (11.3.1) 中的模型，模拟出 100 个 (X_t, Y_t) 对，其中 $d=3$, $\beta_0=0$ 且 $\beta_1=1$. 令 $\sigma_X=2$ 且 $\sigma_e=1$, 画出并说明两序列间的样本 CCF.

11.12 证明：当 X 和 Y 是参数分别为 ϕ_X 和 ϕ_Y 的独立的 AR(1) 时间序列时，公式 (11.3.5) 可简化为公式 (11.3.6).

11.13 证明：对于公式 (11.4.5) 所定义的过程，$\tilde{X}$ 和 $\tilde{Y}$ 之间滞后为 k 的互相关系数为 $\beta_{-k}(\sigma_{\tilde{X}}/\sigma_{\tilde{Y}})$.

11.14 模拟一个 $\phi=0.7$, $\mu=0$, $\sigma_e=1$ 的长度为 $n=48$ 的 AR 时间序列. 画出时间序列图，并考察此序列的样本 ACF 和 PACF.

(a) 现在给模拟序列添加一个在 $t=36$ 时具有单位高度 $\omega=1$ 的阶梯函数响应. 理论上序列在 $t=1$ 至 35 的区间上均值为零，在 $t=36$ 之后的均值为 1. 画出新时间序列的图，并计算其样本 ACF 和 PACF. 比较上述结果与得自原始序列的结果.

(b) 重复 (a), 改为添加一个在 $t=36$ 时具有单位高度 $\omega=1$ 的脉冲响应. 画出新时间序列的图，并计算其样本 ACF 和 PACF. 将以上结果与原始序列的结果相比较. 看看读者能否在不预知异常值位置的情况下，检验出在 $t=36$ 时存在可加异常值.

11.15 考虑本章讨论过的航空客运里程时间序列. 相应的文件为 airmiles. 本习题仅使用预干预数据（即 2001 年 9 月之前的数据）.

(a) 验证经过取对数和两次差分处理后的预干预数据，其样本 ACF 如图表 11-15 所示.

(b) (a) 中所绘图表提示了一个 ARIMA(0, 1, 1)×(0, 1, 0)$_{12}$ 模型. 拟合此模型并评价其适用性. 特别地，验证分别存在于 1996 年 12 月、1997 年 1 月及 2002 年 12 月时的可加异常值.

(c) 现在拟合带有三个异常值的 ARIMA(0, 1, 1)×(0, 1, 0)$_{12}$ 模型，并评价其适用性.

(d) 最后，拟合带三个异常值的 ARIMA(0, 1, 1)×(0, 1, 1)$_{12}$ 模型，并评价其适用性.

11.16 使用丹佛地区的对数化公共交通工具载客量和汽油价格序列. 数据见文件 boardings.

(a) 使用季节绘图符号画出月载客量的时间序列图，并予以说明.

(b) 使用季节绘图符号画出月均汽油价格的时间序列图，并予以说明.

11.17 数据文件 deere1 中有 Deere 公司在某特定运营条件下，偏离工业机械加工过程生成的特定目标值的 82 个连续的偏差量（每隔 0.000 025 英寸为单位）数据. 习题 6.33 首次使用了这些数据，在那里可观测到时间 $t=27$ 时一个明显的异常值.

(a) 应用包括异常值在内的原始数据拟合 AR(2) 模型.

(b) 对（a）部分中的拟合 AR(2) 模型，进行 AO 检验和 IO 检验.

(c) 再拟合一个增加了异常值项的 AR(2) 模型.

(d) 运用所有已学的模型诊断方法，评价（c）中模型与数据的拟合程度. 特别地，与（a）中模型比较一下模型的性能.

11.18 数据文件 days 中包含了美国艾奥瓦州伯灵顿市 Winegard 公司的会计数据. 数据为自发出 130 个连续订货单直至 Winegard 收到某产品经销商的付款之间间隔的天数.（出于保密原因，该经销商不具名.）习题 6.39 首先对这些数据进行了研究，并观测到若干异常值. 当所观测到的异常值被更典型的数值取代后，可建立一个 MA(2) 模型.

(a) 为原始数据拟合 MA(2) 模型，并对其进行 AO 检验和 IO 检验.

(b) 再将异常值纳入模型中，拟合 MA(2) 模型.

(c) 评价（b）中模型与数据的拟合程度. 特别地，有没有出现更多的异常值？

(d) 将在（c）部分中发现的所有可加异常值纳入模型中，拟合出另一个 MA(2) 模型，并评价其与数据的拟合程度.

11.19 数据文件 bluebirdlite 中包含的是 Bluebird 低盐型炸薯片的每周销售量和价格数据. 类似于对 Bluebird 标准型炸薯片数据所做的处理，对这里的数据作一分析.

11.20 数据文件 units 中包含的是 1983 年至 2005 年间，一家国际知名公司的某一产品的年销售量数据.（出于隐私方面的考虑，不给出该公司的真实名称.）

(a) 画出销售量的时间序列图，并描述此图所具有的大致特征.

(b) 应用普通最小二乘回归，为此序列拟合一条时间趋势直线.

(c) 画出此模型的残差样本 PACF，并给残差建立一个 ARIMA 模型.

(d) 再拟合如下模型：销售量＝AR(2)＋时间，并解释输出结果. 特别地，将在此得到的时间变量回归系数的估计值与之前在（b）中所得结果进行比较.

(e) 对后一模型的残差进行全面的分析.

(f) 用对数化的销售量数据作为响应变量，重复（d）和（e），并将结果与（d）和（e）中结果进行比较.

11.21 在第 5～8 章中已经研究过对数化月油价序列的 IMA(1, 1) 模型. 图表 8-3 表明，序列可能含有若干异常值. 用本章所学方法研究序列 IMA(1, 1) 模型的异常值. 一定要将这些结果与之前忽略异常值时所得到的结果做一比较. 数据见文件 oil.

第 12 章 异方差时间序列模型

到目前为止，研究的模型都是关于时间序列数据的条件均值结构. 然而，由于对金融数据建模的需要，近期大量的工作是对时间序列数据的条件方差结构建立模型. 令 $\{Y_t\}$ 为时间序列，给定 Y 过去的值 $Y_{t-1}, Y_{t-2}, \cdots$, 其条件方差度量了 Y_t 偏离条件均值 $E(Y_t \mid Y_{t-1}, Y_{t-2}, \cdots)$ 的不确定程度. 如果 $\{Y_t\}$ 满足某 ARIMA 模型，那么对于过程任何现在及过去的数据，（一步向前）条件方差总是等于噪声方差. 确实, ARIMA 过程任意给定步长前向预测的条件方差为常数. 实际中,（一步向前）条件方差会随着现在和过去数值的变化而变化，因此条件方差自身就是一个随机过程，通常被称为条件方差过程. 例如，经常发现股票的日收益率总是在价格剧烈波动期间比在价格相对平稳的时期具有更大的条件方差. 本章的研究重点是对条件方差过程建模，基于现在和过去的数据，通过该模型可以预测未来值的波动. 而前面章节探讨的 ARIMA 模型关注的是如何基于现在和过去的数据预测未来.

在金融领域中，金融资产收益率的条件方差通常作为对资产风险的一种度量. 在对金融资产定价的数学理论以及 VaR(风险价值) 的计算当中，这是一个重要组成部分，例子见 Tsay (2005). 有效市场的预期收益率（条件均值）应该为零，因而收益率序列应为白噪声序列，这种序列具有最简单的自相关结构. 因此，为表达方便，本章的前几节均假设数据指的是某些金融资产的收益率，且是白噪声，即序列无关的数据. 如是处理，即可从一开始就集中精力研究如何为时间序列的条件方差结构建模. 本章最后将通过把 ARIMA 模型和条件异方差模型结合在一起，来讨论同时为条件均值和条件方差结构建模的若干简化方案.

12.1 金融时间序列的一些共同特征

作为一个金融时间序列的例子，我们考察从 2004 年 8 月 26 日至 2006 年 8 月 15 日这段时期内一单位 CREF 股票基金的每日价值的变化. CREF 股票基金是由数千只股票组合成的，并且不能在股票市场上公开交易⊖. 因为股票在周末和节假日不交易，只能在所谓的交易日交易，所以 CREF 的数据在周末和节假日期间是不会变化的. 为了简单起见，我们假设数据时间间隔是相等的. 图表 12-1 展示了 CREF 数据的时间序列图. 数据呈现出总体上升的趋势，并且具有随着股价增加波动幅度更大的迹象. 令 $\{p_t\}$ 表示时间序列，譬如某金融资产的日价格，第 t 天的（连续复利的）收益率定义为

$$r_t = \log(p_t) - \log(p_{t-1}) \tag{12.1.1}$$

有时候，收益率会乘以 100, 以表示为价格变动的百分比形式. 因为原始的收益率是一个很小的数字，在计算中存在着大量的舍入误差，所以这种乘以 100 的处理可以减少数值误差.

图表 12-2 描绘了 CREF 收益率的时间序列（样本容量=500）. 该图显示出收益率在一些时期波动更大，并在研究期接近结束时变得非常不稳定. 这一现象可能在收益率的绝对值或平方值的时间序列图中更为明显，见习题 12.1.

⊖ CREF 是大学退休权益基金的缩写，这是对许多大学教师退休计划很重要的一组股票和债券基金的组合.

图表 12-1　日 CREF 股票价值：2004 年 8 月 26 日至 2006 年 8 月 15 日

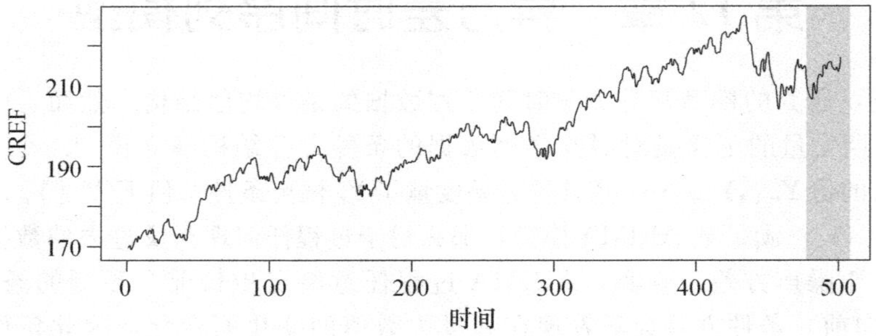

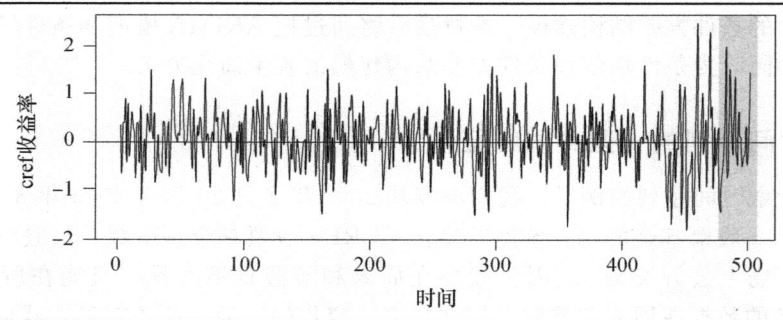

```
> win.graph(width=4.875,height=2.5,pointsize=8)
> data(CREF); plot(CREF)
```

这些结果可能是中东地区的不稳定局面引发的．因为黎巴嫩南部自 2006 年 7 月 12 日至 8 月 14 日战事不断，在图表 12-1 和图表 12-2 中这段时期用灰色阴影表示．这种大量的持续的平静和波动相交替的模式在文献中被称为波动集群．时间序列的波动性意味着时间序列的条件方差随着时间的变动而变动．时间序列的动态波动模式（换言之，时间序列的条件方差过程）是本章的主题．

图表 12-2　CREF 股票日收益率：2004 年 8 月 26 日～2006 年 8 月 15 日

```
> r.cref=diff(log(CREF))*100
> plot(r.cref); abline(h=0)
```

如图表 12-3 和图表 12-4 所示，CREF 的日收益率（乘以了 100 的）的样本 ACF 和 PACF 显示收益率基本不存在序列相关性．样本 EACF(图中没有显示出来) 也说明了对该数据来讲白噪声模型是适当的．CREF 收益率均值等于 0.0493，标准差等于 0.028 85．因此，收益率过程的均值并没有显著地不同于零．基于本章序言提及的市场有效性假设，这一结果是可以预期的．

然而，在 CREF 收益率数据中所观测到的波动集群现象给了我们一个启示，即收益率的分布不是独立同分布的，否则随着时间的变化方差应该是一个常数．这是我们研究时间序列模型中首次需要区分序列值的不相关性和序列值的独立性．如果序列值真的是相互独立的，那么瞬时的非线性变换后，如求对数、绝对值、平方，仍然保留独立性．但是，对相关性来说并非如此，因为相关性仅仅是对线性相关程度的度量．通过研究收益率的绝对值（样本变动较小，但是数学上不易处理）或者平方值（样本变动较大，但是在统计理论上便于操作）的自相关结构，可以发现数据的高阶序列相关结构．如果收益率是独立同分布的，那么收益率的绝对值（平方值同样）也是独立同分布的，因此也都是白噪声过程．如果收益率的绝对值或者平方值表现出明显的自相关性，那么这种自相关性就有力地驳斥了收益率是独立同分布的假设．事实上，图表 12-5 到图表 12-8 中收益率绝对值和平方值的样本 ACF 和 PACF 明显地表现出了自相关性，因此为证实 CREF 日收益率并非独立同分布提供了有力的证据．

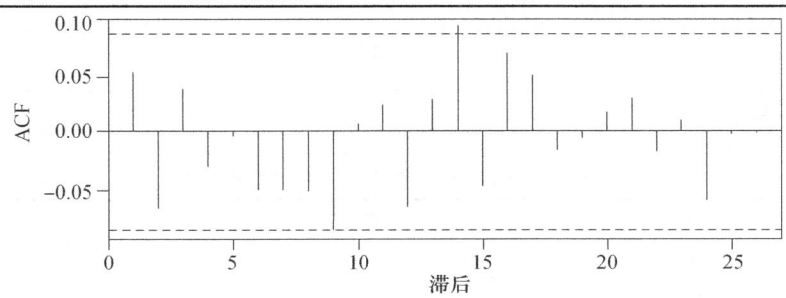

图表 12-3　CREF 日收益率的样本 ACF：2004 年 8 月 26 日～2006 年 8 月 15 日

> acf(r.cref)

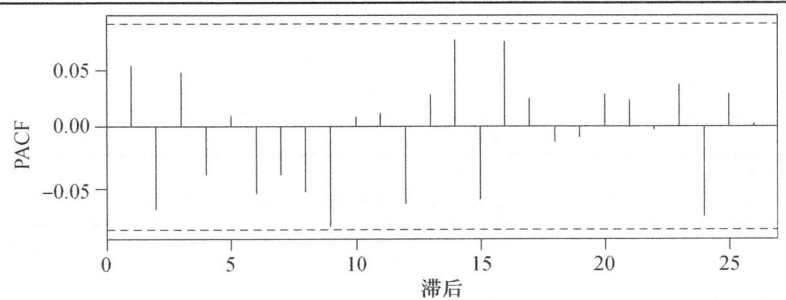

图表 12-4　CREF 日收益率的样本 PACF：2004 年 8 月 26 日～2006 年 8 月 15 日

> pacf(r.cref)

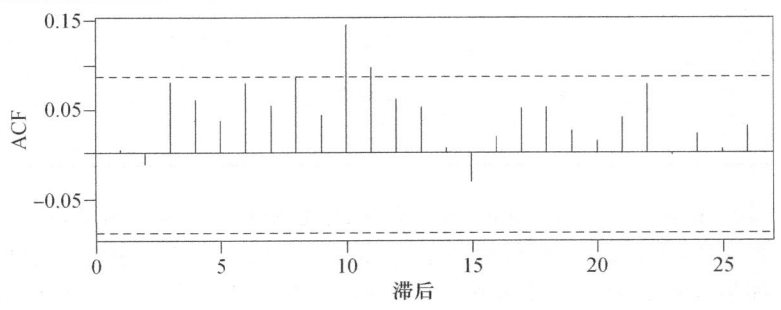

图表 12-5　CREF 日收益率绝对值的样本 ACF

> acf(abs(r.cref))

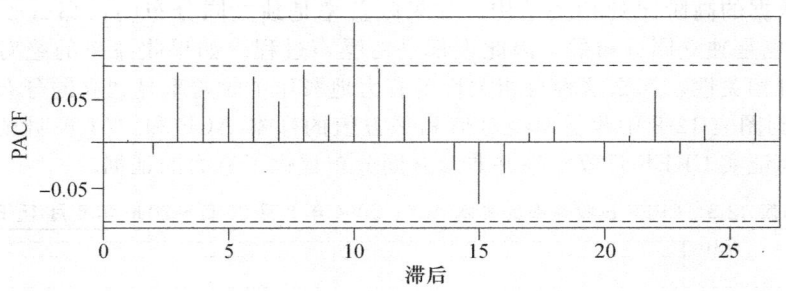

图表 12-6　CREF 日收益率绝对值的样本 PACF

```
> pacf(abs(r.cref))
```

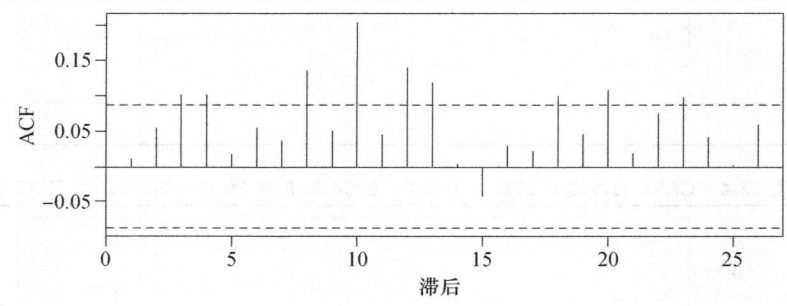

图表 12-7　CREF 日收益率平方的样本 ACF

```
> acf(r.cref^2)
```

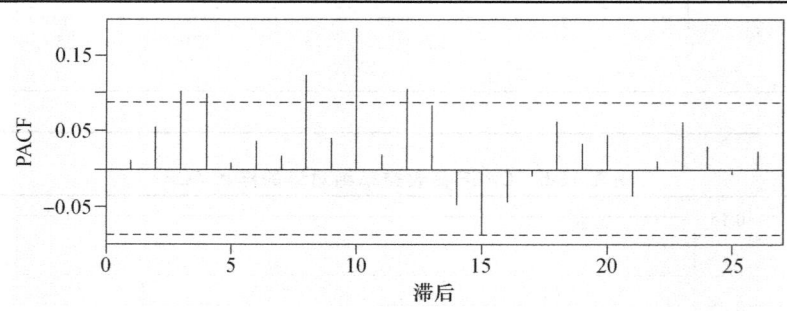

图表 12-8　CREF 日收益率平方的样本 PACF

```
> pacf(r.cref^2)
```

这些视图工具经常辅之以 Box-Ljung 检验来正式地判断平方值数据是否具有自相关性. 因为不需要拟合模型, Box-Ljung 检验的近似卡方分布的自由度等于在检验中所使用的相关系数的个数. 因此, 如果在检验中我们使用平方数据的 m 个自相关系数, 不存在 ARCH 时, 检验统计量近似服从 m 个自由度的卡方分布. 此方法可以扩展到条件均值非零并且用一个 ARMA 模型能充分地描述数据的自相关结构的过程. 这种情况下, 该模型的残差的平方的前 m 个自相关系数可以用来检验 ARCH 的存在性. 在没有 ARCH 效应的假设下, 相应的 Box-Ljung 统计量服从 m 个自由度的卡方分布, 见 McLeod 和 Li(1983) 以及 Li(2004). 此后, 我们称用残差或者数据平方构造的 Box-Ljung 统计量来判断 ARCH 效应的检验为 McLeod-Li 检验.

实际中, 使用 McLeod-Li 检验时, 用一系列滞后并且描绘出检验的 p 值来检验 ARCH 效应非常有效. 图表 12-9 显示当滞后大于 3 时, McLeod-Li 检验在 5% 的显著水平上都显著. 这一点和图表 12-7 中的直观模式是非常一致的, 并且给数据具有 ARCH 特征提供了强有力的证据.

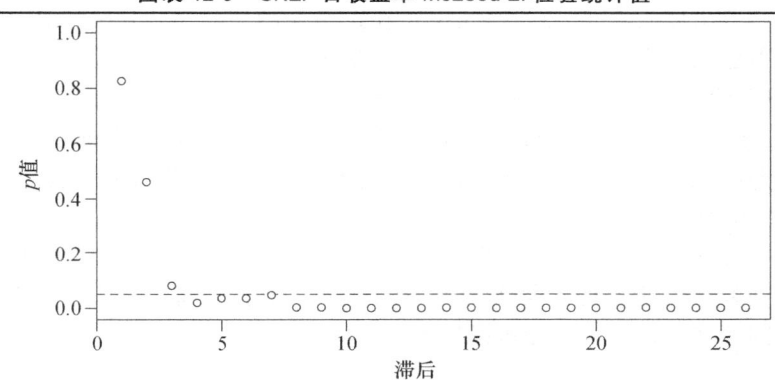

图表 12-9　CREF 日收益率 McLeod-Li 检验统计值

```
> win.graph(width=4.875, height=3,pointsize=8)
> McLeod.Li.test(y=r.cref)
```

CREF 日收益率的分布形状可以由构建一个正态分位数的 QQ 图来体现——如图表 12-10 所示. QQ 图显示收益率的分布比正态分布的尾部要偏厚一些, 并有些向右偏斜. 确实, 检验正态性 Shapiro-Wilk 统计量等于 0.9932, p 值等于 0.024, 因此在通常的显著水平上拒绝正态性假设.

随机变量 Y 的偏度被定义为 $E(Y-\mu)^3/\sigma^3$, 其中 μ 和 σ 分别为 Y 的均值和标准差. 随机变量的偏度可以由样本偏度来估计:

$$g_1 = \sum_{i=1}^{n}(Y_i-\overline{Y})^3/(n\hat{\sigma}^3) \quad (12.1.2)$$

其中 $\hat{\sigma}^2 = \sum(Y_i-\overline{Y})^2/n$ 是样本方差. CREF 收益率的样本偏度等于 0.116. 分布相对于

图表 12-10　CREF 日收益率的正态 QQ 图

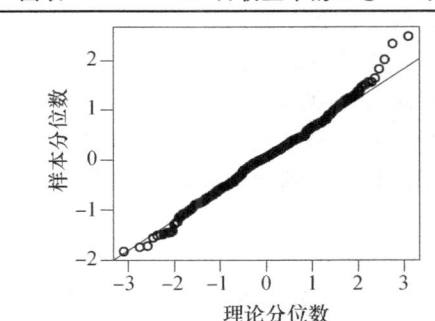

```
> win.graph(width=2.5,height=2.5,pointsize=8)
> qqnorm(r.cref);qqline(r.cref)
```

正态分布的尾部厚度通常是由（超额的）峰度来衡量的, 定义为 $E(Y-\mu)^4/\sigma^4-3$. 对于正态分布来讲, 其峰度总是为零. 一个正峰度的分布被称为厚尾分布, 一个负峰度的分布被称为薄尾分布. 峰度可以由样本峰度来估计:

$$g_2 = \sum_{i=1}^{n}(Y_i-\overline{Y})^4/(n\hat{\sigma}^4) - 3 \quad (12.1.3)$$

CREF 收益率的样本峰度等于 0.6274. 峰度的另一个定义式是将原公式修改为 $E(r_t - \mu)^4/\sigma^4$; 换言之, 在比例中没有减去 3. 我们始终使用峰度的第一个定义.

另一个正态性检验是 Jarque-Bera 检验, 这一检验是基于正态分布是零偏度和零峰度的事实. 假设 $Y_1, Y_2, \cdots, Y_n$ 是一组独立同分布的数据, 则 Jarque-Bera 检验定义为

$$JB = \frac{ng_1^2}{6} + \frac{ng_2^2}{24} \tag{12.1.4}$$

其中 g_1 为样本偏度, g_2 为样本峰度. 在正态性的零假设条件下, Jarque-Bera 检验的统计数据分布近似服从 2 个自由度的 χ^2 分布. 事实上, 在正态性的假设下, Jarque-Bera 统计量定义中的每个被加数近似服从 1 个自由度的 χ^2 分布. 如果统计量的值太大的话, Jarque-Bera 检验拒绝正态性假设. CREF 收益率的 $JB = 500 \times 0.116^2/6 + 500 \times 0.6274^2/24 = 1.12 + 8.20 = 9.32$, p 值为 0.011. 忆及单自由度 χ^2 分布的上部 5% 临界值是 3.84, 因此数据看似没有偏斜, 但的确具有一个相对厚的尾部. 特别地, 正态性假设是不符合 CREF 收益率数据的——这个结论与 Shapiro-Wilk 检验的结果相同.

总之, CREF 收益率数据是序列不相关的, 但存在高阶相关结构 (即波动集群) 和厚尾分布. 金融时间序列数据中这些特征是十分普遍的. 下一节我们将介绍 GARCH 模型, 它为具有以上特征的时间序列数据建模和分析提供了一个框架.

12.2 ARCH(1) 模型

Engle(1982) 第一次提出针对时间序列变化的方差的自回归条件异方差模型 (ARCH). 如前所述, 一项金融资产的收益率数据 (例如 $\{r_t\}$) 通常是零均值序列无关的过程, 即便是在其展现出波动集群性时亦然. 这意味着给定过去的收益率时 r_t 的条件方差并非常数. r_t 的条件方差也称为条件波动率, 用 $\sigma_{t|t-1}^2$ 表示, 下标 $t-1$ 表示以 $t-1$ 时刻前的收益率为条件. 当 r_t 可得时, 收益率的平方 r_t^2 为 $\sigma_{t|t-1}^2$ 的一个无偏估计量. 收益率的平方值比较大的序列可以预测一段相对波动的时期. 反之, 收益率平方值较小的序列可以预测一段相对平静的时期. ARCH 模型在形式上是一个回归模型, 其条件波动率是因变量, 往期收益率平方值是协变量. 例如, ARCH(1) 模型假设收益率序列 $\{r_t\}$ 由下式生成:

$$r_t = \sigma_{t|t-1} \varepsilon_t \tag{12.2.1}$$

$$\sigma_{t|t-1}^2 = \omega + \alpha r_{t-1}^2 \tag{12.2.2}$$

其中, α 和 ω 是未知参数, $\{\varepsilon_t\}$ 是具有零均值和单位方差的独立同分布随机变量的序列 (也称为新息), 且 ε_t 与 r_{t-j} 是相互独立的, $j=1,2,\cdots$. 新息 ε_t 被假定为具有单位方差, 因此 r_t 的条件方差等于 $\sigma_{t|t-1}^2$. 此结论可以从下面的式子中得到:

$$E(r_t^2 \mid r_{t-j}, j=1,2,\cdots) = E(\sigma_{t|t-1}^2 \varepsilon_t^2 \mid r_{t-j}, j=1,2,\cdots) = \sigma_{t|t-1}^2 E(\varepsilon_t^2 \mid r_{t-j}, j=1,2,\cdots)$$
$$= \sigma_{t|t-1}^2 E(\varepsilon_t^2) = \sigma_{t|t-1}^2 \tag{12.2.3}$$

第二个等式成立是由于给定过去的收益率时 $\sigma_{t|t-1}$ 已知, 第三个式子成立是因为 ε_t 与过去的收益率相互独立, 最后一个等式成立是由于假设 ε_t 的方差等于 1.

图表 12-11 展示了一个样本容量为 500 的用 ARCH(1) 模型模拟的时间序列图形, 其中 $\omega=0.01$, $\alpha=0.9$. 虽然由于条件方差过程记忆短, 数据能够从大的波动中很快地恢复, 但是

较大的波动聚集在一起，数据的波动集群性非常明显.[注]

图表 12-11 模拟的 ARCH(1) 模型，$\omega=0.01$ 且 $\alpha_1=0.9$

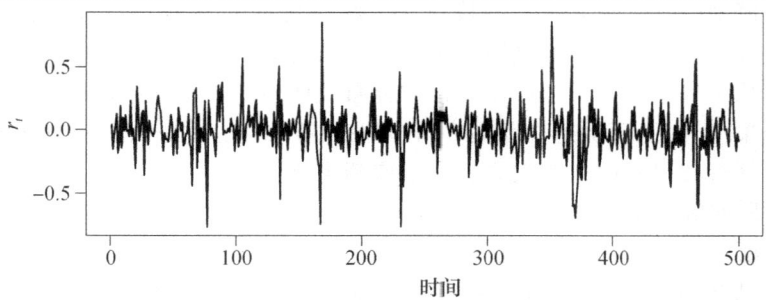

```
> set.seed(1235678); library(tseries)
> garch01.sim=garch.sim(alpha=c(.01,.9),n=500)
> plot(garch01.sim,type='l',ylab=expression(r[t]), xlab='t')
```

虽然 ARCH 模型类似一个回归模型，但其条件方差不是直接观测到的（也因此被称作潜在变量），导致了在使用 ARCH 模型对数据进行分析时有细微差别. 例如，如何通过图形来表示回归关系并不是很显然的. 为了画图，需要用一些观测值来代替方程（12.2.2）中的条件方差. 令

$$\eta_t = r_t^2 - \sigma_{t|t-1}^2 \tag{12.2.4}$$

可以证实，$\{\eta_t\}$ 是均值为零的不相关序列，并且 η_t 与过去的收益率不相关. 将 $\sigma_{t|t-1}^2 = r_t^2 - \eta_t$ 代入到方程（12.2.2）. 显然有

$$r_t^2 = \omega + \alpha r_{t-1}^2 + \eta_t \tag{12.2.5}$$

因此，在收益率序列满足 ARCH(1) 模型的假设下，收益率平方序列满足 AR(1) 模型. 基于这个有用的结论，如果用前几章学到的技术可以设定收益率的平方满足 AR(1) 模型，那么收益率就可设定为 ARCH(1) 模型了.

除了在数据分析中具有价值以外，推导出的收益率平方的 AR(1) 模型可用以得出 ARCH 模型参数化的理论洞见. 例如，由于收益率的平方一定是非负的，那么总是限制参数 ω 和 α 非负是很有意义的. 同样，如果收益率数列是平稳的，方差是 σ^2，那么可以对方程（12.2.5）两边求期望得到

$$\sigma^2 = \omega + \alpha\sigma^2 \tag{12.2.6}$$

即 $\sigma^2 = \omega/(1-\alpha)$，并且 $0 \leqslant \alpha < 1$. 实际上，可以证明 $0 \leqslant \alpha < 1$ 是 ARCH(1) 模型（弱）平稳的充分必要条件（Ling 和 McAleer，2002）. 一见之下，平稳概念与条件异方差概念似乎是不相容的. 然而，记得弱平稳过程要求序列的均值为常数，且不管两个时期的滞后是否一样，有限相等的时间间隔上的协方差是常数. 特别地，弱平稳过程的方差是常数. 条件 $0 \leqslant \alpha < 1$ 意味着 r_0 具有初始分布，使得由方程（12.2.1）和方程（12.2.2）定义的 $r_t(t \geqslant 1)$ 是上述意义上的弱平稳过程. 有趣的是，弱平稳性不能排除条件方差过程非常数的可能性，ARCH(1) 模型就是这种情况. 可以证实 ARCH(1) 过程是白噪声. 因此它是这样的一个白噪声过程：该过程的

[注] 本章需要名为 tseries 的 R 程序包. 假设读者已经下载并安装了该程序包.

由方程（12.2.2）定义的条件方差过程不是常数，它随着平方后过程的一阶滞后的变化而变化。

ARCH(1) 模型的一个令人满意的特征是，即使新息 η_t 是正态分布，在 $1>\alpha>0$ 的条件下，ARCH(1) 模型的平稳分布也是厚尾分布；换言之，其峰度 $E(r_t^4)/\sigma^4-3$ 大于零。（回顾正态分布的峰度总是等于零，一个峰度为正的分布被认为是厚尾分布，而一个峰度为负的分布被认为是薄尾分布。）为了证明这个结论的正确性，考虑 $\{\varepsilon_t\}$ 是独立同分布和标准正态分布的情况。对方程（12.2.1）两边 4 次方后，求取期望有

$$E(r_t^4) = E[E(\sigma_{t|t-1}^4 \varepsilon_t^4 \mid r_{t-j}, j=1,2,3,\cdots)] = E[\sigma_{t|t-1}^4 E(\varepsilon_t^4 \mid r_{t-j}, j=1,2,3,\cdots)]$$
$$= E[\sigma_{t|t-1}^4 E(\varepsilon_t^4)] = 3E(\sigma_{t|t-1}^4) \qquad (12.2.7)$$

第一个等式得自迭代-期望公式。在只有两个随机变量 X，Y 的简单情况下，这一原则表述为 $E[E(X\mid Y)] = E(X)$。[可以参阅公式（9.E.5）] 第二个等式来源于给定过去的收益率序列 $\sigma_t \mid_{t-1}$ 是已知的。第三个等式是 ε_t 与过去的收益率之间相互独立的结果。最后一个等式来自正态性假设。只剩下计算 $E(\sigma_{t|t-1}^4)$。现在，并不知道前面这个期望是否作为一个有限数字存在。目前先假设它确实存在，并且假设平稳，用 τ 表示。下面，我们将推导使本假设成立的条件。将方程（12.2.2）两边平方并且求期望得到

$$\tau = \omega^2 + 2\omega\alpha\sigma^2 + \alpha^2 3\tau \qquad (12.2.8)$$

此式意味着

$$\tau = \frac{\omega^2 + 2\omega\alpha\sigma^2}{1-3\alpha^2} \qquad (12.2.9)$$

这一等式给出了 τ 有限的必要条件（事实上，也是充分条件）是 $0 \leqslant \alpha < 1/\sqrt{3}$，在此条件下 ARCH(1) 过程具有有限的四阶矩。附带地这说明一个平稳的 ARCH(1) 模型不一定具有有限的四阶矩。有限的高阶矩的存在性会进一步限制参数的范围——类似的高阶的 ARCH 模型和它的变形都有这样一个特征。回到对 ARCH(1) 过程峰度的计算中来，通过繁琐的代数变换，方程（12.2.1）蕴涵着 $\tau > \sigma^4$，因而 $E(r_t^4) > 3\sigma^4$。因此平稳 ARCH(1) 过程的峰度大于零。这证实了我们早前的结论：一个 ARCH(1) 过程即使有正态新息也是厚尾分布。换言之，厚尾是由方程（12.2.2）设定的波动集群的结果。

ARCH 模型的一个主要用途是预测未来的条件方差。例如，有人可能对预测 h 步向前条件方差感兴趣：

$$\sigma_{t+h|t}^2 = E(r_{t+h}^2 \mid r_t, r_{t-1}, \cdots) \qquad (12.2.10)$$

对于 $h=1$，ARCH(1) 模型蕴涵着

$$\sigma_{t+1|t}^2 = \omega + \alpha r_t^2 = (1-\alpha)\sigma^2 + \alpha r_t^2 \qquad (12.2.11)$$

这是长期方差与即期收益率平方的加权平均。类似地，使用迭代-期望公式，可以得出

$$\sigma_{t+h|t}^2 = E(r_{t+h}^2 \mid r_t, r_{t-1}, \cdots) = E[E(\sigma_{t+h|t+h-1}^2 \varepsilon_{t+h}^2 \mid r_{t+h-1}, r_{t+h-2}, \cdots) \mid r_t, r_{t-1}, \cdots]$$
$$= E[\sigma_{t+h|t+h-1}^2 E(\varepsilon_{t+h}^2) \mid r_t, r_{t-1}, \cdots] = E(\sigma_{t+h|t+h-1}^2 \mid r_t, r_{t-1}, \cdots) \qquad (12.2.12)$$
$$= \omega + \alpha E(r_{t+h-1}^2 \mid r_t, r_{t-1}, \cdots) = \omega + \alpha \sigma_{t+h-1|t}^2$$

在 $h<0$ 的情况下，我们约定 $\sigma_{t+h|t}^2 = r_{t+h}^2$。上述公式给出了一个计算 h 步向前条件方差的递归方法。

12.3 GARCH 模型

鉴于对未来条件方差的预测仅涉及最近的收益率平方值,因此上节推导出来的预测公式尽显了 ARCH(1) 模型的优劣所在. 实践中,人们可能会希望使用所有过去的收益率平方值(越往前的数据权重越低)来提高预测的精确度. 一种方法是在模型中增加更多的收益率平方的滞后项. Engle(1982) 提出的 ARCH(q) 模型对方程 (12.2.2) 进行了推广,设为

$$\sigma_{t|t-1}^2 = \omega + \alpha_1 r_{t-1}^2 + \alpha_2 r_{t-2}^2 + \cdots + \alpha_q r_{t-q}^2 \tag{12.3.1}$$

这里,q 指的是 ARCH 的阶数. 另一个方法是由 Bollerslev(1986) 和 Taylor(1986) 提出的,模型中包括条件方差的 p 阶滞后,其中 p 表示 GARCH 的阶数. 该混合模型被称为广义自回归条件异方差模型 GARCH(p, q).

$$\sigma_{t|t-1}^2 = \omega + \beta_1 \sigma_{t-1|t-2}^2 + \cdots + \beta_p \sigma_{t-p|t-p-1}^2 + \alpha_1 r_{t-1}^2 + \alpha_2 r_{t-2}^2 + \cdots + \alpha_q r_{t-q}^2 \tag{12.3.2}$$

用延迟算子 B,模型可以表达为

$$(1 - \beta_1 B - \cdots - \beta_p B^p)\sigma_{t|t-1}^2 = \omega + (\alpha_1 B + \cdots + \alpha_q B^q) r_t^2 \tag{12.3.3}$$

注意,在若干文献中记号 GARCH(p, q) 也写作 GARCH(q, p),即阶数交换了顺序. 这两种不同的习惯用法在不同的软件中均有使用,这给我们带来了很大的困扰. 读者在使用软件拟合和解释 GARCH 模型前,必须搞清楚软件中使用的是哪一种习惯表示法.

因为条件方差必须是非负的,所以在 GARCH 模型中系数必须限定为非负的. 然而,参数非负的约束并不是 GARCH 模型的条件方差以概率 1 非负的必要条件,可以参考 Nelson 和 Cao(1992) 以及 Tsai 和 Chan(2006). 允许参数取值为负或可增加借助 GARCH 模型所能捕捉到的动态模式. 后面还将探讨这一问题. 本节后续部分内容均假设 GARCH 参数满足非负这一约束条件.

图表 12-12 展示了一个样本容量为 500 的时间序列的图形. 该序列用具有标准正态新息、参数为 $\omega=0.02$,$\alpha=0.05$ 和 $\beta=0.9$ 的 GARCH(1, 1) 模型模拟得到. 图形具有显著的波动集群性,大幅(小幅)波动后面通常跟着一个大幅的(小幅的)波动. 此外,因为模型中包含条件方差的 1 阶滞后,因此成功地提高了波动率的记忆性.

图表 12-12 模拟的 GARCH(1, 1) 过程

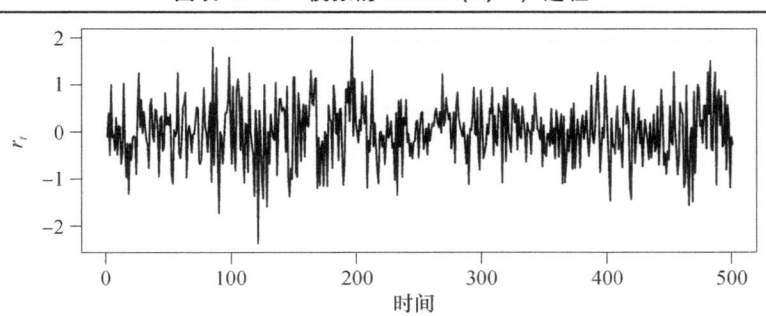

```
> set.seed(1234567)
> garch11.sim=garch.sim(alpha=c(0.02,0.05),beta=.9,n=500)
> plot(garch11.sim,type='l',ylab=expression(r[t]), xlab='t')
```

除了在 3 阶滞后和 20 阶滞后处表现出微弱的显著性，图表 12-13 和 12-14 中的模拟数据的样本 ACF 和 PACF 没有显示出显著的相关性．因此，模拟的过程看起来基本上是序列无关的，事实上确实如此．

图表 12-13　模拟的 GARCH(1，1) 过程的样本 ACF

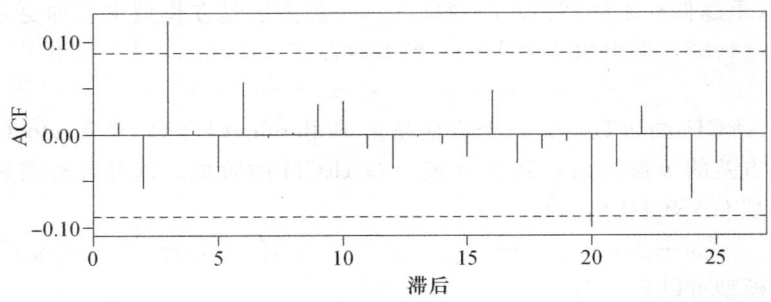

```
> acf(garch11.sim)
```

图表 12-14　模拟的 GARCH(1，1) 过程的样本 PACF

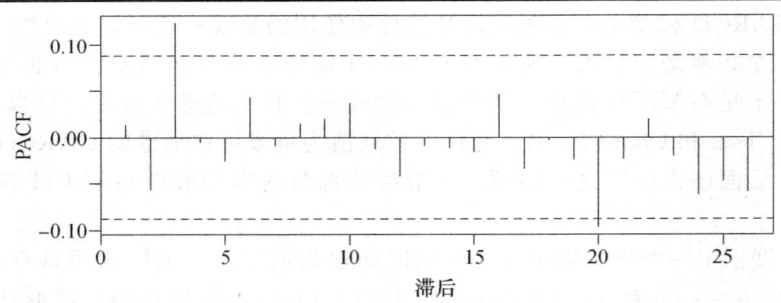

```
> pacf(garch11.sim)
```

图表 12-15 至 12-18 给出了模拟数据的绝对值和平方值的样本 ACF 和 PACF．

图表 12-15　模拟的 GARCH(1，1) 过程的绝对值的样本 ACF

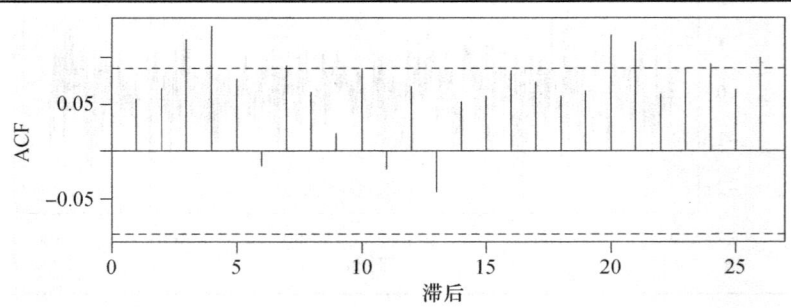

```
> acf(abs(garch11.sim))
```

图表 12-16　模拟的 GARCH(1, 1) 过程的绝对值的样本 PACF

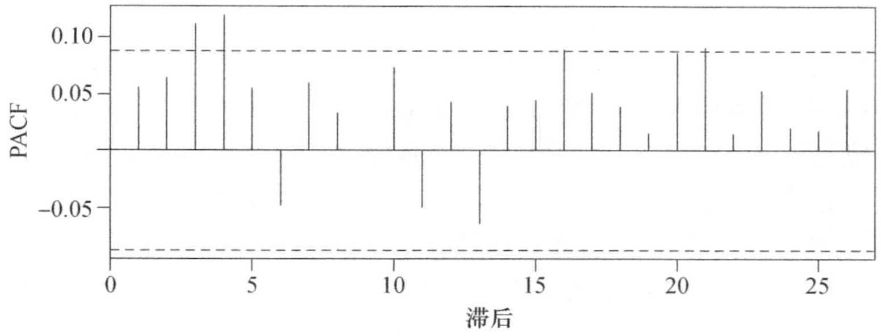

```
> pacf(abs(garch11.sim))
```

这些图形显示绝对值和平方数据存在显著的自相关模式，说明模拟过程实际上是序列相关的. 有趣的是，在最后四个图形中 1 阶滞后自相关系数都不显著.

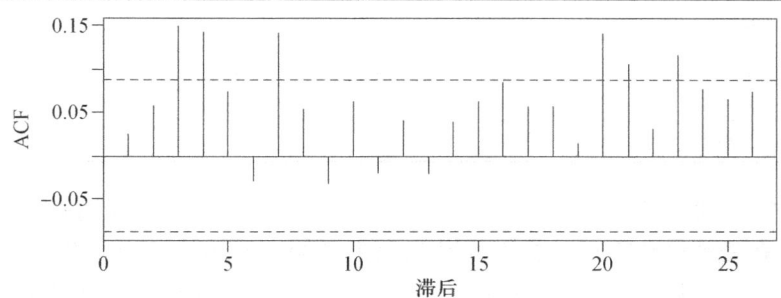

图表 12-17　模拟的 GARCH(1, 1) 过程的平方值的样本 ACF

```
> acf(garch11.sim^2)
```

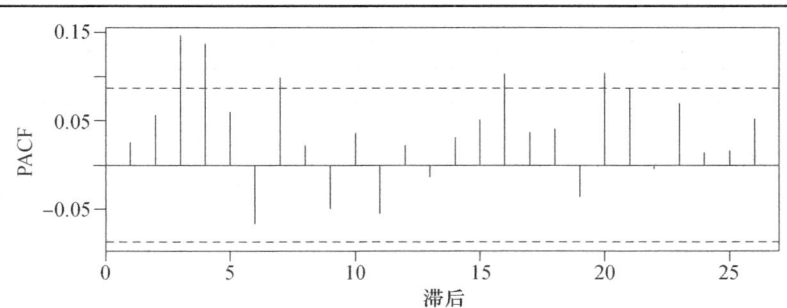

图表 12-18　模拟的 GARCH(1, 1) 过程的平方值的样本 PACF

```
> pacf(garch11.sim^2)
```

为了识别 GARCH 的阶数，同样地，用收益率平方的形式来表示条件方差模型仍会比较方便. 回想定义 $\eta_t = r_t^2 - \sigma_{t|t-1}^2$. 类似于 ARCH(1) 模型，可以证明 $\{\eta_t\}$ 是序列无关的过程. 此外，η_t 与过去的收益率平方是不相关的. 将表达式 $\sigma_{t|t-1}^2 = r_t^2 - \eta_t$ 带入方程 (12.3.2) 得到

$$r_t^2 = \omega + (\beta_1 + \alpha_1)r_{t-1}^2 + \cdots + (\beta_{\max(p,q)} + \alpha_{\max(p,q)})r_{t-\max(p,q)}^2 + \eta_t - \beta_1 \eta_{t-1} - \cdots - \beta_p \eta_{t-p} \tag{12.3.4}$$

其中,对于所有整数 $k>p$ 有 $\beta_k=0$,对于 $k>q$,有 $\alpha_k=0$. 该式表明收益率序列的 GARCH(p,q) 模型蕴涵着收益率平方满足 ARMA$(\max(p,q), p)$ 模型. 因此,可将 ARMA 模型的识别技巧用于收益率平方序列,来确定 p 和 $\max(p,q)$. 需要注意,如果 q 比 p 小,在模型识别中将被掩盖而无法识别. 在这种情况下,可先拟合 GARCH(p,p) 模型,然后对所得的 ARCH 系数估计量进行显著性检验,从而估计 q.

以图表 12-19 为例,给出模拟 GARCH(1,1) 序列取值的平方的样本 EACF.

图表 12-19　模拟的 GARCH(1,1) 序列取值的平方的样本 EACF

AR/MA	0	1	2	3	4	5	6	7	8	9	10	11	12	13
0	o	o	×	×	o	o	×	o	o	o	o	o	o	o
1	×	o	o	o	×	o	×	×	o	o	o	o	o	o
2	×	o	o	o	o	o	×	o	o	o	o	o	o	o
3	×	×	×	o	o	×	o	o	o	o	o	o	o	o
4	×	×	×	o	o	o	o	o	o	o	o	o	o	o
5	×	×	o	o	o	o	o	o	o	o	o	o	o	o
6	×	×	×	o	o	o	o	o	o	o	o	o	o	o
7	×	×	×	×	×	o	o	o	o	o	o	o	o	o

```
> eacf((garch11.sim)^2)
```

虽然 ARMA(2,2) 模型似较恰当,但是 EACF 表中的模式并不很明晰. EACF 表中信号的模糊性可能是在处理较高阶矩时样本变动较大的结果. Shin 和 Kang(2001) 认为,对于一阶逼近,幂变换保存了理论自相关函数,从而保存了平稳 ARMA 过程的阶数. 他们的研究结论说明,或可通过研究绝对收益率来识别 GARCH 的阶数. 确实,图表 12-20 所示的收益率绝对值的样本 EACF 表显示用 ARMA(1,1) 模型更令人信服,从而对于原始数据识别为 GARCH(1,1) 模型,尽管也显示出 GARCH(2,2) 模型的迹象.

图表 12-20　模拟的 GARCH(1,1) 序列的绝对值的样本 EACF

AR/MA	0	1	2	3	4	5	6	7	8	9	10	11	12	13
0	o	o	×	×	o	o	×	o	o	o	o	o	o	o
1	×	o	o	×	o	o	o	o	o	o	o	o	o	o
2	×	×	o	o	o	o	o	o	o	o	o	o	o	o
3	×	×	o	o	o	×	o	o	o	o	o	o	o	o
4	×	×	o	o	o	×	o	o	o	o	o	o	o	o
5	×	×	o	×	o	×	o	o	o	o	o	o	o	o
6	×	×	o	×	o	o	o	o	o	o	o	o	o	o
7	×	×	o	o	o	o	o	o	o	o	o	o	o	o

```
> eacf(abs(garch11.sim))
```

对于 CREF 日收益率绝对值,其样本 EACF 见图表 12-21,该表建议设定 GARCH(1,1) 模型. 但是 CREF 收益率平方值相应的样本 EACF(未显示)并不那么清晰,可能会导致

GARCH(2，2) 模型的设定.

图表 12-21　CREF 日收益率绝对值的样本 EACF

AR/MA	0	1	2	3	4	5	6	7	8	9	10	11	12	13
0	o	o	o	o	o	o	o	o	o	×	×	o	o	o
1	×	o	o	o	o	o	o	o	o	o	o	o	o	o
2	×	o	o	o	o	o	o	o	o	o	o	o	o	o
3	×	o	×	o	o	o	o	o	o	o	o	o	o	o
4	×	o	×	o	o	o	o	o	o	o	o	o	o	o
5	×	×	×	×	o	o	o	o	o	o	o	o	o	o
6	×	×	×	×	o	o	o	o	o	o	o	o	o	o
7	×	×	×	×	o	o	o	o	o	o	o	o	o	o

```
> eacf(abs(r.cref))
```

另外，对绝对值数据拟合的 ARMA 模型的参数的估计，可以作为对 GARCH 模型用极大似然估计法估计的初值. 例如，图表 12-22 报告了对模拟的 GARCH(1，1) 过程的绝对值拟合的 ARMA(1，1) 模型的参数的估计.

图表 12-22　模拟 GARCH(1，1) 序列绝对值的 ARMA(1，1) 模型之参数估计

系　数	ar1	ma1	截距
估计	0.9821	−0.9445	0.5077
标准误差	0.0134	0.0220	0.0499

```
> arima(abs(garch11.sim),order=c(1,0,1))
```

根据方程 (12.3.4)，可以知道 β 的估计值为 0.9445，α 的估计值为 $0.9821 - 0.9445 = 0.0376$，ω 可以用原始数据的方差乘以 $1-\alpha-\beta$ 的估计值来估计，等于 0.0073. 令人惊奇的是，这些估计值与下一节报告的极大似然估计值非常接近.

我们现在推导 GARCH 模型弱平稳的条件. 假设收益率过程是弱平稳的. 对方程 (12.3.4) 两边取期望可以得到无条件方差 σ^2 的计算公式：

$$\sigma^2 = \omega + \sigma^2 \sum_{i=1}^{\max(p,q)} (\beta_i + \alpha_i) \tag{12.3.5}$$

因此

$$\sigma^2 = \frac{\omega}{1 - \sum_{i=1}^{\max(p,q)} (\beta_i + \alpha_i)} \tag{12.3.6}$$

当

$$\sum_{i=1}^{\max(p,q)} (\beta_i + \alpha_i) < 1 \tag{12.3.7}$$

成立时，σ^2 是有界的. 可以证明该条件是 GARCH(p，q) 模型弱平稳的充要条件.（记得我们隐含假设 $\alpha_1 \geq 0, \cdots, \alpha_p \geq 0$ 和 $\beta_1 \geq 0, \cdots, \beta_q \geq 0$）此后，为了符号简便，我们假设 $p=q$.

与 ARCH(1) 模型的情况一样，GARCH 模型的高阶矩的有界性会对系数提出更严格的要求；参阅 Ling 和 McAleer(2002). 而且，即使新息是正态的，GARCH 模型的平稳分布一般也是厚尾的.

为了预测 h 步向前的条件方差 $\sigma^2_{t+h|t}$，我们可以重复前面部分的讨论来推导递归公式，当

$h>p$ 时，有

$$\sigma^2_{t+h|t} = \omega + \sum_{i=1}^{p}(\alpha_i+\beta_i)\sigma^2_{t+h-i|t} \tag{12.3.8}$$

一般地，对于任意的 $h\geqslant 1$，公式会更加复杂，因为

$$\sigma^2_{t+h|t} = \omega + \sum_{i=1}^{p}\alpha_i\sigma^2_{t+h-i|t} + \sum_{i=1}^{p}\beta_i\hat{\sigma}^2_{t+h-i|t+h-i-1} \tag{12.3.9}$$

其中

$$\sigma^2_{t+h|t} = r^2_{t+h}, \quad h<0 \tag{12.3.10}$$

并且

$$\hat{\sigma}^2_{t+h-i|t+h-i-1} = \begin{cases} \sigma^2_{t+h-i|t} & h-i-1>0 \\ \sigma^2_{t+h-i|t+h-i-1} & \text{其他} \end{cases} \tag{12.3.11}$$

使用 GARCH(1，1) 模型可以很好地解释条件方差的计算过程. 假设有 n 个观测值 r_1，r_2，$\cdots$，r_n，且有

$$\sigma^2_{t|t-1} = \omega + \alpha_1 r^2_{t-1} + \beta_1\sigma^2_{t-1|t-2} \tag{12.3.12}$$

当 $2\leqslant t\leqslant n$，为计算条件方差，需设定初始值 $\sigma^2_{1|0}$. 可以令其等于平稳假设下的平稳无条件方差 $\sigma^2 = \omega/(1-\alpha_1-\beta_1)$ 或简单地等于 r^2_1. 之后，我们可以使用定义 GARCH 模型的公式计算 $\sigma^2_{t|t-1}$. 有趣的是，观察到

$$\sigma^2_{t|t-1} = (1-\alpha_1-\beta_1)\sigma^2 + \alpha_1 r^2_{t-1} + \beta_1\sigma^2_{t-1|t-2} \tag{12.3.13}$$

因此，条件波动率的一步向前预测是长期方差、即期收益率的平方值以及即期条件波动率估计值的加权平均. 进一步，条件方差的 MA(∞) 表达式蕴涵着

$$\sigma^2_{t|t-1} = \sigma^2 + \alpha_1(r^2_{t-1} + \beta_1 r^2_{t-2} + \beta^2_1 r^2_{t-3} + \beta^3_1 r^2_{t-4} + \cdots) \tag{12.3.14}$$

是过去收益率平方值的无穷阶滑动平均. 公式表明，很久以前的收益率平方具有指数衰减的权数. 反之，收益率平方值的简单滑动平均有时可以用来估计条件方差. 但这些方法都是高度有偏的.

如果 $\alpha_1+\beta_1=1$，那么 GARCH(1，1) 模型是非平稳的，作为替代被称为 IGARCH(1，1) 模型，其中字母 I 代表求和. 这种情况下，我们应该从符号中去掉下标并令 $\alpha=1-\beta$. 假设 $\omega=0$，则

$$\sigma^2_{t|t-1} = (1-\beta)(r^2_{t-1} + \beta r^2_{t-2} + \beta^2 r^2_{t-3} + \beta^3 r^2_{t-4} + \cdots), \tag{12.3.15}$$

是过去收益率平方的指数加权平均. 金融领域著名的 Riskmetrics 软件运用 $\beta=0.94$ 的 IGARCH(1，1) 模型来估计条件方差；参阅 Andersen 等 (2006).

12.4 极大似然估计

对于正态新息可以容易地推导出 GARCH 模型的极大似然函数. 我们举例说明平稳 GARCH(1，1) 模型的计算过程. 结论可以直接推广到一般情况. 给定参数 ω，α 和 β 的值，则条件方差可以由以下公式递归计算：

$$\sigma^2_{t|t-1} = \omega + \alpha r^2_{t-1} + \beta\sigma^2_{t-1|t-2} \tag{12.4.1}$$

其中 $t\geqslant 2$，初始值 $\sigma^2_{1|0}$ 在平稳的假设下被设为平稳无条件方差 $\sigma^2=\omega/(1-\alpha-\beta)$. 我们使用条件 pdf

异方差时间序列模型

$$f(r_t \mid r_{t-1}, \cdots, r_1) = \frac{1}{\sqrt{2\pi\sigma_{t|t-1}^2}} \exp[-r_t^2/(2\sigma_{t|t-1}^2)] \qquad (12.4.2)$$

和联合 pdf

$$f(r_n, \cdots, r_1) = f(r_{n-1}, \cdots, r_1) f(r_n \mid r_{n-1}, \cdots, r_1) \qquad (12.4.3)$$

迭代最后一个公式并求自然对数得出下面的对数似然函数公式：

$$L(\omega, \alpha, \beta) = -\frac{n}{2}\log(2\pi) - \frac{1}{2}\sum_{t=1}^{n}\{\log(\sigma_{t-1|t-2}^2) + r_t^2/\sigma_{t|t-1}^2\} \qquad (12.4.4)$$

ω，α 和 β 的极大似然函数估计没有显式解，但其解可以通过数值方法极大化对数似然函数得到。可以证明极大似然估计量近似服从均值为真值的正态分布。它们的协方差可以列入一个矩阵，记作 Λ。可以按如下方式计算得到。令

$$\theta = \begin{bmatrix} \omega \\ \alpha \\ \beta \end{bmatrix} \qquad (12.4.5)$$

是参数向量。θ 的第 i 个分量记为 θ_i，所以 $\theta_1 = \omega$，$\theta_2 = \alpha$，$\theta_3 = \beta$。Λ 的对角线元素是估计量的近似方差，而非对角线元素是它们的近似协方差。因此，Λ 对角线上的第一个元素是 $\hat{\omega}$ 的近似方差。Λ 矩阵的第（1，2）位置上的元素是 $\hat{\omega}$ 和 $\hat{\alpha}$ 之间的近似协方差，以此类推。下面概述计算 Λ 的过程。对详细的数学计算过程不感兴趣的读者可以跳过这段。3×3 矩阵 Λ 近似等于以下这个 3×3 矩阵的逆矩阵，其第 (i, j) 位置的元素为

$$\frac{1}{2}\sum_{t=1}^{n}\frac{1}{\sigma_{t|t-1}^4}\frac{\partial\sigma_{t|t-1}^2}{\partial\theta_i}\frac{\partial\sigma_{t|t-1}^2}{\partial\theta_j} \qquad (12.4.6)$$

表达式中的偏导数可通过对方程（12.4.1）微分来递归得到。例如，方程（12.4.1）两边同时对 ω 求微分得到递归公式

$$\frac{\partial\sigma_{t|t-1}^2}{\partial\omega} = 1 + \beta\frac{\partial\sigma_{t-1|t-2}^2}{\partial\omega} \qquad (12.4.7)$$

其他的偏导数也可以类似计算。

记得在上一节中，模拟的 GARCH(1，1) 序列被识别为 GARCH(1，1) 模型或者 GARCH(2，2) 模型。GARCH(2，2) 模型的拟合结果报告在图表 12-23 中，其中 ω 的估计量用 a0 表示，α_1 的估计量用 a1 表示，β_1 的估计量用 b1 表示，以此类推。注意，尽管 a2 接近显著水平，但没有一个系数是显著的。用 GARCH(1，1) 模型拟合的模型如图表 12-24 所示。

图表 12-23　模拟的 GARCH(1，1) 序列的 GARCH(2，2) 模型估计

系数	估计	标准误差	t 值	$\Pr(>|t|)$
a0	1.835e-02	1.515e-02	1.211	0.2257
a1	4.09e-15	4.723e-02	8.7e-14	1.0000
a2	1.136e-01	5.855e-02	1.940	0.0524
b1	3.369e-01	3.696e-01	0.911	0.3621
b2	5.100e-01	3.575e-01	1.426	0.1538

```
> g1=garch(garch11.sim,order=c(2,2))
> summary(g1)
```

图表 12-24 模拟的 GARCH(1, 1) 序列的 GARCH(1, 1) 模型估计

系　数	估　计	标准误差	t 值	$\Pr(>|t|)$
a0	0.007 575	0.007 590	0.998	0.3183
a1	0.047 184	0.022 308	2.115	0.0344
b1	0.935 377	0.035 839	26.100	<0.0001

```
> g2=garch(garch11.sim,order=c(1,1))
> summary(g2)
```

现在所有的系数估计量（除了 a0）都是显著的．拟合的 GARCH(2, 2) 模型的 AIC 是 961.0，而拟合的 GARCH(1, 1) 模型的 AIC 是 958.0，因此 GARCH(1, 1) 模型对数据的拟合程度更好．（这里，AIC 定义为 -2 乘以拟合模型的对数似然值与参数数量的 2 倍之和．就像在 ARIMA 模型的情况下一样，AIC 越小越好．）参数 95% 的置信区间通过估计量 ± 1.96 倍的标准误差来（近似）计算．因此，ω 的近似 95% 的置信区间是 $(-0.0073, 0.022)$，α_1 的等于 $(0.003\,45, 0.0909)$，β_1 的等于 $(0.865, 1.01)$．这些置信区间分别包含了它们各自的真实值 0.02, 0.05 和 0.9．注意 b1 的标准误差是 0.0358．因为标准误差与 $1/\sqrt{n}$ 大约成正比，如果样本容量 n 是 200(300) 的话，那么 b1 的标准误差应该大约是 0.0566(0.0462)．事实上，对前 200 个模拟数据拟合 GARCH(1, 1) 模型，发现 b1 等于 0.0603，标准误差等于 50.39！当样本容量增加至 300 时，b1 等于 0.935，其标准误差等于 0.0449．这个例子说明，为了使得理论上的样本分布有效和有用，拟合 GARCH 模型需要较大的样本容量．参阅 Shephard (1996，第 10 页) 的相关讨论．

对 CREF 收益率数据，我们前面识别为 GARCH(1, 1) 模型或 GARCH(2, 2) 模型．拟合的 GARCH(1, 1) 模型的 AIC 为 969.6．而拟合的 GARCH(2, 2) 模型的 AIC 为 970.3．因此数据的 GARCH(1, 1) 模型拟合度略优．拟合 GARCH(1, 1) 模型的极大化似然估计报告在图表 12-25 中．

图表 12-25 CREF 股票收益率 GARCH(1, 1) 模型的极大化似然估计

系　数	估　计[①]	标准误差	t 值	$\Pr(>|t|)$
a0	0.016 33	0.012 37	1.320	0.1869
a1	0.044 14	0.020 97	2.105	0.0353
b1	0.917 04	0.045 70	20.066	<0.0001

```
> m1=garch(x=r.cref,order=c(1,1))
> summary(m1)
```

①如前所述，分析依赖于量测的尺度．特别地，对原始 CREF 股票收益率拟合 GARCH(1, 1) 模型得到 a0=0.000 005 11，a1=0.0941，b1=0.789．

注意，GARCH(1, 1) 模型的长期方差可以如下估计：

$$\hat{\omega}/(1-\hat{\alpha}-\hat{\beta}) = 0.016\,33/(1-0.044\,14-0.917\,04) = 0.4206 \qquad (12.4.8)$$

非常接近样本方差 0.4161．

实际上，新息不必是正态分布的．事实上，许多金融时间序列的新息看上去都是非正态的．尽管如此，仍然可以假设新息是正态的，进而估计 GARCH 模型．所得似然函数称为高

斯似然函数，极大化高斯似然函数得出的估计量称作准极大似然估计（QMLE）．可以证明，在包含平稳性在内的某些温和的正则条件下，准极大似然估计量近似服从正态分布，围绕于参数真实值周围，其协方差阵为 $[(\kappa+2)/2]\Lambda$，其中，κ 是新息的（额外的）峰度，Λ 是假设新息为正态分布时的协方差阵——见上述关于正态情况的讨论．注意，新息的厚尾性将造成协方差矩阵膨大，从而导致参数估计量的可靠性降低．当新息确实非正态时，该结论提出了一种修正准极大化似然估计标准误差的简单方法，即在正态新息假设下，用惯常的 $\sqrt{(k+2)/2}$ 乘以高斯似然估计的标准误差，其中 κ 可由如下定义的标准残差样本峰度替代．应当注意，QMLE 的一个缺陷是，严格说起来 AIC 值并不适用．

令估计的条件标准误差用 $\hat{\sigma}_{t|t-1}$ 表示，则标准残差被定义为

$$\hat{\varepsilon}_t = r_t / \hat{\sigma}_{t|t-1} \qquad (12.4.9)$$

从拟合模型得到的标准残差可以作为新息的代理变量，并且对它的检验可以使我们了解新息的分布形式．一旦新息（参数化）的分布被设定，例如 t 分布，则可以推导出相应的似然函数，并且通过最优化得到极大似然估计量．详细资料可查阅 Tsay(2005)．没有正确识别新息分布形式的代价是估计有效性的降低，虽然使用较大数据集时，高斯似然估计方法的计算便利性比估计有效性的降低更重要．

12.5 模型诊断

在我们接受拟合模型并解释其结果之前，必须检验模型是否被正确识别，即数据是否支持模型的假设条件．如果违反了一些关键的模型假设，那么一个新模型应该被识别、拟合，并且再次检验，直到发现一个能充分拟合数据的模型．回忆标准残差的定义是

$$\hat{\varepsilon}_t = r_t / \hat{\sigma}_{t|t-1} \qquad (12.5.1)$$

如果模型被正确识别，残差是独立同分布的．与对 ARIMA 模型进行模型诊断的情况一样，标准残差对检验模型的识别是非常有用的．新息的正态性假设可以通过 QQ 正态得分图来考察．QQ 图中偏离直线的模式为非正态性提供了证据，并且可以为新息的分布形式提供线索．Shapiro-Wilk 检验和 Jarque-Bera 检验对正式检验新息[⊖]的正态性是有用的．

对于用模拟的 GARCH(1，1) 过程拟合的 GARCH(1，1) 模型，其标准残差的样本偏度和峰度分别等于 -0.0882 和 -0.104．但是，Shapiro-Wilk 检验和 Jarque-Bera 检验都表明标准残差是正态的．

对于用 CREF 收益率数据拟合的 GARCH(1，1) 模型，其标准残差绘制在图表 12-26 中．图形存在一个趋势，越接近研究期的末段，残差的值越大，这也许能说明残差波动率中存在某种模式．标准残差的 QQ 图见图表 12-27．QQ 图显示了很大程度上是直线的图形模式．标准残差的偏度和峰度分别是 0.0341 和 0.205．Jarque-Bera 检验的 p 值等于 0.58，Shapiro-Wilk

---

[⊖] Chen 和 Kuan(2006) 证明了用 GARCH 模型残差进行的 Jarque-Bera 检验在正态新息的零假设下，不再服从卡方分布．他们的模拟结果表明，在这种情况下，Jarque-Bera 检验趋于开放；即比名义显著水平更大的概率拒绝正态性假设．作者提出了修正的 Jarque-Bera 检验，渐近保留了卡方零分布．同样地，可以预料到，对 GARCH 模型的残差进行 Shapiro-Wilk 检验时，Shapiro-Wilk 检验可能需要修正，尽管这个问题目前还没有解决．

检验的 p 值等于 0.34. 因此正态性假设不能被拒绝.

图表 12-26 对 CREF 日收益率拟合的 GARCH(1,1) 模型的标准残差

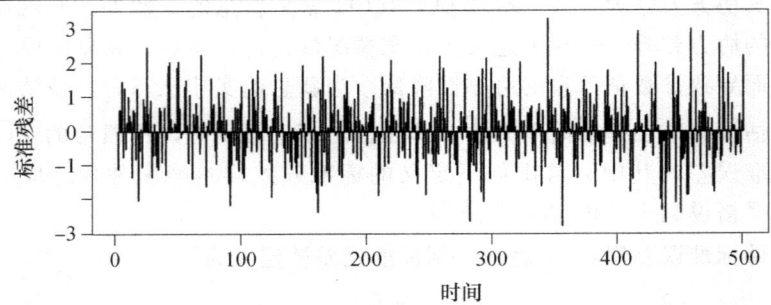

```
> plot(residuals(m1),type='h',ylab='Standardized Residuals')
```

图表 12-27 对 CREF 日收益率拟合的 GARCH(1,1) 模型的标准残差的 QQ 正态得分图

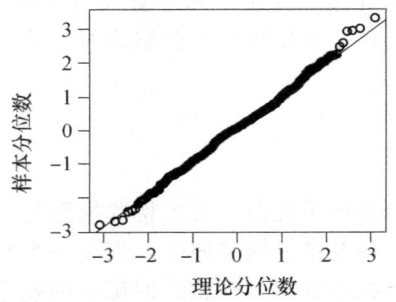

```
> win.graph(width=2.5,height=2.5,pointsize=8)
> qqnorm(residuals(m1)); qqline(residuals(m1))
```

   如果 GARCH 模型被正确识别, 那么标准残差 $\{\hat{\varepsilon}_t\}$ 应该是近似独立同分布的. 新息的独立同分布假设可以通过它们的样本 acf 来检验. 回忆混合统计量等于

$$n \sum_{k=1}^{m} \hat{\rho}_k^2$$

其中 $\hat{\rho}_k$ 是标准残差的 k 阶滞后的自相关系数, n 是样本容量. (回忆一下, 相同的统计量也被称为 Box-Pierce 统计量, 在修正版本中, 被称作 Ljung-Box 统计量.) 另外可证, 在模型被正确识别的零假设下, 检验统计量渐近服从 m 个自由度的 χ^2 分布. 该结果基于以下事实, 即独立同分布序列非零阶滞后的样本自相关系数是渐近独立正态分布的, 均值为零, 方差为 $1/n$. 这一结论对标准残差的样本自相关函数也大体成立, 如果数据确实是由与拟合模型相同阶数的 GARCH 模型生成的. 然而, 混合检验对于不相关但也不独立的新息没有很高的效度. 事实上, 我们从收益率数据不相关的假设开始, 因此前面的检验没有什么意义.

   通过研究绝对标准残差或者标准残差的平方的自相关结构, 可以设计出更有用的检验. 令绝对标准残差的 k 阶滞后自相关系数用 $\hat{\rho}_{k,1}$ 表示, 标准残差的平方的相应系数用 $\hat{\rho}_{k,2}$ 表示. 不幸的是, 基于 $\hat{\rho}_{k,1}(\hat{\rho}_{k,2})$ 的相应混合统计量不再渐近服从 m 个自由度的 χ^2 分布, 原因在于对未知

参数的估计对检验带来了不可忽略的影响. Li 和 Mak（1994）证明在求和项中用自相关函数的二次型代替自相关函数的平方可以保留 χ^2 渐近分布的结论；也可以参阅 Li(2003). 对绝对标准残差，检验统计量形如

$$n\sum_{i=1}^{m}\sum_{j=1}^{m}q_{i,j}\,\hat{\rho}_{i,1}\,\hat{\rho}_{j,1} \tag{12.5.2}$$

称此修正检验统计量为广义混合检验统计量. 但是，q 依赖于滞后长度 m，且其对潜在的真实模型而言是特定的，因此必须通过数据估计出来. 对残差平方，q 取不同的数值. q 的公式见附录 I.

我们用 CREF 数据来说明广义混合检验. 图表 12-28 绘制了来自拟合模型 GARCH(1, 1) 的标准残差平方的样本 ACF 图. 在数据独立同分布假设下，图形中（单独的）临界限是基于 $1/n$ 倍的名义方差. 如前所述，即使模型被正确识别，该名义值与残差平方的自相关函数的真实方差也可能存在很大的区别. 不过，从图形得出的总体印象是残差平方序列不相关.

图表 12-28 CREF 日收益率的 GARCH(1, 1) 模型的标准残差平方的样本 ACF

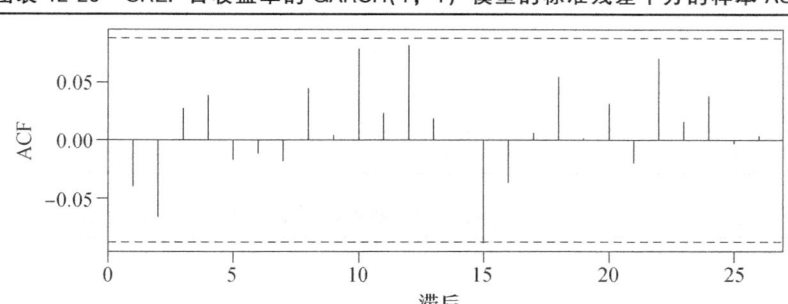

```
> acf(residuals(m1)^2,na.action=na.omit)
```

图表 12-29 显示了广义混合检验得到的 p 值，其中的标准残差平方得自用 $m=1$ 到 20 的 CREF 数据拟合出的 GARCH(1, 1) 模型. 所有 p 值都大于 5%，说明残差平方随时间不相关，因此标准残差可能是独立的.

图表 12-29 对 CREF 日收益率 GARCH(1, 1) 模型的标准残差平方的广义混合检验的 p 值

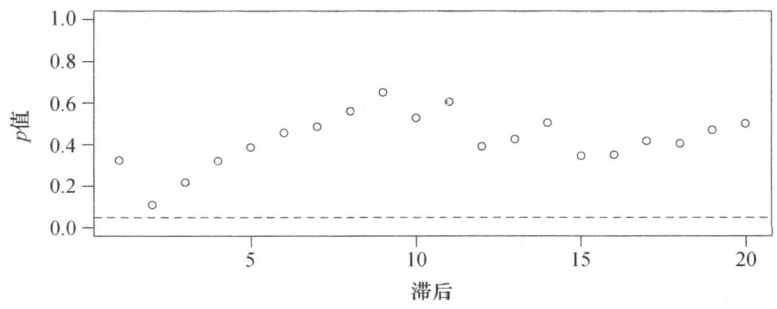

```
> gBox(m1,method='squared')
```

我们使用绝对标准残差重新对模型进行检验——参阅图表 12-30 和 12-31. 根据显示的名义临界值, 绝对残差的 2 阶滞后自相关系数显著. 另外, 当 $m=2$ 和 3 时, 广义混合检验显著, 但是 $m=4$ 时不显著. 绝对标准残差的样本 EACF 表（没有显示）说明绝对残差满足 AR(2) 模型, 因此指出一种可能, 即 CREF 收益率可以被识别为 GARCH(1, 2) 过程. 然而, 对 CREF 数据拟合的 GARCH(1, 2) 模型没有提高拟合度, 因为它的 AIC 是 978.2——远远大于拟合的 GARCH(1, 1) 模型的 AIC 值 969.6. 因此, 结论是 GARCH(1, 1) 模型给出了 CREF 数据的优良拟合.

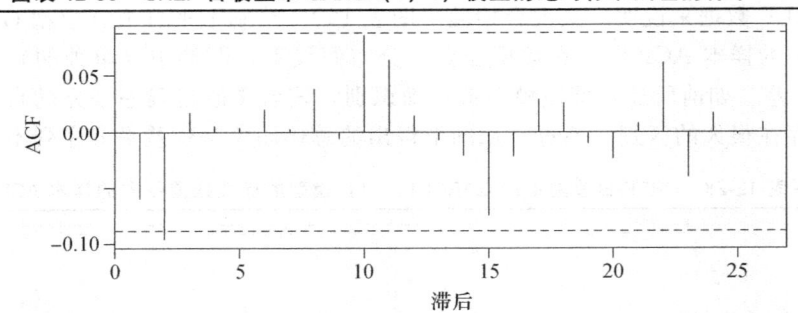

图表 12-30　CREF 日收益率 GARCH(1, 1) 模型的绝对标准残差的样本 ACF

```
> acf(abs(residuals(m1)),na.action=na.omit)
```

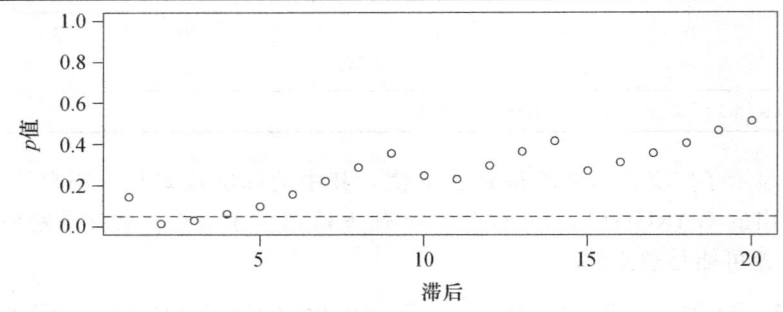

图表 12-31　CREF 日收益率 GARCH(1, 1) 模型的绝对标准残差的广义混合检验 p 值

```
> gBox(m1,method='absolute')
```

假设 GARCH(1, 1) 模型可以很好地拟合 CREF 数据, 则可用其预测未来的条件方差. 图表 12-32 显示了条件方差的样本内估计, 图形反映出有几个时期波动率较高, 特别是在研究期末端的那个时期. 在最后的时点上, 收益率的平方等于 2.159, 估计的条件方差为 0.4411. 结合这些数值以及方程 (12.3.8) 和 (12.3.9), 可以计算未来条件方差的预测值. 例如, 条件方差的一步向前预测值等于 $0.01633+0.04414\times2.159+0.91704\times0.4411=0.5161$. 条件方差的两步预测值等于 $0.01633+0.04414\times0.5161+0.91704\times0.5161=0.5124$. 以此类推, 随着步长的增加, 预测最终逼近模型的长期方差 0.420 66. 对于通过 Black-Scholes 公式对金融资产定价并计算风险价值（VaR）来说, 条件方差也许会有用武之地. 参阅 Tsay(2005) 和 Andersen 等 (2006).

有趣的是，对 AR(1)+异常值模型的残差进行的 McLeod-Li 检验也支持了数据中需要包括 ARCH 的结论；参阅图表 12-9.

图表 12-32　估计的 CREF 日收益率的条件方差

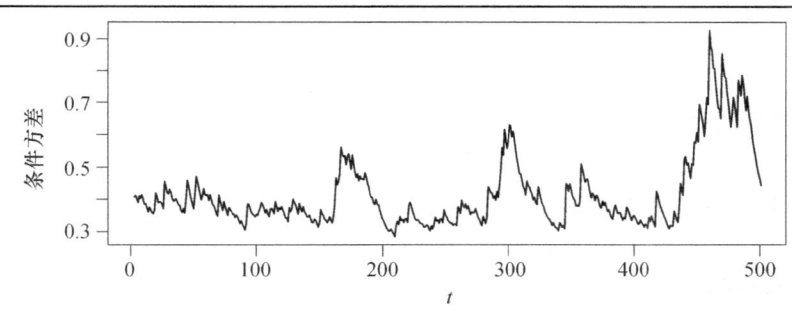

```
> plot((fitted(m1)[,1])^2,type='l',ylab='Conditional Variance',
  xlab='t')
```

12.6　条件方差非负条件

因为条件方差 $\sigma_{t|t-1}^2$ 必须是非负的，因此 GARCH 的参数通常限于非负数．但是，参数的非负约束并不是条件方差非负的必要条件．Nelson 和 Cao(1992) 最早探讨了这个问题，近来的研究有 Tsai 和 Chan(2006)．为了更好地理解这个问题，首先考虑 ARCH(q) 模型，其条件方差由下式给出：

$$\sigma_{t|t-1}^2 = \omega + \alpha_1 r_{t-1}^2 + \alpha_2 r_{t-2}^2 + \cdots + \alpha_q r_{t-q}^2 \tag{12.6.1}$$

假设 q 个连续的收益率可以取任意的实数值．α 中的一个是负数，例如 $\alpha_1<0$，如果 r_{t-1}^2 充分大，其余 r 都足够接近于 0，那么 $\sigma_{t|t-1}^2$ 将是负数．因此，为了保证条件方差非负，显然所有的 α 必须是非负的．类似地，假设收益率接近零，则 ω 必须是非负的——否则条件方差会成为负数．因此对于 ARCH 模型来讲，ARCH 模型系数的非负性是条件方差 $\sigma_{t|t-1}^2$ 非负的必要充分条件．

对于一个 GARCH(p, q) 模型来说，相应的问题可通过把 GARCH 模型表示为无穷阶的 ARCH 模型来研究．条件方差过程 $\{\sigma_{t|t-1}^2\}$ 是以收益率的平方作为噪声过程的 ARMA(p, q) 模型．前面讲过，如果 AR 特征多项式的所有根在单位圆之外的话，ARMA(p, q) 模型就可以被表示成 MA(∞) 模型．因此，假设 $1-\beta_1 x-\beta_2 x^2-\cdots-\beta_p x^p=0$ 的所有根的模都大于 1，那么条件方差将满足等式

$$\sigma_{t|t-1}^2 = \omega^* + \psi_1 r_{t-1}^2 + \psi_2 r_{t-2}^2 + \cdots \tag{12.6.2}$$

其中

$$\omega^* = \omega \Big/ \Big(1 - \sum_{i=1}^p \beta_i\Big) \tag{12.6.3}$$

简单可证，当且仅当 ω^* 和 $\psi_j \geqslant 0$（对于所有整数 $j \geqslant 1$）时，条件方差是非负的．在 ARCH(∞) 表达式中的系数与 GARCH 模型的参数的关系满足等式

$$\frac{\alpha_1 B + \cdots + \alpha_q B^q}{1 - \beta_1 B - \cdots - \beta_p B^p} = \psi_1 B + \psi_2 B^2 + \cdots \tag{12.6.4}$$

如果 $p=1$，容易得到当 $k>q$ 时，$\psi_k=\beta_1\psi_{k-1}$。因此，当且仅当 $\beta_1 \geqslant 0$ 及 $\psi_1 \geqslant 0, \cdots, \psi_q \geqslant 0$ 时，对于所有 $j \geqslant 1$ 有 $\psi_j \geqslant 0$。对于更高阶的 GARCH，情况更加复杂。设 λ_j（$1\leqslant j \leqslant p$）为特征方程的根：

$$1 - \beta_1 x - \cdots - \beta_p x^p = 0 \tag{12.6.5}$$

不失一般性，我们可以也应该假设以下约定：

$$|\lambda_1| \leqslant |\lambda_2| \leqslant \cdots \leqslant |\lambda_p| \tag{12.6.6}$$

令 $i = \sqrt{-1}$ 和 $\bar{\lambda}$ 代表 λ 的复共轭，$B(x) = 1 - \beta_1 x - \cdots - \beta_p x^p$，$B^{(1)}$ 为 B 的一阶导数。我们有下面的结论。

结论 1：考虑 GARCH(p, q) 模型，其中 $p \geqslant 2$。假设 A1：特征方程

$$1 - \beta_1 x - \beta_2 x^2 - \cdots - \beta_p x^p = 0 \tag{12.6.7}$$

的根的模大于 1。假设 A2：所有以上的根都不满足方程

$$\alpha_1 x + \cdots + \alpha_q x^q = 0 \tag{12.6.8}$$

则下面的结论成立：

(a) $\omega^* \geqslant 0$，当且仅当 $\omega \geqslant 0$。

(b) 假设根 $\lambda_1, \cdots, \lambda_p$ 互不相同，且 $|\lambda_1| < |\lambda_2|$，那么方程（12.6.9）给出的条件是对所有正整数 k，$\psi_k \geqslant 0$ 的充分必要条件：

$$\left.\begin{array}{l} \lambda_1 \text{为实数且 } \lambda_1 > 1 \\ \alpha(\lambda_1) > 0 \\ \psi_k \geqslant 0, \quad k=1,\cdots,k^* \end{array}\right\} \tag{12.6.9}$$

其中 k^* 是最小的整数，大于或等于

$$\frac{\log(r_1) - \log[(p-1)r^*]}{\log(|\lambda_1|) - \log(|\lambda_2|)}, \quad r_j = -\frac{\alpha(\lambda_j)}{B^{(1)}(\lambda_j)}, \quad 1 \leqslant j \leqslant p, \quad r^* = \max_{2\leqslant j\leqslant p}(|r_j|) \tag{12.6.10}$$

对 $p=2$，结论 1 定义的 k^* 可以被证明等于 $q+1$；见 Nelson 和 Cao(1992) 的定理 2。如果由等式（12.6.10）定义的 k^* 是一个负数，那么可以证明对于所有正数 k，有 $\psi_k \geqslant 0$。证明见 Tsai 和 Chan(2006)。

Tsai 和 Chan(2006) 还推导出了一些更容易验证的保证条件方差非负的条件。

结论 2：设结论 1 中的假设成立，则以下结果成立：

(a) 对 GARCH(p, 1) 模型，若 λ_j 是实数且 $\lambda_j > 1$，$j=1,\cdots,p$，并且 $\alpha_1 \geqslant 0$，那么对于所有正整数 k 有 $\psi_k \geqslant 0$。

(b) 对 GARCH(p, 1) 模型，若对所有正整数 k 有 $\psi_k \geqslant 0$，则 $\alpha_1 \geqslant 0$，$\sum_{j=1}^{p} \lambda_j^{-1} \geqslant 0$，$\lambda_1$ 是实数且 $\lambda_1 > 1$。

(c) 对 GARCH(3, 1) 模型，对所有正整数 k 有 $\psi_k \geqslant 0$，当且仅当 $\alpha_1 \geqslant 0$，并且以下任何一种情况成立：

情况 1. 所有的 λ_j 是实数，$\lambda_1 > 1$，$\lambda_1^{-1} + \lambda_2^{-1} + \lambda_3^{-1} \geqslant 0$。

情况 2. $\lambda_1>1$，$\lambda_2=\bar{\lambda}_3=|\lambda_2|e^{i\theta}=a+bi$，其中 a 和 b 是实数，$b>0$，$0<\theta<\pi$：

情况 2.1. $\theta=2\pi/r$，对于某些整数 $r\geqslant 3$ 且 $1<\lambda_1\leqslant|\lambda_2|$．

情况 2.2. $\theta \notin \{2\pi/r \mid r=3,4,\cdots\}$，$|\lambda_2|/\lambda_1\geqslant x_0>1$，其中 x_0 是 $f_{n,\theta}(x)=0$ 的最大实数根，且

$$f_{n,\theta}(x)=x^{n+2}-x\frac{\sin[(n+2)\theta]}{\sin\theta}+\frac{\sin[(n+1)\theta]}{\sin\theta} \tag{12.6.11}$$

其中 n 是使得 $\sin((n+1)\theta)<0$ 且 $\sin((n+2)\theta)>0$ 的最小正整数．

(d) 对 GARCH(3, 1) 模型，若 $\lambda_2=\bar{\lambda}_3=|\lambda_2|e^{i\theta}=a+bi$，其中 a 和 b 是实数，$b>0$，且 $a\geqslant\lambda_1>1$，则对于所有正整数 k，$\psi_k\geqslant 0$．

(e) 对 GARCH(4, 1) 模型，若对 $1\leqslant j\leqslant 4$，λ_j 是实数，则 $\{\psi_i\}_{i=0}^{\infty}=0$ 非负的充分必要条件是 $\alpha_1\geqslant 0$，$\lambda_1^{-1}+\lambda_2^{-1}+\lambda_3^{-1}+\lambda_4^{-1}\geqslant 0$，$\lambda_1>1$．

注意，x_0 是方程（12.6.11）唯一的大于或等于 1 的实数根．Tsai 和 Chan(2006) 还证明如果 GARCH(p, q) 模型的 ARCH 系数 (α) 都是非负的，且相应的具有非负系数 α_1 的 GARCH(p, 1) 模型满足非负条件，那么该模型具有非负的条件方差．

12.7 GARCH 模型的一些扩展

GARCH 模型可以在几个方面进行推广．首先，GARCH 模型假设时间序列的条件均值等于零．即使对于金融时间序列，也并非总需满足这个很强的假设条件．在更一般的情况下，条件均值结构可以用 ARMA(u, v) 模型来刻画，同时 ARMA 模型的白噪声项用 GARCH(p, q) 模型来刻画．特别地，令 $\{Y_t\}$ 表示下式定义的时间序列（现在换用符号 Y_t 表示一般的时间序列）：

$$\left.\begin{aligned}Y_t &= \phi_1 Y_{t-1}+\cdots+\phi_u Y_{t-u}\theta_0+e_t+\theta_1 e_{t-1}+\cdots+\theta_v e_{t-v}\\ e_t &= \sigma_{t|t-1}\varepsilon_t\\ \sigma_{t|t-1}^2 &= \omega+\alpha_1 e_{t-1}^2+\cdots+\alpha_q e_{t-q}^2+\beta_1\sigma_{t-1|t-2}^2+\cdots+\beta_p\sigma_{t-p|t-p-1}^2\end{aligned}\right\} \tag{12.7.1}$$

其中在模型的 MA 部分，我们使用了加号的表示习惯．ARMA 模型的阶数可以通过时间序列 $\{Y_t\}$ 来识别，而 GARCH 模型的阶数可以通过拟合的 ARMA 模型的残差平方来识别．一旦识别了阶数，那么可以通过极大化方程（12.4.4）中定义的似然函数对 ARMA＋GARCH 模型进行完全极大似然估计，但方程中的 r_t 要替换成 e_t，e_t 根据方程（12.7.1）递归计算得到．如果新息 ε_t 的分布是对称的（例如正态分布或 t 分布），并且标准误差近似地由纯 ARMA 情况给出，那么 ARMA 参数的极大似然估计量与其相应的 GARCH 部分是相互渐近独立的．同样，GARCH 参数估计量的分布与纯粹 GARCH 模型情况下参数估计量的分布相似．但是，如果新息的分布有偏，那么 ARMA 估计量和 GARCH 估计量是相关的．下一节，我们用美元对港币的日汇率数据来举例说明 ARMA＋GARCH 模型．

另一个推广的方向是考虑波动率过程的非线性特点．对金融数据，考虑非对称的动机是可能的非对称市场响应，例如，对负收益率响应可能比对相同程度的正收益率的响应更强．这个想法可以通过对 ARCH(1) 模型的设置来简单地说明，其中非对称可以通过以下设定来建模：

$$\sigma_{t|t-1}^2=\omega+\alpha e_{t-1}^2+\gamma\min(e_{t-1},0)^2 \tag{12.7.2}$$

这样的模型被称为 GJR 模型——该模型的一种变化是允许门限未知并且不等于 0．了解

GARCH 模型的其他有用的扩展可参阅 Tsay(2005)。

12.8 另一个示例：USD/HKD 汇率日数据

作为 ARIMA＋GARCH 模型的实例，考虑 2005 年 1 月 1 日到 2006 年 3 月 7 日每日 USD/HKD（美元对港币）汇率，总共 431 天的数据。显示在图表 12-33 中的汇率日收益率看起来是平稳的，虽然图形中存在明显的波动集群。

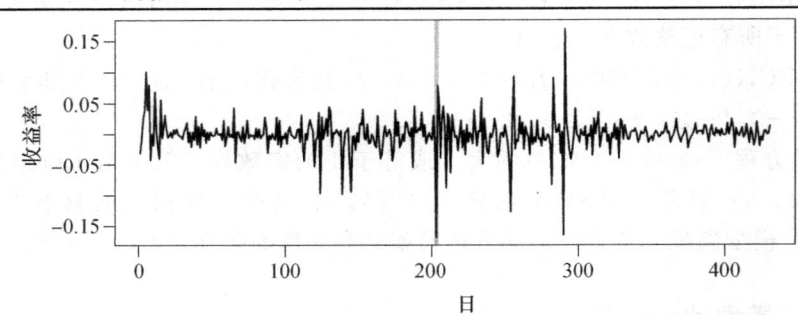

图表 12-33　USD/HKD 汇率日收益率：1/1/05 – 3/7/06

```
> data(usd.hkd)
> plot(ts(usd.hkd$hkrate,freq=1),type='l',xlab='Day',
    ylab='Return')
```

有趣的是，对 AR(1)＋异常值模型的残差应用 McLeod-Li 检验时，结果同样证实需要在数据中体现 ARCH。参阅后面关于可加异常值的进一步讨论。图表 12-34 表明当残差平方自相关系数的滞后阶数从 1 到 26 时，检验全部显著，显示出存在条件异方差的有力证据。

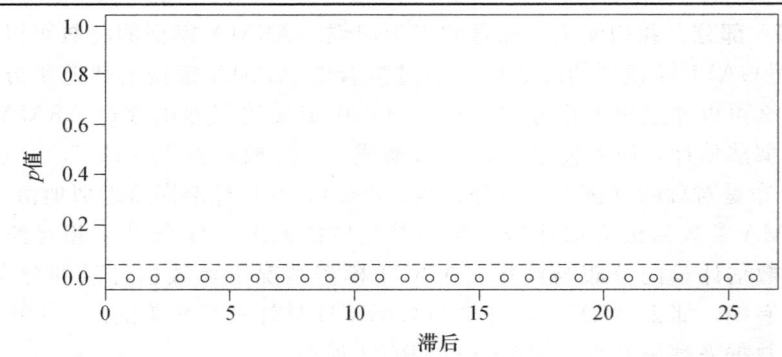

图表 12-34　对 USD/HKD 汇率的 McLeod-Li 检验

```
> attach(usd.hkd)
> McLeod.Li.test(arima(hkrate,order=c(1,0,0),
    xreg=data.frame(outlier1)))
```

对（原始）收益率数据拟合一个具有可加异常值的 AR(1)＋GARCH(3，1) 模型，异常值定义为 2005 年 7 月 22 日之后的一天，当日中国对人民币元重新估值升值 2.1%并采取浮动汇率体系. 图表 12-33 中异常值用灰色阴影表示. 可以发现, 条件均值方程中的截距项并不显著地异于 0, 因此模型予以省略. 这样, 收益率均值无条件地取零. 拟合模型具有 AIC=−2070.9, 在不同的竞争（弱）平稳模型中是最小的——参阅图表 12-35. 有趣的是, 对于 GARCH 更低的阶数 ($p \leq 2$), 拟合模型是非平稳的, 但是当 GARCH 阶数大于 2 时, 拟合模型基本上是平稳的. 因为数据看起来是平稳的, 我们选择 AR(1)+GARCH(3, 1) 模型为最终模型.

在图表 12-35 中所部分展示的 AR+GARCH 模型是应用 SAS 软件⊖的 Proc Autoreg 程序拟合的. 为了保证 GARCH 条件方差过程非负, 我们使用了默认选项对模型施加 Nelson-Cao 不等式约束. 但是只有当 $p \leq 2$ 时, 施加的不等式约束才是保证 GARCH(p, q) 模型的条件方差非负的充分必要条件. 对于更高阶 GARCH 模型, Proc Autoreg 施加的约束是 (1) $\varphi_k \geq 0$, $1 \leq k \leq \max(q-1, p)+1$, (2) 样本内条件方差的非负性; 参阅 SAS 9.1.3 帮助文件和操作手册. 因此用具有 Nelson-Cao 选项的 Proc Autoreg 估计的更高阶 GARCH 模型并不一定以概率 1 得到非负条件方差.

图表 12-35 对 USD/HKD 汇率日收益率拟合的不同模型的 AIC 值

AR 阶数	GARCH 阶数(p)	ARCH 阶数(q)	AIC	平稳性	AR 阶数	GARCH 阶数(p)	ARCH 阶数(q)	AIC	平稳性
0	3	1	−1915.3	非平稳	1	3	1	−2070.9	平稳
1	1	1	−2054.3	非平稳	1	3	2	−2064.8	平稳
1	1	2	−2072.5	非平稳	1	3	3	−2062.8	平稳
1	1	3	−2051.0	非平稳	1	4	1	−2061.7	非平稳
1	2	1	−2062.2	非平稳	1	4	2	−2054.8	平稳
1	2	2	−2070.5	非平稳	1	4	3	−2062.4	平稳
1	2	3	−2059.2	非平稳	2	3	1	−2066.6	平稳

对中国香港的汇率数据, 由 Proc Autoreg 得到的拟合模型列于图表 12-37 中, 估计的条件方差显示在图表 12-36 中. 注意 GARCH2(β_2) 系数的估计值是负的.

图表 12-36 拟合 AR(1)+GARCH(3, 1) 模型中 USD/HKD 汇率日收益率的估计条件方差

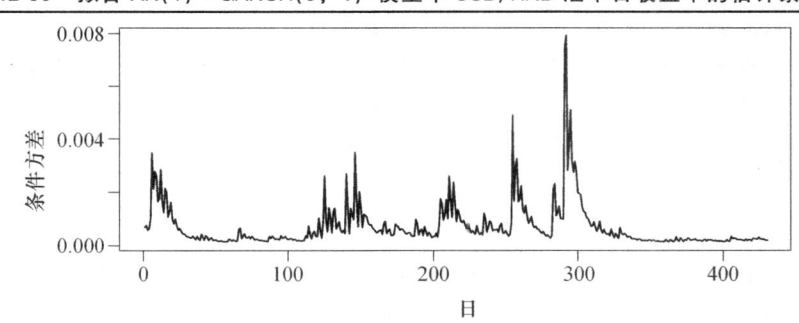

```
> plot(ts(usd.hkd$v,freq=1),type='l',xlab='Day',
    ylab='Conditional Variance')
```

⊖ SAS 的 Proc Autoreg 程序有一个选项可以对 GARCH 模型施加 Nelson-Cao 不等式约束, 此处使用了该约束.

因为截距和 ARCH 系数都是正数,我们可以运用结论 2 中的 (c) 部分来检验拟合模型定义的条件方差过程是否总是非负的. 特征方程 $1-\beta_1 x-\beta_2 x^2-\beta_3 x^3=0$ 允许三个根等于 1.153 728 和 $-0.483\,294\pm1.221\,474$i. 因此 $\lambda_1=1.153\,728$ 和 $|\lambda_2|/\lambda_1=1.138\,579$. 根据数值计算,方程 (12.6.11) 中 n 的计算结果为 2,并且方程 (12.6.11) 有一个实根等于 1.138 575 1,这个实根严格地小于 $1.138\,579=|\lambda_2|/\lambda_1$. 因此可得结论为,拟合模型总是会得到非负的条件方差.

图表 12-37 对 USD/HKD 汇率日收益率拟合的 AR(1)+ARCH(3,1) 模型

系 数	估计值	标准误差	t 比率	p 值
AR1	0.1635	0.005 892	21.29	0.0022
ARCH0(ω)	2.374×10^{-5}	6.93×10^{-6}	3.42	0.0006
ARCH1(α_1)	0.2521	0.0277	9.09	<0.0001
GARCH1(β_1)	0.3066	0.0637	4.81	<0.0001
GARCH2(β_2)	−0.094 00	0.0391	−2.41	0.0161
GARCH3(β_3)	0.5023	0.0305	16.50	<0.0001
异常值	−0.1255	0.005 89	−21.29	<0.0001

```
> SAS code: data hkex; infile 'hkrate.dat'; input hkrate;
  outlier1=0;
  day+1; if day=203 then outlier1=1;
  proc autoreg data=hkex;
      model hkrate=outlier1 /noint nlag=1 garch=(p=3,q=1)
      maxiter=200 archtest;
          /*hetero outlier /link=linear;*/
          output out=a cev=v residual=r;
  run;
```

12.9 小结

本章首先简单描述了一些与金融时间序列有关的术语和问题. 继而为建立时间序列方差变化的模型引入了自回归条件异方差(ARCH)模型. 还深入研究了有关 1 阶 ARCH 模型从识别直到参数估计和预测等方面的问题. 然后,将其推广到广义自回归条件异方差 GARCH(p, q) 模型的研究上,涵盖了识别、极大似然估计、预测和模型诊断等方面的内容. 本章还同时以模拟的和真实的时间序列数据为例,对相关思想进一步加以阐释.

习题

12.1 画出 CREF 数据绝对收益率的时间序列图. 再画出收益率平方的图. 就图形中观察到的波动模式进行评论. (数据在名为 CREF 的文件中.)

12.2 画出 USD/HKD 汇率绝对收益率数据的时间序列图. 再画出收益率平方的图形. 对这些图形中观察到的波动模式进行评论. (数据在名为 usd.hkd 的文件中.)

12.3 使用定义 $\eta_t=r_t^2-\sigma_{t|t-1}^2$ [方程 (12.2.4)] 并证明 $\{\eta_t\}$ 是一个序列不相关过程. 同样证明 η_t 与过去的收益率平方是不相关的,即证明对于 $k>0$, $\text{Corr}(\eta_t, r_{t-k}^2)=0$.

12.4 把 $\sigma_{t|t-1}^2=r_t^2-\eta_t$ 带入方程 (12.2.2),推导得到方程 (12.2.5) 的代数运算过程.

12.5 证明方程 (12.2.8).

12.6 不做任何理论计算,对以下四种分布的峰度按升序排序:10DF 的 t 分布,30DF 的 t 分布,在 $[-1, 1]$ 上的均匀分布,均值为 0 方差为 4 的正态分布. 解释结论.

12.7 模拟一个长度为 500,$\alpha = 0.1$,$\beta = 0.8$ 的 GARCH(1,1) 过程. 画出时间序列图,并查验其样本 ACF,PACF 和 EACF. 数据与白噪声的假设一致吗?
(a) 把数据平方,根据平方数据的样本 ACF,PACF 和 EACF 对原始数据识别一个 GARCH 模型.
(b) 识别一个基于样本 ACF,PACF 和数据绝对值的 EACF 的原始数据的 GARCH 模型. 对于分别由平方数据和绝对值数据识别的暂定模型,讨论并调整二者间的任何差异.
(c) 对模拟的序列进行 McLeod-Li 检验,有何结论?
(d) 现在仅使用前 200 个模拟数据重复以上练习. 讨论新的发现.

12.8 文件 cref.bond 包含了 CREF 债券基金从 2004 年 8 月 26 日至 2006 年 8 月 15 日的每日价格. 虽然数据只能在交易日获得,但是分析中假设其得自等间隔采样过程.
(a) 画出债券价格日数据的时间序列图,并评论数据中的主要特点.
(b) 通过对数据做对数变换然后对变换后的数据进行一次差分计算债券日收益率. 画出债券日收益率的图形,并评论结果.
(c) 对收益率序列进行 McLeod-Li 检验. 结论是什么?
(d) 证明 CREF 债券价格收益率序列是独立同分布的并不仅仅是不相关的,即不存在可识别的波动集群.

12.9 从 2004 年 8 月 20 日至 2006 年 9 月 13 日 Google 股票日收益率保存在名为 google 的文件中.
(a) 画出收益率数据的时间序列图,并说明数据在时域上为本质无关的.
(b) 计算 Google 日收益率的均值. 其显著地异于 0 吗?
(c) 对 Google 日收益率序列施行 McLeod-Li 检验. 有何结论?
(d) 对 Google 日收益率数据识别 GARCH 模型. 估计识别的模型并对拟合模型进行模型诊断检验.
(e) 绘制并评论估计的条件方差的时间序列图.
(f) 对来自拟合模型的标准残差绘制 QQ 正态图. 残差看起来是正态的吗?讨论正态性对模型拟合的影响,例如,对置信区间计算的影响.
(g) 构造 b1 的 95% 的置信区间.
(h) 根据拟合的 GARCH 模型,平稳均值和方差各是多少?将其与真实的量进行比较.
(i) 根据 GARCH 模型,对 $h = 1, 2, \cdots, 5$,构造 h 步向前预测的 95% 预测区间.

12.10 在习题 11.21 的 IMA(1,1) 模型框架中,研究了月度石油价格数据取对数后的异常值的存在性. 这里探讨了"异常值"对 GARCH 设定的影响. 数据在名为 oil.price 的文件中.
(a) 根据来自拟合 IMA(1,1) 模型(没有经过异方差调整)的残差的绝对值和平方值的样本 ACF,PACF 和 EACF,证明残差的 GARCH(1,1) 模型或为适当的.

(b) 对月度石油价格取对数，拟合 IMA(1，1)＋GARCH(1，1) 模型.

(c) 绘制来自拟合 IMA(1，1)＋GARCH(1，1) 模型的标准残差的时间序列图. 有无异常值？

(d) 对对数石油价格，拟合在 $t=2$ 和 $t=56$ 处有两个 IO、在 $t=8$ 处有一个 AO 的 IMA(1，1) 模型. 求证：在 IMA 加异常值模型中，残差是独立同分布的，而不仅仅是序列无关的；即不存在可识别的波动集群.

(e) 在异常值和 GARCH 模型之间，你认为哪一个更适合石油价格数据呢？解释原因.

附录 I　广义混合检验公式

首先给出用标准残差平方进行混合检验情况下关于 $Q=(q_{i,j})$ 的公式. 读者可以参阅 Li 和 Mak (1994) 来查看公式的证明. 令 θ 表示 GARCH 参数向量. 例如，对 GARCH(1，1) 模型，

$$\theta = \begin{bmatrix} \omega \\ \alpha \\ \beta \end{bmatrix} \tag{12.I.1}$$

用 θ_i 表示 θ 的第 i 个分量，因此对 GARCH(1，1) 模型有 $\theta_1=\omega$，$\theta_2=\alpha$，$\theta_3=\beta$. 一般情况下，令 $k=p+q+1$ 表示 GARCH 参数的个数. 令 J 为 $m\times k$ 的矩阵，它的元素 (i,j) 等于

$$\frac{1}{n}\sum_{t=i+1}^{n}\frac{1}{\sigma_{t|t-1}^2}\frac{\partial \sigma_{t|t-1}^2}{\partial \theta_j}(\varepsilon_{t-i}^2-1) \tag{12.I.2}$$

Λ 是在正态新息假设下，模型参数 θ 的极大似然估计量的渐近正态分布的协方差阵. 参阅 12.4 节. 令 $Q=(q_{i,j})$ 为广义混合检验的二次型中出现的 q 的矩阵. 可以证明矩阵 Q 等于

$$\left[I-\frac{1}{2(\kappa+2)}J\Lambda J^{\mathrm{T}}\right]^{-1} \tag{12.I.3}$$

其中 I 是 $m\times m$ 的单位矩阵，κ 是新息的（超额）峰度，J^{T} 为 J 的转置，上标 -1 表示矩阵求逆.

接下来，给出基于绝对标准残差计算检验统计量的公式. 在这种情况下，J 矩阵的第 (i,j) 个元素等于

$$\frac{1}{n}\sum_{t}\frac{1}{\sigma_{t|t-1}^2}\frac{\partial \sigma_{t|t-1}^2}{\partial \theta_j}(|\varepsilon_{t-i}|-\tau) \tag{12.I.4}$$

其中，$\tau=E(|\varepsilon_t|)$，Q 等于

$$\left[I-\frac{-[(\kappa+2)\tau^2]/8+\tau(\nu-\tau)}{(1-\tau^2)^2}J\Lambda J^{\mathrm{T}}\right]^{-1} \tag{12.I.5}$$

其中 $\nu=E(|\varepsilon_t^3|)$.

第 13 章 谱分析入门

历史上,谱分析是从寻找时间序列数据里"隐藏的周期性"开始的. 在第 3 章中,对于具有强循环趋势的序列,我们讨论过在各种已知频率上拟合余弦趋势的问题. 此外,第 2 章随机余弦波的例子说明,平稳过程可能貌似一个确定性的余弦波. 在第 3 章里我们也暗示了使用足够多不同的频率、振幅(以及相位)就能对几乎所有的平稳序列建模㊀. 本章将通过谱分析的介绍进一步深化上述思想. 之前我们集中分析了时间序列的相关性质,也常称作时间域上的分析. 在对时间序列的频率性质进行分析时,我们称为在频率域上进行研究. 我们发现,频域分析或称谱分析,在诸如声学、通信工程、地球物理学、生物医学等各领域都特别有用.

13.1 引言

回忆第 3 章讲过的余弦曲线方程㊁

$$R\cos(2\pi ft + \Phi) \tag{13.1.1}$$

这里 $R(>0)$ 为曲线的振幅, f 是频率, Φ 是相位. 因为曲线每隔 $1/f$ 时间单位取值重复,所以 $1/f$ 称为该余弦波的周期.

图表 13-1 显示了时间从 1 到 96 的两个离散时间余弦曲线. 虽然只能看到离散的点,但通过添加连接线段将有助于我们看出其模式. 两条曲线的频率分别是 4/96 和 14/96,其中较低频率曲线的相位为零,而较高频率曲线的相位移动了 0.6π.

图表 13-1 余弦曲线,$n=96$,两种频率及相位

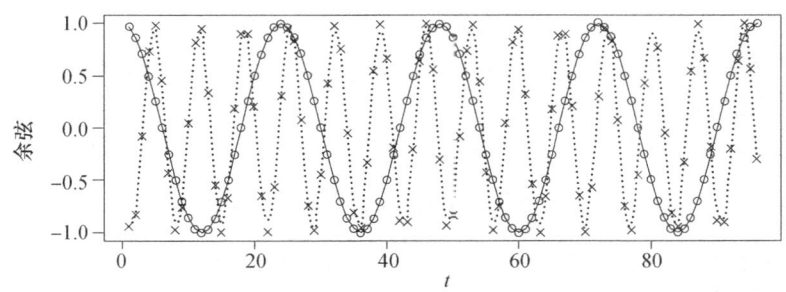

```
> win.graph(width=4.875,height=2.5,pointsize=8)
> t=1:96; cos1=cos(2*pi*t*4/96); cos2=cos(2*pi*(t*14/96+.3))
> plot(t,cos1, type='o', ylab='Cosines')
> lines(t,cos2,lty='dotted',type='o',pch=4)
```

图表 13-2 显示的是上述两条余弦曲线线性组合的图,其中低频曲线振幅乘 2,高频曲线振幅乘 3 且相位 0.6π,即

㊀ 特别是,见习题 2.25.

㊁ 本章符号与第 3 章稍有差异.

$$Y_t = 2\cos\left(2\pi t \frac{4}{96}\right) + 3\cos\left[2\pi\left(t\frac{14}{96} + 0.3\right)\right] \tag{13.1.2}$$

这里周期性有所隐藏，而谱分析给我们提供了非常容易地发现"隐藏"周期性的工具。当然，这一时间序列不含一点儿随机性。

图表 13-2　两条余弦曲线的线性组合

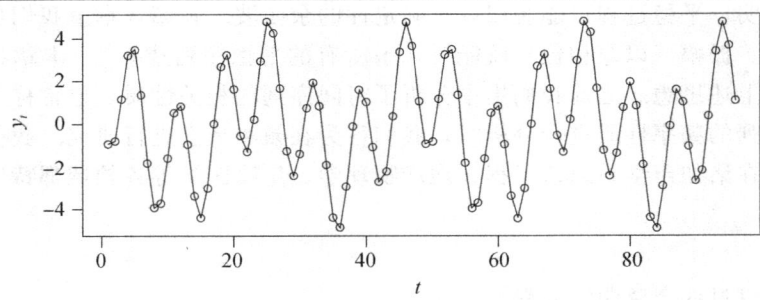

```
> y=2*cos1+3*cos2; plot(t,y,type='o',ylab=expression(y[t]))
```

从前面看出，由于参数 R 和 Φ 并非线性地进入表达式，因此方程（13.1.1）不易估计。为方便计，我们用三角恒等式把方程（13.1.1）重新参数化为

$$R\cos(2\pi ft + \Phi) = A\cos(2\pi ft) + B\sin(2\pi ft) \tag{13.1.3}$$

其中，

$$R = \sqrt{A^2 + B^2}, \qquad \Phi = \mathrm{atan}(-B/A) \tag{13.1.4}$$

反之，

$$A = R\cos(\Phi), \qquad B = -R\sin(\Phi) \tag{13.1.5}$$

那么，对于固定频率 f，可以用 $\cos(2\pi ft)$ 和 $\sin(2\pi ft)$ 为预测变量，使用普通的最小二乘回归由观测数据拟合出 A 和 B 的值。

具有任意振幅、频率及相位的 m 个余弦曲线的一般线性组合可以写成[⊖]

$$Y_t = A_0 + \sum_{j=1}^{m}[A_j\cos(2\pi f_j t) + B_j\sin(2\pi f_j t)] \tag{13.1.6}$$

普通最小二乘回归可用于拟合 A 和 B 的值，当频率取特殊形式时，回归将变得非常简单。假设 n 是奇数，并可写成 $n = 2k+1$，则形如 $1/n, 2/n, \cdots, k/n \, (=1/2-1/(2n))$ 的频率称为傅里叶频率。在这些频率（及 $f=0$ 时）上的余弦及正弦预测变量已知是正交的[⊖]，则最小二乘估计就是

$$\hat{A}_0 = \overline{Y} \tag{13.1.7}$$

$$\hat{A}_j = \frac{2}{n}\sum_{t=1}^{n}Y_t\cos(2\pi tj/n), \qquad \hat{B}_j = \frac{2}{n}\sum_{t=1}^{n}Y_t\sin(2\pi tj/n) \tag{13.1.8}$$

⊖ A_0 项可看做余弦曲线在频率为零时的系数，余弦取值为1，同样 B_0 项可看做正弦曲线在零频率时的系数，正弦值也是1，所以函数形式都略去不写。

⊖ 更多有关正弦、余弦正交性的信息，请参考附录 J。

若样本量为偶数，比如 $n=2k$，则方程 (13.1.7) 和 (13.1.8) 对 $j=1,2,\cdots,k-1$ 仍然成立，但是

$$\hat{A}_k = \frac{1}{n}\sum_{t=1}^{n}(-1)^t Y_t, \quad \hat{B}_k = 0 \tag{13.1.9}$$

注意这里 $f_k=k/n=1/2$.

如果将上述公式应用到图表 13-2 的序列上，能够得到很好的结果。也就是说，在频率 $f_4=4/96$ 上，得出 $\hat{A}_4=2$，$\hat{B}_4=0$。在频率 $f_{14}=14/96$ 上，得出 $\hat{A}_{14}=-0.927\,051$，$\hat{B}_{14}=-2.853\,17$。在其他所有频率上回归系数的估计值为零。因为序列没有随机性，所有可得到上述结果，且余弦-正弦拟合是准确的。

也需注意对任意长度为 n 的序列，无论它是确定性的还是随机的，也无论其有无真正的周期性，都能够用方程 (13.1.6) 中的模型予以完美的拟合，其中当 n 为偶数时，取 $m=n/2$，当 n 为奇数时，取 $m=(n-1)/2$。而为拟合长度为 n 的序列，有 n 个参数可供调整（估计）。

13.2 周期图

当样本量为奇数，即 $n=2k+1$ 时，频率 $f=j/n(j=1,2,\cdots,k)$ 上的周期图 I 定义为

$$I\left(\frac{j}{n}\right) = \frac{n}{2}(\hat{A}_j^2 + \hat{B}_j^2) \tag{13.2.1}$$

若样本量为偶数，即 $n=2k$ 时，方程 (13.1.7) 和 (13.1.8) 仍能给出 $\hat{A}$ 和 $\hat{B}$ 的值，方程 (13.2.1) 给出周期图，其中 $j=1,2,\cdots,k-1$。但是在极端频率 $f=k/n=1/2$ 上，方程 (13.1.9) 适用，且

$$I\left(\frac{1}{2}\right) = n(\hat{A}_k)^2 \tag{13.2.2}$$

因为频率 $f=j/n$ 上的周期图与相应回归系数的平方和成正比，所以周期图的高峰显示了序列整体行为中不同频率上余弦-正弦对的相对强度。从方差分析的角度可以提出另一个解释。周期图 $I(j/n)$ 是频率 j/n 上参数对 (A_j, B_j) 相关的两个自由度的平方和，这样当 $n=2k+1$ 为奇数时可得到

$$\sum_{j=1}^{n}(Y_j-\overline{Y})^2 = \sum_{j=1}^{k}I\left(\frac{j}{n}\right) \tag{13.2.3}$$

当 n 是偶数时，相似结论成立，只不过在和中多了一个单一自由度的项 $I(1/2)$。

对长的序列，计算大量回归系数并非易事。幸运的是，应用基于快速傅里叶变换（FFT）的快速、有效的数值方法，使特别长的时间序列的相关计算变得可行。[⊖]

图表 13-3 是图表 13-2 里时间序列的周期图，图中的高峰清晰显示了两个余弦-正弦分量的存在及相对强度，还能注意到频率轴上已标示出频率 $4/96 \approx 0.041\,67$ 和 $14/96 \approx 0.145\,83$。

⊖ 经常是基于 Cooley-Tukey FFT 算法；见 Gentleman 和 Sande(1966).

图表 13-3 图表 13-2 中序列的周期图

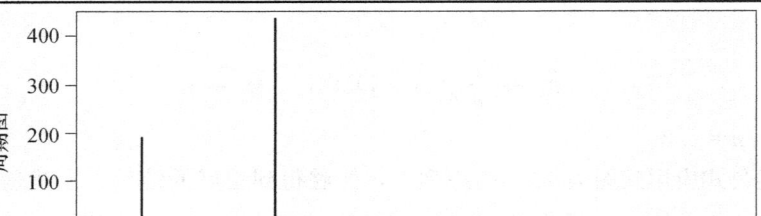

```
> periodogram(y); abline(h=0); axis(1,at=c(0.04167,.14583))
```

当不知道序列中的余弦何在，甚或余弦存在性都未知时，周期图是否仍然可用呢？序列如果含附加"噪声"呢？为说明起见，我们随机选取频率、振幅、相位，并附加加性白噪声，产生一个时间序列。从 $1/96, 2/96, \cdots\cdots, 47/96$ 中不重复地随机选取两个频率，A、B 的数值则独立地取自均值为 0，标准差分别为 2 和 3 的正态分布。最后，加上一个与 A、B 独立的正态白噪声 $\{W_t\}$，其均值为 0，标准差为 1. 模型如下[⊖]：

$$Y_t = A_1\cos(2\pi f_1 t) + B_1\sin(2\pi f_1 t) + A_2\cos(2\pi f_2 t) + B_2\sin(2\pi f_2 t) + W_t \quad (13.2.4)$$

图表 13-4 显示了一个模拟此模型的长度为 96 的时间序列。我们再次看到，不明显的周期性在图表 13-5 中显露出来。

图表 13-4 带"隐藏"周期性的时间序列

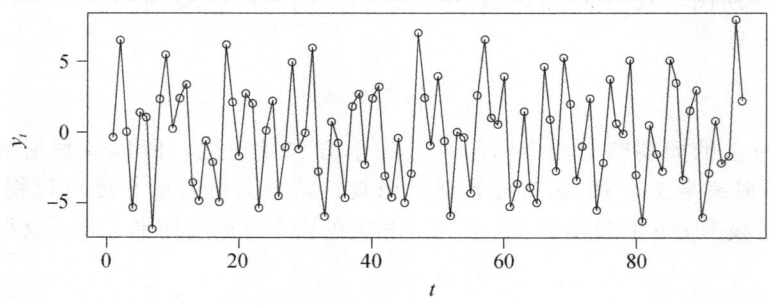

```
> win.graph(width=4.875,height=2.5,pointsize=8)
> set.seed(134); t=1:96; integer=sample(48,2)
> freq1=integer[1]/96; freq2=integer[2]/96
> A1=rnorm(1,0,2); B1=rnorm(1,0,2)
> A2=rnorm(1,0,3); B2=rnorm(1,0,3); w=2*pi*t
> y=A1*cos(w*freq1)+B1*sin(w*freq1)+A2*cos(w*freq2)+
  B2*sin(w*freq2)+rnorm(96,0,1)
> plot(t,y,type='o',ylab=expression(y[t]))
```

⊖ 这一模型常被称为信号加噪声的模型. 信号既可能是确定性的（参数未知），也可能是随机的.

图表 13-5 图表 13-4 中时间序列的周期图

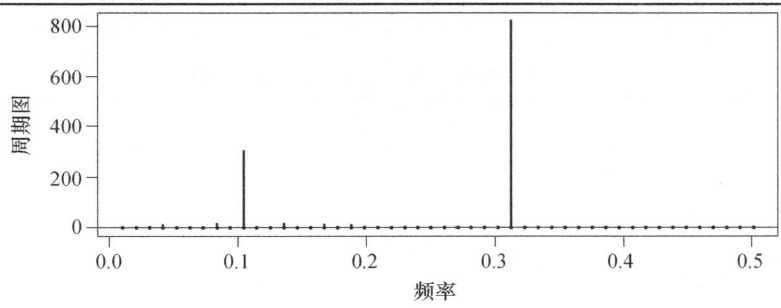

```
> periodogram(y);abline(h=0)
```

该周期图明确显示出,约在 0.11 和 0.32 两个频率上,序列包含两个余弦-正弦对,且高频分量信号很强。周期图里还有其他若干幅度很小的尖峰,显然是由于加性白噪声分量的存在所致.(当详细检查该模拟时,我们发现其中一个频率选择的是 $10/96 \approx 0.1042$,而另一个选为 $30/96 = 0.3125$.)

这里有个来自 Whittaker 和 Robinson(1924) 的经典时间序列周期图的示例.⊖图表 13-6 绘出了某颗恒星在 600 个连续夜晚的午夜亮度(等级)时间序列图.

图表 13-6 600 个连续夜晚恒星的亮度变化

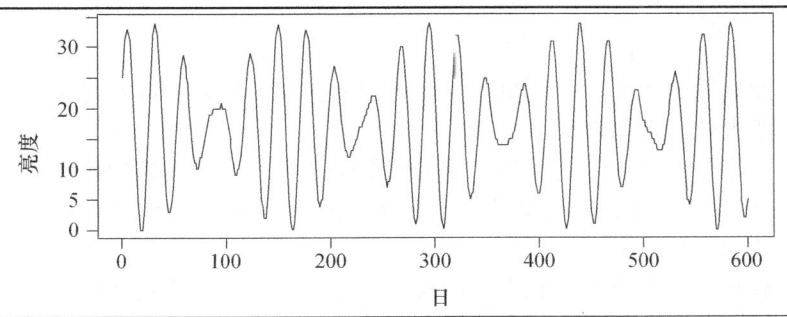

```
> data(star)
> plot(star,xlab='Day',ylab='Brightness')
```

图表 13-7 显示了该时间序列的周期图,其中有两个显著的尖峰. 当考察真实数值时,我们发现更高的尖峰位于频率 $f = 21/600 = 0.035$ 上,对应于周期 $600/21 \approx 28.57$,或者说接近 29 天. 第二位的尖峰位于频率 $f = 25/600 \approx 0.04167$ 上,对应于一个 24 天的周期. 那些在主尖峰附近非零的周期图数值可能是泄露引起的.

两个尖峰提示了该序列的模型具有频率或周期适当的两个余弦-正弦对,即

$$Y_t = \beta_0 + \beta_1 \cos(2\pi f_1 t) + \beta_2 \sin(2\pi f_1 t) + \beta_3 \cos(2\pi f_2 t) + \beta_4 \sin(2\pi f_2 t) + e_t \quad (13.2.5)$$

其中 $f_1 = 1/29$,$f_2 = 1/24$. 像第 3 章中那样,如果对该回归模型所有 5 个参数进行估计,我们

⊖ Bloomfield(2000) 中给出了此序列的全面分析.

能够得到统计显著的回归系数, 多重 R 方的值为 99.9%.

在 14.5 节中, 我们还会见到这个时间序列, 并以之讨论泄露和锥削问题.

图表 13-7 恒星亮度变化时间序列的周期图

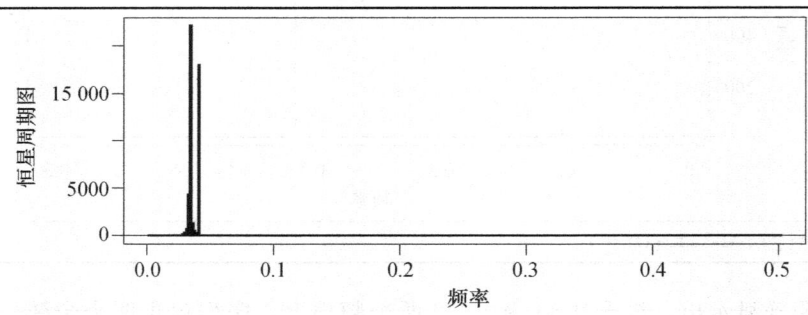

```
> periodogram(star,ylab='Variable Star Periodogram');abline(h=0)
```

虽然傅里叶频率有特殊性, 但我们可以在方程 (13.1.8) 和方程 (13.2.1) 中将周期图的概念拓展到 0 到 1/2 区间上所有的频率, 从而对于 $0 \leqslant f \leqslant 1/2$, 得到

$$I(f) = \frac{n}{2}(\hat{A}_f^2 + \hat{B}_f^2) \tag{13.2.6}$$

其中,

$$\hat{A}_f = \frac{2}{n}\sum_{t=1}^n Y_t \cos(2\pi t f) \quad , \quad \hat{B}_f = \frac{2}{n}\sum_{t=1}^n Y_t \sin(2\pi t f) \tag{13.2.7}$$

当如此观察时, 周期图经常是在比傅里叶频率更细密的频率栅格上计算得到, 用线段连接所绘的点就显示了一条大致光滑的曲线.

那为什么只考虑频率为正的情况呢? 因为根据余弦和正弦奇偶性的性质, 任何具有负频率(比方说 $-f$) 的余弦-正弦曲线均可以由具有频率 $+f$ 的余弦-正弦曲线很好地表示出来, 所以使用正值的频率不会失掉一般性.⊖

第二, 为什么把频率限定在 0 到 1/2 区间上? 考虑图表 13-8 中的图形, 这里绘出了两条余

图表 13-8 假频的图解

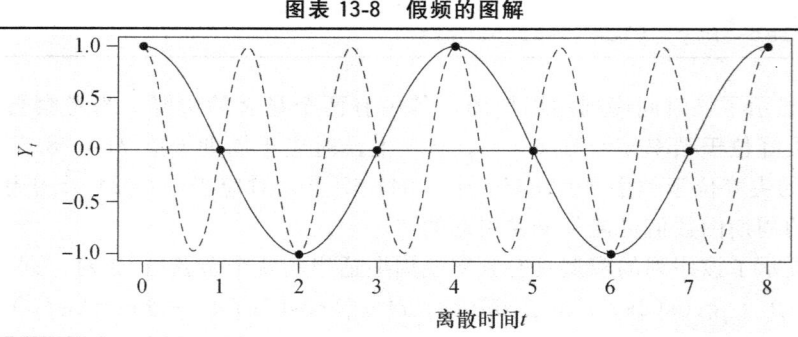

⊖ 方程 (13.2.6) 的定义常用于 $-1/2 < f < +1/2$, 但所得函数关于零点对称, 且负频率不提供更多的新信息. 我们将在本章稍后部分同时使用正的和负的频率以导出优美的数学关系.

```
> win.graph(width=4.875, height=2.5,pointsize=8)
> t=seq(0,8,by=.05)
> plot(t,cos(2*pi*t/4),axes=F,type='l',ylab=expression(Y[t]),
    xlab='Discrete Time t')
> axis(1,at=c(1,2,3,4,5,6,7));axis(1); axis(2); box()
> lines(t,cos(2*pi*t*3/4),lty='dashed',type='l'); abline(h=0)
> points(x=c(0:8),y=cos(2*pi*c(0:8)/4),pch=19)
```

弦曲线，一条频率为 $f=1/4$，另一条由虚线所绘的频率为 $f=3/4$. 若只在离散时间点 $0,1,2,3,\cdots$，上观察序列，则无法区分两条曲线. 我们称两个频率 $1/4$ 与 $3/4$ 互为**假频**. 一般而言，对每个正整数 k，0 到 $1/2$ 区间上的每一频率与形如 $f+k(1/2)$ 的频率互为假频，因此只关注 0 到 $1/2$ 区间上的频率就足够了.

13.3 谱表示和谱分布

考虑一个如下表示的时间序列：

$$Y_t = \sum_{j=1}^{m}[A_j\cos(2\pi f_j t) - B_j\sin(2\pi f_j t)] \qquad (13.3.1)$$

其中，频率 $0<f_1<f_2<\cdots<f_m<1/2$ 固定，A_j, B_j 为独立正态随机变量，其均值为零，$\mathrm{Var}(A_j)=\mathrm{Var}(B_j)=\sigma_j^2$. 直接计算得到 $\{Y_t\}$ 为零均值平稳的[1]，且

$$\gamma_k = \sum_{j=1}^{m}\sigma_j^2\cos(2\pi k f_j) \qquad (13.3.2)$$

特别地，过程的方差 γ_0 是在各固定频率上的每个周期分量的方差之和：

$$\gamma_0 = \sum_{j=1}^{m}\sigma_j^2 \qquad (13.3.3)$$

若对 $0<f<1/2$，定义如下两个阶梯函数：

$$a(f) = \sum_{\{j|f_j\leqslant f\}}A_j, \quad b(f) = \sum_{\{j|f_j\leqslant f\}}B_j \qquad (13.3.4)$$

则可将方程（13.3.1）写成

$$Y_t = \int_0^{1/2}\cos(2\pi ft)\mathrm{d}a(f) + \int_0^{1/2}\sin(2\pi ft)\mathrm{d}b(f) \qquad (13.3.5)$$

事实上，任何零均值平稳过程都能表示成方程（13.3.5）的形式.[2] 它说明了平稳过程是如何用连续频带上的无穷多个余弦-正弦对的线性组合表示出来的. 一般而言，$a(f)$ 和 $b(f)$ 是以 $0\leqslant f\leqslant 1/2$ 上的频率为自变量的零均值随机过程，其各自的增量不相关[3]，并且 $a(f)$ 的增量与 $b(f)$ 的增量也不相关. 进一步地有

$$\mathrm{Var}\left(\int_{f_1}^{f_2}\mathrm{d}a(f)\right) = \mathrm{Var}\left(\int_{f_1}^{f_2}\mathrm{d}b(f)\right) = F(f_2) - F(f_1) \qquad (13.3.6)$$

---

[1] 将此与习题 2.29 进行比较.
[2] 该证明超出了本书范畴，可见于 Cramér 和 Leadbetter(1967，128—138 页). 不了解随机 Riemann-Stieltjes 积分，不会影响对后续谱分析讨论的正确理解.
[3] 不相关增量通常也称为正交增量.

方程 (13.3.5) 称作过程的谱表示. 定义在 $0 \leqslant f \leqslant 1/2$ 上的非降函数 $F(f)$ 称作过程的谱分布函数.

由方程 (13.3.1) 定义的特殊过程有纯离散的谱（或称线谱），对于 $0 \leqslant f \leqslant 1/2$,

$$F(f) = \sum_{\{j|f_j \leqslant f\}} \sigma_j^2 \tag{13.3.7}$$

这里谱分布上跳跃的高度显示了不同周期分量对应的方差，跳跃的位置则表明了周期分量的频率.

一般地，谱分布函数有以下性质：

$$\left.\begin{array}{ll} 1. & F \text{ 是非降的} \\ 2. & F \text{ 是右连续的} \\ 3. & F(f) \geqslant 0, \text{对所有 } f \\ 4. & \lim_{f \to 1/2} F(f) = \mathrm{Var}(Y_t) = \gamma_0 \end{array}\right\} \tag{13.3.8}$$

如果考虑标度化的谱分布函数 $F(f)/\gamma_0$，由于 $F(1/2)/\gamma_0 = 1$，我们就得到了一个与 0 到 1/2 区间上随机变量的累积分布函数（CDF）具有相同数学特性的函数.

谱分布还可作如下解读：对于 $0 \leqslant f_1 < f_2 \leqslant 1/2$，积分

$$\int_{f_1}^{f_2} \mathrm{d}F(f) \tag{13.3.9}$$

给出了（整个）过程方差 $F(1/2) = \gamma_0$ 中对应于 f_1 到 f_2 之间的那个部分.

样本谱密度

在谱分析中，习惯上首先要从序列中移去样本均值. 本章接下来的叙述中，约定在周期图定义里，Y_t 表示到其样本均值的偏差. 进一步地，为数学上处理方便起见，将像周期图那样的各种频率函数定义于区间 $(-1/2, 1/2]$ 上. 特别地，对 $(-1/2, 1/2)$ 上的频率，定义样本谱密度或样本谱为 $\hat{S}(f) = 1/2 I(f)$，且 $\hat{S}(1/2) = I(1/2)$. 经过直接但繁琐的代数运算，可以证明样本谱密度也有如下表达式：

$$\hat{S}(f) = \hat{\gamma}_0 + 2\sum_{k=1}^{n-1} \hat{\gamma}_k \cos(2\pi f k) \tag{13.3.10}$$

其中 $\hat{\gamma}_k$ 为滞后 k 处的样本或估计的协方差函数，给出表达式如下：

$$\hat{\gamma}_k = \frac{1}{n} \sum_{t=k+1}^{n} (Y_t - \overline{Y})(Y_{t-k} - \overline{Y}) \tag{13.3.11}$$

应用傅里叶分析的概念，样本谱密度即是样本协方差函数的（离散时间）傅里叶变换. 根据傅里叶分析理论，必存在一个相反的关系，即⊖

$$\hat{\gamma}_k = \int_{-1/2}^{1/2} \hat{S}(f) \cos(2\pi f k) \mathrm{d}f \tag{13.3.12}$$

特别地，样本谱密度下方的整个区域恰是时间序列的样本方差.

$$\hat{\gamma}_0 = \int_{-1/2}^{1/2} \hat{S}(f) \mathrm{d}f = \frac{1}{n} \sum_{t=1}^{n} (Y_t - \overline{Y})^2 \tag{13.3.13}$$

因为双方可以互相推导，所以对于所观测的时间序列而言，样本谱密度与样本协方差函数含有

⊖ 该结论可用附录 J 所述的正交关系予以证明.

相同的信息，仅是表达方式不同而已，可以分别方便地适用于不同的目的.

13.4 谱密度

很多过程，比如所有的平稳 ARMA 过程，其协方差函数随着滞后阶数的增长而快速衰减.⊖ 在这种情况下，用方程（13.3.10）的样本谱密度相应的理论值替换样本值的考虑是顺理成章的. 准确地说，若协方差函数 γ_k 是绝对可加的，则对于 $-1/2 < f \leqslant 1/2$，可定义理论（或总体）谱密度为

$$S(f) = \gamma_0 + 2\sum_{k=1}^{\infty}\gamma_k\cos(2\pi fk) \tag{13.4.1}$$

同样，存在一个相反的关系，由下式给出：

$$\gamma_k = \int_{-1/2}^{1/2} S(f)\cos(2\pi fk)\,df \tag{13.4.2}$$

从数学上来说，$S(f)$ 是序列 $\cdots, \gamma_{-2}, \gamma_{-1}, \gamma_0, \gamma_1, \gamma_2, \cdots$ 的（离散时间）傅里叶变换，而 $\{\gamma_k\}$ 是定义在 $-1/2 < f \leqslant 1/2$ 上的谱密度 $S(f)$ 的傅里叶逆变换⊖.

除全部区域为 γ_0 而不是 1 以外，谱密度具有 $(-1/2, 1/2]$ 上概率密度函数的所有数学性质，且可以证明

$$F(f) = \int_0^f S(x)\,dx, \quad 0 \leqslant f \leqslant 1/2 \tag{13.4.3}$$

因此，在频率 f_1 和 f_2 之间，对于 $0 \leqslant f_1 < f_2 \leqslant 1/2$，谱密度下方区域面积的两倍可以看成是过程方差中对应于频率区间上构成该过程之余弦-正弦对的那个部分.

时不变线性滤波器

时不变线性滤波器是由一个绝对可加常数序列 $\cdots, c_{-1}, c_0, c_1, c_2, c_3, \cdots$ 来定义的，若 $\{X_t\}$ 为一个时间序列，使用上述常数对 $\{X_t\}$ 进行滤波后，生成一个新的时间序列 $\{Y_t\}$，表示如下：

$$Y_t = \sum_{j=-\infty}^{\infty} c_j X_{t-j} \tag{13.4.4}$$

若对 $k < 0$，有 $c_k = 0$，则称该滤波器为因果的. 这种情况下，在时刻 t 的滤波仅涉及当前及过去的数据取值，且能够"实时"地进行.

在前述章节里，我们已经碰到过很多时不变线性滤波器的例子，例如（非季节或季节）差分由一个季节差分和一个非季节差分构成的组合是另外的例子. 任何滑动平均过程都可看成是对白噪声序列的一个线性滤波，事实上，每个由方程（4.1.1）定义的一般线性过程都是对白

⊖ 当然，由方程（13.2.4）和方程（13.3.1）所定义的过程不属此种情况，其谱中含有离散分量.

⊖ 注意到 $\gamma_k = \gamma_{-k}$，并且余弦函数是偶函数，有

$$S(f) = \sum_{k=-\infty}^{\infty} \gamma_k e^{-2\pi ikf}$$

其中 $i = \sqrt{-1}$ 是复数的虚数单位. 上式看上去更像一个标准的离散时间傅里叶变换. 同样，方程（13.4.2）可以写成 $\gamma_k = \int_{-1/2}^{1/2} S(f) e^{2\pi ikf}\,df$.

噪声的一个线性滤波.

方程 (13.4.4) 右侧表达式常被称作两个序列 $\{c_t\}$ 和 $\{X_t\}$ 的 (离散时间) 卷积. 时间域上复杂的卷积运算经傅里叶变换后成为了频率域上非常简单的乘法运算, 这正是傅里叶变换的一个极其有用的性质.[注]

特别地, 令 $S_X(f)$ 为过程 $\{X_t\}$ 的谱密度, $S_Y(f)$ 为过程 $\{Y_t\}$ 的谱密度, 并且令

$$C(e^{-2\pi i f}) = \sum_{j=-\infty}^{\infty} c_j e^{-2\pi i f j} \tag{13.4.5}$$

则

$$\begin{aligned}\operatorname{Cov}(Y_t, Y_{t-k}) &= \operatorname{Cov}\Big(\sum_{j=-\infty}^{\infty} c_j X_{t-j}, \sum_{s=-\infty}^{\infty} c_s X_{t-k-s}\Big) = \sum_{j=-\infty}^{\infty}\sum_{s=-\infty}^{\infty} c_j c_s \operatorname{Cov}(X_{t-j}, X_{t-k-s}) \\ &= \sum_{j=-\infty}^{\infty}\sum_{s=-\infty}^{\infty} c_j c_s \int_{-1/2}^{1/2} e^{2\pi i(s+k-j)f} S_X(f)\,df = \int_{-1/2}^{1/2} \Big|\sum_{s=-\infty}^{\infty} c_s e^{-2\pi i s f}\Big|^2 e^{2\pi i f k} S_X(f)\,df\end{aligned}$$

所以

$$\operatorname{Cov}(Y_t, Y_{t-k}) = \int_{-1/2}^{1/2} |C(e^{-2\pi i f})|^2 S_X(f) e^{2\pi i f k}\,df \tag{13.4.6}$$

而

$$\operatorname{Cov}(Y_t, Y_{t-k}) = \int_{-1/2}^{1/2} S_Y(f) e^{2\pi i f k}\,df \tag{13.4.7}$$

故必然有

$$S_Y(f) = |C(e^{-2\pi i f})|^2 S_X(f) \tag{13.4.8}$$

这个表达式对于考察时不变线性滤波器在谱上的效果极具价值. 特别是, 它有助于找到 ARMA 过程谱密度的形式. 函数 $|C(e^{-2\pi i f})|^2$ 也常被称作滤波器的 (功率) 转移函数.

13.5 ARMA 过程的谱密度

白噪声

从方程 (13.4.1) 易见, 白噪声过程在 $-1/2 < f \leqslant 1/2$ 上, 其理论上的谱密度为常数, 特别地,

$$S(f) = \sigma_e^2 \tag{13.5.1}$$

白噪声的谱表示里所有的频率权重相同, 这一点与物理上白光的谱可直接类比——所有色彩 (即所有的频率) 平等地组成白光, 这也正是白噪声名称的由来!

MA(1) 的谱密度

一个 MA(1) 过程是 $c_0 = 1$ 和 $c_1 = -\theta$ 时白噪声的一个简单的滤波, 所以

$$\begin{aligned}|C(e^{-2\pi i f})|^2 &= (1 - \theta e^{2\pi i f})(1 - \theta e^{-2\pi i f}) \\ &= 1 + \theta^2 - \theta(e^{2\pi i f} + e^{-2\pi i f}) \\ &= 1 + \theta^2 - 2\theta \cos(2\pi f)\end{aligned} \tag{13.5.2}$$

[注] 在讨论矩生成函数的时候, 读者可能已经见过这一处理方式了. 两个独立随机变量和的密度, 无论是离散的还是连续的, 都是各自密度的卷积, 而和的矩生成函数恰是其各自矩生成函数的乘积.

因而有
$$s(f) = [1 + \theta^2 - 2\theta\cos(2\pi f)]\sigma_e^2 \qquad (13.5.3)$$
可以证明,当 $\theta>0$ 时,谱密度是非负频率上的增函数,而当 $\theta<0$ 时,则为减函数.

图表 13-9 显示了当 $\theta=0.9$ 时 MA(1) 过程的谱密度.⊖ 因为谱密度关于频率原点对称,所以只需绘出其频率为正的部分即可. 前面讲过 MA(1) 过程在滞后 1 处会有一个相对大的负相关值,而所有其他相关值为零,这个情况也反映在谱上. 可以看到密度在高频部分明显强于低频部分. 过程在其均值水平上有来回振荡的趋势,而快速振荡正是高频部分的特性. 可以说,滑动平均抑制了白噪声的低频分量. 由于这类频谱强调高频部分(即有较小周期或波长的部分)的作用,高频部分在可见光的频谱上对应蓝色光,所以有时研究者也称其为蓝谱.

图表 13-9 $\theta=0.9$ 时 MA(1) 过程的谱密度

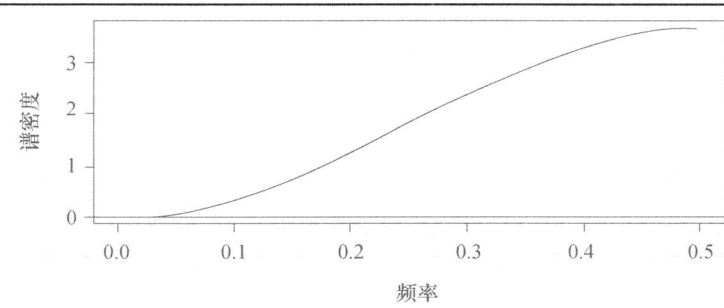

```
> win.graph(width=4.875,height=2.5,pointsize=8)
> theta=.9 # Reset theta for other MA(1) plots
> ARMAspec(model=list(ma=-theta))
```

图表 13-10 显示当 $\theta=-0.9$ 时 MA(1) 过程的谱密度. 过程在滞后 1 处有正相关值,所有其他相关值为零. 该过程从一个时刻到下一时刻有慢变趋势,这是低频特性并反映在频谱形状上. 密度的低频部分明显强于高频部分,研究者有时称这样的频谱为红谱.

图表 13-10 $\theta=-0.9$ 时 MA(1) 过程的谱密度

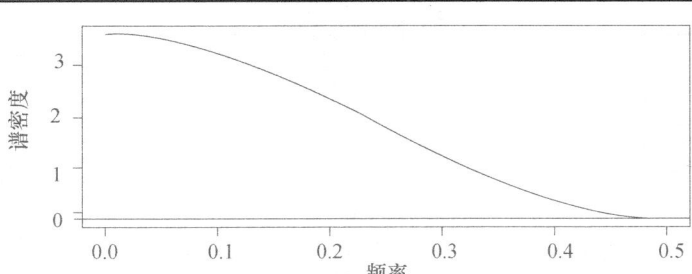

⊖ 在本节后面所有 ARMA 谱密度的图里,都取 $\sigma_e^2=1$. 这样做仅对图形的纵坐标有影响,不会影响图的形状.

MA(2) 的谱密度

类似可得 MA(2) 模型的谱密度. 经稍长代数运算，得出最后的表达式如下：

$$S(f) = [1 + \theta_1^2 + \theta_2^2 - 2\theta_1(1-\theta_2)\cos(2\pi f) - 2\theta_2 \cos(4\pi f)]\sigma_e^2 \tag{13.5.4}$$

图表 13-11 展示了密度在 $\theta_1 = 1$，$\theta_2 = -0.6$ 时的图. 在 0.1 到 0.18 之间的频率上密度值特别小，而在低于 0.1 的频率上，密度值极小. 图中较高的频率逐渐进入视野，最强的周期分量出现在最高频率上.

图表 13-11 $\theta_1 = 1$，$\theta_2 = -0.6$ 时 MA(2) 过程的谱密度

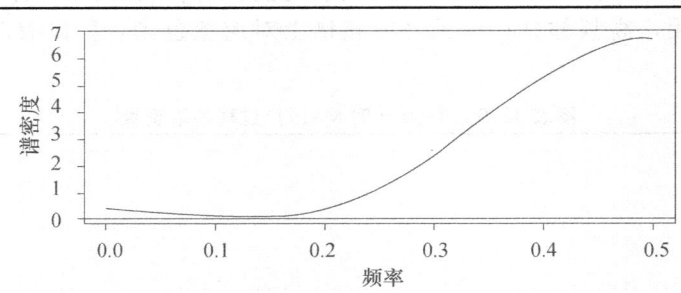

```
> theta1=1; theta2=-0.6
> ARMAspec(model=list(ma=-c(theta1,theta2)))
```

AR(1) 的谱密度

这里使用方程（13.4.8）的"后向"形式求 AR 模型的谱密度，即将白噪声过程看做 AR 过程的一个线性滤波. 回顾前述 MA(1) 序列的谱密度，有

$$[1 + \phi^2 - 2\phi\cos(2\pi f)]S(f) = \sigma_e^2 \tag{13.5.5}$$

求解得到

$$S(f) = \frac{\sigma_e^2}{1 + \phi^2 - 2\phi\cos(2\pi f)} \tag{13.5.6}$$

如下面两图所示，该谱密度在 $\phi > 0$ 时为频率的减函数，而在 $\phi < 0$ 时为增函数.

图表 13-12 $\phi = 0.9$ 时 AR(1) 过程的谱密度

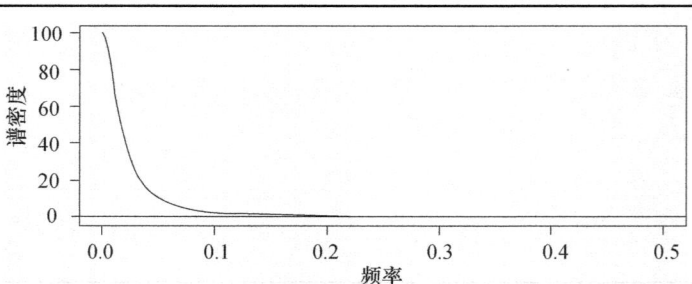

```
> phi=0.9 # Reset value of phi for other AR(1) models
> ARMAspec(model=list(ar=phi))
```

图表 13-13 $\phi=-0.6$ 时 AR(1) 过程的谱密度

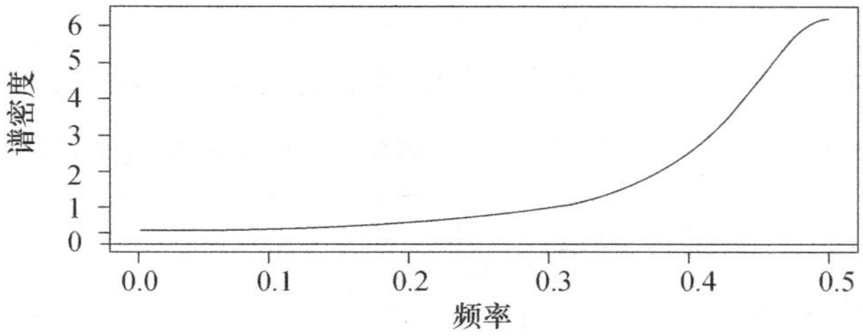

AR(2) 的谱密度

对于 AR(2) 的谱密度，再次使用方程（13.4.8）的后向形式以及 MA(2) 的结果，得到

$$S(f) = \frac{\sigma_e^2}{1+\phi_1^2+\phi_2^2-2\phi_1(1-\phi_2)\cos(2\pi f)-2\phi_2\cos(4\pi f)} \quad (13.5.7)$$

正如相关性一样，AR(2) 模型的谱密度能够显示出各种不同的性质，这些取决于两个 ϕ 参数的具体取值.

图表 13-14 和图表 13-15 显示了两个 AR(2) 谱密度的显著差异，一个状如高峰，而另一个则形如低谷.

图表 13-14 AR(2) 过程的谱密度：$\phi_1=1.5$，$\phi_2=-0.75$

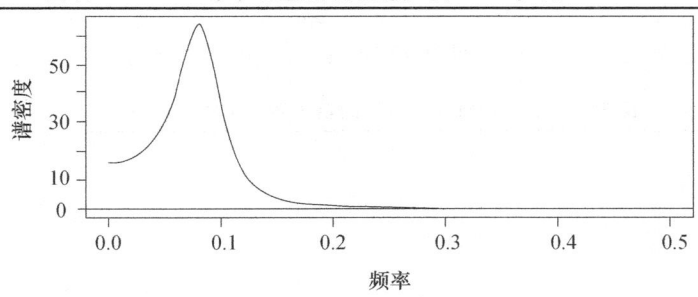

```
> phi1=1.5; phi2=-.75
> # Reset values of phi1 & phi2 for other AR(2) models
> ARMAspec(model=list(ar=c(phi1,phi2)))
```

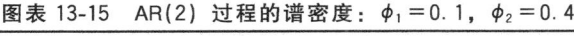

图表 13-15 AR(2) 过程的谱密度：$\phi_1=0.1$，$\phi_2=0.4$

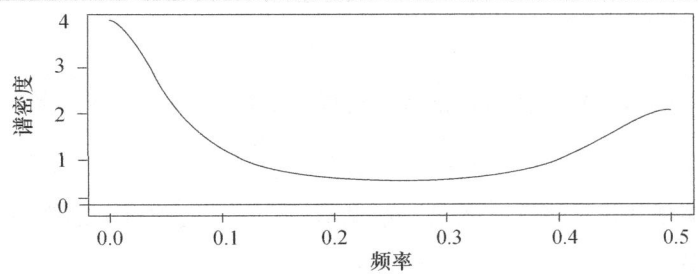

Jenkins 和 Watts(1968，229 页) 指出，AR(2) 谱的不同形状由下面的不等式决定：
$$|\phi_1(1-\phi_2)| < |4\phi_2| \tag{13.5.8}$$

图表 13-16 中所示的是相应结果最好的概括，图中虚线是 AR(2) 特征方程实根与虚根区域的边界，实线曲线则由方程（13.5.8）中的不等式确定.

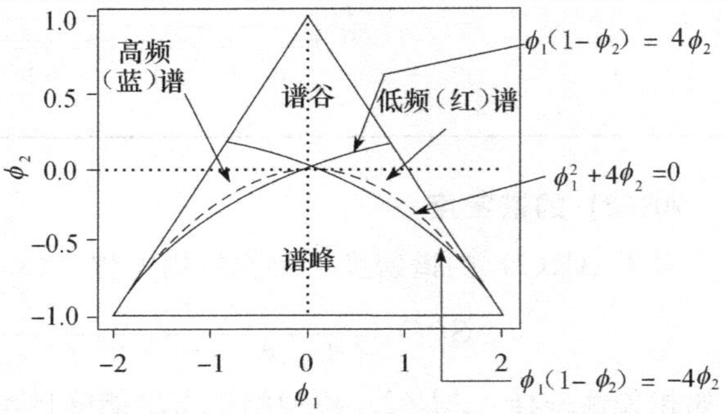

注意 Jenkins 和 Watts 同时还指出，峰谷出现的频率 f_0 满足下式：
$$\cos(2\pi f_0) = \frac{\phi_1(1-\phi_2)}{4\phi_2} \tag{13.5.9}$$

一般认为复根对应一个高峰状的频谱，但是要注意参数取值上存在一个小区域，当取值于该区域时，根为复数，而谱中没有高峰，其所在频率既不高也不低.

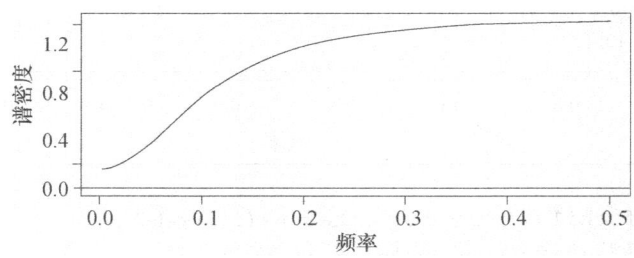

图表 13-16 AR(2) 生成不同形状谱密度曲线的参数值

ARMA(1，1) 的谱密度

结合 MA(1) 和 AR(1) 模型所知，可以很容易地得到 ARMA(1，1) 混合模型的谱密度：
$$S(f) = \frac{1+\theta^2 - 2\theta\cos(2\pi f)}{1+\phi^2 - 2\phi\cos(2\pi f)}\sigma_e^2 \tag{13.5.10}$$

图表 13-17 提供了当 $\phi=0.5$，$\theta=0.8$ 时 ARMA(1，1) 的谱的例子.

图表 13-17 ARMA(1，1) 的谱密度，$\phi=0.5$，$\theta=0.8$

```
> phi=0.5; theta=0.8
> ARMAspec(model=list(ar=phi,ma=-theta))
```

ARMA(p，q)

对于一般 ARMA(p，q) 的情形，谱密度可以用 AR 和 MA 的特征多项式表达如下：
$$S(f) = \left|\frac{\theta(e^{-2\pi i f})}{\phi(e^{-2\pi i f})}\right|^2 \sigma_e^2 \tag{13.5.11}$$

还可进一步用这些多项式根的倒数来表示，这里不再给出. 此类谱密度常被称作有理谱密度.

季节 ARMA 过程

由于季节 ARMA 过程是特殊的 ARMA 过程，故所有前述结论这里都成立. 乘法季节模型可视为连续两个线性滤波器的应用,下面给出两个例子.

考虑由季节 AR 模型定义的过程

$$(1-\phi B)(1-\Phi B^{12})Y_t = e_t \tag{13.5.12}$$

分别调整两个因子得到

$$S(f) = \frac{\sigma_e^{\varepsilon}}{[1+\phi^2-2\phi\cos(2\pi f)][1+\Phi^2-2\Phi\cos(2\pi 12f)]} \tag{13.5.13}$$

此频谱的一个例子见图表 13-18,其中 $\phi=0.5$,$\Phi=0.9$,$s=12$. 在 0, 1/12, 2/12, 3/12, 4/12, 5/12 和 6/12 等频率上,幅值递减的众多尖峰反映出了季节性.

作为第二个例子,考虑季节 MA 过程

$$Y_t = (1-\theta B)(1-\Theta B^{12})e_t \tag{13.5.14}$$

相应的谱密度由下式给出:

$$S(f) = [1+\theta^2-2\theta\cos(2\pi f)][1+\Theta^2-2\Theta\cos(2\pi 12f)]\sigma_e^2 \tag{13.5.15}$$

图表 13-19 示出了参数取值 $\theta=0.4$,$\Theta=0.9$ 时的谱密度.

图表 13-18 季节 AR 的谱密度,$\phi=0.5$,$\Phi=0.9$,$s=12$

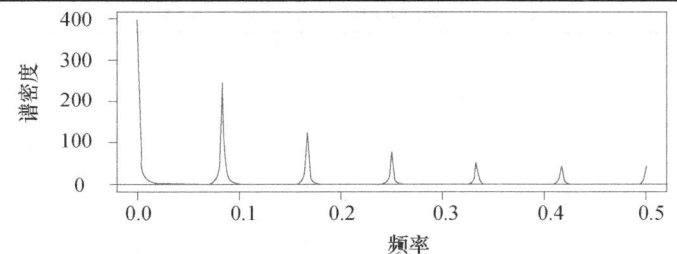

```
> phi=.5; PHI=.9
> ARMAspec(model=list(ar=phi,seasonal=list(sar=PHI,period=12)))
```

图表 13-19 季节 MA 的谱密度,$\phi=0.4$,$\Theta=0.9$,$s=12$

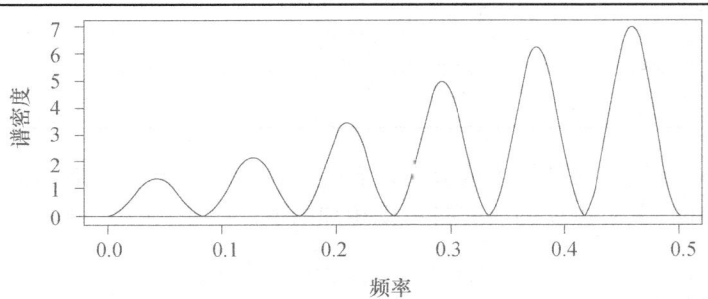

```
> theta=.4; Theta=.9
> ARMAspec(model=list(ma=-theta,seasonal=list(sma=-Theta,
    period=12)))
```

13.6 样本谱密度的抽样性质

我们从考虑已知性质的时间序列开始本节介绍. 假设要模拟一个 AR(1) 模型,其中 $\phi=-0.6$,

步长 $n=200$,图表 13-13 显示了该序列的理论谱密度. 模拟序列的样本谱密度示于图表 13-20,平滑的理论谱密度由虚线示出. 即便样本容量达 200,样本谱密度在不同频点上仍然变化极大,这肯定不是该过程理论谱可接受的估计. 这里有必要对样本谱密度的采样特性进行研究,以帮助我们理解所看到的现象.

为研究样本谱密度的采样性质,我们先从简单情况入手、考察零均值、方差为 γ_0 的正态白噪声时间序列 $\{Y_t\}$. 回顾

$$\hat{A}_f = \frac{2}{n}\sum_{t=1}^n Y_t\cos(2\pi tf), \quad \hat{B}_f = \frac{2}{n}\sum_{t=1}^n Y_t\sin(2\pi tf) \tag{13.6.1}$$

现在,仅考虑非零傅里叶频率 $f=j/n<1/2$. 由于 $\hat{A}_f$ 与 $\hat{B}_f$ 为时间序列 $\{Y_t\}$ 的线性函数,每个都有一个正态分布,因此可以用余弦及正弦的正交性质对均值和方差进行评估.⊖我们发现 $\hat{A}_f$ 和 $\hat{B}_f$ 各有均值零及方差 $2\gamma_0/n$. 利用正交性也能证明 $\hat{A}_f$ 与 $\hat{B}_f$ 无关,又因为它们为联合双变量正态分布,所以它们相互独立. 类似地,可以证明对任意两个不同的傅里叶频率 f_1 和 f_2,$\hat{A}_{f_1}$,$\hat{A}_{f_2}$,$\hat{B}_{f_1}$ 和 $\hat{B}_{f_2}$ 是联合独立的.

图表 13-20　模拟 AR(1) 过程的样本谱密度

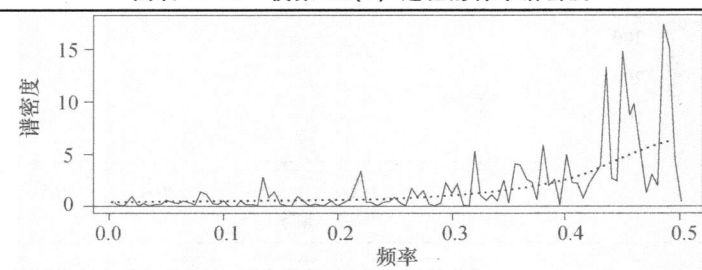

```
> win.graph(width=4.875,height=2.5,pointsize=8)
> set.seed(271435); n=200; phi=-0.6
> y=arima.sim(model=list(ar=phi),n=n)
> sp=spec(y,log='no',xlab='Frequency',
    ylab='Sample Spectral Density',sub='')
> lines(sp$freq,ARMAspec(model=list(ar=phi),freq=sp$freq,
    plot=F)$spec,lty='dotted'); abline(h=0)
```

此外我们知道,标准正态的平方的分布是有一个自由度的卡方分布,而独立卡方变量之和的分布仍为卡方分布,其自由度为所有自由度相加的值. 由于 $S(f)=\gamma_0$,故

$$\frac{n}{2\gamma_0}[(\hat{A}_f)^2+(\hat{B}_f)^2]=\frac{2\hat{S}(f)}{S(f)} \tag{13.6.2}$$

的分布为有两个自由度的卡方分布.

前面提到卡方变量的均值等于其自由度的值,方差等于其自由度的值的两倍,鉴于此,可以很快发现

$$\text{当 } f_1 \neq f_2 \text{ 时}, \quad \hat{S}(f_1) \text{ 和 } \hat{S}(f_2) \text{ 相互独立.} \tag{13.6.3}$$

⊖　见附录 J.

$$E[\hat{S}(f)] = S(f) \tag{13.6.4}$$

且

$$\text{Var}[\hat{S}(f)] = S^2(f) \tag{13.6.5}$$

方程（13.6.4）指出了一个理想的事实，即样本谱密度是理论谱密度的无偏估计．

遗憾的是，方程（13.6.5）显示了方差丝毫都不依赖于样本量 n．即便从这个简单的例子来看，样本谱密度都不是理论谱密度的一致估计．因此估计不会随样本量的增长而更好（即有更小的方差）．样本谱密度是不一致估计的原因基本上是：即便仅考虑傅里叶频率 $1/n, 2/n, \cdots$，也要估计越来越多的"参数"；即 $S(1/n), S(2/n), \cdots$．对于每个参数而言，样本量的增长也不会有足够多的数据点以生成一致估计．

事实上方程（13.6.3）～（13.6.5）中的结论在更一般的意义上都成立．在习题里，将要求读者论证对于任意白噪声——不必为正态的——均值的结论的确成立，且构造 $\hat{S}(f_1)$ 及 $\hat{S}(f_2)$ 的 $\hat{A}_f$ 和 $\hat{B}_f$ 至少在 $f_1 \neq f_2$ 时无关.

为叙述更一般的结论，设 $\{Y_t\}$ 为任意线性过程

$$Y_t = e_t + \psi_1 e_{t-1} + \psi_2 e_{t-2} + \cdots \tag{13.6.6}$$

式中各 e 独立同分布，均值为零，方差相等．设所有 ψ 系数绝对可加，令 $f_1 \neq f_2$ 为 0 到 1/2 上的任意频率，则可证明[⊖]当样本量无限增加时，

$$\frac{2\hat{S}(f_1)}{S(f_1)} \text{ 及 } \frac{2\hat{S}(f_2)}{S(f_2)} \tag{13.6.7}$$

依分布收敛到独立卡方分布的随机变量，且均为两个自由度．

为研究基于方程（13.6.7）、（13.6.4）和（13.6.5）之逼近的可用性，下面用两个模拟展示相关结果．首先对一个 $\theta = 0.9$ 的 MA(1) 时间序列，重复模拟 1000 次，每次的长度 $n=48$．用于生成 MA(1) 序列的白噪声序列独立地选自一个有 5 个自由度、归一化到单位方差的 t 分布．从这 1000 个序列计算 1000 个样本谱密度．

图表 13-21 示出了对应 $n=48$ 的 24 个傅里叶频率上的 1000 个样本谱密度的平均估值．实线为理论谱密度，显然这里的样本谱密度是个可用的无偏逼近．

图表 13-21　平均样本谱密度：模拟 MA(1)，$\theta=0.9$，$n=48$

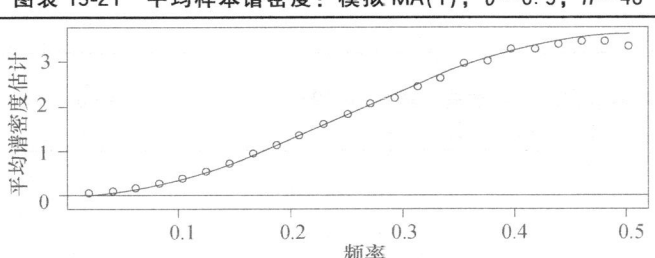

```
For the extensive R code to produce Exhibits 13.21 through 13.26,
please see the Chapter 13 script file associated with this book.
```

⊖ 例如见 Fuller(1996, 360—361)．

图表 13-22 画出了 1000 次重复模拟的样本谱密度的标准差。根据方程（13.6.5），我们希望其与理论谱密度在傅里叶频率上相吻合。逼近再次显示出相当好的可接受性。

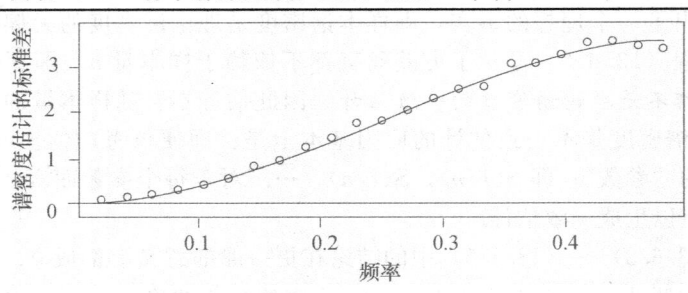

图表 13-22　样本谱密度的标准差：模拟 MA(1)，$\theta = 0.9$，$n = 48$

为检查样本谱密度分布的形状，构造一个 QQ 图来比较观测到的分位数与有两个自由度的卡方分布的差别。当然，可以在任意的傅里叶频率上这样做。图表 13-23 显示了在频率 15/48 上的结果，其与卡方分布的一致程度是可接受的。

当模型为一个 $\phi_1 = 1.5$，$\phi_2 = -0.75$ 且 $n = 96$ 的 AR(2) 时，重复进行类似的画图与计算。这里使用正态白噪声。结果示于图表 13-24、13-25 和 13-26 中。对于 $n = 96$，1000 次重复的模拟结果再一次显示了与极限理论的结论显著相符。

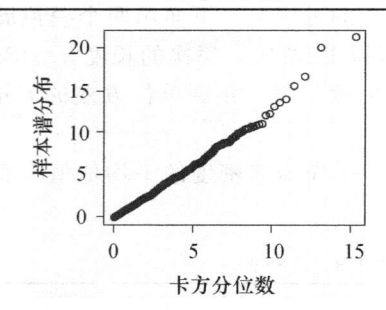

图表 13-23　谱分布在 $f = 15/48$ 上的 QQ 图

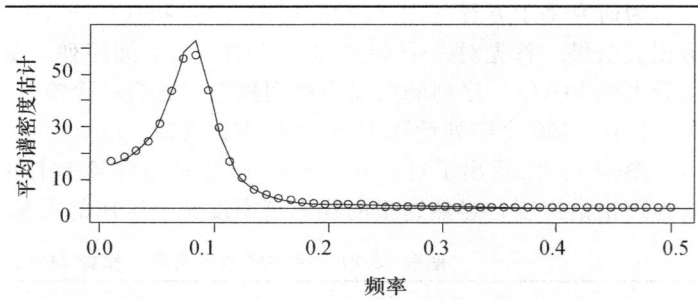

图表 13-24　平均样本谱密度：模拟 AR(2)，$\phi_1 = 1.5$，$\phi_2 = -0.75$，$n = 96$

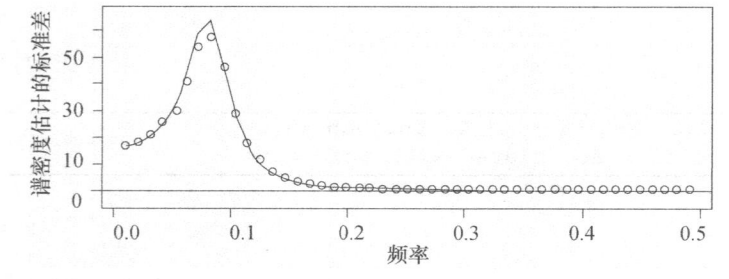

图表 13-25　样本谱密度的标准差：模拟 AR(2)，$\phi_1 = 1.5$，$\phi_2 = -0.75$，$n = 96$

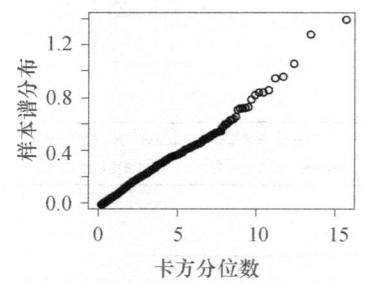

图表 13-26　谱分布在 $f = 40/96$ 上的 QQ 图

当然，对于隐含的理论谱密度而言，上述结果无一说明样本谱密度是个可接受的估计。样本谱密度是相当一般的渐近无偏估计，但也是不一致的，作为可用的估计存在极大的可变性。在傅里叶频率上的渐近独立性也有助于解释样本谱密度在性能上的极端可变性。

13.7 小结

本章介绍了将时间序列用正弦和余弦的线性组合进行建模的思想——即所谓的谱分析。引入了周期图，借助这一工具来定位序列的谱表示上各种频率所起的作用。进而扩展这一思路，应用到了连续频段的建模问题上，还研究了 ARMA 模型的谱密度。最后讲述了样本谱密度的采样性质。鉴于样本谱密度并非理论谱密度的一致估计，所以有必要进一步探求可接受的估计，而这正是下一章的主题。

习题

13.1 找到使下式成立的 A 和 B：$3\cos(2\pi ft+0.4) = A\cos(2\pi ft)+B\sin(2\pi ft)$.

13.2 找到 R 和 Φ 使得 $R\cos(2\pi ft+\Phi)=\cos(2\pi ft)+3\sin(2\pi ft)$.

13.3 对于图表 13-2 所示的序列，
(a) 证明在 $f=4/96$ 时，用 $\cos(2\pi ft)$ 和 $\sin(2\pi ft)$ 对序列进行回归，能够得到 A 和 B 的准确估计。
(b) 利用方程 (13.1.5) 得出当频率为 $f=14/96$ 时，余弦分量中 R，Φ，A 以及 B 之间的关系。（对此分量，振幅为 1，相位是 0.6π。）
(c) 证明：在 $f=14/96$ 时，用 $\cos(2\pi ft)$ 和 $\sin(2\pi ft)$ 对序列进行回归，能够得到 A 和 B 的准确估计。
(d) 证明：同时在 $f=4/96$ 及 $f=14/96$ 上，用 $\cos(2\pi ft)$ 和 $\sin(2\pi ft)$ 对序列进行回归，能够得到 A_4，B_4，A_{14} 和 B_{14} 的准确估计。
(e) 证明：同时在 $f=3/96$ 及 $f=13/96$ 上，用 $\cos(2\pi ft)$ 和 $\sin(2\pi ft)$ 对序列进行回归，能够得到 A_3，B_3，A_{13} 和 B_{13} 的准确估计。
(f) 重复 (d)，但在其他的任意傅里叶频率上增加第三对余弦-正弦预测变量，证明：所有回归系数仍能够准确估计。

13.4 生成或者选取任意长度 $n=10$ 的序列。证明月傅里叶频率上足够多的余弦-正弦曲线构造的线性组合可以准确地拟合该序列。

13.5 用方程 (13.2.4) 中的模型模拟一个信号+噪声的时间序列，并采用与图表 13-4 中相同的参数值。
(a) 绘出时间序列并寻找周期。能看到吗？
(b) 绘出模拟序列的周期图。现在周期清楚了吗？

13.6 证明：由方程 (13.3.1) 定义的序列的协方差函数由方程 (13.3.2) 的表达式给出。

13.7 写出建立方程 (13.3.10) 的算式。

13.8 若 $\{X_t\}$ 与 $\{Y_t\}$ 为独立的平稳序列，证明 $\{X_t+Y_t\}$ 的谱密度是 $\{X_t\}$ 与 $\{Y_t\}$ 谱密度的和。

13.9 证明：当 $\theta>0$ 时，MA(1) 过程的谱密度是频率的增函数，当 $\theta<0$ 时，是减函数．

13.10 绘出 $\theta=0.6$ 的 MA(1) 过程的理论谱密度，并解释在时间序列值可能的绘图点上频谱形状的含义．

13.11 绘出 $\theta=-0.8$ 的 MA(1) 过程的理论谱密度，并解释在时间序列值可能的绘图点上频谱形状的含义．

13.12 证明：AR(1) 过程的谱密度，当 $\phi>0$ 时是减函数，而当 $\phi<0$ 时是增函数．

13.13 绘出 $\phi=0.7$ 的 AR(1) 过程的理论谱密度，并解释在时间序列值可能的绘图点上频谱形状的含义．

13.14 绘出 $\phi=-0.4$ 的 AR(1) 过程的理论谱密度，并解释在时间序列值可能的绘图点上频谱形状的含义．

13.15 绘出 $\theta_1=-0.5$ 及 $\theta_2=0.9$ 时 MA(2) 过程的理论谱密度，并解释在时间序列值可能的绘图点上频谱形状的含义．

13.16 绘出 $\theta_1=0.5$ 及 $\theta_2=-0.9$ 时 MA(2) 过程的理论谱密度，并解释在时间序列值可能的绘图点上频谱形状的含义．

13.17 绘出 $\phi_1=-0.1$ 及 $\phi_2=-0.9$ 时 AR(2) 过程的理论谱密度，并解释在时间序列值可能的绘图点上频谱形状的含义．

13.18 绘出 $\phi_1=1.8$ 及 $\phi_2=-0.9$ 时 AR(2) 过程的理论谱密度，并解释在时间序列值可能的绘图点上频谱形状的含义．

13.19 绘出 $\phi_1=-1$ 及 $\phi_2=-0.8$ 时 AR(2) 过程的理论谱密度，并解释在时间序列值可能的绘图点上频谱形状的含义．

13.20 绘出 $\phi_1=0.5$ 及 $\phi_2=0.4$ 时 AR(2) 过程的理论谱密度，并解释在时间序列值可能的绘图点上频谱形状的含义．

13.21 绘出 $\phi_1=0$ 及 $\phi_2=0.8$ 时 AR(2) 过程的理论谱密度，并解释在时间序列值可能的绘图点上频谱形状的含义．

13.22 绘出 $\phi_1=0.8$ 及 $\phi_2=-0.2$ 时 AR(2) 过程的理论谱密度，并解释在时间序列值可能的绘图点上频谱形状的含义．

13.23 绘出 $\phi=0.5$ 及 $\theta=0.8$ 时 ARMA(1，1) 过程的理论谱密度，并解释在时间序列值可能的绘图点上频谱形状的含义．

13.24 绘出 $\phi=0.95$ 及 $\theta=0.8$ 时 ARMA(1，1) 过程的理论谱密度，并解释在时间序列值可能的绘图点上频谱形状的含义．

13.25 令 $\{X_t\}$ 为平稳序列，$\{Y_t\}$ 定义为 $Y_t=(X_t+X_{t-1})/2$．
(a) 求此线性滤波器的幂转移函数．
(b) 这是个因果滤波器吗？
(c) 绘出幂转移函数，并描述使用这个滤波器的效果．即说出经滤波后哪些频率保留下来了（被强调），而哪些频率未被强调（被衰减掉）？

13.26 令 $\{X_t\}$ 为平稳序列，$\{Y_t\}$ 定义为 $Y_t=X_t-X_{t-1}$．
(a) 求此线性滤波器的幂转移函数．
(b) 这是个因果滤波器吗？

(c) 绘出幂转移函数，并描述使用这个滤波器的效果，即说出经滤波后哪些频率保留下来了（被强调），而哪些频率未被强调（被衰减掉）．

13.27 令 $\{X_t\}$ 为平稳序列，令 $\{Y_t\}$ 定义为 $Y_t=(X_{t+1}+X_t+X_{t-1})/3$.
(a) 求此线性滤波器的幂转移函数．
(b) 这是个因果滤波器吗？
(c) 绘出幂转移函数，并描述使用这个滤波器的效果．即说出经滤波后哪些频率保留下来了（被强调），而哪些频率未被强调（被衰减掉）？

13.28 令 $\{X_t\}$ 为平稳序列，令 $\{Y_t\}$ 定义为 $Y_t=(X_t+X_{t-1}+X_{t-2})/3$.
(a) 证明：此滤波器与习题 13.27 中所定义的滤波器有相同的幂转移函数．
(b) 这是个因果滤波器吗？

13.29 令 $\{X_t\}$ 为平稳序列，令 $\{Y_t\}$ 定义为 $Y_t=X_t-X_{t-4}$.
(a) 求此线性滤波器的幂转移函数．
(b) 绘出幂转移函数，并描述使用这个滤波器的效果．即说出经滤波后哪些频率保留下来了（被强调），而哪些频率未被强调（被衰减掉）？

13.30 令 $\{X_t\}$ 为平稳序列，令 $\{Y_t\}$ 定义为 $Y_t=(X_{t+1}-2X_t+X_{t-1})/3$.
(a) 求此线性滤波器的幂转移函数．
(b) 绘出幂转移函数，并描述使用这个滤波器的效果．即说出经滤波后哪些频率保留下来了（被强调），而哪些频率未被强调（被衰减掉）？

13.31 设 $\{Y_t\}$ 为白噪声过程，但不必是正态的．在傅里叶频率上，用附录 J 给出的正交性质证明下列结论：
(a) 样本谱密度是理论谱密度的无偏估计．
(b) 对任意傅里叶频率 f_1 和 f_2，变量 $\hat{A}_{f_1}$ 与 $\hat{B}_{f_2}$ 无关．
(c) 若傅里叶频率 $f_1 \neq f_2$，则变量 $\hat{A}_{f_1}$ 与 $\hat{A}_{f_2}$ 无关．

13.32 比照图表 13-21、13-22、13-23 和 13-24，做一个模拟分析．使用 AR(2) 模型，其中 $\phi_1=0.5$，$\phi_2=0.8$，$n=48$．重复序列 1000 次．
(a) 绘出平均样本谱密度基于频率的图，并以之与大样本理论对比．
(b) 绘出样本谱密度标准差基于频率的图，并以之与大样本理论对比．
(c) 绘出经恰当归一化后样本谱密度的 QQ 图，在若干频率上与大样本理论对比，并讨论结果．

13.33 比照图表 13-21、图表 13-22、图表 13-23 和图表 13-24，做一个模拟分析．使用 AR(2) 模型，其中 $\phi_1=-1$，$\phi_2=-0.75$，$n=96$．重复时间序列 1000 次．
(a) 绘出平均样本谱密度基于频率的图，并以之与使用大样本理论得出的预测结果进行比较．
(b) 绘出样本谱密度标准差基于频率的图，并以之与使用大样本理论得出的预测结果进行比较．
(c) 绘出经恰当归一化后样本谱密度的 QQ 图，并与大样本理论在若干频率上预测的结果进行对比，然后讨论结果．

13.34 模拟一个长度 $n=1000$ 的零均值、单位方差、正态白噪声时间序列. 画出序列的周期图, 并对结果给出评述.

附录 J 余弦与正弦序列的正交性

对于 $j,k = 0,1,2,\cdots,n/2$, 有

$$\sum_{t=1}^{n} \cos\left(2\pi \frac{j}{n}t\right) = 0, \quad j \neq 0 \tag{13.J.1}$$

$$\sum_{t=1}^{n} \sin\left(2\pi \frac{j}{n}t\right) = 0 \tag{13.J.2}$$

$$\sum_{t=1}^{n} \cos\left(2\pi \frac{j}{n}t\right) \sin\left(2\pi \frac{k}{n}t\right) = 0 \tag{13.J.3}$$

$$\sum_{t=1}^{n} \cos\left(2\pi \frac{j}{n}t\right) \cos\left(2\pi \frac{k}{n}t\right) = \begin{cases} \frac{n}{2} & j = k(j \neq 0 \text{ 或 } n/2) \\ n & j = k = 0 \\ 0 & j \neq k \end{cases} \tag{13.J.4}$$

$$\sum_{t=1}^{n} \sin\left(2\pi \frac{j}{n}t\right) \sin\left(2\pi \frac{k}{n}t\right) = \begin{cases} \frac{n}{2} & j = k(j \neq 0 \text{ 或 } n/2) \\ 0 & j \neq k \end{cases} \tag{13.J.5}$$

应用下面的棣莫弗 (DeMoivre) 定理, 可以很容易地证出这些结果:

$$e^{-2\pi i f} = \cos(2\pi f) - i\sin(2\pi f) \tag{13.J.6}$$

或者等价地, 使用如下的欧拉公式:

$$\cos(2\pi f) = \frac{e^{2\pi i f} + e^{-2\pi i f}}{2}, \quad \sin(2\pi f) = \frac{e^{2\pi i f} - e^{-2\pi i f}}{2i} \tag{13.J.7}$$

一并使用几何序列有限级数的相关结果, 即

$$\sum_{j=1}^{n} r^j = \frac{r(1-r^n)}{1-r} \tag{13.J.8}$$

这里 $r \neq 1$ 是实数或复数.

第14章 谱 估 计

多年来学界曾提出并研究过众多的方法,用以构造合理的谱密度估计,本章我们将基于当前的计算能力,重点介绍其中广为接受的部分方法. 所谓谱密度的非参数估计(即样本谱密度的平滑)基本无需事先假定"真实"谱密度的形状. 参数估计假设自回归模型——可能为高阶的——能够给出时间序列的充分的拟合结果,估计得到的谱密度因此是基于被拟合的 AR 模型的理论谱密度. 本章还简述了一些其他方法.

14.1 平滑谱密度

这里基本的思想是多数谱密度在小频率区间上变化不大. 因此,可以在小频率区间上对样本谱密度的值取平均,以达到降低变动性的目的. 必须注意在这样处理时,有可能使估计有偏,事实上,理论谱密度在区间上的确有所变化. 在降低变动性和引入偏差之间总要有所折中,因此需要判断并确定在各种特殊情况下,在多大程度上取平均更合适.

令 f 为某傅里叶频率. 以频率 f 为中心,两边都扩展 m 个傅里叶频率,对这些频率上的样本谱密度值,考虑简单地取平均值的方法. 这样是对 $2m+1$ 个样本谱值取平均,得到的平滑样本谱密度是

$$\overline{S}(f) = \frac{1}{2m+1} \sum_{j=-m}^{m} \hat{S}\left(f + \frac{j}{n}\right) \tag{14.1.1}$$

(对于在接近端点 0 和 1/2 的频率上取平均时,按周期图在 0 和 1/2 附近对称进行处理.)

更一般地,可以用一个具有下面性质的加权函数(或称谱窗 $W_m(f)$)对样本谱予以平滑:

$$\left. \begin{array}{l} W_m(k) \geqslant 0 \\ W_m(k) = W_m(-k) \\ \sum_{K=-m}^{m} W_m(k) = 1 \end{array} \right\} \tag{14.1.2}$$

得出谱密度的平滑估计为

$$\overline{S}(f) = \sum_{K=-m}^{m} W_m(k)\, \hat{S}\left(f + \frac{k}{n}\right) \tag{14.1.3}$$

方程(14.1.1)中所示的简单平均对应于矩形谱窗

$$W_m(k) = \frac{1}{2m+1}, \quad -m \leqslant k \leqslant m \tag{14.1.4}$$

出于历史原因,为纪念 20 世纪 40 年代首度使用的 P. J. Daniell,这一谱窗一般称为 Daniell 谱窗.

举个例子,考虑模拟的 AR(1) 序列,其样本谱密度见图表 13-20. 图表 14-1 绘出了应用 $m=5$ 的 Daniell 窗得到的平滑样本谱. 真实的谱再次用虚线示出. 从样本谱中可以看出,经平滑确实降低了部分变动性.

图表 14-1 使用 m=5 的 Daniell 窗得到的平滑谱

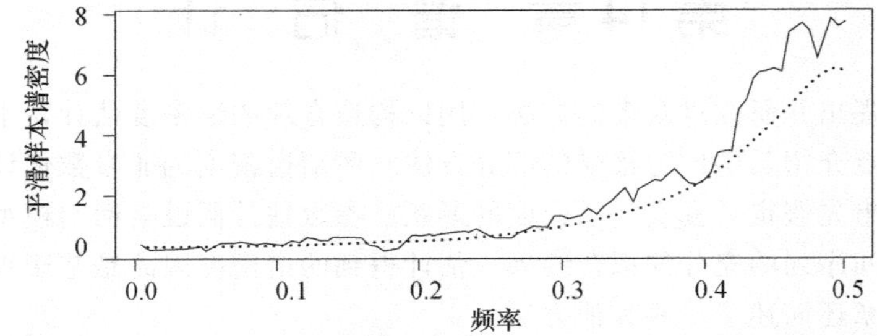

```
win.graph(width=4.875,height=2.5,pointsize=8)
set.seed(271435); n=200; phi=-0.6
y=arima.sim(model=list(ar=phi),n=n)
k=kernel('daniell',m=5)
sp=spec(y,kernel=k,log='no',sub='',xlab='Frequency',
 ylab='Smoothed Sample Spectral Density')
lines(sp$freq,ARMAspec(model=list(ar=phi),freq=sp$freq,
 plot=F)$spec,lty='dotted')
```

若拓展平滑窗的宽度（即令 m 变大），可以进一步降低变动性．图表 14-2 示出了取 m=15 时的平滑谱．不断平滑的风险是可能遗漏重要的细节，并引入偏差．认识到以引入偏差为代价来降低变动性之间的取舍后，显见必要的平滑量总是来自试错判断．

图表 14-2 使用 m=15 的 Daniell 窗得到的平滑谱

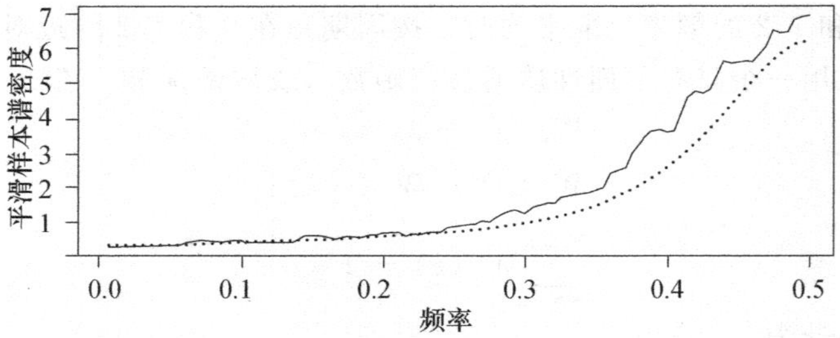

```
> k=kernel('daniell',m=15)
> sp=spec(y,kernel=k,log='no',sub='',xlab='Frequency',
    ylab='Smoothed Sample Spectral Density')
> lines(sp$freq,ARMAspec(model=list(ar=phi),freq=sp$freq,
    plot=F)$spec,lty='dotted')
```

其他的谱窗

过去还提出过许多其他类型的谱窗．特别地，通过降低极值点权重的方法，能够有效软化 Daniell 窗端点的剧烈变化．所谓修正的 Daniell 谱窗简单定义了两个极值点权重均取为其他权重的一半，仍然维持权重之和为 1 的性质．图表 14-3 中最左边的图显示了 m=3 时的修正 Daniell 谱窗．

图表 14-3 修正的 Daniell 谱窗及其卷积

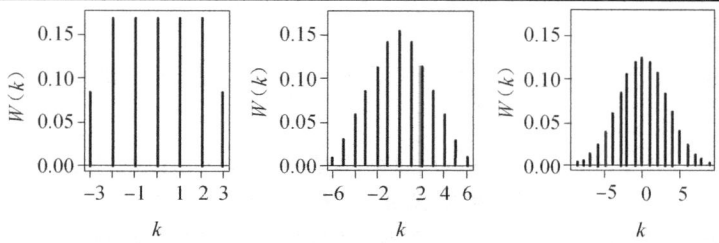

另一个修正谱窗常用的做法是多次应用谱窗对周期图进行平滑. 在数学意义上, 这样做相当于应用了所有谱窗的卷积. 如果在 $m=3$ 时, 两次使用修王的 Daniell 谱窗(与自身求卷积), 实际上就是使用了图表 14-3 中间图形所示的(几乎)三角窗. 第三种平滑 ($m=3$) 等价于使用最右边的图示出的谱窗, 其与正态曲线很相似. 这里还可以在卷积的不同分量上使用其他的 m 值.

对于谱窗形状不及 m 的选择重要的看法, 多数学者意见一致. 在下面的例子里[○], 我们将应用修正的 Daniell 谱窗——可能进行一次或两次卷积运算.

14.2 偏差和方差

如果平滑窗所在的频段上理论谱密度变化不大, 则平滑后的估计可望为渐近无偏的. 应用此逼近、方程 (14.1.2) 的谱窗性质以及部分泰勒展开进行计算, 得到

$$E[\overline{S}(f)] \approx \sum_{k=-m}^{m} W_m(k) S\left(f + \frac{k}{n}\right) \approx \sum_{k=-m}^{m} W_m(k) \left[S(f) + \frac{k}{n} S'(f) + \frac{1}{2}\left(\frac{k}{n}\right)^2 S''(f)\right]$$

或

$$E[\overline{S}(f)] \approx s(f) + \frac{1}{n^2} \frac{S''(f)}{2} \sum_{k=-m}^{m} k^2 W_m(k) \tag{14.2.1}$$

那么, 平滑谱密度中偏差的一个逼近值由下式给出:

$$\text{bias} \approx \frac{1}{n^2} \frac{S''(f)}{2} \sum_{k=-n}^{m} k^2 W_m(k) \tag{14.2.2}$$

对于 Daniell 矩形谱窗, 有

$$\frac{1}{n^2} \sum_{k=-m}^{m} k^2 W_m(k) = \frac{2}{n^2(2m+1)}\left(\frac{m^3}{3} + \frac{m^2}{2} + \frac{m}{6}\right) \tag{14.2.3}$$

因而只要 $m/n \to 0$, 当 $n \to \infty$ 时, 偏差趋于零.

利用样本谱密度在傅里叶频率上的值渐近无关的事实以及方程 (13.6.5), 还能得到平滑谱密度方差的一个有用的逼近如下:

$$\text{Var}[\overline{S}(f)] \approx \sum_{k=-m}^{m} W_m^2(k) \text{Var}\left[\hat{S}\left(f + \frac{k}{n}\right)\right] \approx \sum_{k=-m}^{m} W_m^2(k) S^2(f)$$

因而

○ 在 R 中, 修正的 Daniell 核是用于平滑样本谱的缺省核, 通过简单确定 spec 函数中的 span$=2m+1$, 可以确定 m, 这里 span 是 spans 参数的缩写.

$$\text{Var}[\overline{S}(f)] \approx S^2(f) \sum_{k=-m}^{m} W_m^2(k) \tag{14.2.4}$$

注意，对于 Daniell 或矩形谱窗而言，$\sum_{k=-m}^{m} W_m^2(k) = \dfrac{1}{2m+1}$，从而只要 $m \to \infty$（当 $n \to \infty$ 时），即有一致性.

一般地，当 $n \to \infty$ 时，要求有 $m/n \to 0$ 以减小偏差，$m \to \infty$ 以减小方差. 一个现实情况是，样本量 n 常常是固定的，因此必须由平衡偏差与方差的考量来选择 m.

Jenkins 和 Watts (1968) 建议尝试三个不等值的 m. 小的 m 值能够揭示 $S(f)$ 中大的峰值何在，但可能会显示许多高峰，这其中很多是假的. 大的 m 值生成的曲线可能过于平滑. 则折中的结果是取自 m 的第三个值. Chatfield(2004, 135 页) 建议用 $m = \sqrt{n}$. 通常试用 $2\sqrt{n}$, $\sqrt{n}$, $\frac{1}{2}\sqrt{n}$ 等 m 值，可以对真实谱的形状有所揭示. 由于窗宽随 m 变少而变小，有时也称之为关闭窗口. 正如 Hannan(1973, 311 页) 所说，"经验是真正的老师，书中无可寻觅."

14.3 带宽

要注意的是，在方程 (14.2.2) 给出的渐近偏差中，乘子 $S''(f)$ 依赖于真实谱密度的曲率，如果在 f 附近 $S(f)$ 有尖峰，则系数值会较大，若 f 附近 $S(f)$ 形状扁平，则系数值会较小. 这有着直观的意义，因为在假定真实谱密度于谱窗内的频率上变化很小的前提下，会产生平滑样本谱密度的动机. 方程 (14.2.2) 的渐近偏差中其他乘子的平方根有时也称为谱窗的带宽 BW，即

$$BW = \frac{1}{n} \sqrt{\sum_{k=-m}^{m} k^2 W_m(k)} \tag{14.3.1}$$

如前对方程 (14.2.3) 所述，对于 Daniell 窗来说，只要 $m/n \to 0$，则当 $n \to \infty$ 时，BW 趋于零. 根据方程 (14.1.2)，谱窗具有离散零均值概率密度函数的数学性质，因此这里所定义的 BW 可看成是正比于谱窗的标准差. 从而，它是一种度量谱窗宽度的方法，可解释为平滑样本谱密度时对所用频带宽度的一种度量. 假如真实谱包含两个相对于谱窗带宽而言比较靠近的峰，则在计算 $\overline{S}(f)$ 时这两个峰将同时被平滑，并不被视为独立的两个峰. 要注意的是，在各类时间序列文献里，有很多其他的带宽的定义，Priestley(1981, 513—528 页) 用相当大的篇幅讨论了各种定义的优劣.

14.4 谱置信区间

平滑样本谱密度渐近的分布性质可以很容易地用于得到谱的置信区间. 平滑样本谱密度是具有渐近卡方分布的量的线性组合. 这种情况下，通常使用另一个卡方分布的若干倍来作逼近，该分布的自由度通过匹配均值及方差得到. 假设由方程 (14.2.4) 给出的方差的 $\overline{S}(f)$ 大致无偏，则匹配方差与均值将引致对于下面分布的逼近：

$$\frac{\nu \overline{S}(f)}{S(f)} \tag{14.4.1}$$

上面所用的卡方分布的自由度由下式给出：

$$\nu = \frac{2}{\sum_{k=-m}^{m} W_m^2(k)} \tag{14.4.2}$$

令 $\chi^2_{\nu,\alpha/2}$ 为 ν 个自由度的卡方分布的第 $100(\alpha/2)$ 个百分位数,不等式

$$\chi^2_{\nu,\alpha/2} < \frac{\nu\overline{S}(f)}{S(f)} < \chi^2_{\nu,1-\alpha/2}$$

可以转化成 $S(f)$ 的 $100(1-\alpha)\%$ 置信表述如下:

$$\frac{\nu\overline{S}(f)}{\chi^2_{\nu,1-\alpha/2}} < S(f) < \frac{\nu\overline{S}(f)}{\chi^2_{\nu,\alpha/2}} \tag{14.4.3}$$

公式中,置信区间的宽度随频率变化而变. 回顾方程 (14.2.4) 所述,$\overline{S}(f)$ 的方差大致正比于其均值的平方. 如方程 (5.4.1) 及 (5.4.2) 所示,对平滑样本谱密度取对数以稳定方差,得到宽度与频率无关的置信区间如下:

$$\log[\overline{S}(f)] + \log\left[\frac{\nu}{\chi^2_{\nu,1-\alpha/2}}\right] \leqslant \log[S(f)] \leqslant \log[\overline{S}(f)] + \log\left[\frac{\nu}{\chi^2_{\nu,\alpha/2}}\right] \tag{14.4.4}$$

正是出于这些原因,通常的做法是绘制估计谱的对数图. 如果用对数重绘图表 14-2,就得到图表 14-4,其中也画出了 AR(1) 模型 95% 置信极限 (点状虚线) 及其真实谱密度 (段状虚线). 除极少的例外,置信极限准确刻画了真实的谱密度.

图表 14-4　得自平滑谱密度的置信极限

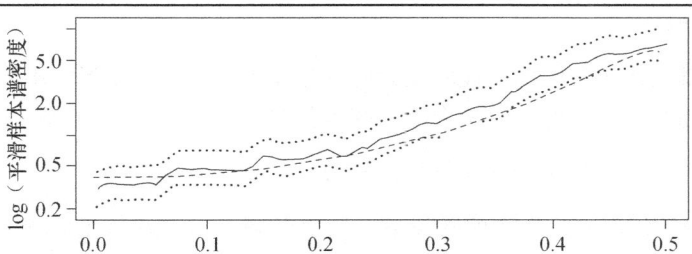

```
> set.seed(271435); n=200; phi=-0.6
> y=arima.sim(model=list(ar=phi),n=n)
> k=kernel('daniell',m=15)
> sp=spec(y,kernel=k,sub='',xlab='Frequency',
   ylab='Log(Smoothed Spectral Density)', ci.plot=T,ci.col=NULL)
> lines(sp$freq,ARMAspec(model=list(ar=phi),sp$freq,plot=F)$spec,
   lty='dashed')
```

图表 14-5 给出了一个较清晰的置信极限图示. 图中右上角示出了 95% 置信区间及带宽引导——"十字准线". 垂直的长度即为置信区间的长度 (宽度),而水平线段则标示了置信区间的中心点⊖,其宽度 (长度) 与谱窗带宽相匹配. 假设重新配置引导点,连同十字线在任意频率的平滑谱上居中,则会得到"真实"谱密度在该频率上垂直置信区间的显示,以及平滑程度的大概引导. 这一模拟示例里,仍用虚线画出真实的谱.

⊖ 一般地,由于方程 (14.4.4) 确定的是非对称置信区间,所以中心点并非位于两个端点的中间位置. 此例使用了修正的 Daniell 窗,其中 $m=15$,自由度 $\nu=61$,因而所用卡方分布实际上是个正态分布,其置信区间差不多是对称的.

图表 14-5 得自图表 14-2 的平滑谱的对数

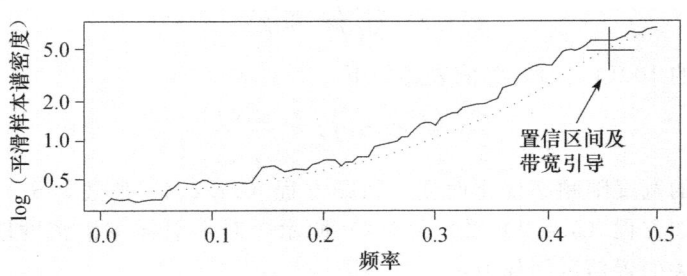

```
> sp=spec(y,span=31,sub='',xlab='Frequency',
    ylab='Log(Smoothed Sample Spectrum)')
> lines(sp$freq,ARMAspec(model=list(ar=phi),sp$freq,
    plot=F)$spec,lty='dotted')
```

14.5 泄露和锥削

前面很多讨论都是假定我们的兴趣所在为傅里叶频率，如其不然呢？图表 14-6 是长度 $n=96$ 时在频率 $f=0.088$ 和 $f=14/96$ 上有两个纯余弦-正弦分量的序列的周期图，其模型为

$$Y_t = 3\cos[2\pi(0.088)t] + \sin\left[2\pi\left(\frac{14}{96}\right)t\right] \tag{14.5.1}$$

注意在 $n=96$ 时，$f=0.088$ 并非傅里叶频率．图中明确显示了在傅里叶频率 $f=14/96$ 上有较低功率的尖峰，但没有显示 $f=0.088$ 上的尖峰，此频率上的功率反而为若干邻近频率上的所掩盖，意味着一个有比较大宽度高峰的存在．

图表 14-6 在 $f=0.088$ 和 $f=14/96$ 上存在尖峰的序列的周期图

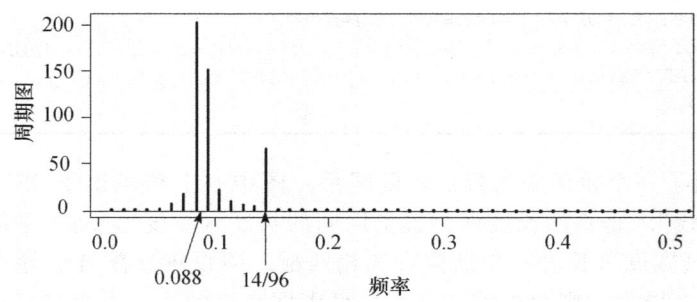

```
> win.graph(width=4.875,height=2.5,pointsize=8)
> t=1:96; f1=0.088; f2=14/96
> y=3*cos(f1*2*pi*t)+sin(f2*2*pi*t)
> periodogram(y); abline(h=0)
```

代数分析[注]表明，周期图可视为一个"已平滑"的谱密度，所用谱窗为狄利克雷（Dirichlet）核，见下式：

$$D(f) = \frac{1}{n} \frac{\sin(n\pi f)}{\sin(\pi f)} \tag{14.5.2}$$

注意，对所有形如 $f=j/n$ 的傅里叶频率，都有 $D(f)=0$，因此该窗在这些频率上不会有任何作用。但是，图表 14-7 左边给出的 $D(f)$ 的图显示，主峰两侧有明显的"旁瓣"，这会导致非傅里叶频率上的功率泄露进附近傅里叶频率上的功率中，如图表 14-6 所示。

锥削是用于改善旁瓣问题的一种方法。锥削通过降低序列两端数据的幅度，使其数值慢慢趋于数据均值零。基本思路是，在计算有限长度序列的傅里叶变换时，降低边界效应。如果对序列进行锥削以后再来计算周期图，其效果就是对 $n=100$ 应用如图表 14-7 右边所示修正的狄利克雷核，如此旁瓣就被根本消除了。

图表 14-7 狄利克雷核与锥削后的狄利克雷核

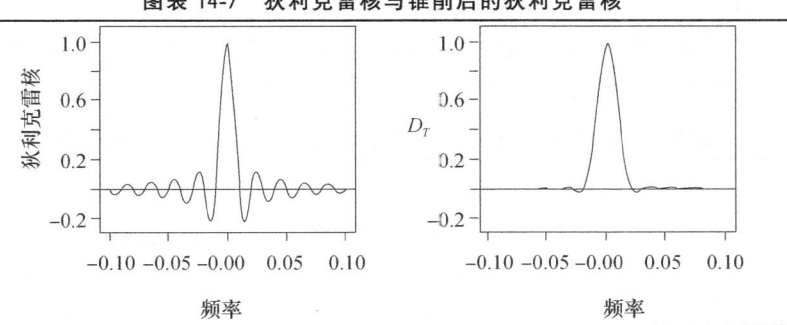

锥削最常用的形式基于余弦钟。用 $\widetilde{Y}_t$ 代替原来的序列 Y_t，

$$\widetilde{Y}_t = h_t Y_t \tag{14.5.3}$$

其中的 h_t 为余弦钟，例如由下式给出：

$$h_t = \frac{1}{2}\left\{1 - \cos\left[\frac{2\pi(t-0.5)}{n}\right]\right\} \tag{14.5.4}$$

图表 14-8 左边给出了一个 $n=100$ 的余弦钟的图。更常用的锥削由分裂余弦钟给出，即仅将余弦锥削应用于时间序列的极点而得到。分裂余弦钟锥削由下式给出：

$$h_t = \begin{cases} \frac{1}{2}\left\{1-\cos\left[\frac{\pi(t-1/2)}{m}\right]\right\}, & 1 \leqslant t \leqslant m \\ 1, & m+1 \leqslant t \leqslant n-m \\ \frac{1}{2}\left\{1-\cos\left[\frac{\pi(n-t+1/2)}{m}\right]\right\}, & n-m+1 \leqslant t \leqslant n \end{cases} \tag{14.5.5}$$

这称为一个 $100p\%$ 的余弦钟锥削，其中 $p=2m/n$。图表 14-8 右边示出了一个 10% 分裂余弦钟锥削，其中 $n=100$。注意每端都有一个 10% 的锥削，总计有 20%。实践中 10% 或 20% 的分裂余弦钟都很常用。

[注] 详见附录 K。

图表 14-8　余弦钟和 10% 分裂余弦钟锥削，$n=100$

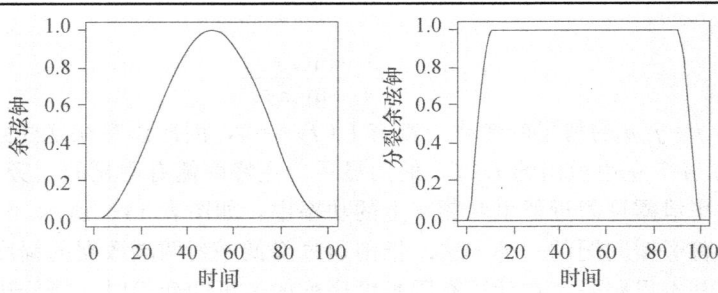

　　回到前面所提到的可变恒星亮度数据的例子上. 图表 14-9 给出了该序列具有不同锥削的四个周期图. 根据各自"十字准线"所示 95% 置信区间的长度判断，能够看出原先未经锥削的周期图中，在频率 $f_1=21/600$ 和 $f_2=25/600$ 上的两个尖峰很明显是真实存在的. 更详细的分析表明，由最底下的周期图最好地显示出的小尖峰，事实上全是频率 f_1 和 f_2 的谐波. 在 Bloomfield(2000) 中有关于降低泄露和锥削的更多的论述.

图表 14-9　具有 0%、10%、20% 和 50% 锥削的可变恒星光谱

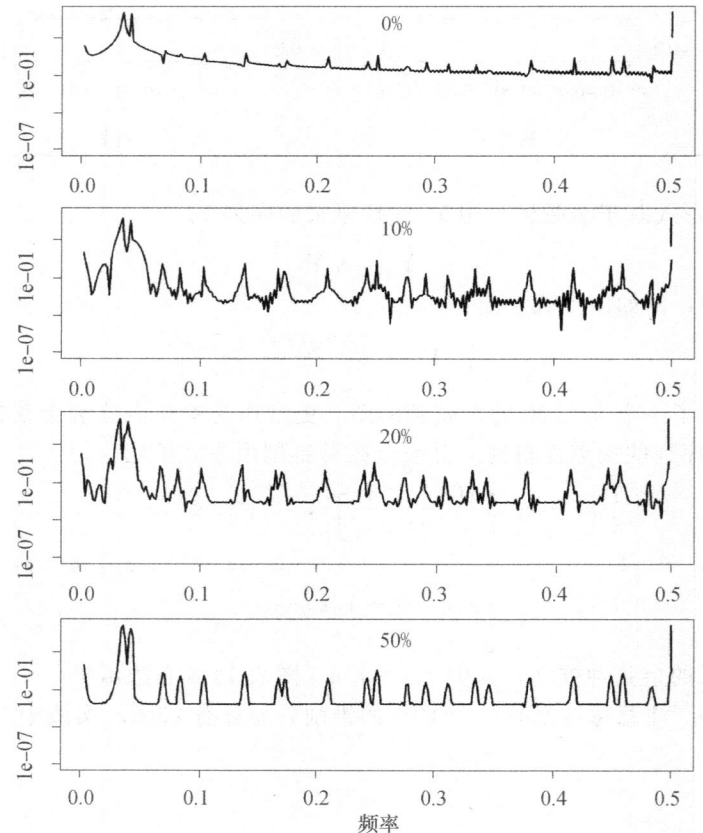

14.6 自回归谱估计

在前述谱密度估计的章节里,并未对真实谱密度的参数化形式提出任何前提假设. 但还有另一种用于谱密度估计的方法,即对于某一时间序列,首先拟合一个 AR,MA 或是 ARMA 模型,继而用该带估计参数的模型的谱密度作为被估计的谱密度.(在 13.5 节里,已探讨过 ARMA 模型的谱密度.)为使 AIC 准则最小化,常用的 AR 模型的阶数往往取得尽可能大.

以图表 13-20、图表 14-1、图表 14-2 和图表 14-5 中用过的 $\phi=-0.6$ 及 $n=200$ 的模拟 AR 序列为例. 若拟合 AR 模型,通过最小化 AIC 来选取阶数,然后绘出该模型估计的谱密度,所得结果见图表 14-10.

图表 14-10 谱密度的自回归估计

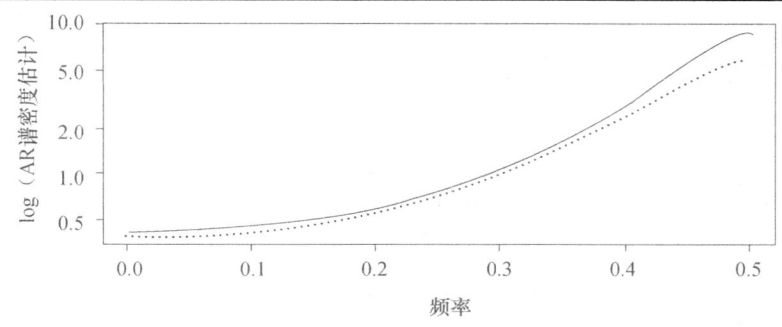

```
> sp=spec(y,method='ar',sub='',xlab='Frequency',
    ylab='Log(AR Spectral Density Estimate')
> lines(sp$freq,ARMAspec(model=list(ar=phi),freq=sp$freq,
    plot=F)$spec,lty='dotted')
```

因为这些是模拟数据,所以图上也用虚线绘出了真实的谱密度. 在此,选定阶数 $p=1$,估计的谱密度与真实密度重合得非常好. 在 14.8 节还会给出一些真实时间序列的例子.

14.7 模拟数据示例

使用模拟数据以感受谱分析是个很有用的方法. 既然我们明了问题的答案,那么在选择谱窗和带宽时就能看出相关结果的优劣. 下面,我们从谱上含有一个非常强的尖峰的 AR(2) 模型的讨论开始.

AR(2),其中 $\phi_1=1.5$,$\phi_2=-0.75$:有尖峰的谱

此模型的谱密度大致在 $f=0.08$ 上包含了一个尖峰,如图表 13-14 所示. 使用这个 AR(2) 模型以及方差为 1 的白噪声项来模拟一个时间序列,样本量 $n=100$. 图表 14-11 画出了三个估计谱密度,并用实线示出真实的密度. 这里使用了修正的 Daniell 谱窗,窗宽 span$=2m+1$ 分别取不同的值 3,9 和 15. 窗宽 span 取 3 时,得到平滑程度最低的结果,在图中以点线表示. span 取 9 时,所得结果在图中以短划线表示. span 取 15 时,得到平滑最好的结果,在图中以点划线表示. 这三个谱窗的带宽分别是 0.018,0.052 和 0.087. 图中仅对点线估计示出了置信区间与带宽引导,其他两个具有更宽的带宽和更小的置信区间. 虽然基于 span=9 的估计可能是最好的，但其对高峰的表示效果不佳.

图表 14-11 估计的谱密度

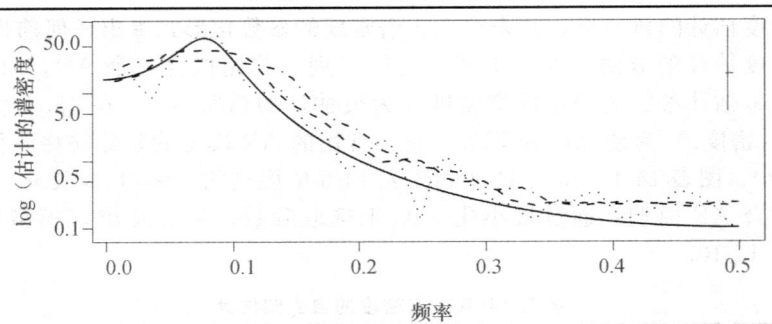

```
> win.graph(width=4.875,height=2.5,pointsize=8)
> set.seed(271435); n=100; phi1=1.5; phi2=-.75
> y=arima.sim(model=list(ar=c(phi1,phi2)),n=n)
> sp1=spec(y,spans=3,sub='',lty='dotted',xlab='Frequency',
    ylab='Log(Estimated Spectral Density)')
> sp2=spec(y,spans=9,plot=F); sp3=spec(y,spans=15,plot=F)
> lines(sp2$freq,sp2$spec,lty='dashed')
> lines(sp3$freq,sp3$spec,lty='dotdash')
> f=seq(0.001,.5,by=.001)
> lines(f,ARMAspec(model=list(ar=c(phi1,phi2)),freq=f,
    plot=F)$spec,lty='solid')
```

还可以使用参数化谱估计的想法，并基于最小化 AIC 原则利用软件选取最好的 AR 模型，所得结果正是图表 14-12 中所示的估计的 AR(2) 模型. 这是对该谱最好的表示，当然模型的确也是 AR(2).

图表 14-12 AR 谱估计：估计的（点线）、真实的（实线）

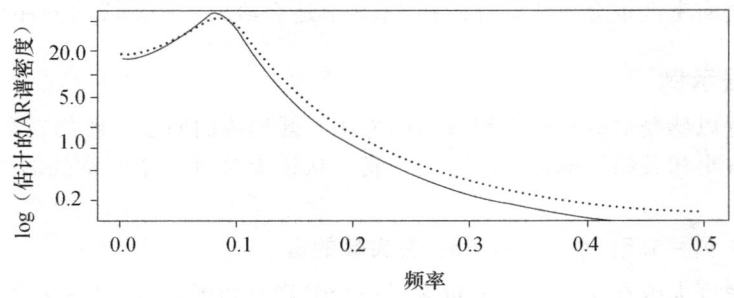

```
> sp4=spec(y,method='ar',lty='dotted',
    xlab='Frequency',ylab='Log(Estimated AR Spectral Density)')
> f=seq(0.001,0.5, by 0.001)
> lines(f,ARMAspec(model=list(ar=c(phi1,phi2)),freq=f,
    plot=F)$spec,lty='solid')
> sp4$method # This will tell you order of the AR model selected
```

AR(2)，其中 $\phi_1=0.1$，$\phi_2=0.4$：有低谷的谱

接下来研究一个有低谷的谱且样本量更大的 AR(2) 模型，其真实的谱见图表 13-15。用 $n=200$ 和具有单位方差的正态白噪声来模拟这一模型，并绘出 span 值分别取 7，15 和 31 的 3 条平滑谱估计。和前面一样，置信区间的极限和带宽引导对应的是最小值的 span7，因而给出了最窄的带宽和最长的置信区间。我们认为取值居中的 span=15（大约是 $\sqrt{n}$）所给出的谱估计最合理。

图表 14-13　有低谷的谱的 AR(2) 模型的谱估计

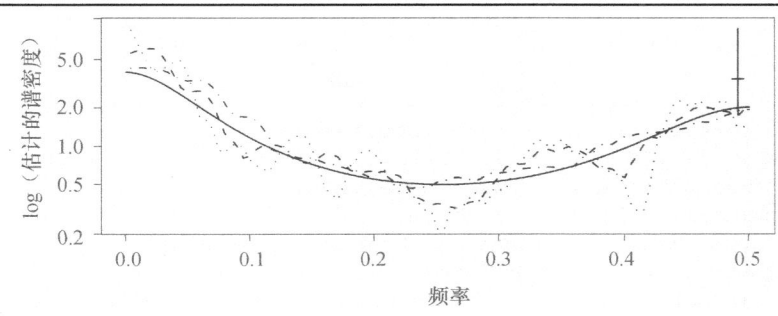

```
> Use the R code for Exhibit 14.11 with new values for the
> parameters.
```

图表 14-14 显示了 AR 谱密度估计。在模型 AR(2) 的真实阶数上达到了 AIC 的最小值，因此估计出的谱密度非常好。

图表 14-14　AR 谱估计：估计的（点线）、真实的（实线）

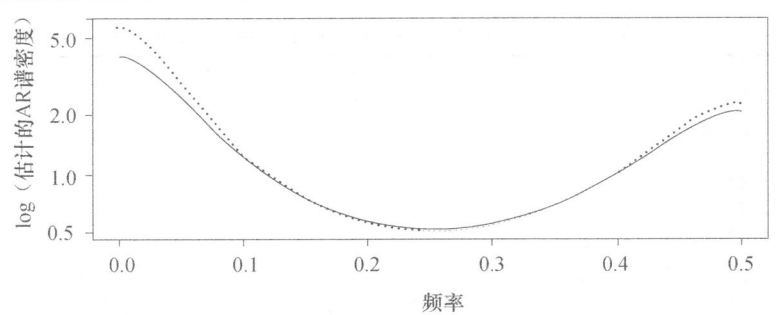

```
> Use the R code for Exhibits 14.11 and 14.12 with new values
> for the parameters.
```

ARMA(1, 1)，其中 $\phi=0.5$，$\theta=0.8$

$\phi=0.5$，$\theta=0.8$ 的混合模型 ARMA(1, 1) 的真实谱密度见图表 13-17，在中频及高频上内容丰富，而在低频上功率极小。这里用样本量 $n=500$ 以及单位方差的正态白噪声对比模型进行模拟。在选取 m 时，用 $\sqrt{n}\approx 22$ 为引导，并在图表 14-15 中绘出 m 分别取值 11，23 和 45 时的 3 条估计曲线。置信区间引导指出了当取 $m=11$ 时所产生的众多尖峰很可能是虚假的（事实上的确是）。鉴于真实谱是光滑的，故由平滑度最大的取值 $m=45$ 所给出的估计最好。

图表 14-15 ARMA(1, 1) 过程的谱估计

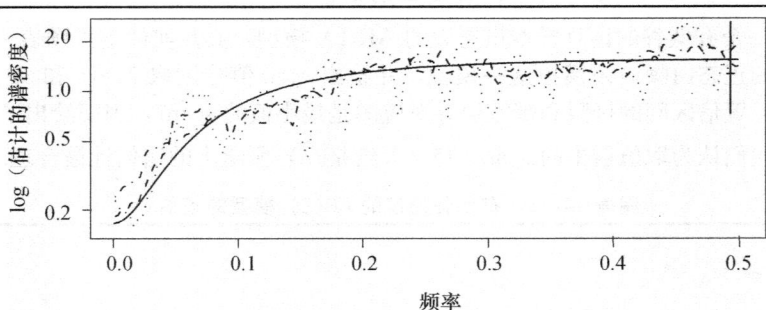

```
> win.graph(width=4.875,height=2.5,pointsize=8)
> set.seed(324135); n=500; phi=.5; theta=.8
> y=arima.sim(model=list(ar=phi,ma=-theta),n=n)
> sp1=spec(y,spans=11,sub='',lty='dotted',
    xlab='Frequency',ylab='Log(Estimated Spectral Density)')
> sp2=spec(y,spans=23,plot=F); sp3=spec(y,spans=45,plot=F)
> lines(sp2$freq,sp2$spec,lty='dashed')
> lines(sp3$freq,sp3$spec,lty='dotdash')
> f=seq(0.001,.5,by=.001)
> lines(f,ARMAspec(model=list(ar=phi,ma=-theta),f,
    plot=F)$spec,lty='solid')
```

如图表 14-16 所示，基于 AR 模型的参数化谱估计并不好．软件选取了一个 AR(3) 模型，但是得出的谱密度（点线）根本不能很好地重现真实密度的形状．

图表 14-16 ARMA (1, 1) 过程的 AR 谱估计

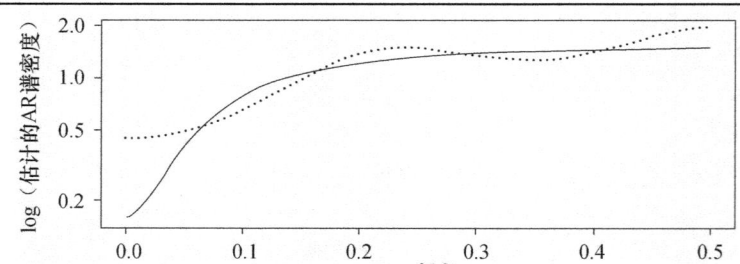

```
> sp4=spec(y,method='ar',lty='dotted',ylim=c(.15,1.9),
    xlab='Frequency',ylab='Log(Estimated AR Spectral Density)')
> f=seq(0.001,.5,by=.001)
> lines(f,ARMAspec(model=list(ar=phi,ma=-theta),f,
    plot=F)$spec,lty='solid')
```

季节 MA，其中 $\theta=0.4$, $\Theta=0.9$, $s=12$

我们选择了一个季节过程作为有关模拟数据的最后一个示例，其理论谱密度见图表 13-19．用单位方差正态白噪声模拟 $n=144$ 个数据点，可视其为 12 年的月度数据．使用修正的 Daniell 谱窗，基于 $\sqrt{n} \approx 12$ 选择 span=6, 12 和 24．

该谱富含细节，仅用 144 个观测值很难予以估计．最窄的谱窗隐示了季节性，但其他两个估计根本就把季节性平滑掉了．置信区间宽度（对应于 $m=6$）似乎证实了真实的季节尖峰之存在．

图表 14-17　季节过程的谱估计

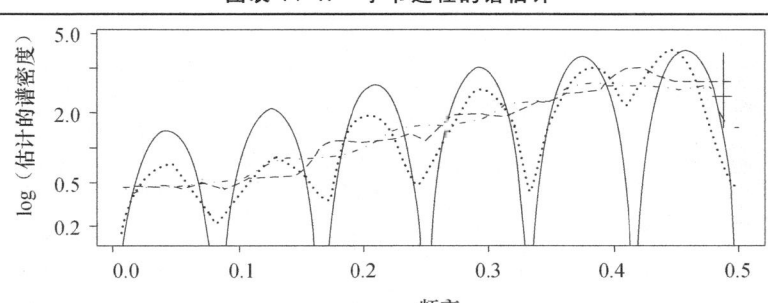

```
> win.graph(width=4.875,height=2.5,pointsize=8)
> set.seed(247135); n=144; theta=.4;THETA=.9
> y=arima.sim(model=list(ma=c(-theta,rep(0,10),-THETA,theta*THETA
    )),n=n)
> sp1=spec(y,spans=7,sub='',lty='dotted',ylim=c(.15,9),
    xlab='Frequency',ylab='Log(Estimated Spectral Density)')
> sp2=spec(y,spans=13,plot=F); sp3=spec(y,spans=25,plot=F)
> lines(sp2$freq,sp2$spec,lty='dashed')
> lines(sp3$freq,sp3$spec,lty='dotdash')
> f=seq(0.001,.5,by=.001)
> lines(f,ARMAspec(model=list(ma=-theta,seasonal=list(sma=-THETA,
    period=12)),freq=f,plot=F)$spec,lty='solid')
```

图表 14-18 显示了基于最佳 AR 模型估计的谱．基于最小 AIC 选择的阶数为 13，并很好地显示出了季节性，但是高频部分的高峰有所错位．观察图表 14-17 和图表 14-18，也许能得出如下结论：季节性确实存在，并且在给定既有样本量的情况下，选取窄的谱窗能够给出对谱密度最好的估计．

图表 14-18　季节过程的 AR 谱估计

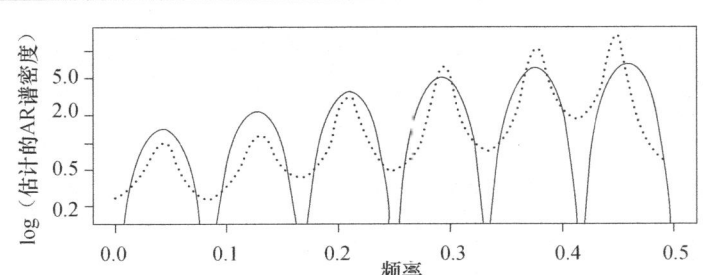

```
> sp4=spec(y,method='ar',ylim=c(.15,15),lty='dotted',
    xlab='Frequency',ylab='Log(Estimated AR Spectral Density)')
> f=seq(0.001,.5,by=.001)
> lines(f,ARMAspec(model=list(ma=-theta,seasonal=list(sma=-THETA,
    period=12)),freq=f,plot=F)$spec,lty='solid')
```

这里用两个 span=3 的修正 Daniell 谱窗的卷积作为该谱最后的估计，见于图表 14-3 中间的图。估计的谱见图表 14-19。也许这是所有例子里最好的估计了。

图表 14-19　用卷积窗估计季节谱

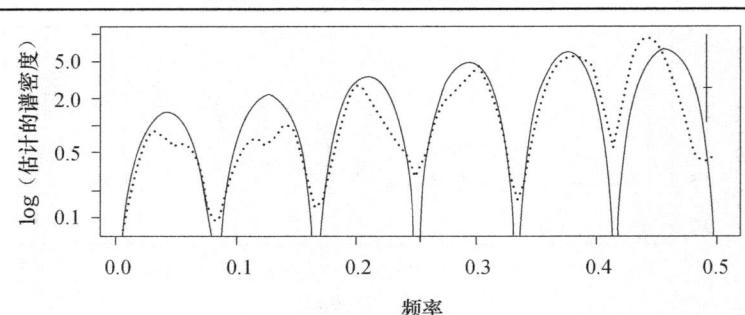

```
> sp5=spec(y,spans=c(3,3),sub='',lty='dotted',
    xlab='Frequency',ylab='Log(Estimated Spectral Density)')
> f=seq(0.001,.5,by=.001)
> lines(f,ARMAspec(model=list(ma=-theta,seasonal=list(sma=-THETA,
    period=12)),freq=f,plot=F)$spec,lty='solid')
```

14.8　真实数据示例

工业机器人

让工业机器人完成一连串动作，并以英寸为单位，记录到达位置与目标位置间的距离。重复 324 次，形成如图表 14-20 所示的时间序列。

图表 14-20　工业机器人动作结束位置时间序列

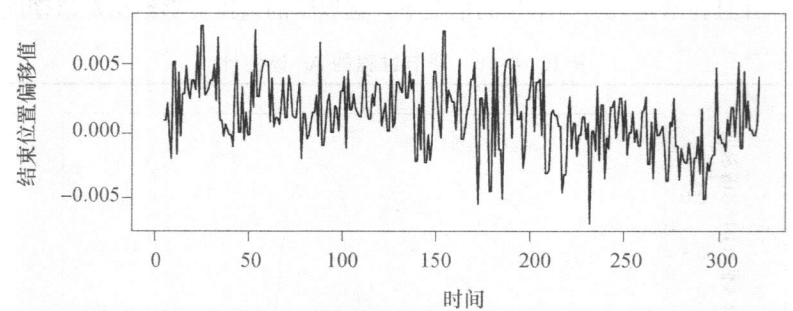

```
> data(robot)
> plot(robot,ylab='End Position Offset',xlab='Time')
```

这里使用两个 $m=7$ 的修正 Daniell 谱窗的卷积（实线），并在每个序列的端点进行 10% 锥削，所得出的谱估计示于图表 14-21。此谱窗的图示见图表 14-3 中间位置。对该谱的估计采用一个拟合的 AR(7) 模型（虚线），其阶数通过最小化 AIC 来确定。给定 95% 置信区间长度，可得结论如下：两个估计中都有的频率 0.15 附近的高峰可能是真实的，但高频部分的高峰有可能是假的。在极低的频率显示出具有很大的功率，这与图表 14-20 中示出的序列具有缓慢漂移的性质相吻合。

图表 14-21　工业机器人的估计谱

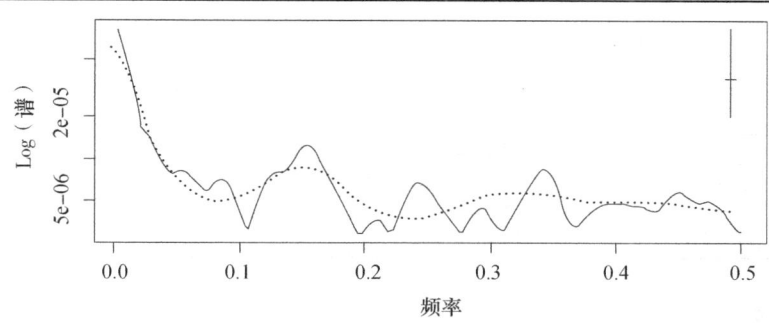

```
> spec(robot,spans=c(7,7),taper=.1,sub='',xlab='Frequency',
   ylab='Log(Spectrum)')
> s=spec(robot,method='ar',plot=F)
> lines(s$freq,s$spec,lty='dotted')
```

河水流量

图表 14-22 显示了 1958 年 9 月至 2006 年 8 月，采样自艾奥瓦州瓦佩洛测量的爱荷华河的月度河水流量。数据值偏高情况非常大，而分析时通过取对数则可大为改善这种情况。

图表 14-22　河水流量时间序列

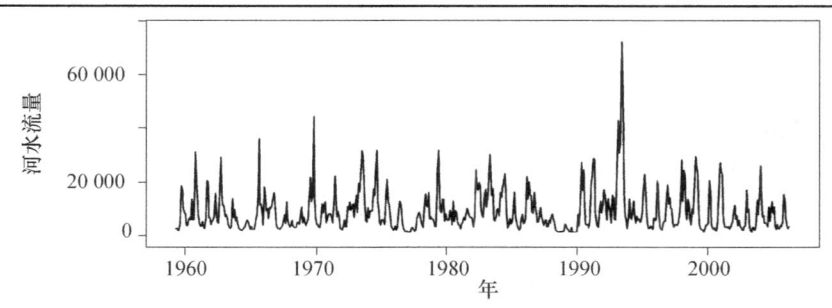

```
> data(flow); plot(flow,ylab='River Flow')
```

数据样本量为 576，其平方根是 24。修正的 Daniell 谱窗的带宽约为 0.01。在对若干谱窗带宽进行试验后，确定了这类谱窗会过度平滑，因此改用两个该类窗的卷积，每一个的 span=7。这一卷积窗的带宽约为 0.0044。在图表 14-23 中，平滑后的谱密度估计用实线绘出，同时绘出通过最小化 AIC 选取的基于 AR(7) 模型的估计（虚线）。频率 1/12 上明显的高峰表示出每年很强的季节性。在对应于基频 1/12 倍数的大约 $f\approx 0.17$ 和 $f\approx 0.25$ 上，存在较小的第二高峰，它们是年度频率的更高的谐波。

图表 14-23 流量对数之谱对数

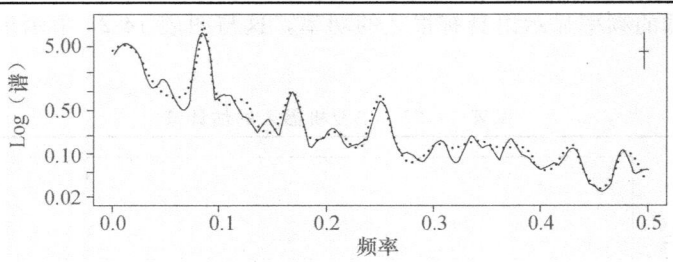

```
> spec(log(flow),spans=c(7,7),ylim=c(.02,13),sub='',
    ylab='Log(Spectrum)',xlab='Frequency')
> s=spec(log(flow),method='ar',plot=F)
> lines(s$freq,s$spec,lty='dotted')
```

月度牛奶产量

图表 11-14 的上半部分显示了美国自 1994 年 1 月至 2005 年 12 月的月度牛奶产量情况,其存在一个伴随季节性的上升趋势.这里先用一个简单的线性趋势模型去掉上升趋势,然后对回归后所得残差——季节项——进行研究.试过若干谱带宽以后,我们决定用 span=3 的两个修正 Daniell 窗的卷积,并确信不如此将导致过度的平滑.通过估计 AR 谱可以证明上面结论,并最终拟合成一个阶数为 15、在相同频率上有高峰的 AR.注意图表 14-24 所示的高峰位于 1/12, 2/12, …, 6/12 等频率上,其中在 1/12 上的功率最大.

图表 14-24 牛奶产量季节项的估计谱

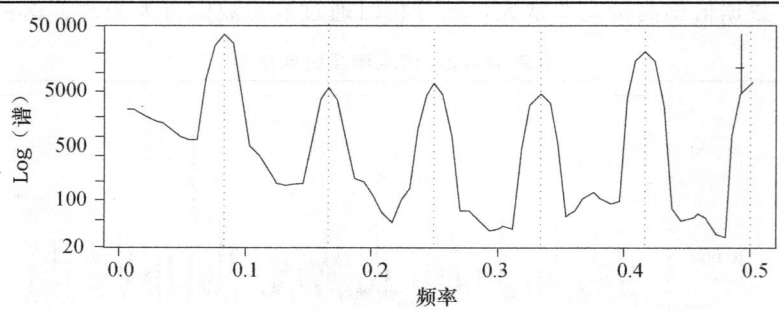

```
> data(milk)
> spec(milk,spans=c(3,3),detrend=T,sub='',
    ylab='Estimated Log(Spectrum)',xlab='Frequency')
> abline(v=seq(1:6)/12,lty='dotted')
```

以图表 14-25 所示的时间序列为本节的最后示例,这两幅图显示了长度分别为 4423 和 4417 的两个时间序列的前 400 个点.完整的序列是通过录制某长号及某上低音号演员分别持续吹奏约 0.4 秒降 B 音(中音 C)而得到的.原始录音生成的数据以 44.1MHz 频率进行采样,不过为分析方便,用每隔四个数据点作二次抽样的方法降低了数据量.长号和上低音号是在相同音域演奏的铜管乐器,区别只在于铜管的尺寸和形状.上低音号的铜管更长(膛径更大),多是锥状,而次中音长号的铜管则多为柱状,且膛径较小.与长号高亢、金属质感的声音不同,上低音号的声音更显醇厚. 这些音符在演奏时, 听上去很相近. 问题是: 铜管的形状和尺寸对于谐波 (泛音) 的影响是否足以让音谱上的差别有所显现?

图表 14-25 长号和上低音号演奏的降 B 音

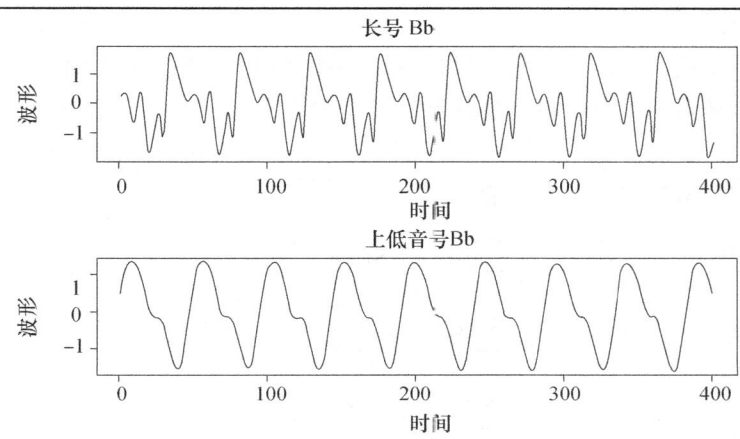

```
> win.graph(width=4.875,height=4,pointsize=3)
> data(tbone); data(euph); oldpar=par; par(mfrow=(c(2,1)))
> trombone=(tbone-mean(tbone))/sd(tbone)
> euphonium=(euph-mean(euph))/sd(euph)
> plot(window(trombone,end=400),main='Trombone Bb',
    ylab='Waveform',yaxp=c(-1,+1,2))
> plot(window(euphonium,end=400),main='Euphonium Bb',
    ylab='Waveform',yaxp=c(-1,+1,2)); par=oldpar
```

图表 14-26 显示了对这两种波形所估计的谱, 其中实线为上低音号的, 虚线为长号的. 对两个序列, 均采用了 span=11 的两个修正 Daniell 谱窗的卷积. 因为两个序列大体上长度相同, 所以带宽都约为 0.0009, 且图中的带宽/置信区间十字准线几乎难以察觉.

图表 14-26 长号 (虚线) 和上低音号 (实线) 的谱

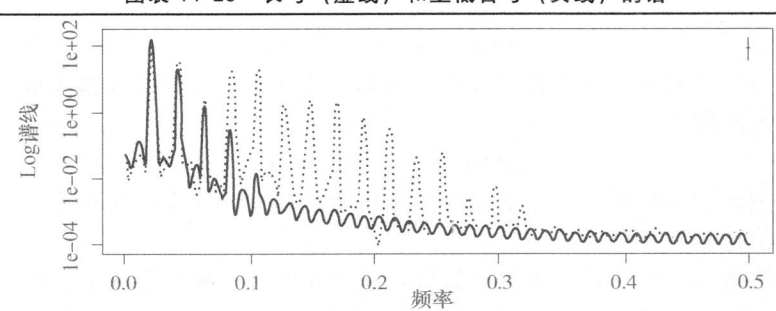

```
> win.graph(width=4.875,height=2.5,pointsize=8)
> spec(euph,spans=c(11,11),ylab='Log Spectra',
    xlab='Frequency',sub='')
> s=spec(tbone,spans=c(11,11),plot=F)
> lines(s$freq,s$spec,lty='dotted')
```

先前的四个主峰都位于相同的频率，但在很远的高次谐波频率上，长号明显地具有更强的谱功率. 有人也认为这正说明了长号音质更质感，而上低音号音质更柔和.

14.9 其他谱估计法

在快速傅里叶变换广泛运用之前，对样本谱的计算和平滑的计算量极大——对于长时间序列更是如此. 滞后窗估计曾用来部分地降低计算上的困难.

滞后窗估计

考虑样本谱和平滑样本谱. 我们有

$$\begin{aligned} \overline{S}(f) &= \sum_{k=-m}^{m} W(k)\, \hat{S}\!\left(f+\frac{k}{n}\right) \\ &= \sum_{k=-m}^{m} W(k) \Big[\sum_{j=-n+1}^{n-1} \hat{\gamma}_j \mathrm{e}^{-2\pi \mathrm{i}(f+\frac{k}{n})j}\Big] \\ &= \sum_{j=-n+1}^{n-1} \hat{\gamma}_j \Big[\sum_{k=-m}^{m} W(k)\mathrm{e}^{-2\pi \mathrm{i}\frac{k}{n}j}\Big] \mathrm{e}^{-2\pi \mathrm{i}fj} \end{aligned} \tag{14.9.1}$$

或

$$\overline{S}(f) = \sum_{j=-n+1}^{n-1} \hat{\gamma}_j w\!\left(\frac{j}{n}\right) \mathrm{e}^{-2\pi \mathrm{i}fj} \tag{14.9.2}$$

其中

$$w\!\left(\frac{j}{n}\right) = \sum_{k=-m}^{m} W(k) \mathrm{e}^{-2\pi \mathrm{i}k\left(\frac{j}{n}\right)} \tag{14.9.3}$$

方程 (14.9.2) 要求定义并研究如下的一类谱估计：

$$\widetilde{S}(f) = \sum_{j=-n+1}^{n-1} w\!\left(\frac{j}{n}\right) \hat{\gamma}_j \cos(2\pi f j) \tag{14.9.4}$$

其中函数 $w(x)$ 具有性质

$$\begin{aligned} w(x) &= w(-x) \\ w(0) &= 1 \\ w(x) &\leqslant 1, \quad |x| \leqslant 1 \end{aligned} \tag{14.9.5}$$

函数 $w(x)$ 称为一个滞后窗，它决定了在每一滞后处给样本自协方差加多大的权重.

矩形滞后窗定义如下：

$$w(x) = 1, \quad |x| \leqslant 1 \tag{14.9.6}$$

相应的滞后窗谱估计正是样本谱. 此估计对大滞后加了过大的权重，而在那里样本自协方差数据点极少，所以估计是不可靠的.

下一个最简单的滞后窗是截尾矩形滞后窗，在计算中对大滞后采取了简单丢弃的方法. 定义如下：

$$w\!\left(\frac{j}{n}\right) = 1, \quad |j| \leqslant m \tag{14.9.7}$$

这里计算上的益处得自于把 m 取得远小于 n.

三角滞后窗或 Bartlett 滞后窗线性地降低了较高滞后的权重，定义如下：

$$w\left(\frac{j}{n}\right) = 1 - \left|\frac{j}{m}\right|, \quad |j| \leqslant m \tag{14.9.8}$$

其他常用滞后窗和 Parzen，Tukey-Hamming 以及 Tukey-Hanning 等名字相联系，这里不作进一步的讨论．关于用滞后窗方法进行谱估计可从 Bloomfield(2000)、Brillinger(2001)、Brockwell 和 Davis(1991) 以及 Priestley(1981) 等获得更多的信息．

其他平滑方法

还有其他的平滑样本谱的方法．Kooperberg 等(1995)提出使用样条对谱分布进行估计的方法．Fan 和 Kreutzberger(1998)研究了局部平滑多项式法以及谱估计的 Whittle 似然法，该方法用带宽自动选择来平滑样本谱，也可以参考 Yoshihide (2006)、Jiang 和 Hui (2004) 及 Fay 等(2002)．

14.10 小结

对于给定的样本谱密度，其特征并非我们想要的，因此本章引入了平滑样本谱密度，并证明了可对其适当构造来改善有关特性．本章还研究了偏差、方差、泄露、带宽和锥削等重要的主题，探讨了置信区间的构造流程，且基于真实的以及模拟的时间序列数据，对所有想法进行了说明．

习题

14.1 考虑带 Daniell 谱窗的 $\bar{S}(f)$ 的方差．这里不用方程 (14.2.4)，而是利用 $2\hat{S}(f)/S(f)$ 逼近有两个自由度之卡方分布的事实，来说明平滑样本谱密度具有逼近方差 $S^2(f)/(2m+1)$．

14.2 考虑简单 Daniell 矩形谱窗的各种卷积．
(a) 构造一个类似图表 14-3 所示的由三个图组成的图示，但使用的是 Daniell 谱窗，且 $m=5$．中间的图应该是两个 Daniell 窗的卷积，最左边的图是三个 Daniell 窗的卷积．
(b) 令 $n=100$，求（a）中构造的每个谱窗的带宽和自由度．
(c) 构造另一个类似图表 14-3 所示的由三个图组成的图示，但使用修正的 Daniell 谱窗，这次第一幅图令 $m=5$ 得到，第二幅用 $m=5$ 和 $m=7$ 两个的卷积，第三幅用 m 为 5，7 和 11 三个窗的卷积得到．
(d) 令 $n=100$，求（c）中构造的每个谱窗的带宽和自由度．

14.3 对于 Daniell 矩形谱窗，证明
(a) $\dfrac{1}{n^2} \sum\limits_{k=-m}^{m} k^2 W_m(k) = \dfrac{2}{n^2(2m+1)}\left(\dfrac{m^3}{3} + \dfrac{m^2}{2} + \dfrac{m}{6}\right)$．
(b) 对于任意常数 c，若 m 取为 $m=c\sqrt{n}$，则当 n 趋于无穷时，（a）中表达式的右边趋于零．
(c) 对任意常数 c，若 $m=c\sqrt{n}$，则由方程 (14.2.4) 右侧所给出的平滑谱密度的逼近方差随 n 趋于无穷而趋于零．

14.4 设 $\overline{S}(f)$ 的分布由某个有 ν 个自由度的卡方随机变量的倍数来逼近，满足 $\overline{S}(f) \approx c\chi_\nu^2$. 用方程（14.2.4）所给出的 $\overline{S}(f)$ 的渐近方差以及 $\overline{S}(f)$ 渐近无偏的事实，令均值与方差相等，求 c 和 ν 的值（这就建立了方程（14.4.2））.

14.5 根据下面的表达式，构造一个长度 $n=48$ 的时间序列：
$$Y_t = \sin[2\pi(0.28)t]$$
绘出序列的周期图并对其表象进行解释.

14.6 对洛杉矶年降雨量时间序列的谱进行估计. 数据在名为 larain 的文件里. 因为序列中存在偏斜情况，所以使用原始降雨数值的对数. 序列长度的平方根指出 span 的值约为 11. 使用修正的 Daniell 谱窗，一定要固定垂直极限以看到全部的置信区间引导. 对估计谱作出评价.

14.7 名为 spots1 的文件中有自 1700 年至 2005 年共 306 年间太阳黑子数目的数据.
(a) 绘出这些数据的时间序列图. 此序列的平稳性看上去是否合理？
(b) 运用 span 为 3 的修正 Daniell 谱窗与其自身的卷积来估计谱，并解释图意.
(c) 应用通过最小化 AIC 定阶的 AR 模型估计谱，并解释图意. 所选阶数是多少？
(d) 把（b）和（c）中得到的估计叠画在一张图上，它们是否在一定合理的程度上相吻合？

14.8 考察艾奥瓦州迪比克市的月平均气温时间序列. 数据在名为 tempdub 的文件里，其 144 个数据量涵盖了自 1964 年 1 月至 1975 年 12 月的记录.
(a) 使用多种 span 取值的修正 Daniell 谱窗估谱.
(b) 你认为（a）中哪一个估计最好地表示了过程的谱？一定要用带宽的考虑以及置信极限来支撑你的论点.

14.9 EEG（脑电图）时间序列见于名为 eeg 的数据文件. 脑电图是一种非侵害性的检测手段，用以监测和记录大脑产生的电信号活动情况. 文件里的数据是以每秒 256 的速率采样自某脑疾患者，全部记录长度 $n=13\,000$——或者说略短于一分钟.
(a) 绘出时间序列图，并判断平稳性是否合理？
(b) 用修正 Daniell 谱窗与其自身的卷积来估计谱，两个卷积分量的 span 都是 51，并解释图意.
(c) 应用通过最小化 AIC 定阶的 AR 模型估计谱，并解释图意. 所选阶数是多少？
(d) 把（b）和（c）中得到的估计叠画在一张图上，它们是否在一定的合理度上相吻合？

14.10 名为 electricity 的文件中有自 1994 年 1 月至 2005 年 12 月美国月度发电量的数据. 这些数据取对数后绘制的时间序列图见图表 11-14. 因为数据中存在上升趋势，并且在更高等级上变动性增大，所以在下面进行分析时将使用对数的一次差分.
(a) 构造电量值对数取一次差分后的时间序列图，在这一点上一个平稳的模型看上去有没有保证？
(b) 用 span 值为 25、13 和 7 的修正 Daniell 谱窗平滑对数一次差分的谱，并解释结果.
(c) 应用通过最小化 AIC 定阶的 AR 模型估计谱，并解释图意. 所选阶数是多少？应用得自两个 span=3 的修正 Daniell 窗之卷积的谱窗，并使用 10% 的锥削，解释所得结果.

(d) 应用通过最小化 AIC 定阶的 AR 模型估计谱,并解释图意. 所选阶数是多少?

(e) 把 (c) 和 (d) 中得到的估计叠画在一张图上,它们是否在一定的合理度上相吻合?

14.11 考虑图表 14-24 中使用过的月度牛奶产量时间序列,数据在名为 milk 的文件里.

(a) 用两个 span=7 的修正 Daniell 窗卷积后得到的谱窗来估计谱,并与图表 14-24 中的结果进行比较.

(b) 用一个 span=7 的修正 Daniell 谱窗来估计谱,并与图表 14-24 及 (a) 中的结果进行比较.

(c) 最后用一个修正 Daniell 谱窗,span=11 估计谱,并与图表 14-24 及 (a)、(b) 中的结果进行比较.

(d) 在这四个不同的估计里,你偏爱哪个,为什么?

14.12 考虑图表 14-22 中所示河水流量序列,在图表 14-23 中有一个谱估计,数据在名为 flow 的文件里.

(a) 取 $n=576$,则 $\sqrt{n}=24$. 用 span=25 和修正 Daniell 谱窗来估计谱,并与图表 14-23 中的结果进行比较.

(b) 用 span=13 的修正 Daniell 谱窗来估计谱,并将结果与 (a) 及图表 14-23 中的结果进行比较.

14.13 名为 tuba 的文件中的时间序列包含了取自大号演奏的约 0.4 秒数字化的声音数据,其演奏为一个八度降 B 和中音 C 下的一个音符.

(a) 绘出该数据集前 400 个点的时间序列图,并与图表 14-25 中长号和上低音号的结果进行比较.

(b) 用两个 span=11 的修正 Daniell 窗的卷积来估计大号时间序列的谱.

(c) 将 (b) 中所得估计谱与图表 14-26 中长号及上低音号的结果进行比较.(你可能想把这几个谱重叠起来.) 记住大号比另两个乐器的演奏低一个八度.

(d) 大号谱的高频分量更像长号的还是上低音号的?(提示:上低音号有时也叫做次中音大号!)

附录 K 锥削与狄利克雷核

设 $Y_t = \cos(2\pi f_0 t + \Phi)$,$t=1, 2, \ldots, n$,其中的 f_0 不必为傅里叶频率. 因为不影响周期图,所以为简化起见,实际上假设

$$Y_t = e^{2\pi i f_0 t} \tag{14.K.1}$$

这样离散时间傅里叶变换可给出如下:

$$\frac{1}{n}\sum_{t=1}^{n} Y_t e^{-2\pi i f t} = \frac{1}{n}\sum_{t=1}^{n} e^{2\pi i (f_0 - f) t} \tag{14.K.2}$$

由方程 (13.J.7) 和 (13.J.8),对任意 z,

$$\frac{1}{n}\sum_{t=1}^{n} e^{2\pi i z t} = \frac{1}{n} e^{2\pi i z} \frac{(e^{2\pi i n z} - 1)}{(e^{2\pi i z} - 1)} = \frac{1}{n} e^{\pi i (n+1) z} \frac{(e^{\pi i n z} - e^{-\pi i n z})}{(e^{\pi i z} - e^{-\pi i z})}$$

使得

$$\frac{1}{n}\sum_{t=1}^{n}e^{2\pi izt} = e^{\pi i(n+1)z}\left[\frac{1}{n}\frac{\sin(\pi nz)}{\sin(\pi z)}\right] \tag{14.K.3}$$

函数

$$D(z) = \frac{1}{n}\frac{\sin(\pi nz)}{\sin(\pi z)} \tag{14.K.4}$$

是图表 14-7 左边所示的狄利克雷核，$n=100$. 上述结果可推出 Y_t 周期图如下的关系：

$$I(f) \propto |D(f-f_0)|^2 \tag{14.K.5}$$

应记得对所有的傅里叶频率有 $D(f)=0$，因此该窗在这些频率上无效. 当非傅里叶频率上有相当的功率时会产生泄露. 现在考虑用余弦钟对 Y_t 进行锥削，则有

$$\widetilde{Y}_t = \frac{1}{2}\left\{1-\cos\left[\frac{2\pi(t-0.5)}{n}\right]\right\}Y_t = \frac{1}{2}e^{2\pi if_0 t} - \frac{1}{4}e^{2\pi if_0 t + 2\pi i(t-1/2)/n} - \frac{1}{4}e^{2\pi if_0 t - 2\pi i(t-1/2)/n} \tag{14.K.6}$$

再进行若干代数运算后，得到

$$\frac{1}{n}\sum_{t=1}^{n}\widetilde{Y}_t e^{-2\pi ift}$$
$$= e^{\pi i(n+1)(f_0-f)t}\left[\frac{1}{4}D\left(f-f_0-\frac{1}{n}\right) + \frac{1}{2}D(f-f_0) + \frac{1}{4}D\left(f-f_0+\frac{1}{n}\right)\right] \tag{14.K.7}$$

函数

$$\widetilde{D}(f) = \frac{1}{4}D\left(f-f_0-\frac{1}{n}\right) + \frac{1}{2}D(f-f_0) + \frac{1}{4}D\left(f-f_0+\frac{1}{n}\right) \tag{14.K.8}$$

是图表 14-7 右边绘出的锥削或修正的狄利克雷核，$n=100$. 锥削序列的周期图与 $|(\widetilde{D}(f))|^2$ 成正比，因而旁瓣带来的问题大幅减少了.

第 15 章 门 限 模 型

可以证明（Wold，1948）任意弱平稳过程 $\{Y_t\}$ 均满足 Wold 分解：
$$Y_t = U_t + e_t + \psi_1 e_{t-1} + \psi_2 e_{t-2} + \cdots$$
其中 e_t 等于 Y_t 对基于过去所有 Y 值所做出的最优线性预测的偏离量，$\{U_t\}$ 是纯确定性平稳过程，且对任意 t 和 s，都有 e_t 与 U_s 不相关。纯确定过程指的是可以任意精确预测的过程；（即均方误差可以任意小）这里的预测指有限个滞后项的线性预测。纯确定过程的一个简单例子是 $U_t \equiv \mu$，即常数，其更精巧的例子是前面介绍的随机余弦波模型。本质上，$\{U_t\}$ 代表了数据中的随机、平稳"趋势"。预测误差 $\{e_t\}$ 是白噪声序列，e_t 代表 Y_t 构成中"新的"成分，因此常被称为过程的"新息"。Wold 分解指出，任意弱平稳过程都是一个（阶数可能无穷的）MA 过程与某确定性趋势之和。如此即可在 MA(∞) 过程的框架下来计算最优线性预测，进而用有限阶 ARMA 过程逼近 MA(∞) 过程，因而 Wold 分解保证了平稳过程预测中 ARMA 模型的可变性。

但是除了方便，再没有其他理由仅仅局限于线性预测。如果允许非线性预测，并基于 Y 过去的取值通过最小化均方预测误差的方法寻求 Y_t 的最优预测，那么最优预测将不再是最优线性预测了，而是简单给定 Y_t 所有过去取值下的条件均值。Wold 分解表明，最优一步向前线性预测成为最优一步向前预测的充要条件是，Wold 分解中的 $\{e_t\}$ 满足以下条件：给定过去的 e，e_t 的条件均值恒等于 0。满足这一条件的 $\{e_t\}$ 称为鞅差序列，因而以后也称该条件为鞅差条件。举例来说，如果 $\{e_t\}$ 是均值为 0 的独立同分布随机变量序列，则其满足鞅差条件。但是若 $\{e_t\}$ 为某些 GARCH 过程时也会满足。尽管如此，当不满足鞅差条件时，非线性预测会得到更精确的预测。Hannan(1973) 就是用最优一步向前线性预测为最优一步向前预测来定义线性过程的。

到目前为止，已讨论过的时间序列模型在如下意义上本质而言均为线性模型：经适当的同期变换，一步向前条件均值是时间序列变量当前及过去取值的线性函数。如果像通常假设的那样，误差服从正态分布，则线性 ARIMA 模型将导出一个正态分布的过程。实践证明，线性时间序列方法非常有用，但线性的、正态的过程的确有所局限。例如，平稳正态过程可以由其均值和自协方差函数完全表征出来，因此在时间上逆转后的过程和原过程具有相同的分布，这后一条性质称为时间可逆性。但是许多实际过程在时间上显示了不可逆的特性。例如，股票的历史日收盘价通常是缓慢上扬的，但如果下跌，跌势却是陡峭的，这显示出了一种时间不可逆的数据机制。此外，一步向前条件均值可能是非线性的，而非关于现在与过去取值线性。例如，由于资源有限的约束，动物丰度过程可能是非线性的。特别地，虽然丰度较高的时段极可能紧接着一个丰度更高的时段，但在丰度已达极高水平的情况下，在紧随其后的时段内，种群数量却有可能剧降。非线性时间序列模型通常展示出非常丰富的动态结构。实际上，May(1976) 证明，很简单的一个确定性的非线性差分方程可以有以下意义上的混沌解：时间序列的解对初始值敏感，且看起来基于相关分析是难以将其与白噪声序列加以区分的。因此，非线性时间序列分析也许可以提供更精确的预测,在状态空间的某些部分可能是非常重要的,从而对所研究数据的动态给出新颖的启示. 非线性时间序列分析的研究热情大约源于20世纪70年代后期对实际数据表现出的非线性动态进行建模的要求,见Tong(2007). 除了某些情况下,对于观测时间序列的内在机制有成熟的理论可用以外,一般的非线性数据机制都是未知的. 因此,实证非线性时间序列分析的基本问题之一关注的是如何选取一般的非线性模型类. 这里,我们的目标不太高,向大家介绍非线性时间序列模型中最重要的模型之一——门限模型. 对非线性时间序列分析和混沌感兴趣的话,可以参考Tong(1990)以及Chan和Tong(2001)系统的介绍.

15.1 用图解法探索非线性

在ARIMA建模中,新息(误差)过程通常设定为服从独立同分布的正态分布. 这一正态误差假设意味着平稳时间序列同时也是正态过程,即时间序列观测的任意有限集合服从联合正态分布. 例如,(Y_1, Y_2)对具有二元正态分布,从而任何Y的二元对都如此;(Y_1, Y_2, Y_3)三元组具有三元正态分布,从而任何Y的三元组皆然,依次类推. 当数据不服从正态分布时,可在数据上应用$h(Y_t)$形式的同期变换,例如$h(Y_t) = \sqrt{Y_t}$,以期使用正态ARIMA模型可以很好地逼近待研究的数据生成机制. 在作统计推断时,采用正态假设主要是为了方便. 实际当中,可能要考虑具有非正态新息的ARIMA模型. 事实上此类过程的动态特性丰富,有时甚至是奇异的,见Tong(1990). 若维持正态误差假设,则非线性时间序列通常为非正态分布. 因此,对于非线性的考察,可通过检验时间序列观测的任意有限集合是否服从联合正态分布来进行:例如,Y的二元对的两维分布是否为正态的. 这一点可通过绘出Y_t对Y_{t-1}或者Y_{t-2}的散点图予以检验,依次类推. 二元正态分布的散点图应该与距离中心越远密度越低的椭圆形数据云相似. 若异于这个模式(例如,数据云中存在大洞),则有可能表明数据是非正态的,而相关的过程是非线性的.

图表15-1示出了Y_t对其1至6阶滞后的散点图,模拟数据得自ARIMA(2,1)模型:
$$Y_t = 1.6Y_{t-1} - 0.94Y_{t-2} + e_t - 0.64e_{t-1} \tag{15.1.1}$$
其中新息服从标准正态分布. 注意散点图中的数据云大致是椭圆形的.

在每个散点图中画出拟合的非参数回归线,有利于展示响应与其滞后项之间的关系. 例如,在Y_t对Y_{t-1}的散点图中,可将给定Y_{t-1}下Y_t条件均值函数的非参数估计量叠加上去,后者也称为1阶滞后回归函数. (特别地,作为y的函数,1阶滞后回归函数等于$m_1(y) = E(Y_t | Y_{t-1} = y)$.) 如果所研究的过程是线性正态的,真实的1阶滞后回归函数必是线性的,因而可预期其非参数估计接近于一条直线. 另一方面,1阶滞后回归估计曲线弯曲可能说明所研究的过程是非线性的. 类似地,可以将2阶滞后回归函数(即给定$Y_{t-2}=y$时Y_t的条件均值)作为y的函数以及更高阶的滞后来进行探讨. 当明显偏离线性时,要选取与数据相符的恰当的非线性模型,有望通过这些回归函数的形状获得若干线索. 注意,图表15-1中的所有滞后回归曲线都相当地直,这表明所研究的过程是线性的,恰如已知的那样.

图表 15-1 对模拟 ARMA (2, 1) 过程的滞后回归图. 实线是拟合的回归曲线

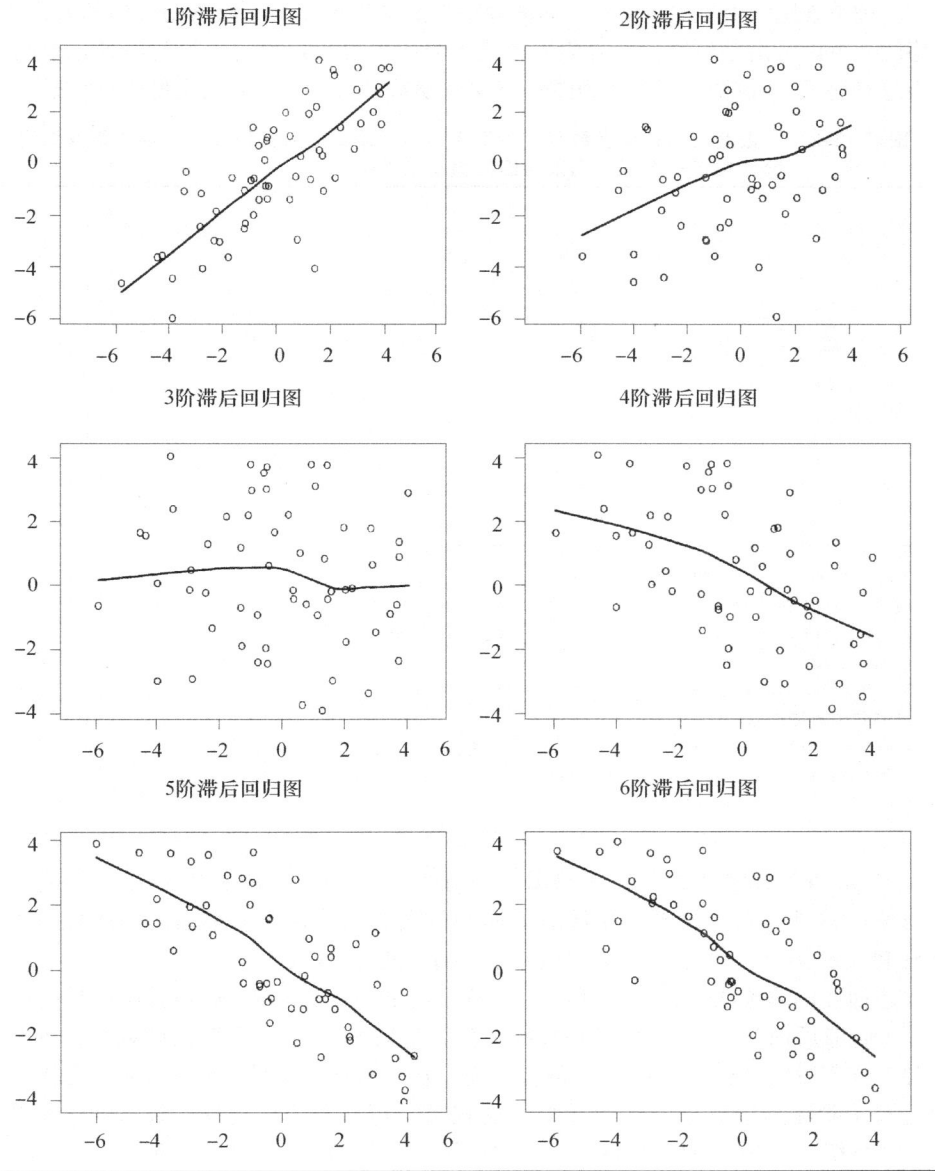

```
> win.graph(width=4.875, height=6.5,pointsize=8)
> set.seed(2534567); par(mfrow=c(3,2))
> y=arima.sim(n=61,model=list(ar=c(1.6,-0.94),ma=-0.64))
> lagplot(y)
```

下面用一个实际例子来说明绘制滞后回归图的方法. 图表 15-2 画出了一个实验时间序列响应, 是 35 天期间每隔 12 小时对单位毫升中个体 (双环栉毛虫, 一种原生动物) 数目的测量值, 见

Veilleux(1976)、Jost 和 Ellner(2000). 该实验研究了捕食系统里种群数量波动的问题,捕饵是双小核草履虫,一种单细胞纤毛虫原生动物,而捕食物种是双环栉毛虫. 数据的初始部分由于瞬态效应貌似非平稳的. 可以看出序列的上升阶段一般比下降阶段要长,说明该时间序列是时间不可逆的. 下面的分析忽略前 14 个数据,即只用到图表 15-2 中实线部分的(经对数变换的)数据.

图表 15-2 对数变换的捕食者数目. 时间序列的平稳部分用实线表示. 实心圆点表明数据位于一个拟合门限自回归模型的下部

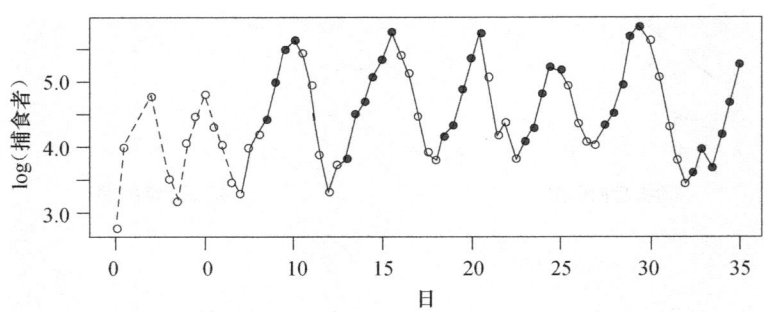

```
> data(veilleux); predator=veilleux[,1]
> win.graph(width=4.875,height=2.5,pointsize=8)
> plot(log(predator),lty=2,type='o',xlab='Day',
    ylab='Log(predator)')
> predator.eq=window(predator,start=c(7,1))
> lines(log(predator.eq))
> index1=zlag(log(predator.eq),3)<=4.661
> points(y=log(predator.eq)[index1],(time(predator.eq))[index1],
    pch=19)
```

图表 15-3 是捕食者序列的滞后回归图. 注意到有几个散点图的中心存在大洞,表明数据必为非正态的. 另外,对 2 阶至 4 阶滞后的回归函数的估计显出了很强的非线性,表明了非线性的数据机制;事实上,直方图(未画出)表明序列是双峰的.

下面详述如何用非参法估计回归曲线,对技术细节不感兴趣的读者可跳过此节. 具体起见,假设欲估计 1 阶滞后回归函数. (可以直接推广到其他阶数.)1 阶滞后回归函数的非参估计通常的思路是对 1 阶滞后值接近 y 的那些 Y 进行平均,从而来估计条件均值 $m_1(y)=E(Y_t|Y_{t-1}=y)$. 显然,通过对 1 阶滞后接近 y 的 Y 赋予更大的权重,可使平均更精确. 权重通常用某些概率密度函数 $k(y)$ 系统地赋值,带宽参数 $h>0$. 赋予数据对 (Y_t, Y_{t-1}) 权重

$$w_t=\frac{1}{h}k\left(\frac{Y_{t-1}-y}{h}\right) \tag{15.1.2}$$

今后假设 $k(\cdot)$ 是标准正态概率密度函数. 因此方程 (15.1.2) 右边是均值 y、方差 h^2 的正态概率密度函数. 最后,定义 Nadaraya-Watson 估计量[⊖]

⊖ 见 Nadaraya(1964) 和 Watson(1964).

图表 15-3 捕食者序列滞后回归图

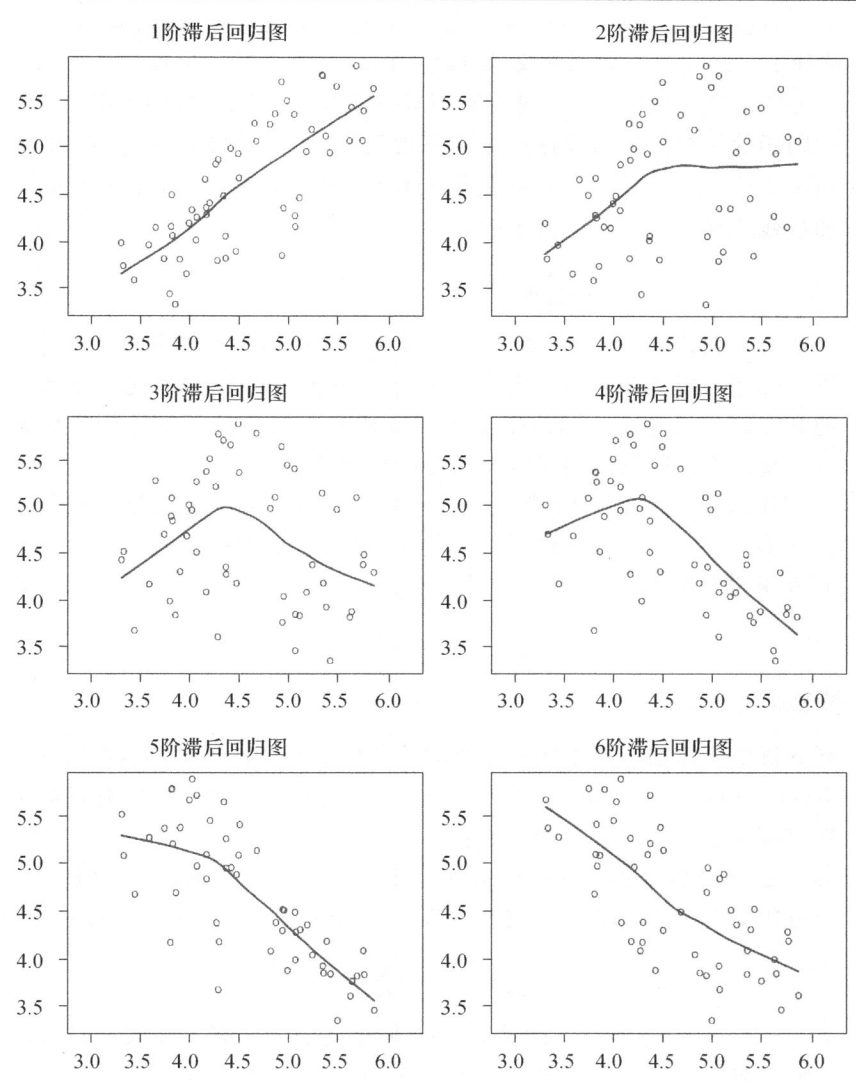

```
> win.graph(width=4.875,height=6.5,pointsize=8)
> data(predator.eq)
> lagplot(log(predator.eq)) # libraries mgcv and locfit required
```

$$\hat{m}_1^{(0)}(y) = \frac{\sum_{t=2}^{n} w_t Y_t}{\sum_{t=2}^{n} w_t} \tag{15.1.3}$$

(到后面会清楚上标 0 的含义.) 鉴于正态概率密度函数偏离均值超过 3 个标准差的值均可忽略

不计，Nadaraya-Watson 估计量本质上是对 Y_{t-1} 距 y 在 $3h$ 个单位内的那些 Y_t 进行平均，1 阶滞后值越接近 y 的观测量其权重越大．必须设定带宽，才能应用 1 阶滞后回归函数的 Nadaraya-Watson 估计量．确定 h 有包括交叉验证法在内的多种方法．但就探析而言，总会用某个缺省的带宽值，并对之做些微的变化，来感性认识 1 阶滞后回归函数的形状．

通过假设回归函数可局部地用线性函数很好地逼近，可以得到一种更有效的非参估计量；见 Fan 和 Gijbels(1996)．在 y 处，1 阶滞后回归函数的局部线性估计量等于 $\hat{m}_1^{(1)}(y) = b_0$，这是通过对局部加权残差平方和最小化得到的：

$$\sum_{t=2}^{n} w_t (Y_t - b_0 - b_1 Y_{t-1})^2 \tag{15.1.4}$$

至此读者可猜到，表达式 $\hat{m}_1^{(k)}(y)$ 的上标 k 代表了局部多项式的阶数．通常，数据并非均匀分布，此时单一带宽可能效果不佳．作为替代，与数据密度相联系的可变带宽也许更为有效．一种简单的方案是紧邻方案，即改变窗宽以保证其覆盖最接近窗体中心的数据之固定部分，这里对所有呈现的滞后回归图均设定该部分的比例是 70%．

局部多项式方法假设了真实 1 阶滞后回归函数为光滑函数，牢记这一点很重要．如果真实 1 阶滞后回归函数不连续，那么用局部多项式方法所得估计可能有所误导．但是，估计的回归函数中若存在突然的转折，则可作为以下事实的预警，即真实 1 阶回归函数的平滑条件可能不成立．

15.2 非线性检验

在时间序列分析中，提出了若干用于建立非线性模型必要性评估的检验方法．其中某些检验，诸如已在 Keenan(1985)、Tsay(1986) 及 Luukkonen 等 (1988) 中有所研究的，可归为用于特定非线性可选方案的拉格朗日乘子检验．

类似于 Tukey 的单自由度非可加性检验（见 Tukey，1949），Keenan(1985) 推导出一个非线性检验，源自用如下二阶 Volterra 展开 (Wiener，1958) 来逼近非线性平稳时间序列：

$$Y_t = \mu + \sum_{\mu=-\infty}^{\infty} \theta_\mu \varepsilon_{t-\mu} + \sum_{\nu=-\infty}^{\infty} \sum_{\mu=-\infty}^{\infty} \theta_{\mu\nu} \varepsilon_{t-\mu} \varepsilon_{t-\nu} \tag{15.2.1}$$

其中 $\{\varepsilon_t, -\infty < t < \infty\}$ 是均值为 0 的独立同分布随机变量序列．如果 (15.2.1) 右边的二重和渐趋为 0，则过程 $\{Y_t\}$ 是线性的．因此，可以通过检验双重和是否趋 0 来检验时间序列是否线性．实用时，无穷级数的展开需要截断成有限的和．令 $\{Y_1, \cdots, Y_n\}$ 表示观测．Keenan 检验可如下施行：

(i) 用 $Y_{t-1}, \cdots, Y_{t-m}$ 对 Y_t 建立回归模型，包括截距项，其中 m 是预先设定的正整数．对 $t = m+1, \cdots, n$，计算出拟合值 $\{\hat{Y}_t\}$ 和残差 $\{\hat{e}_t\}$．令残差平方和为 $RSS = \sum \hat{e}_t^2$．

(ii) 用 $Y_{t-1}, \cdots, Y_{t-m}$ 对 $\hat{Y}_t^2$ 建立回归模型，包括截距项．对 $t = m+1, \cdots, n$，计算残差 $\{\hat{\xi}_t\}$．

(iii) 对 $t = m+1, \cdots, n$，用残差 $\hat{\xi}_t$ 对 $\hat{e}_t$ 进行回归，不包括截距项．以 $(n-2m-2)/(n-m-1)$ 乘以用于检验最后一个回归函数恒为 0 的 F 统计量，得到 Keenan 检验统计量，用 $\hat{F}$ 表示．特别地，令

$$\eta = \eta_0 \sqrt{\sum_{t=m+1}^{n} \hat{\xi}_t^2} \tag{15.2.2}$$

其中 η_0 是回归系数. 构造检验统计量

$$\hat{F} = \frac{\eta^2(n-2m-2)}{RSS - \eta^2} \tag{15.2.3}$$

在线性零假设下, 检验统计量 $\hat{F}$ 近似服从自由度是 1 和 $n-2m-2$ 的 F 分布.

Keenan 检验可以启发式地推导如下. 考虑下面的模型:

$$Y_t = \theta_0 + \phi_1 Y_{t-1} + \cdots + \phi_m Y_{t-m} + \exp\left\{\eta\left(\sum_{j=1}^{m} \phi_j Y_{t-j}\right)^2\right\} + \varepsilon_t \tag{15.2.4}$$

其中 $\{\varepsilon_t\}$ 是 0 均值和有限方差的独立正态分布. 如果 $\eta=0$, 指数项等于 1, 可并入截距项, 因此前述模型就成了一个 AR(m) 模型. 另一方面, 对非零的 η, 前述模型是非线性的. 使用展开 $\exp(x) \approx 1+x$, 当 x 较小时近似成立. 可见对较小的 η, Y_t 近似满足二次型 AR 模型:

$$Y_t = \theta_0 + 1 + \phi_1 Y_{t-1} + \cdots + \phi_m Y_{t-m} + \eta\left(\sum_{j=1}^{m} \phi_j Y_{t-j}\right)^2 + \varepsilon_t \tag{15.2.5}$$

这是一个受限线性模型, 最后的协变量是线性部分 $\phi_1 Y_{t-1} + \cdots + \phi_m Y_{t-m}$ 的平方, 在零假设下, 用拟合值 $\hat{Y}_t$ 代替. Keenan 检验等价于在多元回归模型中 (常数 1 并入 θ_0) 检验 $\eta=0$:

$$Y_t = \theta_0 + \phi_1 Y_{t-1} + \cdots \phi_m Y_{t-m} + \eta \hat{Y}_t^2 + \varepsilon_t \tag{15.2.6}$$

可以通过本节开始部分所描述的方式进行. 注意只有在 $n \geq t \geq m+1$ 时拟合值才存在. Keenan 检验和用来检验是否有 $\eta=0$ 的 F 检验完全一样. 借助拉哥朗日乘子检验是一个更正式的方法, 见 Tong(1990).

Keenan 检验在概念和计算上都很简单, 且只有一个自由度, 因此对于小样本非常有用. 但 Keenan 检验仅在识别线性条件均值函数逼近的平方形式中的非线性方面功能强大. 通过考虑更一般的非线性备择假设, Tsay(1986) 推广了 Keenan 的方法. 更一般的非线性备择假设可以构造如下, 替换下列项

$$\exp\left\{\eta\left(\sum_{j=1}^{m} \phi_j Y_{t-j}\right)^2\right\} \tag{15.2.7}$$

为

$$\left.\begin{aligned}&\exp(\delta_{1,1} Y_{t-1}^2 + \delta_{1,2} Y_{t-1} Y_{t-2} + \cdots + \delta_{1,m} Y_{t-1} Y_{t-m}) \\ &+ \delta_{2,2} Y_{t-2}^2 + \delta_{2,3} Y_{t-2} Y_{t-3} + \cdots + \delta_{2,m} Y_{t-2} Y_{t-m} + \cdots \\ &+ \delta_{m-1,m-1} Y_{t-m+1}^2 + \delta_{m-1,m} Y_{t-m+1} Y_{t-m} + \delta_{m,m} Y_{t-m}^2) + \varepsilon_t\end{aligned}\right\} \tag{15.2.8}$$

使用逼近 $\exp(x) \approx 1+x$, 看出非线性模型渐近是一个二次 AR 模型. 但二次项的系数现在是无约束的. Tsay 检验等价于考虑下面的二次回归模型:

$$\left.\begin{aligned}Y_t = &\theta_0 + \phi_1 Y_{t-1} + \cdots \phi_m Y_{t-m} \\ &+ \delta_{1,1} Y_{t-1}^2 + \delta_{1,2} Y_{t-1} Y_{t-2} + \cdots + \delta_{1,m} Y_{t-1} Y_{t-m} \\ &+ \delta_{2,2} Y_{t-2}^2 + \delta_{2,3} Y_{t-2} Y_{t-3} + \cdots + \delta_{2,m} Y_{t-2} Y_{t-m} + \cdots \\ &+ \delta_{m-1,m-1} Y_{t-m+1}^2 + \delta_{m-1,m} Y_{t-m+1} Y_{t-m} + \delta_{m,m} Y_{t-m}^2 + \varepsilon_t\end{aligned}\right\} \tag{15.2.9}$$

检验所有 $m(m+1)/2$ 个系数 $\delta_{i,j}$ 是否都等于零. 这里依然可以通过检验前面方程中所有 $\delta_{i,j}$ 等

于 0 的 F 检验来完成. 作为拉格朗日乘子检验的 Tsay 检验, 其严谨的推导见 Tong(1990).

现在基于两个实际的数据集来说明这些检验. 在第一个应用中, 所用数据是自 1945 年至 2007 年, 年度美国 (相对) 太阳黑子的数量, 是对观测网测量到的太阳活动的加权平均. 历史上, 日太阳黑子数是太阳表面可见的、独立斑点以及斑点群落计数的某种加权和. 太阳黑子数反映了太阳活动的强度. 下面的太阳黑子数据已经过开方变换, 其更接近正态分布, 见图表 15-4. 时间序列图显示出太阳黑子序列具有上升速度大于下降速度的趋势, 说明数据是时间不可逆的.

图表 15-4 年美国相对太阳黑子数

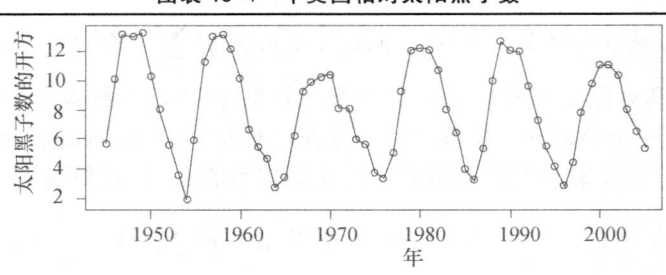

```
> win.graph(width=4.875,height=2.5,pointsize=8)
> data(spots)
> plot(sqrt(spots),type='o',xlab='Year',
   ylab='Sqrt Sunspot Number')
```

为了进行非线性检验, 必须确定自回归模型的阶数 m. 在过程是线性的零假设下, 可用某些信息准则, 例如 AIC, 来确定阶数. 就太阳黑子数据而言, 基于 AIC 确定 m=5. Keenan 和 Tsay 检验都拒绝线性假设, p 值分别是 0.0002 和 0.0009.

第二个例子考虑前节所述捕食者数据序列. 得出所用 AR 模型阶数为 4. Keenan 和 Tsay 检验都拒绝线性假设, p 值分别是 0.00001 和 0.03, 与前述滞后回归图所得到的推断一致.

还有其他的检验, 例如 Brock, Deckert 和 Seheinkman(1996) 基于混沌理论中的概念所提出的 BDS 检验, 以及 White(1989) 为检验 "被忽略的非线性" 而提出的神经网络检验. 近期对非线性检验的回顾, 见 Tong(1990) 以及 Granger 和 Teräsvirta(1993). 后面还会再介绍另一种检验.

15.3 多项式模型一般是爆炸性的

在非线性回归分析中, 有时会用到高次多项式回归模型, 即使其迅速膨胀到无穷大的特性决定了在作外推时无法使用这类模型. 正是由于这个原因, 多项式回归模型的实际应用很有限. 基于同样的原因, 对多项式时间序列模型在预测上的期望值也不高. 事实上, 次数高于 1 且具有高斯误差的多项式时间序列模型毫无例外都是爆炸性的. 为了解这一点, 考虑下面简单的二次 AR(1) 模型.

$$Y_t = \phi Y_{t-1}^2 + e_t \tag{15.3.1}$$

其中 $\{e_t\}$ 是独立同分布标准正态随机变量. 令 $\phi>0$, 且 c 是大于 $3/\phi$ 的足够大的数. 如果 $Y_1>c$ (因为误差服从正态分布, 该事件可以正的概率发生), 那么 $Y_2>3Y_1+e_2$, 因此 $Y_2>2c$ 的概率非 0. 仔细的概率分析可证, 二次 AR(1) 过程满足不等式 $Y_t>2^tc$, 其中 $t=1, 2, 3, \cdots$, 概率为正, 从而会膨大至无穷. 事实上, 具有正态误差的二次 AR(1) 过程以概率 1 趋于无穷.

作为例子,图表 15-5 示出了一个 $\phi=0.5$ 且具有标准正态误差的二次 AR(1) 模型的实现,在 $t=15$ 时,开始向无穷起跳.

注意二次 AR(1) 过程只有达到充分大的值以后才会爆炸. 如果系数 ϕ 比较小,二次 AR(1) 过程将需要更长的时间才会向无穷起跳. 虽然正态误差很少取任意大的值,而一旦出现,过程必然会爆炸. 因此,任何无界的噪声分布都必然导致二次 AR(1) 模型的爆炸性. Chan 和 Tong(1994) 进一步证明,任何次数大于 1 且次数有限而噪声分布无界的多项式自回归过程,皆具有真实的爆炸性行为.

图表 15-5 模拟的二次 AR(1) 过程, $\phi=0.5$

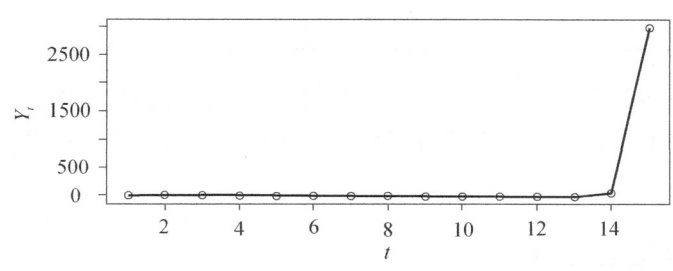

```
> set.seed(1234567)
> plot(y=qar.sim(n=15,phi1=.5,sigma=1),x=1:15,type='o',
   ylab=expression(Y[t]),xlab='t')
```

有趣的是,误差有界的多项式自回归模型可能有平稳的分布,因而可用于非线性时间序列数据的建模,见 Chan 和 Tong(1994). 例如,图表 15-6 显示了下述确定性逻辑映射的时间序列解,即 $Y_t=3.97Y_{t-1}(1-Y_{t-1})$, $t=2, 3, \cdots$,初值 $Y_1=0.377$. 相应的样本 ACF 示于图表 15-7,除轻度显著的 4 阶滞后外,其与白噪声非常相像. 注意,初值充分大的逻辑映射的解将迅速膨胀至无穷.

图表 15-6 具有参数 3.97 和初值 $Y_1=0.377$ 的逻辑映射的轨迹

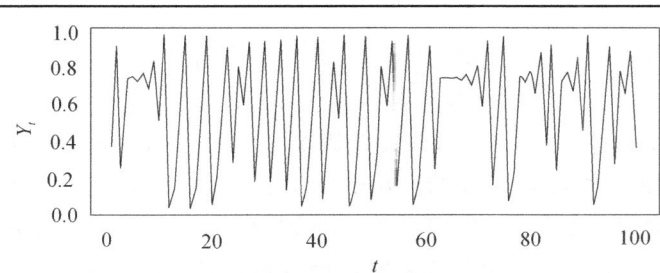

```
> y=qar.sim(n=100,const=0.0,phi0=3.97,phi1=-3.97,sigma=0,
   init=.377)
> plot(x=1:100,y=y,type='l',ylab=expression(Y[t]),xlab='t')
```

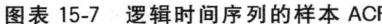

图表 15-7 逻辑时间序列的样本 ACF

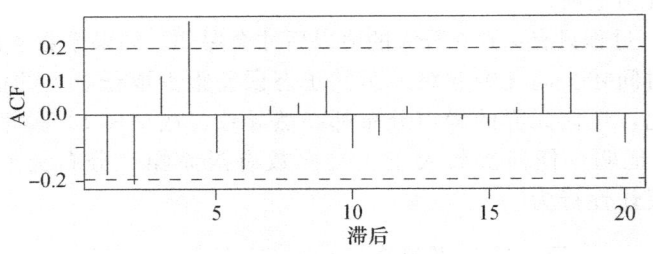

```
> acf(y)
```

但是,对噪声分布有界这一平稳多项式自回归模型存在的必要条件,其边界取值会随模型的参数及初值的变化而变,从而极大地将建模工作复杂化,因此多项式模型将不用在时间序列分析中.

15.4 一阶门限自回归模型

上节讨论中提出了一个重要的见解,即为使非线性时间序列模型平稳,它必须或者是线性的,或者其尾部逼近线性. 从这个角度说,分段线性模型(即广为人知的门限模型)构成了最简单的一类非线性模型. 事实上,在 Tong(1978, 1983, 1990) 以及 Tong 和 Lim(1980) 的里程碑式著作中,完美记述了非线性时间序列分析中门限模型的用途,并引致在不同领域中迄今不衰的理论创新与应用以及广泛的研究文献.

门限模型的识别要求设定线性子模型的数目并确立子模型的运行机制. 因此,门限模型存在诸多变种. 这里主要讨论 Tong(1990) 提出的双区域自激励门限自回归模型(SETAR),其两个线性子模型之间的转换仅依赖于门限变量的位置. SETAR 模型(下面简称为 TAR 模型)中,门限变量是过程本身的某个滞后变量,这就是自激励的由来. (更一般地,门限变量可以是某些向量协变量过程,甚或是某些潜在过程,但这里就不讨论这些扩展了.) 收束一下思路,考虑如下 1 阶 TAR 模型:

$$Y_t = \begin{cases} \phi_{1,0} + \phi_{1,1}Y_{t-1} + \sigma_1 e_t, & Y_{t-1} \leqslant r \\ \phi_{2,0} + \phi_{2,1}Y_{t-1} + \sigma_2 e_t, & Y_{t-1} > r \end{cases} \tag{15.4.1}$$

其中 ϕ 是自回归参数,σ 是噪声标准差,r 是门限参数,$\{e_t\}$ 是 0 均值、单位方差的独立同分布随机变量序列. 因此,如果 Y_t 的 1 阶滞后值不大于门限,那么 Y_t 的条件分布与截距是 $\phi_{1,0}$、自回归系数是 $\phi_{1,1}$ 且误差方差为 σ_1^2 的 AR(1) 过程相同,这时称第一个 AR(1) 子模型在运行. 另一方面,当 Y_t 的 1 阶滞后值溢出门限 r 时,则具有参数 $(\phi_{2,0}, \phi_{2,1}, \sigma_2^2)$ 的第二个 AR(1) 过程在运行. 故随着过程的 1 阶滞后值位置的变化,该过程在两个线性机制之间跳转. 当 1 阶滞后取值未达门限时,称过程位于下(第一)区域,否则称其位于上区域. 注意在两个区域上误差方差不必相等,因此 TAR 模型可用以解释数据中的某些条件异方差性.

作为一个具体的例子,由下面的一阶 TAR 模型来模拟数据:

$$Y_t = \begin{cases} 0.5Y_{t-1} + e_t, & Y_{t-1} \leqslant -1 \\ -1.8Y_{t-1} + 2e_t, & Y_{t-1} > -1 \end{cases} \quad (15.4.2)$$

图表 15-8 给出容量 $n=100$ 的模拟数据时间序列图. 该图值得关注的一个特征是, 时间序列有某种周期性, 表现为序列急遽下降而上升相对缓慢的非对称周期. 这种非对称性意味着, 如果逆转时间方向, 则过程的概率结构将有所不同. 明晰此点的一种方法是, 做出一张透明的时间序列图, 将其翻转并观察时间逆向后的样子. 这时, 模拟数据在逆转的时间上将会迅速上升而缓慢下降. 前面说过这种现象即为所谓的时间不可逆. 对于平稳高斯 ARMA 过程而言, 时间逆向后保持不变的一阶和二阶矩决定了其概率结构, 因此过程必为时间可逆的. 对许多实际的时间序列, 例如捕食者序列及相对太阳黑子序列, 看上去是时间不可逆的, 揭示了相关的过程是非线性的. 图表 15-9 显示了模拟数据的正态得分 QQ 图. 尽管误差服从正态分布, 该图仍显示了模拟数据的分布具有比正态分布更厚的尾部.

图表 15-8　模拟的一阶 TAR 过程

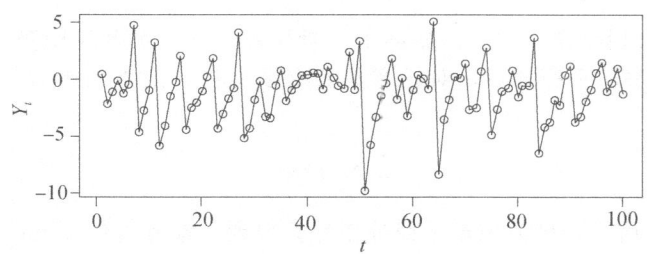

```
> set.seed(1234579)
> y=tar.sim(n=100,Phi1=c(0,0.5),Phi2=c(0,-1.8),p=1,d=1,sigma1=1,
    thd=-1,sigma2=2)$y
> plot(y=y,x=1:100,type='o',xlab='t',ylab=expression(Y[t]))
```

图表 15-9　模拟 TAR 过程的正态 QQ 图

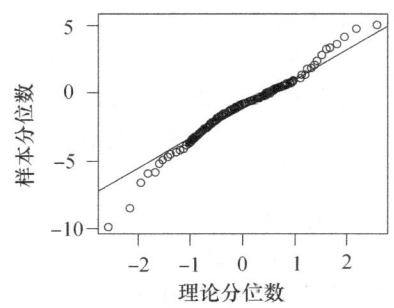

```
> win.graph(width=2.5,height=2.5,pointsize=8)
> qqnorm(y); qqline(y)
```

上区域子模型的自回归系数等于 -1.8, 从线性角度看也许出乎意料的是, 模拟数据看似平稳, 因为若自回归系数绝对值大于 1, AR(1) 模型不可能是平稳的. 考虑任一区域都没有噪声项的情况，即 $\sigma_1 = \sigma_2 = 0$，可能更利于理解这个谜团。如此定义的确定性过程称为 TAR 模型的骨架。下面证明对任意的初值，该骨架最终为一有界过程；TAR 模型之平稳正是基于骨架的稳定性。对骨架最终有界的详细证明不感兴趣的读者可以跳到下一段落。令初值 y_1 为某个大数，比如 10，位于上区域。这样，下一个值是 $y_2 = (-1.8) \times 10 = -18$，落在下区域。因此第三个值等于 $y_3 = 0.5 \times (-18) = -9$。由于第三个值在下区域，第四个值等于 $y_4 = 0.5 \times (-9) = -4.5$，仍在下区域，因此第五个值等于 $y_5 = 0.5 \times (-4.5) = -2.25$。显然数据一旦进入下区域，再次迭代后值将减半，此过程将持续到未来的某次迭代穿越门限 -1，本例即在 $y_7 = -0.5625$ 时出现。这时按第二个子模型运行，因此 $y_8 = (-1.8) \times (-0.5625) = 1.0125$，并且 $y_9 = (-1.8) \times 1.0125 = -1.8225$，再次进入下区域。综上所述，若某次迭代值落到下区域，对它取半即得出下一步迭代值，直至未来的某次迭代值大于 -1。另一方面，若某次迭代值大于 1，则下步迭代必小于 -1，从而落入下区域。例行分析即可检验过程最终会陷于 -1 和 1.8 之间，因此是一个有界的过程。

在某种意义上有界骨架是稳定的。Chan 和 Tong (1985) 证明，在某些温和的条件下，如果骨架稳定，则 TAR 模型渐近平稳。实际上，骨架稳定加上某些正则条件意味着遍历性这个更强的性质；即过程服从平稳分布，对任意具有有限平稳一阶矩的函数 $h(Y_t)$（若 h 是有界函数时成立），

$$\frac{1}{n} \sum_{t=1}^{n} h(Y_t) \tag{15.4.3}$$

收敛到 $h(Y_t)$ 的平稳均值，该值根据平稳分布计算得到。参考近期 Cline 和 Pu(2001) 对稳定性与遍历性之间联系的综述，其中亦给出了在联系有可能不成立时的反例。

事实上，TAR 模型的遍历性可由一个关联骨架的稳定性推断得到，因此骨架的稳定性分析可以大为简化。关联骨架由如下构造的差分方程定义，省略定义 TAR 模型的方程中的截距和噪声项（即零误差及零截距），并令门限等于 0。对模拟例子而言，关联骨架由下述差分方程定义：

$$Y_t = \begin{cases} 0.5 Y_{t-1}, & Y_{t-1} \leqslant 0 \\ -1.8 Y_{t-1}, & Y_{t-1} > 0 \end{cases} \tag{15.4.4}$$

现在已经得到了上述骨架的解：给定正的 y_1，$y_t = (-1.8) \times 0.5^{t-2} \times y_1$，其中 $t \geqslant 2$。对负的 y_1，$y_t = 0.5^{t-1} \times y_1$。两种情况下，都有 $y_t \to 0$，$t \to \infty$。如果 $y_1 = 0$，对所有 t，恒有 $y_t \equiv 0$，则称原点为均衡点。因为对任意非零初值，骨架以指数级的速度趋于 0，故称原点为全局指数稳定极限点。可以证明 (Chan 和 Tong, 1985) 原点是骨架的全局指数稳定极限点的条件是，参数满足如下约束：

$$\phi_{1,1} < 1, \quad \phi_{2,1} < 1, \quad \phi_{1,1} \phi_{2,1} < 1 \tag{15.4.5}$$

在这种情况下，一阶 TAR 模型是遍历的，因此是平稳的。图表 15-10 中灰色阴影表示出了平稳域。注意平稳域远大于由线性时间序列产生的约束 $|\phi_{1,1}| < 1$，$|\phi_{2,1}| < 1$ 所定义的区域，对应于图表15-10内部正方形界定的区域。当参数严格地位于约束（方程 15.4.5）定义的区域外时，骨架不稳定，TAR 模型是非平稳的。例如，如果 $\phi_{2,1} > 1$，那么对所有充分大的初值，骨架会向正无穷逃逸。在由 (15.4.5) 定义的参数区域边界上时，在决定骨架的稳定性和 TAR 模型的平稳性的问题上，TAR 模型的截距项至关重要，见 Chan 等(1985)。实践中，可以若干不等的初值用数值方法检验骨架是否稳定。在假设模型平稳时，骨架稳定能令人信心倍增。

图表 15-10 一阶 TAR 模型平稳域（阴影部分）

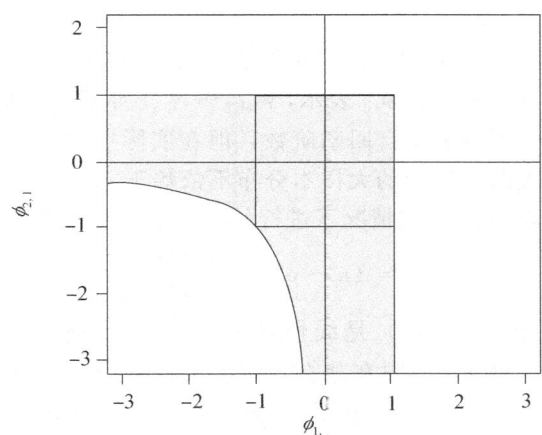

15.5 门限模型

可以容易地将一阶（自激励）门限自回归模型推广到高阶，且一般有整数滞后的情况：

$$Y_t = \begin{cases} \phi_{1,0} + \phi_{1,1}Y_{t-1} + \cdots + \phi_{1,p_1}Y_{t-p_1} + \sigma_1 e_t, Y_{t-d} \leq r \\ \phi_{2,0} + \phi_{2,1}Y_{t-1} + \cdots + \phi_{2,p_2}Y_{t-p_2} + \sigma_2 e_t, Y_{t-d} \leq r \end{cases} \quad (15.5.1)$$

注意，两个子模型的自回归阶数不必相同，延迟参数 d 可以大于最大的自回归阶数. 但是，如果必要的话，通过将零系数包括进来，可以且以后也将一直假设 $p_1 = p_2 = p$，$1 \leq d \leq p$，从而简化了记号. 由方程（15.5.1）定义的 TAR 模型记做 TAR($2; p_1, p_2$)，延迟为 d.

再次地，设门限等于 0 并省略噪声和截距项，得出关联骨架的稳定性，意味着 TAR 模型是遍历的和平稳的. 但是，高阶情况下关联骨架的稳定性复杂得多，以至于目前仍对保证 TAR 模型平稳的充分必要之参数条件一无所知. 尽管如此，保证 TAR 模型平稳的一些简单的充分条件是存在的. 例如，如果 $|\phi_{1,1}| + \cdots + |\phi_{1,p}| < 1$，并且 $|\phi_{2,1}| + \cdots + |\phi_{2,p}| < 1$，那么 TAR 模型是遍历的，进而亦是渐近平稳的，见 Chan 和 Tong (1985).

到目前为止，我们考察了用 $-\infty < r < \infty$ 分割实线所定义的双区域情况，从而若 Y_{t-d} 在第一个（第二个）区域，则是第一个（第二个）子模型在运行. 可直接通过把实线分割成 $-\infty < r_1 < r_2 < \cdots < r_{m-1} < \infty$，将其推广到 m 个区域的情况，而究竟哪个线性子模型在运行由 Y_{t-d} 相对于诸门限的位置决定. 下面不再对此主题作深入探讨，而将讨论局限在双区域的情况.

15.6 门限非线性的检验

虽然 Keenan 和 Tsay 的非线性检验是为检测二次非线性而设计的，其对于门限非线性可能并不敏感，但在此作为特定的替代方法讨论一个门限模型的似然比检验. 零假设是 AR(p) 模型，备择假设是双区域 TAR 模型，阶数为 p，噪声方差是常数，即 $\sigma_1 = \sigma_2 = \sigma$. 在这些假设条件下，一般的模型可写为

$$Y_t = \phi_{1,0} + \phi_{1,1}Y_{t-1} + \cdots + \phi_{1,p}Y_{t-p} + \{\phi_{2,0} + \phi_{2,1}Y_{t-1} + \cdots + \phi_{2,p}Y_{t-p}\}I(Y_{t-d} > r) + \sigma e_t$$
(15.6.1)

其中符号 $I(\cdot)$ 为示性变量，当且仅当括号中的表达为真时取值为 1. 此外，在此公式中，上区域截距相对下区域的改变量由系数 $\phi_{2,0}$ 表示，$\phi_{2,1}, \cdots, \phi_{2,p}$ 亦然. 零假设说明 $\phi_{2,0} = \phi_{2,1} = \cdots = \phi_{2,p} = 0$. 虽然延迟在理论上可以大于自回归阶数，但在实际中很少见. 因此，本节假设 $d \leqslant p$，在该假设下并假设线性有效时，检验的大样本分布不依赖于 d.

实际中，检验是在固定 p 和 d 的情况下进行的. 可以证明似然比检验统计量等价于

$$T_n = (n - p)\log\left\{\frac{\hat{\sigma}^2(H_0)}{\hat{\sigma}^2(H_1)}\right\}$$
(15.6.2)

其中 $n - p$ 是有效样本容量，$\hat{\sigma}^2(H_0)$ 是线性 AR(p) 拟合中噪声方差的极大似然估计量，$\hat{\sigma}^2(H_1)$ 得自拟合的 TAR 模型，其门限在某有界区间上搜索得到. 对 TAR 模型估计的讨论详见下节. 在零假设 $\phi_{2,0} = \phi_{2,1} = \cdots = \phi_{2,p} = 0$ 下，（麻烦的）参数 r 缺失，因此零假设 H_0 下似然比统计量的样本分布不再渐近地服从 p 个自由度的 χ^2 分布，而是服从某非标准样本分布，见 Chan(1991) 和 Tong(1990). Chan(1991) 推导了一种计算检验的 p 值的逼近法，在 p 值不大时极其精确. 检验依赖于搜寻门限参数的区间. 典型的区间定义为从第 $a \times 100$ 百分位数到第 $b \times 100$ 百分位数，例如从第 25 百分位数到第 75 百分位数. 选择 a 和 b 时，必须保证落在两个区域里的数据量足以拟合线性子模型.

为什么门限的搜索要局限在有界区间内？读者对此也许会有疑问. 直观上看，这样的约束是我们所希望的，因为在不同假设下的双区域上，需要有充足的数据来估计参数. 本质上更深层的原因在于数学. 该限制的必要性在于，如果真实模型是线性的，那么无法定义门限参数，此时无约束的搜索可能导致门限估计量非常接近最小或最大的数据值，从而使得大样本逼近失效.

这里用（经开方变换的）相对太阳黑子和（经对数变换的）捕食者数据来说明门限非线性的似然比检验. 如前所述，Keenan 检验和 Tsay 检验都指出这些数据是非线性的. 对太阳黑子数据，令 $p = 5$，$a = 0.25$，$b = 0.75$，我们用从 1 到 5 的不同延迟进行门限非线性似然比检验，检验统计值分别等于 46.9，111.3，99.1，85.0 和 45.1[⊖]. 令 $a = 0.1$，$b = 0.9$ 重复检验，所得结果相同. 所有上述检验的 p 值都小于 0.000，说明数据生成机制高度非线性. 注意在 $d = 2$ 时，检验统计量达到最大值，因此可以有意识地估计延迟等于 2，但是延迟等于 3 也是极具竞争力的选择.

下面使用捕食者序列，令 $p = 4$，$a = 0.25$，$b = 0.75$，$1 \leqslant d \leqslant 4$. 我们发现括号内的检验统计值及其 p 值分别等于 19.3(0.026)，28.0(0.001)，32.0(0.000) 和 16.2(0.073). 因此有迹象表明捕食者序列是非线性的，其延迟可能是 2 或者 3. 注意 $d = 4$ 时，在 5% 显著水平上检验并不显著[⊖].

⊖ 进行这些计算的 R 程序代码如下：
```
> pvaluem= NULL
> for(d in 1:5) { res= tlrt(sqrt(spots),p= 5,d= d,a= 0.25,b= 0.75)
> pvaluem= cbind( pvaluem, c(d,res$ test.statistic,res$ p.value)) }
> rownames(pvaluem)= c('d','test statistic','p- value')
> round(pvaluem,3)
```

⊖ 该计算的 R 程序代码与上面的类似. 详见本书网站第 15 章的 R 代码脚本.

15.7 TAR 模型的估计

因为 TAR 模型的平稳分布没有闭式解,所以通常以 $\max(p,d)$ 个初始值为条件展开估计,其中 p 是过程的阶数,d 是延迟参数. 另外,通常假设噪声序列服从正态分布,本节都采用这一假设. 正态误差假设意味着响应服从条件正态分布,而近期针对非正态情况的研究进展见于 Samia,Chan 和 Stenseth(2007). 如果已知门限参数 r 和延迟参数 d,则可根据 $Y_{t-d} \leqslant r$ 成立与否将数据分为两个部分. 设下区域中有 n_1 个数据. 当数据在下区域时,可将 Y_t 对其 1 到 p 阶滞后进行回归,得到估计 $\hat{\phi}_{1,0}, \hat{\phi}_{1,1}, \cdots, \hat{\phi}_{1,p}$ 以及噪声方差的极大似然估计 $\hat{\sigma}_1^2$;即残差平方和除以 n_1. 一般地,下区域里 n_1 的数值与参数的估计都依赖于 r 和 d;为清楚起见,下面有时会采用显式的记号,如 $n_1(r,d)$. 类似地,使用落在上区域的数据,比如 n_2 个,可得到参数估计 $\hat{\phi}_{2,0}, \hat{\phi}_{2,1}, \cdots, \hat{\phi}_{2,p}$ 及 $\hat{\sigma}_2^2$. 显然,$n_1 + n_2 = n - p$,其中 n 是样本容量. 把这些估计量带入对数似然函数,得到所谓的 (r,d) 的轮廓对数似然函数.

$$l(r,d) = -\frac{n-p}{2}\{1 + \log(2\pi)\} - \frac{n_1(r,d)}{2}\log((\hat{\sigma}_1(r,d))^2) - \frac{n_2(r,d)}{2}\log((\hat{\sigma}_2(r,d))^2)$$
(15.7.1)

最大化上面的轮廓似然函数可得到 r 和 d 的估计. 对 r 的优化搜索仅需局限于观测 Y 中,对整数 d 仅在 1 到 p 中即可. 这是因为,对固定的 d,在两个相邻观测间上述函数取值为常数.

但是,若不对门限参数有所限制,上面讨论的(条件)极大似然估计法是无法应用的. 例如,对于下区域仅含一个数据的情况,噪声方差 $\hat{\sigma}_1^2 = 0$,因此条件对数似然函数等于 ∞,这时条件极大似然估计量显然不满足一致性. 把门限搜索局限在两个事先确定的 Y 的百分位数之间,例如 Y 的第 10 百分位数和第 90 百分位数之间,可规避此问题.

针对前述困难还有一个解决的方法,即用条件最小二乘法(CLS)来估计参数. CLS 参数估计是通过最小化预测误差平方和得到的,或者在同方差(常数方差)高斯误差情况下,$\sigma_1 = \sigma_2 = \sigma$,等价于条件极大似然估计,因此极大化对数似然函数等价于最小化条件残差平方和:

$$L(r,d) = \sum_{t=p+1}^{n} \{(Y_t - \phi_{1,0} - \phi_{1,1}Y_{t-1} - \cdots - \phi_{1,p}Y_{t-p})^2 I(Y_{t-d} \leqslant r)$$
$$+ (Y_t - \phi_{2,0} - \phi_{2,1}Y_{t-1} - \cdots - \phi_{2,p}Y_{t-p})^2 I(Y_{t-d} > r)\}$$
(15.7.2)

其中若 $Y_{t-d} \leqslant r$,$I(Y_{t-d} \leqslant r)$ 等于 1,否则等于 0. $I(Y_{t-d} > r)$ 定义类似. 再一次地,对 r 的优化搜索仅需限于观测 Y 中,对整数 d 的搜索限于 1 到 p 之间. 条件最小二乘法的优势在于门限参数搜索无约束. 在较宽的条件下,包括平稳条件及真实条件均值函数不连续等情况下,Chan(1993) 证明了 CLS 法满足一致性;即随样本容量的增长,估计量逼近真实值. 因为延迟是整数,一致性意味着在大样本容量情况下,延迟估计量终将等于真实值. 进一步,门限估计量样本误差的阶是 $1/n$,而其他参数样本误差的阶是 $1/\sqrt{n}$. 门限参数与延迟参数快速收敛到真实值,意味着在评价自回归参数估计的非确定程度时,可视门限和延迟为已知量. 因此,双区域自回归参数估计量渐近相互独立,其样本分布与应用普通最小二乘法于来自相应真实区域数据所得估计的分布渐近相同. 如果真实参数满足前面提到的正则条件,则上述大样本分布的结论可提升至条件极大似然估计的情况. 最后注意,如果真实条件均值函数连续,前述估计量的大样本性质将有根本性的变化，见 Chan 和 Tsay(1998).

实际中，在双区域上 AR 的阶数不必相等或已知．因此能同时对阶数做出估计的有效估计过程就变得至关重要了．忆及前面提出的，对于线性 ARMA 模型，AR 的阶数可以通过最小化 AIC 来估计．对于固定的 r 和 d，TAR 模型本质上分别拟合阶数为 p_1 和 p_2 的两个 AR 模型，因此 AIC 成为

$$\mathrm{AIC}(p_1,p_2,r,d) = -2l(r,d) + 2(p_1+p_2+2) \qquad (15.7.3)$$

其中除 r, d, σ_1, σ_2 之外，参数的个数等于 p_1+p_2+2. 现在，用最小化 AIC(MAIC) 估计法估计参数时所最小化的 AIC 满足如下约束条件：在某些可保证任何区域都有足够数据用于估计的区间内搜索门限参数．基于把门限参数作为额外参数这一直观的想法，如上所得最小的 AIC 加 2 后的结果称为估计门限模型的名义 AIC. 因为门限参数一般会给模型增加很多的灵活性，所以也可能给模型增加不止一个自由度．从渐近角度看，这可能等价于给模型增加了三个自由度，见 Tong(1990, 248 页).

下面用捕食者序列来说明估计方法．在估计中，固定最大阶数 $p=4$, $1 \leqslant d \leqslant 4$. 该最大阶数是由 AIC 确定的 AR 模型的阶数，可能不小于真实 TAR 模型的阶数．另外，阶数亦可用依靠强大计算能力的交叉验证方法来确定，见 Cheng 和 Tong(1992). 使用 MAIC 方法，大致在第 10 百分位数和第 90 百分位数之间搜索门限，图表 15-11 给出了 $1 \leqslant d \leqslant 4$ 时估计 TAR 模型的名义 AIC 值．当 $d=3$ 时，名义 AIC 值最小，所以对延迟的估计为 3. 图表 15-12 对相关模型的拟合进行了总结．

图表 15-11 $1 \leqslant d \leqslant 4$ 时，取对数后（捕食者）的序列之拟合 TAR 模型的名义 AIC

d	AIC	$\hat{r}$	$\hat{p}_1$	$\hat{p}_2$
1	19.04	4.15	2	1
2	12.15	4.048	1	4
3	10.92	4.661	1	4
4	18.42	5.096	3	4

```
> AICM=NULL
> for(d in 1:4)
   {predator.tar=tar(y=log(predator.eq),p1=4,p2=4,d=d,a=.1,b=.9)
> AICM=rbind(AICM,
   c(d,predator.tar$AIC,signif(predator.tar$thd,4),
   predator.tar$p1,predator.tar$p2))}
> colnames(AICM)=c('d','nominal AIC','r','p1','p2')
> rownames(AICM)=NULL
> AICM
```

虽然最大的自回归阶数是 4，MAIC 法在下区域所选择的阶数是 1，在上区域所选阶数是 4. 使用落在每个区域中的数据，应用普通最小二乘法（OLS）估计各区域的子模型．因此，对于噪声方差更为无偏的估计可由有效样本容量归一化的区域内误差平方的残差和估计．这里的有效样本容量等于对应区域中的数据数量减去相关子模型的自回归参数的个数（包括截距项）．第 i 个区域中的"无偏"噪声方差 $\hat{\sigma}_i^2$ 及其相应的极大似然估计量间的关系，用下式表示：

$$\tilde{\sigma}_i^2 = \frac{n_i}{n_i - p_i - 1}\hat{\sigma}_i^2 \qquad (15.7.4)$$

其中 p_i 是第 i 个子模型的自回归阶数. 另外, $(n_i - p_i - 1)\tilde{\sigma}_i^2/\tilde{\sigma}_i^2$ 近似服从 $n_i - p_i - 1$ 个自由度的 χ^2 分布. 在每个区域上, 图表 15-12 中所列的 t 统计量和相应的 p 值都与用落在该区域中的数据拟合自回归模型的计算机输出相等. 注意在上区域中, 滞后 2 和 3 的系数均不显著, 而滞后 4 在 5% 显著水平上略为显著, 因此上区域的模型抑或可用一阶自回归模型逼近, 稍后将论及此点.

图表 15-12 对捕食者数据拟合的 TAR (2; 1, 4) 模型: MAIC 法

	估计值	标准误差	t 统计量	p 值
$\hat{d}$	3			
$\hat{r}$	4.661			
下区域 ($n_1 = 30$)				
$\hat{\phi}_{1,0}$	0.262	0.316	0.831	0.41
$\hat{\phi}_{1,1}$	1.02	0.0704	14.4	0.00
$\tilde{\sigma}_1^2$	0.0548			
上区域 ($n_2 = 23$)				
$\hat{\phi}_{2,0}$	4.20	1.28	3.27	0.00
$\hat{\phi}_{2,1}$	0.708	0.202	3.50	0.00
$\hat{\phi}_{2,2}$	-0.301	0.312	-0.965	0.35
$\hat{\phi}_{2,3}$	0.279	0.406	0.686	0.50
$\hat{\phi}_{2,4}$	-0.611	0.273	-2.24	0.04
$\tilde{\sigma}_2^2$	0.0560			

```
> predator.tar.1=tar(y=log(predator.eq),p1=4,p2=4,d=3,a=.1,b=.9,
  print=T)
> tar(y=log(predator.eq),p1=1,p2=4,d=3,a=.1,b=.9,print=T,
  method='CLS') # re-do the estimation using the CLS method
> tar(y=log(predator.eq),p1=4,p2=4,d=3,a=.1,b=.9,print=T,
  method='CLS') # the CLS method does not estimate the AR orders
```

门限估计值是 4.661, 大致是第 57 百分位数. 一般地, 太靠近观测数据最小值或最大值的门限估计也许不可靠, 原因是在一个区域中的样本容量太小, 所幸该例不是这种情况. 图表 15-12 并未列出门限估计量的标准误差, 因其样本分布非标准并且相当复杂. 类似地, 延迟估计量的离散性使其标准误差一无所用. 但是, 也许可用一种参数化的自助法来推断门限和延迟参数. 另一种方法是采用 Geweke 和 Terui(1993) 的贝叶斯 (Bayesian) 法. 相反, 拟合 AR(4) 模型有分别等于 0.943 (0.136), $-0.171(0.188)$, $-0.1621(0.186)$ 和 $-0.238(0.136)$ 的滞后 1 到 4 的系数估计, 括号内为标准误差; 噪声方差估计值是 0.0852, 远大于 TAR(2; 1, 4) 模型的噪声方差. 注意 AR(4) 的系数估计接近于不显著, AR(2) 和 AR(3) 系数估计都不显著.

在对两个区域的解释上有个非常有趣的问题. 一种探求区域实质的方式是, 对观测过程的时间序列图中究竟有哪些数据落于哪个区域中进行识别. 在图表 15-2 的时间序列中, 落在下区域的数据 (即 3 阶滞后小于 4.661 的数据) 用实心点表示, 而在上区域的数据用空心点表

示. 图形揭示出所估计出的下区域对应于捕食者循环的上升阶段, 上区域对应于捕食者循环的下降阶段. 下面是一种生物学角度的解释. 当一天半之前捕食者数量水平较低时, 食饵种群数量得以在此期间增加, 因此捕食者种群量也将开始增长. 另一方面, 当一天半前捕食者数量大于 $106\approx\exp(4.661)$ 时, 食饵种群数量将在间隔期内急剧减少, 造成捕食者数量开始剧减. 在上升阶段 (下区域), 捕食者种群数量从趋势上看, 是伴随着也许受其他环境条件影响较小的食饵种群的稳健增长而增长的. 另一方面, 在下降阶段 (上区域), 捕食者种群已因周围食物的匮乏而有所削弱, 所以疑似受环境条件的影响更大. 这也许解释了为什么下区域噪声方差会略小于上区域, 也即存在微小的条件异方差. 虽然即将议及的 TAR(2; 1, 1) 模型中条件异方差更明显, 但是双区域里噪声方差间的差别不可能是显著的. 一般地, 由响应的 d 阶滞后值的相对位置所定义的区域恰是能影响线性子模型间跳变的潜藏过程的代理. 一旦深入了解了跳变的机制, 则有可能建立门限机制的显式模型.

虽然上面基于时间序列图给出了区域的解释, 但考察拟合的子模型抑或可予以证实. 下区域的拟合模型意味着在对数的标度上有

$$Y_t = 0.262 + 1.02Y_{t-1} + 0.234e_t \tag{15.7.5}$$

1 阶滞后系数基本上等于 1, 说明了捕食者种群的 (中位数) 增长率为每半天 $\{\exp(0.262)-1\}100\%\approx 30\%$, 尽管截距项在 5% 水平上不显著. 子模型是爆炸性的, 因为假如不予以检验, 则当 $t\to\infty$ 时, 有 $Y_t\to\infty$.

因其阶数为 4, 所以有关上区域拟合模型的解释就不那么直观了. 但是, 前已说明可以用 AR(1) 模型逼近它. 据此, 在两个区域上令最大阶数为 1 重估 TAR 模型[⊖]. 门限估计不变. 下区域增加了 1 个数据, 并要求更少的初始数据, 但是自回归系数基本不变. 上区域拟合模型变为

$$Y_t = 0.517 + 0.807Y_{t-1} + 0.989e_t \tag{15.7.6}$$

是一个平稳子模型. 对数标度上的增长率等于

$$Y_t - Y_{t-1} = 0.517 - 0.193Y_{t-1} + 0.989e_t \tag{15.7.7}$$

中位数为负, 这是因为上区域中 $Y_{t-1}>4.661$. 注意, 现在条件异方差性比拟合 TAR(2; 1, 4) 模型更加明显了. 延迟 $d=3$ 的 TAR(2; 1, 1) 模型的 (名义) AIC 等于 14.78, 但因为样本容量不同, 所以与 TAR(2; 1, 4) 模型的 10.92 并不直接可比. 具有不同样本容量的模型可以用每次观测的名义 AIC 来进行比较. 本例中, 当阶数从 4 降至 1 时, 归一化的 AIC 从 $0.206=10.92/53$ 增加到 $0.274=14.78/54$, 说明 TAR(2; 1, 4) 模型优于 TAR(2; 1, 1) 模型.

研究骨架的长期 (渐近) 行为是评价非线性模型的另一种方法. 回想一下, 省略模型的噪声项得到其骨架, 即用 0 代替噪声项. 骨架可能发散到无穷, 也可能收敛到极限点、极限循环或者奇异吸引子, 相关定义及深入探讨见 Chan 和 Tong(2001). 平稳 ARMA 模型的骨架总是收敛到某个极限点. 另一方面, 平稳非线性模型的骨架有可能展示出前述所有复杂的动态. 拟合 TAR(2; 1, 4) 模型的骨架看起来会收敛到周期为 10 的极限循环, 见图表 15-13. 在以下意义上极限循环是对称的, 其上升阶段与下降阶段长度相同. 骨架明显的长期稳定性意味着 $d=3$ 的拟合 TAR(2; 1, 4) 模型平稳. 一般地, 模型中包含噪声项时, 可以通过从随机模型

⊖ `predator.tar.2=tar(log(predator.eq),p1=1,p2=1,d=3,a=.1,b=.9, print=T)`.

中模拟某些序列的方法研究模型的动态. 图表 15-14 示出了拟合 TAR(2；1，4) 模型的一个典型实现.

图表 15-13　捕食者序列 TAR (2；1，4) 模型的骨架

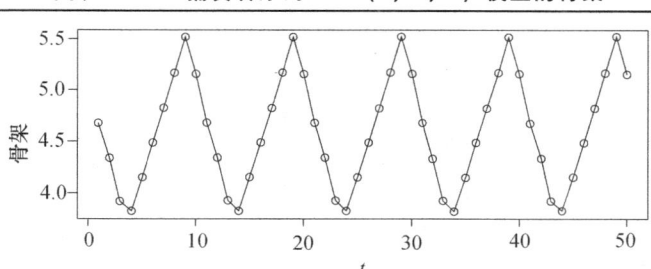

```
> tar.skeleton(predator.tar.1)
```

图表 15-14　模拟的 TAR (2；1，4) 序列

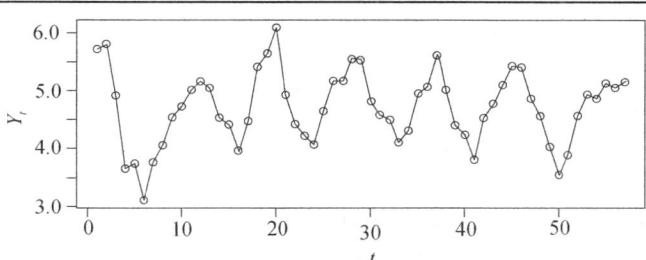

```
> set.seed(356813)
> plot(y=tar.sim(n=57,object=predator.tar.1)$y,x=1:57,
    ylab=expression(Y[t]),xlab=expression(t),type='o')
```

$d=3$ 的拟合 TAR(2；1，1) 模型骨架的极限循环是对称的，上升阶段长度是 5，下降阶段长度是 4；见图表 15-15. 拟合 TAR(2；1，1) 模型的实现见图表 15-16.

图表 15-15　捕食者序列一阶 TAR 模型的骨架

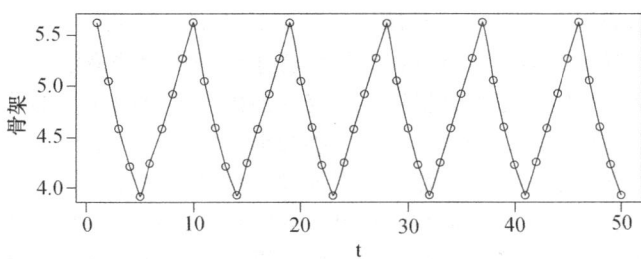

```
> predator.tar.2=tar(log(predator.eq),p1=1,p2=1,d=3,a=.1,b=.9,
    print=T)
> tar.skeleton(predator.tar.2)
```

图表 15-16　拟合 TAR（2；1，1）模型的模拟

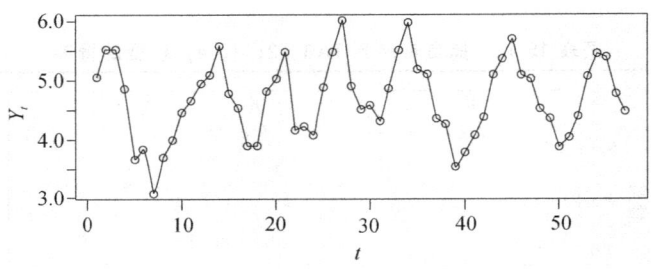

```
> set.seed(356813)
> plot(y=tar.sim(n=57,object=predator.tar.2)$y,x=1:57,
    ylab=expression(Y[t]),xlab=expression(t),type='o')
```

去掉捕食者数据里两个初始瞬态循环以及最后不完整的循环，图表 15-17 中列出了余下所有连续的增长和下降阶段的长度值. 通过观察，增长阶段的平均长度是 5.4，下降阶段的平均长度是 4.6.

当增长阶段长于下降阶段时，就会出现不对称的迹象. 基于对循环长度的分析，相比 TAR(2；1，4) 模型，TAR(2；1，1) 模型显得更具非对称循环性质，而就循环长度与观测到的平均循环长度匹配度而言，后者更高.

图表 15-17　捕食者序列增长与下降阶段的长度

阶段	
增长	下降
6	4
7	5
5	4
4	5
5	5

在循环行为上对于拟合模型与真实数据之间更严谨的比较，可以通过比较真实数据和拟合模型某个长实现的谱密度得到. 图表 15-18 用一个（3，3）跨度的修正 Daniell 窗绘出了数据的谱. 图中还同时绘出了拟合 TAR(2；1，4) 模型（虚线）和拟合 TAR(2；1，1) 模型（点线）的谱，二者所用模拟实现的长度均为 10 000，都用了（200，200）跨度的修正 Daniell 窗以及 10% 的锥削. 可以看出，TAR(2；1，4) 模型的谱的走势与捕食者序列的非常接近，略优于简化的 TAR(2；1，1) 模型.

注意对捕食者数据应用条件最小二乘法，所得估计与 $d=3$ 时的门限估计相同，从而其他参数的估计亦然，虽非总有此类结论. 最后，对捕食者序列分析做些澄清说明. 鉴于实验的诱饵序列亦可得到，故也可就二元时间序列分析进行研究. 但由于多时间序列的非线性时间序列分析领域并不成熟，这里就不讨论了. 另外，真实的生物数据通常是可观测的，丰富的食饵种群数量通常要比捕食者数量种群噪声更大，原因是趋势上捕食者种群数量比食饵种群少. 而且，当捕食者对象减少时，捕食者可能转食其他可捕到的种群，导致食饵-捕食系统更为复杂. 例如，在好的年份，野兔随处可见，而其猎食者猞狲却难觅影踪！因此，生物学分析通常聚焦于捕食者种群的丰度上. 尽管如此，针对捕食者种群丰度的单变量时间序列分析，有可能对食饵-捕食者交互作用的研究提供极具价值的生物学洞见，见 Stenseth 等（1998，1999）对加拿大猞狲序列专栏中的相关论述. 延迟等于 2 的 TAR(2；2，2) 模型是猞狲数据的原型模型，延迟 2 提供了完美的生物学解释. 注意, 对于捕食者序列而言, 延迟 2 极具竞争力, 见图表 15-11, 因而就生物学基础而言也可能会更受青睐. 在一道习题中, 会要求读者用延迟固定为 2 的捕食者序列拟合 TAR 模型, 并根据 Stenseth 等 (1998, 1999) 的研究框架解读得到的结果.

图表 15-18　对数 (捕食者) 序列的谱, 虚线是 TAR (2; 1, 1), 点线是 TAR (2; 1, 4)

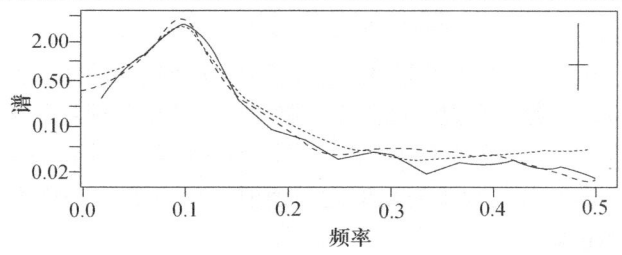

```
> set.seed(2357125)
> yy.1.4=tar.sim(predator.tar.1,n=10000)$y
> yy.1=tar.sim(predator.tar.2,n=10000)$y
> spec.1.4=spec(yy.1.4,taper=.1, span=c(200,200),plot=F)
> spec.1=spec(yy.1,taper=.1, span=c(200,200),plot=F)
> spec.predator=spec(log(predator.eq),taper=.1,
    span=c(3,3),plot=F)
> spec.predator=spec(log(predator.eq),taper=.1,span=c(3,3),
    ylim=range(c(spec.1.4$spec,spec.1$spec,spec.predator$spec)))
> lines(y=spec.1.4$spec,x=spec.1.4$freq,lty=2)
> lines(y=spec.1$spec,x=spec.1$freq,lty=3)
```

15.8　模型诊断

在 15.7 节已介绍过几种模型诊断技术; 例如, 骨架分析和模拟. 在此, 将讨论一些用残差分析进行模型诊断的正式的统计方法. 原始的残差定义为自真实数据减去拟合值, 其中第 t 个拟合值是利用给定的过去的 Y 值对 Y_t 条件均值所作的估计, 即残差 $\hat{\varepsilon}_t$ 由下式给出:

$$\hat{\varepsilon}_t = Y_t - \{\hat{\phi}_{1,0} + \hat{\phi}_{1,1}Y_{t-1} + \cdots + \hat{\phi}_{1,p}Y_{t-p}\}I(Y_{t-\hat{d}} \leqslant \hat{r}) - \{\hat{\phi}_{2,0} + \hat{\phi}_{2,1}Y_{t-1} + \cdots + \hat{\phi}_{2,p}Y_{t-p}\}I(Y_{t-\hat{d}} > \hat{r})$$

(15.8.1)

这些残差与得自拟合子模型的原始残差相同. 用适当的标准差来规范化原始残差, 即得到标准化的残差:

$$\hat{e}_t = \frac{\hat{\varepsilon}_t}{\hat{\sigma}_1 I(Y_{t-\hat{d}} \leqslant \hat{r}) + \hat{\sigma}_2 I(Y_{t-\hat{d}} > \hat{r})}$$

(15.8.2)

即用下 (上) 区域的噪声标准差估计规范下 (上) 区域的原始残差. 正如线性情况里一样, 标准残差的时间序列图看上去应为随机的, 原因在于如果 TAR 模型是真实的数据机制, 即若 TAR 模型被正确地识别, 那么标准残差应该是渐近独立同分布的. 如前, 在该图中寻找异常值和任意的系统模式, 从中可能找到确定更恰当模型的线索. 通过检查标准残差的样本 ACF, 可以检验标准化误差的独立性假设. 通过检查标准残差平方或者标准残差绝对值的样本 ACF, 也可检验非常数的方差.

此处，基于残差自相关函数幅值的某总体度量来考虑混合检验的推广．读者可能需复习12.5节的内容，在那里曾解释过，即便已经正确设定模型，残差及样本自相关系数通常都是相关的．不同于线性ARIMA模型之情形，残差的相关性必然要求使用残差自相关系数的（复杂的）二次型

$$B_m = n_{\text{eff}} \sum_{i=1}^{m} \sum_{j=1}^{m} q_{i,j} \hat{\rho}_i \hat{\rho}_j \tag{15.8.3}$$

其中 $n_{\text{eff}} = n - \max(p_1, p_2, d)$ 是有效样本容量，$\hat{\rho}_i$ 是标准残差的第 i 个样本自相关系数，$q_{i,j}$ 是附录L给出的模型相依的若干常数．如果真实模型是TAR模型，$\hat{\rho}_i$ 很可能接近于0，B_m 亦然，但若模型设定错误，则 B_m 倾向于取大值．二次型的设计目的是使 B_m 渐近服从 m 个自由度的 χ^2 分布．数学理论预计了当样本容量取较大的值，且 m 相对于样本容量取较小的数值时，一般来说 χ^2 分布逼近会更精确.

实践中，在 m 一定的取值范围内，绘出 B_m 的 p 值对于 m 的图形可能有助于更全面地评价标准误差的独立性假设．图表15-19最下面的图示出了前述捕食序列拟合TAR(2;1,1)模型的混合检验，其中 $1 \leq m \leq 12$．最上面的图是标准残差的时间序列图．除一个可能的异常值外，图形未表明特别的模式．中间的图是标准残差的ACF图．基于简单的 $1.96/\sqrt{n}$ 规则得到置信区间带，应视为判断残差ACF显著性的简单引导．图形表明了1阶滞后残差自相关系数是显著的．当 $m \leq 6$ 时，更严格的混合检验都是显著的，说明TAR(2;1,1)模型拟合有所欠缺．对TAR(2;1,4)模型的类似诊断见图表15-20．现在唯一潜在的问题即在于那个可能的异常值．但是删掉包括潜在异常值在内的最后四个数据所引致的拟合模型变化很小，因此，结论是拟合TAR(2;1,4)模型相当地稳健．图表15-21给出了标准残差的正态得分QQ图，该图中显示为直线，故误差服从正态分布．总之，拟合TAR(2;1,4)模型很好地拟合了捕食者序列．

图表 15-19 对一阶TAR模型的诊断检验：捕食者序列

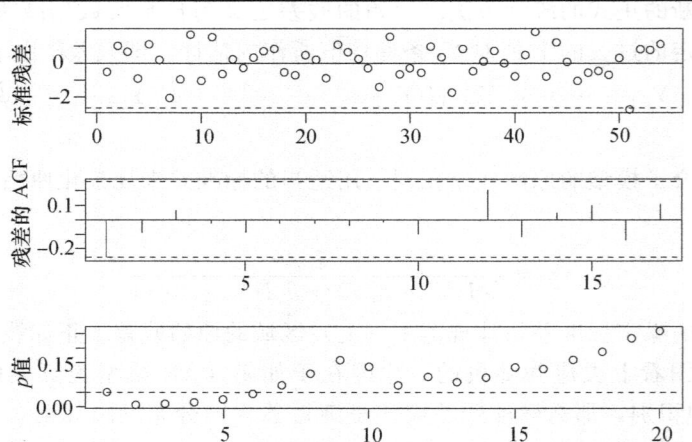

```
> win.graph(width=4.875,height=4.5)
> tsdiag(predator.tar.2,gof.lag=20)
```

图表 15-20　对 TAR (2; 1, 4) 模型的诊断检验：捕食者序列

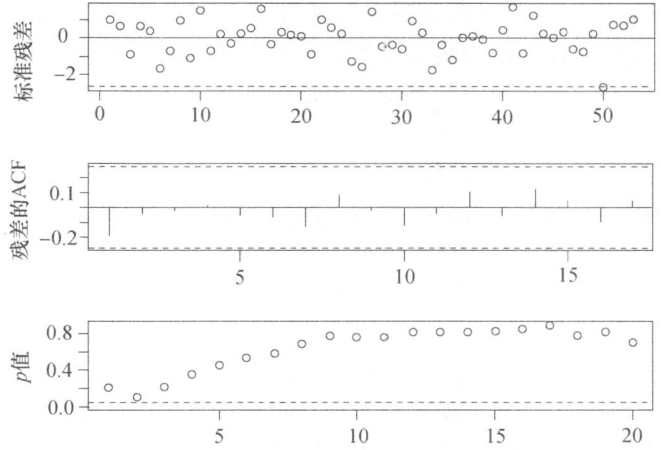

```
> tsdiag(predator.tar.1,gof.lag=20)
```

图表 15-21　标准残差的正态 QQ 图

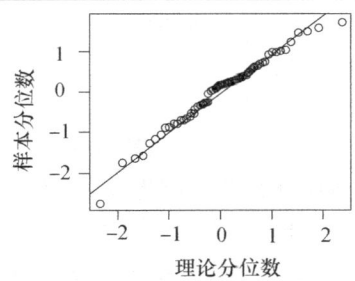

```
> win.graph(width=2.5,height=2.5,pointsize=3)
> qqnorm(predator.tar.1$std.res); qqline(predator.tar.1$std.res)
```

15.9　预测

本节考虑用 TAR 过程预测未来取值的问题，实践中是基于估计的 TAR 模型作预测. 但与 ARIMA 模型的情况一样，相对于过程的自然波动来说，通常参数估计所带来的不确定性很小，故下面将把拟合模型视为真实的模型. 未来取值的不确定性（比如 $Y_{t+\ell}$）完全取决于给定当前和过去数据 Y_t，Y_{t-1}，…的条件概率分布，称为 ℓ 步向前预测分布. 对于具有正态误差的ARIMA模型，其所有预测分布都是正态的，这就大大简化了对预测置信区间的计算，因为只要找到预测分布的均值和方差即可. 但通常非线性模型的预测分布不是正态的，也不可解. 因而预测区间可能要费劲地通过模拟来计算. 这一模拟方法可以通过一阶非线性自回归模型来很好地予以证明：

$$Y_{t+1} = h(Y_t, e_{t+1}) \tag{15.9.1}$$

给定 $Y_t = y_t$，$Y_{t-1} = y_{t-1}$，…，有 $Y_{t+1} = h(Y_t, e_{t+1})$. 因此，可从误差分布抽样得到 e_{t+1}，并

计算 $h(y_t, e_{t+1})$，从而由所得一步向前预测分布可以获取 Y_{t+1} 的一个实现。独立地重复 B 次该过程，比如 1000 次，可自一步向前预测分布得到 B 个随机样本。可以用这 B 个样本的均值作为一步向前预测均值的估计。但为确定预测信息概括的优劣，必须重视对于一步向前预测分布形状的观察。举个例子，假如预测分布是多模态的或者偏度很大，则一步向前预测均值就不一定是好的点预测量。一个通用的方法是构造 Y_{t+1} 的 95% 预测区间，例如定义区间为 B 个模拟值的第 2.5 百分位数到第 97.5 百分位数。

通过递推非线性自回归模型，对任意整数 $\ell \geqslant 2$，易推广模拟法来求出 ℓ 步向前预测分布：

$$\left. \begin{aligned} Y_{t+1} &= h(Y_t, e_{t+1}) \\ Y_{t+2} &= h(Y_{t+1}, e_{t+2}) \\ &\vdots \\ Y_{t+\ell} &= h(Y_{t+\ell-1}, e_{t+\ell}) \end{aligned} \right\} \tag{15.9.2}$$

其中 $Y_t = y_t$，$(e_{t+1}, e_{t+2}, \cdots, e_{t+\ell})$ 是从误差分布抽样得到的 ℓ 个值的随机样本。该过程可以重复 B 次，得到 ℓ 步向前预测分布的随机样本，使用该样本可以计算 $Y_{t+\ell}$ 的预测区间或者其他任意预测的描述统计量。

实际上，ℓ 元组 $(Y_{t+1}, \cdots, Y_{t+\ell})$ 是首个 ℓ 步向前预测的联合预测分布的一个实现。因此，通过上述过程实际求出的是来自首个 ℓ 步向前预测联合预测分布的 B 个向量的一个随机样本。

本节后续部分将着重讨论真实模型是 TAR 模型时的预测问题。所幸在 TAR 模型下，一步向前预测分布的计算无需使用模拟法，下面用一阶 TAR 模型的简单情况予以说明。此时 Y_{t+1-d} 已知，因此 Y_{t+1} 所在区域已知。如果 $Y_{t+1-d} \leqslant r$，那么 Y_{t+1} 可由 AR(1) 模型推出：

$$Y_{t+1} = \phi_{1,0} + \phi_{1,1} Y_t + \sigma_1 e_{t+1} \tag{15.9.3}$$

因为 $Y_t = y_t$ 是固定的，故 Y_{t+1} 的条件分布是均值为 $\phi_{1,0} + \phi_{1,1} y_t$、方差为 σ_1^2 的正态分布。类似地，如果 $Y_t > r$，Y_{t+1} 得自上区域的 AR(1) 模型，因此条件分布是均值为 $\phi_{2,0} + \phi_{2,1} y_t$、方差为 σ_2^2 的正态分布。同理可得，任意 TAR 模型的一步向前预测分布都是正态的，但预测的均值是分段线性函数，预测的标准差逐段为常数。

类似可证，如果 $\ell \leqslant d$，那么 TAR 模型的 ℓ 步向前预测分布亦为正态的。但若 $\ell > d$，则 ℓ 步向前预测分布将不再是正态分布，这可用 $d=1$，$\ell=2$ 的一阶 TAR 模型简单地予以说明。虽然 Y_{t+1} 得自由 Y_t 的观测值所决定的一个固定的线性模型，但 Y_{t+2} 究竟落于下区域还是上区域是依赖于 Y_{t+1} 的随机取值的。假设 $y_t \leqslant r$，Y_{t+1} 落在下区域中的条件是 $Y_{t+1} = \sigma_1 e_{t+1} + \phi_{1,0} + \phi_{1,1} y_t \leqslant r$，其发生概率是 $p_t = \Pr(\sigma_1 e_{t+1} + \phi_{1,0} + \phi_{1,1} y_t \leqslant r)$，此时

$$Y_{t+2} = \sigma_1 e_{t+2} + \phi_{1,0} + \phi_{1,1} Y_{t+1} = \sigma_1 e_{t+2} + \phi_{1,1} \sigma_1 e_{t+1} + \phi_{1,1} \phi_{1,0} + \phi_{1,1}^2 y_t + \phi_{1,0} \tag{15.9.4}$$

服从均值等于 $\phi_{1,1} \phi_{1,0} + \phi_{1,1}^2 y_t + \phi_{1,0}$、方差等于 $\sigma_1^2 + \phi_{1,1}^2 \sigma_1^2$ 的正态分布。另一方面，Y_{t+1} 落在上区域的概率是 $1 - p_t$，此时 Y_{t+2} 的条件分布是正态分布，但均值为 $\phi_{2,1}(\phi_{1,0} + \phi_{1,1} y_t) + \phi_{2,0}$，方差等于 $\sigma_2^2 + \phi_{2,1}^2 \sigma_1^2$。因此，$Y_{t+2}$ 的条件分布是两个正态分布的混合，注意混合概率 p_t 依赖于 y_t。特别地，如果 $\ell > d$，则 TAR 模型的高阶向前预测分布非正态，故寻找预测分布需诉诸模拟方法。

作为一个例子，下面就对数化变换之后的捕食者数据基于用 $d=3$ 的拟合 TAR(2; 1, 4) 模型来计算其预测区间；见图表 15-22，其中中间的虚线是预测分布的中位数，其他的虚线是预测分布的第 2.5 百分位数和第 97.5 百分位数。

图表 15-22 捕食者序列预测

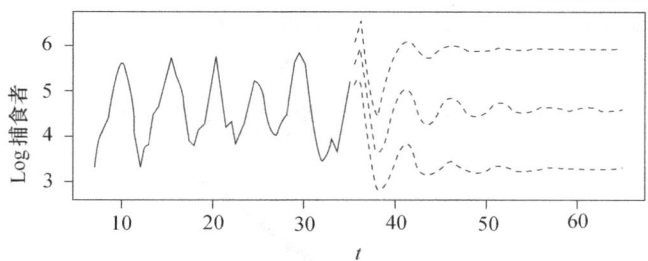

```
> set.seed(2357125)
> win.graph(width=4.875,height=2.5,pointsize=8)
> pred.predator=predict(predator.tar.1,n.ahead=60,n.sim=10000)
> yy=ts(c(log(predator.eq),pred.predator$fit),frequency=2,
    start=start(predator.eq))
> plot(yy,type='n',ylim=range(c(yy,pred.predator$pred.interval)),
    ylab='Log Predator',xlab=expression(t))
> lines(log(predator.eq))
> lines(window(yy, start=end(predator.eq)+c(0,1)),lty=2)
> lines(ts(pred.predator$pred.interval[2,],
    start=end(predator.eq)+c(0,1),freq=2),lty=2)
> lines(ts(pred.predator$pred.interval[1,],
    start=end(predator.eq)+c(0,1),freq=2),lty=2)
```

这里模拟的规模为 10 000 次, 而实践中如 1000 次那种较小的规模也许已足够了. 预测分布的中位数可以作为点预测量. 注意, 开始时预测中位数反映出了捕食者数据的循环模式, 而随着步数的增加将趋于长期中位数. 类似地, 预测区间将趋于拟合 TAR 模型平稳分布的第 2.5 百分位数和第 97.5 百分位数. 但有一个新的特点, 即预测的不确定程度并不随预测步数的增加而放大, 概因预测区间并不是关于预测步数单调增长的, 见图表 15-23. 这与 ARIMA 模型有根本区别, 后者的预测方差总是预测步数的增函数.

图表 15-23 95% 预测区间宽度相对前置时间的关系图

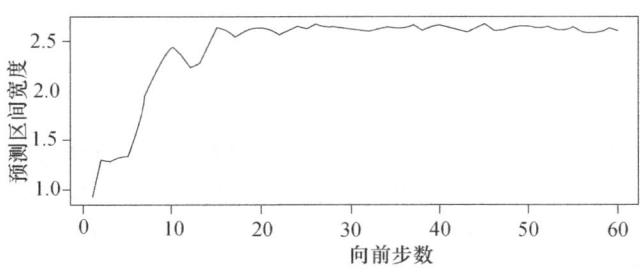

```
> plot(ts(apply(pred.predator$pred.interval,2,
    function(x){x[2]-x[1]})),
    ylab='Length of Prediction Intervals',
    xlab='Number of Steps Ahead')
```

前面说过,TAR 模型的预测分布是正态分布的充要条件是向前预测的步数 $\ell \leqslant d$. 图表 15-24 给出了三步向前预测分布的正态得分 QQ 图,可见该曲线相当地直. 另一方面,六步向前预测分布的正态得分 QQ 图(见图表 15-25)与非正态性相容.

图表 15-24 三步向前预测分布正态 QQ 图

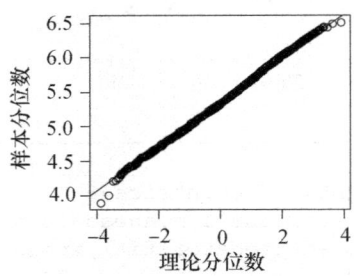

```
> win.graph(width=2.5,height=2.5,pointsize=8)
> qqnorm(pred.predator$pred.matrix[,3])
> qqline(pred.predator$pred.matrix[,3])
```

图表 15-25 六步向前预测分布正态 QQ 图

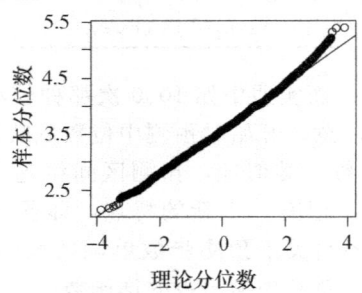

```
> qqnorm(pred.predator$pred.matrix[,6])
> qqline(pred.predator$pred.matrix[,6])
```

15.10 小结

本章介绍了一类重要的非线性时间序列模型——门限模型,证明了如何对非线性,特别是门限非线性进行检验. 之后,介绍了使用最小 AIC(MAIC) 准则及条件最小二乘法估计模型未知参数的相关问题. 如同所有模型一样,本章也学习了如何通过各种诊断检验,包括扩展的混合检验来评价模型的方法. 最后,说明了如何根据门限模型作出预测,包括对预测区间的计算和显示. 对所论及的方法和技术,本章还给出了若干实例.

习题

15.1 对捕食者序列拟合一个延迟设定为 2 的 TAR 模型,并用 Stenseth 等(1998,1999)给

门 限 模 型

出的框架解释结果.（读者也许想先行检验他们的框架对 TAR 模型来说是否近似有效.）另外，比较拟合模型与教材中延迟为 3 的 TAR(2; 1, 4) 模型.（数据文件名为 veilleux.）

15.2 对开方变换后的太阳黑子数据拟合一个 TAR 模型，并检验拟合优度. 解释该拟合 TAR 模型.（数据文件名为 spots.）

15.3 使用习题 15.2 中的拟合模型预测未来 10 年里的年相对太阳黑子数. 画出预测区间和预测的中位数.（数据文件名为 spots.）

15.4 对于相对太阳黑子数拟合模型，考察其骨架的长期行为. 拟合模型看起来平稳吗？解释你的结果.

15.5 根据相对太阳黑子数据的拟合 TAR 模型，模拟一个长度 1000 的序列. 计算模拟实现的谱，并与数据的谱进行比较. 拟合模型抓住了数据的相关结构没有？

15.6 画出经开方变换的野兔数据的滞后回归图. 有无迹象表明野兔数据是非线性的？（数据文件名为 hare.）

15.7 对野兔数据进行正式的非线性检验（Keenan 的检验、Tsay 的检验和门限似然比检验）. 野兔丰度过程是不是非线性的？解释你的结果.（数据文件名为 hare.）

15.8 假设野兔数据是非线性的，对其拟合一个 TAR 模型，并检验拟合优度.（数据文件名为 hare.）

15.9 本题假设读者熟悉马尔科夫链理论. 考虑如下简单的分段常数 TAR 模型：

$$Y_t = \begin{cases} \phi_{1,0} + \sigma_1 e_t & Y_{t-1} \leqslant r \\ \phi_{2,0} + \sigma_2 e_t & Y_{t-1} > r \end{cases}$$

其中 $\{e_t\}$ 是独立标准正态随机变量序列. 如果 $Y_t \leqslant r$，令 $R_t = 1$，否则 $R_t = 2$，R_t 是马尔科夫链.

(a) 求 R_t 的转移概率矩阵及其平稳分布.

(b) 推导 $\{Y_t\}$ 的平稳分布.

(c) 求 TAR 过程的 1 阶滞后自协方差.

附录 L TAR 广义混合检验

混合检验基于以下结论：如果正确设定了 TAR 模型，$\hat{\rho}_1, \hat{\rho}_2, \cdots, \hat{\rho}_m$ 渐近服从均值为 0、协方差 $\text{Cov}(\hat{\rho}_i, \hat{\rho}_j) = q_{ij}$ 的联合正态分布，其中 Q 是 $m \times m$ 的矩阵，其第 (i, j) 元素等于 $q_{i,j}$，公式给出如后；Chan(2008) 已证明. 可证 $Q = I - UV^{-1}U^T$，其中 I 是 $m \times m$ 单位矩阵.

$$U = E\left\{ \begin{bmatrix} e_{t-1} \\ e_{t-2} \\ \vdots \\ e_{t-m} \end{bmatrix} [I_t, Y_{t-1}I_t, \cdots, Y_{t-p}I_t, (1-I_t), Y_{t-1}(1-I_t), \cdots, Y_{t-p_2}(1-I_t)] \right\}$$

其中 $I_t = I(Y_{t-d} \leqslant r)$，矩阵的期望是对矩阵每个元素分别求期望得到，并且

$$V = E\left\{\begin{bmatrix} I_t \\ Y_{t-1}I_t \\ \vdots \\ Y_{t-p_1}I_t \\ (1-I_t) \\ Y_{t-1}(1-I_t) \\ \vdots \\ Y_{t-p_2}(1-I_t) \end{bmatrix}[I_t, Y_{t-1}I_t, \cdots, Y_{t-p}I_t, (1-I_t), Y_{t-1}(1-I_t), \cdots, Y_{t-p_2}(1-I_t)]\right\}$$

通过用标准化残差替换真实误差并用估计值替换未知参数,所计算出的样本平均可用来逼近上述期望值. 例如,$E\{e_{t-1}I(Y_{t-d}\leqslant r)\}$ 可用下式逼近:

$$\frac{1}{n}\sum_{t=1}^{n}\hat{e}_{t-1}I(Y_{t-\hat{d}}\leqslant \hat{r})$$

其中初始标准残差 $\hat{e}_t = 0$,$t \leqslant \max(p_1, p_2, \hat{d})$.

附录 I R 入 门

引言

本书所有的图形和数值输出都是用 R 软件产生的，该软件可免费从关于统计计算的 R 计划（R Project for Statistical Computing）获得. R 软件的源代码格式符合自由软件基金会 GNU 通用公共许可证规定. 该软件可以在多种操作系统中运行，例如 Windows，Mac OS，UNIX 以及类似系统，包括 FreeBSD 和 Linux. R 是用于统计计算和绘图的语言与环境，提供了相当广泛的统计方法（时间序列分析、线性和非线性建模、经典统计检验，等等）及绘图技术，并具有很强的扩展性. 特别是本书作者之一（KSC）编写了大量新的或增强的 R 函数，专门与本书所描述的方法相配套. 相关内容可以通过访问 R 计划网址：www.r-project.org，从名为 TSA 的 R 程序包中下载. TSA 函数的有关说明见本书 337 页列表.

通过访问 R 计划网址可以得到进一步学习 R 的重要参考资料，包括："*An Introduction to R*：*Notes on R*，*a Programming Environment for Data Analysis and Graphics.*" 版本 2.4.1（2006-12-18），由 W. N. Venables，D. M. Smith 和 R 开发核心小组（R Development Core Team）（2006）编写，以及 "*R*：*A Language and Environment for Statistical Computing Reference Index*，" 版本 2.4.1(2006-12-18)，由 R 开发核心小组（2006a）编写.

R 软件是著名 S 语言的 GNU 应用. 该软件在 R 小组和世界各地许多统计学家的贡献下发展非常活跃，已经形成了一个功能多样且强大的统计分析平台. 我们仅就 Windows 版本下的 R 进行讨论. 如需要下载该软件，可访问网址：www.r-project.org. 点击屏幕左侧 Download 下的 CRAN，滚动 CRAN 镜像地址列表，点击距离你地理位置最近的网站. 点击 Windows 版本链接（此处，可适当地选择 Linux 或 MacOSX）并点击名称为 **base** 的链接. 最后，点击名为 *R*-2.6.1-*win*32.*exe* 的链接（该文件表明版本为 2.6.1 版，是写本书时的最新版本. 版本更新非常频繁）. 将该文件保存到方便的位置，例如桌面上. 在下载完成后，双击程序图标进行软件安装（下面的讨论假设在安装过程中接受所有的默认设置）. 在本附录的最后，可以找到包含 *TSA* 包中所有新的或增强型函数的列表及简单描述.

在第一次运行 R 软件前，需要创立一个文件夹或目录，例如 Rwork，用以保存用 R 软件完成本项目或课程时用到的数据文件. 无论何时，用 R 完成该特殊项目或课程时，该目录都将成为工作目录. 这一目录包含名为 workspace 的文件，该文件包含所有 R 会话中所创建的对象（变量和函数）. 应该对不同项目和课程建立不同的工作目录[⊖].

在电脑上成功安装 R 后，桌面上将会出现一个 R 的快捷图标. 如果已经创建了工作目录，那么可以点击 R 图标开始使用 R（如右侧图形所示）. 在软件加载之后，会出现一个与图表 1 所示类似的控制台窗口，在窗口底部显示＞和一个大号的矩形光标（可能是红色），这就是 R 的提示符. 可以在提示符处键入命令，敲击 Enter 键后命令被执行. 某些任务可以通过菜单栏

⊖ 如果在共享的计算机实验室中操作，询问实验室管理员如何启动 R 和保存你的工作.

执行.

首个任务就是在创建的工作目录中保存工作区（workspace）.完成这一工作，需要选择 File 菜单，然后点击选项 Save workspace…①.此时，可以通过浏览的方式（可能需要多个步骤）找到创建的 Rwork 目录，或录入完整的路径；例如，"C：\ Documents and Settings \ JoeStudent \ My Documents \ Course156 \ Rwork".如果工作目录保存在 USB 闪存中，且盘符为 E，那么仅需输入 "E：Rwork"，并点击 OK.此后在这次会话中，R 将用 Rwork 文件夹作为其工作目录.

可以通过选择 File 菜单中的 Exit 退出 R.在每次退出 R 时，都会收到一个是否保存工作区映像（whether or not to Save the workspace image）的询问.点击 Yes 保存工作区，工作区将会保存在当前的工作目录中.下次，当希望继续处理同一项目时，仅需寻找到该工作目录，将 R 图标叠加在名称为 .RData 的文件上即可.如果双击这一图标，R 将会启动，并将已选目录作为工作目录，此时可以对该项目进行操作.此外，还会接到信息 "Previously saved workspace restored".

图表 1 展示了打开 R、制作两个不同图形、在脚本窗口中应用 R 的编辑器运行 R 命令后可能出现的屏幕显示.在 R 中，数值结果显示在控制台窗口.命令可以通过输入（键入）控制台窗口被直接执行，或（更优的）输入到脚本窗口（R 编辑器）然后提交在 R 中运行.菜单条及按钮会根据当前 "关注" 窗口的变化而变化.

图表 1 R 软件 Windows 图形用户界面

---

① 如果在运行 R 以前忘记了创建工作目录，可以此时再创建.寻找到合适的位置，点击 Create new folder 按钮，并创建一个 Rwork 文件夹.

R 最有用的特性之一就是它可以轻松地加载以库或者包形式存在的补充工具. 例如, 本书使用的所有的数据集以及新的或增强型的 R 函数都被集中在名为 TSA 的包中, 可以下载并且在 R 中安装. 安装方法是, 点击 Packages 菜单, 选择 set CRAN mirror (见右上图). 同样选择距你地理位置最近的镜像地址, 此时会弹出一个包含所有可用程序包名称的窗口.

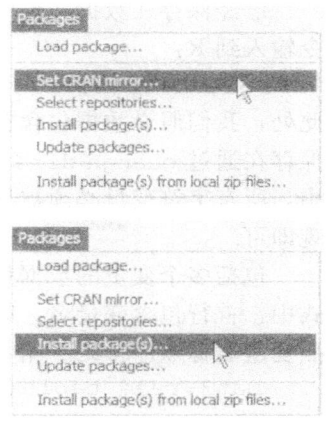

除了 TSA 包, 还需要安装其他程序包, 包括 leaps、locfit、MASS、mgcv、tseries、uroot. 再次点击 Packages 菜单. 点击 Install package(s) (见右下图). 滚动窗口, 按住 Ctrl 键并分别点击 7 个包的名称. 当选择全部 7 个包后, 点击 OK, 它们会被 R 装入你的系统中. 这些程序包仅需安装一次即可. (当然, 这些包将来可能会更新, 并且其中的一些可能被并入 R 的核心部分而无需独立安装)

我们将从头到尾介绍各章出现的命令作为 R 的一个教程, 但是在开始之前给出 R 的简介. R 是一个面向对象的语言. R 中两个主要对象是数据和函数. R 可以接受多种类型的数据结构. 最简单的数据结构是包含原始数据的向量. 为创建一个名为 Dat 且包含比如 31, 4, 15, 93 的数据向量, 需要在控制台窗口的>提示符后键入如下命令:

Dat=c(31,4,15,93)

然后按回车键. 等号意味着将右侧的对象赋值给左侧对象. 表达式 c(31,4,15,93) 表示将括号内的数字连接在一起构造一个向量. 因此命令创建了一个名字为 Dat 的对象, 该对象是包含 31, 4, 15, 93 的向量. R 对符号敏感, 因此名为 Dat 和 DAt 的对象是不同的. 要显示对象的内容, 只需键入对象名称, 并按回车键. 因此在 R 的控制台窗口键入 Dat (并按回车键) 将会显示 Dat 的内容. 如果接着在 R 的提示符后输入 DAt, 程序将会返回一条错误信息 "对象" DAt" 未找到" 来提示错误. 对象的名称是字符串, 可以包含字母、数字或者周期性符号, 但是首个字符必须是字母⊖. 例如, Abc123.d 对于 R 来说就是一个有效的对象名称, 但 12a 则不是. R 有一些有用的内置对象, 例如 pi, 代表三角函数运算中 (例如计算圆的面积) 用到的 π 值.

对我们来讲最有用的数据结构是时间序列. 一个时间序列实际上就是一个包括一些额外信息的向量, 这些信息包括: 首个数据发生的日期, 在基础的单位时间长度上数据的个数 (即频率, 译者注). 例如, 假设我们有从 2006 年第二季度开始的季度数据: 12, 31, 22, 24, 30. 这一时间序列可以通过以下方式创建:

> Dat2=ts(c(12,31,22,24,30), start=c(2006,2), frequency=4)

其内容可以通过以下命令核对:

> Dat2
     Qtr1 Qtr2 Qtr3 Qtr4

⊖ 应该避免使用某些名称, 因为它们在 R 中有特殊的意义. 例如字母 T 是真值的缩写, F 是假值的缩写, C 是连接或者合并的缩写.

```
2006           12    31    22
2007     24    30
```

已经保存在数据文件中较大的数据集（原始数据用空格、制表符或线隔开）可通过以下命令输入到 R：

```
> Dat2=ts(scan('file1'), start=c(2006,2), frequency=4)
```

此处，我们假设数据包含在名为 file1 的文件中，该文件保存在启动 R 时使用的目录（或者保存在通过 change dir 命令改变到的目录）. 注意文件名 file1 用单引号（'）括起来. 在 R 中，所有字符变量必须被括起来. 但是，可以使用单引号也可以使用双引号，只要它们成对出现即可.

包括多个变量的数据集可以用 read.table 函数读入 R. 但数据必须被储存在一个表格形式中：首行包含变量名，第二行开始是数据，数据排列的方式是每次观测排成一行，并且是按照变量名称顺序排列. 相关命令是：

```
Dat3=read.table('file2',header=T)
```

其中 file2 是包含数据的文件名. 参数 header= T 设定变量名在文件的第一行. 例如令工作目录中名为 file2 的文件内容如下：

```
Y X
1 2
3 7
4 8
5 9
> Dat3=read.table('file2',header=T)
> Dat3
  Y X
1 1 2
2 3 7
3 4 8
4 5 9
```

注意在 Dat3 的显示中，R 添加了一个行标，默认从 1 到数据的个数. read.table 的输出结果是 data.frame，是一种对应数据表格的数据结构. 更多关于 read.table 的讨论可在以后找到，现在只需记住在 data.frame 中的变量是不能使用的. 用 Dat3 作为一个完整的例子. 在其变量进能够在 R 会话中使用前，Dat3 必须被打开. 而这个"打开"data.frame 的命令就是 attach：

```
> Y
Error: object "Y" not found
> attach(Dat3)
> Y
[1] 1 3 4 5
> X
[1] 2 7 8 9
```

R 也可以从以 CSV（comma-separated values，用逗号分隔的数据）格式保存的 Excel 文件中读取数据，该文件的第一行必须是变量名. 假设 file2.csv 包含工作表，该工作表与 file2 拥有相同的信息. 从 file2.csv 中读取数据的命令与从文本文件中读取数据的命令是类似的：

```
> Dat4=read.csv('file2.csv',header=T)
> Dat4
  Y X
1 1 2
```

```
2  3  7
3  4  8
4  5  9
```

函数 scan, read.table 以及 read.csv 还有许多其他有用的选项. 使用 R 的帮助文件可以了解更多关于它们的信息. 例如, 运行命令?read.table, 一个显示有 read.table 命令详细信息的窗口将会打开. 记住, 在任何函数名前面加上问号, 将会在一个新的窗口显示该函数的详细信息.

R 中的函数类似于 C 语言中的函数. 一个函数通过键入函数名称, 并在之后输入一系列用括号括起的参量进行调用. 例如, 连接函数的名称为"c", 其目的在于通过连接函数中的参数创立一个向量.

```
> c(12,31,22,24,30)
```

需要注意的是在函数名称与左侧的括号之间没有空格. 即使参数列表为空, 在调用函数时括号也必须包含在命令中. 试一下以下命令:

```
> c
```

R 现在读到对象的名称, 将会在控制台窗口显示出编制该函数的全部语句. R 拥有很多有用的内置函数, 包括 abs, log, log10, exp, sin, cos, sqrt, 等等, 这些函数对于数据整理十分有用. (函数 abs 用以计算绝对值; log 进行以 e 为底的对数变换, log10 进行以 10 为底的对数变换; exp 是指数函数; sin 和 cos 是三角函数; 而 sqrt 计算平方根) 这些函数以逐个作用于每个元素的方式对向量或者时间序列进行运算. 例如, log(Dat2) 就是对时间序列 Dat2 的每个元素进行对数变换, 并且将时间序列结构传递给变换后的数据.

```
> Dat2=ts(c(12,31,22,24,30), start=c(2006,2), frequency=4)
> log(Dat2)
          Qtr1     Qtr2     Qtr3     Qtr4
2006             2.484907 3.433987 3.091042
2007 3.178054 3.401197
```

此外, 向量和时间序列还可以通过逐个作用于每个元素的方式, 应用一般的加 (+)、减 (−)、乘 (*)、除 (/) 或幂 (^或 * *) 等运算进行代数变换. 例如, 对 Dat2 应用变换 $y = 2x^3 - x + 7$, 并把变换后的数据保存到一个名为 new.Dat2 的新时间序列中, 命令如下:

```
new.Dat2= 2*Dat2^3-Dat2+7
```

第 1 章 R 命令

现在我们开始讨论选取于本书第 1 章中用到的有关 R 命令. 应用在本书全部 15 章中的命令脚本文件可以在以下网址下载: www.stat.uiowa.edu/~kchan/TSA.htm. 这些脚本文件包含各章中执行分析任务时所需的相关 R 命令, 同时也包含一些额外的有限的解释说明. 请下载脚本并将它们保存在你的工作目录中. 可以通过 R 编辑器 (脚本) 窗口在 R 中打开它们, 这样将节省大量录入工作! 一旦它们下载后, 脚本文件便可以通过点击打开文件按钮 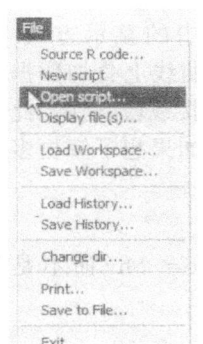, 或是如左侧所示那样应用 file 菜单打开.

图表 2 在脚本窗口中显示了第 1 章中脚本文件的部分内容. 前四行命令已经被用鼠标拖拉选中的方式突出显示. 我们现在可以通过按 Ctrl-R 的方式或者是如下右图所示用右键单击突出显示部分, 并从显示的选项中选择 Run

来运行．如果光标停留在一行没有突出显示的命令处，那么该命令也可以通过类似方式执行．

图表2　显示第1章脚本文件的脚本窗口

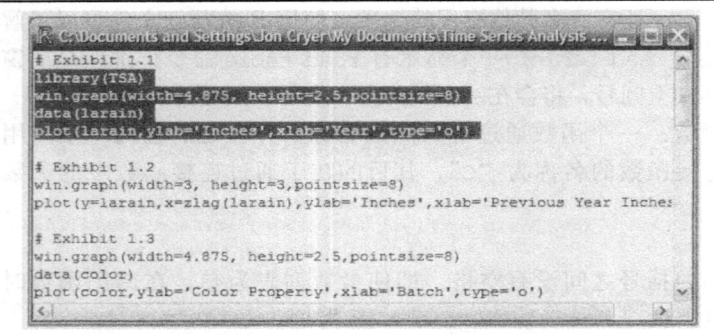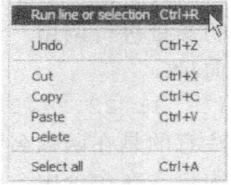

R 每次会话开始时，都需要加载 TSA 库．下面的命令可以完成这项任务．（但是你也许希望了解可以自动执行一些启动任务的 .First 函数）

　　library(TSA)

TSA 包包含所有的用于重复书中的分析及完成习题所需的数据集和函数．

　　# Exhibit 1.1[①]
　　win.graph(width=4.875,height=2.5,pointsize=8)

在 R 的代码编写过程中，可以插入批注以增加其可读性．在 R 命令中符号♯意味着其后的内容仅仅是批注，因此 R 将会忽略该部分．以♯号开始的首条 R 命令是批注．第二条 R 命令，用于打开一个图形窗口，其窗口宽 4.875 英寸，高 2.5 英寸，且字号为 8 号．所选设置及类似设置得到适合本书版面的时序图．为达到其他目的，另外的设置可能更合适．例如，分位数—分位数图中最好使用 1∶1 的比例（长＝宽）．在探索性数据分析时，会希望一个更大的图形窗口以完全利用电脑屏幕观察更多的细节．命令 win.graph 可以放心地完全去掉．如果没有打开图形窗口，只要输入画图命令，R 就会打开图形窗口．可以照例通过拖拽边框或者对角的方式调整窗口的大小．

　　data(larain)

该命令将 larain 时间序列加载到 R 会话之中，为进一步分析做准备，例如

　　plot(larain,ylab='Inches',xlab='Year',type='o')

plot 是一个函数，用于绘制出 larain 的时序图．参数 ylab= 'Inches' 指明以"Inches"作为 y 轴的坐标，同样，x 轴的坐标为"Year"．参数 type 指明数据在图形中的显示方式．type= 'o' 表示每一个数据点都叠加在曲线上；type= 'b' 是另一选项，表示在曲线上叠加数据点，但该曲线在数据点附近是断开的；type= 'l' 表示只显示各数据点之间的连接线段（注：此处字符 l 是英文小写字母，而并非是 1）．只想显示数据点，令 type= 'p' 即可．如果想了解更多关于 plot 函数的信息和 type 参数的全部选项，运行命令

　　?plot

将会弹出 plot 函数的帮助窗口，供你浏览．现在试一下，如果选项为 type= 'h' 而不是

[①] Exhibit 1.1 指的是图表 1-1，下同．——编辑注

type= 'o'，那么绘图结果是什么样子的？所有图形可以保存为以下几种格式中的任意一种 (File> Save as > …)：jpeg、pdf 等. 保存好的图形可以导入大部分文字编辑程序以得到高质量的报告.

```
# Exhibit 1.2
win.graph(width=3,height=3,pointsize=8)
plot(y=larain,x=zlag(larain),ylab='Inches',
 xlab='Previous Year Inches')
```

plot 函数是一种多用途函数. 依据设定的参数及其属性可以绘制多种不同的图形. 此时通过设定参数 y= larain（即 larain 作为 y 轴）和 x= zlag(larain)（即 larain 的 1 阶滞后作为 x 轴），该命令绘制了 larain 与其 1 阶滞后之间的散点图. 注意 zlag 是一个在 TSA 包中的函数. 可以运行命令？zlag 了解如何使用.

```
# Exhibit 1.3
data(color)
plot(color,ylab='Color Property',xlab='Batch',type='o')
```

这里我们给 plot 函数提供了四个参数来绘制 color 的时序图. 第一个参数简单地只是 color，而其他的参数采用了"参数=参数值"的形式. 因此，第一个参数是未命名参数，而其他参数是命名参数. 读者也许会对未命名参数的 R 解读感兴趣，为此可以使用？plct 命令来查看 plot 函数的变量列表，列表形如 x,y,.... 可以想到图形中的 x 参数表示 x 变量，y 参数表示 y 变量. 省略号（...）代表其他容许参数，但必须用参数名来设定. （重新查阅 plot 函数帮助页，看除了 x 与 y 以外，plot 还设置了什么其他参数）任何未命名参数都被解读为函数中相同位置未命名参数的赋值. 例如，color 作为 plot 函数中第一个参数出现，因此 R 将其解读为 x 参数的值. 此例子中 y 参数没有被代入. 这种情况下，Plot 将根据 x 变量的属性来决定采取何种行动. 因为 color 是一个时间序列，因此 plot 将绘制一个关于 color 的时序图. 为了加深理解，现在试着运行以下命令，命令中 color 作为第一和第二参数出现了两次.

```
plot(color, color, ylab='Color Property',
 xlab='Batch',type='o')
```

猜一下 R 将绘制一个什么样的图形？现在 color 被解释为 x 变量也被解释为 y 变量，因此会绘制出一条 45 度的直线. 但是该直线的宽度并不均匀. （你能看出这一点吗？）为什么呢？这是由于该序列为时间序列，plot 函数按照数据记录的顺序将数据点进行连接，并在图中标记数据点的顺序. 这一特性可用于某些分析中，但在本例中却会分散读者的注意力. 一种处理方法是在绘图之前从 x 变量中除去时间序列属性（Plot 函数将会根据 x 变量的属性确定如何去绘图）. 将 color 暂时转换为一个原始数据向量，可使用命令

```
as.vector(color)
```

现在试一下命令

```
plot(as.vector(color), color, ylab='Color Property',
 xlab='Batch',type='o')
# Exhibit 1.4
plot(y=color,x=zlag(color),ylab='Color Property',
 xlab='Previous Batch Color Property')
```

zlag 函数的输出是普通的向量，即 zlag(color)是 color 的 1 阶滞后，但是时间序列属性已经被去除了.

```
# Exhibit 1.9
plot(oilfilters,type='l',ylab='Sales')
```

plot 是一个高级绘图函数，该命令将替代现有图形窗口中的信息，或者在没有图形窗口的情况下创建一个新的窗口. 记得参数 type= 'l'指示 plot 仅仅使用线段连接每一个单独的时间序列点.

```
Month=c('J','A','S','O','N','D','J','F','M','A','M','J')
```

创建一个名为 Month 的向量，包含 12 个元素，分别代表 12 个月，从 7 月开始.

```
points(oilfilters,pch=Month)
```

points 是一个低级绘图函数，仅在现有图形上绘图. 由于 oilfilters 是一个时间序列，points 会依据时间顺序绘制 oilfilters，但参数 pch= Month 指示 points 函数使用 Month 向量的连续数值作为绘图符号以标出数据点. 因此，图形中的第一个点用 J 标识，第二个点用 A，以此类推. 当 Month 的值用完时，循环使用. 想象一下把 Month 复制为 Month, Month,…来补足空缺. 因此第 13 个数据点用 J 标识，第 14 个是 A. 第 30 个数据点用什么字母？

此外，这一例子也可以用下面的命令复制：

```
plot(oilfilters,type='l',ylab='Sales')
points(y=oilfilters,x=time(oilfilters),
    pch=as.vector(season(oilfilters)))
```

当时间序列数据被收集时，time 函数输出时期. season 函数返回 oilfilters 中数据的月份，season 函数是一个智能函数，因为它返回季度数据数据点对应的季度，以此类推. 参数 pch 要求用向量作赋值，但是 season 函数的输出被定义为 factor 对象；因此，需要对 season(oilfilters)应用 as.vector 函数，以去除其因子属性.（关于 factor 对象的更多解释参阅第 310~311 页）.

了解随机过程自然变化的最好方法之一，就是对该过程进行抽样，然后绘制时间序列图. 例如，独立同分布的正态分布过程经常被用作完全随机数据（即无时间结构的数据）的数据生成机制. 换句话说，这些数据构成了从正态分布中按时间顺序抽样得到的随机样本. 对过程数据进行模拟，并观察其时间序列图，是一种有价值的可用于区分时间序列是随机或与时间相关的训练（习题 1.3）. 对于从标准正态分布抽样，模拟结果保存在名为 y 的变量中，样本容量 $n=48$，其 R 命令是：

```
y=rnorm(48)
```

应用以下命令对该数据画图：

```
plot(y, type='p', ylab='IID Normal Data')
```

在以上命令中试一下选项 type= 'o'. 你觉得哪种选项便于更好地观察数据的随机性？注意再运行一次 y= rnorm(48)，将会得到随机过程的另外一个不同的时间序列实现. 下面讨论的 set.seed 命令说明了如何在 R 中进行"可复制"的模拟.

数据可以从其他分布中进行模拟. 例如，命令 rt(n= 48,df= 5)是从自由度为 5 的 t 分布中模拟 48 个独立观测值. 类似地, rchisq(n= 48,df= 2)是从自由度为 2 的卡方分布中模拟 48 个独立观测值.

第 2 章 R 命令

我们给出一些 R 程序来模拟随机游动过程, 假设具有 60 个独立的标准正态误差.

```
# Exhibit 2.1
n=60
```

将数值 60 代入名为 n 的对象.

```
set.seed(12345)
```

初始化随机数字生成器, 以便在需要时模拟是可复制的.

```
sim.random.walk=ts(cumsum(rnorm(n)),freq=1,start=1)
```

表达式 rnorm(n)从标准正态分布中生成 n 个独立数值. 函数 cumsum 计算正态分布样本的累计和向量, 得到随机游动的一个实现. 然后该随机游动实现被赋予时间序列属性, 并保存在名为 sim.random.walk 的对象中.

```
plot(sim.random.walk,type='o',ylab='Another Random Walk')
```

绘制模拟的随机游动的时序图.

第 3 章 R 命令

我们现在讨论第 3 章中出现的一些 R 命令.

```
# Exhibit 3.1
data(rwalk)
```

该命令载入时间序列 rwalk, 该序列是随机游动的一个实现.

```
model1=lm(rwalk~time(rwalk))
```

lm 函数拟合了一个线性模型 (回归模型), 其第一个参数是公式. 该公式是一个包含波浪号 (~) 的表达式, 波浪号左侧为应变量, 右侧为协变量或者是解释变量 (如果存在两个或者两个以上的协变量可用加号隔开). 截距项默认为包含在模型中. 可以通过在波浪号右侧加入 "-1" 去掉截距项. 前已述及 time(rwalk)可以产生随机游动样本区间内时期的时间序列. 因此命令 lm(rwalk~time(rwalk))对 rwalk 序列拟合了一个时间趋势回归模型. 这个拟合模型被保存在名为 model1 的对象中.

```
summary(model1)
```

summary 函数打印输出传入 model1 的模型的拟合结果汇总. 因此, 以上命令打印出对 rwalk 拟合的时间趋势回归模型.

```
# Exhibit 3.2
plot(rwalk,type='o',ylab='y')
abline(model1)
```

abline 函数是一个低级绘图函数. 如果将一个拟合好的简单回归模型代入, 该命令将会在现有的图形上添加拟合直线. 通过运行下面的命令, 任何形如 $y=\beta_0+\beta_1 x$ 的直线都可以叠加在图形上:

```
abline(a=beta0,b=beta1)
```
例如，以下命令在当前图形上添加了一条45度线．
```
abline(a=0,b=1)
```
前已述及lm函数可以通过在波浪号右侧逐个设定协变量或者解释变量来拟合一个多元回归模型．协变量必须用加号（+）隔开．假设我们想对rwalk序列拟合一个二次时间趋势模型，需要创建一个时间指数平方的新协变量．该二次变量可以在调用lm函数前创建，或者在调用lm函数的过程中建立．对于后面的这种方法，举例如下：
```
model1a=lm(rwalk~time(rwalk)+I(time(rwalk)^2))
```
注意表达式time(rwalk)^2附在I函数中，指示R通过执行传递给I函数的命令建立一个新变量．通过summary函数来查阅拟合的二次趋势模型．

```
> summary(model1a)
Call:
lm(formula = rwalk ~ time(rwalk) + I(time(rwalk)^2))
Residuals:
      Min       1Q   Median       3Q      Max
-2.696232 -0.768018  0.008256  0.853365 2.344685
Coefficients:
                     Estimate Std. Error t value Pr(>|t|)
(Intercept)        -1.4272911  0.4534893  -3.147  0.00262 **
time(rwalk)         0.1746746  0.0343028   5.092 4.16e-06 ***
I(time(rwalk)^2)   -0.0006654  0.0005451  -1.221  0.22721
---
Signif. codes:  0 '***' 0.001 '**' 0.01 '*' 0.05 '.' 0.1 ' ' 1
Residual standard error: 1.132 on 57 degrees of freedom
Multiple R-Squared: 0.8167, Adjusted R-squared: 0.8102
F-statistic:   127 on 2 and 57 DF,  p-value: < 2.2e-16
```

summary函数重复了对lm函数的调用．然后输出关于残差的五个汇总数值，接下来是参数估计值、标准误差、t值、p值列表．所有显著的协变量都用星号（*）标出，星号越多意味着越显著，即更小的p值，正如Signif.codes那行所解释的那样．最后，输出残值的标准误差，即估计的噪声项的标准差以及拟合模型的复R^2．很显然，二次项不显著，因此不需要加入模型，从数据的时间序列图看，这也是显然的．

读者也许会疑惑为什么需要I函数．这是因为没有I函数，R会应用公式约定来解释time(rwalk)+time(rwalk)^2项（运行?formula以了解更多公式的用法），因此最终拟合一个线性趋势模型！现在，我们忽略R命令中的I函数重新拟合二次趋势模型，比较线性与二次趋势模型的异同．

```
# Exhibit 3.3
data(tempdub)
```
加载tempdub序列．通过运行?tempdub命令可以了解更多关于tempdub数据集合的信息．
```
month.=season(tempdub)
```
表达式season(tempdub)将会输出每月的tempdub索引，并将其作为因子，存入month．对象．"对象"前的句号（.）是名称（month.）的一部分，包含它将使后续命令的输出更清晰．

这里先解释一下何为因子（factor）．所谓因子就是一种数据结构，该结构用以处理定性（名义）数据，这样的数据不像数字一样拥有自然顺序．然而，出于汇总和绘图的需要，用户可使用 levels 参数来对因子的值进行排序. 例如, 下面的命令创建一个包含定性变量 sex 的因子, 并且以字母顺序作为默认顺序.

```
> sex=factor(c('M','F','M','M','F'))
> sex
[1] M F M M F
Levels: F M
```

我们可以通过以下方法改变排序：

```
> sex=factor(c('M','F','M','M','F'),levels=c('M','F'))
> sex
[1] M F M M F
Levels: M F
```

注意这时 M 和 F 在 levels 中互换了位置. table 函数用来计算两种性别出现的频数.

```
> table(sex)
sex M F
    3 2
```

输出按照 level 参数给出的顺序列出了数值的频数. 现在, 回到第 3 章的 R 脚本文件.

```
model2=lm(tempdub~month.-1)
```

前已述及 month 是一个包含数据月份的因子. 当公式中包含因子协变量时, lm 函数将会用一组与因子的每个不同水平（数值）相对应的示性变量代替该因子变量. 这里 month. 具有 12 个不同的水平：Jan, Feb, 等等. 因此为了代替 month., lm 函数创建 12 个月度示性变量, 并用这 12 个示性变量来代替 month.. 由于这 12 个示性变量是线形相关的（它们的和是一个所有元素都是 1 的单位向量）, 应该去除截距项以避免多重共线. 表达式中的"- 1"就是为了处理这一问题. 拟合模型相当于对每个月分别拟合均值. 如果表达式中"- 1"被忽略, 那么 lm 函数将会通过忽略第一个示性变量来解决多重共线问题, 即 1 月的示性变量将会被删除. 在这个拟合模型中, 截距代表了全部 1 月的均值, 其他月份的系数代表了其均值与 1 月均值的偏差.

```
summary(model2)
```

拟合回归模型的汇总通过这条命令打印输出. 很多来源于拟合模型的变量也可以轻松获得. 例如, 拟合值可以用下面命令输出：

```
fitted(model2)
```

而残差可以通过下式获得：

```
residuals(model2)
# Exhibit 3.4
model3=lm(tempdub~month.) # intercept is automatically
    included so one month (January) is dropped
summary(model3)
# Exhibit 3.5
har.=harmonic(tempdub,1)
```

第一对调和函数（sine 和 cosine 对）可以通过 harmonic 函数建立, 该函数将时间序列作为第一个参数, 将谐波的对数作为第二个参数. 运行? harmonic 以了解更多相关信息. 调和函数的输出是一个矩阵, 保存在名为 har. 的对象中. 再次的第一个句号是名称的一部分, 使得后面的输出更清晰.

```
model4=lm(tempdub~har.)
summary(model4)
```

我们现在简要讨论一下在 R 中矩阵的应用. 矩阵是数字的矩形阵列. 可以通过 matrix 函数建立. 例子如下：

```
> M=matrix(1:6,ncol=2)
> M
     [,1] [,2]
[1,]    1    4
[2,]    2    5
[3,]    3    6
```

matrix 函数的第一个参数是一个向量，使用向量给出的数值逐列填入矩阵. 矩阵的列维度通过 ncol 参数确定，行维度通过 nrow 参数确定. 表达式 1:6 表示向量包含从 1 到 6 的整数. 因此 matrix 函数用六个数字 1，2，3，4，5，6 创建了一个两列的矩阵. 由于行维度的缺失，R 假设矩阵有六个元素，因此缺失的行维度被设为 2. 矩阵的维度可以通过使用 dim 函数获得.

```
> dim(M)
[1] 3 2
```

显示了作为向量的 M 的行与列维度. apply 函数可以使用给定的函数逐列处理矩阵. 例如，M 每一列的均值可以如下计算：

```
> apply(M,2,mean)
[1] 2 5
```

apply 函数的第一个参数是需要处理的矩阵；第二个参数是 MARGIN，其值为 1 时表示对行进行处理，为 2 时表示对列进行处理；第三个参数是 FUN，为用户定义的函数. 上例指示 R 对 M 矩阵逐列处理，对每一列使用均值函数. 如何修改 R 命令来计算 M 矩阵每一行的和呢？

```
# Exhibit 3.6
plot(ts(fitted(model4),freq=12,start=c(1964,1)),
    ylab='Temperature',type='l',
    ylim=range(c(fitted(model4),tempdub)))
points(tempdub)
```

ylim 选项确保 y 轴上有一个区间包含原始数据及拟合数据.

```
# Exhibit 3.8
plot(y=rstudent(model3),x=as.vector(time(tempdub)),
    xlab='Time', ylab='Standardized Residuals',type='o')
```

表达式 rstudent(model3) 返回拟合模型（外）学生化残差. 如要计算（内）标准化残差，使用命令 rstandard(model3).

```
# Exhibit 3.11
hist(rstudent(model3),xlab='Standardized Residuals')
```

hist 函数对作为其第一个参数传递给它的数据绘制直方图. 注意默认直方图标题是该图是 rstudent(model3) 的直方图. 尽管默认的标题可以正确描述所绘制内容，但是我们经常更需要的是描述性标题而非技术性标题. 例如，可以设置选项 main= 'Histogram of the Standardized Residuals'.

```
# Exhibit 3.12
qqnorm(rstudent(model3))
```

表达式 rstudent(model3) 提取了 model3 的标准残差. 而 qqnorm 函数绘制了残差的QQ正态得分图. 并且辅助直线可以通过命令 qqline(rstudent(model3)) 叠加在 QQ 正态得分图中.

```
# Exhibit 3.13
acf(rstudent(model3))
```

acf 函数计算了输入该函数的时间序列的样本自相关函数. 最大滞后长度根据样本容量大小自动确定. 但是在调用函数时, 也可以通过设定选项 max.lag= 30, 把滞后长度修改为 30.

Shapiro-Wilk 检验和游程检验可以通过以下命令进行:

```
shapiro.test(rstudent(model3))
runs(rstudent(model3))
```

这些命令可以计算统计量的值及其相应的 p 值.

第 4 章 R 命令

```
# Exhibit 4.2.
data(ma1.2.s)
plot(ma1.2.s,ylab=expression(Y[t]),type='o')
```

R 软件可以在图形中显示数学符号. 选项 ylab= expression(Y[t]) 指明 y 轴标签是以 t 为下标的 Y, 都采用数学字体. 公式排版的确需要一些额外的工作. 查阅 legend(? legend) 的帮助文件并且运行命令 demo(mathplot) 了解更多相关信息.

模拟长度 $n=100$ 且具有滑动平均系数 $\theta_1=-0.9$ 的 MA(1) 序列可以通过以下命令来实现:

```
set.seed(12345)
```

该命令初始化随机数生成器的种子, 因此在需要时, 模拟过程是可复制的. 没有这一命令, 随机数生成器将会"随机"初始化, 无法复制模拟结果. 此外, 参数 12345 可以用其他数字代替来获得不同的随机数.

```
y=arima.sim(model=list(ma=-c(-0.9)),n=100)
```

arima.sim 函数模拟的时间序列是将某给定 ARIMA 模型作为包含 AR 和 MA 参数向量的列表代入函数得到的. 以上模拟的是 MA(1) 模型, 其列表中没有 AR 部分. R 软件在参数化 MA 部分时使用了加号的表示习惯, 因此在 MA 参数向量前加减号来符合我们的参数表示方式. 样本容量是由参数 n 确定. 因此, 以上命令指示 R 使用 $\theta_1=-0.9$ 的 MA(1) 模型模拟长度是 100 的一个实现.

我们现在偏离主题, 来讨论一下与 list 相关的内容. 列表在 R 中是最灵活的数据结构. 可以将列表想象为一个拥有很多抽屉 (元素或成分) 的柜子, 每一个抽屉都可能包含不同结构的数据. 例如, 列表的某个元素可以是另一个列表! 列表中的元素根据它们所输入的顺序进行排序. 此外, 可以对列表的元素进行命名以方便检索. 列表通过把元素作为参数用 list 函数来创建. 相应元素按照名称=数值 (name= value) 并以逗号隔开的方式传递给 list 函数. 下面的例子是一个包含名为 a,b,c 三个元素的列表, 其中 a 是一个三维向量, b 是一个数字, c 是一个时间序列.

```
> list1=list(a=c(1,2,3),b=4,c=ts(c(5,6,7,8),
   start=c(2006,2),frequency=4))
> list1
$a
[1] 1 2 3
$b
[1] 4
$c
     Qtr1 Qtr2 Qtr3 Qtr4
2006          5    6    7
2007    8
```

为了检索列表中的元素,运行命令 `listname$ elementname`. 例如

```
> list1$c
     Qtr1 Qtr2 Qtr3 Qtr4
2006          5    6    7
2007    8
```

不规则结构的数据可以作为列表保存. 函数的输出经常是一个列表. 如果需要打印的列表比较大,那么仅仅输入列表名称可能会产生令人眼花缭乱的输出. 另一种方案是使用 str 函数 (str 代表 structure) 探索列表的结构. 例子如下:

```
> str(list1)
List of 3
 $ a: num [1:3] 1 2 3
 $ b: num 4
 $ c: Time-Series [1:4] from 2006 to 2007: 5 6 7 8
```

以上内容显示 list1 包含三个元素,并且对元素进行了简单的描述.

第 5 章 R 命令

```
# Exhibit 5.4
plot(diff(log(oil.price)),ylab='Change in Log(Price)',
    type='l')
```

diff 函数输出给定时间序列的一阶差分. 更高阶的差分可以通过提供 differences 参数来计算. 例如,log(oil.price)的二阶差分可以通过以下命令进行计算:

```
diff(log(oil.price), differences=2)
```

R 中一个有用的惯例是只要其不引起歧义,函数中的参数就可以缩写. 例如之前的命令可以被缩写为

```
diff(log(oil.price),diff=2)
```

注意 diff 函数的第二个参数是滞后参数. 通过默认值 lag= 1 和 diff 函数可以计算普通差分——一阶或更高阶差分. 后面,我们在考虑季节性时间序列数据时,有时需要考虑季节差分. 例如,我们希望从一年以前的相同月份中减去该月份数字;也就是说,计算具有 12 个月滞后的差分. 这一过程可以通过设定 lag= 12 完成. 作为演示,可以通过命令 diff(tempdub,lag= 12)来计算周期是 12 的季节差分. 那么命令 diff(log(oil.price),2)将会得出什么结果呢?当作者之一 (KSC) 试着运行类似的带有未命名参数的命令来计算某些时间序列的二阶差分时,不只一次地犯了严重的错误. 带有未命名参数时,实际上计算出的结果是 2 阶滞后的季节差分,并不是 2 阶差分!可以想见在那些焦虑的小时中,他所有的挫折感皆源自错

误计算所得的数据分析,严重背离了基于理论的预期.我们得到的教训就是,除非完全了解相关参数的位置,否则使用未命名参数是非常危险的.最好记住,未命名参数如果出现的话,应该出现在参数列表的开始,并且在命名参数后不应该再出现未命名参数.事实上,混合参数(命名参数与未命名参数杂乱无章地进行排列)可能会导致 R 的错误编译.函数中的参数顺序可以通过运行 args(function.name) 或 ? function.name 命令进行快速查看,此处 function.name 应被希望查看的函数名代替.

```
# Exhibit 5.11.
library(MASS)
```

该命令加载 MASS 库.运行命令 library(help= MASS) 查看该库的内容.

```
boxcox(lm(electricity~1))
```

boxcox 函数计算对应变量幂变换后适合数据的线性回归模型的极大似然估计.第一个参数是通过 lm 函数所确定的拟合模型.在默认条件下,boxcox 函数将会生成幂参数的对数似然函数图.幂参数的 MLE 是使似然曲线达到最大值时的数值.此处设定的模型是经过某个幂变换的 electricity 用常数加上白噪声来拟合的.但是,我们已经知道 electricity 是序列相关的,因此由于序列的自相关问题没能被考虑,这种方法并非完全正确.

对于时间序列分析而言,更加合适的模型是幂变换后的时间序列变量服从 AR 模型.函数 BoxCox.ar 可以实现这个模型,但它也有两个缺陷,一是占用过多的计算资源,二是当前版本的函数中模型无法包含其他的协变量.BoxCox.ar 函数的第一个参数是时间序列变量的名称.AR 的阶数可以由用户通过 order 参数设定.如果 AR 的阶缺失,那么函数将会通过对对数变换后数据最小化 AIC 来估计 AR 的阶.boxcox 和 BoxCox.ar 函数都要求应变量为正数.

```
BoxCox.ar(electricity)
```

该命令用以绘制考虑到数据自相关性的模型中幂参数的对数似然函数图.

第 6 章 R 命令

```
# Exhibit 6.9
acf(ma2.s,ci.type='ma',xaxp=c(0,20,10))
```

参数 ci.type= 'ma' 指示 R 绘制带置信区间的样本 ACF,其 k 阶滞后 ACF 的置信区间基于 MA($k-1$) 模型的假设计算得到.可参阅方程 (6.1.11) 查看细节.

```
# Exhibit 6.11
pacf(ar1.s,xaxp=c(0,20,10))
```

该命令计算和绘制样本 PACF 函数.运行命令 ? par 了解更多关于 xaxp 参数的信息.

```
# Exhibit 6.17
eacf(arma11.s)
```

该命令计算数据 arma11.s 的样本 EACF 函数(扩展自相关函数).AR 和 MA 的最大阶数可以通过 ar.max 和 ma.max 参数设定.它们的默认值分别是 7 和 13.例如,eacf(arma11.s, ar.max= 10,ma.max= 10) 表示以 AR 和 MA 的最大阶为 10 来计算 EACF 函数.EACF 函数将会打印出一张符号表格,其中 X 代表显著的数值,O 代表非显著的数值.

```
library(uroot)
```

该命令加载 uroot 库，接下来的命令演示了 Dickey-Fuller 单位根检验的计算.
```
ar(diff(rwalk))
```
该命令求出差分后序列的 AR 阶数，根据最小 AIC 准则，确定阶数为 8.
```
ADF.test(rwalk,selectlags=list(mode=c(1,2,3,4,5,6,7,8),
    Pmax=8),itsd=c(1,0,0))
```
该命令对数据 rwalk 进行 ADF 检验. 参数 selectlags 取值为某列表. 参数 mode 设定需要包括的滞后长度，如果该参数缺失，参数 Pmax 设置最大滞后长度，ADF.test 函数通过将模式设为 signif,aic 或者 bic 等多种方法确定检验中的滞后长度. 选项 signif 是 mode 的默认值，只保留显著的滞后项估计 AR 模型的子集. 参数 itsd 要求为向量，前两个元素为二元变量，表明是否包含常数项（如果第一个元素为1）或线形时间趋势（如果第二个元素为1）；如果模型中不包含其他协变量，那么第三个元素为 0. 查看 ADF.test 的帮助页，可以了解更多的信息. 因此，R 命令指示 ADF.test 函数进行零假设检验，零假设是模型有单位根和截距项，备择假设是模型平稳，较小的 p 值意味着平稳!
```
ADF.test(rwalk,selectlags=list(Pmax=0),itsd=c(1,0,0))
```
比较一下我们可以发现，上面的命令进行 ADF 检验，零假设是模型具有单位根和截距项，但不存在其他滞后项，但是备择假设设定模型为具有截距项的平稳 AR(1) 模型. 如果参数 itsd= c(0,0,0)，那么备择模型是中心化的平稳 AR(1) 模型. 即具有零均值. 这样的假设并不恰当，除非数据已经进行了均值修正.
```
# Exhibit 6.22
set.seed(92397)
test=arima.sim(model=list(ar=c(rep(0,11),.8),
    ma=c(rep(0,11),0.7)),n=120)
```
该命令模拟了 ARMA 模型子集. 这里 rep(0,11) 表示 11 个零.
```
res=armasubsets(y=test,nar=14,nma=14,y.name='test',
    ar.method='ols')
```
armasubsets 函数计算各种子集的 ARMA 模型，nar 和 nma 参数确定 AR 和 MA 的最大阶数，在上例中两个阶数的最大值均为 14. 用缺省 ols 方法（普通最小二乘法）估计相应 AR 模型.
```
plot(res)
```
plot 函数是一个巧妙的函数. 鉴于 res 是 armasubsets 函数的输出，该函数绘制一个表格，可以显示 ARMA 模型的几个最优子集.

第 7 章 R 命令

下面的函数计算 MA(1) 模型中 MA(1) 系数的矩估计量. 这是一个简单的 R 函数的例子. 只需把它复制并粘贴到 R 的控制台窗口，按回车键编译代码，就可以创建 estimate.ma1.mom 函数，并且在工作区中使用. 这一函数仅仅存在于它所创建的特定工作区中.
```
estimate.ma1.mom=function(x){r=acf(x,plot=F)$acf[1];
    if (abs(r)<0.5) return((-1+sqrt(1-4*r^2))/(2*r))
    else return(NA)}
```

对于 R 编程不感兴趣的读者可以跳过以下内容,直接到关于图表 7-1 的部分. R 函数的语法采用以下形式:

```
function.name = function(argument list){function body}
```

其中 function body 是一组 R 语句(命令). 一般来说,完整的 R 命令通过换行隔开. 此外,它们也可以用分号符号(;)隔开. 如果 R 命令不完整,那么 R 将假设该命令在下行继续,以此类推,直到 R 读到完整的命令. 所以以上函数包含一个名为 x 的参量并包含两条命令. 第一个命令是

```
r=acf(x,plot=F)$acf[1]
```

指示 R 计算 x 的 acf 但是不用画图,提取计算的样本自相关函数的首个元素(即 1 阶带后自相关系数),将其保存在名为 r 的对象中. 对象 r 是一个局部对象,仅存在于 estimate.ma1.mom 函数环境中. 第二个命令为

```
if (abs(r)<0.5)
    return((-1+sqrt(1-4*r^2))/(2*r)) else return(NA)
```

注意 if 从句与命令后半部分之间的换行. 因为单单是 if 从句是不完整的, R 假设在下一行该命令会继续. 在第二行, R 发现了完整的 R 命令,因此推断两行命令一起是一条完整的命令. 换句话说, R 把下一个命令等价于下面一行命令:

```
if (abs(r)<0.5) return((-1+sqrt(1-4*r^2))/(2*r)) else return(NA)
```

abs 函数用以计算参数所赋值的绝对值,而 sqrt 是计算参数的平方根函数. 现在,我们已经准备好来解释第二条命令了: 如果 r 的绝对值,即 x 的 1 阶滞后自相关数值小于 0.5,函数返回数字

$$(-1 + \text{sqrt}(1 - 4 * r^2))/(2 * r)$$

它是 MA(1)系数 θ_1 的距估计量;否则函数返回 NA(参阅方程(7.1.4)). 符号 NA 在 R 中代表缺失值. (NA 表示 not available.) 本例中特别指示 R 返回用户什么值. 然而,默认的过程是函数返回函数体中最后一个命令产生的数值. R 提供了用于进行统计的强大的计算机语言. 可以参阅 R 网站中的文件,了解更多 R 编程的信息.

```
# Exhibit 7.1
data(ma1.2.s)
```

该命令加载一个模拟的 MA(1)序列.

```
estimate.ma1.mom(ma1.2.s)
```

该命令是使用上面用户创建的 estime.ma1.mom 函数,用矩方法估计 MA(1)的系数.

```
data(ar1.s)
```

该命令从 TSA 包中加载模拟的 AR(1)序列.

```
ar(ar1.s,order.max=1,AIC=F,method='yw')
```

该命令计算对 ar1.s 序列估计的 AR 的系数. ar 函数对中心化数据估计 AR 模型(即均值修正后的数据),因此截距一定为零且不被估计或者不在输出中显示. ar 函数要求用户通过 order.max 参数设定最大的 AR 阶数. AR 的阶数可通过在 0 和最大阶数之间选择使最小 AIC 模型的阶来估计. 这一选项可以通过令 AIC 参数为真,即 AIC= T 来设定. 或者可以通过设定 AIC= F 来转换阶数的选择. 后一种情况下, AR 的阶被设定等于最大 AR 阶数. ar 函数可以使用多种方法估计 AR 模型,包括求解 Yule-Walker 方程、普通最小二乘法、极大似然估计法

（假设正态分布的白噪声误差项）. 这些方法分别对应着选项 method= 'yw', method= 'ols'或 method= 'mle'. 特别地, 上面的 R 命令对 ar1.s 序列通过求解 Yule-Walker 方程拟合 AR(1) 模型.

我们暂离主题, 简单讨论一下取值为真（TRUE）或假（FALSE）的逻辑变量的概念. 这些值可以被缩写为 T 和 F. 在二进制表达中, T 也用 1 表示, F 用 0 表示. 关于逻辑变量, R 采用了非常有用的惯例：如果出现在数学表达式中的逻辑变量值为 T, 则自动转化为 1, 否则为 0.

```
# Exhibit 7.6
data(arma11.s)
arima(arma11.s, order=c(1,0,1),method='CSS')
```

arima 函数对作为第一个参数代入的时间序列估计 ARIMA(p, d, q) 模型. ARIMA 的阶用 order 参数 order= c(p,d,q)来确定, 因此, 以上命令对数据拟合 ARMA(1, 1) 模型. 估计可以使用条件平方和法 (method= 'CSS') 或者极大似然函数法 (method= 'ML') 来完成. 默认的估计方法是极大似然估计法, 初始数值通过 CSS 法确定. arima 函数打印出拟合模型的汇总. 拟合模型也可以被保存为一个对象以便进一步应用, 例如模型诊断. 默认设置中, 如果 $d=0$, 那么将会拟合平稳 ARMA 模型. 同样, 拟合模型采用中心化模式；即对减去样本均值后的序列拟合 ARMA 函数. arima 函数输出中报告的截距项是一个误称, 因为它实际上是均值! 但是, 这样估计出来的均值一般来说与样本均值稍有不同.

```
# Exhibit 7.10
res=arima(sqrt(hare),order=c(3,0,0))
```

该命令将拟合的 AR(3) 模型保存在名为 res 的对象中. arima 函数的输出是 list. 运行命令 str(res)可以查看保存在 res 中的内容. 你会发现保存在 res 中的大部分内容无法直接应用. 相反, arima 函数的输出必须用其他命令来处理以便概括更多信息. 例如, 拟合模型的 (原始) 残差可以通过 residuals 函数用 residuals(res)命令来计算. 拟合值可以通过运行 fitted(res)获得. 下面讨论其他有用的函数, 用以处理由 arima 函数得到的拟合 ARIMA 模型.

下面演示使用自助法进行统计推断的实证方法.

```
set.seed(12345)
```

该命令初始化随机数生成器的种子, 因此模拟研究可以被重复.

```
coefm.cond.norm=arima.boot(res,cond.boot=T,is.normal=T,
    B=1000,init=sqrt(hare))
```

arima.boot 函数基于拟合的 ARIMA 模型展开自助分析. 第一个参数是拟合的 ARIMA 模型, 即 arima 函数的输出. 有四个不同的自助法可以使用：自助序列可以用提供的数值初始化 (cond.boot= T)或者不提供初始化数值 (cond.boot= F), 可用使用非参自助 (is.normal= F) 或者假设正态新息的参数自助 (is.normal= T). 对于条件自助, 初始数值可以以向量方式提供 (arima.boot 函数将会使用提供的向量中的数值作为初始值). 自助样本容量, 比如 1000, 可以通过选项 B= 1000 来设定. arima.boot 函数输出一个矩阵, 该矩阵的每一行都是对自助数据使用极大似然估计法所得到的 ARIMA 系数的自助估计值. 因此, 如果 B= 1000 并且模型为 AR(3), 那么输出是一个 1000 乘以 4 的矩阵, 该矩阵的每一行按照 ($\hat{\phi}_1$, $\hat{\phi}_2$, $\hat{\phi}_3$, $\hat{\mu}$) 的顺序由自助 AR(1)，AR(2) 和 AR(3) 系数加上均值估计值组成.
```
signif(apply(coefm.cond.norm,2,function(x)
    {quantile(x,c(.025,.975),na.rm=T)}),3)
```
这是一个复合 R 语句，等同于两条命令：
```
temp=apply(coefm.cond.norm,2,function(x)
    {quantile (x,c(.025,.975),na.rm=T)})
signif(temp,3)
```
只有临时变量 temp 未在原来的复合语句中创建. 回忆一下 apply 函数是一个处理矩阵的通用函数. 这里 apply 函数逐列处理 coefm.cond.norm 矩阵，每一列都提供给用户提供的未命名函数.
```
function(x){quantile(x,c(.025,.975),na.rm=T)}
```
这一未命名函数只有一个输入，称为 x，该输入用 quantile 函数处理. quantile 函数读取向量并且计算与第二个参数设定的概率对应的样本分位数. 第三个参数设置是 na.rm= T(na 代表不可获得，rm 代表去掉)，意味着在计算分位数前去掉输入中的任何缺失值. 这一规范非常重要，因为在 R 中，默认设置为任何具有缺失数值的数据集的分位数被定义为缺失值（NA）.（某些自助序列在拟合 ARIMA 时存在收敛问题，因此自助函数的输出可能包含一些缺失值）. 现在回过来解释右侧的 temp 命令，该部分指示 R 计算每个自助系数估计量的第 2.5 百分位数和第 97.5 百分位数，为了能够精确计算，R 对象中的数字会保留很高的有效数字位数. 但是，打印版本中，为了看起来清楚，只保留比较少的有效数字位数. 这可以通过 signif 函数完成. signif 函数输出作为第一个参数代入的对象，但仅仅显示第二个参数设定的有效数字的位数，在这个例子中是 3. 整个复合 R 命令计算了每个 AR 系数 95％ 自助置信区间.

第 8 章 R 命令

```
# Exhibit 8.2
data(hare)
m1.hare=arima(sqrt(hare),order=c(3,0,0))
m1.hare
```
该命令打印出经过开方变换的 hare 数据的拟合 AR(3) 模型. 结果证明 AR(2) 系数估计量 $\hat{\phi}_2$ 不显著. 注意 AR(2) 系数在系数向量中是第二个元素，正如拟合模型输出所示. 某些元素固定为某一特定值的有约束的 ARIMA 模型可以通过使用 arima 函数的 fixed 参数来拟合. 参数 fixed 应该是一个与系数向量长度相同的向量，该向量中所有自由元素设定为 NA，所有约束参数设定为 0 (或者其他固定值). 例如，此处 AR(2) 系数限制为 0($\phi_2=0$)，因此 fixed= c(NA,0,NA,NA)，即 AR(1)，AR(3) 以及 "截距项" 为自由参数，而 AR(2) 固定为 0. 记住 "截距项" 排列在最后. 下面的命令对野兔数据拟合有约束的 AR(3) 模型.
```
m2.hare=arima(sqrt(hare),order=c(3,0,0),
    fixed=c(NA,0,NA,NA))
m2.hare
```
需要注意的是在中心化形式的 ARMA 模型中截距项实际上是均值. 即如果 $y=$ sqrt(hare)$-$intercept，则模型为
$$y_t = 0.919 y_{t-1} - 0.5313 y_{t-3} + e_t$$
因此，"真正"的估计的截距等于 $5.6889 \times (1-0.919+0.5313) = 3.483$，正如书中所述.

```
plot(rstandard(m2.hare),
    ylab='Standardized Residuals',type='b')
```
rstandard 函数用于计算标准残差, 即原始残差用估计的噪声标准误差标准化.
```
abline(h=0)
```
增加一条 y 轴的截距为零的水平直线. 使用 R 的帮助查找如何添加一条 x 轴截距 $=10$ 的垂直线.

```
# Exhibit 8.12 (以Exhibit 8.1中的某些命令作为开始)
data(color)
m1.color=arima(color,order=c(1,0,0))
tsdiag(m1.color,gof=15,omit.initial=F)
```

在 TSA 包中的 tsdiag 函数是对 R 的 stats 包中的函数修改得到的, 主要是对拟合模型进行模型诊断. 参数 gof 设定在模型诊断中使用的 acf 函数的最大滞后长度. 设参数 omit.initial= T, 分析时可以忽略最初的几个残差. 这一选项对检验季节模型特别有用, 由于构建的原因季节模型最初的几个残差接近于 0, 包含这些残差可能会使模型诊断产生偏差. 在这个例子中参数 omit.initial 被设为 F, 因此诊断将基于全部残差进行. 回忆一下 Ljung-Box (混合) 检验统计量等于残差 1 阶滞后到 K 阶滞后自相关系数的平方和, 见方程 (8.1.12). 假设 ARIMA 模型的阶被正确设定, 为了保证 Ljung-Box 检验统计量的近似卡方分布有效, 要求 K 值应该大于某滞后长度, 大于该滞后时, 原始时间序列的自相关系数可以忽略不计. 在 TSA 包中修改后的 tsdiag 函数会检测这一条件, 因此 Ljung-Box 检验只对充分大的 K 计算. 如果所需要的 K 值大于指定的最大滞后, tsdiag 将会返回错误信息. 该问题可以通过增加所要求的最大滞后阶数来解决. 使用 ? tsdiag 命令可以了解更多关于 tsdiag 函数的信息.

第 9 章 R 命令

```
# Exhibit 9.2
data(tempdub)
    tempdub1=ts(c(tempdub,rep(NA,24)),start=start(tempdub),
    freq=frequency(tempdub))
```

该命令向 tempdub 数据添加了两年的缺失数值, 因为我们希望预测未来两年的气温. start 函数提取时间序列的开始日期. frequency 函数提取被代入时间序列的频率, 此处为 12. 因此 tempdub1 包含增加了两年缺失数据的 Dubuque 的气温序列, 具有相同的开始日期以及单位时间间隔上相同的抽样频率.

```
har.=harmonic(tempdub,1)
```
该命令创建了第一对调和函数.
```
m5.tempdub=arima(tempdub,order=c(0,0,0),xreg=har.)
```
该命令用 arima 函数拟合调和回归模型. 协变量通过参数 xreg 代入函数. 在这个例子中, har. 是协变量, 并且 arima 函数用应变量对协变量拟合了一个线性回归模型, 假设误差项服从 ARIMA 模型. 因为 ARIMA 的阶设为 $p=d=q=0$, 假设的误差结构为白噪声; 即 arima 函数用 tempdub 对第一对调和函数拟合了一个普通的线性回归模型. 注意这一结果与使用 lm 函数拟合的结果相同，以下命令可以证实这一结论：
```
har.=harmonic(tempdub,1); model4=lm(tempdub~har.)
summary(model4)
```
参数 xreg 期望协变量的输入或者是一个矩阵或者是 data.fame.可以把 data.frame 看做是这样一个矩阵，该矩阵由几个协变量捆绑在一起逐列排列构成。具有多个参数的 data.frame 函数可用创建这一矩阵，每个参数都采取 covariate.name= R statement 的方式计算协变量。如果 covariate.name 被忽略，R statement 将会成为变量名称，这对于一个复杂的定义语句来讲是不合适的。如果 R statement 是一个矩阵，那么该矩阵的每一列都被作为协变量，每列的名称作为协变量的名称。考虑一个例子：通过增加线性时间趋势扩展上面的调和回归模型。扩展模型可以通过下面的命令来拟合：
```
arima(tempdub,order=c(0,0,0),
    xreg=data.frame(har.,trend=time(tempdub)))
m5.tempdub
```
该命令打印出拟合模型。

我们现在用一个例子来说明预测。
```
newhar.=harmonic(ts(rep(1,24), start=c(1976,1),freq=12),1)
```
该命令创建一个从 1976 年 1 月开始跨越两年的调和函数。记得 tempdub 序列的终止时间是 1975 年 12 月。
```
plot(m5.tempdub,n.ahead=24,n1=c(1972,1),newxreg=newhar.,
    col='red', type='b',ylab='Temperature',xlab='Year')
```
该命令基于作为第一个参数赋予的拟合模型计算并绘制预测值。此处，我们通过参数 n.ahead= 24 设定 24 步向前预测。预测期的协变量值需要通过 newxreg 参数提供。参数 newxreg 应该与参数 xreg 在协变量各个方面相匹配，除了数值来自不同的时期。通过使用参数 n1，图形的开始日期可以与时间序列的开始日期不同。此处，n1= c(1972,1) 设定 1972 年 1 月为图形的开始日期。对于非季节性数据（即频率=1），n1 应该是标量。参数 col 和 type 代表所绘线段的颜色和形状。
```
# Exhibit 9.3
data(color)
m1.color=arima(color,order=c(1,0,0))
plot(m1.color,n.ahead=12,col='red',type='b',xlab='Year'
    ylab='Temperature')
abline(h=coef(m1.color)
    [names(coef(m1.color))=='intercept'])
```
最后一条命令在估计的均值（截距）处添加一条水平线。这是一个复杂的表述。表达式 coef(m1.color) 提取系数向量。系数向量的元素都已经被命名。向量的名称可以通过 names 函数提取，因此 names(coef(m1.color))返回系数向量元素的名称向量。== 运算符逐个元素地比较其左右两侧的向量，根据元素是否相等最后得到一个由 TRUE 和 FALSE 构成的向量。（如果比较的向量有不同的长度，那么 R 将会重复循环短的向量以与长的向量匹配）因此，命令
```
[names(coef(m1.color))== 'intercept']
```
返回一个向量，在"截距"元素的位置取值为 TRUE，而其他元素取值为 FALSE。最后，截

距系数估计量通过"方括号"运算提取.

```
coef(m1.color)[names(coef(m1.color))=='intercept']
```

括号中的运算通过两种机制之一得到向量的子集. 设 v 是一个向量. 其子向量可以通过命令 v[s]形成, s 是一个长度与 v 一致的布尔型向量 (即包含 TRUE 和 FALSE). v[s]是 v 的一个子向量, 包含了 v 中的那些元素, 对应着 s 中取值为 TRUE 的元素; 而对应于 s 中为 FALSE 的 v 中的元素不为 v[s]所取.

第二种设立子向量的方法就是建立 s, 它包含了要保留的元素的位置, v[s]将返回所需子向量. 这个方法的一个变形就是通过删除建立子向量. 通过把它们的位置乘以 -1 来标出不需要的元素. 例子如下:

```
> v=1:5
```

这一命令建立一个包含前五个正整数的向量.

```
> v
[1] 1 2 3 4 5
> names(v)
NULL
```

默认设定中, v 的元素没有命名, 因此 names(v)返回一个空向量, 用对象 NULL 标记.

```
> names(v)=c('A','B','C','D','E')
```

这是给向量元素分配名称的方法.

```
> v
 A B C D E
 1 2 3 4 5
```

命令

```
> names(v)=='C'
[1] FALSE FALSE TRUE FALSE FALSE
```

查找 name(v)的哪个元素是 "C".

命令

```
> v[names(v)=='C']
 C
 3
```

通过布尔值提取 v 的子集.

命令

```
> v[3]
 C
 3
```

通过提供保留元素位置的方法得到 v 的子集.

命令

```
> v[-3]
 A B D E
 1 2 4 5
```

通过提供不需要元素位置的方法得到 v 的子集.

第 10 章 R 命令

平稳 ARMA 过程的理论 ACF 可以通过 ARMAacf 函数计算. ar 参数向量(如果存在的

话）通过参数 ar 代入函数. 类似的 ma 参数向量通过参数 ma 代入函数. 最大滞后长度可以用参数 lag.max 设定. 设定 pacf 参数为 TURE, 计算理论 pacf; 否则函数计算理论 acf. 作为例子, 考虑季节 MA 模型:

$$Y_t = (1+0.5B)(1+0.8B^{12})e_t$$

注意 $(1+0.5B)(1+0.8B^{12})=(1+0.5B+0.8B^{12}+0.4B^{13})$, 因此, ma 系数通过选项 ma= c (0.5,rep(0,10),0.8,0.4) 来设定. 序列的理论 ACF 显示在图表 10-3 的左侧, 该图可以通过以下 R 命令获得.

```
plot(y=ARMAacf(ma=c(0.5,rep(0,10),0.8,0.4),
    lag.max=13)[-1],x=1:13,type='h',
xlab='Lag k',ylab=expression(rho[k]),axes=F,ylim=c(0,0.6))
points(y=ARMAacf(ma=c(0.5,rep(0,10),0.8,0.4),
    lag.max=13)[-1],x=1:13,pch=20)
abline(h=0)
axis(1,at=1:13,
    labels=c(1,NA,3,NA,5,NA,7,NA,9,NA,11,NA,13))
axis(2)
text(x=7,y=.5,labels=expression(list(theta&=&-0.5,
    Theta&=&-0.8)))
```

因为图表的标题需要用到希腊字母和下标, 标题信息必须通过 expression 函数来赋予. 运行帮助菜单？plotmath 了解更多如何在 R 中进行数学注释的内容.

```
# Exhibit 10.10
m1.co2=arima(co2,order=c(0,1,1),
    seasonal=list(order=c(0,1,1),period=12))
```

参数 seasonal 提供了季节性 ARIMA 模型中季节部分的信息. 它要求一个 list 函数, 季节阶数由名为 order 的部分提供, 季节周期通过 period 部分输入. 因此以上命令指示 arima 函数对 co2 序列拟合季节 ARIMA$(0, 1, 1)\times(0, 1, 1)_{12}$模型.

```
m1.co2
```

该命令打印拟合的季节 ARIMA 模型的汇总.

第 11 章 R 命令

```
# Exhibit 11.5
acf(as.vector(diff(diff(window(log(airmiles),
    end=c(2001,8)),12))),lag.max=48)
```

表达式 window(log(airmiles),end= c(2001,8))通过将 2001 年 8 月设定为新的结束日期的方式得到时间序列 log(airmiles)的子集. 对这个子时间序列先进行 12 阶滞后的季节差分, 然后再进行常规的差分. 双差分序列之后代入 acf 函数用以计算 48 阶滞后的样本 ACF.

```
# Exhibit 11.6
air.m1=arimax(log(airmiles),order=c(0,1,1),seasonal=
    list(order=c(0,1,1),period=12),
    xtransf=data.frame(I911=1*(seq(airmiles)==69),
    I911=1*(seq(airmiles)==69)),
    transfer=list(c(0,0),c(1,0)),
    xreg=data.frame(Dec96=1*(seq(airmiles)==12),
    Jan97=1*(seq(airmiles)==13),
    Dec02=1*(seq(airmiles)==84)),method='ML')
```

arimax 函数扩展了 arima 函数，因此其可以处理时间序列中的干扰分析及异常值（包括 AO 和 IO）．假设干扰影响过程的均值，相对未受干扰的均值函数的偏离用一些协变量的 ARMA 滤波器的输出之和来表示，偏差被称作传递函数．构造传递函数的协变量通过 xtransf 参数以矩阵或 data.frame 的形式代入 arimax 函数．对每个这样的协变量，其对传递函数的贡献以动态响应形式存在，表示如下：

$$\frac{(a_0 + a_1 B + \cdots + a_q B^q)}{(1 - b_1 B - b_2 B^2 - \cdots - b_p B^p)} 协变量_t$$

传递函数是 xtransf 参数中所有协变量以某 ARMA 滤波器形式表示的动态响应的和．滤波器中 ARMA 的阶用向量 c(p,q) 表示．如果 p= q= 0（即 c(p,q)= c(0,0)），协变量的贡献形如 a_0 协变量$_t$．如果 c(p,q)= c(1,0)，那么输出变成

$$\frac{a_0}{(1-b_1 B)} 协变量_t = a_0 (协变量_t + b_1 协变量_{t-1} + b_1^2 协变量_{t-2} + \cdots)$$

传递函数中动态部分的 ARMA 阶数通过 transf 参数以列表形式提供，此列表包含按照 xtransf 参数中定义的协变量的顺序所组成的 ARMA 阶向量．因此选项

```
xtransf=data.frame(I911=1*(seq(airmiles)==69),
    I911=1*(seq(airmiles)==69)),
    transfer=list(c(0,0),c(1,0))
```

指示 arimax 函数创建两个名为 I911 的相同协变量，该变量为示性变量，比如记作 P_t，2001 年 9 月取值为 1；其他时候取值为 0，传递函数是阶数分别为 c(0,0) 和 c(1,0) 的 9/11 示性变量的两个 ARMA 滤波器的和．因此，传递函数等于

$$\omega_0 P_t + \frac{\omega_1}{(1-\omega_2 B)} P_t$$

等价于如下形式的 ARMA(1,1) 滤波器：

$$\frac{\{(\omega_0 + \omega_1) - \omega_0 \omega_2 B\}}{(1-\omega_2 B)} P_t$$

可以通过以下选项设定：

```
xtransf=data.frame(I911=1*(seq(airmiles)==69)),
    transfer=list(c(1,1))
```

时间序列中的可加异常值（AO）可以被组合为示性变量代入 xreg 参数．例如，通过下面提供的参数，三个潜在的 AO 被包含在模型中：

```
xreg=data.frame(Dec96=1*(seq(airmiles)==12),
    Jan97=1*(seq(airmiles)==13),
    Dec02=1*(seq(airmiles)==84))
```

注意第一个潜在异常值发生在 1996 年 12 月．相应的示性变量被标记为 Dec96，通过公式 1*(seq(airmiles)== 12)进行计算，产生一个向量，该向量除了第十二个元素等于 1 以外其他元素都等于 0，长度与 airmiles 相同．这一"简单"命令的有关细节如下．seq 函数创建一个向量，该向量包含前 n 个正整数，其中 n 是一个代入 seq 函数的向量长度．表达式 seq(airmiles)== 12 创建一个与 airmiles 具有相同长度的向量，其元素除了第十二个为 TRUE 外其余全部为 FALSE．于是 1*(seq(airmiles)== 12)是一个算术表达式，R 将自动将任何嵌入的布尔型向量(seq(airmiles)== 12)转化为二元向量．前已述及，TRUE 值

被转化为 1，FALSE 值被转化为 0．乘以 1 并不改变转化后的二元向量．事实上，使用乘法的目的就是为了启动从布尔值向二元值的变换．

对这个例子，未受干扰动的过程假设为一个 IMA(1, 1) 过程，通过提供的参数 order=c(0,1,1)，这是显然的．一般来说，季节性 ARIMA 未受干扰的过程按照与 arima 函数相同的设定方式来设定．

```
air.m1
```

该命令打印出拟合的干预模型，显示如下：

```
> air.m1
Call: arimax(x=log(airmiles),order=c(0,1,1),seasonal=
    list(order=c(0,1,1),period=12),xreg=data.frame(Dec96=
    1*(seq(airmiles)==12),Jan97=1*(seq(airmiles)==13),
    Dec02=1*(seq(airmiles)==84)),method='ML',
    xtransf=data.frame(I911=1*(seq(airmiles)==69),I911=1*
    (seq(airmiles)==69)),transfer=list(c(0,0),c(1,0)))

Coefficients:
         ma1     sma1   Dec96    Jan97   Dec02  I911-MA0  I911.1-AR1  I911.1-MA0
      -0.3825 -0.6499  0.0989  -0.0690  0.0810  -0.0949      0.8139     -0.2715
s.e.   0.0926  0.1189  0.0228   0.0218  0.0202   0.0462      0.0978      0.0439

sigma^2 estimated as 0.000672: log likelihood=219.99, aic=-423.98
```

注意，传递函数分量中由示性变量 I911 的首个实例所定义的参数标记为 I911-MA0；即 MA(0) 系数．传递函数中由示性变量 I911 的第二个实例所定义的参数则标记为 I911.1-AR1 和 I911.1-MA0．这些是 AR(1) 和 MA(0) 系数估计．

我们也可以试验一下等价的参数化形式对 9/11 示性变量设定 ARMA (1, 1) 滤波器．

```
> air.m1a=arimax(log(airmiles),order=c(0,1,1),
    seasonal=list(order=c(0,1,1),period=12),
    xtransf=data.frame(I911=1*(seq(airmiles)==69)),
    transfer=list(c(1,1)),
    xreg=data.frame(Dec96=1*(seq(airmiles)==12),
    Jan97=1*(seq(airmiles)==13),
    Dec02=1*(seq(airmiles)==84)),method='ML')
> air.m1a
Call: arimax(x=log(airmiles),order=c(0,1,1),seasonal=
    list(order=c(0,1,1),period=12),xreg=data.frame(Dec96=1
    *(seq(airmiles)==12),Jan97=1*(seq(airmiles)==13),Dec02=
    1*(seq(airmiles)==84)),method='ML',xtransf=
    data.frame(I911=1*(seq(airmiles)==69)),transfer=
    list(c(1,1)))

Coefficients:
         ma1     sma1   Dec96    Jan97   Dec02  I911-AR1  I911-MA0  I911-MA1
      -0.3601 -0.6130  0.0949  -0.0840  0.0802    0.8094   -0.3660    0.0741
s.e.   0.0926  0.1261  0.0222   0.0229  0.0194    0.0924    0.0233    0.0424

sigma^2 estimated as 0.000648: log likelihood=221.76, aic=-427.52
```

注意这一模型的参数估计值与前一个模型的参数估计值很接近，但这个模型拟合得更好，这可能是由于进行最优化是通过数值算法实现的．

```
# Exhibit 11.8
Nine11p=1*(seq(airmiles)==69)
```

该命令定义 9/11 示性变量．

```
plot(ts(Nine11p*(-0.0949)+ filter(Nine11p,filter=.8139,
    method='recursive',side=1)*(-0.2715),
    frequency=12,start=1996),type='h',ylab='9/11 Effects')
```
命令
```
Nine11p*(-0.0949)+filter(Nine11p,filter=.8139,
    method='recursive',side=1)*(-0.2715)
```
计算估计的传递函数. 注意命令
```
filter(Nine11p,filter=.8139,method='recursive',side=1)
```
计算 (1− 0.813 9* B)Nine11p.函数 filter 对作为第一个参数赋值的输入序列执行 MA 或者 AR 滤波. 假设输入是向量 $x=c(x_1, x_2, \cdots, x_n)$, 那么由 MA 滤波器定义的输出是 $y=c(y_1, y_2, \cdots, y_n)$

$$y_t = c_0 x_t + c_1 x_{t-1} + \cdots + c_p x_{t-q}$$

可以通过以下命令计算：
```
filter(x,filter=c(c0,c1,...,cq),side=1).
```
参数 side= 1 指明在计算输出值时，MA 运算对当前和过去的数值进行. 为了计算 y1, 需要知道 x0 的值. 因为后者无法观测到, 滤波器将其设定为 NA, 因此 y1 也是 NA. 在这种情况下, y2,y3 等都可以计算出来. 对输出由下面的方程递归定义的 AR 滤波器：

$$y_t = x_t + c_1 y_{t-1} + \cdots + c_p y_{t-p}$$

R 命令为
```
filter(x,filter=c(c1,c2,...,cp),method='recursive',
    side=1)
```
注意与 MA 滤波器情况不同的是, 滤波器向量从 c1 开始, 方程中不存在 c0. 参数 method= 'recursive'意味着是 AR 型的滤波器. 对于 AR 滤波器, 初始值不能设为 NA, 否则, 全部输出值都将是 NA! 默认的初始值是 0, 尽管可以通过参数 init 设定其他初始值.
```
abline(h=0)
```
添加一条 y 轴截距为 0 的水平线.
```
# Exhibit 11.9
set.seed(12345)
y=arima.sim(model=list(ar=.8,ma=.5),n.start=158,n=100)
```
模拟一个样本容量为 100 的 ARMA(1, 1) 序列. 为了去除初始值的短暂影响, 我们去掉一些初始数据, 设定容量为 158. 去掉百位数以上的初始值一般可以确保模拟过程是近似平稳的. 选择 158 并没有什么特殊的原因.
```
y[10]
```
该命令打印出第十个模拟值.
```
y[10]= 10
```
该命令把第十个数值修改为 10; 即该值变成了一个可加异常值, 用来模仿例如书写错误带来的效果.
```
y=ts(y,freq=1,start=1); plot(y,type='o')
acf(y)
pacf(y)
eacf(y)
```

探索性分析建议建立 AR(1) 模型.
```
m1=arima(y,order=c(1,0,0)); m1; detectAO(m1)
```
该命令用来检查拟合 AR(1) 模型中是否存在任意可加异常值（AO）. 这一检验需要估计误差（新息）项的标准差，默认设置是用稳健估计方案来估计，得到一个更有效的检验. 可以通过设定参数 robust= F 关闭稳健估计方案，如下所示：
```
detectAO(m1, robust=F)
```
该命令验证了非稳健估计过程的效力较小.
```
detectIO(m1)
```
该命令用来检验拟合 AR(1) 模型中是否存在任意新息异常值（IO）. 因为在第 10 个数据处发现 AO，因此把异常值作为一个示性变量加入下面的模型中.
```
m2=arima(y,order=c(1,0,0),xreg=data.frame(AO=seq(y)==10))
m2
# Exhibit 11.10
data(co2)
m1.co2=arima(co2,order=c(0,1,1),seasonal=list
    (order=c(0,1,1),period=12))
m1.co2
detectAO(m1.co2)
detectIO(m1.co2)
```
在第 57 个观测数据处发现 IO，把它加入模型
```
m4.co2=arimax(co2,order=c(0,1,1),
    seasonal=list(order=c(0,1,1),period=12),io=c(57))
```
IO 发生的时点通过参数 io 代入 arimax 函数，参数期望包含 IO 位置的列表或者是 IO 的时间索引，或者是给出季节性数据的年份和月份的形如 c(year,month) 的向量；对其他类型的季节性数据可类似地应用后一种形式. 对于一个单独的 IO，在代入参数 io 之前，没有必要把单独的索引向量置入列表.
```
# Exhibit 11.11
set.seed(12345)
X=rnorm(105)
Y=zlag(X,2)+.5*rnorm(105)
```
命令 zlag(X,2) 计算 x 的 2 阶滞后.
```
X= ts(X[- (1:5)],start= 1,freq= 1)
```
该命令忽略 X 的前五个值，并且把余下的值转化形成一个时间序列.
```
Y= ts(Y[- (1:5)],start= 1,freq= 1)
ccf(X,Y,ylab= 'CCF')
```
该命令计算 X 与 Y 的截面相关函数. 提供的参数 ylab 在此处用来代替 ccf 函数默认的 ylab，即 "ACF".
```
# Exhibit 11.14
data(milk)
data(electricity)
milk.electricity=ts.intersect(milk,log(electricity))
```
ts.intersect 函数在每个时间序列都有数据的时间框架上将几个时间序列合并在一起，得到一个时间序列矩阵（面板）. 当两个序列的时间区间重叠时，对象 milk.electricity 是

两个时间序列的矩阵, 其中的第一列为 milk 序列, 第二列则是 electricity 的对数.

```
plot(milk.electricity,yax.flip=T)
```

选项 yax.flip=T 将每个时间序列 y 轴的标题交替翻转, 以使标注更加清晰.

```
# Exhibit 11.15
ccf(milk.electricity[,1],milk.electricity[,2],
    main='milk & electricity',ylab='CCF')
```

表达式 milk.electricity[,1] 提取 milk 序列, milk.electricity[,2] 提取对数 electricity 序列.

as.vector 函数从时间序列中去除时间序列属性. 这是为了使得 ccf 函数绘制截面相关的默认设置无效. 你可能想去掉 as.vector 函数重复这一命令, 看看依据数据周期给出的滞后的默认标识.

```
ccf((milk.electricity[,1]),(milk.electricity[,2]),
    main='milk & electricity',ylab='CCF')
```

方括号运算符表示从一个矩阵 (比如 M 中) 以 M[v1,v2] 的形式提取子矩阵. 其中 v1 表明哪些行被保留, v2 表示哪些列被保留. 因此子矩阵 M[v1,v2] 包含保留的行与列交叉点处 M 中的所有元素. 如果 v1(v2) 缺失, 那么所有的行 (列) 被保留. 因此, M[,1] 是一个简单的子矩阵, 包含 M 的第一列. 但是, R 采用惯例, 将仅有一行或一列的子矩阵看作向量; 即这时子矩阵减少一个维度. 这一惯例在很多情况下是很有意义的. 然而, 如果在 R 中进行矩阵代数计算, 该惯例可能会导致奇怪的错误信息! 为了阻止维数的自动减少, 使用 M[v1,v2,drop=F]. 与设定哪些行或列需要保留在子矩阵中相反, 可以通过在它们的位置前增加一个负号的方式设定哪些行或列需要被删除. 或者 v1(v2) 可以被设定为布尔型向量, 需要保留 (删除) 的位置用 TRUE (FALSE) 标出.

```
# Exhibit 11.16
me.dif=ts.intersect(diff(diff(milk,12)),
    diff(diff(log(electricity),12)))
prewhiten(as.vector(me.dif[,1]),as.vector(me.dif[,2]),
    ylab='CCF')
```

prewhiten 函数希望通过 x 与 y 两个参数得到两个时间序列输入. 两个时间序列将会依据 ARIMA 模型进行滤波. ARIMA 模型可以通过参数 x.model 提供, 并且应该是 arima 函数的输出. 如果 ARIMA 未被提供, 将会对 x 序列拟合一个 AR 模型, AR 的阶数通过最小化 AIC 来确定. prewhiten 函数可以计算和绘制 x 序列以及来自相同模型的 (提供的或者是拟合的) y 序列的残差的截面相关函数 (CCF).

第 12 章 R 命令

下面介绍如何用两种不同的方式实施正态性 Jarque-Bera 检验. 首先, 我们介绍直接方法.

```
skewness(r.cref)
```

该命令计算 r.cref 序列的偏度.

```
kurtosis(r.cref)
```

该命令计算数据的峰度.

```
length(r.cref)* skewness(r.cref)^2/6
```

length 函数返回代入它的向量（时间序列）的长度，因此上面的表达式计算了 Jarque-Bera 统计量的前半部分.

```
length(r.cref)* kurtosis(r.cref)^2/24
```

计算 Jarque-Bera 统计量的后半部分.

```
JB=length(r.cref)*(skewness(r.cref)^2/6 +
   kurtosis(r.cref)^2/24)
```

对象 JB 包含了 Jarque-Bera 统计量，命令 JB 打印该统计量. 命令 1- pchisq(JB,df= 2) 计算对正态性进行检验的 Jarque-Bera 检验的 p 值. pchisq 函数计算 χ^2 分布小于等于第一个参数提供的数值的累积概率. pchisq 函数的 df 参数给出了 χ^2 分布的自由度. 因为 p 值等于右侧尾部区域，所以它等于 1 减去累积概率. 除了 pchisq，其他与 χ^2 分布有关的函数包括 qchisq，用以计算分位数；dchisq，用以计算概率密度；rchisq，用来从 χ^2 分布中模拟实现. 使用 R 中的帮助可以对这些函数有更多了解. 对其他概率分布，也存在类似的函数. 与正态分布相关的是 rnorm,pnorm,dnorm 和 qnorm. 检查一下二项式、泊松和其他分布相关函数的用法.

```
library(tseries)
```

该命令加载 tseries 库，这个库包括了本章描述的分析所需要的一些函数. 运行 library(help= tseries) 了解更多关于 tseries 包的信息.

```
jarque.bera.test(r.cref)
```

该命令对 r.cref 序列的正态性进行 Jarque-Bera 检验.

```
# Exhibit 12.9
McLeod.Li.test(y=r.cref)
```

该命令对 CREF 日收益率运行是否存在 ARCH 效应的 McLeod-Li 检验. 函数的前两个参数分别是 object 和 y. 对原始数据进行检验，时间序列通过参数 y 提供给函数. 然后函数使用平方后数据的自相关函数计算 Box-Ljung 统计量来检测条件异方差性. 该检验使用平方后数据的前 m 个自相关系数来完成，其中 m 的范围从 1 到由参数 gof.lag 设定的最大滞后值. 如果参数 gof.lag 缺失，默认设置为 $n\log_{10}(n)$，其中 n 为样本容量.

McLeod-Li 检验也可以应用于对数据拟合的 ARMA 模型的残差. 例如，我们发现美元/港币汇率数据服从 AR(1)＋异常值模型. 在汇率数据模型中是否需要包含 ARCH 效应可以通过以下命令检验.

```
McLeod.Li.test(arima(hkrate,order=c(1,0,0),
   xreg=data.frame(outlier1)))
```

注意对象是第一个参数，所以在以上命令中拟合的 AR(1)＋异常值模型被代入函数. 然后函数基于来自拟合的 AR(1)＋异常值模型残差的平方计算检验统计量. 如果对象参数被直接或间接提供，那么即使参数 y 被提供，也会被函数忽略. 注意对原始数据进行检验，参数 y 必须被提供，而对象参数是受抑制的.

```
# Exhibit 12.11
set.seed(1235678)
garch01.sim=garch.sim(alpha=c(.01,.9),n=500)
```

garch.sim 函数模拟 GARCH 过程，其中 ARCH 系数由参数 alpha 提供，GARCH 系数由参数 beta 提供. 样本容量通过参数 n 代入函数. 在上面的例子中，alpha= c(.01,.9) 指明常数项是 0.01，ARCH(1) 的系数为 0.9. 因此 garch01.sim 会保存一个 ARCH (1) 过程的实现.

```
# Exhibit 12.25
m1=garch(x=r.cref,order=c(1,1))
```

该命令对 r.cref 序列拟合 GARCH (1，1) 模型. garch 函数用极大似然法估计 GARCH 模型. 时间序列通过参量 x 提供给函数，GARCH 的阶数通过参数 order 提供. order 采用了 c(p,q) 的形式，其中 p 是 GARCH 的阶，q 是 ARCH 的阶.

```
summary(m1)
```

该命令给出拟合的 GARCH(1，1) 模型的汇总. 忽略报告在汇总中的 Box-Ljung 检验结果，因为应该使用广义混合检验，参阅书中的内容.

```
# Exhibit 12.29
gBox(m1,method='squared')
```

gBox 函数计算广义混合检验，用来检查拟合的 GARCH 模型的残差中是否存在任何残差异方差. 用 garch 函数拟合的 GARCH 模型需要通过第一个参数（模型参数，函数的第一个参数）提供给该函数. 在默认设置中，检验对来自拟合的 GARCH 模型的残差平方进行. 要想检查残差的绝对值，使用选项 method='absolute'. 在默认设置中，检验是对 1 阶到例如 K 阶滞后 ACF 进行的，K 的范围从 1 到 20. K 的集合通过 lags 参数提供. 例如，为了完成 K 从 1 到 30 的检验，需要提供选项 lags= 1:30.

```
gBox(m1,lags=20,plot=F,x=r.cref, method='squared')$pvalue
```

打印对残差平方和 $K=20$ 进行的广义混合检验的 p 值；即基于拟合 GARCH 模型残差平方的前 20 阶滞后 ACF，检验是否存在任何残差异方差. 通过选项 plot= F 关闭绘图功能. gBox 函数返回一个列表，其中名为 pvalue 的参数包含对于每个 K 进行检验的 p 值. 因此，该命令打印出 $K=20$ 时检验的 p 值.

```
# Exhibit 12.30
acf(abs(residuals(m1)),na.action=na.omit)
```

由于来自拟合 GARCH 模型的最初几个残差可能会缺失，因此有必要通过参数 na.action= na.omit 指示 ACF 函数忽略所有缺失数值.（当遇到缺失数值时，最好的方法就是忽略它.）如果该参数被忽略，acf 函数会使用所有的数据，如果存在任何缺失值，将会返回缺失值.

可以通过以下命令对 CREF 收益率过度拟合 GARCH(1，2) 模型.

```
m2=garch(x=r.cref,order=c(1,2))
summary(m2,diagnostics=F)
```

汇总使用 tseries 包中 summary.garch 函数得到. 注意汇总中的 Ljung-Box 检验的 p 值是无效的，作为替代应该使用广义混合检验. 因此关闭诊断检验.

```
AIC(m2)
```

该命令计算拟合 GARCH 模型 m1 的 AIC.

```
# Exhibit 12.31
gBox(m1,x=r.cref,method='absolute')
```

该命令执行对残差绝对值进行的广义混合检验.

```
shapiro.test(na.omit(residuals(m1)))
```

该命令对拟合模型 m1 的残差的正态性进行 Shapiro-Wilk 检验. na.omit 函数删除了残差中所有的缺失值. 因此该检验对没有缺失值的残差进行. 如果未通过 na.omit 函数对残差进行预处理, 那么如果有一些残差缺失, 检验将会返回一个缺失值.

```
# Exhibit 12.32
plot((fitted(m1)[,1])^2,type='l',
    ylab='conditional variance',xlab='t')
```

fitted 函数是一个智能函数, 根据作为第一个参数赋值的拟合模型的不同执行不同的操作. 如果拟合模型是 garch 函数的某个输出, 那么 fitted 函数的默认输出是一个两列的矩阵, 第一列包含一步前向条件标准差. 因此, 它们的平方是条件方差. 所以 (fitted(m1)[,1])^2 计算基于模型 m1 估计的一步前向条件方差时间序列.

第 13 章 R 命令

```
# Exhibit 13.3
```

可以通过 periodogram 函数对作为第一个参数赋值的数据计算和绘制时间序列的周期图.

```
sp=periodogram(y); abline(h=0);
    axis(1,at=c(0.04167,.14583))
```

periodogram 函数有几个有用的参数. 令 log='yes', 表示让 R 在对数标度下绘图, 而 log='no'（默认设置）表示让 R 在线性标度下绘图. 绘图函数的其他参数也可以代入函数以绘制更加合适的图形. axis 函数绘制一条轴线, 第一个参数设定轴线绘制的工作区. 工作区从底部开始按顺时针方向从 1 到 4 标记. 刻度线位置向量可以通过参数 at 设定. 上面的命令指示 R 在图形的底部画一条（附加的）轴线, 刻度线位于 0.041 67 和 0.145 83 处.

```
# Exhibit 13.9
theta=.9 # Reset theta for other MA(1) plots
ARMAspec(model=list(ma=-theta))
```

ARMAspec 函数计算和绘制作为第一个参数代入函数的 ARMA 模型的理论谱密度函数. 记得在 MA 部分的设定中 R 使用正号的习惯, 因此 theta 前加一个负号. 模型的格式与 arima 函数一样.

第 14 章 R 命令

```
# Exhibit 14.2
```

spec 函数可通过使用适当的核函数对周期图进行局部平均来估计谱密度函数. spec 函数有几个有用的参数. 令 log='yes', 表示让 R 在对数标度下绘图, 而 log='no', 表示让 R 在线性标度下绘图. 令 detrend=T, 可以去掉数据的趋势（拟合一个线性时间趋势）, 并且通过令锥削为介于 0 到 0.5 之间的某个小数强制进行锥削. 默认的选项为 taper=0, detrend=F.

```
k=kernel('daniell',m=15)
```

这里, 对象 k 包含半带宽为 15 的 Daniell 核函数, 通过 R 的帮助文件了解更多关于 kernel 函数的知识.

```
sp=spec(y,kernel=k,log='no',sub='',
    xlab='Frequency',ylab='Smoothed Sample Spectral Density')
```
设核为 Daniell 核函数指示 R 计算和绘制谱密度估计，其中在某一特定频率的估计通过对当前（原始）周期图值（包括左侧相邻的 15 个周期图值和右侧相邻的另外 15 个周期图值）求平均得到．用更多或更少的数据进行局部平均可以通过核函数的参数 m 来设定．

```
lines(sp$freq,ARMAspec(model=list(ar=phi),freq=sp$freq,
    plot=F)$spec,lty='dotted')
```
该命令添加理论谱密度函数．
```
# Exhibits 14.11 和  14.12
# 模拟序列的谱分析
set.seed(271435)
n=100
phi1=1.5; phi2=-.75 # Reset parameter values to obtain
    Exhibits 14.13 & 14.14
y=arima.sim(model=list(ar=c(phi1,phi2)),n=n)
```
该命令模拟一个长度为 100 的 AR(2) 时间序列．
```
sp1=spec(y,spans=3,sub='',lty='dotted', xlab='Frequency',
    ylab='Log(Estimated Spectral Density)')
```
该命令使用修正后的 Daniell 核（在 kernel 参数缺失并且 spans 参数被提供的时候是默认核）估计特殊的密度函数．参数 spans 提供了核函数的宽度；即该值是核函数中参数 m 的两倍加 1．此处 spans= 3 表明对三个连续周期图的值求平均．注意通过把向量代入 spans，可以重复进行局部平均．例如，设定 spans= c(3,5)执行两次局部平均．通过 spans= 3 局部平均得到估计的函数，再通过 spans= 5 局部平均一次．使用修正后的 Daniell（矩形）核重复平均，由于中心极限效用，类似于使用钟形核求平均．
```
sp2=spec(y,spans=9,plot=F)
```
此命令使用包含 9 个周期图的更大的窗宽计算谱估计，并且通过参数 plot= F 不进行绘图．spec 函数的输出保存在名为 sp2 的对象中．
```
sp3=spec(y,spans=15,plot=F)
```
该命令使用了更宽的窗．在每次局部平均中包括多少个周期图值呢？
```
lines(sp2$freq,sp2$spec,lty='dashed')
```
该命令用虚线（spans= 9）绘制更平滑的谱估计．
```
lines(sp3$freq,sp3$spec,lty='dotdash')
```
该命令用点虚线（spans= 15）绘制最平滑的谱估计．
```
f=seq(0.001,.5,by=.001)
```
该命令创建一个从 0.001 开始到 0.5 结束的数字序列，增量为 0.001，然后保存在对象 f 中．
```
lines(f,ARMAspec(model=list(ar=c(phi1,phi2)),freq=f,
    plot=F)$spec,lty='solid')
```
该命令对设定的 ARMA 模型绘制理论谱密度函数图，在估计的谱密度图上用连续的线表示．
```
# Exhibit 14.12
sp4=spec(y,method='ar',lty='dotted', xlab='Frequency',
    ylab='Log(Estimated AR Spectral Density)')
```

该命令使用通过最小化 AIC 拟合的 AR 模型的理论谱密度函数来估计谱密度函数.
```
f=seq(0.001,.5,by=.001)
lines(f,ARMAspec(model=list(ar=c(phi1,phi2)),
    freq=f,plot=F)$spec,lty='solid')
```
该命令绘制理论谱密度函数.
```
sp4$method
```
该命令显示所选 AR 模型的阶.

第 15 章 R 命令

```
# Exhibit 15.1
set.seed(2534567)
par(mfrow=c(3,2))
y=arima.sim(n=61,model=list(ar=c(1.6,-0.94),ma=-0.64))
```
该命令模拟一个样本容量为 61 的 ARMA（2，1）序列.
```
lagplot(y)
```
该命令绘制滞后回归图, 其中时间序列相对其滞后的图形被绘制, 并且在每个散点图中叠加一条平滑曲线. 平滑曲线通过对数据进行局部线性拟合得到. 通过增加参数 nn 设定的数值（默认值为 nn=0.7），局部拟合方案使用更局部的数据, 产生一个更平滑的拟合, 因为曲线更平滑因此可能具有更大的偏差和较小的变化. 相反, 减少参数 nn 的值会产生一个更粗略的拟合, 由于不太平滑因而拟合的偏差比较小但是变化更大. 时间序列应变量对 j 阶滞后绘制的散点图中的平滑曲线估计了给定 j 阶滞后下作为应变量 j 阶滞后函数的应变量的条件均值. 根据默认设定, lagplot 函数绘制滞后回归图, 滞后阶数从 1 到 6. 更多的滞后可以通过设置 lag.max 参数计算. 例如, lag.max= 12 是计算 1 阶滞后到 12 阶滞后回归图. 注意 lagplot 函数需要安装 R 中的 locfit 包.

```
# Exhibit 15.2
data(veilleux)
```
数据集 veilleux 是一个包含两个时间序列的矩阵. 第一列是 Didinium 丰度序列, 第二列是 Paramecium 丰度序列. 每个序列都是每 12 个小时记录一次. 基础时间单位为天, 因此序列的频率为 2, 即一天抽样两次.
```
predator=veilleux[,1]
```
该命令定义 predator 序列为 Didinium 丰度序列.
```
plot(log(predator),lty=2,type='b',xlab='Day',
    ylab='Log(predator)')
```
该命令用虚线绘制完整的对数转化后的 predator 序列.
```
predator.eq=window(predator,start=c(7,1))
```
该命令把 predator 序列中从实验第七天开始看起来 "平稳的" 部分构造为一个子集. 接下来在书中报告的关于 predator 序列的分析都是针对这个对数转化后的平稳子序列进行的.
```
lines(log(predator.eq))
```
该命令用实线绘制出平稳部分.
```
index1=zlag(log(predator.eq),3)<=4.661
```
zlag(log(predator.eq),3)命令返回（经对数变换的）predator 序列的 3 阶滞后. 表

达式 zlag(log(predator.eq),3)<= 4.661 计算一个布尔型向量，当且仅当 predator 序列 3 阶滞后的相应元素小于等于 4.661 时，该布尔型向量的值为 TRUE. 布尔型向量保存在名为 index1 的对象中. 其他比较符号，包括>=, >, <和==也可用来比较比较操作符两侧的向量. 在上面的例子中，<= 号左侧是一个向量，但是右侧是一个标量！这个不一致可以通过循环规则来解决，即 R 重复复制短向量直到与较长的部分匹配. 注意等号符号用双等号==表示，因为一个等号代表赋值运算.

```
points(y=log(predator.eq)[index1],(time(predator.eq))
    [index1],pch=19)
```

该命令用实心圆 (pch= 19)绘制捕食者丰度序列的 3 阶滞后小于等于 4.661 的数据点. 运行命令? points 了解更多数据点绘图样式.

```
# 非线性检验
Keenan.test(sqrt(spots))
```

该命令执行 Keenan 的线性检验. 在线性零假设下 AR 过程有效阶数可以通过参数 order 提供. 例如 order= 2 即设定有效 AR 阶数为 2. 如果参数 order 缺失，那么阶数由 ar 函数通过最小化 AIC 自动确定. 默认设定中，ar 函数通过解 Yule-Walker 方程来估计模型. 但是调用 Keenan.test 函数时，可以通过包含参数 method 选择其他估计方法；例如，method= 'mle' 指明在 ar 函数中使用极大似然估计法.

```
Tsay.test(sqrt(spots))
```

该命令运行 Tsay 的线性检验；参阅 Tsay(1986). Tsay.test 函数的设计以及参数与 Keenan.test 函数相似.

```
# Exhibit 15.6
y=qar.sim(n=100,const=0.0,phi0=3.97,
    phi1=-3.97,sigma=0,init=.377)
```

qar.sim 函数根据一阶二次 AR 模型模拟时间序列的实现，其中 phi0 是 1 阶滞后的系数，phi1 是 1 阶滞后平方的系数. 默认截距为 0，否则可以通过参数 const 设定. 新息标准差通过参数 sigma 代入函数. 此处，sigma= 1 设定标准差为 1. 参数 n= 15 设定样本容量为 15. 最后，参数 init= .377 设定初始值为 0.377. 默认的初始值为 0.

```
plot(x=1:100,y=y,type='l',ylab=expression(Y[t]),xlab='t')
```

qar.sim 函数的输出是一个向量. 为了画出时序图，必需指明 x 变量和 y 变量.

```
# Exhibit 15.8
set.seed(1234579)
y=tar.sim(n=100,Phi1=c(0,0.5),Phi2=c(0,-1.8),p=1,d=1,
    sigma1=1,thd=-1,sigma2=2)$y
```

tar.sim 函数根据双区域 TAR 模型模拟时间序列的实现. 模型的阶通过参数 p 设定，因此，p= 1 设定该模型为一阶模型. 延迟通过参数 d 代入函数，因此 d= 1 设定延迟为 1. 下区域（上区域）中 AR 系数向量以截距为首个组成部分，通过参数 phi1(Phi2)提供. 参数 thd= -1 假设门限参数为-1. 上区域和下区域的新息标准差分别通过参数 sigma1 和 sigma2 设定. 在这个例子中模拟的 TAR 模型是条件异方差的，因为上区域的新息标准差是下区域新息标准差的两倍. 样本容量通过参数 n= 100 设定为 100.

在正态分布新息假设下，对门限非线性的似然比检验可以通过 tlrt 函数完成，数据作为第一个参数输入函数. 其他需要的信息包括 order 参数和 delay 参数. 另外，门限参数必须

从数据的 a 乘以 100% 到 b 乘以 100% 的有界区间中搜索. 多数情况下, 在进行非线性检验之前需要对数据进行变换, 这可以通过提供变换后的数据或者提供原始数据及变换参数来设定. 可以使用的变换选项包括: 'no' (意味着没有变换, 是默认设置), 'log', 'log10', 或者 'sqrt'. 例如, 以下命令进行似然比检验, 零假设是经过开方变换的相对太阳黑子数据满足 AR(5) 过程, 备择假设是序列满足延迟为 1 的 5 阶门限模型, 门限参数从 (变换后) 数据的第一到第三四分位数中搜索.

```
tlrt(sqrt(spots),p=5,d=1,a=0.25,b=0.75)
```

tlrt 函数输出包含检验统计量和 p 值的列表. 在实际中, 虽然门限可能位于 1 和模型的阶之间, 但门限模型的真实延迟是未知的. (如果认为适当, 延迟也可以设为大于阶的某些数值) 对每个可能的延迟值, 可以多次重复上述命令. 一种更简练的方式是使用 for 循环, 具体方法如下:

```
# 门限非线性检验
pvaluem=NULL
```

该命令定义了一个名为 pvaluem 的空的对象.

```
for (d in 1:5)
   {res=tlrt(sqrt(spots),p=5,d=d,a=0.25,b=0.75); pvaluem=
   cbind(pvaluem,c(d,res$test.statistic,res$p.value))}
```

对每个 d 值重复运行大括号内的语句, 变量 d 顺序取自包含前五个正整数的向量 1:5. 因此, 首先设 d 等于 1, 运行门限非线性的似然比检验, 输出保存在名为 res 的对象中. 命令 c(d,res$ test.statistic,res$ p.value) 创建一个向量, 该向量包含数值 1、似然比检验统计量及其 p 值. 然后这样创建的向量被添加在 pvaluem 的右侧形成一个矩阵. 因此, 第一次循环后, pvaluem 是包含 $d=1$ 的检验结果的矩阵. 然后循环设 d 等于第二数值, 即 2; 对 $d=2$ 的执行门限似然比检验; 把 $d=2$ 的检验结果增添到 pvaluem 的右侧; 如此直到穷尽 d 和 n 的所有可能取值, R 退出循环.

```
rownames(pvaluem)=c('d','test statistic','p-value')
```

该命令为 pvaluem 矩阵的行添加标记, 第一行记为 "d", 第二行记为 "test statistic", 第三行记为 "p-value".

```
round(pvaluem,3)
```

该命令打印检验结果的矩阵 (表格), 结果保留到小数点后三位数. 注意, 可通过明确 pvaluem 为有适当维数的矩阵来提高上述 R 代码计算的效率, (例如, pvaluem= matrix('NA',nrow= 3,ncol= 5)) 在这个矩阵中保存着检验结果.

```
# Exhibit 15.12
predator.tar.1=tar(y=log(predator.eq),p1=4,p2=4,d=3,a=.1,
    b=.9,print=T)
```

该命令对 (经对数变换的) predator.eq 序列拟合门限模型, 上区域和下区域的最大化 AR 阶数均为 4, $d=3$, 门限参数从第 10 百分位数到第 90 百分位数之间进行搜索. 如果打印参数设为 T, 则打印拟合模型. 默认设置中, 函数使用 MAIC (最小化 AIC) 法进行估计, AR 的阶也用同样的方法估计. 另一个估计方法是条件最小二乘法, 可以通过 method= 'CLS' 来设定. 正如下面的命令所表示的那样.

在下面的命令中, 我们使用 CLS 法重新进行估计. 注意 CLS 法并不估计两个区域上 AR

的阶。作为替代，通过参数 p1 和 p2 设定的最大阶数作为 AR 的阶！这就是为什么 p1 和 p2 的值与之前命令的设定不同，事实上这里阶数被设定为使用 MAIC 法估计模型得到的阶。

```
tar(y=log(predator.eq),p1=1,p2=4,d=3,a=.1,b=.9,print=T,
    method='CLS')
# Exhibit 15.13
tar.skeleton(predator.tar.1)
```

该命令计算作为第一个参数的 TAR 模型的骨架，默认样本容量为 500 个值，烧炙 500 个值，并绘制骨架最后 50 个值的时序图。TAR 模型通常是 tar 函数中 object 参数的输出。此外，模型参数可以按照类似于 tar.sim 函数的格式来设定。函数还打印出骨架长期行为的汇总。

```
# Exhibit 15.14
set.seed(356813)
plot(y=tar.sim(n=57,object=predator.tar.1)$y,x=1:57,
    ylab=expression(Y[t]),xlab=expression(t),type='o')
```

该命令绘制根据对捕食者序列拟合的 TAR(2; 1, 4) 模型模拟的时间序列。拟合模型通过 object 参数提供。

```
# Exhibit 15.20
tsdiag(predator.tar.1,gof.lag=20)
```

该命令对用捕食者序列拟合的 TAR(2; 1, 4) 模型执行几个模型诊断检验。这个函数绘制标准残差的时间序列图，残差 ACF 以及广义混合检验的 p 值序列。参数 gof.lag= 20 指明最后两个图使用的最大化滞后是 20。

```
# Exhibit 15.21
qqnorm(predator.tar.1$std.res)
```

该命令对用捕食者序列拟合的 TAR(2; 1, 4) 模型的标准残差绘制分位数一分位数正态得分图。

```
qqline(predator.tar.1$std.res)
```

在 QQ 图中添加辅助线。

```
# Exhibit 15.22
set.seed(2357125)
pred.predator=predict(predator.tar.1,n.ahead=60,
    n.sim=1000)
```

该命令根据以给定数据及门限模型（通常是 tar 函数的输出，此处为 predator.tar.1）为条件的未来值的条件分布模拟一个时间序列，最大预测水平为 60 步前向预测。点预测及其 95% 预测极限用模拟方法计算。模拟的容量设定为 n.sim= 1000。函数 predict 的输出是一个列表，在名为 fit 的组成部分（元素）中包含向量形式的预测均值，在 pred.interval 部分包含矩阵形式的下和上预测极限。predict 函数是一个智能型函数，可以识别第一个参数是 TAR 模型，基于该模型计算预测值。运行？predict.TAR 可以了解更多关于 TAR 模型的 predict 函数的内容。扩展名 TAR 表示根据 TAR 模型进行预测的特殊预测函数。

```
yy=ts(c(log(predator.eq),pred.predator$fit),frequency=2,
    start=start(predator.eq))
```

该命令把点预测值添加到数据中。

```
plot(yy,type='n',
    ylim=range(c(yy,pred.predator$pred.interval)),
    ylab='Log Prey', xlab=expression(t))
```

该命令设置数据和预测值的图形,但是并没有实际绘图(type='n')。我们计划叠加预测区间,因此 y 轴的范围通过参数 ylim 设定为通过 range 函数计算得到的观测值+预测值向量(yy)与预测极限(pred.predator$ pred.interval)向量的合并向量的最小值和最大值向量。

```
lines(log(predator.eq))
```

该命令绘制数据的实线图。

```
lines(window(yy, start=end(predator.eq)+c(0,1)),lty=2)
```

该命令以虚线的方式添加预测值的曲线。

```
lines(ts(pred.predator$pred.interval[2,],
    start=end(predator.eq)+c(0,1),freq=2),lty=2)
```

该命令添加预测上限。

```
lines(ts(pred.predator$pred.interval[1,],
    start=end(predator.eq)+c(0,1),freq=2),lty=2)
```

该命令添加预测下限。

```
# Exhibit 15.24
qqnorm(pred.predator$pred.matrix[,3])
```

predict 函数的输出是一个列表,包含名为 pred.matrix 的另一个组成部分,这一组成部分是包含所有未来值的矩阵,第一列包含模拟的一步向前预测值,第二列包含两步向前预测值,等等。

```
qqnorm(pred.predator$pred.matrix[,3])
```

该命令提取全部 1000 个模拟三步向前预测值,然后代入 qqnorm 函数,以绘制这些数据的 QQ 正态得分图。

```
qqline(pred.predator$pred.matrix[,6])
```

该命令添加辅助直线用以检查三步向前预测条件分布的正态性。

最后,给出 TSA 包中的所有新的或改进的函数的简述列表。

TSA 库中的新函数或改进函数	
函数	描述
acf	计算并绘制从 1 阶滞后开始的样本自相关函数
arima	该函数已修改为计算本书所定义的 AIC
arima.boot	关于拟合 ARIMA(p, d, q)模型的自助时间序列
arimax	扩展 arima 函数,以包含传递函数、新息和可加异常值
ARMAspec	计算并绘制 ARMA 模型的理论谱
armasubsets	求"最优子集"ARMA 模型
BoxCox.ar	找到一个幂变换,以使变换后的时间序列逼近一个有正态误差项的 AR 过程
detectAO	检验时间序列中的可加异常值
detectIO	检验时间序列中的新息异常值
eacf	计算并显示时间序列的扩展自相关函数
garch.sim	模拟 GARCH 过程
gBox	对拟合 GARCH 模型进行最优拟合检验

(续)

函数	描述
harmonic	创建前 m 对调和函数的矩阵，用以拟合时间序列响应的一个调和趋势（余弦－正弦趋势，傅里叶回归）模型
Keenan.test	对时间序列服从 AR 过程的零假设进行 Keenan 非线性检验
kurtosis	计算（过度）峰度系数
lagplot	计算并绘制时间序列关于其不同滞后的非参数回归函数
periodogram	计算时间序列的周期图
LB.test	计算 Ljung-Box 或 Box-Pierce 检验，以检验 ARIMA 模型的残差是否为白噪声
McLeod.Li.test	执行条件异方差 McLeod-Li 检验（ARCH）
plot.Arima	基于拟合 ARIMA 模型，绘制时间序列及其 95% 置信区间预测图
predict.TAR	计算基于拟合 TAR 模型的预测值。假设误差为正态分布，预测的分布通过模拟来逼近
prewhiten	根据 AR 模型拟合二元序列的 x 分量来预白化二元时间序列。或者，如果已知是 ARIMA 模型，则两个序列均可用其预白化。继而绘制并计算预白后二元序列的 CCF
qar.sim	模拟一个一阶二次 AR 模型，其误差项是正态分布白噪声
rstandard.Arima	计算拟合 ARIMA 模型的内部标准残差
runs	通过检查是否存在过多或过少的数值落在中位数以上（或以下），来检验数值序列的独立性
season	从时间序列中抽取季节信息，并创立一个季节信息向量。如对于月度数据，函数将输出一个包含月度数据的向量
skewness	计算数据集的偏度系数
spec	允许用户调用在 stats 包中的 spec.pgram 函数或者 spec.ar 函数。如果存在数据的季节属性，则其在我们惯用的输出表达式里将被隐去。变更缺省设置为 demean=T,detrend=F,taper=0,并允许绘制置信区间带
summary.armasubsets	经典 ARMA 子集的概述方法，用于选取 ARMA 子集
tar	估计一个双区域 TAR 模型
tar.sim	模拟一个双区域 TAR 模型
tar.skeleton	通过省略 TAR 模型中的噪声项，得到 TAR 模型的骨架
tlrt	对于零假设为正态 AR 过程，备择假设为有齐次的、正态分布误差的 TAR 模型，对门限非线性进行似然比检验
Tsay.test	对时间序列中的二次非线性进行 Tsay 检验
tsdiag.Arima	修正 stats 包中的 tsdiag 函数，省略初始残差，并显示 Bonferroni 边界。其亦检查混合检验中卡方逼近有效的条件
tsdiag.TAR	显示时间序列图以及标准残差的样本 ACF。也计算并显示用于检查标准残差自相关性的混合检验
zlag	通过用 NA 替换缺失元素，计算某向量的滞后

附录Ⅱ 数据集合的说明

文件名/变量	描述和来源	页号
airmiles	美国月度航空客运里程数值：01/1996 – 05/2005. 数据来源：www.bts.gov/xml/air_traffic/src/index.xml#MonthlySystem	180
airpass	国际航线乘客月度总数，01/1960 – 12/1971. 数据来源：Box, G. E. P., Jenkins, G. M., and Reinsel, G. C. *Time Series Analysis: Forecasting and Control*, second edition, Prentice-Hall, Engelwood Cliffs, NJ, 1994	75
beersales	美国月度啤酒销售数量（百万桶），01/1975 – 12/1990. 数据来源：Frees, E. W., *Data Analysis Using Regression Models*, Prentice-Hall, Engelwood Cliffs, NJ, 1996	37
bluebird：(log. sales & price)	104 周里每周 Bluebird 标准薯片（新西兰）单位销量及价格. 来自 Dr. Andrew Balemi 的网站. 数据来源：www.stat.auckland.ac.nz/~balemi/Assn3.xls	193
bluebirdlite：(log. sales & price)	104 周里每周 Bluebird 淡味薯片（新西兰）单位销量及价格. 来自 Dr. Andrew Balemi 的网站. 数据来源：www.stat.auckland.ac.nz/~balemi/Assn3.xls	200
boardings：(log. boardings & log. price)	科罗拉多区丹佛市月度公共交通载客量（多数为公共汽车和轻轨），08/2000 – 03/2006. 数据来源：与科罗拉多州丹佛市，区运输部项目经理 Lee Cryer 的个人通信. 获得丹佛市汽油价格取自华盛顿特区，美国能源部，能源信息管理局网址：www.eia.doe.gov	179, 197, 199
co2	加拿大北部二氧化碳月度水平，01/1994 – 12/2004. 数据来源：http://cdiac.ornl.gov/ftp/trends/co2/altsio.co2	170
color	某化工过程中 35 个连续批次的颜色属性. 数据来源：Cryer, J. D. and Ryan, T. P., "The estimation of sigma for an X chart", *Journal of Quality Technology*, 22, No. 3, 187–192	2, 95, 104, 116, 126, 139
CREF	CREF（大学退休权益基金）股票基金每股日股价，08/26/04 – 08/15/06. 数据来源：www.tiaa-cref.org/performance/retirement/data/index.html	201
cref.bond	CREF（大学退休权益基金）债券基金每份日单价，08/26/04 – 08/15/06. 数据来源：www.tiaa-cref.org/performance/retirement/data/index.html	227
days	应收账数据. Winegard 公司产品分销商付款期的天数. 数据来源：得自于艾奥瓦州伯灵顿市 Winegard 公司副总裁 Mark Selergren 的个人通信	104, 124, 155, 200
deere1	在某一特定操作条件下，Deere 公司某工业加工过程生成的偏离特定目标值的 82 个连续值（以 0.000 025 英寸为单位）. 数据来源：得自于伊利诺伊州 Moline 市 Deere 公司技术中心的 William F. Fulkerson 的个人通信	103, 199
deere2	在某一特定操作条件下，Deere 公司另一个工业加工过程生成的偏离特定目标值的 102 个连续值（以 0.000 025 英寸为单位）. 数据来源：得自于伊利诺伊州 Moline 市 Deere 公司技术中心的 William F. Fulkerson 的个人通信	103
deere3	得自于 Deere 公司复杂机床的 57 个连续数值，这些数值是偏离目标值的数量（单位是千万分之一英尺）. 过程应用的控制机制是：根据上期产品偏离目标值的大小来重新设置相关机械参数. 数据来源：得自于伊利诺伊州 Moline 市 Deere 公司技术中心的 William F. Fulkerson 的个人通信	103, 123, 136, 155

(续)

文件名/变量	描述和来源	页号
eeg	脑电图是一种非介入型测试，用以检测和记录大脑中产生的电信号活动。数据得自对某癫痫患者的检测，采样频率为每秒256次。有关数据为Richard Smith教授网站中序列的一个部分（北加利福尼亚大学）。数据来源：http://www.stat.unc.edu/faculty/rs/s133/Data/datadoc.html	270
electricity	美国所有发电类型的月发电量（百万千瓦时）：煤、天然气、核能、石油和风力，01/1973 - 12/2005。数据来源：www.eia.doe.gov/emeu/mer/elect.html	71，153，179，191，270
euph	由作者之一（JDC，*Tempered Brass*乐团成员）用上低音号演奏的0.4秒降B调数字化声音文件	266
flow	在艾奥瓦州瓦佩洛测量的爱荷华河的流量数据（立方英尺每秒）09/1958 - 08/2006。数据来源：http://waterdata.usgs.gov/ia/nwis/sw	265，271
gold	每日金价（美元每盎司），01/04/2005 - 12/30/2005。数据来源：www.lbma.org.uk/2005dailygold.htm	75
google	Google股票的日收益率08/20/04 - 09/13/06。数据来源：http://finance.yahoo.com/q/hpϕs＝GOOG	227
hare	加拿大野兔年丰度数量，1905－1935。数据来源：Stenseth, N.C., Falck, W., Bjϕrnstad, O.N. 和 Krebs. C.J. (1997) "Population regulation in snowshoe hare and Canadian lynx: Asymmetric food web configurations between hare and lynx." *Proceedings of the Natlional Academy of Scinces*, USA, 94, 5147－5152	3，96，107，126，147
hours	美国制造部门周平均工作小时数的月度数据，07/1982－06/1987。数据来源：Cryer, J.D. *Time Series Analysis*, Duxbury Press, Boston, 1986	37
JJ	美国Johnson & Johnson公司的每股季度收入，1960年第一季度 - 1980年第四季度，来自David Stoffer的网站。数据来源：www.stat.pitt.edu/stoffer/tsa2/	75，179
larain	加利福尼亚州洛杉矶市年降雨量总计，1878－1992。数据来源：加利福尼亚克莱蒙特波莫纳学院Donald Bentley教授的个人通信。更多数据参见：www.wrh.noaa.gov/lox/climate/cvc.php	1，36，75，94，270
milk	美国月度牛奶产量，01/1994－12/2005。数据来源：国家农业统计局 usda.mannlib.cornell.edu/MannUsda/viewDocumentInfo.do?documentID＝1103	191，266，266
oil.price	月度原油现货价格，俄州，Cushing(美元每桶)，01/1986－01/2006。美国能源信息署。数据来源：tonto.eia.doe.gov/dnav/pet/hist/rwtcM.htm	63，88，108，127，200，227
oilfilters	月度特种机油过滤器批发数据，Deere公司 07/1983－06/1987。数据来源：得自于伊利诺伊州Moline市Deere公司技术中心的William F. Fulkerson的个人通信	5
prescrip	美国月度平均处方药成本 08/1986－03/1992。数据来源：Frees, E.W., *Data Analysis Using Regression Models*, Prentice-Hall, Engelwood Cliffs, NJ, 1996	38
retail	UK（英国）月度总零售额（非食品商店，十亿磅），01/1983－12/1987。数据来源：www.statistics.gov.uk/statbase/TSDdownload1.asp	38
robot	某工业机器人在多次规定系列演习中在"x"方向最终位置的序列。数据来源：得自于伊利诺伊州Moline市Deere公司技术中心的William F. Fulkerson的个人通信	103，123，136，156，264

数据集合的说明

(续)

文件名/变量	描述和来源	页号
SP	季度标准普尔综合指数，1936年第一季度 - 1977年第四季度．数据来源：Frees, E. W., *Data Analysis Using Regression Models*, Prentice-Hall, Engelwood Cliffs, NJ, 1996	74
spots	年度美国（相对）太阳黑子数，1945 - 2005．年度（相对）太阳黑子数是观测站网络所获得的太阳活动记录的加权平均值．数据来源：www.ngdc.noaa.gov/stp/SOLAR/ftpsunspotnumber.html#american	280
spots1	年度国际太阳黑子数，1700 - 2005，美国国家地球物理学数据中心．数据来源：ftp.ngdc.noaa.gov/STP/SOLAR_DATA/SUNSPOT_NUMBERS/YEARLY.PLT	270
star	600个连续夜晚记录的变星亮度系列．数据来源：www.statsci.org/data/general/star.html	233
tbone	作者之一的朋友（Chuck Kreeb，*Tempered Brass* 乐团成员）用上低音长号演奏的0.4秒降B调数字化声音文件	266
tempdub	艾奥瓦州迪比克市月平均气温，1/1964 - 12/1975．数据来源：http://mesonet.agron.iastate.edu/climodat/index.phtml?station=ia2364&report=16	4, 153, 270
tuba	作者之一的朋友（Linda Fisher，*Tempered Brass* 乐团成员）用低音号演奏的0.4秒降B调一个八度及中音C下一个音阶的数字化声音文件	271
units	某大型设备年度销售数据，1983－2005（来自某大型跨国公司的专有销售数据）	200
usd.hkd	美元对港币的日汇率，01/2005 - 03/2006．对以下六个变量所做的431个观测值的数据结构： r：美元对港币汇率的日收益率 v：基于 AR(1)＋GARCH(3, 1) 的估计条件方差 hkrate：美元对港币的日汇率 outlier1：203日的虚拟变量，对应2005年7月22日 outlier2：290日的虚拟变量，另一个可能的异常值 day：日历日 数据来源：www.oanda.com/convert/fxhistory	224
veilleux：Day, Didinium, Paramecium	研究捕食者动态的二元时间序列．第一个时间序列包含35天周期内每12小时测量得出的每毫升猎物个体数量（*Didinium natsutum*）．第二个时间序列包含相应的每毫升捕食者数量（*Paramecium aurelia*）．数据来源：Veilleux, B. G. (1976) "The analysis of a predatory interaction between *Didinium* and *Paramecium*." MSc thesis, University of Alberta, Canada 也可参见：www.journals.royalsoc.ac.uk/content/lekv0yqp2ecpabvd/archive1.pdf	276
wages	美国服装行业月度平均小时工资，07/1981 - 06/1987．数据来源：Cryer, J. D., *Time Series Analysis*, Duxbury Press, Boston, 1986	37
winnebago	Winnebago公司大型旅行车月度销售记录，11/1966 - 02/1972．数据来源：Roberts, H. V., *Data Analysis for Managers with Minitab*, second edition, The Scientific Press, Redwood City, CA, 1991	37, 74

参 考 文 献

Abraham, B. and Ledolter, J. (1983). *Statistical Methods for Forecasting*. New York: John Wiley & Sons.

Akaike, H. (1973). "Maximum likelihood identification of Gaussian auto-regressive moving-average models." *Biometrika*, **60**, 255–266.

Akaike, H. (1974). "A new look at the statistical model identification." *IEEE Transactions on Automatic Control*, **19**, 716–723.

Andersen, T. G., Bollerslev, T., Christoffersen, P. F., and Diebold, F. X. (2006). "Volatility Forecasting." To appear in *Handbook of Economic Forecasting*, edited by Graham Elliott, Clive W. J. Granger, and Allan Timmermann, Amsterdam: North-Holland.

Anderson, T. W. (1971). *The Statistical Analysis of Time Series*. New York: John Wiley & Sons.

Banerjee, A., Dolado, J. J., Galbraith, J. W. and Hendry, D. F. (1993). *Cointegration, Error Correction, and the Econometric Analysis of Non-Stationary Data*. Oxford: Oxford University Press.

Bartlett, M. S. (1946). "On the theoretical specification of sampling properties of autocorrelated time series." *Journal of the Royal Statistical Society* B, **8**, 27–41.

Becuinj, M., Gourieroucx, S., and Monfort, A. (1980). "Identification of a mixed autoregressive-moving average process: The corner method." In *Time Series*, edited by O. D. Anderson, 423–436. Amsterdam: North-Holland.

Bloomfield, P. (2000). *Fourier Analysis of Time Series: An Introduction*, 2nd ed. New York: John Wiley & Sons.

Bollerslev, T. (1986). "Generalized autoregressive conditional heteroskedasticity." *Journal of Econometrics*, **31**, 307–327.

Box, G. E. P. and Cox, D. R. (1964). "An analysis of transformations." *Journal of the Royal Statistical Society B*, **26**, 211–243.

Box, G. E. P. and Pierce, D. A. (1970). "Distribution of residual correlations in autoregressive-integrated moving average time series models." *Journal of the American Statistical Association*, **65**, 1509–1526.

Box, G. E. P. and Jenkins, G. M. (1976). *Time Series Analysis, Forecasting and Control*. San Francisco: Holden-Day.

Box, G. E. P., Jenkins, G. M., and Reinsel, G. C. (1994). *Time Series Analysis, Forecasting and Control*, 2nd ed. New York: Prentice-Hall.

Box, G. E. P. and Tiao, G. (1975). "Intervention analysis with applications to economic and environmental problems." *Journal of the American Statistical Association*, **70**, 70–79.

Brillinger, D. R. (2001). *Time Series: Data Analysis and Theory*. Philadelphia, SIAM.

Brock, W. A., Deckert, W. D., and Seheinkman, J. A. (1996). "A test for independence based on the correlation dimension." *Econometric Reviews*, **15**, 197–235.

Brockwell, P. J. and Davis, R. A. (1991). *Time Series: Theory and Methods*. 2nd ed. New York: Springer.

Brockwell, P. J. and Davis, R. A. (2002). *Introduction to Time Series and Forecasting*, 2nd ed. New York: Springer.

Brown, R. G. (1962). *Smoothing, Forecasting and Prediction of Discrete Time Series*. Englewood Cliffs, NJ: Prentice-Hall.

Chan, K. S. (1991). "Percentage points of likelihood ratio tests for threshold autoregression." *Journal of the Royal Statistical Society B*, **53**, 3, 691–696.

Chan, K. S. (1993). "Consistency and limiting distribution of the least squares estimator of a threshold autoregressive model." *Annals of Statistics*, **21**, 1, 520–533.

Chan, K. S. (2008). "A new look at model diagnostics, with applications to time series analysis." Unpublished manuscript.

Chan, K. S., Mysterud, A., Oritsland, N. A., Severinsen, T., and Stenseth, N. C. (2005). "Continuous and discrete extreme climatic events affecting the dynamics of a high Arctic reindeer population." *Oecologia*, **145**, 556–563.

Chan, K. S., Petruccelli, J. D., Tong, H. and Woolford, S. W. (1985). "A multiple threshold AR(1) model." *Journal of Applied Probability*, **22**, 267–279.

Chan, K. S. and Tong, H. (1985). "On the use of the deterministic Lyapunov function for the ergodicity of stochastic difference equations." *Advances in Applied Probability*, **17**, 666–678.

Chan, K. S. and Tong, H. (1994). "A note on noisy chaos." *Journal of the Royal Statistical Society B*, **56**, 2, 301–311.

Chan, K. S. and Tong, H. (2001). *Chaos: A Statistical Perspective*. New York: Springer-Verlag.

Chan, K. S. and Tsay, R. S. (1998). "Limiting properties of the least squares estimator of a continuous threshold autoregressive model." *Biometrika*, **85**, 413–426.

Chan, W. S. (1999). "A comparison of some pattern identification methods for order determination of mixed ARMA models." *Statistics and Probability Letters*, **42**, 69–79.

Chang, I., Tiao, G. C., and Chen, C. (1988). "Estimation of time series parameters in the presence of outliers." *Technometrics*, **30**, 2, 193–204.

Chang, Y. and Park, J. Y. (2002). "On the asymptotics of ADF tests for unit roots." *Econometric Reviews*, **21**, 431–447.

Chatfield, C. (2004). *The Analysis of Time Series*, 6th ed. London: Chapman and Hall.

Chen, Y. T. and Kuan, C. M. (2006). "A generalized Jarque-Bera test of conditional normality." www.sinica.edu.tw/~ckuan/pdf/jb01.pdf

Cheng, B. and Tong, H. (1992). "On consistent nonparametric order determination and chaos (Disc: pp. 451-474)." *Journal of the Royal Statistical Society B*, **54**, 427–449.

Cline, D. B. H. and Pu, H. H. (2001). "Stability of nonlinear time series: What does noise have to do with it?." In *Selected Proceedings of the Symposium on Inference for Stochastic Processes*, IMS Lecture Notes Monograph Series, Volume 37, Edited by I. V. Basawa, C. C. Heyde, and R. L. Taylor, 151–170. Beachwood, OH: Institute of Mathematical Statistics.

Cooley, J. W. and Tukey, J. W. (1965). "An algorithm for the machine calculation of complex Fourier series." Mathematics of Computation, **19**, 297–301.

Cramér, H. and Leadbetter, M. R. (1967). *Stationary and Related Random Processes*. New York: John Wiley & Sons.

Cryer, J. D. and Ledolter, J. (1981). "Small-sample properties of the maximum likelihood estimator in the first-order moving average model." *Biometrika*, **68**, 3, 691–694.

Cryer, J. D., Nankervis, J. C., and Savin, N. E. (1989). "Mirror-Image and Invariant Distributions in Arma Models." *Econometric Theory*, **5**, 1, 36–52.

Cryer, J. D., Nankervis, J. C., and Savin, N. E. (1990). "Forecast Error Symmetry in ARIMA Models." *Journal of the American Statistical Association*, **85**, 41, 724–728.

Cryer, J. D. and Ryan, T. P. (1990). "The estimation of sigma for an *X* chart." *Journal of Quality Technology*, **22**, 3, 187–192.

Davies, N., Triggs, C. M., and Newbold, P. (1977). "Significance levels of the Box-Pierce portmanteau statistic in finite samples." *Biometrika*, **64**, 517–522.

Davison, A. C. and Hinkley, D. V. (2003). *Bootstrap Methods and Their Application*, 2nd ed. New York: Cambridge University Press.

Diggle, P. J. (1990). *Time Series: A Biostatistical Introduction*. Oxford: Oxford University Press.

Draper, N. R. and Smith, H. (1981). *Applied Regression Analysis*, 2nd ed. New York: John Wiley & Sons.

Durbin, J. (1960). "The fitting of time series models." *Review of the International Institute of Statistics*, **28**, 233–244.

Durbin, J. (1970). "Testing for serial correlation in least-squares regression when some of the regressors are lagged independent variables." *Econometrika*, **38**, 410-421.

Durbin, J. and Koopman, S. J. (2001). *Time Series Analysis by State Space Methods*. Oxford: Oxford University Press.

Durbin, J. and Watson, G. S. (1950). "Testing for serial correlation in least-squares regression: I." *Biometrika*, **37**, 409–428.

Durbin, J. and Watson, G. S. (1951). "Testing for serial correlation in least-squares regression: II." *Biometrika*, **38**, 1–19.

Durbin, J. and Watson, G. S. (1971). "Testing for serial correlation in least-squares regression: III." *Biometrika*, **58**, 409–428.

Efron, B. and Tibshirani, R. J. (1993). *An Introduction to the Bootstrap*. New York: Chapman and Hall.

Engle, R. F. (1982). "Autoregressive conditional heteroscedasticity with estimates of the variance of U.K. inflation." *Econometrica*, **50**, 987–1007.

Fay, G., Moulines, E., and Soulier, P. (2002). "Nonlinear functionals of the periodogram." *Journal of Time Series Analysis*, **23**, 5, 523–553.

Fan, J. and Gijbels, I. (1996). *Local Polynomial Modeling and Its Applications*. London: Chapman and Hall.

Fan, J., and Kreutzberger, E. (1998). "Automatic local smoothing for spectral density estimation." *Scandinavian Journal of Statistics*, **25**, 2, 359–369.

Fuller, W. A. (1996). *Introduction to Statistical Time Series*, 2nd ed. New York: John Wiley & Sons.

Furnival, G. M. and Wilson, Jr., R. W. (1974). "Regressions by leaps and bounds." *Technometrics*, **16**, 4, 499–511.

Gardner, G., Harvey, A. C. and Phillips, G. D. A. (1980). Algorithm AS154. "An algorithm for exact maximum likelihood estimation of autoregressive-moving average models by means of Kalman filtering." *Applied Statistics*, **29**, 311–322.

Gentleman, W. M. and Sande, G. (1966). "Fast Fourier transforms—for fun and profit." *Proc. American Federation of Information Processing Society*, **29**, 563–578.

Geweke, J. and Terui, N. (1993). "Bayesian threshold autoregressive models for nonlinear time series." *Journal of Time Series Analysis*, **14**, 441–454.

Goldberg, S. I. (1958). *Introduction to Difference Equations*. New York: Science Editions.

Granger, C. W. J. and Teräsvirta, T. (1993). *Modelling Nonlinear Economic Relationships*. New York: Oxford University Press.

Hannan, E. J. (1970). *Multiple Time Series*. New York: John Wiley & Sons.

Hannan, E. J. (1973). "The asymptotic theory of linear time-series models." *Journal of Applied Probability*, **10**, 130–145.

Hannan, E. J. and Rissanen, J. (1982). "Recursive estimation of mixed autoregressive-moving average order." *Biometrika*, **69**, 81–94.

Harvey, A. C. (1981a). *The Econometric Analysis of Time Series*. Oxford: Phillip Allen.

Harvey, A. C. (1981b). "Finite sample prediction and overdifferencing." *Journal of Times Series Analysis*, **2**, 221–232.

Harvey, A. C. (1981c). *Time Series Models*. New York: Halsted Press.

Harvey, A. C. (1989). *Forecasting, Structural Time Series Models and the Kalman Filter*. Cambridge: Cambridge University Press.

Harvey, A. C. (1990). *The Econometric Analysis of Time Series*, 2nd ed. Boston: MIT Press.

Harvey, A. C. (1993). *Time Series Models*, 2nd ed. New York: Harvester Wheatsheaf.

Harvey, A., Koopman, S. J., and Shephard, N. (2004). *State Space and Unobserved Component Models: Theory and Applications.* New York: Cambridge University Press.

Hasza, D. P. (1980). The asymptotic distribution of the sample autocorrelation for an integrated ARMA process." *Journal of the American Statistical Association*, **75**, 349–352.

Hurvich, C. M. and Tsai, C. L. (1989). "Regression and time series model selection in small samples." *Biometrika*, **76**, 2, 297–307.

Jenkins, G. M. and Watts, D. G. (1968). *Spectral Analysis and Its Applications.* San Francisco: Holden-Day.

Jiang, J. and Hui, Y. V. (2004). "Spectral density estimation with amplitude modulation and outlier detection." *Annals of the Institute of Statistical Mathematics*, **56**, 4, 611.

Jones, R. H. (1980). "Maximum likelihood fitting of ARMA models to time series with missing observations." *Technometrics*, **20**, 389–395.

Jost, C. and Ellner, S. P. (2000). "Testing for predator dependence in predator-prey dynamics: A non-parametric approach." *Proceedings of the Royal Society B: Biological Sciences*, **267**, 1453, 1611–1620.

Kakizawa, Y. (2006). "Bernstein polynomial estimation of a spectral density". *Journal of Time Series Analysis*, **27**, 2, 253–287.

Keenan, D. (1985). "A Tukey nonlinear type test for time series nonlinearities." *Biometrika*, **72**, 39–44.

Kooperberg, C., Stone, C. J., and Truong, Y. K. (1995). "Logspline estimation of a possibly mixed spectral distribution." *Journal of Time Series Analysis*, **16**, 359–388.

Lai, T. L. and Wei, C. Z. (1983). "Asymptotic properties of general autoregressive models and strong consistency of least squares estimates of their parameters." *Journal of Multivariate Analysis*, **13**, 1–13.

Levinson, N. (1947). "The Weiner RMS error criterion in filter design and prediction." *Journal of Mathematical Physics*, **25**, 261–278.

Li, W. K. (2004). *Diagnostic Checks in Time Series*. London: Chapman and Hall.

Li, W. K. and Mak, T. K. (1994). "On the squared residual autocorrelations in non-linear time series with conditional heteroskedasticity." *Journal of Time Series Analysis*, **15**, 627–636.

Ling, S. and McAleer, M. (2002). "Stationarity and the existence of moments of a family of GARCH processes." *Journal of Econometrics*, **106**, 109–117.

Ljung, G. M. and Box, G. E. P. (1978). "On a measure of lack of fit in time series models." *Biometrika*, **65**, 553–564.

Luukkonen, R., Saikkonen, P., and Teräsvirta, T. (1988). "Testing linearity against smooth transition autoregressive models." *Biometrika*, **75**, 491–499.

MacLulich, D. A. (1937). *Fluctuations in the number of the varying hare* (*Lepus americanus*). Toronto: University of Toronto Press.

May, R. M. (1976). "Simple mathematical models with very complicated dynamics." *Nature*, **261**, 459–467.

McLeod, A. I. (1978). "On the distribution of residual autocorrelations in Box-Jenkins models." *Journal of the Royal Statistical Society A*, **40**, 296–302.

McLeod, A. I. and W. K. Li (1983). "Diagnostic checking ARMA time series models using squared residual autocorrelations." *Journal of Time Series Analysis*, **4**, 269–273.

Montgomery, D. C. and Johnson, L. A. (1976). *Forecasting and Time Series Analysis*. New York: McGraw-Hill.

Nadaraya, E. A. (1964). "On estimating regression." *Theory of Probability and Its Applications*, **9**, 141–142.

Nelson, C. R. (1973). *Applied Time Series Analysis for Managerial Forecasting*. San Francisco: Holden-Day.

Nelson, D. B. and Cao, C. Q. (1992). "Inequality constraints in the univariate GARCH model." *Journal of Business and Economic Statistics*, **10**, 229–235.

Ong, C. S., Huang, J. J., and Tzeng, G. H. (2005). "Model Identification of ARIMA family using genetic algorithms." *Applied Mathematics and Computation*, **164**, 885–912.

Parzen, E. (1982). "ARARMA models for time series analysis and forecasting." *Journal of Forecasting* **1**, 67–82.

Percival, D. B. and Walden, A. T. (1993). *Spectral Analysis for Physical Applications*. Cambridge: Cambridge University Press.

Phillips, P. C. B. (1998). "New tools for understanding spurious regressions." *Econometrica*, **66**, 1299–1325.

Phillips, P. C. B. and Xiao, Z. (1998). "A primer on unit root testing." *Journal of Economic Surveys*, **12**, 5, 423–469.

Politis, D. N. (2003). "The impact of bootstrap methods on time series analysis." *Statistical Science*, **18**, 2, 219-230.

Priestley, M. B. (1981). *Spectral Analysis and Time Series*, Volumes 1 and 2. New York: Academic Press.

Quenoulle, M. H. (1949). "Approximate tests of correlation in time series." *Journal of the Royal Statistical Society B*, **11**, 68–84.

Roberts, H. V. (1991). *Data Analysis for Managers with Minitab*, second edition. Redwood City, CA, The Scientific Press.

Roy, R. (1977). "On the asymptotic behaviour of the sample autocovariance function for an integrated moving average process." *Biometrika*, **64**, 419–421.

Royston, P. (1982). "An extension of Shapiro and Wilk's W test for normality to large samples." *Applied Statistics*, **31**, 115–124.

Said, S. E. and Dickey, D. A. (1984). "Testing for unit roots in autoregressive-moving average models of unknown order." *Biometrika*, **71**, 599–607.

Samia, N. I., Chan, K. S., and Stenseth, N. C. (2007). "A generalised threshold mixed model for analysing nonnormal nonlinear time series; with application to plague in Kazakhstan." *Biometrika*, **94**, 101–118.

Schuster, A. (1897). "On lunar and solar periodicities of earthquakes." *Proceedings of the Royal Society*, **61**, 455–465.

Schuster, A. (1898). "On the investigation of hidden periodicities with application to a supposed 26 day period of meteorological phenomena." *Terrestrial Magnetism*, **3**, 13–41.

Shephard, N. (1996). "Statistical aspect of ARCH and stochastic volatility." In *Time Series Models: In Econometrics, Finance and Other Fields*, edited by D. R. Cox, D. V. Hinkley, and O. E. Barndorff-Nielsen. London: Chapman and Hall. 1–55.

Shibata, R. (1976). "Selection of the order of an autoregressive model by Akaike's information criterion." *Biometrika*, **63**, 1, 117–126.

Shin, K-I. and Kang, H-J. (2001). "A study on the effect of power transformation in the ARMA(p,q) model." *Journal of Applied Statistics*, **28**, 8, 1019–1028.

Shumway, R. H. and Stoffer, D. S. (2006). *Time Series Analysis and Its Applications (with R Examples)*, 2nd ed. New York: Springer.

Slutsky, E. (1927). "The summation of random causes as the source of cyclic processes" (in Russian). In *Problems of Economic Conditions*, English translation (1937) in *Econometrca*, **5**, 105–146.

Stige, L. C., Stave, J., Chan, K-S, Ciannelli, L., Pettorelli, N., Glantz, M., Herren, H. R., and Stenseth, N. (2006). "The effect of climate variation on agro-pastoral production in Africa." *Proceedings of the National Academy of Science*, **103**, 9, 3049–3053.

Stenseth, N. C., Chan, K. S., Tavecchia, G., Coulson T., Mysterud, A., Clutton-Brock, T., and Grenfell, B. (2004). "Modelling non-additive and nonlinear signals from climatic noise in ecological time series: Soay sheep as an example." *Proceedings of the Royal Society of London Series B: Biological Sciences*, **271**, 1985–1993.

Stenseth, N. C., Chan, K. S., Tong, H., Boonstra, R., Boutin, S., Krebs, C. J., Post, E., O'Donoghue, M., Yoccoz, N. G., Forchhammer, M. D., and Hurrell, J. W. (1999). "Common dynamic structure of Canada lynx populations within three climatic regions." *Science*, August 13, 1071–1073.

Stenseth, N. C., Falck, W., Bjørnstad, O. N., and Krebs, C. J. (1997). "Population regulation in snowshoe hare and Canadian lynx: Asymmetric food web configurations between hare and lynx." *Proceedings of the National Academy of Science USA*, **94**, 5147–5152.

Taylor, S. J. (1986). *Modeling Financial Time Series*. Chichester: John Wiley & Sons.

The R Development Core Team (2006a). *R: A Language and Environment for Statistical Computing Reference Index*, Version 2.4.1 (2006-12-18).

The R Development Core Team (2006b). *R Data Import/Export*, Version 2.4.1 (2006-12-18).

Tong, H. (1978). "On a threshold model." In *Pattern Recognition and Signal Processing*, edited by C. H. Chen. Amsterdam: Sijthoff and Noordhoff.

Tong, H. (1983). *Threshold Models In Non-linear Time Series Analysis*. New York: Springer-Verlag. 101–141.

Tong, H. (1990). *Non-linear Time Series*. Oxford: Clarendon Press.

Tong, H. (2007). "Birth of the threshold time series model." *Statistica Sinica*, **17**, 8–14.

Tong, H. and Lim, K. S. (1980). "Threshold autoregression, limit cycles and cyclical data (with discussion)." *Journal of the Royal Statistical Society B*, **42**, 245–292.

Tsai, H. and Chan, K. S. (2006). A note on the non-negativity of continuous-time ARMA and GARCH processes. Technical Report No. 359, Department of Statistics & Actuarial Science, The University of Iowa.

Tsay, R. S. (1984). "Regression models with time series errors." *Journal of the American Statistical Association*, **79**, 385, 118–24.

Tsay, R. S. (1986). "Nonlinearity tests for time series." *Biometrika*, **73**, 461–466.

Tsay, R. S. (2005). *Analysis of Financial Time Series*, 2nd ed. New York: John Wiley & Sons.

Tsay, R. S. and Tiao, G. (1984). "Consistent estimates of autoregressive parameters and extended sample autocorrelation function for stationary and nonstationary ARMA Models." *Journal of the American Statistical Association*, **79**, 385, 84–96.

Tsay, R. and Tiao, G. (1985). "Use of canonical analysis in time series model identification." *Biometrika*, **72**, 299–315.

Tufte, E. (1983). *The Visual Display of Quantitative Information*. Cheshire, CT.: Graphics Press.

Tukey, J. W. (1949). "One degree of freedom for non-additivity." *Biometrics*, **5**, 232–242.

Veilleux, B. G. (1976). "The analysis of a predatory interaction between *Didinium* and *Paramecium*." MSc thesis, University of Alberta, Canada.

Venables, W. N. and Ripley, B. D. (2002). *Modern Applied Statistics with S*, 4th ed. New York: Springer.

Venables, W. N., Smith, D. M., and the R Development Core Team (2006). *An Introduction to R: Notes on R: A Programming Environment for Data Analysis and Graphics*. Version 2.4.1 (2006-12-18).

Watson, G. S. (1964). "Smooth Regression Analysis." *Sankhyā* , **26**, 359–372.

Wei, W. W. S. (2005). *Time Series Analysis*, 2nd ed. Redwood City, CA: Addison-Wesley.

Wichern, D. W. (1973). "The behavior of the sample autocorrelation function for an integrated moving average process." *Biometrika*, **60**, 235–239.

Wiener, N. (1958). *Nonlinear Problems in Random Theory*. Cambridge, MA: MIT Press.

White, H. (1989). "An additional hidden unit test for neglected nonlinearities in multi-layer feedforward networks." In *Proceedings of the International Joint Conference on Neural Networks*, New York: IEEE Press, 451–455.

Whittaker, E. T. and Robinson, G., (1924). *The Calculus of Observations*. London: Blackie and Son.

Wold, H. O. A. (1938). *A Study of the Analysis of Stationary Time Serie*. (2nd ed. 1954). Uppsala: Almqvist and Wiksells.

Wold, H. O. A. (1948). "On prediction in stationary time series." *The Annals of Mathematical Statistics*, **19**, 558–567.

Yeo, I-K and Johnson, R. A. (2000) "A new family of power transformations to improve normality or symmetry." *Biometrika* **87**, 954–959.

Yoshihide, K. (2006). "Bernstein polynomial estimation of a spectral density." *Journal of Time Series Analysis*, **27**, 2, 253–287.

Yule, G. U. (1926). "Why do we sometimes get nonsense-correlations between time-series? — A study in sampling and the nature of time-series." *Journal of the Royal Statistical Society*, **89**, 1, 1–63.

推荐阅读

金融数据分析导论：基于R语言

作者：Ruey S.Tsay ISBN：978-7-111-43506-8 定价：69.00元

金融统计与数理金融：方法、模型及应用

作者：Ansgar Steland ISBN：978-7-111-57301-2 定价：85.00元

金融衍生工具数学导论（原书第3版）

作者：Salih Neftci ISBN：978-7-111-54460-9 定价：99.00元

数理金融初步（原书第3版）

作者：Sheldon M. Ross ISBN：978-7-111-41109-3 定价：39.00元

推 荐 阅 读

时间序列分析及应用：R语言（原书第2版）

作者：Jonathan D. Cryer, Kung-Sik Chan ISBN：978-7-111-32572-7 定价：48.00元

多元时间序列分析及金融应用：R语言

作者：Ruey S. Tsay ISBN：978-7-111-54260-5 定价：79.00元

随机过程导论（原书第2版）

作者：Gregory F. Lawler ISBN：978-7-111-31544-5 定价：36.00元

随机过程（原书第2版）

作者：Sheldon M. Ross ISBN：978-7-111-43029-2 定价：79.00元